Rinaldo Fabris

PAULO
Apóstolo dos gentios

Dados Internacionais de Catalogação na Publicação (CIP)
(Câmara Brasileira do Livro, SP, Brasil)

Fabris, Rinaldo
　　Paulo : apóstolo dos gentios / Rinaldo Fabris ; tradução Euclides Martins Balancin. — 5. ed. — São Paulo : Paulinas, 2008. — (Coleção Luz do Mundo)

　　Título original: Paolo : l'apostolo delle genti.
　　ISBN 978-85-356-0678-5

　　1. Paulo, Apóstolo, Santo 2. Santos cristãos — Biografia I. Título. II. Série.

08-08412   CDD-225.92

Índice para catálogo sistemático:
1. Paulo, Apóstolo : Biografia e obra   225.92

Título original da obra: *Paolo. L'apostolo delle genti*
© Paoline Editoriale Libri. Figlie di San Paolo.
Via Francesco Albani, 21 – 20149 Milano, 1997.

Direção geral:	Maria Bernadete Boff
Coordenação editorial:	Maria de Lourdes Belém
Tradução:	Euclides Martins Balancin
Revisão:	Gilmar Saint'Clair Ribeiro
Gerente de produção:	Felício Calegaro Neto
Direção de arte:	Irma Cipriani
Capa:	Adriana Chiquetto
	* São Paulo, mosaico do século V, Ravena, Itália
Editoração:	Andrea Lourenço

6ª edição – 2010
4ª reimpressão – 2023

Nenhuma parte desta obra poderá ser reproduzida ou transmitida por qualquer forma e/ou quaisquer meios (eletrônico ou mecânico, incluindo fotocópia e gravação) ou arquivada em qualquer sistema ou banco de dados sem permissão escrita da Editora. Direitos reservados.

Cadastre-se e receba nossas informações
www.paulinas.com.br
Telemarketing e SAC: 0800-7010081

Paulinas
Rua Dona Inácia Uchoa, 62
04110-020 – São Paulo – SP (Brasil)
📞 (11) 2125-3500
✉ editora@paulinas.com.br
© Pia Sociedade Filhas de São Paulo – São Paulo, 2001

INTRODUÇÃO

Por que uma "biografia" de Paulo?

Não é possível escrever uma biografia autêntica e adequada sobre Jesus de Nazaré; porém, isso é possível a respeito de seu discípulo de origem judaica mais conhecido e discutido: Paulo de Tarso. De fato, os quatro evangelhos, que são as fontes mais antigas e amplas sobre a pessoa e atividade de Jesus não permitem uma reconstrução da sua "vida" no sentido moderno do termo. De Paulo, contudo, não só é possível traçar um perfil biográfico, mas pode-se dizer que ele é a única personagem da primeira geração cristã que entra com pleno direito na galeria dos fundadores de movimentos religiosos. É conhecida a tese levantada por alguns autores no final do século passado e retomada no início deste: não é Jesus, mas sim Paulo, o fundador do Cristianismo.[1] Tudo depende do que se entende por "cristianismo". Por certo Jesus dá início a um movimento de discípulos e

---

[1] WREDE, W. *Paulus.* Halle, 1904. p. 104; cf. RENGSTORF, K. H., ed. *Das Paulusbild in der neueren deustchen Forschung.* 2. ed., Darmstad, 1969. p. 96 (WDF 24); Friedrich Nietzche (*Aurora*, org. por Giorgio Colli e Mazzino Montinari, Milano, Oscar Mondadori, 1981. v. I, p. 68) diz: "Que nela (na Bíblia) esteja descrita a história de uma das almas mais ambiciosas e mais incômodas e de um cérebro tão supersticioso quanto agudo, a história do apóstolo Paulo — quem sabe isso além de alguns doutos? Entretanto, sem essa história singular, sem as perturbações e as borrascas de tal cérebro e de tal alma, não haveria cristandade; teríamos apenas notícia de uma pequena seita judaica, cujo mestre morreu na cruz". E após uma longa digressão sobre o conflito interior de Paulo, entre consciência do pecado e os imperativos da lei — conflito resolvido na experiência de Damasco —, o autor conclui: "É este o primeiro cristão, o inventor da cristandade! Antes dele havia apenas alguns judeus sectários" (pp. 49-52).

fiéis que se remetem à sua pregação e atividade histórica. Por outro lado, Paulo, sem a referência essencial a Jesus, Cristo e Senhor, não teria uma consistência "cristã". Entretanto, a hipótese de Paulo ser o "fundador" do Cristianismo capta um aspecto verdadeiro das origens cristãs. Paulo de Tarso, com a sua personalidade vigorosa, deu um grande impulso à expansão da experiência cristã para fora do Judaísmo nas primeiras décadas após a morte de Jesus.

A investigação histórica sobre Paulo, diferentemente daquela sobre qualquer outro protagonista do cristianismo primitivo, pode contar com uma documentação ampla e excepcional. Sob o seu nome, desde a segunda metade do século II, existe um *corpus* de escritos que permite reconstruir os traços essenciais da sua personalidade e ação histórica. São as treze cartas que, nos escritos do Novo Testamento, formam o epistolário paulino. Dessa coleção de cartas, ao menos sete são reconhecidas como autênticas, isto é, escritas ou ditadas pessoalmente por Paulo. Nesses documentos se conservam alguns elementos autobiográficos utilizados pelo autor com função "apologética".[2]

A primeira "biografia" de Paulo foi inserida nos Atos dos Apóstolos, um livro considerado sagrado e canônico pelas Igrejas cristãs. Na tradição cristã, esse livro é atribuído a Lucas, autor do terceiro Evangelho. Nesse livro, escrito em grego, Lucas reconstrói a história das origens e da expansão do movimento cristão nos primeiros trinta anos. A segunda e terceira partes dos Atos dos Apóstolos são inteiramente

---

[2] Um modelo de "autobiografia" com função apologética é a vida escrita pelo historiador judeu Flávio Josefo (*Autobiografia*, org. por G. Jossa, Napoli, 1992).

ocupadas pelo relato da atividade missionária de Paulo, a partir de Jerusalém até sua chegada em Roma, capital do império. Em resumo, pode-se dizer que dentre os vinte e oito capítulos em que atualmente se subdivide o livro dos Atos, ao menos dezesseis são dedicados a Paulo. Outras informações sobre os primeiros contatos de Paulo com o movimento cristão em Jerusalém, em Damasco e na cidade de Antioquia da Síria se encontram espalhadas nos capítulos 8-9; 12 e 13-15 do livro lucano.

Os Atos dos Apóstolos, embora tragam muitas informações sobre a obra e a personalidade de Paulo, obedecem a uma intenção mais teológica do que estritamente historiográfica. Nesse livro, concebido como seqüência ou segunda parte do Evangelho, o autor procura mostrar a atuação do programa confiado por Jesus aos seus discípulos antes de sua ascensão ao céu: "O Espírito Santo descerá sobre vocês, e dele receberão força para serem as minhas testemunhas em Jerusalém, em toda a Judéia e Samaria, e até os extremos da terra" (At 1,8). Os Atos dos Apóstolos pertencem, portanto, ao gênero literário teológico narrativo, como os chamados "livros históricos" do Antigo Testamento. Mediante a narração dos vários episódios, dos quais são protagonistas, primeiro Pedro com os outros Apóstolos no âmbito da cidade de Jerusalém, da Judéia e Samaria, e depois Paulo com seus colaboradores nas cidades da diáspora judaica, Lucas quer que toquemos com a mão a eficácia da ação do Espírito santo prometido e entregue aos discípulos por Jesus ressuscitado.

A principal finalidade da obra lucana não é oferecer aos leitores uma biografia de Pedro ou de Paulo, e sim apresentar o testemunho dado por eles de Jesus, o Cristo anunciado pelas Escrituras judaicas e constituído por Deus Senhor de todos, mediante a ressurreição dos mortos. Esse testemunho dos discípulos de Jesus é dado antes de tudo aos judeus e, depois, aos povos pagãos. Nessa perspectiva, compreende-se a brusca conclusão dos Atos dos Apóstolos, que não falam nada sobre o desfecho do processo de Paulo em Roma. Após ter narrado detalhadamente a prisão de Paulo em Jerusalém e a sua aventurosa viagem por mar para a capital do império, o autor encerra o livro com uma anotação que corresponde mais ao seu objetivo teológico narrativo do que às exigências de uma biografia: "Paulo morou dois anos numa casa alugada, vivendo às custas do seu próprio trabalho. Recebia a todos os que o procuravam, pregando o Reino de Deus. Com toda a coragem e sem obstáculos, ele ensinava as coisas que se referiam ao Senhor Jesus Cristo" (At 28,30-31).

Para verificar ou confirmar o relato dos Atos dos Apóstolos sobre Paulo pode-se fazer uma comparação crítica com a segunda fonte "biográfica", que é o epistolário paulino. Desses escritos, principalmente do grupo das sete cartas consideradas autênticas, pode-se colher uma imagem mais viva da personalidade de Paulo. Por meio desses textos de primeira mão, se vislumbra a densidade humana e espiritual do Apóstolo, fundador das comunidades cristãs nas grandes metrópoles do império romano. Paulo é o protagonista da missão cristã fora da área siro-palestinense. Nas cartas enviadas às jovens Igrejas, Paulo é quem mantém o filão do diálogo epistolar, até quando no cabeçalho da carta menciona seus companheiros de missão e de atividade pastoral. O Apóstolo, com suas cartas, supre a impossibilidade de visitar pessoalmente ou por intermédio de seus colaboradores as comunidades cristãs fundadas por ele. Desse modo, promove a organização e o crescimento das Igrejas locais nas regiões da sua missão itinerante.

Por esses escritos ocasionais pode-se reconstruir também o pensamento teológico de Paulo. De fato, em suas cartas, ele oferece um esboço de reflexão crítica sobre a fé cristã para fundamentar as opções de vida e as normas práticas que propõe aos seus destinatários. As cartas de Paulo, enquanto escritos ocasionais, não oferecem um quadro sistemático e exaustivo da teologia cristã primitiva. Entretanto, revelam sua capacidade de reflexão criativa e estimulante, a partir da própria experiência e da experiência das primeiras comunidades de fiéis adultos batizados em nome de Jesus Cristo. Portanto, com pleno direito, Paulo pode ser considerado o primeiro e o mais original "teórico" do Cristianismo. Com efeito, mesmo depois da sua morte, continua a inspirar os discípulos que, em seu nome, enviam outras cartas para responder aos novos problemas que questionam as comunidades de matriz paulina. Em outras palavras, cria-se uma tradição que vem após o Apóstolo e desenvolve e atualiza seu pensamento teológico e seu dinamismo espiritual. Este conjunto de dados documentais e históricos não só justifica, mas estimula a tentativa de reconstruir, no que for possível, o perfil biográfico e espiritual do apóstolo Paulo.

I
AS ORIGENS DE PAULO

1. A "BIOGRAFIA" PAULINA

Perguntas espontâneas e legítimas são feitas por quem encontra uma personagem pública e importante como Paulo: Quem são seus pais? Onde e quando nasceu? O que ele fez quando criança? Onde estudou e qual foi o currículo de sua formação? Na infância dele há sinais premonitórios da sua missão futura? Estas e outras perguntas estão na origem do gênero literário que, desde a antiguidade clássica greco-romana, se chama biografia.[1]

Um exemplo de biografia do período helenístico tardio é aquela escrita por Flávio Filostrato, no começo do século III d.C., antes de 217, por encargo da mulher do imperador Sétimo Severo, Júlia Domna, para recordar e celebrar a figura de Apolônio de Tiana, um filósofo neopitagórico itinerante, que viveu na segunda metade do século I d.C.[2]

---

[1] A. Momigliano, *Lo sviluppo della biografia greca*. Torino, Einaudi, 1972. p. 13 (PEB 232). define a biografia: "Narração da vida de uma pessoa desde o nascimento até a morte". No ambiente da língua grega, o historiador Políbio (203-120 a.C.) mostra quais são os critérios distintivos do gênero biográfico em relação ao historiográfico. A narrativa biográfica se concentra na apresentação de uma personagem com intenções encomiásticas, muitas vezes com certa preferência pela anedota. Um exemplo clássico de biografia de personagens célebres é a obra de Plutarco, *Vidas paralelas*. No ambiente da língua latina existem as *Vidas dos Césares*, de Suetônio (69-140 d.C.). Na diáspora judaica se destaca a *Vida de Moisés*, de Fílon de Alexandria (20 a.C.- 45 d.C.), com objetivos explicitamente declarados de caráter apologético e ético. Além da obra de estilo enciclopédico de Diógenes Laércio (começo do séc. III a.C.), recordamos entre as biografias filosóficas aquela escrita por Luciano de Samosata (120-190 d.C.), em memória de Demonato, seu mestre de filosofia cínica.

[2] *Vita di Apollonio di Tiana*. Milano, 1978; 1988 (2. ed.). Flávio Filostrato (170-249 d.C.) escreveu também *Vidas dos sofistas*, biografias de filósofos contemporâneos seus. A *Vida de Apolônio*, nos ambientes cristãos, é vista com desconfiança, pois a figura do "santo" filósofo pagão, asceta, místico e taumaturgo é contraposta por Hiérocles de Nicomédia, na polêmica anticristã, à figura de Cristo.

É interessante notar que Tiana, a cidadezinha natal de Apolônio, se encontra entre a Cilícia e a Capadócia, além da cadeia do Tauro, que domina a planície na costa mediterrânea, onde surge a cidade de Tarso. Aí nasceu Paulo e aí também estudou Apolônio. Na tradição cristã, o gênero literário biográfico assume a forma de hagiografia, onde a personagem, cuja vida é narrada de forma resumida, é proposta aos leitores como figura ideal a ser admirada e modelo de vida a ser seguido.[3]

Sob certos aspectos, pode ser considerado afim ao gênero literário da biografia o segundo livro de Lucas, denominado "Atos dos Apóstolos" a partir do século II. Nesse escrito do Novo Testamento encontram-se muitas informações sobre a atividade missionária itinerante de Paulo. De fato, ele é o protagonista de maior destaque na segunda parte do relato lucano, dedicado à reconstrução dos primeiros trinta anos de Cristianismo. Lucas, porém, não diz nada a respeito das origens históricas nem sobre a morte de Paulo. O relato lucano dos últimos anos de Paulo se conclui quando ele desembarca nas costas italianas e chega em Roma, após uma conturbada viagem pelo mar Mediterrâneo. Lucas diz simplesmente que na capital do império "Paulo morou dois anos numa casa alugada, vivendo às custas do seu próprio trabalho. Recebia a todos os que o procuravam, pregando o Reino de Deus. Com toda a coragem e sem obstáculos, ele ensinava as coisas que se referiam ao Senhor Jesus Cristo" (At 28,30-31).

---

[3] Além da obra de caráter enciclopédico de Jerônimo, *De viris illustribus*, inspirada no modelo da obra homônima de Cícero, mencionamos com o arquétipo da hagiografia cristã a *Vida e paixão de Cipriano*, escrita pelo diácono Pôncio (séc. III), a do monge Antônio de Alexandria, escrita pelo bispo Atanásio (séc. IV) e a *Vida de Martinho* de Tours, de Sulpício Severo, redigida por volta do final do séc. IV.

O mesmo autor fala pela primeira vez de Paulo, que ele chama de Saulo, por ocasião da morte de Estêvão, um cristão de Jerusalém de língua e cultura gregas. Estêvão é arrastado pelos judeus de língua grega, que possuem sinagogas em Jerusalém, diante do supremo conselho judaico, acusando-o de contestar a lei de Moisés e de proferir blasfêmias contra o templo de Jerusalém. O discípulo de Jesus se defende, usando a Sagrada Escritura. Repassando as etapas da história de Israel, ele destaca que os destinatários da lei mosaica de fato não a puseram em prática e, no que diz respeito à construção do templo, demonstra que ela é estranha ao plano de Deus, pois "o Altíssimo, não mora em casa feita por mãos humanas" (At 7,48). O testemunho final de Estêvão, quando afirma estar vendo, nos céus abertos, o Filho do homem em pé à direita de Deus, pronto para o julgamento, faz com que se desencadeie a reação violenta dos sinedritas. Estes o arrastam para fora da cidade de Jerusalém e se põem a apedrejá-lo.

Neste ponto, o narrador esclarece que "as testemunhas deixaram seus mantos aos pés de um jovem chamado Saulo" (At 7,58b). Em seguida, com uma rápida pincelada, retrata a cena do primeiro mártir cristão que, como Jesus na cruz, morre entregando o espírito ao Senhor e orando por seus algozes. Após destacar isso, o relato continua com a seqüência da reação dos judeus contra a Igreja de Jerusalém. Uma violenta perseguição obriga os cristãos de língua grega a deixarem a cidade e a se espalharem pelas regiões circunvizinhas da Judéia e da Samaria. Neste cenário da perseguição contra os cristãos helenistas, segundo o autor dos Atos dos Apóstolos, Saulo exerce um papel de grande importância. De fato, ele retoma a narrativa do martírio de Estêvão dizendo expressamente que "Saulo era um daqueles que aprovavam a morte de Estêvão" (At 8,1a). E enquanto algumas pessoas piedosas se preocupam em dar sepultura ao corpo do mártir e é feito um grande luto por sua morte, reaparece em cena Saulo que, tomado pela fúria de perseguição, entra nas casas e arrasta para fora homens e mulheres para levá-los à prisão (At 8,3). A tríplice menção de Saulo no pano de fundo do martírio de Estêvão corresponde à intenção lucana de criar um drama que se apóia no contraste. No mesmo momento em que morre o primeiro cristão por causa de seu franco e corajoso, testemunho de Jesus Senhor, entra em cena o perseguidor Saulo, destinado a se tornar aquele que toma o lugar de Estêvão e continua a obra dele.

Na seqüência da narrativa, Lucas chama a atenção dos leitores para o entrelaçamento dos caminhos dessas duas personagens. O próprio Paulo narra que durante uma de suas visitas a Jerusalém, enquanto está rezando no templo, arrebatado em êxtase, recebe do Senhor a ordem para deixar a cidade, pois os judeus não aceitarão seu testemunho cristão. Então, Paulo relembra seu primeiro impacto com a experiência cristã, quando ainda estava do outro lado. Dirige-se a Jesus, dizendo: "Senhor, eles sabem que era eu que, nas sinagogas, andava prendendo e batendo nos que acreditavam em ti. E quando o sangue de Estêvão, tua testemunha, foi derramado, eu mesmo estava lá, apoiando aqueles que o matavam e guardando as roupas dele" (At 22,19-20). Nesta reflexão, em forma de oração ao Senhor, revemos a figura de Paulo no ato de receber idealmente o "testemunho" de fé do primeiro mártir cristão, Estêvão.

Na perspectiva do autor dos Atos, aqui se inicia a história de Paulo. O seu "nascimento" como testemunha e enviado de Jesus Cristo acontece nas dores do parto da Igreja primitiva, que sai das estruturas e instituições judaicas para se aventurar nas estradas do mundo dos povos. Com efeito, a cena da oração de Paulo no templo de Jerusalém encerra-se com esta ordem do Senhor: "Vá! É para longe, é para os pagãos que eu vou enviar você" (At 22,21). Com essas palavras, Paulo é encarregado de levar a termo o programa confiado aos discípulos por Jesus ressuscitado antes da sua ascensão ao céu: "[...] para serem minhas testemunhas [...] até os extremos da terra" (At 1,8). Na reconstrução lucana, a biografia ideal de Paulo se desenvolve entre o chamado inicial no contexto da perseguição dos cristãos helenistas em Jerusalém e o seu testemunho como enviado de Jesus a Roma, capital do mundo pagão (cf. At 19,21; 23,11).

2. "EU SOU UM JUDEU DE TARSO DA CILÍCIA" (AT 21,39)

Com estas palavras, Paulo se apresenta ao oficial romano que comanda a coorte de mercenários sírios e gregos que controlam a esplanada do templo de Jerusalém do alto da torre Antônia. O tribuno, com os soldados, chega no momento exato para arrancar Paulo das mãos da multidão que queria linchá-lo. Paulo é preso e levado pelos soldados para a fortaleza, enquanto a multidão faz alarido e, gritando, pede sua morte. No momento em que está para ser conduzido para dentro da caserna, Paulo se dirige ao oficial, em língua grega: "Posso falar com você?". O oficial, surpreso, lhe diz: "Você fala grego? Então você não é o egípcio que, dias atrás, subverteu e arrastou ao deserto quatro mil sicários?". Paulo se apresenta: "Eu sou um judeu de Tarso da Cilícia, cidadão de uma cidade não sem importância" (At 21,37-39). Ele pede ao tribuno para dirigir a palavra ao povo de Jerusalém, que vem atrás dele, gritando e insultando-o. E o oficial lhe dá permissão para falar.

Como por encanto, o quadro muda. O autor dos Atos é um hábil regente e gosta dessas mudanças de cenário.

Paulo, rodeado pelos soldados, está de pé nos degraus da escadaria que conduz ao interior da torre Antônia. Esta torre, de 25 metros de altura, domina a partir do noroeste os pátios do templo. Ela foi reestruturada e transformada em fortaleza e palácio residencial por Herodes Magno, que lhe deu o nome de "Antônia" em honra ao triúnviro Marco Antônio, que o havia nomeado rei, concedendo-lhe os territórios do asmoneu Hircano II, desde a Galiléia até a Iduméia. Tendo como pano de fundo essa construção, símbolo do poder político profano que vigia a região sagrada do templo, Paulo se dirige aos judeus de Jerusalém. Como os oradores gregos, ele faz um sinal com a mão e, de repente, o vozerio se cala. No silêncio, ouve-se a voz de Paulo que diz: "Irmãos e pais, escutem a defesa que eu agora apresento a vocês". A tacada de mestre tem seu efeito garantido. Quando os judeus de Jerusalém ouvem que Paulo lhes fala na língua hebraica, prestam ainda mais atenção. Paulo continua: "Eu sou um judeu. Nasci em Tarso da Cilícia, mas fui educado nesta cidade, formado na escola de Gamaliel, seguindo a linha mais escrupulosa dos nossos antepassados, cheio de zelo por Deus, como todos vocês o são agora" (At 22,1-3).

O discurso autobiográfico e apologético de Paulo diante dos judeus de Jerusalém prossegue com a narração do seu papel na repressão do movimento cristão e da iluminação repentina e do chamado por parte do Deus de seus pais, que lhe fez ver Jesus. Este é o Messias e o Senhor que o encarrega de ser sua testemunha diante de todos os homens. Em poucas palavras, Lucas traça um esboço da biografia de Paulo: sua origem, sua formação judaica, seu papel de perseguidor da Igreja, a virada por iniciativa de Deus e o encargo da sua missão universal como testemunha de Jesus.

Com base nesses dados essenciais podemos percorrer as etapas da aventura biográfica de Paulo, completando-os com aqueles que podem ser encontrados em seu epistolário. Na realidade, no *corpus* das cartas que trazem o nome de Paulo há poucos elementos autobiográficos explícitos. Contudo, uma leitura mais atenta pode perceber os ecos da sua origem e da sua formação e, sobretudo, a documentação da sua intensa experiência religiosa e do vivo diálogo com o ambiente cultural da diáspora judaica.

3. A CIDADE NATAL DE PAULO: TARSO DA CILÍCIA

Paulo nasceu no início da era cristã em Tarso. A data de seu nascimento é deduzida de modo aproximativo pelo que escreve o autor dos Atos dos Apóstolos, quando apresenta pela primeira vez Saulo, no momento da morte de Estêvão, que se deu na metade dos anos 30 d.C. Ele fala de "um jovem chamado Saulo", encarregado de guardar os mantos daqueles que apedrejavam Estêvão. O termo grego *neanías*, "jovem", nos escritores gregos e helenistas da época é reservado para a pessoa de uma idade que vai dos vinte e quatro aos quarenta anos. Numa breve carta escrita ao seu amigo Filemon, nos meados dos anos 50 d.C., Paulo se apresenta como *presbýtes*, "velho" (Fm 9). Para o médico Hipócrates, um *presbýtes* pode ter de cinqüenta a sessenta anos de idade. Portanto, se Paulo nos anos 30 d.C. tem 25/30 anos — 55/60 por volta da metade dos anos 50 d.C. — podemos levantar a hipótese de que ele tenha nascido na primeira década da era cristã, entre 5 e 10 d.C.

Os pais de Paulo são judeus que vivem na cidade de Tarso, capital da Cilícia oriental. O nome Cilícia está associado aos primeiros colonos gregos conhecidos no poema de Homero com o nome de "Kilices", originários da Trôade meridional, e chamados nos documentos assírios de "Ilakku", e nos egípcios de "Kelekesh". A parte mais oriental dessa região, onde se encontra Tarso, é chamada de "Cilícia Pedias", isto é, "que é plana", e se diferencia da "Cilícia Tracheias", ou seja, "áspera" e acidentada. Ela confina ao norte com a cadeia do Tauro, cujos picos mais altos superam os três mil metros. A planície oriental, formada pelos cursos de água que descem do Tauro, se estende ao longo do mar Mediterrâneo, diante da ilha de Chipre. É uma zona irrigada e quente, que se presta ao cultivo de trigo, vinho, azeite e linho. Este último produto estimula a atividade têxtil de Tarso, incentivada também pela produção da lã do planalto anatólio. Nos contrafortes da montanha se apascentam rebanhos de cabras, que fornecem a matéria-prima para a elaboração de um tecido grosseiro e resistente, chamado "cilício". A economia de Tarso é támbém impulsionada pelo comércio e pela manipulação do ferro, extraído das minas do Tauro.

Contudo, a fortuna da Cilícia oriental e da sua cidade principal está ligada à posição estratégica na encruzilhada de um importante trevo viário. De fato, este território representa a via de acesso, ao longo da costa oriental, em direção à Síria. A via costeira, prosseguindo para o leste, através das "Portas da Síria", supera a barreira do monte Amano, hoje Kizil Dag, a "Montanha Negra", e atinge a planície do Orontes, onde surge o grande centro de Antioquia da Síria. Daí se ramificam, para o sul, a estrada que desce até o Egito ao longo da costa mediterrânea, e, para o oriente, a estrada que, passando por Alepo e Damasco, vai se unir com as pistas que atravessam o deserto para chegar até a região dos grandes rios, a Mesopotâmia, e, mais a leste, a Pérsia. Ao norte da planície da Cilícia, a estrada, por uma única passagem montanhosa chamada "Portas da Cilícia", atravessa a cadeia do Tauro e desemboca no planalto anatólio. Por aí passaram os exércitos de Ciro e de Alexandre Magno. Este último mandou esculpir na rocha a lembrança de sua passagem. As "Portas da Cilícia" colocam a Cilícia e as grandes estradas comerciais do planalto — ao norte chegam ao mar

Negro e a ocidente ao mar Egeu — em comunicação com o Mediterrâneo sul-oriental. Os navios podem subir através de um canal até o pequeno lago formado pelo rio Cidno, que atravessa a cidade de Tarso. Por esse caminho fluvial subiu a embarcação real de Cleópatra até Tarso, onde se encontrou com Antônio, antes do desastre de Ácio, em 31 a.c.

Nesse quadro geográfico podemos compreender o importante papel exercido pela cidade de Tarso. Os escritores antigos a exaltam, projetando sua origem na mitologia. A fundação da cidade é atribuída ao herói grego, Perseu, filho de Zeus, que com suas gestas libertou os mortais do medo da Medusa. Em Tarso, o culto de Perseu substituiu o culto do deus local Sandon. Aqui também teriam chegado os argonautas, companheiros de Triptolemo, que partiram em busca de Io, e o incansável protagonista de aventuras, Héracles. Estes nomes da mitologia relembram os laços da cidade asiática com a cultura grega. Tarso, contudo, também manteve relações com o mundo oriental, principalmente com os assírios e fenícios. Mencionada nos textos hititas do terceiro milênio, a cidade de Tarso foi destruída no século XIII a.C. pela invasão dos "povos do mar".

Em todo caso, durante o primeiro milênio, Tarso é conhecida como cidade autóctone, sede de um reino que controla a região da Cilícia. Submete-se ao domínio do império assírio no tempo de Salmanassar III (858-824 a.C.) e de Senaquerib (704-681 a.C.). Xenofonte, ao descrever a marcha de Ciro, fala de Tarso como "uma grande e próspera cidade da Cilícia" (*Anábase*, 1,2,23). Embora por pouco tempo, a cidade se torna sede administrativa dos sátrapas do império persa. Com a chegada de Alexandre Magno, em 333 a.C., entra na esfera da cultura helenista. Foi nos arredores de Tarso que o conquistador macedônio quase perdeu a vida nas águas geladas do rio Cidno, onde havia mergulhado para se refrescar.

Em seguida, a cidade de Tarso vive e prospera sob os Selêucidas, sucessores de Alexandre. Uma amostra disso são as moedas cunhadas em Tarso nos séculos IV e III a.c., quando a cidade se chama "Antioquia junto ao Cidno", para distingui-la de outras cidades homônimas. Este é o nome que aparece nas moedas emitidas na capital da Cilícia sob o reinado de Antíoco IV, cognominado Epífanes. O nome de Tarso reaparece nas moedas do período seguinte, que antecede a chegada dos romanos nas regiões do Oriente próximo. Quando Pompeu, em 68-67 a.c., consegue desaninhar desses lugares os piratas do mar que encontram refúgio nos montes do Tauro, reorganiza o território como província romana, escolhendo Tarso como capital (66 a.C.). Aí, nos meados dos anos 50 a.c., Cícero passa um ano como procônsul. Na metade dos anos 40 a.c. (44 a.C.), a província da Cilícia é desmembrada e incorporada à província da Síria, tendo como capital Antioquia, até 72 d.C., quando Vespasiano reconstitui a província da Cilícia, governada por um legado pretoriano.

A cidade da Cilícia envolve-se nas diversas vicissitudes da história política de Roma, que marcam a passagem da república ao império. Tarso goza dos favores de Júlio César, sofrendo, em conseqüência, a represália do vencedor Cássio, que entre 44 e 42 a.C. lhe impõe um pesadíssimo tributo. O historiador Apiano fala de um total de mil e quinhentos talentos, que obriga os cidadãos de Tarso não só a empenhar os bens públicos, mas até a vender seus jovens como escravos. Após a vitória em Filipos de Marco Antônio e Otaviano, em 41 a.C, sobre Cássio e Bruto, assassinos de

César, a cidade fica isenta de pagar o tributo de guerra. Antônio envia para lá Boeto, poeta e hábil orador, com a finalidade de restabelecer a administração e as finanças da cidade. Todavia, a corrupção e o desgoverno continuam até a chegada de Atenodoro, filósofo estóico, professor de Otaviano Augusto, enviado pelo próprio imperador em 27 a.C. para garantir a estabilidade e a segurança dessa cidade-encruzilhada das comunicações do Oriente.

O interesse de Otaviano Augusto por Tarso confirma o prestígio dessa cidade que tira enormes vantagens do favor imperial. O historiador e geógrafo Estrabão, natural de Amasea, no Ponto, que viveu longos períodos em Roma na época de Augusto e Tibério, admirador do mundo romano, elogia a cidade de Tarso sob um duplo perfil: por sua cultura e prestígio de seus habitantes. Ele exalta a seriedade das escolas de Tarso e o interesse de seus cidadãos pelo saber: "Os habitantes de Tarso são de tal modo apaixonados pela filosofia e têm um espírito tão enciclopédico que a cidade deles acabou fazendo sombra sobre Atenas, Alexandria e todas as outras cidades que poderiam ser lembradas como berço de alguma seita ou escola filosófica".[4]

Alguns filósofos e mestres da escola estóica são originários de Tarso. O fundador do estoicismo, Zenão, nasceu em Cício de Chipre de pai tarsiota; outro Zenão, que sucedeu a Crisipo na direção da escola estóica, nasceu em Tarso. O escritor Arato, de mentalidade estóica, nasceu em Soli na Cilícia. Também nasceram em Tarso: Antípater, outro mestre-escola da *stoá* chamado Arquedemos, Heráclides e os

---

[4] ESTRABÃO. *Geografia*, 14,5,13.

dois Atenodoro, um denominado Corbilião e o outro lembrado mais acima como preceptor de Augusto e seu delegado para reformar a administração da cidade.[5] Também são originários de Tarso o filósofo platônico Nestor e os dois epicuristas Lísias e Diógenes, sucessor de Atenodoro no governo da cidade.

O ambiente e o clima cultural de Tarso são particularmente realçados por Estrabão: "Diferentemente de outras cidades, aqui as pessoas que se dedicam ao estudo são todas nativas do lugar, e os estrangeiros não gostam de morar aqui; além disso, os nativos não ficam aqui, mas completam sua formação em outro lugar e, uma vez completados os estudos, preferem viver no exterior e poucos retornam à pátria". E, depois de ter comparado com o que acontece em Alexandria, continua: "Além disso, Tarso tem todo tipo de escolas de retórica". E conclui: "Em geral, é uma cidade florescente e poderosa, com fama de metrópole".[6]

Outra imagem do ambiente urbano de Tarso nos é oferecida pelo orador e filósofo Dion Coceiano, originário de Nicéia, na Bitínia, que viveu na segunda metade do século I d.C. e na primeira década do século II. Ao apresentar o perfil étnico-cultural de Tarso, Dion diz que não tem certeza se deve colocá-la na tradição oriental fenícia ou na greco-

---

[5] Idem, ibidem, 14,5,14-15, nomeia os nove filósofos estóicos nascidos em Tarso; aos que foram mencionados por ele podemos acrescentar Plutíades, Diógenes e Deodoro; um décimo é conhecido por meio de alguns fragmentos conservados nas antologias gregas. Cf. também ADINOLFI, M. Tarso patria di Stoici. In: *Bibbia e Oriente*, 19, 1977. pp. 185-194; Idem. *Ellenismo e Bibbia*; saggi storici ed esegetici. Roma, 1991. pp. 145-186.

[6] Estrabão. Op. cit., 14,5,13.

helenista. Dion, porém, se interessa principalmente pelo perfil ético e social da cidade. Ele é um orador itinerante de formação cínico-estóica, saudoso dos ideais éticos e civis do passado. Em seus dois discursos feitos em Tarso, provavelmente a convite, traça um quadro um tanto nebuloso do ambiente moral ressaltando sobretudo a decadência de seus costumes e a trivialidade dos seus habitantes.[7] Embora a cidade de Tarso descrita por Dion Coceiano não seja a de Paulo, devemos levar em conta esse clima geral ligado à prosperidade e ao cosmopolitismo da metrópole da Cilícia. Temos uma confirmação disso na *Vida de Apolônio de Tiana*, que aos catorze anos foi levado pelo pai para Tarso, junto ao orador Eutidemo da Fenícia. O biógrafo Filostrato diz que Apolônio "tinha atração por seu mestre, mas achava o costume da cidade desagradável e pouco adaptado à filosofia. Em nenhum lugar reina tanto luxo, os habitantes são fúteis e insolentes, e se preocupam com suas roupas elegantes mais do que os atenienses com a filosofia".[8]

---

[7] *Discursos*, 33.34. Cf. PENNA, R. Le notizie di Dione di Prusa su Tarso e il loro interesse per le lettere di Paolo. In: PADOVESE, L, ed. *Atti del III Simposio su San Paolo apostolo*. Roma, 1995. pp. 119-136. (Turchia: la Chiesa e la sua storia, 9).

[8] Filostrato, op. cit., 1,7; cf. *ibidem*, 6,34.

4. A FAMÍLIA DE PAULO EM TARSO

Assim, com um tom que deixa transparecer certa complacência, Paulo pode dizer ao oficial romano que está para introduzi-lo como prisioneiro na fortaleza Antônia em Jerusalém: "Eu sou um judeu de Tarso da Cilícia, cidadão de uma cidade certamente não sem importância!". Como e quando a família de Paulo chegou em Tarso não se pode saber ao certo com base nas fontes disponíveis. Jerônimo conhece uma tradição que coloca a origem de Paulo em uma localidade da Galiléia, Giscala, ao norte de Nazaré. O escritor cristão latino, que passa os seus últimos trinta e cinco anos de vida em Belém, em sua obra *De viris illustribus*, diz que Paulo "era originário da tribo de Benjamim e da cidade da Judéia, Giscala, de onde emigrou com os pais para Tarso na Cilícia, quando os romanos tomaram a cidade. Depois, os pais o enviaram a Jerusalém para estudar a lei e freqüentou a escola do douto mestre Gamaliel".[9] No prólogo da carta a Filemon reproduz essa tradição como um boato ou opinião popular — "*fabula... aiunt*" — e esclarece que Paulo, quando adolescente, acompanhou seus pais na emigração para Tarso. Nesse caso, Jerônimo estaria contradizendo o que diz Lucas nos Atos dos Apóstolos a respeito de Paulo: "nascido em Tarso da Cilícia". Num outro lugar, porém, ele sabe que Paulo nasceu em Tarso. Em seguida, quanto aos elementos do currículo da formação de Paulo, ele depende do texto dos

---

[9] Jerônimo, op. cit. Cf. Fócio. *Ad Amphilochium quaestio 116* (PG, 101, 688-689).

Atos. Além disso, parece que Jerônimo não é muito preciso ao localizar Giscala, que ele situa na Judéia, enquanto nas outras fontes — Flávio Josefo — é conhecida como uma cidadezinha da alta Galiléia, na fronteira com a Síria. É provável que, neste caso, Jerônimo se atenha à designação historiográfica romana e diga "Judaea" para indicar o território palestinense em seu conjunto.[10]

Um dado que devemos levar em conta é o que diz o próprio Paulo ao reconstruir em traços rápidos sua autobiografia quase no fim do primeiro capítulo da Carta aos Gálatas. Após ter falado sobre seu encontro com Céfas ou Pedro em Jerusalém, onde permaneceu apenas quinze dias, afirma: "Depois fui para a região da Síria e da Cilícia" (Gl 1,21). Enquanto para justificar seu deslocamento pelas regiões da Síria, com uma referência mais precisa às cidades de Damasco e Antioquia, existem razões plausíveis, dadas as relações dessas localidades com o território palestinense e especialmente com Jerusalém, não se pode dizer o mesmo quanto à Cilícia, a não ser levantando a hipótese de uma presença anterior de Paulo e da sua família na capital dessa região, isto é, em Tarso.

Uma confirmação disso nos vem mediante a reconstrução dos próprios acontecimentos pelo autor dos Atos dos Apóstolos. Paulo é acolhido em Damasco na comunidade cristã por um cristão chamado Ananias, que o próprio Senhor se encarrega de ir procurar na casa de Judas. Paulo é apresentado aos leitores dos Atos como "um homem cha-

---

[10] ADINOLFI, M. Giscala e Paolo. In: *Questioni bibliche di storia e storiografia*. Brescia, Paideia, 1969. p. 153-164. (Esegesi Bíblica 5.)

mado Saulo, apelidado Saulo de Tarso" (At 9,11). Após a experiência de Damasco, de onde foi obrigado a fugir durante à noite, ajudado a descer pelas muralhas num cesto, Paulo vai a Jerusalém. Daí ele também é obrigado a fugir, por causa das ameaças dos judeus de língua grega. Então os cristãos de Jerusalém o ajudam a embarcar para Cesaréia Marítima e a chegar a Tarso (At 9,30). É em Tarso que Barnabé vai procurá-lo, ao necessitar de um colaborador para a formação dos cristãos de origem grega na jovem comunidade cristã formada em Antioquia da Síria (At 11,25). As regiões da Síria e da Cilícia, mais uma vez citadas juntas, são mencionadas também no começo da nova viagem que Paulo realiza após o concílio de Jerusalém, juntamente com Silas, partindo de Antioquia (At 15,40). Não se entenderia uma referência assim tão insistente à Cilícia e mais precisamente a Tarso se Paulo e sua família não tivessem morado aí por um período suficientemente longo a ponto de poder criar laços estáveis com o ambiente social e cultural da cidade.

A presença de famílias judias na Cilícia, e principalmente em Tarso, não é atestada de modo direto e explícito.[11] Há, contudo, documentação da imigração judaica à Ásia Menor. Famílias de judeus, em várias levas e por razões di-

---

[11] Poder-se-ia deduzir que em Tarso houvesse uma comunidade judaica de certa importância pelo que escreve Filostrato na *Vida de Apolônio*, durante sua visita à cidade juntamente com Tito, o conquistador de Jerusalém, filho do imperador Vespasiano. Apolônio, que no passado criticou os habitantes de Tarso por causa do luxo e lassidão de costumes, agora se torna defensor da causa deles junto a Tito, embora alguns sejam seus inimigos: "Se eu denunciasse que alguns destes são inimigos seus e do seu pai, que apoiaram a insurreição de Jerusalém e que são aliados ocultos dos seus inimigos mais declarados, o que aconteceria a eles?" (*Vida de Apolônio*, 6,34); Fílon, em *Legatio ad Caium* 281, menciona a Cilícia entre as regiões nas quais existem comunidades judaicas.

ferentes, chegam a essas regiões. Um eco dessas imigrações muitas vezes forçadas e ligadas a eventos de guerra, crises sociais e desastres econômicos pode ser encontrado também nos textos dos profetas que falam da venda de judaítas aos gregos (Jl 4,6). Na lista das nações e das regiões das quais provêm os convertidos ao Senhor são mencionadas, além da Grécia, também a Lídia [Lud] e a Cilícia [Tubal] (Is 66,19). Por outro lado, as relações comerciais entre as cidades fenícias e as da costa meridional da Ásia Menor explicam a presença de judeus nessas regiões (cf. Ez 27,10.13; 38,2; 39.1). Alguns aí se estabeleceram por motivos comerciais, outros obrigados pelas vicissitudes do acaso. Há aí, por fim, núcleos isolados formados após o comércio de escravos e os saques dos piratas que desde o século II infestam as costas mediterrâneas da Ásia Menor.

O estabelecimento mais maciço de judeus nas regiões da Lídia e da Frígia, a noroeste da Cilícia, é lembrado por Flávio Josefo no livro doze das *Antiguidades judaicas*. O historiador judeu reproduz uma carta do rei Antíoco III, escrita no início do século III a.C. ao governador da Lídia, Zeuxis, na qual, tendo conhecimento das rebeliões dos povos da Lídia e da Frígia, lhe comunica a decisão de mandar transferir da Mesopotâmia e da Babilônia duas mil famílias judias, com seus bens, para as localidades fortificadas e mais importantes das regiões supramencionadas. Ele diz estar convencido de que tais colonos judeus serão leais guardiães dos interesses estatais, graças à religião deles. Além disso, ele conhece o testemunho de seus predecessores quanto à fidelidade e boa disposição para fazer o que lhes for pedido. Em seguida, dá orientações para que lhes seja garantida a possibilidade de viverem segundo as próprias leis e a cada um seja designado um lugar para construir a própria casa e a terra para cultivar e plantar videiras. Estabelece que, por dez anos, eles ficarão isentos de impostos sobre produtos do campo. Além disso, ordena que lhes seja distribuído, aos seus servidores e a todos os empregados no serviço público o trigo necessário para o próprio sustento, de tal modo que, a esse tratamento humanitário corresponda boa disposição em relação às autoridades. Enfim, convida o governador a cuidar, no que for possível, desse grupo étnico para que não seja incomodado por ninguém.[12]

Esta carta faz parte de uma série de três documentos citados por Flávio Josefo para testemunhar o favor de Antíoco III Magno em relação aos judeus. Daí a suspeita de que este documento, assim como os outros dois, seja produto do historiador judeu ou, ao menos, tenha sido manipulado por razões apologéticas. Na realidade, algumas expressões do texto flaviano revelam uma tendência filojudaica. Contudo, sabe-se que a política de tolerância dos Selêucidas em relação às minorias étnicas, baseada no modelo persa, será seguida também pela administração romana. Além disso, é inegável a presença de comunidades judaicas nas regiões da Ásia Menor entre os séculos I a.C. e I d.C., como atestam as inscrições e as fontes literárias.

Como exemplo delas, basta a de Cícero em defesa de Lúcio Valério Flaco feita em Roma em 59 a.C. Este foi acusado por Décimo Lélio de ter-se apropriado, durante seu governo na Ásia como pretor (62-61 a.C.), do dinheiro que os judeus haviam coletado como taxa anual para o templo de Jerusalém. Em sua defesa, Cícero demonstra a legitimi-

---

[12] XII,3,4, par. 147-153.

dade do edito de Flaco, que agiu no interesse da república. De fato, o ouro requisitado foi pesado e depositado no erário do Estado. O orador romano cita alguns dados sobre a quantidade de ouro pesado em Apaméia (cem libras), em Laodicéia (vinte), em Adrimeto (pouco mais de vinte) e em Pérgamo (pouco). De resto, diz Cícero, não vale a pena favorecer os judeus que seguem uma "superstição estrangeira" e estão sempre prontos para sublevações urbanas.[13] Aqui não nos interessam os preconceitos de Cícero, não muito diferentes dos de outros escritores latinos, em relação aos judeus. O que nos interessa é seu testemunho insuspeito sobre a relevante presença de judeus na Ásia no século I a.C. A possibilidade de recolher anualmente uma soma notável de dinheiro como taxa para o templo de Jerusalém é um indício não só da tenaz fidelidade às tradições religiosas dessas colônias judaicas na Ásia, mas também do bom teor de vida e do correspondente nível social de seus componentes.

Esses dados podem ser estendidos às comunidades judaicas da Cilícia e, em particular, às da capital Tarso, embora não haja documentos explícitos a respeito. Uma informação indireta sobre a diáspora judaica na Cilícia poderia ser deduzida do que diz o autor dos Atos dos Apóstolos sobre a presença dos judeus asiáticos em Jerusalém. Entre os judeus que se opõem e discutem com Estêvão, ele menciona os da sinagoga dos "libertos", que engloba também os judeus da Cilícia e da Ásia (At 6,9). É provável que Paulo, em sua estada em Jerusalém, no período da sua for-

---

[13] *Pro Flacco*, 28,66-68. Cf. FELDMANN, L. H. *Jew and Gentile in the Ancient World*. Princeton University Press, 1993.

mação judaica na escola de Gamaliel, se referisse a esse ambiente dos judeus de língua grega ligados à diáspora da Cilícia.

Entretanto, uma vez admitida a origem de Paulo de Tarso na Cilícia, qual era o estatuto jurídico da sua família nessa cidade? Considerando as vicissitudes históricas de Tarso na época imperial, podemos dizer que as famílias abastadas da cidade gozavam da cidadania tarsense. Uma confirmação disso é que Dion de Prusa fala em "quinhentas dracmas" como condição para adquirir o direito de cidadania em Tarso.[14] No discurso aos cidadãos de Tarso, o orador Dion os convida a reconhecerem também aos "operários do linho", *linourgói*, o direito de cidadania, já que eles nasceram, vivem e trabalham em Tarso, pois tal direito é reconhecido imediatamente para quem está disposto a pagar quinhentas dracmas. Em todo caso, se a família de Paulo faz parte da comunidade judaica de Tarso, é provável que goze dos direitos adquiridos pela comunidade. Uma via de acesso mais direta e segura à cidadania tarsense está ligada ao *status* de maior prestígio, que Paulo teria herdado da família, isto é, de cidadão romano. Paulo, porém, era realmente *civis romanus*?

---

[14] *Orationes*, 34,21-23.

5. PAULO DE TARSO, "CIDADÃO ROMANO"

Atendo-nos às palavras de Paulo reproduzidas no texto dos Atos dos Apóstolos 21,39: "Eu sou um judeu de Tarso da Cilícia, cidadão [*polítes*] de uma cidade não sem importância", devemos deduzir que ele não só é originário de Tarso, mas "cidadão", a pleno título, dessa cidade. Além disso, devemos notar que na seqüência do relato lucano sobre a prisão de Paulo em Jerusalém se esclarece que ele, desde seu nascimento, goza do privilégio de "cidadão romano". De fato, o tribuno, diante dos gritos insistentes da multidão que pede a morte de Paulo, faz com que ele seja levado para dentro da fortaleza Antônia e ordena que seja interrogado "para saber o motivo por que gritavam tanto contra ele". Paulo é amarrado com correias e, no momento em que estava para ser açoitado, pergunta ao centurião: "É permitido a vocês açoitar um cidadão romano sem ter sido julgado?". O centurião vai, então, até seu superior e lhe comunica o *status* civil de Paulo, lembrando-lhe do risco que está correndo: "Veja bem o que vai fazer! Esse homem é cidadão romano!". Então, o próprio tribuno se dirige a Paulo, perguntando-lhe oficialmente: "Diga-me, você é cidadão romano?". Paulo responde: "Sou sim". Surpreso, o tribuno diz a Paulo: "Eu precisei de muito dinheiro para adquirir essa cidadania!". Paulo retruca: "Pois eu tenho essa cidadania de nascença". Imediatamente, o oficial dá ordens para suspender o interrogatório de Paulo. E Lucas conclui sua narrativa dizendo que o tribuno ficou com medo, "ao saber que Paulo era cidadão romano, e que mesmo assim o haviam acorrentado" (At 22,25-29).

Não é a primeira vez que os leitores dos Atos dos Apóstolos vêm a saber que Paulo é cidadão romano. Ele já havia feito valer esse direito na colônia romana de Filipos, para conseguir sair da prisão, após a amarga aventura do dia anterior na praça da cidade, onde, juntamente com Silas, foi açoitado por ordem dos magistrados e jogado na prisão. De manhã, quando o carcereiro recebe ordens dos magistrados para soltarem Paulo, este teima e, por intermédio dos guardas, manda dizer às autoridades locais: "Fomos açoitados em público sem nenhum processo, e fomos lançados na prisão sem levar em conta que somos cidadãos romanos". Ele exige que os próprios magistrados venham tirá-los da prisão. Neste ponto, o autor dos Atos nota que os magistrados, ao ouvirem que eles eram cidadãos romanos, ficaram espantados. Então, "foram conversar com eles. E os soltaram, pedindo que deixassem a cidade" (At 16,35-39).

Esse episódio de Filipos é prelúdio da cena de Jerusalém, com uma diferença: neste caso Silas também é associado a Paulo no estatuto de cidadão romano. Paulo apela para esse direito durante a segunda audiência do seu processo, que se desenrola na sede do governador romano, em Cesaréia. Para não ser entregue aos judeus de Jerusalém, que querem a todo custo sua morte, Paulo, como cidadão, pede para ser julgado em Roma, junto ao tribunal do imperador. O governador Pórcio Festo, após ter consultado os assessores do tribunal, acolhe o pedido de Paulo: "Você apelou para César; então irá a César" (At 25,12; cf. 25,16.21.25). Graças a essa decisão do governador romano, Paulo levará seu testemunho até Roma, a capital do império. Portanto, mais uma vez a cidadania romana de Paulo marca uma virada em sua missão de proclamador do Evangelho.

Dessa junção entre a cidadania romana de Paulo e a sua missão a serviço do Evangelho, poderíamos suspeitar que o autor dos Atos, se não inventou em sã consciência esse estatuto paulino, fez uso dele em função de seu plano apologético e da sua visão teológica sobre a história do movimento cristão. Tal suspeita é confirmada pelo fato de que Paulo, em suas cartas, não fala absolutamente nada sobre isso. De resto, nos três episódios supracitados dos Atos dos Apóstolos tem-se a impressão de que Paulo recorre ao seu direito de cidadão romano sempre atrasado. Em Filipos, manifesta-o aos magistrados apenas no dia seguinte, quando uma declaração oportuna a respeito lhe teria poupado os açoites na praça e uma noite na cadeia. Em Jerusalém, ele também apela a esse estatuto tão-só quando está para ser submetido ao açoite. No processo de Cesaréia espera na prisão, durante dois anos, a chegada do novo governador Pórcio Festo e somente numa nova audiência, na presença dos judeus de Jerusalém, apela ao tribunal do imperador.

No entanto, não podemos pensar que o autor dos Atos, tão preciso ao relatar as informações sobre o sistema administrativo do império, tenha citado com superficialidade e sem qualquer fundamento a cidadania romana de Paulo. Sem esta, que ele dá por certa, não se explicariam a transferência de Paulo para Roma e a sua detenção por dois anos na capital. E este último dado também é conhecido pela tradição paulina posterior, provavelmente autônoma em relação à dos Atos (cf. 2Tm 1,16-17; 4,16-17). Além disso, Lucas mostra que conhece as graves conseqüências civis e penais para quem abusa a favor ou contra o direito de cidadania romana.[15] Devemos, portanto,

---

[15] O direito de cidadania romana é regulado pelas antigas leis *Valeria, Julia e Porcia*. A *Lex Julia*, relativa à *vis publica*, proibia a qualquer magistrado condenar à morte ou

supor que Lucas chegou a conhecer essa condição de cidadão romano de Paulo e a tenha utilizado em função de seu plano historiográfico sobre as origens e a expansão da Igreja primitiva. Segundo Lucas, Paulo é cidadão romano pelo nascimento e, por isso, pode dizer como Cícero: "*Civis romanus natus sum*".[16] Neste caso, seus pais gozavam desse direito desde a sua presença em Tarso, se é verdadeira a notícia de Jerônimo sobre a emigração deles da Galiléia. É provável que o avô de Paulo tenha adquirido esse direito graças às benemerências em relação à causa romana. Essa situação favorável se apresenta na metade do século I a.c., no contexto da guerra civil entre os assassinos de César, Cássio e Bruto, e os filocesarianos Antônio e Otaviano. A cidade de Tarso, como foi dito acima, foi envolvida política e financeiramente nessas lutas entre os dois partidos. Antônio antes, no período da sua aventura no Oriente de 30 a 40 a.c., e Otaviano Augusto depois demonstraram seu reconhecimento à cidade de Tarso, cumulando-a de isenções e favores. Dion de Prusa, em seu segundo discurso em Tarso, afirma que Augusto tratou seus habitantes como verdadeiros amigos e aliados, concedendo-lhes territórios, leis, honras e direitos sobre os rios e sobre o mar.[17] Podemos pensar que nessas circunstâncias os antepassados de Paulo tenham conseguido o direito de cidadania romana.

---

submeter à flagelação um cidadão romano contra o seu direito de apelação. A *Lex Valeria* estabelecia para cada cidadão romano o direito de apelar contra a *coercitio* — sentença executiva ou punição — dos magistrados. Eram previstas penas severas para quem violava as leis de tutela dos cidadãos romanos, assim como para a degradação e a incapacidade aos cargos públicos.

[16] *Ad familiares* X,32,3.

[17] *Orationes* 34,7-8; 34,25.

Não muito diferente é a hipótese formulada por Martin Hengel. Ele exclui como improvável a hipótese de que a cidadania romana tenha sido conferida aos antepassados por méritos políticos ou militares. Ao contrário, acha que a causa mais importante para a extensão do privilégio da *civitas* romana aos judeus de origem palestinense seja a alforria de escravos judeus por obra de cidadãos romanos, embora o *libertus* feito cidadão romano estivessse ainda vinculado a certas limitações. Esse é o caso de grande parte dos judeus de Roma, deportados como prisioneiros de guerra na metade do século I a.C., de que fala Filon na *Legatio ad Caium*, 155-157. Com o passar do tempo, foram alforriados por seus patrões. Assim se explicaria o nome "sinagoga dos libertos", citado no livro dos Atos para designar o grupo dos judeus opositores de Estêvão (At 6,9). São libertos romanos e suas famílias que reentraram no país e que residiam em Jerusalém. A partir desses casos e de outros semelhantes, reconstruídos com base na documentação antiga, Martin Hengel conclui dizendo que "a coisa mais óbvia é, até no caso dos antepassados de Paulo, que eles, mediante a prisão e a alforria por obra de um cidadão romano, obtiveram, involuntariamente, o *status* privilegiado da *civitas*".[18] Ele faz a ligação entre a prisão da família de Paulo e sua transferência para Tarso com os acontecimentos bélicos na Palestina, nos quais se envolveu o exército romano a partir da intervenção de Pompeu em Jerusalém no ano 63 a.C. Essa hipótese seria reforçada pelas informações de Jerônimo sobre a transferência dos pais de Paulo de Giscala na Judéia, exatamente no contexto da guerra romana naquela região.

---

[18] *Il Paolo precristiano*. Brescia, Paideia, 1993. p. 59.

Uma vez admitida a hipótese da cidadania romana de Paulo, podem ser mais bem compreendidos alguns detalhes de seu epistolário. Mais de uma vez ele recorre à linguagem e às metáforas da alforria para definir a nova condição dos cristãos resgatados por Deus a alto preço e que se tornaram libertos de Cristo e livres em relação aos homens (1Cor 6,20; 7,21-23; Gl 3,13; 4,5). Isso deporia em favor da hipótese de M. Hengel. Contudo, é uma confirmação muito indireta e frágil. Mais notável é o fato de que Paulo em suas cartas recorra continuamente à terminologia da administração romana para indicar as regiões do império que ele atravessa em suas viagens. Embora o centro de gravidade religiosa do mundo paulino continue sendo Jerusalém, o Apóstolo, em seus projetos missionários, olha para as regiões ocidentais do império, a partir da Ásia Menor para a Macedônia e para a Acaia até Roma. Chegar à capital do império é a sua aspiração, embora em seus planos de evangelização ela seja apenas uma etapa para poder chegar até a Espanha (Rm 1,13; 15,23-24).

O fato de Paulo ter escolhido as grandes cidades, sedes do governador ou colônias romanas, como quartel general de sua atividade missionária pode ser indício do seu *status* de cidadão romano. Lendo o epistolário paulino tem-se a impressão de que ele se move com desenvoltura e se sente à vontade nas metrópoles e nos grandes centros administrativos do império. De resto, seria impossível para um *peregrinus*, estrangeiro sem proteções e direitos civis, desenvolver uma atividade intensa e prolongada nas grandes cidades como Corinto e Éfeso, sem a cobertura da cidadania romana. Nesses ambientes era mais fácil para Paulo além de se apoiar nas comunidades judaicas da diáspora, fazer reconhecer e valer seu direito de cidadão romano. De fato, esse direito devia ser provado por algum documento regular ou com base no testemunho de outros cidadãos conhecidos. Parece que no tempo de Paulo ainda não estava em uso o documento de identidade. Resta, portanto, a declaração verbal do interessado ou o atestado de outras pessoas reconhecidas pelas autoridades.

Essas dificuldades para fazer reconhecer, a própria condição de cidadão romano, mediante um procedimento rápido, explicariam os casos de açoite aos quais Paulo foi submetido como medida de coerção policial ou judiciária. Além do episódio de Filipos, de que fala Lucas nos Atos e ao qual Paulo acena em 1Ts 2,2, há a menção, embora num contexto de elenco retórico, da *verberatio* romana: "Três vezes fui açoitado com varas [*trìs errabdísthen*]" (2Cor 11,25). Além disso, apesar das penas severas previstas para os transgressores das leis que garantiam os direitos dos cidadãos romanos, não são raros os casos de infração, sobretudo nas províncias.[19] Em sua atividade missionária nas grandes cidades, Paulo foi acusado várias vezes diante das autoridades locais e correu o risco de ser condenado à morte (cf. 1Cor 4,9; 15,31-32; 2Cor 1,9; Fl 1,20; 2,17). Esses episódios e situações que Paulo relê sobre o plano de fundo de sua condição de apóstolo de Jesus Cristo não são incompatíveis com o seu *status* de cidadão do império romano.

No entanto, se diz que Paulo em suas cartas nunca fala explicitamente da sua condição de cidadão romano. Isso é verdade. Mas ele também não fala de sua origem ou

---

[19] JOSEFO, Flávio. *De bello judaico*. 2,14,19, par. 308; Hengel, op. cit., p. 43-44.

cidadania de Tarso, de outros aspectos da sua vida pessoal e da sua condição social e civil. Contudo, em seu epistolário, há algumas expressões que são mais bem compreendidas tendo como pano de fundo sua cidadania romana. Dirigindo-se aos cristãos da colônia romana de Filipos, ele diz: "A nossa cidadania [políteuma], porém, está lá no céu, de onde esperamos ansiosamente o Senhor Jesus Cristo como Salvador" (Fl 3,20). Na mesma carta, ele exorta os filipenses a se comportarem como "cidadãos [politéuesthe], dignos do Evangelho" (Fl 1,27). Essas frases podem ser consideradas como expressões metafóricas presentes também nos textos dos oradores e filósofos da época. Mas é estranho que em todo o epistolário paulino elas se encontrem apenas na Carta aos Filipenses. Analogamente, não deixa de ser significativo o fato de que somente na Carta aos Romanos Paulo insira uma breve lista dos deveres civis dos cristãos, justificada com a legitimação explícita e o reconhecimento aberto da função da magistratura e das instituições públicas (Rm 13,1-7). Portanto, uma sondagem no epistolário paulino oferece alguns indícios que confirmam a condição de Paulo como cidadão romano.

6. "SAULO, TAMBÉM CHAMADO PAULO"

Se Paulo é cidadão romano, deveria ter os *tria nomina* distintivos desse *status*: um *prae-nomen* pessoal, um *nomen*, ligado ao do pai legítimo, e um *cognomen*, adjunto de caráter mais ou menos honorífico. Nos documentos atuais disponíveis ele é conhecido com dois nomes: *Páulos* e *Sáulos*. O primeiro é o nome com que é designado o protagonista das viagens e dos discursos na segunda metade do livros dos Atos dos Apóstolos a partir do seu encontro com o procônsul da ilha de Chipre, em Pafos, conhecido pelo duplo nome romano de Sérgio Paulo. Já está desacreditada a hipótese de que o missionário Saulo assumira o novo nome *Páulos* para recordar esse encontro e a conversão do procônsul romano. Menos aceita ainda é a hipótese de que o novo nome deva ser ligado à experiência de Damasco.

No cabeçalho das treze cartas do *corpus* paulino, ele se apresenta sempre com o nome greco-romano *Páulos*. Não fosse o testemunho explícito do livro dos Atos ninguém suspeitaria que ele tinha um segundo nome de matriz judaica, *Sha'ul*, grecizado como *Sáulos*. A primeira forma aparece apenas nas três narrativas da conversão de Paulo na estrada de Damasco (At 9,4.17; 22,7.13; 26,14). A segunda se encontra umas quinze vezes do fim do capítulo sete até o capítulo treze, no qual pela primeira vez aparece o duplo nome "Saulo, também chamado Paulo" (At 13,9). Uma certa homofonia com *Páulos* fez prevalecer a forma grecizada *Sáulos* em relação à hebraica *Sha'ul*.

Alguns vêem outro indício da condição de cidadão romano no fato de "Paulo" ser um nome latino. Ele é designado com esse nome por Lucas no momento em que entra em contato com o mundo cultural greco-romano. O próprio Paulo se auto-apresenta com esse nome no cabeçalho de todas as suas cartas, isto é, na relação com o ambiente de língua grega. De fato, *Páulos* é um nome latino grecizado. *Paulus* (*Paullus*), que significa "pequeno", poderia ser o *cognomen*, isto é, o terceiro nome, ou o *praenomen*, usado em família e entre amigos. Outros vêem aí uma ligação com o *patronus* latino de Tarso, ao qual a família de Paulo deve a promoção à cidadania romana. Neste caso, as hipóteses se amontoam na tentativa de reconstruir os *tria nomina* de Paulo como cidadão romano: *Caius Iulius Paulus* (se o acesso à *civitas romana* aconteceu sob os auspícios da família *Iulia*); outros o colocam em relação com a *gens Emilia*, junto à qual o nome Paulo aparece com freqüência.

A precariedade dessas hipóteses vem também do fato de que em Roma o uso dos *tria nomina*, já na época imperial, não é tão rígido e preciso. As coisas se complicam quando se deslocam para as províncias orientais do império, onde o bilingüismo favorece o uso de dois nomes, como pode-se ver por algumas personagens mencionadas nos Atos dos Apóstolos ou nas cartas de tradição paulina: João-Marcos, (*Yohanan-Markos*, *Marcus* latino); José-Barsabas, chamado *Ioústos* (*Iustus* latino); Jesus-*Ioústos* (*Iustus*); Simeão cognominado *Niger*. Em alguns desses exemplos, o segundo nome é uma espécie de elemento distintivo, um apelido mais do que o verdadeiro *cognomen*, segundo o esquema romano de designação. Portanto, poderíamos pensar que o nome *Páulos-Páulus*, no ambiente greco-romano, especifica o nome Saulo com que ele é chamado no ambiente familiar e no contexto de língua e cultura hebraico-aramaica.

O nome Saulo, que em hebraico significa "invocado", aparece muito raramente entre os judeus da diáspora. É freqüente, no entanto, nas inscrições dos sepulcros hebraicos na Palestina. Vários rabinos dos primeiros séculos da nossa era trazem esse nome. Ele remete, portanto, a um ambiente tradicional judaico. A designação de um filho com o nome do primeiro rei originário da tribo de Benjamim, Saul, é um indício do contexto cultural e das tendências religiosas da família. Isso é confirmado pela dupla menção que Paulo faz dele ao reivindicar sua origem e sua pertença judaica nas cartas enviadas à Igreja de Filipos e aos cristãos de Roma.

Na Carta aos Filipenses, Paulo lembra sua origem e seu passado judaicos. Em polêmica com alguns missionários cristãos que se vangloriam da pertença ao povo da aliança e recomendam aos cristãos o sinal distintivo da circuncisão, ele elenca sete qualidades que podem justificar o seu "confiar na carne". Em primeiro lugar, ele coloca o fato de ter sido "circuncidado no oitavo dia", conforme as prescrições bíblicas (Gn 17,10; Lv 12,3). Isso visa quebrar as pretensões de seus interlocutores. Em segundo lugar, coloca sua pertença à "estirpe de Israel" e, em terceiro, sua origem da "tribo de Benjamim" (Fl 3,5). Paulo pode considerar como título de honra, do ponto de vista judaico, o fato de ter nascido de pais que remontam a própria origem à tribo de Benjamim.

Analogamente, na Carta aos Romanos, dirigindo-se aos cristãos da capital cuja maioria não é de origem judaica, Paulo relembra os seus laços com os filhos de Israel. A quem lhe faz a objeção de que os judeus destinatários da promessa messiânica não reconheceram Jesus como Messias, ele responde dizendo que Deus escolheu um resto para salvar a todos. Ele pertence a esse resto, pois, a pleno título, é "israelita, da descendência de Abraão, da tribo de Benjamim" (Rm 11,1). As mesmas expressões, mas sem a referência à tribo de Benjamim, reaparecem no contexto da polêmica de Paulo com os missionários concorrentes de Corinto. A esses "superapóstolos", que exibem a identidade judaica como título para legitimar a própria função, Paulo, com toda segurança, pode dizer: "Eu também!". "São hebreus? Eu também. São israelitas? Eu também. São descendentes de Abraão? Eu também" (2Cor 11,22). Portanto, o nome Saulo que ele recebeu em sua família, ainda que nunca o use em sua correspondência escrita em grego, é um sinal da sua raiz judaica. Este é um dado que encontra plena e segura confirmação nos trechos autobiográficos das suas cartas.

Colocando juntas as raras e fragmentárias notícias biográficas de Paulo espalhadas nos Atos dos Apóstolos e no epistolário, podemos reconstruir um quadro das suas "origens".

Paulo nasceu por volta dos anos 5-10 d.C., em Tarso na Cilícia, de pais judeus que se atêm à sua identidade étnico-religiosa. O duplo nome com o qual é chamado desde o nascimento, Saulo-Paulo, é um sinal da sua origem na diáspora judaica e da sua dupla pertença cultural. De sua família, que tem a cidadania de Tarso, Paulo herda uma condição social privilegiada. Desde o nascimento, ele é cidadão romano. Neste registro civil de Paulo se insere um processo de formação que faz emergir suas potencialidades pessoais.

II
FORMAÇÃO E PERSONALIDADE DE PAULO

As raízes familiares e históricas de Paulo são o contexto no qual sua personalidade vai sendo plasmada. A sua origem de uma família de judeus que emigraram para Tarso e sua pertença à comunidade judaica da diáspora condicionam seu processo de formação, mas ao mesmo tempo oferecem ao jovem Saulo-Paulo oportunidades que os filhos dos judeus palestinenses não têm. A aprendizagem da língua grega e a abertura ao mundo cultural helenista, por um lado, estimulam a busca da própria identidade étnico-religiosa e, por outro lado, favorecem o crescimento humano e espiritual num mundo diferente, no confronto dialógico.

Paulo herda de sua família o senso de uma forte identidade judaica e recebe da sua cidade de origem o impulso para a busca de fronteiras sempre novas. O *iter* formativo e a personalidade de Paulo se nutrem e vivem dessa dupla pertença, provinda de sua localização na fronteira de dois mundos, o judaico e o helenístico. Em suas cartas se refletem o percurso formativo e a rica personalidade de Paulo, tanto nos poucos textos autobiográficos, como sobretudo no conjunto do diálogo epistolar com as comunidades cristãs e com os seus amigos e colaboradores.

1. "HEBREU FILHO DE HEBREUS; FARISEU QUANTO À LEI"

Esta expressão faz parte do auto-retrato de Paulo na Carta aos Filipenses. Embora condicionado pelo tom polêmico em que é ditado, ele deve ser levado em conta quando se procura reconstruir o caminho formativo do jovem Saulo-Paulo. A fórmula "hebreu filho de hebreus", no quadro da auto-apresentação, entra na série das primeiras quatro qualidades de caráter étnico-religioso relativas ao passado de Paulo. Sem medo de ser desmentido, ele pode fazer valer esses dados do seu registro civil diante de todos aqueles que consideram importante a identidade judaica.

A qualificação "hebreu filho de hebreus" pressupõe que Paulo tenha nascido de pais judeus, regularmente unidos em matrimônio, não de mãe judia unida a um pagão ou prosélito, e nem de antepassados pagãos convertidos ao Judaísmo. A qualificação de "hebreu" em relação à de "israelita" sublinha o aspecto cultural e lingüístico da hebraicidade de Paulo. No seio da sua família originária o jovem Paulo aprendeu a língua e se nutriu da cultura hebraica.

Um sinal disso é o nome *Sha'ul*, que recebe na hora da circuncisão, ainda que nunca o use em suas cartas escritas para as comunidades e os cristãos de língua grega. Esse nome familiar de Paulo deve ser posto em relação, como foi dito acima, com sua pertença à tribo de Benjamim. Paulo pode ter recebido essa informação apenas na sua família, na qual conserva a lembrança da linha genealógica.

A tribo de Benjamim, último filho de Jacó e Raquel, nascido nas vizinhanças de Éfrata-Belém, por ocasião da divisão da terra de Israel recebe o território central, a oeste do Jordão e ao norte de Jerusalém. Quando, na época de Salomão, é constituído o distrito correspondente, com um prefeito, a tribo de Benjamim permanece ligada à capital do sul, até depois da divisão do reino. Entre os deportados que voltam do exílio babilônio, alguns reivindicam a pertença à tribo de Benjamim e a posse das terras dos antepassados (Ne 11,4.7.31-33). É um benjaminita, Mardoqueu, o protagonista do livro de Ester, no qual se defende e se exalta a pertença e a identidade hebraica. A figura do primeiro rei, Saul, da tribo de Benjamim, volta ao auge no século II a.C., na época da luta de independência liderada pela família dos Macabeus contra o partido dos filelenistas.

Com base nessa história bíblica da tribo de Benjamim, seria demasiadamente hipotético afirmar que a família de Paulo sonha com uma restauração nacionalista? Entretanto, é sintomático que o descendente da tribo de Benjamim, ao evocar o seu passado hebraico, declare sem meios termos que é um seguidor do movimento dos fariseus e observante escrupuloso da lei (Fl 3,5.6). Essa imagem que Paulo tem de si mesmo e do seu passado de hebreu reaparece em algumas frases da Carta aos Gálatas, escrita no mesmo período que a Carta aos Filipenses. Ele pressupõe que os seus interlocutores, os cristãos da Galácia, estejam a par do seu currículo de militante judeu que se tornou cristão. Na rápida lembrança da carta, a atenção se detém no seu compromisso radical e intransigente: "Certamente vocês ouviram falar do que eu fazia quando estava no Judaísmo [...]. Eu superava no Judaísmo a maior parte dos compatriotas da minha idade e procurava seguir com todo o zelo [*zelotês*] as tradições dos meus antepassados" (Gl 1,13-14).

O termo *ioudaismós* foi cunhado na época dos Macabeus, quando deslancha o movimento dos *hasidîm* ou assideus, que desemboca no movimento dos fariseus. É nesse ambiente que o termo *zêlos* é associado ao compromisso militante na observância da lei judaica (1Mc 2,23-28). Em defesa das tradições dos pais, os Macabeus se reportam à figura bíblica do "zelota" Finéias (Nm 25,6-13). Compreende-se, então, que Paulo, quando faz o seu auto-retrato de judeu fiel na observância da lei e das tradições dos antepassados, pode associar os dois atributos de "zelota" e "fariseu".

Paulo é um seguidor daquele movimento que Flávio Josefo apresenta aos leitores gregos como uma das três "filosofias" em que se dividem "os judeus em suas tradições de antiga data: a dos essênios, a dos saduceus e a dos fariseus". Sobre estes últimos, ele diz:

> Professam um gênero de vida muito simples, não cedendo em nada aos prazeres. Seguem o que as orientações da doutrina deles transmitiu como coisa boa, considerando fundamental a observância daquilo que ela entendia insinuar. Demonstram grande respeito pelos Anciãos e não se atrevem a contradizer suas explicações. Embora achem que tudo acontece segundo o destino, eles, entretanto, não despojam a vontade humana de sua ação sobre as coisas, achando que Deus julgou bom operar uma fusão de tal modo que a vontade humana concorra com suas decisões, tendo como resultado a virtude ou o vício. Crêem que as almas possuem uma força imortal e que existem sob a terra castigos e recompensas, aplicados de acordo com o que elas fizeram durante a vida, conforme se tenham entregue à virtude ou ao vício, com a perspectiva para umas de uma prisão eterna e para outras a faculdade de viver de novo. Por isso encontram credibilidade junto ao povo e todas as coisas divinas, orações e oblações dos sacrifícios se realizam segunda sua interpretação. Até este momento, as cidades testemunham a superioridade deles, colocando em prática seus grandes ideais, tanto no teor de vida como nos discursos.[1]

---

[1] *Antigüidades Judaicas*, 18,1,3, par. 11.12-157.

Essa descrição da "seita" dos fariseus corresponde substancialmente ao que o historiador judeu diz mais resumidamente a respeito deles em sua *História da guerra judaica*: "Eles têm a fama de interpretar as leis, constituem a seita mais importante e atribuem tudo ao destino e a Deus; consideram que agir bem ou mal depende em grande parte dos homens, mas que em tudo tem parte o destino; que a alma é imortal, mas apenas a dos bons passa para outro corpo, enquanto a dos maus são punidas com um castigo sem fim".[2]

Os pontos principais e distintivos do pensamento dos fariseus, como são interpretados por Flávio Josefo, se reduzem a três: a) a interpretação autorizada da lei escrita aplicada à vida diária; b) a afirmação da liberdade e responsabilidade humana em harmonia com a vontade e o agir soberano de Deus, e do conseqüente princípio da retribuição divina: prêmio para os bons e castigo para os maus; c) a ressurreição dos corpos e a vida eterna para todos aqueles que fazem o bem.

O historiador judeu, que escreve para não-judeus, se demora nos problemas de interpretação e aplicação da lei, sobre os quais se contrapõem fariseus, essênios e saduceus. Alguns textos encontrados nas grutas de Qumran junto ao mar Morto, escritos por um grupo de essênios, se posicionam contra a interpretação demasiadamente permissiva da lei por parte dos fariseus sobre as normas de pureza (4QMMT). É de se notar que o objetivo buscado pelo movimento dos fariseus é a santificação ritual da vida cotidiana dos leigos, mediante a observância das normas sobre o sábado e as festividades do calendário judaico; a prática das leis a respeito das primícias e os

---

[2] *Bell.*. cit., 2,8,18, par. 162-163.

dízimos sobre os produtos do campo e as leis sobre os alimentos; enfim, a aplicação rigorosa das normas concernentes ao contato com as fontes de impureza: cadáveres, doenças, sangue e outros fluxos orgânicos. Quando Paulo afirma que "quanto à lei" ele é *pharisáios*, refere-se a esse modo de interpretar e viver a lei bíblica ou *torah*.

Sob esse aspecto, a apresentação que Paulo faz de si mesmo na Carta aos Filipenses coincide com o que Lucas o faz dizer no discurso diante dos judeus de Jerusalém, na entrada da fortaleza Antônia: "Eu sou um judeu, nascido em Tarso da Cilícia, mas fui educado nesta cidade, formado na escola de Gamaliel, seguindo a linha mais escrupulosa dos nossos antepassados, cheio de zelo [*zelotês*], por Deus, como todos vocês o são agora" (At 22,3). No dia seguinte à sua prisão, Paulo é levado diante do sinédrio reunido para apurar os motivos da sua acusação e declara explicitamente: "Irmãos, eu sou fariseu e filho de fariseus. É por nossa esperança, a ressurreição dos mortos, que estou sendo julgado" (At 23,6). Suas palavras sobre a "ressurreição dos mortos" desencadearam uma desavença entre os membros do conselho supremo judaico, dividido entre fariseus e saduceus. De fato, estes últimos, ao contrário dos fariseus, não crêem na ressurreição corporal.

Enfim, pela terceira vez na última audiência diante de Agripa II, que viera com a irmã Berenice saudar o governador romano Pórcio Festo em Cesaréia Marítima, Paulo faz a sua defesa, relembrando seu passado de judeu fiel e observante: "Todos os judeus sabem como foi a minha vida desde a minha juventude, no meio do meu povo e em Jerusalém, desde o início. Eles me conhecem de longa data e, se quiserem, podem testemunhar que vivi como fariseu, conforme a seita mais rígida da nossa religião" (At 26,4-5).

Essa imagem lucana de Paulo "fariseu, filho de fariseus" faz parte do horizonte do seu projeto historiográfico, inspirado pela intenção de mostrar a unidade do plano salvífico de Deus, que vai desde Israel até o nascimento da Igreja primitiva. Nesse projeto, Paulo, chamado como os profetas da primeira aliança pela livre e eficaz iniciativa de Deus, leva a cumprimento o desígnio de salvação universal revelado e realizado por meio de Jesus Cristo. Em outras palavras, Paulo e sua ação missionária não representam uma ruptura com a história de Israel e a tradição hebraica, mas, numa linha de continuidade, são um elo entre promessa e cumprimento. Nessa ótica, compreende-se o grande interesse do autor dos Atos em apresentar o passado de Paulo que, por vontade de Deus, se tornou, propagador do Evangelho de Cristo, como o de um judeu observante da lei. Por outro lado, essa intenção de Lucas contrasta com o registro recorrente nos Atos dos Apóstolos sobre a origem de Paulo de Tarso. Devemos concluir, então, que isto é um dado histórico, e o autor dos Atos o registra, mesmo que o faça em surdina, para fazer aparecer a hebraicidade palestinense e jerosolimitana de Paulo.

2. "FORMADO NA ESCOLA DE GAMALIEL"

O esquema biográfico seguido por Lucas no auto-retrato paulino prevê três etapas progressivas: 1) o nascimento de Paulo de uma família judaica em Tarso: "nascido [*gegenneménos*] em Tarso da Cilícia"; 2) o crescimento e a primeira educação na cidade de Jerusalém: "mas fui educado [*anatethramménos*] nesta cidade"; 3) a formação cultural, religioso-jurídica na mesma cidade, na escola de um mestre judeu do século I: "formado [*pepaideuménos*] na escola de Gamaliel, seguindo a linha mais escrupulosa dos nossos antepassados" (At 22,3ab). Com base nessa ficha biográfica lucana deveríamos concluir que Paulo, excluído o seu nascimento em Tarso, de fato é um judeu de Jerusalém, onde cresceu e percorreu o seu caminho formativo de judeu culto e zeloso, até sua experiência na estrada de Damasco, que o levou a aderir ao movimento cristão.

Jerônimo também se inspira no esquema biográfico lucano ao dizer que os pais de Paulo, judeus palestinenses emigrados para Tarso, o enviaram a Jerusalém para estudar a lei na escola de um renomado mestre. Também está de acordo com esse retrato lucano o que Paulo diz em suas cartas sobre o seu passado: engajado no Judaísmo, zeloso em defender as tradições dos antepassados e "fariseu, quanto à lei". A adesão de Paulo aos fariseus é impensável fora do território de Israel, onde este movimento nasceu e se desenvolveu. Devemos admitir, portanto, que Paulo, desde a sua primeira formação, está ligado ao ambiente palestinense e, em particular, à cidade de Jerusalém.

Ele conserva esses laços também como missionário cristão, pois Jerusalém continua sendo o ponto de referência ideal da sua geografia missionária. Na Carta aos Romanos, ele resume o percurso da sua ação evangelizadora nas regiões orientais do império da seguinte maneira: "Assim, desde Jerusalém e seus arredores até a Ilíria, levei a cabo o anúncio do Evangelho de Cristo" (Rm 15,19). Quanto aos seus projetos missionários futuros ele olha para o ocidente, de Roma até a Espanha, mas uma espécie de cordão umbilical o mantém unido a Jerusalém, onde se encontra a primeira "Igreja de Deus", a comunidade dos "santos". Para os pobres dessa Igreja, segundo o compromisso assumido no encontro em Jerusalém com Tiago, Cefas e João, as "colunas da Igreja", Paulo procura organizar uma coleta de solidariedade entre as jovens Igrejas surgidas nas cidades da Macedônia e da Acáia graças à sua ação missionária.

Se isso é verdade, não se entende como Paulo, na Carta aos Gálatas, onde repassa as primeiras etapas da sua experiência cristã, pôde dizer: "Depois fui para as regiões da Síria e da Cilícia, de modo que as Igrejas de Cristo na Judéia não me conheciam pessoalmente. Elas apenas ouviam dizer: 'Aquele que nos perseguia, agora está anunciando a fé que antes procurava destruir'. E louvavam a Deus por minha causa" (Gl 1,21-24). A afirmação de Paulo sobre sua relação com as Igrejas da Judéia é uma espécie de inciso no discurso com o qual ele quer ressaltar este fato: o seu Evangelho, que está anunciando entre os pagãos, não é modelado sobre o homem, nem ele recebeu ou aprendeu dos homens, mas tão-só por iniciativa livre e soberana de Deus. Por isso, ele não foi a Jerusalém após a experiência de Damasco, a não ser três anos depois, e apenas por quinze dias, para consultar Cefas. Aí ele não viu nenhum dos outros Apóstolos, a não ser Tiago, o irmão do Senhor, e de forma ocasional (Gl 1,11-19).

Em suma, Paulo quer dizer que a sua investidura como apóstolo de Cristo e o programa da sua ação missionária não dependem da Igreja de Jerusalém. As relações ocasionais com os líderes históricos dessa Igreja não prejudicam a autonomia da sua atividade de proclamador do Evangelho. Portanto, a ficha biográfica paulina proposta por Lucas nos Atos dos Apóstolos não contradiz o que, de modo reservado, o próprio Paulo diz nos trechos autobiográficos das suas cartas.

Assim, podemos pensar que Paulo, nascido em Tarso, mantém certa ligação, com esse ambiente, pois para aí volta como jovem missionário cristão. É provável que ele tenha passado ali com sua família os seus primeiros anos. Se, em Tarso, há uma comunidade de emigrados judeus, ela tem à sua disposição os locais da sinagoga para as orações e as atividades culturais e assistenciais. Nas comunidades judaicas da diáspora, a liturgia ou a leitura dos textos bíblicos é feita na língua grega. De fato, os judeus da diáspora ou que falam grego usam a versão grega da Bíblia feita em Alexandria do Egito no século III a.C. Nesse ambiente da sinagoga de Tarso, Paulo tem a oportunidade de aprender o grego desde os seus primeiros anos. Nesse idioma ele se comunica com seus colegas, e em casa usa a língua materna tradicional, o hebraico e, mais comumente, o aramaico. Enquanto na escola da sinagoga pode aprender os fundamentos da leitura e da escrita hebraica, o estudo da língua grega requer a presença de um professor, um *grammatéus*, pago pelos pais.

Para um filho de hebreus, como Saulo-Paulo, o primeiro contato com a Bíblia se dá não só em casa e na liturgia sinagogal, mas também na escola anexa à sinagoga. Depois, a família de Paulo, conhecida pelo seu apego à tradição e cultura hebraicas, providencia para que o jovem, com 13/15 anos, possa freqüentar uma "casa de estudo", *beth midrash*, em Jerusalém, com algum professor de prestígio, a fim de aprofundar o estudo da *torah*. Neste caso, é difícil pensar numa transferência de toda a família de Tarso para Jerusalém, ainda que o autor dos Atos nos informe que, na época da prisão de Paulo em Jerusalém, sua irmã, com um filho, se encontra nessa cidade (At 23,16). Pelo contrário, o fato de que Paulo, mesmo depois de sua adesão ao movimento cristão, volte e se hospede em Tarso se explica melhor se pensarmos que sua família originária vive nesse ambiente.

Em Jerusalém, conforme a afirmação do autor dos Atos, Paulo freqüenta a escola de Gamaliel. Este é um dos dois mestres do século I conhecidos com esse nome. É chamado de Gamaliel I o "Velho", para distingui-lo de seu neto, Gamaliel II, que viveu na segunda metade do século I e é conhecido como o primeiro *nashi*, "patriarca", que dirige a "academia" de Jabne. Pela documentação histórica segura sabemos bem pouco de Gamaliel I, mestre fariseu de Paulo. A tendência lucana de acentuar os laços de Paulo com o judaísmo farisaico aconselha que tomemos com cautela as suas informações a esse respeito. De fato, ele mostra Gamaliel intervindo numa reunião do Sinédrio, convocada para decidir sobre o caso dos Apóstolos, presos por anunciarem ao povo de Jerusalém que Jesus é o Messias salvador. Ele propõe que não se oponha diretamente ao novo movimento messiânico, mas de deixá-lo entregue ao julgamento da história, a fim de não se acabar lutando contra Deus, no caso de esse movimento ter origem divina (At 5,34-39).

Se em Jerusalém Paulo freqüentou a escola desse Gamaliel, ele entrou em contato com uma linha farisaica moderada, que tem o seu protótipo no mestre Hillel, morto por volta dos anos vinte do século I d.c. Contudo, no ambiente judaico de Jerusalém, Paulo teve oportunidade de conhecer também outras correntes do Judaísmo do século I. De fato, antes da catástrofe de 70 d.c., o Judaísmo ainda não assumiu a forma rígida e monolítica que desemboca no rabinismo dos séculos posteriores. Em Jerusalém se percebe o eco da oposição dos grupos essênios, conhecidos também pelos escritos de Qumran. Todavia, estão vivos outros movimentos de inspiração apocalíptica e os reformadores batizadores, dos quais João Batista é um representante. Além disso, na capital do Judaísmo estão presentes grupos de judeus de língua grega, que freqüentam as sinagogas onde se lê a Bíblia na versão grega dos "Setenta". Mas nesses mesmos ambientes de mentalidade farisaica também estão presentes as influências da língua e da cultura gregas. Com efeito, em Jerusalém por razões religiosas e até sociais e econômicas, uma minoria consistente da população fala o grego como língua materna.[3] Paulo faz parte dessa minoria de judeus helenistas de Jerusalém, imigrados de volta, que ao lado do hebraico-aramaico conhecem o grego, que lhes dá acesso à cultura internacional.

3. "ESTOU EM DÍVIDA COM OS GREGOS"

Estas palavras de Paulo na Carta aos Romanos expressam o seu compromisso missionário ecumênico. Ele se sente encarregado por Deus de anunciar o Evangelho a todo grupo humano, sem distinção étnico-cultural. Esta frase, porém, revela um aspecto da formação de Paulo. Ele, graças às suas origens e ao seu currículo formativo, vive na fronteira de dois mundos, o judaico e o greco-helenístico, que na Jerusalém do século I têm um ponto de contato. Uma comparação com as cartas que trazem o nome de Paulo, das quais ao menos sete são consideradas autênticas, faz com que vislumbremos a matriz do roteiro formativo de Paulo. Ele escreve, ou melhor, dita as suas cartas em grego. Trata-se de um grego de nível médio, em uso no século I e chamado grego comum, *koiné*. A linguagem e o estilo grego de Paulo trazem os sinais de algumas inflexões semitizantes, que podem ser explicadas mais pela influência bíblica dos "Setenta" do que pelo bilingüismo do autor das cartas.

Aquilo, porém, que causa admiração ao leitor do epistolário paulino é o ambiente cultural típico que nele se reflete. Além do recurso espontâneo às categorias e expressões próprias do mundo religioso bíblico-judaico, Paulo se move no mundo greco-helenístico como se fosse seu hábitat natural. Ele usa a linguagem e as imagens tiradas da vida urbana, com preferência pelos termos e expressões da vida comercial e administrativa. Quase no fim da carta à Igreja de Filipos, Paulo expressa o seu reconhecimento aos cristãos porque, com a ajuda material deles, tomaram parte na sua tribulação de prisioneiro do Evangelho. Ele relembra que, desde que partiu da Macedônia, apenas a Igreja de Filipos, no começo da pregação do Evangelho, "abriu comigo uma conta de dar e receber" (Fl 4,15).

De modo parecido, Paulo assume as metáforas inspiradas nas competições e na atividade esportiva para falar da sua experiência espiritual. Para explicar o seu método de pregador do Evangelho, ele se compara ao atleta que, no estádio, corre direto para a meta, e ao pugilista que não se limita a socar o ar. Como os aspirantes aos prêmios das competições de Olímpia e Istmia, perto de Corinto, ele se submete a um duro treinamento "para não acontecer que eu proclame a mensagem aos outros, e eu mesmo venha a ser reprovado" (1Cor 9,24-27). Do mesmo modo, a terminologia militar serve para Paulo ressaltar o compromisso dos fiéis, que devem estar "revestidos com a couraça da fé e do amor e com o capacete da esperança da salvação" (1Ts 5,8). Ele mesmo se apresenta como um combatente, revestido com as armas do poder de Deus, pronto para "destruir fortalezas [...] e destruindo todos os baluartes" (2Cor 10,3-5). Quanto a estas últimas expressões, Paulo pode ter se inspirado na tradição profética e sapiencial da Bíblia, na qual a ação soberana de Deus e o seu julgamento na história humana são apresentados com as imagens do herói combatente e vitorioso (Is 59,17; Sb 5,17-23).

Este é um indício da dupla pertença cultural de Paulo. A sua origem na diáspora judaica e a sua formação em Jerusalém o colocam naquela zona de fronteira em que, por um processo de osmose, se dá um intercâmbio fecundo entre judaísmo e helenismo. Do ambiente e da tradição judaicos, Paulo recebe não só os textos sagrados da Bíblia, mas também as técnicas exegéticas e os critérios de interpretação da

Bíblia praticados e ensinados na "casa de estudo" pelos mestres judeus. Do mundo greco-romano, ele aprende algumas formas de argumentação e os modelos da comunicação que são ensinados nas escolas helenistas e que estão documentados nos manuais e nos tratados de retórica da época.

No diálogo epistolar com as suas jovens comunidades cristãs, Paulo recorre a alguns elementos da diatribe ou do debate em uso entre os mestres e propagadores do estoicismo popular. Todavia, a presença dessas formas nas cartas de Paulo não pressupõe que ele tenha freqüentado as escolas de retórica, ou assimilado as regras dos manuais escritos. No próprio ambiente jerosolimitano são ensinadas aos futuros mestres algumas técnicas de comunicação afins com as da retórica helenista. Além disso, a atividade de Paulo como pregador cristão, na primeira década da sua ação missionária nos ambientes de língua grega, o coloca em contato com o modo de falar e de argumentar dos pregadores e filósofos itinerantes da sua época.

Pode-se dizer o mesmo das outras afinidades culturais e lingüísticas de Paulo com o ambiente greco-romano. Para falar do ser humano em sua realidade compósita, Paulo toma emprestado alguns termos e expressões que podem ser comparados aos da antropologia platônica: "espírito, alma e corpo" (1Ts 5,23). Como os filósofos e os escritores neoplatônicos e estóicos do seu tempo, ele contrapõe o "homem interior" ao exterior, a precariedade das coisas visíveis à imutabilidade das invisíveis (2Cor 4,16.18). Paulo, porém, coloca essas categorias dentro de um novo horizonte antropológico, determinado pela visão unitária bíblica, pela novidade da experiência cristã da ressurreição e pelo dom interior do Espírito de Deus.

É sintomático o fato de que nas cartas paulinas nunca apareçam citações doutas e eruditas de escritores e filósofos do ambiente greco-helenístico. Na primeira Carta aos Coríntios há um dito do poeta comediógrafo grego do final do século IV a.c., Meandro: "Não se deixem iludir: 'As más companhias corrompem os bons costumes'" (1Cor 15,33). Contudo, dada a ausência de referências explícitas, podemos pensar que Paulo usa um dito popular, sem qualquer reminiscência literária. A imagem de Paulo que fala aos sábios e cultos da Grécia citando sentenças de filósofos ou versos de poetas remonta à reconstrução que fez dela o autor dos Atos dos Apóstolos no discurso exemplar feito diante do conselho do Areópago em Atenas (At 17,28).

Podemos pensar que o diálogo epistolar de Paulo com os cristãos das cidades gregas, provenientes em sua maioria das camadas populares, não oferece a ocasião para fazer citações eruditas. Contudo, do conjunto de seu pensamento e da sua linguagem, como aparecem na coleção de suas cartas, devemos concluir que a sua formação grega não revela um conhecimento direto dos escritos dos filósofos e escritores profanos. Paulo possui uma cultura grega de nível médio, derivada apenas em parte da formação escolar na sua juventude em Tarso e em Jerusalém. A contínua presença dele no mundo grego das grandes cidades do império romano contribuiu para formar a sua cultura geral, na qual também encontra obviamente seu lugar o modo de pensar e de se expressar próprios de um judeu culto do seu tempo.

4. "APRENDI A ARRANJAR-ME EM QUALQUER SITUAÇÃO"

O termo "culto", referido a Paulo, deve ser tomado com certa reserva. Ele não se sente à vontade nas vestes de intelectual. De fato, na segunda carta à Igreja de Corinto expressa suas reservas em relação a alguns colegas que recorrem aos modelos da retórica grega para anunciar o Evangelho de Jesus Cristo e aconselhar a experiência cristã. Quanto a esses pregadores, Paulo se considera "um profano na arte de falar" (2Cor 11,6). Em vez disso, sente-se mais à vontade nas vestes de mestre de sabedoria e espiritualmente mais próximo do profeta da tradição bíblica. Com efeito, para falar da sua experiência de Damasco, ele recorre ao modelo do apelo profético (Gl 1,15). É em virtude de uma investidura carismática que ele se apresenta como enviado de Deus e "apóstolo", isto é, embaixador de Jesus Cristo. Por isso, ele desconfia da retórica e da cultura profanas, para não correr o risco de desvirtuar o anúncio de Jesus Cristo crucificado. Prefere se apresentar aos destinatários da sua missão numa atitude discreta e propor o Evangelho de forma simples, para que a adesão de fé seja fundamentada na ação poderosa de Deus e na força do Espírito (1Cor 2,1-5).

No diálogo epistolar com a Igreja de Corinto, Paulo esclarece que a escolha dele de manter-se com o próprio trabalho faz parte da sua metodologia de pregador do Evangelho de Jesus Cristo. Ele renuncia ao direito que tem como "apóstolo" de ser mantido pelas comunidades cristãs por ele fundadas, para não criar empecilho ao anúncio do Evangelho. Entretanto, ao mesmo tempo aceita de bom grado a cooperação e a contribuição material que lhe vêm da comunidade cristã de Filipos. No bilhete de agradecimento enviado a esses cristãos da cidade e da colônia romana da Macedônia, Paulo expressa seu modo de sentir e viver a dimensão social e econômica: "Não digo isso por estar passando necessidade, pois aprendi a arranjar-me em qualquer situação. Aprendi a viver na necesssidade e aprendi a viver na abundância; estou acostumado a toda e qualquer situação: viver saciado e passar fome, ter abundância e passar necessidade" (Fl 4,11-12). Essas frases de tom elevado são inspiradas no modelo do justo e do sábio da tradição bíblica e também no ideal da *autárcheia* filosófica grega. Em todo caso, elas abrem uma fresta sobre o estilo de vida de Paulo.

Mais de uma vez, em suas cartas, ele acena ao seu trabalho, que lhe permite sobreviver. Trata-se de um trabalho manual que, no ambiente grego, é deixado para os escravos ou para as classes menos abastadas. E Paulo percebe que a sua fadiga, trabalhando com as próprias mãos, associada à vida precária de pregador itinerante, é uma marca pessoal que não desperta prestígio e que parece contradizer a sua função de apóstolo de Cristo (1Cor 4,12). De fato, tem de trabalhar noite e dia para prover à sua manutenção, sem ser peso para as comunidades cristãs por ele fundadas (1Ts 2,9).

Das cartas de Paulo não se consegue adivinhar que tipo de trabalho manual ele exerce para poder se manter durante os deslocamentos de uma cidade a outra. Intui-se que se trata de uma atividade que não exige ferramentas complexas e, ao mesmo tempo, seja compatível com a instabilidade de um pregador itinerante como Paulo. Também neste caso, alguns vislumbres despontam na segunda fonte da biografia paulina. O autor do livro dos Atos, num texto bastante idealizado, no contexto do discurso de adeus aos presbíteros de Éfeso, convocados em Mileto, coloca o seguinte na boca de Paulo: "Vocês mesmos sabem que estas minhas mãos providenciaram o que era necessário para mim e para os que estavam comigo" (At 20,34).

Lucas mostra, portanto, que conhece uma tradição que faz de Paulo um apóstolo "trabalhador" que, juntamente com seu grupo de colaboradores, vive de modo independente. No relato da missão paulina na Grécia, Lucas fornece uma contribuição mais precisa para essa imagem tradicional de Paulo. Quando Paulo deixa Atenas e chega a Corinto, encontra hospitalidade e trabalho junto a um casal de judeus, Áquila e Priscila, que haviam chegado pouco antes da Itália, após o edito do imperador Cláudio que os obrigara a deixar Roma. A razão desse encontro de Paulo com o casal romano deve ser ligado ao fato de que "eram da mesma profissão [*homótechnon*]", como diz expressamente Lucas: "De fato, eram, de profissão, fabricantes de tendas [*skenopoioi*] *tê(i) téchne(i)*" (At 18,3).

O que significa "fabricantes de tendas"? Depende do significado que se dá ao termo "tendas" e do material usado para a fabricação: couro, linho ou outro tecido. Trata-se de preparar o material ou de montar as tendas? Uma hipótese que goza de certo consenso na tradição biográfica paulina é a que liga esse trabalho com a atividade têxtil da Cilícia e, em particular, com a fabricação do pano rústico feito de peles de cabra, que traz o nome da região: *cilicium*. A partir da combinação desses elementos é fácil reconstruir um quadro coerente. Desde pequeno, Saulo-Paulo, na casa paterna ou na comunidade judaica de Tarso, aprendeu a tecer, a fim de preparar pequenas esteiras ou tapetes para uso doméstico ou para o artesanato local. Se acrescentarmos a isso o costume das famílias judaicas de ensinar aos filhos uma profissão ou fazer com que exerçam um trabalho manual, aí estarão todos os dados para completar o retrato de Paulo artesão ou trabalhador manual. O fato de exercer um trabalho manual não contradiz o que foi dito sobre o nível social e econômico da família de Paulo. Por ser cidadão da cidade livre de Tarso, e gozando do direito de cidadão romano, Paulo provém de uma família abastada. Graças aos recursos da sua família, o jovem Saulo-Paulo pode completar sua formação bíblica em Jerusalém, junto à "casa de estudo" de Gamaliel e empreender as primeiras viagens como mestre e pregador itinerante.

5. "FOI ME DADO UM ESPINHO NA CARNE"

O perfil humano de Paulo, tendo como pano de fundo as suas origens, já vai se delineando em seus traços essenciais. Provém de uma família que emigrou para Tarso na Cilícia, que conserva as tradições religiosas e culturais da sua hebraicidade e as transmite ao filho, juntamente com a lembrança de que são descendentes da tribo de Benjamim. Prova disso é o nome Saulo, com o qual é chamado em casa, enquanto fora, no ambiente de língua grega, é conhecido pelo nome greco-romano Paulo. Após a formação primária recebida em casa e na sinagoga local de Tarso, o jovem Saulo-Paulo continua seus estudos superiores em Jerusalém, na escola de um mestre de orientação farisaica. Aí, aperfeiçoa também o conhecimento do grego, freqüentando o ambiente dos judeus de língua grega, os helenistas da sinagoga da Cilícia. A imagem que ele nos fornece de si mesmo é a de um judeu seguro e orgulhoso de sua pertença ao povo de Israel e à descendência de Abraão. Ele compete com seus coetâneos, companheiros de escola e membros da comunidade hebraica, no compromisso comum de observância da lei e defesa da tradição dos antepassados.

A impressão que se tem desse quadro é que o jovem Saulo-Paulo tem todo o necessário para uma carreira brilhante, como ele diz, "no Judaísmo". Sobre o perfil psicofísico podemos pensar que, em geral, Paulo tem uma constituição equilibrada e sadia. Esta é uma suposição, pois não existem informações precisas e seguras a respeito. Para saber mais sobre isso é preciso respigar entre suas cartas à procura de acenos ou alusões sobre seu aspecto físico e seu estado de saúde.

Numa passagem de tom polêmico da segunda Carta aos Coríntios, na qual procura afirmar sua autoridade como apóstolo de Cristo, Paulo acena à impressão provocada pela sua pessoa: "Eu que sou tão humilde [*tapeinós*], quando estou entre vocês [...]". E, no mesmo contexto, cita o que se diz dele: "As suas cartas são duras e fortes, mas a presença dele é fraca [*he dè parousía toû sômatos asthenès*], e sua palavra é desprezível" (2Cor 10,1.10). Na seqüência desse debate epistolar, sempre sobre o pano de fundo do confronto com os outros missionários itinerantes que, parece, lhe fazem concorrência em Corinto, Paulo fala de forma velada de suas experiências místicas: "as visões e revelações do Senhor". Logo em seguida, porém, acrescenta: "Para que eu não me inchasse de soberba por causa dessas revelações extraordinárias, foi me dado um espinho na carne, um anjo de Satanás para me espancar, a fim de que eu não me encha de soberba" (2Cor 12,7).

Paulo insiste em dizer que aquilo que ele chama de "espinho na carne" e "bofetão de Satanás" é uma espécie de antídoto contra a soberba por causa de suas experiências carismáticas. Entretanto, ele pediu com insistência ao Senhor para ser libertado, mas na oração descobriu o significado dessa situação. Ele coloca na boca do Senhor esta resposta à sua oração: "Para você basta a minha graça, pois é na fraqueza [*en astheneía(i)*], que a força manifesta todo o seu poder". Então, Paulo conclui: "Portanto, com muito gosto, prefiro gabar-me de minhas fraquezas [*en taís astheneíais mou*], para que a força de Cristo habite em mim. E é por isso que eu me alegro nas fraquezas [*en astheneíais*], humilhações, necessidades, perseguições e angústias, por causa de Cristo. Pois quando sou fraco [*asthenô*], então é que sou forte" (2Cor 12,9-10).

Na história da biografia paulina chama a atenção a comparação do "espinho na carne", associada à comparação do anjo de Satanás, que recebeu o encargo de ferir Paulo. A Vulgata traduz a expressão grega *skólops tê(i) sarkí* para o latim como *stimulus carnis*, que acendeu a fantasia de alguns leitores do passado a respeito das tentações sexuais do celibatário Paulo. Felizmente, hoje essas leituras são totalmente descabidas ao se rever o texto original. O termo "carne" nas cartas de Paulo se refere à condição frágil e mortal do ser humano, não importa se ligada ou não ao pecado. Continuam, porém, tendo certo consenso as interpretações de caráter "moral" ou espiritual. Alguns identificam o "espinho na carne" com a dor e o sofrimento contínuo que Paulo sente por causa da não-conversão dos judeus, seus consangüíneos segundo a carne (Rm 9,2-3). Outros pensam na hostilidade e na oposição dos concorrentes e adversários da sua missão em Corinto e em outros lugares, que Paulo sente como um espinho no lado ou um bofetão moral.

É verdade que na lista das condições de fraqueza, das quais Paulo paradoxalmente se orgulha, são mencionadas "humilhações" e "perseguições". Além disso, nessa mesma Carta aos Coríntios, chama seus adversários ou concorrentes em Corinto de "ministros" a serviço de Satanás, que é capaz de se transformar em "anjo de luz" (2Cor 11,14-15). E, na sua primeira carta escrita aos cristãos de Tessalônica, diz que Satanás o impediu de realizar seu desejo de revê-los (1Ts 2,18). Aos de Corinto, Paulo diz que quando alguém é expulso da comunidade cristã é "entregue a Satanás" (1Cor 5,5; 2Cor 2,11; cf. 1Tm 1,20). Nesse modo de pensar e de se expressar, Paulo se iguala às tradições bíblica e judaica, segundo as quais os aspectos negativos da história humana sob o perfil físico e moral são atribuídos a Satanás (cf. 1Cor 7,5;

1Tm 5,15). Em qualquer caso tudo está sob o controle de Deus, que "dá licença" a Satanás para provar ou tentar os seres humanos. É nesse pano de fundo cultural que devem ser colocadas as expressões paulinas "espinho na carne" e "anjo" ou enviado de Satanás.

Paulo diz que lhe "foi dado um espinho na carne". Esta imagem expressa a idéia de um mal-estar ou sofrimento permanente ligado à condição humana frágil e mortal. A referência ao anjo de Satanás que o esbofeteia, evoca o aspecto ultrajante e humilhante desse estado. Fora da linguagem metafórica, Paulo apresenta essa situação como "fraqueza [asthéneia]". Com a terminologia da "fraqueza" ele, em suas cartas, na maioria das vezes indica uma fragilidade e insegurança de caráter moral e espiritual. Em alguns casos, porém, Paulo, com o mesmo léxico, fala expressamente de doença e enfermidade física (1Cor 11,30; cf. 1Tm 4,24; 5,23).

Entre esses casos, podemos destacar um texto da carta escrita às Igrejas da Galácia, no qual Paulo evoca as condições em que anunciou o Evangelho nessas regiões: "E sabem que foi por causa de uma doença física [asthéneian tês sarkós] que eu os evangelizei pela primeira vez. E vocês não me desprezaram nem me rejeitaram, apesar do meu físico ser para vocês uma provação. Pelo contrário, me acolheram como a um anjo de Deus ou até como a Jesus Cristo" (Gl 4,13-14). Nesse trecho autobiográfico também se percebe certa tensão entre a função do Apóstolo de Jesus Cristo, encarregado de proclamar o Evangelho, e a doença física. Sente-se o mal-estar de Paulo. Ele teme que a doença que o aflige possa provocar um efeito negativo junto aos gálatas e seja empecilho para a acolhida do Evangelho. Paulo, porém, deve reconhecer que eles, apesar da sua condição física, o acolheram como um "anjo de Deus". Em outras palavras, na Galácia experimentou aquilo que ele reelabora em termos de reflexão teórica na Carta aos Coríntios: o poder do Senhor se manifesta plenamente na fraqueza.

Não sabemos ao certo se os textos das duas cartas supracitadas se referem à mesma doença. Contudo, isso admitido, abre-se um amplo espectro de hipóteses para identificar a "doença" de Paulo. Fala-se de ataques de hemicrania crônica, de febres causadas pela malária, de doença nos olhos — oftalmia —, de estado depressivo recorrente, de epilepsia ou de histeria. Os dois textos examinados convidam a circunscrever a gama desse diagnóstico à distância. Trata-se de uma forma de doença crônica que provoca em Paulo certo mal-estar pessoal, sobretudo em relação à sua função de apóstolo. A hipótese de epilepsia ou de outra forma de doença psicossomática, que no mundo antigo era atribuída à ação de algum espírito maligno ou à influência de Satanás, talvez corresponda melhor do que outras ao quadro geral sugerido pelos dois textos e pela comparação com a vida e a atividade de Paulo.

Também outras personagens, que se diz terem sofrido certos tipos de crise comparadas à epilepsia — entre as quais Júlio César, Maomé, Cromwell, Napoleão, Dostoievski —, viveram intensamente até no campo da vida social e pública. No caso de Paulo, essa forma de doença crônica não lhe impede de programar e realizar uma atividade que implica grande empenho organizacional e, em muitos casos, fadiga e esforço físicos. Ele fala disso num trecho da segunda Carta aos Coríntios, pouco antes de acenar às suas experiências de visões e revelações — viagem ao terceiro céu ou paraíso — e à doença. No confronto dialético com outros missionários concorrentes que se apóiam na própria pertença judaica para reivindicar a autoridade de Apóstolos de Cristo, Paulo também relembra sua identidade de "hebreu, israelita, da estirpe de Abraão". Todavia, as credenciais que o confirmam na função de "ministro (*diákonos*)" de Cristo são as suas fadigas, riscos e perigos ligados à atividade missionária e de organização das comunidades cristãs.

Num quadro geral, Paulo elenca vinte e quatro "peripécias" distribuídas em três grupos: a) oito tipos de fadigas e riscos: "Muito mais pelas fadigas; muito mais pelas prisões; infinitamente mais pelos açoites; freqüentemente em perigo de morte; dos judeus recebi cinco vezes os quarenta golpes menos um. Fui flagelado três vezes; uma vez fui apedrejado; três vezes naufraguei; passei um dia e uma noite em alto-mar"; b) oito tipos de perigos nas viagens: "perigos nos rios, perigos por parte dos ladrões, perigos por parte dos meus irmãos de raça, perigos por parte dos pagãos, perigos na cidade, perigos no deserto, perigos no mar, perigos por parte dos falsos irmãos"; c) oito situações de cansaço e privações físicas: "fadiga e cansaço, muitas noites sem dormir, fome e sede, muitos jejuns, com frio e sem agasalho" (2Cor 11,23-27).

Nessa lista cadenciada nota-se certo gosto pelo *pathos* retórico. Contudo, o auto-retrato que daí resulta, em seus traços essenciais, é confirmado por aquilo que escreve seu admirador Lucas nos Atos dos Apóstolos. Um eco dessa imagem de Paulo, missionário incansável, continuamente exposto a perigos e ameaças de morte, é conservado também na segunda Carta a Timóteo, que se coloca no quadro da tradição paulina (2Tm 3,10-11). Do conjunto desses testemunhos históricos, desvestidos dos ornamentos do estilo encomiástico e hagiográfico, tem-se a impressão de que Paulo, embora acometido por alguma doença crônica, que lhe cria alguns problemas, é capaz de enfrentar as fadigas e os riscos de um pregador itinerante do século I.

6. "NOSSO CORAÇÃO ESTÁ ABERTO PARA VOCÊS"

Intui-se que a intensa atividade de Paulo, desenvolvida muitas vezes em condições psicofísicas precárias, é sustentada e alimentada por um grande dinamismo espiritual. Mas a imagem tradicional de Paulo apóstolo, duro consigo mesmo e severo para com os seus cristãos, corre o risco de esconder outra imagem que é amplamente documentada em suas cartas autênticas e conservada em parte naquelas de sua tradição. A dimensão humana de Paulo se reflete no diálogo epistolar com os seus cristãos. Aqui, ele fala da sua autoconsciência, das razões profundas de suas escolhas, de suas emoções, de alegria e de dor, de esperança e de angústia. A impressão que se tem é a de uma personalidade sensível, rápida nas realizações, capaz de grandes e intensas emoções, que consegue estabelecer e cultivar relações profundas e duradouras com os amigos e colaboradores. Testemunha disso são as palavras com que se dirige numa situação de crise e mal-entendidos aos cristãos de Corinto: "Coríntios, eu lhes falo com franqueza: nosso coração está aberto para vocês. Em nós não falta lugar para os acolher, mas em troca vocês têm o coração estreito. Paguem a nós com a mesma moeda. Eu falo a vocês como a filhos; abram também o coração de vocês!" (2Cor 6,11-13).

Paulo fala sem censuras e sem transferências dos seus sentimentos mais profundos, de suas reações mais emotivas, de seus sofrimentos físicos e espirituais. Com a mesma espontaneidade fala do seu "coração" e do seu corpo, do seu espírito e da sua "carne", do seu perfil e da sua consciência. Ele demonstra possuir uma boa integração psicossomática. Para confirmar isso basta fazer algumas sondagens no léxico antropológico, psicológico e afetivo de suas cartas. A ocorrência do vocábulo "coração", em grego *kardía*, muito freqüente no epistolário paulino — um terço de todas as ocorrências no NT, 52 num total de 157 —, tem influência da cultura e formação essencialmente bíblico-judaica de Paulo. Com esse termo ele designa o centro profundo da personalidade, aquele que unifica e dá coerência ao conjunto das experiências vitais. O "coração", na linguagem paulina, encerra e supera a dimensão afetiva, pois implica também a capacidade de reflexão e de decisão livre.

A densidade afetiva das relações de Paulo se expressa ainda no vocábulo de matriz bíblica "entranhas", em grego *splánchna*. A quase totalidade das ocorrências neotestamentárias — oito em onze — se encontra nas cartas de Paulo. Mais de uma vez ele diz aos seus interlocutores que os ama intensamente, os carrega em suas "entranhas". O léxico do amor predomina no ditado paulino: 33 vezes o verbo "amar", num total de 141 do NT; 75 vezes o termo "amor", em grego *agápe*, num total de 116 vezes nos escritos neotestamentários. É notável também a linguagem paulina sobre as reações emotivas e os estados de ânimo. A terminologia da "alegria" é própria de Paulo: num total de 74 ocorrências do verbo "alegrar-se" no NT, 29 se encontram no epistolário de Paulo; o termo "alegria" ocorre aí 21 vezes, num total de 59 do NT.

Na linguagem relacional de Paulo predomina o uso do verbo "agradecer", com 24 ocorrências diante das 38 em todo o NT. Mais impressionante ainda é a freqüência do verbo típico paulino "sentir", em grego *phronéin*. Podemos dizer que os escritos de Paulo ocupam quase toda a área léxica com 23 freqüências num total de 26 do NT. O mesmo vale para a linguagem da "consolação": em 29 ocorrências neotestamentárias de *paráklesis*, 20 se encontram nas cartas de Paulo. A mesma proporção aparece no uso do verbo *epipothéin*, "desejar", com 7 ocorrências em Paulo das 9 do NT. Igualmente, o substantivo *praýtes*, "mansidão", se encontra 8 vezes nos escritos paulinos num total de 11 do NT.

Essa pesquisa na linguagem antropológica e afetiva de Paulo poderia ser estendida a um levantamento estatístico dos termos que rodam em torno da área semântica da "dor", do "sofrimento", da "tribulação" e da "tristeza". Constata-se que cerca da metade das ocorrências neotestamentárias desses termos está concentrada nas cartas de Paulo. Também quanto a este segundo aspecto da afetividade e emotividade ligado às experiências do limite e do mal na existência humana, Paulo revela uma grande sensibilidade e profunda capacidade de ressonância.

Poder-se-ia objetar que essa desproporção na recorrência da linguagem afetiva e emotiva entre os escritos de Paulo e os do resto do NT depende do gênero literário epistolar, que se presta à comunicação mais espontânea e direta dos sentimentos e das reações pessoais. Isso é verdade apenas em parte, pois o calor afetivo e emotivo dos escritos de Paulo prevalece também na comparação com as outras cartas que fazem parte dos escritos do NT. Em outras palavras, as cartas de Paulo refletem uma personalidade exuberante, com um forte e intenso componente afetivo, que permeia toda a gama de suas relações, quer com os amigos e colaboradores, quer com os membros das comunidades cristãs.

Percorrendo a coleção das cartas de Paulo nos damos conta de que ele vive relações muito intensas com os seus cristãos. Ele se sente pai e mãe, esposo e amigo, irmão e mestre para com as jovens comunidades que fundou e organizou nas cidades da Grécia e da Ásia. Em alguns casos, percebemos a tendência para uma relação protetora e possessiva de sua parte. Aos cristãos da Igreja de Corinto, que acolhem e ouvem de bom grado também outros missionários, Paulo escreve: "Sinto por vocês um ciúme semelhante ao ciúme de Deus [...]" (2Cor 11,2). Queixa-se deles porque não é correspondido no amor que nutre e demonstra para com eles (2Cor 11,11; 12,15). De modo parecido, admoesta os cristãos da Galácia por terem esquecido os sinais de afeto demonstrado no passado, quando estava presente entre eles. E procura reconquistá-los, retomando os acentos da linguagem familiar: "Meus filhos, sofro novamente como dores de parto [...]" (Gl 4,19). Para Paulo é coisa natural recorrer ao modelo do pai e da mãe para expressar a sua ligação com as comunidades nascidas pela sua ação missionária (1Ts 2,7-8.11; 1Cor 4,14-15).

Nesse clima de relações afetivas intensas existente entre o Apóstolo fundador e suas comunidades cristãs se compreende o tom duro, intransigente e intolerante de Paulo em relação aos "adversários". Quando Paulo percebe a presença de outros pregadores do Evangelho, que com a atividade deles colocam em crise ou perturbam a vida das suas Igrejas, ele se torna agressivo e implacável. Está disposto a lutar com todos os meios para desmascarar e demolir aqueles que chegaram na Igreja de Corinto e que ele ironicamente chama de "superapóstolos" e, mais abertamente, os desqualifica como "falsos apóstolos", "operários fraudulentos", "ministros de Satanás" (2Cor 11,5.13-15). Com igual dureza coloca os cristãos de Filipos de sobreaviso contra os "cães", os "falsos operários", "aqueles que se fazem mutilar", em que se percebe uma pesada invectiva contra o rito da circuncisão, comparado à castração (Fl 3,2; cf. Gl 5,12).

O que pensar dessa maneira de Paulo se expressar? Será apenas uma concessão ao estilo da polêmica? Ou um excesso de ardor no debate com os opositores? A personalidade de Paulo se expressa de modo verdadeiro e sincero quer ao se comover até às lágrimas para admoestar os cristãos, quer quando insulta ao denunciar a ameaça dos adversários. É uma personalidade complexa, para não dizer contraditória. Dotado de uma inteligência vivaz e rápida, não só de tipo analítico e especulativo, mas também sintética e prática, ele sabe enfrentar com lucidez e agudeza os pontos cruciais dos problemas no debate com seus interlocutores. Ao mesmo tempo, porém, sabe programar com habilidade a própria ação missionária nas grandes cidades da Grécia e da Ásia e mantém a organização das várias comunidades por meio da rede dos seus colaboradores.

7. "EU GOSTARIA QUE TODOS OS HOMENS FOSSEM COMO EU"

A personalidade humana de Paulo, como aparece numa sondagem do seu epistolário, é marcada por um grande dinamismo vital. Quando ele acena para alguma crise de angústia, ligada com as preocupações por suas Igrejas ou derivada da ameaça à sua vida, é apenas para mostrar que a superou. Não sabemos até que ponto, nessa dialética, interferem a sua experiência religiosa e a sua preocupação de transmitir uma mensagem positiva às Igrejas. De resto, não é fácil distinguir ou separar na vida de Paulo o que se refere à sua esfera privada e íntima do que concerne à sua função de apóstolo e as relações com as Igrejas. Nessa zona oscilante entre o privado e o público, se insere a questão do matrimônio de Paulo. Ele era casado? Optou pelo celibato desde a época da formação judaica? Ou não teve tempo de se casar antes da experiência cristã? Aceitou permanecer celibatário como cristão? Ou se separou da mulher? Era viúvo?

Como ponto de partida, uma coisa é certa: quando Paulo escreve o capítulo sétimo da primeira Carta aos Coríntios não está ligado a uma mulher por vínculo matrimonial. Este é o sentido da frase que ele dita aos cristãos daquela Igreja: "Gostaria que todos os homens fossem como eu [...]". Em seguida, diz: "Aos solteiros e às viúvas, digo que seria melhor que ficassem como eu. Mas, se não são capazes de dominar seus desejos, então se casem, pois é melhor casar-se do que ficar fervendo" (1Cor 7,7-9). Portanto, Paulo propõe aos cristãos viúvos de Corinto, homens e mulheres, o seu exemplo de não-casado como melhor opção. Todavia, a sua atual condição de não-casado deixa abertas duas hipóteses: ele é viúvo ou separado da mulher. Como no trecho imediatamente posterior ele fica dando uma série de instruções e conselhos detalhados sobre o modo de se comportar no caso de separação dos esposos cristãos e do parceiro cristão que se casou com um não-crente, é plausível a hipótese de que Paulo esteja vivendo separado da mulher. Ele teria se separado consensualmente da mulher, após a sua adesão à fé cristã e, sobretudo, depois de seu compromisso como missionário itinerante.

Essa hipótese sobre a situação de Paulo é confirmada por aquilo que ele escreve na mesma Carta aos Coríntios sobre o estatuto do apóstolo. Este tem o direito não só de viver do seu trabalho, mas também de levar consigo a mulher, se for casado. Ele diz ter renunciado ao direito de ser mantido pelas comunidades juntamente com a mulher para não causar empecilho ao anúncio do Evangelho (1Cor 9,5.12). Além disso, a opção de viver do próprio trabalho como missionário itinerante se complicaria com a presença da mulher. É, provável portanto, que se Paulo era casado antes de sua adesão ao movimento cristão, tenha preferido renunciar aos laços matrimoniais para se dedicar inteiramente ao anúncio do Evangelho.

De resto, a escolha de viver como celibatário na dedicação a uma tarefa de relevância social, com motivações religiosas ou filosóficas, está presente e é praticada tanto no ambiente grego como no judaico. Diante da questão de saber se o jovem filósofo, o "sábio", deve se casar e ter filhos, Epíteto responde que isso seria viável numa sociedade de sábios, na qual ele poderia encontrar uma esposa e parentes que adotassem seu próprio estilo de vida. Epíteto continua:

"Mas, será que no estado atual das coisas, enquanto nos encontramos, por assim dizer, em plena batalha, seja oportuno que o sábio permaneça livre de tudo aquilo que possa distraí-lo, inteiramente dedicado ao serviço de Deus, de modo a unir-se aos homens sem estar ligado a deveres particulares, sem estar compromissado com relações sociais, das quais não poderia se esquivar se quisesse salvaguardar sua posição de homem honesto? E, por outro lado, será que ele poderia observar sem destruir em si a mensagem, o intérprete, o arauto dos deuses?". Em seguida, o mestre de filosofia estóica elenca o conjunto dos deveres familiares e dos afazeres miúdos aos quais ficaria preso um sábio ligado a mulheres e filhos. Inteiramente preso a essas ocupações e distrações, Epíteto, se pergunta "o que sobraria daquele famoso rei que se doa sem reservas aos afazeres públicos, ao qual os povos são confiados e tem de cuidar de muitas coisas?".[4]

No ambiente judaico é conhecida a opção celibatária dos essênios, de que falam os escritores judeus Flávio Josefo, Fílon e também o escritor romano Plínio, o Velho. É também conhecido o caso do mestre judeu, fundador da academia de Jabne, Johanan ben Zakkai, que renuncia ao matrimônio para se dedicar inteiramente ao estudo da *torah*. Essa renúncia, porém, não é vista com bons olhos no ambiente judaico. Ao contrário, ela é considerada uma violação da ordem divina de transmitir a vida, que consta no Gênesis.

---

[4] *Diatribe.* 3,22.66-72. São conhecidas as objeções dos filósofos cínicos mais radicais, como Diógenes de Sinope, contra o dever de se casar para contribuir com o bem-estar da sociedade. O "cínico", do qual Epíteto fala no texto citado, tem uma tarefa mais urgente para realizar; por isso, pode se subtrair ao dever de se casar.

Além disso, no judaísmo da diáspora, a suspeita em relação ao celibato provém do fato de que ele é imposto por razões culturais a homens e mulheres nos santuários de Ísis e Cibele. Não é por acaso que Paulo, exatamente aos cristãos de Corinto, escreve que para fazer a opção celibatária se pressupõe o carisma ou dom espiritual correspondente.

Esse conjunto de fatores depõe a favor da hipótese de que Paulo tenha se casado em Jerusalém, seguindo nisso a tradição dos antepassados e a observância da lei. De fato, segundo a orientação legal dos fariseus, um jovem deveria se casar aos dezoito anos (*Aboth*, V,21). Apenas os estudantes que aspiram a se tornar "rabi ordenado" adiam o matrimônio para o final dos estudos. Mas, à parte o anacronismo de falar de rabi antes do ano 70 d.C., não há nenhum testemunho crível de que Paulo tenha feito os cursos regulares para se tornar rabi. É provável, portanto, que ele, durante sua formação em Jerusalém, tenha se casado e, em seguida, se separado da mulher, para se dedicar à missão de pregador itinerante do Evangelho.

Essa hipótese não é inteiramente nova, pois ao menos dois escritores cristãos antigos não só admitem que Paulo era casado, mas tentam mostrar que a mulher dele era uma das colaboradoras da Igreja de Filipos. Clemente de Alexandria, no texto grego de Filipenses 4,2, vê uma referência à "fiel esposa" de Paulo, que teria sido convidada a dar uma mão para ajudar no perfeito entendimento espiritual entre Evódia e Síntique, duas mulheres que participaram do nascimento da Igreja filipense. Essa interpretação do texto de Filipenses por parte de Clemente deve ser entendida no contexto da sua polêmica contra os gnósticos, que condenavam o matrimônio.⁵ Todavia, Orígenes de Alexandria, inclinado a um severo ascetismo, retoma a hipótese de Clemente sobre o matrimônio de Paulo, relembrando a própria expressão da Carta aos filipenses. Orígenes diz que Paulo, em seguida, com o consentimento de sua mulher, teria se separado dela para se dedicar ao serviço exclusivo de Cristo. De resto, Clemente esclarece que Paulo não levou consigo a mulher para ficar mais livre em sua missão.

Como se vê, a questão do estado civil de Paulo celibatário, casado ou separado, além do exercício de fantasia de historiadores e intérpretes das suas cartas, não sai do campo das hipóteses. Entre estas, citemos apenas por curiosidade a de E. Renan, que identifica a mulher de Paulo com uma cristã de Filipos, Lídia, originária de Tiatira e rica comerciante de púrpura, que hospedou Paulo e seus amigos durante a breve missão dele naquela cidade (At 16,14-15.40). Não há razões suficientes, nem testemunhas históricas seguras, para fazer Lídia passar da função de colaboradora para a de esposa de Paulo. Em todo caso, essa pesquisa sobre o matrimônio de Paulo oferece uma nova e diferente perspectiva para avaliar as tomadas de posição dele em relação às mulheres. Numa leitura abrangente da sua personalidade, colocada no contexto religioso e cultural de sua época, não há lugar nem para o misoginismo nem para um feminismo *ante litteram*, muitas vezes atribuídos a Paulo por tendências ideológicas opostas.

---

⁵ Clemente: "Paulo, assim, não hesita em nomear numa carta a sua companheira, que não levava consigo para ficar mais à vontade em seu ministério" (*Stromati*, 3,53. Cf. EUSÉBIO. *Historia. Eclesiastica.* 3,30,1).

III
PERSEGUIDOR DA IGREJA DE DEUS

Na retrospectiva autobiográfica ditada por Paulo numa de suas cartas enviadas à Igreja de Corinto, ele se coloca entre as primeiras testemunhas da ressurreição de Jesus Cristo. A lista das testemunhas se abre com o nome de Cefas, que faz parte do grupo dos "doze". Em seguida, vem a menção de um segundo grupo de "quinhentos irmãos", depois vem Tiago e então se fala de "todos os Apóstolos". A experiência pessoal de Paulo se liga a este último grupo, apresentada nos seguintes termos: "Em último lugar, apareceu a mim, que sou um aborto. De fato, eu sou o menor dos Apóstolos e não mereço ser chamado apóstolo, pois persegui a Igreja de Deus"(1Cor 15,8-9). Nessa declaração paulina percebe-se a tensão entre a sua consciência de ser "apóstolo, plenamente legitimado pela experiência de encontro com Jesus Cristo ressuscitado, e a lembrança do seu passado como perseguidor da Igreja de Deus. A imagem que Paulo tem de si mesmo como "apóstolo" de Jesus Cristo se coloca no pano de fundo da sua atividade anterior contra a Igreja.

A breve autoconfissão de Paulo na primeira Carta aos Coríntios, inserida num texto que tem o estilo de um documento oficial, levanta algumas perguntas sobre a possível reconstrução do perfil biográfico de Paulo como ex-perseguidor da Igreja de Deus e apóstolo de Jesus Cristo. Em que sentido ele "perseguiu a Igreja de Deus"? Qual seu papel nessa ação persecutória? O que devemos entender com a expressão "Igreja de Deus"? Refere-se a todas as comunidades cristãs da primeira geração ou apenas àquelas de matriz hebraica situadas em Jerusalém? Como avaliar esse testemunho direto de Paulo comparado com outras informações encontradas no seu epistolário e nos Atos dos Apóstolos? Essas são algumas questões que pedem uma investigação que dê consistência histórica à imagem tradicional de Paulo "perseguidor da Igreja de Deus", chamado a ser apóstolo do Evangelho de Jesus Cristo.

1. DE "PERSEGUIDOR" A PERSEGUIDO

A palavra "perseguição", associada à experiência religiosa, evoca imagens de tortura e sofrimentos físicos a que são submetidos indivíduos ou grupos de fiéis por parte de uma instituição hostil à fé deles. Essas medidas repressivas podem culminar com a morte violenta do perseguido. Neste caso, a figura da vítima da perseguição se transfigura na do "mártir", que proclama a firme adesão ao credo religioso e permanece fiel ao testemunho dele até o último suspiro. Este modelo, que faz parte da tradição religiosa hebraica e cristã, é usado em parte na reconstrução lucana da figura de Paulo.[1]

Nos Atos dos Apóstolos, o jovem Saulo, de guarda das roupas daqueles que apedrejam Estêvão, se transforma em poucos dias no protagonista da perseguição violenta desencadeada contra a Igreja de Jerusalém. Lucas repassa as etapas da história de Paulo perseguidor da Igreja num crescendo dramático. Antes de tudo, ele diz que "Saulo estava entre aqueles que aprovavam a sua [de Estêvão] morte" (At 8,1). Depois, em termos mais gerais, fala da perseguição violenta que se abate sobre a Igreja de Jerusalém, de onde os discípulos de Jesus se dispersam, com exceção dos apóstolos. Neste ponto aparece, numa espécie de díptico

---

[1] O profeta, como enviado de Deus, é rejeitado e perseguido pelo povo rebelde à voz de Deus (Ne 9,26; cf. Mt 23,30-31.35.37; Lc 13,34); nos textos de Qumran, o mestre de justiça, na linha dos profetas, se apresenta como vítima do sacerdote ímpio e perseguidor (*1QpHab*, V,10-11; VIII,17; X,4-5); nos últimos "hinos" se fala da perseguição por parte dos injustos com expressões emprestadas dos salmos de lamentação da Bíblia (*1QH*, II,32-33.35-36; IV,8; IX,8-9).

antitético, a figura de Paulo perseguidor. Enquanto algumas pessoas piedosas sepultam o primeiro mártir cristão e a comunidade cristã ainda está de luto pela sua morte, irrompe a ação violenta e devastadora do perseguidor: "Saulo, porém, devastava a Igreja: entrava nas casas e arrastava para fora homens e mulheres para colocá-los na prisão" (At 8,3).

Salta aos olhos a incongruência narrativa do texto lucano. Antes se diz que em Jerusalém "todos, fora os Apóstolos, se espalharam pelas regiões da Judéia e da Samaria"; depois, entra em cena Paulo que ainda encontra homens e mulheres nas casas de Jerusalém para levá-los à prisão. Poderíamos pensar que ele manda prender os judeu-cristãos do círculo dos "apóstolos", os chamados "irmãos da Judéia". Contudo, no esquema historiográfico lucano estes continuam tranqüilos em Jerusalém, solidários com o grupo dos Apóstolos e depois com Tiago, irmão do Senhor (At 11,1-2; 21,18). Portanto, não são eles o alvo da ação persecutória de Paulo, e sim os judeu-cristãos de língua e cultura gregas ou os helenistas que dão continuidade ao grupo de Estêvão.

Para explicar essas descontinuidades no texto dos Atos devemos levar em conta que o autor apresenta a história de Paulo perseguidor seguindo um esquema narrativo em círculos concêntricos. Na moldura mais ampla da perseguição, ele coloca o papel decisivo de Paulo. Em Jerusalém, ele vai à cata de indivíduos ou de grupos cristãos que têm como ponto de referência as casas particulares. Numa segunda fase, o próprio Saulo pede autorização para ampliar sua ação inquisitorial fora da cidade de Jerusalém. Entremeado com essa narrativa progressiva da perseguição da Igreja em Jerusalém se dá aquela da dispersão dos discípulos que deixam a cidade e percorrem o país nas regiões da Judéia e da Samaria e difundem "a palavra de Deus" (At 8,1c.4).

Essa imagem de Paulo "perseguidor" é retomada e engrandecida nas três narrativas do encontro com Jesus ressuscitado na estrada de Damasco. Nessas reconstruções lucanas do evento que assinala uma reviravolta na história de Paulo tem um grande peso o clichê literário da "conversão". Por iniciativa eficaz de Deus, o violento perseguidor dos discípulos de Jesus se torna a sua testemunha diante dos judeus e dos povos longínquos. A primeira narrativa pinta um quadro da ação repressiva de Paulo em Jerusalém em termos mais violentos em relação à primeira informação supracitada: "Saulo só respirava ameaças e morte contra os discípulos do Senhor. Ele apresentou-se ao sumo sacerdote e lhe pediu cartas de recomendação para as sinagogas de Damasco, a fim de levar presos para Jerusalém todos os homens e mulheres que encontrasse seguindo o Caminho" (At 9,1-2). A ação devastadora de Paulo, que a partir de Jerusalém se estende até as sinagogas de Damasco, serve de contraponto à intervenção de Deus que o transforma num "instrumento eleito", para levar o nome de Jesus "aos pagãos, aos reis e ao povo de Israel" (At 9,15). Paulo, que persegue os seguidores da doutrina de Cristo, terá, por sua vez, de "sofrer" por causa do seu nome (At 9,16).

Na segunda narrativa da experiência de Damasco, colocando na boca de Paulo em forma de "apologia" diante dos judeus de Jerusalém, ele mesmo resume sua atividade de perseguidor da seguinte maneira: "Persegui mortalmente este Caminho, prendendo e lançando à prisão homens e mulheres, como o sumo sacerdote e todos os anciãos podem testemunhar. Eles até me deram carta de recomendação para os irmãos de Damasco, e para lá me dirigi, a fim de trazer algemados os que lá estivessem, a fim de serem punidos aqui em Jerusalém" (At 22,4-5). A ação persecutória de Paulo contra "o Caminho" visa à destruição total, embora na realidade se fale apenas de prisões dos seus seguidores e das medidas punitivas previstas nas comunidades hebraicas contra os dissidentes. O próprio Paulo confirma isso, pois juntamente com a experiência de Damasco conta outra que lhe aconteceu posteriormente, num contexto de oração no templo de Jerusalém, onde diante do Senhor ele relembra seu passado de perseguidor. Os judeus de Jerusalém, diz Paulo, sabem que "era eu que, nas sinagogas, andava prendendo e batendo nos que acreditavam em ti. E quando o sangue de Estêvão, sua testemunha, foi derramado, eu mesmo estava lá, apoiando aqueles que o matavam e guardando as roupas deles" (At 22,19-20).

Na terceira edição é também Paulo quem narra a sua repentina mudança diante do rei Agripa, hóspede, com a irmã Berenice, do governador romano Pórcio Festo. Neste caso, Paulo coloca sua atividade repressiva contra os discípulos de Jesus no pano de fundo do seu passado de judeu observante. Em consciência, ele achou que era seu dever combater os seguidores do nome de Jesus Nazareno. Prova disso é o que fez em Jerusalém: "prendi muitos cristãos com autorização dos chefes dos sacerdotes, e dei meu voto para que fossem condenados à morte" (At 26,10).

Nessa releitura dos acontecimentos, Paulo não só obtém a autorização dos chefes judeus para prender os discípulos de Jesus, mas participa como membro ativo dos processos de condenação deles. O que nas narrativas anteriores era apresentado como aprovação da morte de Estêvão, aqui se torna um voto para a condenação à morte do grupo de cristãos presos. Nesta terceira prestação de contas, as cartas de recomendação são dadas a Paulo para agir em Jerusalém.

Daí, a sua ação se estende para fora "em todas as sinagogas", onde procura os seguidores de Jesus, a fim de obrigá-los, sob torturas, a blasfemar. Essa ampliação da repressão violenta dos cristãos, promovida por Paulo, está sublinhada na frase que encerra esta prestação de contas autobiográfica: "No auge do furor, eu os caçava até em cidades estrangeiras" (At 26,11).

Assim se explica de modo mais coerente a viagem de Paulo até Damasco, onde se dá a sua repentina mudança, unicamente por causa da ação extraordinária de Deus. Paulo, ao encerrar seu discurso, diz: "E eu, ó rei Agripa, não me rebelei contra essa visão celeste. Ao contrário: vivendo de maneira que corresponde a essa conversão, eu anunciei o arrependimento e a conversão a Deus, primeiro aos habitantes de Damasco, aos de Jerusalém e de toda a Judéia, e depois aos pagãos" (At 26,19-21). Portanto, Paulo, o "convertido", se torna protótipo e pregador da "conversão" diante dos judeus e dos pagãos. Desse momento em diante, ele passa para o campo dos que são perseguidos e ameaçados de morte por causa da fé em Jesus Cristo. Nesse contexto se explica a tentativa de linchamento por parte dos judeus no templo de Jerusalém: "É por isso que os judeus me agarraram e tentaram matar-me" (At 26,21). Paulo, o "perseguidor" dos seguidores de Jesus, se torna o "perseguido" por parte dos judeus.

Essa reconstrução lucana da história de Paulo utiliza um esquema literário que entra no projeto histórico e teológico do autor dos Atos dos Apóstolos. Ele pretende mostrar que o papel de Paulo como testemunha de Jesus Cristo remonta à iniciativa gratuita e eficaz de Deus. De fato, ele conduz a história para a salvação de todos os seres humanos, das promessas feitas a Israel até o cumprimento delas em Jesus Cristo, reconhecido como Senhor nas comunidades cristãs. Isso, porém, não exclui a possibilidade de que Lucas use trechos de tradição historicamente aceitáveis sobre a função de Paulo perseguidor. Há uma confirmação disso na comparação com a segunda fonte da biografia paulina, a coleção de cartas, nas quais o próprio Paulo acena ao seu passado de perseguidor da Igreja de Deus.

2. "EU PERSEGUIA COM VIOLÊNCIA A IGREJA DE DEUS"

Em três passagens das cartas autênticas, Paulo relembra o seu passado com uma terminologia fixa e segundo um esquema estereotipado. Na carta endereçada às Igrejas da Galácia, como foi dito acima, ele pressupõe que os cristãos dessas regiões já sabem sobre seu passado de judeu fiel e observante. E uma prova do seu grande empenho no Judaísmo e sobretudo no seu "zelo" em defender as tradições dos antepassados é o fato de que ele "perseguia com violência a Igreja de Deus e fazia de tudo para arrasá-la [*kath'hyperbolèn edíokon tên ekklesían toû Theoû kaì epórthoun autén*]" (Gl 1,13). É nesta moldura do Judaísmo insuspeitável de Paulo que se manifesta a gratuidade da ação de Deus. Ele o chama para lhe revelar o Evangelho de Jesus Cristo, isto é, o seu Filho como fonte de salvação para todos os homens. É evidente o contraste entre a ação de Paulo perseguidor da Igreja de Deus e a ação de Deus, que o chama com a sua graça para constituí-lo proclamador do Evangelho de Jesus Cristo.

Essa breve lembrança do passado de Paulo "perseguidor" é feita em relação ao seu discurso apologético sobre a origem e o fundamento do seu Evangelho. Ela é completada por uma notícia preciosa, que ele retoma no final da reconstrução do primeiro período da sua atividade como missionário evangelizador dos pagãos. Paulo acena à reação das Igrejas da Judéia diante de sua repentina mudança de judeu militante, perseguidor da Igreja, para proclamador do Evangelho. Ele fala do seu breve encontro com Cefas em Jerusalém três anos depois de seu retorno a Damasco. Em seguida, diz que se dirigiu para as regiões da Síria e da Cilícia. Quanto à sua relação com as comunidades judaico-cristãs que têm Jerusalém como centro, ele esclarece: "Depois fui para as regiões da Síria e da Cilícia, de modo que as Igrejas de Cristo na Judéia não me conheciam pessoalmente. Eles apenas ouviam dizer: 'Aquele que uma vez nos perseguia [*ho diôkon hemâs póte*] agora está anunciando a fé que antes procurava destruir [*nýn euaggelízetai tên pístin hên póte epórthei*]. E louvavam a Deus por minha causa" (Gl 1,22-23).

É interessante notar que nesta última notícia sobre a história pessoal de Paulo, vista de fora, isto é, do ponto de vista das Igrejas da Judéia, ele retoma literalmente os mesmos termos usados na autobiografia referida poucas linhas acima na mesma carta. De fato, são usados os dois verbos *diôkein*, "perseguir", e *pórthein*, "destruir", para descrever a sua ação contra os grupos cristãos. Merece ainda ser sublinhado o fato de que, nessa imagem de Paulo "perseguidor", as Igrejas da Judéia se apresentam como o alvo da atividade persecutória de Paulo voltada para destruir a fé cristã.

O segundo texto é o da Carta aos Filipenses, que constitui a ficha autobiográfica de Paulo mais precisa sobre seu passado judaico. A lista de dados identificativos, étnico-culturais e religiosos, com os quais ele pode contar num hipotético confronto com outros que se vangloriam de ser judeus, se conclui com esta declaração: "quanto ao zelo, perseguidor da Igreja [*katà zêlos diôkon tên ekklesían*]" (Fl 3,6). Esta afirmação está emoldurada por outras duas relativas ao seu modo rigoroso e irrepreensível de interpretar e observar a "lei". Também nesse caso a prestação de contas autobiográfica de Paulo se apóia no contraste entre o seu passado de judeu zeloso e observante para alcançar a justiça, segundo a lei, e a nova relação que ele vive com Deus pelo conhecimento de Jesus Cristo. À "justiça vinda da lei" Paulo contrapõe "a justiça que vem de Deus e se apóia sobre a fé" (Fl 3,9).

Nessa seção autobiográfica da Carta aos Filipenses, Paulo se apresenta como perseguidor da "Igreja", sem especificações, sendo que nos outros dois textos há especificação. De fato, na Carta aos Gálatas e na primeira Carta aos Coríntios, ele diz expressamente que perseguiu a "Igreja de Deus". Neste último texto, além da ocorrência do verbo típico "perseguir", nota-se também a presença do esquema do contraste entre a condição anterior de Paulo "perseguidor" e a ação gratuita de Deus que o constituiu "apóstolo" (1Cor 15,9-10).

Na tradição paulina posterior, esse esquema da antítese entre as duas fases da vida de Paulo se torna um *tópos*, que serve como exemplo da ação misericordiosa de Deus em favor dos pecadores. Na primeira Carta a Timóteo, registrada em nome de Paulo, o autor utiliza o estilo autobiográfico paulino para formular sua exortação pastoral: "Agradeço àquele que me deu força, a Jesus Cristo nosso Senhor, que me considerou digno da confiança, tomando-me para o seu serviço, apesar de eu ter sido um blasfemo, perseguidor [*diôkten*] e insolente. Mas, eu obtive misericórdia porque eu agia sem saber, longe da fé. Sim, ele me concedeu com maior abundância a sua graça, junto com a fé e o amor que estão em Jesus Cristo. Esta palavra é segura e digna de ser acolhida por todos: Jesus Cristo veio ao mundo para salvar os pecadores, dos quais eu sou o primeiro. Mas exatamente por causa disso eu obtive misericórdia: Jesus Cristo quis demonstrar toda a sua generosidade primeiramente em mim, como exemplo para os que depois iriam acreditar nele, a fim de terem a vida eterna" (1Tm 1,12-16).

Chama a atenção nesse trecho da carta pastoral endereçada a Timóteo o forte acento colocado na condição de Paulo "perseguidor", para ressaltar a iniciativa gratuita e misericordiosa de Deus por meio de Jesus Cristo. Para acentuar esse retrato de Paulo, protótipo dos pecadores, são colocados juntos três vocábulos: "apesar de eu ter sido um blasfemo, perseguidor e insolente [*tò proteron ónta blásphemon kaì diôktén kaì hybristên*]". É notável o fato de que no centro desse quadro retrospectivo de Paulo esteja o termo *diôktén*, "perseguidor", que não se encontra em nenhum outro texto do NT. Nele se percebe a influência do léxico da "perseguição", que ocorre nos trechos autobiográficos das cartas autênticas de Paulo. Todavia, no trecho da carta pastoral a Timóteo não se fala mais dos destinatários históricos da ação repressiva de Paulo. Com efeito, os outros dois termos que rodeiam *diôktén*, "blasfemador e insolente", esclarecem o seu significado com enfoque ético-religioso. E a frase seguinte, que prepara a aplicação catequética e parenética, tende a atenuar essa imagem sombria do passado de Paulo. De fato, se diz que foi usada misericórdia para com ele, pois "agia sem saber, longe da fé".

No grupo das cartas pastorais se percebe a tendência para a idealização da figura de Paulo que, de perseguidor, passa a ser perseguido. Também nisso ele é o protótipo dos cristãos. Numa passagem autobiográfica da segunda Carta a Timóteo, o Apóstolo relembra ao seu discípulo aquilo que aprendeu convivendo com sua atividade e com o seu estilo de missionário itinerante: "Você, porém, me seguiu de perto no ensino e no comportamento, nos projetos, na fé, na paciência, no amor e na perseverança, nas perseguições e sofrimentos que tive em Antioquia, em Icônio e Listra. Que perseguições sofri! Mas, de todas elas o Senhor me livrou. Ademais, todos os que querem viver com piedade em Jesus Cristo serão perseguidos" (2Tm 3,10-12). Nesse retrato ideal de Paulo, o apóstolo que enfrenta com coragem e perseverança as perseguições, está presente o mesmo esquema hagiográfico vislumbrado também no retrato apresentado por Lucas nos Atos dos Apóstolos.

3. EM QUE CONSISTE A "PERSEGUIÇÃO" DE PAULO

É possível reconstruir de modo razoável a atividade de Paulo "perseguidor" da Igreja? Em que consiste a ação repressiva dele contra o movimento cristão dos primeiros anos? Atendo-se à documentação dos Atos dos Apóstolos, Paulo está em Jerusalém com a autorização do Sinédrio ou do "colégio dos anciãos" e se empenha na caça aos cristãos dentro das casas, a fim de prendê-los e levá-los diante do tribunal. Lucas liga diretamente essa atividade repressiva de Paulo à morte violenta de Estêvão, ambientada em Jerusalém. Ele a apresenta como um exemplo da perseguição anticristã na capital judaica, onde Paulo exerce papel de protagonista. Diz que Estêvão foi acusado diante do Sinédrio, mas depois narra a morte violenta dele como uma espécie de linchamento, como a execução de uma condenação do supremo tribunal hebraico. De resto, o próprio Paulo, já missionário cristão, em sua última viagem a Jerusalém corre o risco de ser linchado do mesmo modo pelos judeus que o arrastam para fora do recinto sagrado do templo a fim de matá-lo (At 21,30-31).

As referências sucessivas do autor dos Atos dos Apóstolos à morte de Estêvão oscilam entre o esquema do linchamento e o da execução de uma condenação à morte decidida por um tribunal hebraico. De fato, ele mostra, num crescendo, a participação de Paulo na morte de Estêvão como aprovação moral e jurídica da condenação do primeiro mártir cristão (At 8,1a; 22,20; 26,10). Além disso, Lucas tende a projetar a história de Estêvão sobre a atividade persecutória de Paulo. Ele diz que Saulo não manda apenas prender os cristãos nas casas para levá-los diante dos tribunais; nem se limita a mandá-los açoitar nas sinagogas, mas os obriga sob tortura a renegarem a própria fé em Jesus Cristo (At 23,19; 26,11). O perseguidor visa à destruição dos discípulos de Jesus e participa ativamente da condenação deles à morte (At 9,1; 26,10).

Na realidade, na trama narrativa dos Atos dos Apóstolos a morte violenta de Estêvão é articulada com a atividade repressiva de Paulo em Jerusalém. Nessa perspectiva, a expressão lucana que se refere à intervenção de Paulo na condenação à morte dos cristãos presos — "e dei o meu voto para que fossem condenados à morte" (At 26,10c) — não é senão uma generalização do papel que o mesmo autor lhe atribui no caso da morte de Estêvão. Portanto, com base nas informações dos Atos dos Apóstolos, é difícil pensar que a atividade persecutória de Paulo em Jerusalém tenha provocado diretamente a morte violenta de algum cristão.

Essa conclusão é confirmada pela análise da linguagem de "perseguição" usada nas seções autobiográficas do epistolário paulino. Das 45 ocorrências do verbo *diôkein*, "perseguir", nos textos do NT, 21 se encontram nas cartas de Paulo. Em 11 casos, o verbo se refere à "perseguição" sofrida pelo próprio Paulo ou pelos cristãos das suas Igrejas. Uma única vez se encontra o composto *ekdiôkein*, referindo-se à perseguição dos judeus contra Paulo (1Ts 2,15). O substantivo *diogmós*, "perseguição", é usado nos escritos paulinos cinco vezes, num total de 10 no NT. Três vezes com o verbo *porthéin* se descreve a ação devastadora de Paulo, tanto na Carta aos Gálatas (Gl 1,13.23), como nos Atos dos Apóstolos (At 9,21).

A análise do contexto em que aparece o léxico da "perseguição" nos escritos de Paulo e no resto do NT dá a entender que na maioria das vezes se trata de insultos verbais, ultrajes e ameaças, que podem também passar às vias de fato: socos, tapas, empurrões.² Só em alguns casos se faz referência a medidas repressivas e coercitivas que podem levar a uma ação penal. Na lista de suas "peripécias" como apóstolo de Cristo, Paulo menciona "prisões e açoites" e os vários perigos de morte de que escapou: "dos judeus recebi cinco vezes os quarenta golpes menos um; fui flagelado três vezes; uma vez fui apedrejado [...]" (2Cor 11,24-25). A lapidação e os "quarenta golpes menos um" se referem a punições corporais previstas nos direitos bíblico e sinagogal. Não está excluído que em certos casos essas punições pudessem provocar lesões físicas graves e até mesmo a morte. Por isso, a norma bíblica impõe ao juiz que controle a flagelação, a fim de que não ultrapasse o número de quarenta golpes, "isso para não acontecer que a ferida se torne grave, caso seja açoitado mais vezes, e seu irmão fique marcado diante de você" (Dt 25,2-3). A interpretação da *Mixná*, no tratado onde fala da "flagelação", prescreve que, por precaução, se deve parar nos trinta e nove golpes.³ O autor dos Atos está pensando nesse tipo de punições previsto na disciplina sinagogal ao dizer que Paulo mandava prender e açoitar nas sinagogas aqueles que se confessavam seguidores de Jesus Cristo (At 22,19; 26,1).⁴

---

[2] Mt 5,10-12.44; 1Cor 4,12; Rm 12,14; 1Ts 2,15; nos Atos dos Apóstolos a terminologia da "perseguição" está ligada exclusivamente à ação repressiva de Paulo contra os discípulos de Jesus: At 7,52; 9,4-5; 22,4.7-8; 26,11.14.15.

[3] *Mixná: Makkot*, III,10; cf. Flávio Josefo. *Ant.* IV,8,21.

[4] Os textos dos Evangelhos se referem ao mesmo tipo de punição quando dizem que os discípulos de Jesus serão entregues aos tribunais e flagelados nas sinagogas (Mt 10,18; 23,34; cf. Lc 11,49; 21,12; Jo 16,2); somente os textos de Mt 23,34 e Lc 11,49 falam de "morte" e até mesmo de "crucificação" dos discípulos de Jesus nas sinagogas; estas expressões são uma ampliação da "perseguição", para assimilar a sorte dos discípulos com aquela de Jesus condenado à morte de cruz.

4. QUEM SÃO OS CRISTÃOS PERSEGUIDOS POR PAULO?

A resposta a essa pergunta pode ser dada mediante a comparação entre as informações dos Atos dos Apóstolos e aquelas mais fragmentárias das cartas paulinas. O quadro lucano da perseguição de Paulo não é totalmente coerente. Segundo o autor dos Atos, o jovem Saulo, que participa de modo mais ou menos direto da morte de Estêvão, dirige sua fúria persecutória contra a Igreja de Jerusalém, onde os Apóstolos teriam permanecido após a fuga e a dispersão de todos os cristãos helenistas nas regiões da Judéia e da Samaria. Apesar dessa incongruência, já sublinhada acima, do conjunto da narrativa lucana se entende que ele quer estabelecer uma ligação entre a ação repressiva de Paulo e o linchamento de Estêvão, acontecido em Jerusalém. Por isso, na perspectiva lucana, a ação persecutória de Paulo visa aos cristãos de Jerusalém. Trata-se obviamente daqueles que fazem parte do grupo de Estêvão, pois os outros, os judeu-cristãos de língua hebraico-aramaica, continuam tranqüilos juntamente com os Apóstolos.

Portanto, sob a perspectiva histórica, o autor dos Atos atribui à perseguição, da qual Paulo se torna promotor, a fuga e a dispersão dos cristãos helenistas. De fato, Paulo em Jerusalém faz parte dos judeus helenistas provindos da diáspora, que se encontram na sinagoga dos "libertos", à qual se ligam os judeus da Cilícia e da Ásia. É desse ambiente que provém a oposição a Estêvão. Pode-se, portanto, imaginar que a repressão, da qual Paulo é animador e protagonista, se volta contra os judeus helenistas que aderiram ao movimento cristão.

Num segundo momento, conforme o quadro histórico lucano, a ação persecutória de Paulo se estende para fora de Jerusalém, nas sinagogas das cidades estrangeiras (At 26,12). Por isso, ele pede ao sumo sacerdote, presidente do Sinédrio em Jerusalém, cartas de apresentação para as sinagogas de Damasco, a fim de ter a autorização para prender homens e mulheres seguidores da doutrina cristã e, assim, levá-los a Jerusalém (At 9,2). O autor dos Atos não fornece nenhuma informação sobre o motivo da escolha das sinagogas de Damasco como campo específico da atividade inquisitorial de Paulo. E justamente essa iniciativa atribuída a Paulo levanta uma série de problemas de caráter tanto histórico como jurídico. Qual é o papel efetivo de Paulo? O de um comissário especial, delegado do Sinédrio? Com que direito o sumo sacerdote, na qualidade de presidente do supremo conselho e do tribunal de Jerusalém na Judéia, intervém nas sinagogas de Damasco que se encontram na Síria? A Judéia faz parte da província romana procuratória, dependente do legado imperial da Síria, que reside em Antioquia. Será que ele pode pedir a extradição dos judeus residentes em Damasco, para julgá-los em Jerusalém? Tais perguntas são ignoradas pelo autor dos Atos dos Apóstolos.[5]

Entretanto, os textos lucanos relativos à ação de Paulo, descontados os seus aspectos apologéticos ou hagiográficos, podem permitir a reconstrução de um quadro histórico suficientemente plausível. O jovem Saulo, que teve um

---

[5] Sabemos de vários casos no século I a.C. nos quais é reconhecido, em favor da autoridade religiosa ou política de Jerusalém, o direito de extradição dos judeus das cidades da diáspora (cf. 1Mc 15,20; Flávio Josefo. *Bell.*, 1,24,2; par. 474).

papel arrojado na busca e denúncia dos cristãos helenistas de Jerusalém, pede às autoridades competentes cartas de apresentação para os responsáveis das comunidades judaicas da diáspora, em particular para aquelas de Damasco, a fim de continuar sua ação contra outros eventuais seguidores do movimento cristão naquela cidade.

É claro que o pedido de Paulo para ter credenciais com a finalidade precisa de ir a Damasco pressupõe que ele tenha tido informações sobre a presença de cristãos naquele ambiente.

Do ponto de vista histórico, como avaliar essa situação?

A cidade de Damasco, com uma história bimilenar nas costas, surge numa fértil planície a sudeste do Antilíbano. Ela se encontra na encruzilhada das trilhas e estradas que ligam o Oriente ao Ocidente mediterrâneo, a região sul-arábica com o norte da Síria. As trilhas caravaneiras a leste e a sudeste atravessam o deserto sírio até o Eufrates. Em Damasco chega a "Via Régia", que através dos planaltos de Golã e de Moab chega até o golfo de Eilat ou Ácaba, a Aela dos romanos. Por aí transita o comércio do ouro, do incenso e da mirra, provenientes da Arábia. Por isso, Damasco é um grande centro de atração para os comerciantes. Os quase trezentos quilômetros que a separam de Jerusalém não impedem as relações intensas entre as duas cidades desde a época dos reis bíblicos. Na cidade síria, a partir do pós-exílio babilônico, existem judeus que ali residem.

Com base no texto de Amós 5,26-27, onde se fala do exílio "para muito além de Damasco", os membros da comunidade essênia de Qumran se consideram os "exilados na terra de Damasco" ou os convertidos, para entrarem no "novo pacto", de que falam os profetas Jeremias e Ezequiel.⁶ Como deve ser entendida essa expressão qumrânica, já por si enigmática? Em sentido histórico-geográfico ou com enfoque simbólico como sinal do "resto fiel", identificado com os essênios qumrânicos, que se exilaram/separaram voluntariamente dos outros judeus corrompidos, representantes da "terra de Judá"? Em todo caso, a "terra de Damasco" remete ao contexto da deportação bíblica que incrementou a diáspora judaica nessas regiões.

Flávio Josefo nos informa que, no século I d.C., em Damasco, há uma numerosa e ativa colônia judaica. Para o período que antecede à guerra judaica de 66-70 d.C., o historiador fala de uma população de judeus em Damasco que gira em torno de quinze a vinte mil.⁷ É provável que na comunidade judaica de Damasco tenham se refugiado alguns cristãos judeu-helenistas de Jerusalém, para escapar da represália iniciada com a morte de Estêvão. Paulo não lhes dá trégua, porque procura persegui-los também em Damasco, onde talvez existam núcleos judaico-cristãos locais relacionados com os de Jerusalém. Temos a confirmação dessa hipó-

---

⁶ CD, 6,5.19; 8,21; 20,12; com base nesses textos qumrânicos foi levantada a hipótese de que quando, na história neotestamentária de Paulo, se fala de Damasco, deve-se ver uma referência à comunidade e localidade de Qumran (SABUGAL, S. *Análisis exegético sobre la conversión de San Pablo*; el problema teológico e histórico. Barcelona, Herder, 1976).

⁷ Flávio Josefo, em *Bell.*, 2,20,2; par. 559-561, diz que dez mil e quinhentos judeus residentes em Damasco foram trancados no ginásio e exterminados pelos damascenos após a derrota dos romanos no tempo do legado da Síria Caio Céstio; nesse contexto, o escritor judeu afirma que as mulheres dos damascenos, "exceto algumas, haviam abraçado a religião judaica"; numa outra resenha das carnificinas de judeus nas várias cidades da diáspora, fala de "dezoito mil judeus, com mulheres e filhos" em Damasco (op. cit., 7,8,7; par. 368).

tese na menção de Ananias, para junto do qual Paulo se dirige, após a visão que teve na estrada nas proximidades da cidade. Ananias é apresentado como "homem piedoso e fiel à lei, com boa reputação junto a todos os judeus que aí moravam" (At 22,12). Ele é um cristão, pois o autor, no primeiro relato da vocação de Paulo, o apresenta como "discípulo" (At 9,10). De resto, se Paulo se detém em Damasco após sua conversão, isso significa que pode contar com a hospitalidade de alguns judeu-cristãos dessa cidade, como Lucas diz expressamente: "Passou então alguns dias com os discípulos em Damasco" (At 9,19b).

A ligação de Paulo com Damasco é também pressuposta pelas raras informações que ele mesmo fornece no trecho autobiográfico da Carta aos Gálatas. Depois da experiência, que ele chama de "revelação de Jesus Cristo", Paulo não volta para Jerusalém, mas vai, por certo tempo, à Arábia. Em seguida, a prestação de contas autobiográfica paulina continua dizendo: "e depois voltei para Damasco". Esse modo de escrever dá a entender que Paulo já havia estado antes nessa cidade, isto é, logo depois da sua transformação espiritual, que o levou a abandonar o seu comportamento de judeu perseguidor furioso da Igreja de Deus.

Contudo, no esquema autobiográfico de Paulo não se faz menção de sua atividade de perseguidor nas regiões da Síria e, mais precisamente, em Damasco. Quando o Apóstolo fala do seu passado de judeu *zelotês*, observante escrupuloso da lei, diz que perseguiu a "Igreja de Deus" ou simplesmente que foi perseguidor da "Igreja" (1Cor 15,9; Gl 1,13; Fl 3,6). Além disso, atendo-nos à Carta aos Gálatas, parece que a perseguição de Paulo era reservada às "Igrejas de Cristo que estão na Judéia". De fato, nessas comunidades cristãs se diz o seguinte a respeito da figura e da atividade de Paulo: "Aquele que nos perseguia agora está anunciando a fé que antes procurava destruir" (Gl 1,23). Se interpretarmos literalmente a expressão "que procurava destruir", que retoma aquela usada mais acima por Paulo para indicar o objetivo da sua ação contra a Igreja de Deus, deveríamos concluir que o campo de ação do ex-perseguidor que se tornou evangelizador da fé cristã era limitado originariamente à Igreja de Jerusalém ou da Judéia. De resto, a expressão no plural "Igrejas de Deus" no epistolário paulino designa as comunidades cristãs dessa região. De fato, elas são o ponto de referência histórico e ideal para as Igrejas paulinas surgidas nas cidades da Grécia e da Ásia (1Ts 2,14; 1Cor 11,16).

Todavia, nos textos supracitados, Paulo fala de "Igreja de Deus" ou simplesmente de "Igreja". E aquilo que dizem as "Igrejas de Cristo na Judéia" — "procurava destruir" — pode se referir de modo genérico à "fé cristã", que Paulo agora está anunciando. Nesse caso, poderíamos pensar que a sua ação persecutória, num primeiro momento, tenha tido como campo de ação, de modo mais direto, o ambiente de Jerusalém, mas que depois tenha se estendido a outros grupos cristãos fora da Judéia. Se, em vez disso, tomarmos o testemunho da Carta aos Gálatas, que liga a experiência da "revelação de Jesus Cristo" com a região de Damasco, devemos pressupor que Paulo já vivia antes nessa cidade como judeu *zelotês*. Nesse caso, ele teria exercido tão-só na cidade de Damasco uma atividade de furioso perseguidor da Igreja de Deus. Nessa hipótese, não haveria necessidade de pedir cartas de apresentação por parte do sumo sacerdote de Jerusalém para as sinagogas de Damasco, nem de se pensar num eventual procedimento de extradição para transportar os prisioneiros a Jerusalém.

Para defender essa hipótese de ação persecutória de Paulo limitada à Igreja de Deus na cidade de Damasco ou nos seus arredores, é preciso admitir que já existam grupos de cristãos organizados nessas regiões. Mas para um mínimo de fundamento documental a essa hipótese deve-se recorrer ao texto lucano dos Atos, que, numa metodologia fundada rigorosamente no epistolário paulino, é descartado como documento histórico aceitável para reconstruir a atividade persecutória de Paulo. Uma solução mais coerente, a meu ver, é aquela que leva em conta as informações lucanas comparadas criticamente com as informações autobiográficas de Paulo. Umas e outras fazem parte dos textos que estão inseridos no horizonte apologético ou teológico dos respectivos autores.

O resultado do exame crítico das fontes disponíveis é este quadro abrangente da atividade persecutória de Paulo. No ambiente dos judeus-helenistas de Jerusalém ele se torna promotor da ação repressiva contra os judeus que aderiram ao movimento cristão. Após a fuga destes de Jerusalém, ele vai persegui-los em outras cidades, sobretudo nas regiões da Síria e, para tanto, obtém cartas de apresentação para as autoridades das sinagogas de Damasco, onde há uma comunidade judaica numerosa e atuante. Nessa hipótese, não há necessidade de recorrer ao pedido de extradição, pois se trata simplesmente de aplicar contra os judeu-cristãos dissidentes a punição prevista na disciplina sinagogal, isto é, a flagelação. O próprio Paulo, como cristão, será submetido a essa pena sinagogal ao menos por três vezes e dela falam também os textos evangélicos a propósito dos discípulos de Jesus flagelados nas sinagogas.

5. POR QUE PAULO "PERSEGUE" A IGREJA OU OS CRISTÃOS?

A narrativa dos Atos dos Apóstolos é bem detalhada ao reconstruir tempos, lugares e circunstâncias da "perseguição" anticristã de Paulo. Não se pode dizer a mesma coisa quanto às razões do que o próprio texto apresenta como "fúria devastadora" de Saulo contra a Igreja de Jerusalém. Dada, porém, a conexão que Lucas estabelece entre a ação persecutória de Paulo e a morte de Estêvão, podemos pensar que na sua origem existam as mesmas razões que levaram o primeiro mártir cristão à morte violenta. Estêvão encontra oposição mais dura por parte dos judeus da "sinagoga dos libertos junto com cirenenses e alexandrinos e alguns da Cilícia e da Ásia". São alguns judeus desse ambiente que atiçam o povo contra ele, prendem Estêvão e o arrastam perante o Sinédrio. A acusação, que Lucas se apressa em atribuir a "falsas testemunhas", se apóia em dois pontos: "Este homem não pára de falar contra este lugar santo e contra a lei". Numa segunda formulação dos próprios líderes da acusação se esclarece que as posições de Estêvão remetem a Jesus, o Nazareu. De fato, dizem que ouviram Estêvão declarar que Jesus "destruirá este lugar e subverterá os costumes que Moisés nos transmitiu" (At 6,13-14).

O discurso apologético seguinte que Estêvão faz diante do Sinédrio é um resumo da história bíblica destinado a refutar esses dois pontos da acusação. Ele mostra que o povo de Israel, embora tendo recebido a lei de Deus por meio de Moisés, de fato não a obedeceu. E quanto ao lugar santo,

Estêvão, com base nos textos proféticos, prova que, embora tendo Salomão construído um templo para Deus, "o Altíssimo, porém, não mora em casa feita por mãos humanas" (At 7,47.53). O que, no final, desencadeia a reação violenta dos sinedritas é a visão de Estêvão e a sua profissão de fé em Jesus como juiz glorioso. Com efeito, ele vê a glória de Deus e Jesus em pé à sua direita, e declara: "Estou vendo o céu aberto e o Filho do Homem, de pé à direita de Deus" (At 7,55-56). Nesse momento, todos os presentes gritam que ele está blasfemando, se atiram contra Estêvão, o arrastam para fora da cidade e começam a apedrejá-lo.

Essa reconstrução lucana da história dramática de Estêvão representa, na intenção do autor dos Atos dos Apóstolos, o caso exemplar do confronto entre os judeu-cristãos helenistas e a autoridade judaica identificada com o Sinédrio. É sintomático que o próprio Paulo, proveniente do mesmo ambiente de Estêvão, durante a sua última estada em Jerusalém como missionário cristão, corra o risco de ser linchado por razões parecidas com as de Estêvão. De fato, em seu encontro com Tiago e os presbíteros de Jerusalém, Paulo é avisado sobre o risco de uma violenta reação por parte de milhares de judeus que abraçaram a fé cristã "e todos são fiéis observantes da lei [*zelôtaì toû nómou*]". Eles ouviram falar o seguinte a respeito de Paulo: "Você anda ensinando a todos os judeus para abandonarem Moisés [*apostasían didáskeis apò Môÿséôs*] e dizendo-lhes para não circuncidarem seus filhos e não continuarem a seguir as tradições" (At 21,21).

Para acabar com esses boatos perigosos, sugere-se a Paulo que acompanhe quatro judeu-cristãos, que devem cumprir uma promessa no templo, e realize junto com eles os ritos de purificação, pagando as despesas para os sacrifícios prescritos. Contudo, no final dos sete dias rituais, quando os judeus da Ásia vêem Paulo no templo, sublevam a multidão contra ele, gritando: "Israelitas, socorro! Este homem que anda ensinando a todos e por toda parte contra o nosso povo, contra a lei e contra este lugar" (At 21,28). Pouco antes, eles haviam visto Paulo em companhia de um étnico-cristão da Ásia e suspeitam que o tenha introduzido no pátio do templo reservado aos judeus. A acusação judaica de ter profanado o templo, juntamente com a de ser contra a lei, volta de novo nas audiências do processo seguinte contra Paulo em Cesaréia.

Essas duas histórias paralelas, a de Estêvão e a de Paulo, reconstruídas pelo autor dos Atos dos Apóstolos, são representativas do conflito entre cristãos helenistas e o Judaísmo em Jerusalém. Dessa dupla história podemos deduzir as razões que levaram Paulo a se comprometer pessoalmente contra o grupo dos judeu-cristãos. A acusação de "apostasia contra a lei de Moisés", que é levantada contra Paulo nos ambientes dos judeu-cristãos integristas de Jerusalém, resume muito bem o que poderia ter sido sua reação quando ainda era judeu zelota.

A questão do "lugar santo", isto é, do templo, entra na discussão mais ampla a identidade judaica. A santidade e a função do santuário de Jerusalém estão no centro do confronto entre os judeus observantes e aqueles que gostariam de se abrir ao mundo religioso e cultural do helenismo. No ambiente de Jerusalém, a questão do templo gira em torno da disputa entre as famílias e os grupos sacerdotais para o controle da instituição sagrada, símbolo da religião e da nação judaicas. Todavia, em última análise, a identidade espiritual dos judeus é definida pela observância da lei que regula também a instituição do templo.

Na raiz da discussão sobre a lei e a função do templo judaico está a fé daqueles que reconhecem Jesus como Messias e Senhor. De fato, Lucas remonta a Jesus a posição de Estêvão, representante dos cristãos helenistas. E a morte de Estêvão é provocada pela sua profissão de fé em Jesus, o Filho do Homem, protagonista do julgamento de Deus. Um aceno à fé em Jesus, como motivo da perseguição, é introduzido pelo autor dos Atos no primeiro e no terceiro sumários da atividade persecutória de Paulo, antes de sua conversão. No primeiro, fala-se da prisão de homens e mulheres "que seguem o Caminho", ou seja, a "doutrina de Cristo" (At 9,2). Na terceira prestação de contas autobiográfica diante de Agripa se diz que ele, numa certa época, acreditava ser seu dever "combater com todas as forças o nome de Jesus, o Nazareu" (At 26,9), prendendo muitos cristãos e "em todas as sinagogas eu procurava obrigá-los a blasfemar por meio de torturas" (At 26,11). Nesse contexto, a "blasfêmia" arrancada dos cristãos mediante tortura consiste em renegar a Jesus como Cristo e Senhor.[8]

Portanto, a fé em Jesus Cristo, que define a identidade dos judeu-cristãos, chamados por Lucas de "discípulos do Senhor" ou seguidores da nova doutrina ou do "Caminho", exerce um papel não secundário no conflito com o ambiente judaico de Jerusalém. Contudo, o terreno do confronto que desencadeia a reação da autoridade judaica e as medidas disciplinares correlatas, apresentadas pelo autor dos Atos como "perseguição", na qual Saulo-Paulo tem um papel de primeiro plano, é o da observância da lei e da função das ins-

---

[8] Plínio diz algo parecido na carta enviada a Trajano a propósito dos cristãos que são presos e obrigados a *"maledicere Christo"*. (*Epistulae* 10,96,5).

tituições hebraicas. Enquanto os judeu-cristãos, com suas posições a respeito da lei e do templo, representam uma ameaça à integridade do Judaísmo, eles são perseguidos e punidos conforme as normas que regulam a vida comunitária judaica.

Esse conjunto de razões no quadro histórico lucano explica o que ele chama de "perseguição" de Saulo contra os cristãos. Isso deve ser comparado com aquilo que o próprio Paulo diz em suas cartas. À primeira vista, parece mais claro e explícito o autotestemunho paulino sobre as razões que estão na origem da sua perseguição contra a Igreja de Deus. Na ficha autobiográfica da Carta aos Filipenses ele diz: "quanto ao zelo, perseguidor da Igreja [*katà zêlos diôkon tèn ekklesían*]" (Fl 3,6a). Nesta frase, o termo *zêlos* é que determina e qualifica o papel de Paulo como perseguidor da Igreja.

A terminologia conexa com o campo semântico do *zêlos* reaparece no texto autobiográfico da Carta aos Gálatas, onde o Apóstolo relembra o seu passado de judeu militante. Aqui, Paulo usa o termo *zelotês* para definir seu compromisso de defender as tradições dos antepassados. Por isso, ele pode dizer que superava no "judaísmo" a maior parte dos seus coetâneos. Essas duas autoconfissões de Paulo sobre o seu passado judaico servem de comentário à primeira delas que abre o trecho dessa retrospectiva: "Certamente vocês ouviram falar do que eu fazia quando estava no Judaísmo. Sabem como eu perseguia com violência a Igreja de Deus e fazia de tudo para arrasá-la [*kath'hyperbolên edíokon tên ekklesían toû Theoû kaì epórthoun autên*]" (Gl 1,13). Portanto, as razões da perseguição de Paulo contra a Igreja de Deus, que ele considera "hiperbólica", isto é, além da medida, com a finalidade de aniquilá-la, devem ser buscadas nesse compromisso radical e extremo definido pelo termo *zelotês*.

Essa imagem de Paulo como *zelotês*, relacionada com o seu passado de judeu perseguidor da Igreja de Deus, tem uma correspondência singular no retrato elaborado pelo autor dos Atos dos Apóstolos. Paulo, que fala em sua defesa aos judeus de Jerusalém, se apresenta como um judeu que foi criado dentro das mais rígidas normas da lei dos antepassados: "cheio de zelo por Deus, como todos vocês o são agora". E liga esse compromisso religioso com a sua ação contra a nova doutrina dos seguidores de Jesus (At 22,3-4). Como vimos acima, a classificação de "*zelotái* da lei" é dada por Tiago e por seu grupo também aos judeu-cristãos de Jerusalém. Estes ficam escandalizados com o que se diz sobre a atividade de Paulo na diáspora judaica, onde ele estaria convidando os judeus a abandonarem a lei de Moisés. O risco da apostasia da religião tradicional, diz Tiago, responsável pela Igreja judaico-cristã de Jerusalém, faria desencadear uma perigosa reação dos judeu-cristãos *zelotái*.

Essa convergência das duas fontes biográficas ao traçar o perfil de Paulo militante judeu como *zelotês* leva-nos a ver esse elemento como o motivo desencadeador da sua atividade de perseguidor dos judeu-cristãos. O "zelotismo" de Paulo, derivado do seu ambiente familiar e sobretudo de sua formação segundo a orientação farisaica, se insere no âmago de uma tradição que tem suas raízes no nascimento do "Judaísmo". O primeiro livro dos Macabeus narra a história de Matatias, o pai dos opositores dos judeus filo-helenistas e dos combatentes contra o domínio dos Selêucidas em Jerusalém e na Judéia. O gesto que desencadeia a luta armada acontece em Modin, a cidade onde Matatias se estabeleceu com seus filhos. Quando aí chega um mensageiro do rei Antíoco IV Epífanes, que dá ordens para realizar sacrifícios sobre o altar pagão, Matatias não só recusa o convite de realizar por primeiro o rito em obediência às disposições régias, mas diante de todos mata um judeu que se apressou em sacrificar sobre o altar, como também o próprio mensageiro do rei, que estava obrigando os judeus à apostasia (1Mc 2,15-25).

O autor bíblico diz que Matatias foi impulsionado a esse gesto violento por causa do seu "zelo pela lei, do mesmo modo como Finéias fez com Zambri, filho de Salu" (1Mc 2,26). Em seguida, narra o apelo que Matatias fez ressoar na cidade de Modin: "Quem tiver zelo pela lei e quiser permanecer na Aliança, que me acompanhe" (1Mc 2,27). A referência ao gesto paradigmático de Finéias, de estirpe sacerdotal como Matatias, fornece o fundamento bíblico para o zelo combatente dos Macabeus. Finéias, neto de Aarão, no relato do livro dos Números é colocado como exemplo de "zelo pelo Senhor", porque matou com um só golpe de lança um israelita e uma mulher madianita, enquanto estavam abraçados na alcova. Esse episódio de "zelo" violento é relacionado com o pecado de Baal de Fegor, quando as mulheres de Moab convidam o povo de Israel para os sacrifícios oferecidos aos seus deuses. Esse fato provoca a ira do Senhor contra os israelitas. A narrativa bíblica termina com este elogio a Finéias, posto na boca do Senhor: "Foi Finéias [...] quem fez cessar a minha ira contra os filhos de Israel, porque ele foi zeloso pelos meus direitos diante do povo e o meu zelo não os consumiu" (Nm 25,11).

A história posterior do zelotismo bíblico tem um protagonista em Elias, o profeta do século IX a.C., que luta para restaurar o culto de Yahvé contra o culto idolátrico de Baal, o preferido da rainha fenícia Jezabel, esposa de Acab, rei de Israel. O desafio vitorioso feito por Elias aos profetas de Baal se dá no monte Carmelo, onde o profeta faz descer fogo do céu para queimar a vítima sobre o altar. O povo reconhece que Yahvé é Deus. Elias, então, ordena que sejam capturados todos os profetas de Baal. Faz com que desçam até o riacho do Quison, que corre em baixo na planície, "e aí os degolou" (1Rs 18,40). Esse fato provoca a reação da rainha Jezabel, que procura matar Elias. Ele foge e se refugia no deserto e, na sua fuga, chega até o Horeb, a montanha que relembra Moisés, onde Deus fez aliança com Israel com base na lei. Aí Yahvé se manifesta a Elias, e este desabafa, dizendo: "O zelo por Yahvé dos exércitos me consome, porque os israelitas abandonaram tua aliança, derrubaram teus altares e mataram teus profetas. Sobrei somente eu, e eles querem me matar também" (1Rs 19,10). Na tradição bíblica posterior, o profeta Elias é apresentado como modelo dos enviados de Deus para restabelecer a fidelidade dos filhos de Israel (Eclo 48,10; Ml 3,23-24).

No pano de fundo dessa história bíblica podemos compreender a luta armada dos Macabeus em nome do zelo pela lei do Senhor. Ela não se volta apenas contra os dominadores estrangeiros que impõem um culto e uma prática de vida contrários às tradições religiosas judaicas e à lei, mas sobretudo contra os judeus que incentivam aquilo que é chamado com um termo bem significativo: "apostasia". É o abandono prático da tradição religiosa hebraica que se concretiza na observância da lei. A apostasia, de fato, é a dissolução da identidade judaica. A reação a essa ameaça é o *zêlos* pela lei, que acaba se identificando com a defesa da identidade étnico-religiosa que Paulo chama de *ioudaismós*.

Não é sem motivo que os fautores da luta armada contra os romanos, que no final dos anos 60 a.C. desemboca na guerra judaica, se denominem "zelotas". Flávio Josefo, por razões ideológicas, tende a desqualificá-los e os chama de *léstai*, "bandidos". Mas a motivação religiosa que está na origem do movimento dos "zelotas" é afim com aquela que alimentou a luta dos Macateus dois séculos antes.[9] Entretanto, devemos esclarecer que o termo *zelotês*, com o qual Paulo define sua militância no Judaísmo como defensor da tradição dos antepassados, não tem a motivação política e teocrática da luta anti-romana posterior dos zelotas. Ela tem uma conotação mais religiosa e, de fato, se manifesta como reação violenta dentro do Judaísmo contra os fautores da apostasia.

Para captar alguns desdobramentos dessas razões da perseguição de Paulo contra a Igreja, condensada no léxico do "zelo", podemos nos referir a uma situação que ele mesmo vive depois de se tornar cristão, no confronto com a ala intransigente dos judeu-cristãos sobre sua metodologia missionária nas Igrejas da Galácia. Na mesma carta em que fala de seu passado judaico como *zelotês* e perseguidor da Igreja de Deus, ocorre a terminologia da perseguição e do zelo no contexto em que o Apóstolo se refere ao seu enfrentamento com os judeu-cristãos integristas. Paulo denuncia o *zêlos* interessado deles quanto aos cristãos da Galácia: "Esses homens mostram grande interesse [*zeloûsin*] por vocês, mas a intenção deles não é boa; o que eles querem é separar vocês de mim, para que mostrem zelo por eles" (Gl 4,17).

---

[9] Flávio Josefo, que narra o nascimento do movimento fundado por Judas, o galileu, juntamente com o fariseu Sadoc, diz que, além da intensa aspiração pela liberdade, eles instigavam o povo à revolta em nome da fidelidade ao único Deus e Senhor (*Bell.*, 2,81, par. 118; *Ant.*, 18,11, par. 4; 1,6 e par. 23).

Paulo acena ao fato de que esses tais buscam seus objetivos recorrendo a métodos coercitivos e violentos, como os métodos dos judeus que combatem os dissidentes e que ele chama de "perseguição" (Gl 4,29). De fato, ele mesmo é objeto dessa perseguição exatamente porque não inculca aos convertidos à fé cristã a observância da lei e a prática da circuncisão (Gl 5,11). E na conclusão de sua carta resume a posição dos judeu-cristãos, seus adversários, nestes termos: "Os que querem impor-lhes a circuncisão são aqueles que estão preocupados em aparecer. Fazem isso para não serem perseguidos por causa da cruz de Cristo" (Gl 6,12). Em outras palavras, os judaizantes, que intervieram nas Igrejas paulinas da Galácia para se mostrarem aos seus conterrâneos judeus e, sobretudo, para evitar de serem perseguidos como dissidentes pelos *zêlotái* da Judéia ou de Jerusalém, impõem aos convertidos cristãos a circuncisão com a subseqüente observância da lei judaica.

No debate de Paulo na Galácia, o problema da lei, que provoca a perseguição dos integristas, está ligado com o escândalo da cruz de Cristo (cf. Gl 5,11; 6,12). Tal aceno, que se encontra também na passagem polêmica de Filipenses 3,18, poderia lançar uma nova luz sobre as motivações que levaram Paulo judeu *zelotês* a perseguir os fiéis a Jesus Cristo. De fato, é a fé em Jesus Cristo, o Messias crucificado que oferece uma via alternativa para o encontro com Deus e abre a identidade de Israel a todos aqueles que o reconhecem como Senhor, que põe em discussão o sinal de pertença hebraica no âmbito da aliança, isto é, a circuncisão. A referência ao escândalo da cruz, relacionado com a lei nas cartas de Paulo, pode ser que conserve o eco de uma problemática que ele teria vivido antes do seu chamado por parte de Deus, que lhe revelou Jesus Cristo como seu Filho.

Já menos viável é uma pesquisa que se baseie na análise de alguns textos das cartas para reconstruir uma crise religiosa hipotética de Paulo como judeu, que o teria levado a perseguir os judeu-cristãos transgressores da lei. A intransigência de Paulo em relação aos seus co-nacionais mais abertos e permissivos teria derivado da sua frustração diante da tomada de consciência de não conseguir observar toda a lei. Uma janela para isso seria alguns trechos polêmicos conservados atualmente em seu epistolário, nos quais Paulo, embora numa perspectiva cristã, repensa e reelabora essa crise do judeu integrista (Rm 7,15-23; Gl 3,10-12). É difícil provar com argumentos sólidos que tais textos conservem uma alusão autobiográfica e, portanto, possam ser utilizados para reconstruir o plano de fundo religioso cultural de Paulo *zelotês* pela lei e perseguidor da Igreja de Deus. Em todo caso, é de se notar que Paulo relembra essa experiência do seu passado de judeu militante quase sempre quando fala do seu chamado. Este serve de fundo de quadro para a iniciativa de Deus, que transformou o *zelotês* pela lei, "perseguidor" da Igreja, em apóstolo do Evangelho de Jesus Cristo.

CRONOLOGIA PAULINA

CARTAS DE PAULO				Cartas autênticas (= 7)		da tradição (= 6)	
Fm 9 Fl 3,2-6	Gl 1,11-17 1Cor 9,1 1Cor 15,5-11 Fl 3,7-14 2Cor 4,6	Gl 1,18	2Tm 3,11	Gl 2,1-10	de Corinto: 1Ts (2Ts)	de Éfeso: Gl 1Cor Fl Fm de Filipos: 2Cor de Corinto: Rm	Cl Ef 1Tm 2Tm Tt (Hb) (1Pd)
ATOS DOS APÓSTOLOS							
At 7,58b At 22,3	At 9,1-19a At 22,4-21 At 26,9-18	At 11,25-30	At 13-14	At 15,1-35	At 15,36-18,22	At 18,23-21,17	At 22-26	At 27-28

VIDA E ATIVIDADE DE PAULO							
PERÍODO PRÉ-ANTIOQUENO		PERÍODO ANTIOQUENO			PERÍODO AUTÔNOMO		
5-10	34-35	36-37	46-48	49/50	50-52	53-57	58-60	61-63
Nascimento em Tarso	Experiência de Damasco	Primeira visita a Jerusalém	Primeira viagem missionária: • Chipre • Antioquia da Pisídia • Icônio • Listra • Derbe	Concílio de Jerusalém (segunda visita)	Segunda viagem missionária: • Trôade • Filipos • Tessalônica • Atenas • Corinto (Galião)	Terceira viagem missionária: • Éfeso • Trôade • Corinto • Filipos • Trôade • Mileto	Detenção Prisão Jerusalém Cesaréia	Viagem Prisão Martírio em Roma

Reelaborada por FABRIS, R. *Per leggere Paolo*, Roma, Borla, 1993

IV
CHAMADO A ANUNCIAR O EVANGELHO

A história religiosa de Paulo é marcada por uma experiência espiritual tão intensa e profunda a ponto de modificar de modo irreversível a sua vida. Na biografia paulina tradicional, esse evento desconcertante e decisivo é geralmente chamado de "conversão de Paulo". Tal modelo interpretativo já se impôs na hagiografia paulina e na iconografia, com acréscimo de particularidades descritivas que ativam a fantasia. A imagem de Paulo "caído do cavalo", repetida nas pinturas da época moderna e incentivada pela pregação popular, faz parte do patrimônio cultural comum no ambiente cristão.[1] A festa litúrgica da "Conversão de são Paulo apóstolo", que se celebra em 25 de janeiro, confirma de maneira oficial esse esquema hagiográfico tradicional. A celebração litúrgica foi instituída no século VIII na Itália e na Gália, por ocasião da transladação de algumas relíquias do Apóstolo e por volta do século X foi fixada no calendário romano em 25 de janeiro.

---

[1] A cena da vida de Paulo mais representada é a da sua conversão, em que se ressalta especialmente a figura de Paulo caído por terra, cegado pela luz, tendo ao fundo seu cavalo. Ver obras de G. Belini, em Pesaro; Michelangelo, capela paulina no Vaticano; Caravaggio, Santa Maria del Popolo, em Roma; Rubens, em Berlim e Munique.

Essa representação de Paulo "convertido" tem sua origem nas páginas dos Atos dos Apóstolos, onde por três vezes se narra a mudança repentina de Paulo, que passa de perseguidor da Igreja a apóstolo de Jesus Cristo. A caminho de Damasco, para onde ele se dirige a fim de procurar e prender os seguidores de Cristo, de repente Paulo é envolvido por uma luz fulgurante e ouve uma voz que o chama pelo nome hebraico-aramaico: "Saulo, Saulo, por que você me persegue?". Aquele que fala com Paulo se apresenta como Jesus. Ele manda Paulo entrar na cidade de Damasco, onde será batizado e acolhido na Igreja. Essa narrativa dos Atos se inspira no esquema narrativo bíblico da revelação de Deus e corresponde ao modelo lucano de "conversão". Em sua perspectiva historiográfica, Paulo, convertido por iniciativa de Deus, se torna o protagonista da missão das testemunhas de Jesus que, segundo o programa por ele traçado antes da ascensão ao céu, devem chegar até os extremos da terra.

Um eco desse modelo da conversão lucana pode ser encontrado também nas cartas pastorais, nas quais se procura idealizar a figura de Paulo apóstolo e mártir, proclamador do Evangelho aos pagãos. Todavia, em suas cartas autênticas, Paulo nunca fala de "conversão" quando alude ao evento que deu uma nova face à sua vida. Ele recorre a outro modelo, o do "chamado" de Deus, que, mediante uma espécie de investidura, encarrega e autoriza uma pessoa a falar como seu representante ou embaixador. Paulo se reporta a essa experiência todas as vezes que deve legitimar sua função de "apóstolo" ou justificar sua missão como pregador do Evangelho aos pagãos. Portanto, a imagem que Paulo oferece de si mesmo — aquela do apóstolo "chamado" por Deus — reproduz um esquema literário e responde a uma exigência apologética e a uma intenção ideal.

Levando em conta a orientação das duas fontes atualmente disponíveis — Atos dos Apóstolos e epistolário paulino —, é possível encontrar a densidade histórica da experiência de Paulo, o convertido ou o apóstolo chamado por Deus? Em que consiste a experiência de Damasco? Trata-se de uma visão de Jesus ressuscitado como a dos outros discípulos históricos de Jesus? É uma visão interior comparável a outras experiências místicas ou extáticas, de que falam tanto Paulo em suas cartas como o autor dos Atos dos Apóstolos? Qual a relação entre essa experiência de Paulo e o Evangelho de Jesus Cristo que ele anuncia aos pagãos como único caminho de salvação? Essas e outras perguntas exigem uma pesquisa em torno de um evento fundamental não só para a biografia de Paulo, mas também para a história das primeiras décadas do movimento cristão.[2]

---

[2] DONALDSON, T. L. Zealot and Convert. The Origin of Paul's Christ-Torah Antithesis. In: CBQ 51, 1989. pp. 655-682; GAGER, J. G. Some notes on Paul's Conversion. In: NTS 27, 1981. pp. 697-704; LOHFINK, G. *La conversione di San Paolo*. Brescia, Paideia, 1969 (Studi Biblici 4); LUCK, U. Die Bekehrung des Paulus und das paulinische Evangelium. Zur Frage der Evidenz in Botschaft und Theologie des Apostels. In: ZNW 76, 1984. pp. 187-208; RÄISÄNEN, H. Paul's conversion and the Development of his View of the Law. In: NTS 33, 1987. pp. 404-419; SABUGAL, S. *Análisis exegético sobre la conversión de San Pablo*; el problema teológico e histórico. Barcelona, Herder, 1976.

1. NO "CAMINHO DE DAMASCO"

As três narrativas lucanas da "conversão" de Paulo são as que fornecem um campo mais abundante em particularidades descritivos. Na realidade, as três versões do episódio são três variações do mesmo tema. No pano de fundo da atividade devastadora de Paulo, perseguidor da Igreja de Jerusalém, irrompe a iniciativa do Senhor que o transforma em sua testemunha para anunciar o Evangelho aos povos. Enquanto a primeira narrativa descreve em terceira pessoa o desenvolvimento progressivo da experiência, vista de fora, a segunda e a terceira narrativas retomam o esquema narrativo da experiência em forma autobiográfica. Paulo, em Jerusalém, fala da sua experiência aos judeus reunidos diante da escadaria da torre Antônia e, depois, em Cesaréia, na presença do rei Agripa e da sua irmã Berenice, que tinham vindo visitar o governador romano, Pórcio Festo. Esses dois discursos de Paulo são a sua autodefesa apresentada aos respectivos destinatários. Ele remete sua mudança radical em relação a Jesus e seus seguidores à ação eficaz e gratuita de Deus.

A trama narrativa lucana da conversão de Paulo se desenvolve em quatro momentos. O primeiro apresenta a pessoa e a ação devastadora de Paulo perseguidor em Jerusalém. Esse momento é apenas o fato anterior e o pano de fundo do segundo ato, o do evento central constituído pela experiência do encontro de Saulo com Jesus no caminho de Damasco. O terceiro momento é dominado por uma segunda visão do Senhor, que prepara Ananias, um judeu-cristão de Damasco, para acolher Paulo. O ato é concluído com o batismo de Paulo, que coroa e confirma o seu processo de iniciação cristã em Damasco.

O autor dos Atos, na abertura dessa nova seção narrativa, retoma o quadro da perseguição de Saulo em Jerusalém desencadeada pela morte de Estêvão. De fato, Lucas seguiu o caminho dos judeu-cristãos helenistas obrigados, por causa dessa perseguição, a abandonarem a cidade. Eles se espalharam pelo território fora da cidade de Jerusalém. Esse êxodo forçado dos cristãos de língua grega se torna a ocasião para semear a palavra do Evangelho em outros campos. O autor dos Atos apresenta um caso exemplar dessa evangelização itinerante. É o exemplo de Filipe, que chega a uma cidade da Samaria e aí anuncia o Evangelho com grande sucesso. Depois, quando chegam os dois enviados da Igreja de Jerusalém, Pedro e João, ele prossegue em direção à costa mediterrânea e se detém em Cesaréia.

Após essa inserção da atividade evangelizadora de Filipe, Lucas retoma a história de Saulo, que havia deixado suspensa: "Saulo só respirava ameaças e morte contra os discípulos do Senhor. Ele apresentou-se ao sumo sacerdote e lhe pediu cartas de recomendação para as sinagogas de Damasco, a fim de levar presos para Jerusalém todos os homens e mulheres que encontrasse seguindo o Caminho" (At 9,1-2). Sob o impulso de sua fúria persecutória, Saulo quer ampliar o seu raio de ação às comunidades judaicas de Damasco e, por isso, pede à autoridade religiosa de Jerusalém cartas de recomendação ou as credenciais para poder intervir contra eventuais cristãos daquela região. Com a finalidade de executar esse projeto persecutório, Saulo viaja para Damasco.

As caravanas que, de Jerusalém, se dirigem a Damasco, percorrem uma distância de aproximadamente duzentos e dez ou duzentos e cinqüenta quilômetros de estrada, conforme o itinerário escolhido. Por isso, uma viagem desse tipo requer ao menos oito dias, incluindo o repouso sabático para os viajantes judeus observantes. A estrada que vai de Jerusalém a Damasco pode ter itinerários diferentes. Atualmente, em Jerusalém, se dá o nome de "Porta de Damasco" à porta que, na direção norte, se encontra no fim da rua do velho quarteirão árabe, seguindo o traçado do *cardo maximus* da cidade adrianéia. Ela foi reconstruída em 1537, na época da muralha de Solimão o Magnífico, mas em sua base ainda podem ser vistos os restos da antiga porta do século I d.C.

Daí sai a estrada moderna que, após uns sessenta quilômetros, chega a Nablus, antiga Neápolis, aos pés do monte Garizim e do monte Ebal. Após alguns quilômetros, a estrada chega à cidade de Samaria, chamada Sebaste na época greco-romana, nas montanhas de Efraim. Em seguida, entra na planície do Esdrelon e a percorre na parte oriental, dobrando para Citópolis, antiga Betsan, no vale do Jordão. Continua ao longo do rio em direção norte, e na altura do lago de Genesaré ou de Tiberíades, ela se bifurca. Um braço vai costeando a margem ocidental do lago, passando pelas localidades de Tiberíades, Mágdala, Cafarnaum, e continua em direção norte para além do lago, margeando a ocidente o curso superior do Jordão, até o lago-pântano de Hulê, hoje drenado e saneado. Na altura da antiga Hasor, atravessa o rio Jordão e se dirige a nordeste na direção de Damasco, deixando à sua esquerda, a uns trinta quilômetros, Cesaréia de Filipe, que se destaca num planalto próximo às fontes do Jordão. A estrada que passa pela atual Quneitrah atravessa as regiões antigamente chamadas de Batanéia e Traconítide e, depois, a uns oitenta quilômetros, chega a Damasco costeando a oriente o maciço do Hermon (2.814 metros) e a cadeia do Antilíbano.

O outro braço da estrada, que se divide depois de Citópolis na altura do lago Tiberíades, continua em direção nordeste na margem oriental, ao longo do planalto do Auran, passa por Hippos, uma cidade da Decápole, e depois de ter atravessado uma zona deserta menos acidentada chega à cidade síria. Este também é o percurso da estrada que sai de Jericó, onde atravessa o rio Jordão e, costeando a oriente o vale-fosso jordânico, continua para o norte, atravessando a região da Peréia até Citópolis, para depois se unir ao percurso daquela estrada que vem de Samaria-Sebaste. Outro percurso alternativo é o da estrada que do vale do Jordão atinge, na altura de Filadélfia, a atual Amã, o planalto percorrido pela "Via Régia", que liga Damasco ao reino dos nabateus e à península arábica. Ao norte, a estrada "régia" cruza o rio Jaboc, passa por Gerasa, Arbela e Dion, cidades da Decápole. Vai até o rio Jarmuc, na altura da atual Deraa, e uns cem quilômetros depois, ao norte, por uma região de estepe e desértica, chega ao oásis de Damasco.

Qual foi a estrada que Paulo tomou para ir de Jerusalém a Damasco?

Nem Lucas nos Atos dos Apóstolos, nem Paulo em suas cartas se preocupam em dar a mínima indicação para que se possa reconstruir um itinerário hipotético da estrada percorrida.[3] De fato, eles não demonstram interesse por

---

[3] Entre as várias hipóteses levantadas, devemos excluir o percurso pela Peréia que, nos anos 36-37 d.C., estava envolvida na guerra entre Herodes Antipas e Aretas IV, rei dos nabateus (cf. Flávio Josefo, *Ant.*, 18,5,1-2; par. 110-115).

esses problemas de geografia. Toda a atenção deles está voltada para a dimensão religiosa ou espiritual dos eventos. Lucas diz simplesmente que, "durante a viagem, quando já estava perto de Damasco [...]" (At 9,3a). Essa frase é retomada literalmente na prestação de contas que Paulo faz em Jerusalém, acrescentando apenas uma particularidade cronológica: "aí pelo meio-dia" (At 22,6a). A mesma coisa é dita na segunda narrativa autobiográfica, juntamente com uma nota topográfica: "eu estava indo para Damasco [...]" (At 26,12). Na Carta aos Gálatas, Paulo também coloca sua experiência de mudança radical por iniciativa de Deus no ambiente de Damasco. De fato, logo depois desse acontecimento, ele vai para a Arábia e, em seguida, acrescenta: "e voltei novamente para Damasco [*kaì pálin hypéstrepsa eís Damaskón*]" (Gl 1,17). Por essa expressão devemos deduzir que ele já havia estado antes nessa cidade, onde havia acontecido o seu chamado ou a sua investidura como apóstolo de Cristo.

Para quem chega do deserto sírio, a cidade de Damasco se apresenta de fato como a "pérola do deserto", um oásis verde, irrigado por riachos que descem do Antilíbano. O seu antigo nome significa exatamente "terra irrigada". Com efeito, a cidade surge num planalto de cerca de seiscentos metros aos pés dos contrafortes da cadeia montanhosa do Antilíbano, que, juntamente com a do Líbano, separa do lado ocidental a região damascena da costa mediterrânea, distante cerca de cem quilômetros. Na narrativa bíblica de Naamã, na qual o general sírio atingido pela lepra vai a Israel até o profeta Eliseu para se curar, são mencionados dois rios de Damasco, o Abana e o Farfar (2Rs 5,12). O atual curso d'água de Damasco, o Baradá, se espalha pela planície, chamada Ghuta, que fornece os recursos agrícolas para a cidade. A oeste e ao sul do oásis de Damasco se estende o deserto sírio. Ao norte a cidade é protegida pelo monte Cássio, o *djebel* Qassiûn.

Essa posição ideal da cidade de Damasco, comparada nas crônicas árabes com o lugar do paraíso terrestre, explica o seu papel na história mais que milenar. Capital do reino de Aram, nos tempos dos reis de Israel, Damasco, na época de Teglat-Falasar III cai sob o domínio assírio, e depois sob o domínio babilônio e, em seguida, persa. Conhece um período de relativo esplendor quando Demétrio III e Antíoco XII, sucessores de Alexandre Magno, a escolhem como capital do reino. Para escapar da ameaça das incursões dos itureus, que pressionam ao norte, Damasco entra por certo tempo na esfera de influência de Aretas III, rei dos nabateus, que controla as estradas caravaneiras do deserto siro-arábico. Com a chegada de Pompeu em 66-64 a.C., a região é anexada ao domínio romano e colocada sob o controle de Antônio e Cleópatra. Nos anos 30 da era cristã, quando Paulo entra em relação com a cidade de Damasco, ela está de novo sob a influência do rei dos nabateus, Aretas IV.

2. "SAULO, SAULO, POR QUE VOCÊ ME PERSEGUE?"

O relato lucano da conversão de Paulo se apóia em alguns elementos descritivos tirados do modelo literário das histórias bíblicas da revelação de Deus aos patriarcas e profetas. Fundamentalmente são dois os registros tradicionais usados por Lucas para descrever a experiência de Saulo no caminho perto de Damasco: uma visão de luz que irrompe de repente do céu, acompanhada por uma voz. Na primeira narrativa lucana se diz que "repentinamente ele se viu cercado por uma luz que vinha do céu. Caiu por terra e ouviu uma voz que lhe dizia: 'Saulo, Saulo, por que você me persegue?' Saulo perguntou: 'Quem és tu, Senhor?'. A voz respondeu: 'Eu sou Jesus, a quem você está perseguindo. Agora, levante-se, entre na cidade, e aí dirão o que você deve fazer'" (At 9,3-6). O convite de Jesus a Saulo: "Agora, levante-se [...]" deve ser ligado à reação de Paulo que, ao ver a luz, cai por terra e ouve uma voz que lhe fala. A situação é retomada expressamente no segundo relato colocado na boca de Paulo: "Então caí por terra e ouvi uma voz [...]" (At 22,7).

No segundo relato da experiência, feito por Paulo em primeira pessoa, a visão da luz fica mais ressaltada, porque se diz que esse fenômeno acontece "aí pelo meio-dia". De fato, Paulo narra que "de repente uma grande luz que vinha do céu brilhou ao redor de mim" (At 22,6). O mesmo efeito é descrito com pequenas variantes no terceiro relato autobiográfico: "Eu estava a caminho [...], vi uma luz vinda do céu, mais brilhante que o sol. Essa luz me envolveu, a mim e aos que me acompanhavam" (At 26,13). O conteúdo do diálogo entre Paulo e a "voz" nas duas versões autobiográficas também é substancialmente igual. A única variante notável na segunda é a auto-apresentação mais ampla daquele que fala com Paulo: "Eu sou Jesus, *o Nazareu*, a quem você está perseguindo" (At 22,8). Além disso, aquela voz ordena a Paulo que se levante e entre em Damasco para ser informado sobre o que deve fazer. No terceiro relato, em primeira pessoa, Paulo esclarece que a voz se dirige a ele em hebraico. E, após a primeira pergunta: "Saulo, Saulo, por que você me persegue?", acrescenta, em forma de provérbio: "É difícil você teimar contra o ferrão" (At 26,14). À pergunta de Paulo, como nos outros dois relatos, corresponde a auto-apresentação de Jesus, que se identifica com os perseguidos. Em seguida, Paulo é convidado a se levantar e imediatamente lhe é dito que, por meio dessa experiência, ele foi constituído "servo e testemunha" das coisas que viu e daquelas que lhe serão mostradas em seguida em outras aparições (At 26,16).

O autor dos Atos completa o relato da experiência de encontro de Saulo com Jesus descrevendo a reação de Paulo e dos homens que estão viajando com ele. Estes últimos, diante da experiência de Paulo, "ficaram cheios de espanto, porque ouviam a voz, mas não viam ninguém" (At 9,7). Assim diz o relato em terceira pessoa. É diferente o quadro que Paulo nos fornece em seu relato pessoal: "Meus companheiros viram a luz, mas não ouviram a voz que falava" (At 22,9). No terceiro relato autobiográfico a cena é ligeiramente diferente, pois Paulo diz que ele e seus companheiros de viagem foram envolvidos pela luz e todos caíram por terra, mas só ele ouve a voz do céu que o chama em hebraico: "Saulo, Saulo [...]" (At 26,14). Antes de esclarecer as particularidades descritivas do texto lucano que parecem estar em tensão ou contradição entre si, é importante completar o quadro narrativo.

Após a experiência visual e auditiva, Paulo se levanta do chão, "mas", diz Lucas no primeiro relato, "abrindo os olhos, não conseguia ver nada". Então, os companheiros de viagem são obrigados a acompanhá-lo até Damasco, onde "ficou três dias sem poder ver, e não comeu nem bebeu nada" (At 9,9). Em sua prestação de contas autobiográfica, Paulo confirma essa forma de cegueira temporária, ligando-a expressamente à experiência da visão: "Como eu não podia enxergar por causa do brilho daquela luz, cheguei a Damasco guiado pela mão dos meus companheiros" (At 22,11). Esse detalhe da cegueira temporária provocada pela luz não é mencionado no terceiro relato, no qual a supressão da figura de Ananias torna supérflua também a intervenção dos companheiros de viagem, acompanhando-o até a cidade de Damasco.

Portanto, segundo a reconstrução lucana, Paulo não faz sozinho essa viagem de Jerusalém a Damasco, mas juntamente com uma comitiva de outros viajantes. Em seu texto, Lucas não os apresenta nem como uma escolta militar nem como um destacamento de guardas do templo, que podiam ser úteis para conduzir os judeu-cristãos presos até Jerusalém. É provável que o autor esteja pensando numa comitiva de gente comum. Vários judeus e gregos ou árabes-nabateus, por razões comerciais ou outras, se deslocam de Jerusalém para Damasco. Por segurança e também por economia, é preferível juntar-se a uma das tantas caravanas que fazem o trajeto entre a capital da Judéia e a cidade de Damasco. Nesse caso, são usados burros, mulas ou cavalos para o transporte da água e das provisões, assim como das mercadorias. Para os viajantes abastados ou para quem não pode andar, estão disponíveis calvagaduras. Em nosso caso, Lucas não fala sobre isso. Somente na transferência de Paulo como prisioneiro, de Jerusalém a Cesaréia, sob escolta militar, o autor dos Atos fala sobre a ordem do tribuno Lísias, que dá orientações a dois centuriões para manterem cavalos prontos para conduzir Paulo, a fim de que chegue são e salvo até o governador Antônio Felix (At 23,24).

No contexto da viagem a Damasco, o autor dos Atos não fala de cavalos, pois ele não a apresenta como uma expedição militar, não obstante a função de Paulo, autorizado pelo Sinédrio a mandar prender os discípulos de Jesus. Lucas não diz que Paulo cai do cavalo, mas "cai por terra", porque essa é a fraseologia usada em alguns textos bíblicos para descrever a reação humana diante da manifestação divina. Após a visão da glória de Yahvé junto ao canal Quebar, no país dos caldeus, Ezequiel descreve a sua reação nestes termos: "Quando vi, caí imediatamente com o rosto no chão e ouvi a voz de alguém que falava comigo" (Ez 1,28; cf. 43,3; 44,4). O mesmo esquema se encontra no livro de Daniel. O autor coloca na boca do protagonista o relato da sua reação e dos seus companheiros quando, às margens do rio Tigre, vêem um ser divino: "Só eu, Daniel, vi a aparição. Os outros que estavam comigo não viram nada; mesmo assim caiu sobre eles um medo tão grande que fugiram para se esconder [...] ouvi o som de palavras [...] caí sem sentidos com o rosto por terra" (Dn 10,7.9; cf. Dn 8,17.18).

Na cena de Daniel distingue-se a experiência do protagonista da dos outros. Esse detalhe permite resolver as contradições do texto lucano, que registra diferentes reações daqueles que viajam juntamente com Paulo. Na primeira notícia, eles ouvem a voz, mas não vêem ninguém; na segunda, vêem a luz, mas não ouvem a voz daquele que fala com Paulo; na terceira, são envolvidos pela luz como

Paulo e caem por terra. Do quadro que daí resulta, se tem a impressão de que os companheiros de Paulo estão apenas parcialmente envolvidos na experiência. Eles fazem o papel de espectadores externos, mas não são os destinatários da comunicação divina. Somente Paulo, pessoalmente, vive o encontro com Jesus, pois é o único destinatário da sua mensagem. Os outros companheiros servem para preencher e dar ao cenário um clima de credibilidade histórica. O autor dos Atos quer dizer o seguinte: aquilo que Paulo viveu não é fruto de sugestão pessoal nem efeito de alucinação visual e auditiva.

A sóbria descrição dos Atos não é comparável às cenas das revelações apocalípticas. O único elemento visivo é a "luz" que irrompe de repente do céu como um raio, mais esplendorosa do que o sol em pleno meio-dia. Ela é acompanhada pelo fenômeno da audição: ouve-se a voz de alguém que fala. Lucas, porém, evita descrever sua aparência. Toda a atenção está concentrada no conteúdo do breve diálogo. Paulo é interpelado duas vezes pelo seu nome hebraico, transcrito em grego: "Saoúl, Saoúl". A repetição do nome corresponde ao esquema de diálogos de revelação aos patriarcas bíblicos: Abraão, Jacó, Moisés (Gn 22,1; 46,2; Ex 3,4). A novidade na experiência de Paulo é a pergunta: "Por que você me persegue?". Ela revela uma situação singular. Aquele que fala com Paulo no contexto de uma luz divina se identifica com aqueles que ele está perseguindo. Na pergunta explícita de Paulo: "Quem és tu, Senhor?", se dá a plena revelação do seu nome e a confirmação da sua identificação com os perseguidos: "Eu sou Jesus [o Nazareu], que você persegue". Somente na terceira edição do diálogo de revelação se amplia a apresentação de Jesus, com a frase em estilo proverbial: "É difícil você teimar contra o ferrão". Nestas últimas palavras, é explicitado aquilo que sugeria a intencional insistência sobre o termo "perseguir". A identificação de Jesus com os seus discípulos perseguidos por Paulo o coloca diante de uma escolha sem alternativas. Ele precisa mudar radicalmente os seus projetos. É o que fica explícito na seqüência da narrativa lucana.

De fato, Paulo recebe a ordem de dirigir-se para a cidade de Damasco, onde receberá instruções sobre a sua nova tarefa: "Aí dirão o que você deve fazer". Essa é a finalidade ou o objetivo da experiência de revelação divina. Mediante essa técnica narrativa de dilação é mantida viva a curiosidade dos leitores, e, ao mesmo tempo, se prepara o comparecimento da figura do mediador, Ananias, o respeitável e estimado judeu-cristão de Damasco. Por enquanto, todo o interesse do narrador se concentra na apresentação de Paulo. Ele se acha numa condição que contrasta com aquela descrita na cena inicial do perseguidor. A imagem de Saulo inteiramente tomado pela fúria persecutória e cheio de iniciativas para realizá-la é substituída por aquela de Saulo caído por terra, que não consegue ver nada e deve ser levado pelas mãos para continuar seu trajeto até Damasco. O clima de total prostração e de humilde expectativa é acentuado pela seguinte observação: "ficou três dias sem poder ver, e não comeu nem bebeu nada" (At 9,9). Só após a intervenção de Ananias, Paulo recupera a vista, é batizado e volta a comer, reencontrando assim as suas forças.

Essa imagem de Paulo "cego" e sem forças depois do seu encontro com Jesus no caminho de Damasco é apenas uma projeção externa de uma experiência interior? Trata-se de uma somatização da cegueira espiritual e da fraqueza interior? Ou é a condição psicofísica de Paulo que provoca sua mudança interior e espiritual? Essas perguntas estão na base de muitas hipóteses excogitadas para explicar ou interpretar de modo "racional" a conversão de Paulo. A partir do "século das luzes" até nossos dias, o caso de Paulo "convertido" é objeto de análise das hipóteses que pretendem ver aí uma experiência psicossomática ou preferivelmente psicológica e psicanalítica. Antes de fazer uma avaliação crítica disso, é importante ter presente o quadro geral do que foi chamado de "conversão" de Paulo, com base nos dados oferecidos pela documentação dos Atos e do epistolário paulino.

3. PAULO NA IGREJA DE DAMASCO

A primeira narrativa da conversão de Paulo nos Atos dos Apóstolos segue um modelo literário que se encontra na história da conversão de Cornélio. Deus, mediante uma dupla revelação, faz com que Pedro e Cornélio se encontrem em Cesaréia na casa do oficial pagão. Nessa narrativa, Pedro exerce a função de mediador que anuncia o Evangelho a Cornélio e o acolhe na Igreja por meio do batismo. Portanto, o modelo lucano da conversão, que parte da iniciativa de Deus, prevê o anúncio da Palavra, acolhida na fé, o dom do Espírito Santo e o selo do batismo. Um momento de convívio, que pode ter um desdobramento eucarístico, completa o processo de iniciação cristã e eclesial. Esse é o fio seguido substancialmente também na narrativa da conversão de Paulo, que se dá na comunidade cristã de Damasco.

Por meio de uma visão do Senhor, Ananias, um cristão de Damasco, é preparado para acolher Paulo. Ele recebe a ordem de ir até a rua chamada "Direita" e de procurar na casa de Judas "um homem chamado Saulo, apelidado Saulo de Tarso" (At 9,11). Essa experiência de revelação por parte de Ananias se entrelaça com experiência simultânea de Paulo. De fato, o Senhor informa Ananias sobre a experiência espiritual de Paulo: "Ele está rezando e acaba de ter uma visão. De fato, ele viu um homem chamado Ananias impondo-lhe as mãos para que recuperasse a vista" (At 9,11c-12). Ananias mostra ao Senhor a sua perplexidade sobre a real transformação de Paulo. Ele o conhece como o perseguidor dos fiéis em Jerusalém e, além disso, sabe que tem autorização dos sumos sacerdotes para prender todos aqueles que invocam o nome do Senhor Jesus.

Mediante essa objeção de Ananias, que faz parte do modelo literário das revelações de um encargo, o autor tem a oportunidade de sublinhar mais uma vez a mudança radical de Paulo. De fato, a resposta do Senhor a Ananias não só tira qualquer dúvida e resistência, mas o encarrega de transmitir a Paulo a sua mensagem revelada. Nela está contido todo o programa da futura missão do convertido: "Vá, porque esse homem é um instrumento que eu escolhi para anunciar o meu nome aos pagãos, aos reis e ao povo de Israel. Eu vou mostrar a Saulo quanto ele deve sofrer por causa do meu nome" (At 9,15-16). Só então Ananias se põe a caminho, entra na casa onde Paulo se encontra, impõe-lhe as mãos e lhe transmite a mensagem recebida do Senhor: "Saulo, meu irmão, o Senhor Jesus, que lhe apareceu quando você vinha pelo caminho, me mandou aqui para que você recupere a vista e fique cheio do Espírito Santo" (At 9,17b).

Nessa cena final se entrelaçam todos os fios da trama narrativa. Saulo é acolhido como um "irmão", um fiel e membro da comunidade cristã. Agora é explicitada a identidade daquele que apareceu a Saulo no caminho. É "o Senhor Jesus" que encarregou Ananias para fazer com que ele recupere a vista e lhe comunique o dom do Espírito Santo, por meio do gesto simbólico da imposição das mãos. Nessas palavras de Ananias se entrecruzam duas dimensões da experiência de Paulo: a cura física e a conversão espiritual, que culmina com o dom do Espírito Santo. Na realidade, depois é explicitado apenas o efeito terapêutico do gesto de Ananias, porque se diz: "Imediatamente caiu dos olhos de Saulo alguma coisa parecida com escamas, e ele recuperou a vista". Paulo é batizado logo em seguida, terminando assim também o seu jejum.

Essas seqüências, de forma resumida, se encontram no relato autobiográfico feito por Paulo aos judeus de Jerusalém. Ele conta que Ananias, um judeu observante da lei e estimado pela comunidade judaica de Damasco, foi até ele, o saudou, chamando-o de "irmão" e lhe restituiu a vista. Ananias anuncia a Paulo que Deus o escolheu para fazer com que ele conheça a sua vontade, veja o "Justo" e se torne sua "testemunha" diante dos homens a respeito das coisas que viu e ouviu e daquelas que lhe serão reveladas em seguida. Depois, Ananias convida Paulo a receber imediatamente o batismo, para ser "lavado" dos pecados, invocando o nome do Senhor Jesus. Nesta segunda edição, o aspecto novo é a função de Paulo como "testemunha" e o anúncio das experiências futuras de revelação que completarão a experiência de Damasco. Assim, é preanunciada a experiência que se narra logo em seguida. Ela acontece num contexto de oração no templo em Jerusalém, onde Paulo recebe do Senhor a ordem de abandonar a cidade de Jerusalém e o encargo de ir para longe, em meio aos pagãos (At 22,17-21).

A figura e o papel de Ananias desaparecem completamente na segunda narrativa autobiográfica de Paulo, o terceiro relato da experiência de Damasco. Aqui Paulo recebe diretamente do Senhor a revelação da sua tarefa. Jesus diz a Paulo: "O motivo pelo qual apareci a você é este: eu o constituí para ser servo e testemunha desta visão, na qual você me viu, e também de outras visões, nas quais eu aparecerei a você. Eu vou livrá-lo deste povo e dos pagãos, aos quais eu o envio, para que você abra os olhos deles e assim se convertam das trevas para a luz, da autoridade de Satanás para Deus. Desse modo, pela fé em mim, eles receberão o perdão dos pecados e a herança entre os santificados" (At 26,16-18). Essas palavras de Jesus a Paulo reproduzem em outras palavras a mensagem dos dois textos anteriores. Mais uma vez se ressalta o significado fundante da experiência de Damasco. Ela constitui Paulo em sua função de "servo e testemunha" da revelação de Deus. A esta primeira experiência de revelação se ajuntarão as outras que desde já são prometidas a Paulo. Nessa terceira apresentação do encontro de Damasco, porém, ele recebe diretamente de Jesus o encargo da sua missão, que tem os pagãos como destinatários privilegiados.

A experiência damascena de Paulo, apresentada pela autor dos Atos como "conversão", precisa ser comparada com o que Paulo diz em suas cartas, sobretudo quanto ao ponto crucial do encontro e revelação de Jesus. Por enquanto, podemos levar em consideração alguns aspectos típicos da narrativa lucana. Entre esses aspectos está a função mediadora do judeu-cristão Ananias, que acolhe Paulo na Igreja de Damasco. Essa função mediadora de Ananias ao comunicar a Paulo o seu destino e o conteúdo da sua futura missão de testemunha de Jesus parece estar em contradição com aquilo que Paulo diz na Carta aos Gálatas, a respeito do seu Evangelho e do seu encargo de apóstolo: "Irmãos, eu declaro a vocês: o Evangelho por mim anunciado não é invenção humana. E, além disso, não o recebi nem aprendi através de um homem, mas por revelação de Jesus Cristo" (Gl 1,11-12). Qual é a credibilidade histórica das informações dadas por Lucas sobre a acolhida de Paulo na Igreja de Damasco?

O leitor dos Atos dos Apóstolos fica impressionado pelas informações precisas sobre as personagens e lugares nos quais se encaixa a cena da acolhida e do batismo de Paulo. Em Damasco, ele é hóspede de Judas, numa casa situada na rua chamada "Direita". A cidade de Damasco, onde Paulo vive a sua primeira experiência cristã, é aquela da época greco-romana, construída sobre antigas ruínas do período arábico-semítico. A "rua Direita", de que fala o texto dos Atos, poderia corresponder ao *decumanus* que, na direção leste-oeste, cruzava com o *cardo maximus* da cidade romana. Esse plano da cidade se insere no esquema das cidades gregas com planta retangular ou "em grade", segundo o modelo que remonta a Hipodamos de Mileto. Da estrutura retangular da antiga cidade de Damasco ainda se conserva um resíduo nas duas ruas paralelas que vão na direção leste-oeste. Uma primeira rua segue o percurso do atual mercado coberto, o *suk el-Hammidijeh*, desde a cidadela situada no lugar da antiga fortaleza helenística-romana até a mesquita dos Omíadas. Ela ligava a *ágora* ao templo de Zeus Damasceno, do qual ainda se conserva a entrada monumental, os propileus. Ela foi construída no século III d.C. no lugar e sobre os alicerces do recinto do antigo santuário dedicado ao deus sírio da tempestade Hadad, identificado pelos romanos como *Juppiter damascenus*. No mesmo lugar, nos séculos IV-V, surge a igreja dedicada a são João Batista, onde se venera a relíquia da cabeça do profeta mártir. No início dos século VIII, Al-Walid, sexto califa da dinastia dos Omíadas, a transforma em mesquita, preservando os mosaicos da fachada e usando materiais bizantinos para a decoração dos pórticos frontais. Sobre o fundo dourado das paredes em mosaico se projetam imagens estilizadas dos palácios e das vilas imersas no verde do oásis de Damasco.

Outra rua paralela à anterior atravessa o bairro velho de Damasco. Ela corresponde à "rua Direita" e ligava o teatro ao palácio, sede do governador nabateu. Ela se estendia por quase dois quilômetros, ladeada por colunas, das quais ainda se conservam alguns restos aqui e ali. O antigo nome da rua é conservado em árabe: *Darb al-mustaqìm*. O traçado segue o do atual *suk Midhat Pasciá*, mercado das especiarias e das essências perfumadas, dos tecidos de seda e dos artefatos em couro. Percorrendo-a por quinhentos metros além do *kan Assad Pascià*, vamos encontrar o primeiro arco monumental da época romana, descoberto em 1947, quase cinco metros abaixo do nível da rua atual e restaurado pela Direção Geral das Antiguidades Sírias. Meio quilômetro adiante, a rua chega à "porta oriental", *Bab es-Sharqì*, uma porta da época romana preservada pelos bizantinos e pelos árabes e restaurada várias vezes ao longo dos séculos.

Ao norte do primeiro arco romano na "rua Direita", até a porta oriental, delimitado pelo perímetro das muralhas a nordeste e a noroeste pela "Porta de Tomás", *bab Tuma*, se estende o bairro cristão da cidade de Damasco. Aí se acha a Igreja de Ananias, *Kanissat Hananya*. Uma escadaria que desce por quatro/cinco metros nos leva a uma cripta subterrânea, identificada na tradição como a casa de Ananias. É uma construção de pedras brutas, às vezes ligeiramente pontiagudas, que se assemelha mais a uma cantina do que a uma casa-igreja doméstica. Em sua estrutura atual ela poderia remontar à época das cruzadas. A sua colocação, porém, a apenas cem metros ao norte da "rua Direita", no mesmo nível do arco romano encontrado em 1947, depõe a favor da solidez da tradição cristã.[4]

---

[4] No atual "Memorial Saint Paul", fora das muralhas no bairro *Tabbaleh*, onde por vontade de Paulo VI, na propriedade dos padres franciscanos da Custódia da Terra Santa, foi construída a igreja dedicada a são Paulo, onde se venera numa gruta a lembrança da sua conversão. É uma tradição piedosa que não tem fundamento histórico nem se fundamenta em descobertas arqueológicas relativas ao traçado de uma eventual antiga estrada que chegava a Damasco pelo sul.

No lado oposto, ao sul da "rua Direita", antes dos acontecimentos dos últimos cinqüenta anos, que provocaram o êxodo total dos judeus de Damasco, havia um bairro judeu. Ele se estendia desde a "rua Direita" até o perímetro das muralhas que o delimitavam ao sul e a sudeste. Aqui poderia ser procurada a "casa de Judas", onde Paulo ficou hospedado e na qual, após o encontro com Ananias, recebeu o batismo. O fato de que Paulo, várias vezes em suas cartas enviadas aos cristãos batizados das Igrejas por ele fundadas, se coloque sem hesitação entre os "batizados", pressupõe que ele também tenha sido introduzido na comunidade cristã damascena por meio desse rito praticado desde os primeiros tempos pelos discípulos de Jesus (cf. Rm 6,3-4; 1Cor 12,13).

4. "APÓSTOLO POR VOCAÇÃO"

A segunda fonte de informação para reconstruir a experiência da "conversão" de Paulo é constituída pelo epistolário, no qual em ao menos três passagens ele acena de modo explícito à experiência de Damasco. A estas devemos acrescentar outras mais numerosas em que ele fala do seu "chamado" ou encargo da parte de Deus. Esse chamado está na base do fato de ele se considerar apóstolo plenamente autorizado a proclamar o Evangelho de Jesus Cristo aos pagãos. No cabeçalho da Carta aos Romanos, o texto mais maduro da reflexão paulina, Paulo se apresenta como "servo de Jesus Cristo, chamado para ser apóstolo [*kletòs Apóstolos*] e escolhido para anunciar o Evangelho de Deus" (Rm 1,1). Ele se sente investido da função e da tarefa de apóstolo, encarregado de proclamar a "boa notícia" da salvação de Deus em favor de todos os seres humanos, na forma da livre e gratuita iniciativa de Deus. A mesma fraseologia aparece no cabeçalho da primeira carta enviada à Igreja de Corinto: "Paulo, chamado a ser apóstolo [*kletòs Apóstolos*], por vontade de Deus [...]" (1Cor 1,1). Na consciência de Paulo, a categoria do "chamado" da parte de Deus é inseparável da sua função de apóstolo, delegado de Jesus Cristo. A decisão de Deus, que o chamou, está na origem do seu estatuto de enviado e proclamador do Evangelho.

As fórmulas de cabeçalho das cartas de Paulo, que se apóiam no título de "apóstolo", pressupõem o "chamado" da parte de Deus. Paulo remete de modo explícito a essa experiência quando é obrigado a reafirmar o seu direito de anunciar o Evangelho como enviado de Deus ou apóstolo de

Jesus Cristo. Ele fala disso no primeiro capítulo da Carta aos Gálatas, que se abre com a afirmação decidida: "Paulo, apóstolo não da parte dos homens, nem por meio de um homem, mas da parte de Jesus Cristo e de Deus Pai, que o ressuscitou dos mortos" (Gl 1,1). Isso é retomado no começo da seção apologética, após um rápido e nervoso esclarecimento sobre o Evangelho único e imutável de Cristo. É o Evangelho que o próprio Paulo anunciou pela primeira vez àqueles que agora são as "Igrejas da Galácia", destinatários da carta. Eles foram "chamados" por Deus, por força do seu amor gratuito, que é o conteúdo essencial do Evangelho proclamado por Paulo. Ele faz questão de dizer que no seu modo de anunciar o Evangelho não procurou o favor das pessoas, mas tão-só agradar a Deus para ser "servo de Cristo" (Gl 1,6-10).

No início da seção apologética, Paulo repropõe em termos claros a relação inseparável existente entre o Evangelho de Jesus Cristo e a sua função de apóstolo. Como ele é apóstolo unicamente por iniciativa livre e soberana de Deus, assim o Evangelho lhe foi revelado e confiado pelo próprio Deus sem mediações humanas: "Irmãos, eu declaro a vocês: o Evangelho por mim anunciado não é invenção humana. E, além disso, não o recebi nem aprendi através de um homem, mas por revelação de Jesus Cristo" (Gl 1,11-12). Para confirmar tal afirmação, Paulo relembra aos cristãos da Galácia aquilo que eles já sabem, isto é, o seu currículo de judeu observante, que por excesso de zelo perseguiu com fúria a Igreja de Deus.

Sobre o pano de fundo desse passado judaico de Paulo, que exclui até a menor propensão ou simpatia pelo movimento messiânico de Jesus, se destaca, límpida, a iniciativa de Deus. Paulo a apresenta mais uma vez recorrendo à linguagem do "chamado", dentro do modelo da vocação ou investidura dos profetas bíblicos: "Deus, porém, me escolheu antes de eu nascer e me chamou por sua graça. Quando ele resolveu revelar em mim o seu Filho, para que eu o anunciasse entre os pagãos, não consultei a ninguém, nem subi a Jerusalém para me encontrar com aqueles que eram Apóstolos antes de mim. Pelo contrário, fui para a Arábia, e depois voltei para Damasco" (Gl 1,15-17). Na seqüência temporal, este provavelmente não é o primeiro texto ditado por Paulo sobre sua experiência do chamado para ser apóstolo. Como veremos, ele se situa uns vinte anos depois do evento que aqui é relembrado. Portanto, Paulo teve tempo não só de refletir sobre o assunto, mas também de falar dele aos destinatários do Evangelho, procurando na tradição bíblica a formulação mais adequada.

Ele a encontra nos textos bíblicos que falam do chamado dos profetas da parte de Deus. De fato, a primeira fase dessa autobiografia espiritual paulina é calcada num texto de Isaías, onde se apresenta a investidura profética do "servo de Yahvé" por ele escolhido não só para fazer com que os remanescentes de Israel voltassem dos campos de prisão, mas para ser "luz das nações" e levar a sua salvação até os extremos da terra. O "servo de Yahvé" descreve sua investidura com estas palavras: "Eu ainda estava no ventre materno, e Yahvé me chamou; eu ainda estava nas entranhas de minha mãe, e ele pronunciou o meu nome [...]" (Is 49,1). Esse modo de descrever o chamado profético remonta a Jeremias, que imagina o próprio Deus lhe dirigindo a palavra: "Antes de formar você no ventre de sua mãe, eu o conheci [...] eu o consagrei [...]" (Jr 1,5).

A novidade da formulação de Paulo está na palavra *cháris* — "me chamou por sua graça" — que coloca em primeiro plano o motivo da iniciativa radical de Deus. Por seu amor benigno e gratuito, Deus escolheu e chamou Paulo. A iniciativa de Deus se concretiza numa experiência de revelação: "Resolveu revelar em mim o seu Filho". A linguagem apocalíptica — *apokalýptein/apokálypsis,* "revelar/revelação" — nos textos paulinos está associada à manifestação do desígnio salvífico de Deus ou de seu julgamento final e às experiências carismáticas. Em nossa carta, ela recorre a poucas linhas para transcrever a experiência espiritual de Paulo em Damasco. Na primeira vez, Paulo diz que o Evangelho que está anunciando não depende de homem. Ele o remonta explicitamente à "revelação de Jesus Cristo". O sujeito implícito desse processo de revelação é Deus, contraposto à função dos homens. Por isso, também o conteúdo do Evangelho paulino é a revelação de Jesus Cristo (Gl 1,12). A retomada dessa terminologia apocalíptica na frase autobiográfica do chamado dá a entender que a "revelação de Jesus Cristo" consiste no fato de que Deus revelou a Paulo "o seu Filho".

Na autoconsciência de Paulo, aquela que o guiou nos primeiros anos da sua atividade de missionário cristão, a revelação divina de Jesus Cristo, o Filho de Deus, tem como finalidade direta e imediata anunciar o Evangelho aos pagãos. Em outras palavras, ela fundamenta a sua função de apóstolo e, por isso, após a experiência da revelação, não tem necessidade de ir pedir permissão ou autorização àqueles que eram "apóstolos" antes dele em Jerusalém. Prova disso é o fato de que logo em seguida Paulo parte para a região da Arábia, que se estende ao sul da cidade damascena, onde se estabeleceram não-judeus ou pagãos. Somente num segundo tempo ele volta para Damasco, de onde será obrigado a fugir, ameaçado por judeus que podem contar com o apoio do governador de Aretas, rei dos árabes-nabateus (2Cor 11,32).

5. "EU VI O SENHOR JESUS"

Assim, a passagem autobiográfica da Carta aos Gálatas, em estilo apocalíptico e profético, fundamenta e justifica o "chamado" de Paulo apóstolo para anunciar o Evangelho aos pagãos. Isso é confirmado em outro texto mais destacado e formal, incorporado como documento tradicional na primeira Carta aos Coríntios. Paulo se vê obrigado a relembrar o Evangelho que entregou aos cristãos da capital da Acaia, porque alguns colocam em dúvida o destino da salvação dos mortos, pois negam a sua ressurreição corporal. O Apóstolo relembra, então, que o Evangelho é uma força de salvação desde que seja acolhido e mantido em sua integridade; do contrário, ele e a fé que aí se fundamenta se tornam ineficazes. Relembra, em seguida, o esquema de anúncio que fez em Corinto pela primeira vez, no começo dos anos 50 d.C.

É um esquema que ele recebeu de outros e todos concordam em propô-lo do mesmo modo como fundamento da fé comum. A escala desse Evangelho tradicional compreende quatro afirmações: "Cristo morreu por nossos pecados, conforme as Escrituras; ele foi sepultado, ressuscitou ao terceiro dia, conforme as Escrituras; apareceu a Pedro e depois aos Doze. Em seguida, apareceu a mais de quinhentos irmãos de uma só vez; a maioria deles ainda vive, e alguns já morreram. Depois apareceu a Tiago e, em seguida, a todos os Apóstolos. Em último lugar apareceu a mim, que sou um aborto. De fato eu sou o menor dos Apóstolos e não mereço ser chamado apóstolo, pois persegui a Igreja de Deus. Mas aquilo que sou, eu o devo à graça de Deus; e a sua graça dada a mim não foi estéril. Ao contrário: trabalhei mais do que todos eles; não eu, mas a graça de Deus que está comigo" (1Cor 15,3-10).

Na mesma carta, alguns capítulos antes, Paulo acena ao fato de que é "apóstolo" de pleno direito porque pode dizer, numa fórmula tradicional: "Eu vi Jesus, o Senhor" (cf. 1Cor 9,1). Agora, de modo mais articulado e preciso, insere sua experiência na esteira de todos aqueles para os quais Jesus Cristo "apareceu" após sua morte e sepultura. Em ambos os textos, Paulo recorre à linguagem da experiência visual. No primeiro caso, usa o verbo *horân*, "ver", na forma de perfeito ativo que sublinha o efeito permanente de "ver". No segundo texto, com o aoristo passivo *ôphthé*, "apareceu", "se fez ver", coloca a atenção no aspecto fatual da experiência visual. Em ambas as formulações se nota o eco de um modo de dizer tradicional, emprestado do código lingüístico da Bíblia grega, onde se recorre ao verbo "ver" na forma ativa e passiva para falar das manifestações de Deus aos patriarcas ou aos profetas. Dada essa ascendência tradicional bíblica, não é de se admirar que no texto paulino falte totalmente qualquer informação sobre as particularidades e a circunstância da experiência visual do Cristo ou do Senhor Jesus.

Nesse contexto lingüístico se destacam mais alguns elementos postos em evidência por Paulo. Antes de tudo, a distribuição dos destinatários da visão em três grupos. O primeiro é constituído por Cefas e pelos Doze. O segundo é um grupo de quinhentos irmãos, isto é, cristãos membros da comunidade. O terceiro nível é ocupado por Tiago, ao qual são associados todos os Apóstolos. A menção dessa categoria prepara a auto-apresentação de Paulo que se coloca entre os "apóstolos", mas numa posição distinta tanto dos Doze como dos outros Apóstolos que formam um grupo. Sua experiência consta da série das aparições individuais de Cefas e de Tiago. Mas é distinta delas por uma razão que Paulo sublinha para ressaltar a "graça de Deus".

Com efeito, trata-se não só da última aparição de Cristo ressuscitado, mas de uma aparição destinada a alguém que é comparado a um "aborto".[5] A metáfora do aborto relembra a situação de um nascimento fracassado, não precedido por uma gestação normal. Como um "aborto", ele não merece a qualificação de "apóstolo". Tudo isso ele liga à sua condição de perseguidor da Igreja de Deus, agraciado pela aparição de Cristo ressuscitado. Paulo se coloca no final da lista, ou melhor, nem é digno de ser chamado "apóstolo", porque "perseguiu a Igreja de Deus". Numa palavra, Paulo tem uma viva consciência da radical gratuidade da experiência da aparição de Cristo ressuscitado, que o constituiu apóstolo e tornou eficaz a ação dele como proclamador do Evangelho de Cristo.

---

[5] A expressão paulina "eu sou um aborto" [*hosperei tô ektrômati*] é muito forte. Tal expressão poderia ser eco de uma forma de insulto que circulava contra Paulo no ambiente dos seus adversários em Corinto.

6. "FUI CONQUISTADO POR JESUS CRISTO"

A terceira passagem na qual Paulo fala da experiência que o transformou totalmente se encontra na parte central da Carta aos Filipenses. É um texto polêmico no qual Paulo toma posição em relação a um grupo de missionários judeu-cristãos que ele chama de "maus operários". Também neste caso o Apóstolo apresenta o seu encontro com Jesus Cristo num jogo de contraponto com o seu passado de judeu observante integérrimo. Com efeito, numa espécie de debate com aqueles que se vangloriam da própria origem judaica, Paulo elenca os seus quatro motivos de orgulho: "Fui circuncidado no oitavo dia, sou israelita de nascimento, da tribo de Benjamim, hebreu filho de hebreus". E conclui com três qualificações que atestam sua integridade religiosa e o compromisso ético no Judaísmo: "Quanto à lei judaica, fariseu; quanto ao zelo, perseguidor da Igreja; quanto à justiça que se alcança pela observância da lei, sem reprovação" (Fl 3,5-6).

Paulo não expressa nenhum complexo de culpa diante do seu passado de judeu comprometido e militante. Simplesmente aquela realidade e experiência, para as quais alguns judeu-cristãos olham como um motivo de vanglória e de prestígio, para Paulo não contam mais. Elas foram substituídas por outra realidade e experiência: o "conhecimento de Cristo Jesus" que ele chama de "meu Senhor". Para exprimir essa reviravolta radical do paradigma de valores, Paulo recorre ao código lingüístico comercial: "Por causa de Cristo, porém, tudo o que eu considerava como lucro, agora considero como perda. E mais ainda: considero tudo uma perda, diante do bem superior que é o conhecimento do meu Senhor Jesus Cristo. Por causa dele perdi tudo e considero tudo como lixo, a fim de ganhar Cristo e estar com ele. E isso, não mais mediante uma justiça minha, vinda da lei, mas com a justiça que vem através da fé em Cristo, aquela justiça que vem de Deus e se apóia sobre a fé" (Fl 3,7-9).

Nesse trecho, Paulo apresenta com muita parcimônia o evento que mudou a sua vida. Ele coloca mais acento sobre sua experiência de Cristo, que agora define a sua identidade e o novo critério de avaliação ético-religiosa. Paulo chama de "justica de Deus" a nova relação com Deus fundada sobre a fé em Cristo. Ela é o ponto de chegada de um percurso que parte do seu passado de judeu justo, íntegro e observante da lei, e desemboca no "conhecimento de Cristo Jesus". Não se trata de um processo de amadurecimento comparável a uma crise de consciência, e sim de uma virada imprevista que mudou a direção do caminho ou colocou Paulo numa outra corrente. Ele mesmo recorre à comparação do atleta que é tomado por uma força repentina e se lança na corrida. De fato, contra aqueles que se vangloriam de já terem chegado à meta, isto é, à completa conformidade com Cristo ressuscitado, Paulo esclarece: "Não que eu já tenha conquistado o prêmio ou que já tenha chegado à perfeição; apenas continuo correndo para conquistá-lo, porque eu também fui conquistado por Jesus Cristo" (Fl 3,12).

Quando Paulo pensa em sua experiência de encontro com Jesus Cristo, a imagem que lhe vem à cabeça é a da força que o arrastou: "Fui conquistado por Jesus Cristo". Desse momento em diante, todos os seus parâmetros de julgamento e de escolha ético-religiosa mudaram. Paulo expressa isso mais uma vez com a metáfora da corrida, na qual passado, presente e futuro se distribuem numa nova perspectiva, aquela aberta pela relação vital com Deus por intermédio de Jesus Cristo: "Esqueço-me do que fica para trás e avanço para o que está na frente. Lanço-me em direção à meta, em vista do prêmio do alto, que Deus nos chama a receber em Jesus Cristo" (Fl 3,13b-14).

Se com a palavra "conversão" se entende essa nova e radical orientação religiosa de Paulo, então ela pode ser aplicada à experiência de Damasco. O centro gravitacional muda para Paulo. Sua experiência espiritual é comparável à passagem do sistema ptolemaico geocêntrico ao sistema copernicano heliocêntrico. No lugar da lei, no centro, agora está Jesus Cristo.

7. COMO UMA "NOVA CRIAÇÃO"

Sendo assim, os ecos da experiência inicial e fundante do encontro de Paulo com Jesus Cristo deveriam ser percebidos em outros textos do seu epistolário. Mesmo que a sua reflexão sobre a fé cristã tenha se amadurecido em contato com os problemas e as questões colocadas por seus colaboradores e pelas novas comunidades fundadas por ele, certamente o evento de Damasco condicionou não apenas as escolhas religiosas e o estilo de vida de Paulo, o seu modo de anunciar o Evangelho, mas também sua reflexão sobre a fé cristológica. Portanto, além dos textos formalmente autobiográficos há outros em que se percebe o reflexo da experiência inicial.

Um dos textos é o da segunda Carta aos Coríntios, no qual Paulo procura reconstruir a identidade do apóstolo ou "servo da nova aliança". No pano de fundo, mais uma vez, está a polêmica com os missionários ou pregadores judeucristãos que se reportam a Moisés e à lei como critério de autoridade. Ao esplendor que se reflete na face de Moisés após o seu encontro com Deus no monte da revelação, Paulo contrapõe aquele da nova aliança que se reflete na face de Jesus Cristo, o Senhor. Contudo, enquanto Moisés cobre o rosto com um véu, porque se trata de um esplendor efêmero, todos aqueles que reconhecem Jesus ressuscitado como o Senhor podem agora contemplar de rosto descoberto a glória de Deus que brilha na face de Jesus Cristo e, animados por seu Espírito, são transformados em sua própria imagem. Tudo isso, diz Paulo, foi possível pelo anúncio do Evangelho de Cristo "que é imagem de Deus". E exatamente ele, Paulo, graças ao amor misericordioso de Deus, foi investido desse serviço, isto é, proclamar diante de todos os homens com coragem e sem fingimentos a verdade do Evangelho. De fato, Paulo ainda esclarece: "Não pregamos a nós mesmos, mas Cristo Jesus, o Senhor. Quanto a nós mesmos é como servos de vocês que nos apresentamos, por causa de Jesus" (2Cor 4,5).

Nesse ponto, ele alude ao evento fundante que o constituiu servo da nova aliança e do Evangelho. Ele relê a sua experiência no pano de fundo da criação inicial: "Pois o Deus que disse: 'Do meio das trevas brilhe a luz!', foi ele mesmo que reluziu em nossos corações para fazer brilhar o conhecimento da glória de Deus, que resplandece na face de Cristo" (2Cor 4,6). Poderíamos pensar que com essa comparação da luz que brilha nas trevas, como aquela do gesto inicial da criação de Deus, Paulo está tirando o véu da sua experiência espiritual, que compara com o chamado dos profetas ou com as aparições pascais de Cristo ressuscitado aos primeiros discípulos. Se tomarmos a imagem da luz ao pé da letra, poderíamos aproximar esse autotestemunho paulino da descrição lucana do evento de Damasco. Não creio, porém, que o texto de Paulo permita ultrapassar o diafragma da linguagem metafórica para reconstruir em seus elementos experienciais o encontro com Jesus Cristo ressuscitado.

É mais útil captar a sua mensagem profunda, aproximando-a de outra expressão que é própria de Paulo: a da "nova criação". Ele recorre a essa expressão em dois textos do seu epistolário para sublinhar a virada epocal que marca sua existência, antes e depois do encontro com Cristo. Nas linhas finais da Carta aos Gálatas, escritas de próprio punho, Paulo afirma que para a nova relação com Deus e salvação final não tem papel decisivo nem a pertença ao povo de Deus, Israel, fundada no rito da circuncisão, nem a condição de pagãos, mas o que importa é ser "nova criatura [*kainê ktísis*]" (Gl 6,15).

Ele retoma essa fórmula na segunda Carta aos Coríntios, na qual reafirma o seu papel de apóstolo em relação aos cristãos de Corinto, impressionados com alguns pregadores judeu-cristãos, que se apóiam no próprio passado judaico para fazer valer a autoridade de Apóstolos de Cristo. Talvez alguns desses missionários itinerantes façam parte do grupo dos discípulos históricos que conheceram Jesus antes de sua morte. Paulo toma distância desse modo de se autolegitimar, dizendo que tais pessoas "se gloriam somente pelas aparências e não pelo que está no coração" (2Cor 5,12). Na realidade, ele também poderia se vangloriar de suas origens e do seu passado judaico. Mas isso seria confiar na carne e, na lógica da cruz de Cristo, seria uma coisa absurda ou louca.

Paulo mostra que já está superado esse modo de pensar, que provoca o arrivismo espiritual entre os vários grupos de cristãos, os quais apelam para o prestígio dos pregadores ou fundadores. Ele já enxerga toda a realidade, até mesmo as relações entre as pessoas, sob outra luz. De fato, os fiéis em Jesus Cristo estão envolvidos em seu dinamismo de amor, que o levou a dar a vida por todos. Por isso, unidos a ele mediante a fé e o batismo, não se preocupam mais com o próprio prestígio pessoal, baseado em relações sociais e em conhecimentos humanos. Tudo isso pertence ao passado, às coisas velhas. Quem está em Cristo "é nova criatura" (2Cor 5,17). Nessa nova perspectiva, Paulo pode afirmar que o seu conhecimento de Cristo mudou radicalmente: "Por isso, doravante não conhecemos mais ninguém pelas aparências. Mesmo que tenhamos conhecido Cristo segundo as aparências, agora já não o conhecemos assim" (2Cor 5,16).

Esse conhecimento de Cristo "segundo a carne" pertence às coisas velhas que passaram. Paulo agora tem outro conhecimento de Cristo, aquele que o constitui "nova criatura", pois o introduz no dinamismo da salvação definitiva inaugurada pela sua morte e ressurreição. Em outras palavras, o "conhecimento segundo a carne" corresponde ao conhecimento baseado em critérios simplesmente humanos e históricos. É um conhecimento que deixa de lado a fé pela qual se reconhece e se acolhe Jesus crucificado como Cristo, aquele que com um ato extremo de amor abre todo ser humano para a vida de Deus. Esse aceno de Paulo ao "conhecimento de Cristo segundo a carne" poderia estar fazendo alusão ao seu modo de considerar Jesus "Messias" antes da sua experiência de "chamado" e "conquistado". Na perspectiva do judeu observante da lei, Jesus crucificado poderia aparecer tão-só como um amaldiçoado por Deus, condenado à morte dos pecadores (Gl 3,13; 2Cor 5,21). Se numa determinada época Paulo conheceu essa imagem de Jesus, agora não o conhece mais assim.

Todavia, Paulo realmente conheceu o Jesus histórico antes da sua morte na cruz? Em teoria, não podemos excluir isso. Mas não existem argumentos positivos para afirmá-lo. Certamente Paulo ouviu falar de Jesus em Jerusalém, da sua atividade e de sua condenação à morte de cruz. O seu empenho furioso na perseguição aos seguidores de Jesus se alimentou também de alguns conhecimentos indiretos sobre o caso do Galileu levado à morte pela autoridade romana e venerado como Messias e Senhor por seus discípulos. Paulo, porém, não se encontrou com Jesus, nem o conheceu diretamente antes de sua experiência de revelação ou visão ambientada nas proximidades de Damasco. Por isso, Paulo distingue a sua aparição de Cristo ressuscitado daquela de Cefas, dos Doze e de Tiago. Apesar de tudo, ele se considera "apóstolo" a pleno título, habilitado a anunciar o Evangelho porque viu o Senhor, e Cristo ressuscitado lhe apareceu como aos Doze e como a todos os outros apóstolos.

8. A EXPERIÊNCIA DE DAMASCO

Agora é possível fazer um balanço dos dados recolhidos a partir do epistolário e dos Atos dos Apóstolos, para responder às perguntas iniciais: Em que consiste a experiência de Damasco que Lucas apresenta como "conversão" e Paulo como "revelação de Jesus Cristo", Filho de Deus? É "visão" do Senhor ou "aparição" de Cristo ressuscitado? É um ser "conquistado" ou "iluminado" pela luz de Deus que se reflete na face de Cristo? Trata-se de uma experiência objetiva ou subjetiva, interior ou exterior? O testemunho de Paulo sobre o encontro com Jesus ressuscitado, que ele assimila ao de Cefas, dos Doze e de Tiago, é interessante, pois é o único documentado por parte de um protagonista da primeira geração cristã. Será possível reconstruir, em seus elementos fáticos, essa experiência de Paulo? É uma experiência comparável a outras visões e revelações que Paulo teve e referidas por Lucas nos Atos dos Apóstolos? Ou se trata de uma experiência extática ou carismática como aquelas que o próprio Paulo menciona em suas cartas?

Antes de tudo, é preciso verificar a tipologia das outras experiências de revelação e visão de que falam os textos supracitados. Nos Atos dos Apóstolos, no relato autobiográfico de Paulo sobre sua experiência de Damasco, diante dos judeus de Jerusalém, ele conta que teve outra visão do Senhor Jesus. Essa visão é colocada depois da de Damasco. Está ambientada em Jerusalém no templo, num contexto de oração: "Depois eu voltei a Jerusalém, e quando estava rezando no templo, entrei em êxtase. Vi o Senhor que me dizia: 'Depressa, saia logo de Jerusalém, porque não aceitarão o testemunho que você dá a meu respeito'"(At 22,17-18). Paulo não só reconhece o Senhor em quem lhe fala, mas lhe dirige a palavra para entender o sentido da ordem dada. A visão se conclui com um novo encargo por parte do Senhor, que anuncia a Paulo a missão aos pagãos.

No plano historiográfico lucano, esta segunda visão do Senhor por parte de Paulo em Jerusalém prolonga e esclarece a anterior, que se deu no caminho de Damasco. Aqui desapareceram tanto a cena da luz resplandecente como a reação de Paulo que cai desmaiado no chão. Tudo isso não tem mais utilidade, porque Paulo já está predisposto ao encontro com o Senhor. O texto diz simplesmente: "Entrei em êxtase [*genésthai me en estásei*]". Trata-se, portanto, de uma experiência espiritual favorecida pelo clima de oração. Nesse contexto, Paulo vem a conhecer qual é o projeto de Deus sobre sua vida e como deve exercer sua missão. A passagem crucial da missão de Paulo dos judeus aos pagãos uma vez mais foi decidida pelo Senhor.

Essa perspectiva do autor dos Atos é confirmada por outras narrativas de experiências nas quais são revelados a Paulo, diretamente pelo Senhor, o programa da sua missão e o seu destino futuro. Na cidade de Corinto, onde Paulo se defronta com os judeus da sinagoga local, certa noite ele tem uma visão na qual o Senhor o encoraja e lhe anuncia o sucesso da sua missão: "Não tenha medo, continue a falar, não se cale, porque eu estou com você. Ninguém porá a mão em você para lhe fazer mal. Nesta cidade há um povo numeroso que me pertence" (At 18,9-10). Essa visão de Paulo em Corinto é parecida com a que teve em Trôade e que decidiu sua missão na Macedônia. Nessa cidade, Paulo tem, à noite, a visão de um macedônio que lhe suplica: "Venha à Macedônia e ajude-nos!". O autor dos Atos diz que esse fato foi interpretado pelo grupo de missionários liderados por Paulo como uma revelação de Deus, que os chama à Macedônia para anunciar a palavra do Senhor.

Também as últimas vicissitudes de Paulo, como prisioneiro, estão sob a regência de Deus. Lucas dá a entender isso ao narrar que o Senhor aparece a Paulo e o conforta, mostrando-lhe qual será seu destino. No cárcere de Jerusalém, após a primeira audiência diante do Sinédrio, durante a noite, o Senhor se aproxima dele e diz: "Tenha confiança. Assim como você deu testemunho de mim em Jerusalém, é preciso que também dê testemunho em Roma" (At 23,11). A última experiência de revelação acontece dentro do navio, durante a viagem para Roma, em meio à tempestade, numa noite antes do naufrágio. Paulo encoraja os companheiros de viagem, pois, à noite, um anjo do Senhor lhe apareceu assegurando que ele deve comparecer diante do César e prometeu que todos os outros passageiros ficarão sãos e salvos (At 27,24). Em outras palavras, a vida de Paulo e a sua missão de testemunha de Cristo estão sob a direção e proteção de Deus.

Esses relatos de visões e revelações, nos quais Paulo é protagonista, refletem a concepção de Lucas. Ele coloca a pessoa e a atividade de Paulo dentro do contexto da história da salvação, prometida e realizada por Deus mediante intermediários humanos. Isso vale também para outros protagonistas dos Atos dos Apóstolos, como Pedro e Estêvão. Muitas vezes, em suas cartas, Paulo faz referência à experiência de caráter extático, às visões e revelações. O testemunho mais explícito se encontra na segunda Carta aos Coríntios, numa página onde elenca suas peripécias como apóstolo de Cristo e fala do "espinho na carne". Essa condição de fraqueza é considerada por ele como uma espécie de antídoto querido por Deus para contrabalançar a grandeza das revelações. Ele fala dessas experiências extáticas com certo pudor e acanhamento, só por se ver obrigado a isso pela polêmica com outros missionários que, para se fazerem valer em Corinto, apresentam suas experiências carismáticas. Mesmo considerando uma loucura se vangloriar diante dos homens, "embora não convenha", diz Paulo, "vou mencionar as visões e revelações do Senhor" (2Cor 12,1). E começa a falar em terceira pessoa, como se se tratasse de um outro: "Conheço um homem em Cristo, que há catorze anos foi arrebatado ao terceiro céu. Se estava em seu corpo, não sei; se fora do corpo, não sei; Deus o sabe. Sei apenas que esse homem — se no corpo ou fora do corpo não sei; Deus o sabe! — foi arrebatado até o paraíso e ouviu palavras inefáveis, que não são permitidas aos homens repetir" (2Cor 12,2-4).

Esse discurso enigmático de Paulo sobre suas visões e revelações se inspira nos textos apocalípticos, nos quais são coisas comuns raptos, êxtases e viagens celestes. O protagonista dessas experiências, em geral, se esconde atrás de outra personagem bíblica mais conhecida e respeitável como Henoc, Moisés, Elias ou outros profetas. Paulo fala de si mesmo como de um "outro", pois quer permanecer fiel ao seu princípio de que "quem se orgulha, que se orgulhe no Senhor" (2Cor 10,17). O caráter estereotipado do pequeno "apocalipse" pessoal de Paulo no estilo dos relatos populares ou das cantigas faz pensar que ele pretende parodiar esse tipo de narrativa. Em todo caso, ele diz que viveu uma experiência de revelação, embora não seja capaz de comunicar o conteúdo numa linguagem humana compreensível. Ele mesmo, na primeira Carta aos Coríntios, diz que não se pode imaginar nem dizer nada sobre o que Deus preparou para aqueles que o amam (1Cor 2,9-10).

Como conclusão desse aceno à experiência de visões e revelações, Paulo diz que não pretende ser visto como uma pessoa extraordinária que vive em contato direto com o mundo divino e nem mesmo quer se apresentar aos cristãos como "iniciado" nos mistérios ou como um mistagogo, um mestre em coisas secretas e práticas esotéricas. Ele é antes de tudo um apóstolo, pregador do Evangelho de Jesus Cristo, que deve ser proclamado a todos os seres humanos para que sejam salvos. Nessa perspectiva, Paulo distingue claramente a experiência que ele liga com o ambiente de Damasco daquelas que chama de visões e revelações, que teve catorze anos antes da redação da atual segunda Carta aos Coríntios. Enquanto a experiência de Damasco tem um caráter único e fundante em relação à escolha de vida e à função de apóstolo, as outras experiências dizem respeito à sua vida religiosa pessoal. O mesmo vale para as qualidades carismáticas que Paulo afirma possuir em medida extraordinária, mas que não explora para se impor, nem para chamar a atenção de seus colaboradores, nem para dirigir as comunidades cristãs fundadas por ele (1Cor 14,18 19).

Baseados nesses elementos fornecidos pelos textos, podemos tentar reconstruir a experiência paulina de Damasco. Em relação à linguagem, ela faz parte daquelas formas de comunicação religiosa que na tradição bíblico-judaica são apresentadas como visões e revelações de Deus. Trata-se de uma experiência de caráter religioso que implica, além do protagonista humano, uma referência à realidade de Deus, que por si não cai sob o controle dos sentidos e, portanto, não pode ser objeto de investigação historiográfica. O historiador capta apenas o que o sujeito humano narra sobre sua experiência; pode verificar a sua credibilidade com base nos outros dados e documentos seguros. No caso de Paulo podemos constatar os desdobramentos externos da sua experiência religiosa, assim como sua mudança radical no modo de pensar e de agir: o conteúdo original da sua mensagem cristã e a consciência da sua legitimidade de apóstolo de Jesus Cristo. Em outras palavras, a experiência de Damasco, se quisermos interpretar, tem efeitos documentados e que podem ser verificados no plano histórico.

Mas o que aconteceu naquela estrada nas proximidades de Damasco? Que tipo de experiência Paulo vivenciou? Não estou certo se, baseado nos documentos atualmente disponíveis, se possa dar uma resposta plausível a essas perguntas. Aqueles que, a partir da metade do século XIX até nossos dias, tentaram dar alguma resposta recorreram a dois modelos interpretativos. O primeiro é o de quem privilegia a explicação psicossomática e fala de experiência extática, de visão projetiva e alucinação. Encorajados pelo fato de Paulo ligar as visões e revelações ao "espinho na carne", há os que apelam para a hipótese de uma forma de epilepsia que Paulo sofria e que favoreceria os fenômenos alucinatórios ou visionários. O segundo modelo interpretativo é o ético-religioso, que acentua a crise de consciência de Paulo, a qual teria sido provocada pelo seu fanatismo na prática do judaísmo farisaico, ou pelo impacto com as vítimas — os judeu-cristãos helenistas — da sua perseguição.

Esta última reconstrução da experiência paulina ajusta-se mal com tudo aquilo que se diz na dupla série de textos, tanto nos dos Atos como nos das cartas paulinas, que falam de um evento repentino ambientado nas proximidades de Damasco. Que Paulo tenha vivido uma intensa crise de consciência ou de dificuldade espiritual em concomitância com a experiência de Damasco é uma conseqüência mais do que causa, ou ao menos a crise espiritual não esgota o seu alcance. Igualmente precária continua sendo a explicação psicossomática, ainda que o evento de Damasco possa se encaixar numa personalidade predisposta às experiências extáticas.

Paulo, entretanto, é capaz de distinguir o que, em suas cartas, apresenta como experiências carismáticas ou fenômenos extáticos da "revelação de Jesus" e "visão do Senhor Jesus". Esta última não é descrita por Paulo com palavras que possam justificar a hipótese de um estado de consciência alterada. Ele a apresenta como efeito de uma experiência da iniciativa gratuita e benévola de Deus. Fala dela por alusões ou de modo explícito apenas quando é obrigado pelo confronto com os adversários. Essa experiência de Paulo pode ser comparada com uma fonte profunda da qual, na superfície, se vê somente o fluir calmo e límpido da água. É nessa fonte que Paulo bebe para afirmar e defender sua autoconsciência de apóstolo de Jesus Cristo e definir seu Evangelho como caminho de salvação para todos os seres humanos.

9. "E ASSIM EU ESCAPEI DAS MÃOS DO GOVERNADOR DO REI ARETAS"

Mesmo que não se consiga reconstruir do modo esperado a experiência de Paulo em Damasco, entretanto estão bem documentados os efeitos dela no plano histórico. Imediatamente, como diz o próprio Paulo na Carta aos Gálatas, ele realiza uma atividade autônoma de evangelização nos arredores de Damasco: "[...] fui para a Arábia" (Gl 1,17c). Na geografia paulina, essa parte da Síria se situa na região da Arábia controlada pelos nabateus. Paulo fala de Arábia na mesma Carta aos Gálatas ao contrapor as "duas alianças" representadas pelos dois filhos de Abraão, que o patriarca teve de Agar e de Sara respectivamente. A primeira aliança é a da Jerusalém terrestre, correspondente à lei dada aos hebreus no Sinai, "que é um monte da Arábia", e a segunda é a aliança da Jerusalém celeste, que corresponde à Igreja.

A Arábia no tempo de Paulo indica a zona transjordânica ao norte e ao sul além da Arabá, do mar Morto ao mar Vermelho. Ela é atravessada pela "Via Régia", ou Caminho do Rei, que une a Arábia Felix ou Eudaemon dos romanos, a Sabéia, até o norte da Síria. Ela é prolongamento da "Via do Incenso", que sai da Sabéia, passa por Medina e Dendan (Al-'Ula), chegando até Damasco. Nessa vasta região, em parte desértica e em parte cultivada, transitam as tribos dos pastores e caravaneiros, mas também existem aí centros habitados, sobretudo ao longo das estradas do comércio. Do teor do texto de Gálatas, onde se diz: "Fui para a Arábia, e depois voltei para Damasco", se intui que ele transita nos arredores da cidade, talvez às margens do oásis, onde há acampamentos de gregos, sírios e nabateus. A finalidade desse deslocamento de Paulo para a Arábia não é a procura de um lugar de solidão no deserto para refletir ou orar. Esse aspecto é inteiramente alheio ao desenvolvimento do texto de Paulo e não faz parte de seu comportamento.

Provavelmente Paulo deixa Damasco e escolhe outra região de atividade missionária por precaução, para evitar um confronto com a colônia judaica da cidade. Os acontecimentos posteriores confirmam essa hipótese. De fato, após certo tempo, que não é possível quantificar, Paulo retorna a Damasco, onde exerce uma ação análoga de anúncio cristão. Prova disso é a narrativa mais detalhada dos Atos dos Apóstolos que, deixando de lado o período que Paulo passou na Arábia, traz o conteúdo da sua pregação nas sinagogas de Damasco: "E logo começou a pregar nas sinagogas, afirmando que Jesus é o Filho de Deus" (At 9,20). Aí ele discute com os judeus, "demonstrando que Jesus é o Messias" (At 9,22).

A apresentação da primeira, intensa e eficaz missão damascena de Paulo oferece o ponto certo para que o autor dos Atos ressalte o contraste entre as duas imagens de Paulo: antes e depois da "conversão". Em Damasco todos aqueles que o escutam ficam admirados e se perguntam: "Não é este o homem que descarregava em Jerusalém a sua fúria contra os que invocam o nome de Jesus? E não é ele que veio aqui justamente para os prender e levar aos chefes dos sacerdotes?" (At 9,21). Essa reação espantada do ambiente judeu-cristão diante da atividade evangelizadora de Paulo é acentuada também na Carta aos Gálatas (Gl 1,23). Portanto, na base do quadro lucano há uma tradição histórica segura.

Nesse clima de reações contrastantes toma corpo e se organiza o complô dos judeus de Damasco para capturar Paulo. O autor dos Atos é bem drástico: "Os judeus fizeram uma trama para matá-lo" (At 9,23). Mas, sempre segundo o mesmo autor, Saulo tomou conhecimento dos planos deles e enquanto os judeus controlam dia e noite as portas da cidade, os seus amigos cristãos o ajudam, de noite, a descer pelas muralhas dentro de uma cesta. É notável que o mesmo episódio, com uma impressionante convergência de particulares, seja narrado por Paulo também na segunda Carta aos Coríntios, na conclusão da lista de suas peripécias de apóstolo continuamente exposto a perigos e incômodos de todo tipo. A fuga de Damasco dentro de um cesto, descendo de uma janela ao longo da muralha ficará gravada na memória de Paulo como um episódio pouco glorioso. Ele o atribui à sua "fraqueza" e, antes de contá-lo, declara não estar inventando nada, mas dizendo a verdade diante de Deus e Pai do Senhor Jesus: "Em Damasco, o governador do rei Aretas guardava a cidade dos damascenos com a intenção de me prender; mas fizeram-me descer de uma janela, ao longo da muralha, dentro de um cesto; e assim eu escapei das mãos dele" (2Cor 11,32-33). Paulo não diz explicitamente que a iniciativa da trama parte dos judeus de Damasco. Mas o que ele diz anteriormente sobre "perigos na cidade" e da parte de seus "falsos irmãos" poderia confirmar a versão lucana dos fatos.

Um precedente dessa fuga noturna de Paulo de Damasco e talvez do modelo literário para narrá-lo é a fuga de dois hebreus de Jericó, onde tinham sido enviados como espiões de Josué. A mulher que os hospeda, a prostituta Raab, os faz descer com uma corda pela janela, pois, diz o texto bíblico, "a casa onde vivia era pegada à muralha" (Js 2,15). Um episódio parecido é contado a respeito de Davi, que Saul estava procurando para matar. Micol, a filha do rei Saul, esposa de Davi, ajuda-o a escapar dos emissários de seu pai fazendo com que ele desça por uma janela (1Sm 19,11-12). O detalhe da "janela" se encontra tanto na narrativa autobiográfica de Paulo como nos dois textos bíblicos supramencionados.[6]

O dado mais relevante desse texto é a menção do governador do rei Aretas, que tem o controle da cidade de Damasco. Isso permite datar os acontecimentos posteriores à "conversão" de Paulo e conseqüentemente, de modo aproximativo, também o evento decisivo de Damasco. De fato, Aretas IV morre em 39 d.C. Ele começa a usar esse nome — o original era Enéias — quando em 9 a.c., com a morte de Óbodas III, se torna rei dos nabateus. A capital do reino nabateu é Petra, a cidade escondida em meio às rústicas montanhas de granito e das areias do deserto, que se comunica, através de um longo e estreito desfiladeiro de três quilômetros, o *Shîq*, com as estradas que percorrem o deserto às margens do *wadi Arabà*. A partir dessa fortaleza natural, os reis dos nabateus controlam o comércio que sai da Arábia meridional e chega até as costas do Mediterrâneo.

---

[6] Não longe da *Bab es-Sharqì*, onde chega a "rua Direita", e próximo da *Bab Kisan*, dentro de uma torre das muralhas se encontra a capela que recorda a fuga de Paulo de Damasco. À parte, o fato de estar situada obviamente no perímetro das muralhas do século XIII, que está assentada sobre o perímetro das muralhas mais antigas que remontam à época romana e bizantina, a igrejinha tem apenas um papel devocional. São, porém, ainda visíveis várias habitações construídas sobre as próprias muralhas em trechos entre as duas portas supramencionadas, que ajudam a fantasia a reconstruir a fuga noturna de Paulo descendo por meio de cordas dentro de um cesto que podia servir para puxar víveres ou material de construção. O mesmo sistema de "elevador" foi utilizado certa vez no mosteiro-fortaleza de Santa Catarina no monte Sinai e também nos mosteiros das Meteoras na Tessália, Grécia.

O rei dos nabateus tem um papel importante no equilíbrio da fronteira sudeste do império romano. Aretas IV, após algumas incertezas iniciais, é reconhecido por Augusto. Ele se mostra fiel aliado de Roma e defende a causa dos sucessores de Herodes Magno, *rex socius* de Roma. Aretas dá uma filha — mencionada numa inscrição com o nome de Sha'udat — como esposa a Herodes Antipas, tetrarca da Galiléia e da Peréia. Este, porém, a repudia para se casar com a sobrinha Herodíades, filha de Aristóbulo, um dos filhos de Herodes Magno, que este mandou matar em 7 a.C. Ela era casada com outro filho de Herodes, que ele teve da mulher Mariana de Jerusalém, pertencente à família dos asmoneus. Os evangelhos dão o nome de Filipe a este primeiro marido de Herodíades, conhecido com o nome dinástico de "Herodes". Em represália, sem consultar Roma, Aretas invade a Peréia e derrota as tropas de Herodes Antipas.[7] A reação de Roma não se fez esperar. O legado da Síria, com plenos poderes no Oriente, L. Vitélio, organiza uma expedição militar contra o rei dos nabateus. Contudo, a morte do imperador Tibério, em março de 37 d.C., põe fim às ações de guerra de Vitélio. O novo imperador Calígula (37-41 d.C.) favorece Aretas, concedendo-lhe o controle da região e da cidade de Damasco.

---

[7] No âmbito popular, segundo Flávio Josefo, essa derrota de Herodes Antipas foi interpretada como castigo divino por causa da condenação à morte de João Batista, que o rei mandou prender e matar (*Ant.*, 18,116).

É nesses anos que se deve colocar a presença e a atividade de Paulo em Damasco e arredores. Se a sua fuga acontece antes de 39 d.C., podemos colocar a sua conversão nos meados dos anos 30 d.C. (34/36). Essa datação é um ponto seguro da vida de Paulo, não só pela sólida ligação que o episódio de Damasco tem com a história política do império romano, mas sobretudo por causa do valor simbólico que ela possui na biografia espiritual paulina. Após a fuga de Damasco, começa a missão de Paulo, que em círculos concêntricos, num prazo de vinte anos, se estende da Síria e Cilícia até a Ásia e a Grécia, encaminhando-se para a capital do império romano. Aqui Paulo, o conquistado por Jesus, chegará nas vestes de réu para responder junto ao tribunal do imperador. Na realidade, a força que o arrebata no caminho de Damasco agora o lança numa corrida irrefreável pelas estradas do mundo. A missão infatigável de Paulo em proclamar o Evangelho nas cidades do império é a confirmação mais segura do papel decisivo e da eficácia espiritual da sua experiência em Damasco.

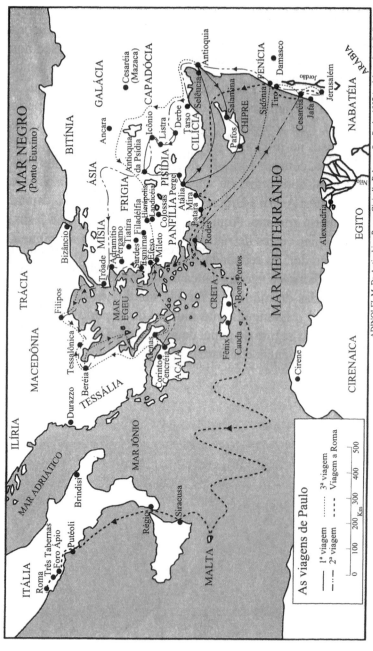

ADINOLFI, M. Da Antiochia a Roma. Cinisello Balsamo, San Paolo, 1997 (reelaboração de R. Fabris).

V
A PRIMEIRA MISSÃO DE PAULO

Na tradição cristã, Paulo é conhecido como o "apóstolo das nações". A festa litúrgica de 29 de junho o associa a Pedro, o "príncipe dos apóstolos". A qualificação de "apóstolo" no âmbito popular relembra a idéia de um pregador religioso. Na história do Cristianismo e na hagiografia é considerado "apóstolo" aquele que por primeiro difundiu o Cristianismo numa região. Em sentido mais genérico e no linguajar comum, dá-se o nome de "apóstolo" ao militante de uma causa ou a "quem se dedica com ardor na difusão de uma idéia". Todos esses aspectos estão presentes na personalidade histórica de Paulo "apóstolo".

Na história do cristianismo primitivo, Paulo "apóstolo" se encontra numa situação paradoxal. O seu primeiro historiador e admirador, Lucas, que escreve os Atos dos Apóstolos, o apresenta como o propagador do Evangelho nas regiões da Ásia e da Grécia, mas não o chama expressamente de "apóstolo" ou, ao menos, toma cuidado para não colocá-lo no grupo dos doze "apóstolos". Paulo não pode fazer parte desse grupo, pois não tem os requisitos definidos por Pedro no discurso feito na assembléia para eleger o substituto de Judas, o traidor. O candidato ao grupo dos "doze

Apóstolos", diz Pedro, deve ser um daqueles "que nos acompanharam durante todo o tempo em que o Senhor vivia no meio de nós, desde o batismo de João até o dia em que foi levado ao céu". Apenas um desses pode se tornar, juntamente com os onze, testemunha da ressurreição (At 1,21-22).

Portanto, na perspectiva lucana, não sendo Paulo um discípulo histórico de Jesus, não pode fazer parte do grupo dos Doze, que são os únicos e autênticos "apóstolos", isto é, enviados por Jesus com a força do Espírito Santo para serem suas testemunhas até os extremos da terra. Somente em dois casos, o autor dos Atos chama Paulo e Barnabé de "apóstolos" (At 14,4.14). Como enviados da Igreja de Antioquia se tornaram os pregadores itinerantes do Evangelho nas regiões da Anatólia central. Nesse sentido genérico e bem fluido, podem ser chamados de "apóstolos". Os dois pregadores, contudo, mesmo que dêem testemunho de Jesus Cristo à custa da própria vida, não têm a função fundante e respeitável dos "doze Apóstolos", escolhidos pelo Senhor e enviados por ele.[1] Entretanto, o anúncio do Evangelho de Jesus Cristo chega aos extremos da terra, isto é, aos povos pagãos, somente graças à missão de Paulo, à qual Lucas dedica mais da metade do seu segundo livro.

---

[1] O título "apóstolos" nos Atos dos Apóstolos ocorre, no total, vinte e oito vezes; exceto os dois casos supracitados, ele é sempre atribuído ao grupo dos "Doze"; nas ocorrências do seu Evangelho, Lucas também reserva esse título aos Doze (cf. Mt 10,2; Mc 3,14; 6,30); nos outros escritos do NT há uma oscilação entre o significado técnico lucano e aquele mais genérico de apóstolo-missionário ou enviado das Igrejas (Ap 2,2; 18,20; 21,14). Cf. FABRIS, R. L'apostolo e il discepolo nell'epistolario paolino. In: DSBP 4, 1993. pp. 161-188.

A imagem que Paulo apresenta de si mesmo nas suas cartas parece ser mais coerente. No cabeçalho, ele se apresenta como "apóstolo de Jesus Cristo" ou "apóstolo de Cristo Jesus". Desde a primeira carta enviada à Igreja de Tessalônica, Paulo afirma sem pestanejar que participa de pleno direito da função e da autoridade do grupo que ele chama de "apóstolos de Cristo" (1Ts 2,7). Como vimos no capítulo anterior, Paulo fundamenta essa certeza no fato de ser *kletós*, "chamado", "escolhido", com uma referência mais ou menos explícita à iniciativa gratuita e eficaz de Deus. O seu chamado ou sua investidura apostólica coincide com a experiência de Damasco. Paulo se considera apóstolo porque viu o Senhor. Cristo ressuscitado apareceu a ele do mesmo modo que aos outros apóstolos.

A autoconsciência de Paulo "apóstolo", como se apresenta em suas cartas, é fruto da sua reflexão sobre a atividade missionária itinerante. Diante de quem constesta o seu método missionário entre os pagãos, ele sente a necessidade de afirmar a legitimidade da sua função de "apóstolo de Jesus Cristo". Esse confronto se dá nas Igrejas da Galácia e da Acaia, principalmente em Corinto. Nesses casos, Paulo, além de apelar para o "chamado" da parte de Deus, que o constitui apóstolo de Jesus Cristo, salienta o fato de que foi ele quem, por primeiro, anunciou o Evangelho nessa cidade ou região. Portanto, de pleno direito, ele se considera fundador da Igreja de Deus que está em Corinto ou na Galácia, pois, mediante o anúncio do Evangelho, deu origem à comunidade cristã local. Por isso, Paulo tende a se distinguir dos outros "apóstolos" de Jesus Cristo, que são enviados ou delegados das Igrejas para encargos ou missões particulares. Ele reivindica para si o título e a qualificação de "apóstolo de Jesus

Cristo", porque foi escolhido por Deus para proclamar o Evangelho de Jesus Cristo onde o Evangelho ainda não foi anunciado.

Na Carta aos Romanos, último escrito autêntico de Paulo, ele se atribui sem meios termos a qualificação de "apóstolo dos pagãos" (Rm 11,13). Essa imagem de Paulo, nas cartas da sua tradição, se transforma numa fórmula estereotipada. O discípulo, que escreve em nome de Paulo as duas cartas a Timóteo, afirma que ele foi constituído por Deus "anunciador e apóstolo" do testemunho de Deus ou do Evangelho de Jesus Cristo, "doutor das nações na fé e na verdade" (1Tm 2,7; 2Tm 1,11). Em outras palavras, a pessoa de Paulo "apóstolo", no prazo de trinta anos, se idealiza. No ambiente das suas comunidades, ele se torna o único "apóstolo", fonte e avalista do Evangelho e da tradição oficial cristã. O autor dos Atos dos Apóstolos, que lhe nega oficialmente o título e a qualificação de "apóstolo", de fato o apresenta como promotor e protagonista da missão cristã, que vai desde Jerusalém até Roma.

O título e o retrato de Paulo "apóstolo" são um convite para percorrer de novo as etapas da sua atividade missionária a partir dos anos que se seguiram à sua experiência em Damasco. As primeiras cartas autênticas são escritas uns quinze anos depois do evento que mudou sua vida, transformando-o de judeu militante em discípulo de Jesus Cristo. O que Paulo fez nesse período de tempo após sua "conversão" ou "chamado" em Damasco? Depois da fuga da cidade síria, Paulo continuou exercendo uma atividade missionária? Onde e com quem? A quem Paulo dirigiu sua obra? Aos judeus de Jerusalém e aos da diáspora? Ou se dedicou a proclamar o Evangelho aos gregos pagãos nas cidades fora da Palestina?

Qual é sua relação com os "apóstolos" de Jerusalém e os outros missionários cristãos? A fonte mais rica de informações para reconstruir esse primeiro período da vida de Paulo missionário cristão continua sendo o escrito lucano. Ele pode ser comparado com um relato autobiográfico ditado por Paulo, com enfoque apologético, nos dois primeiros capítulos da Carta aos Gálatas.

1. "FUI A JERUSALÉM PARA CONHECER CEFAS"

O relato que o autor dos Atos faz sobre os acontecimentos posteriores à fuga de Paulo de Damasco dá a impressão de que, logo que pulou fora da cesta na qual havia descido ao longo das muralhas da cidade síria para escapar das mãos dos judeus, o Apóstolo tenha tomado a estrada para Jerusalém. E aqui se repete a cena segundo o texto de Damasco. Paulo se põe a falar abertamente do nome do Senhor e discute com os judeus de língua grega. Estes organizam um complô para matá-lo. Todavia, os cristãos, "os irmãos", diz o texto dos Atos, ficam sabendo e acompanham Paulo até Cesaréia e daí o fazem partir para Tarso. Nessa reconstrução da primeira visita de Paulo a Jerusalém, o autor dos Atos retoma alguns elementos do esquema já utilizado para apresentar a pessoa e a atividade de Estêvão. Como o primeiro mártir cristão, Paulo enfrenta em Jerusalém a ala intransigente dos judeus helenistas que ameaçam matá-lo.

Um segundo aspecto que Lucas ressalta na apresentação da experiência de Paulo como cristão em Jerusalém é sua relação com a comunidade cristã local e, de modo particular, com os "apóstolos". Num primeiro momento, Paulo procura se aproximar dos "discípulos", isto é, dos grupos cristãos de Jerusalém. Estes, em sua maior parte, deveriam ter sido formados por judeu-cristãos de língua hebraica, pois os outros, de língua grega, se dispersaram por causa da perseguição desencadeada pela morte de Estêvão. Em Jerusalém se repete aquilo que acontecera em

Damasco, onde Ananias havia manifestado seu temor diante da chegada na cidade de Saulo de Tarso, o perseguidor dos cristãos. Na comunidade cristã de Jerusalém, Paulo também é visto com suspeita, pois "todos tinham medo dele, porque não acreditavam que ele fosse discípulo" (At 9,26). O autor dos Atos não diz expressamente se tais reservas sobre Paulo, que volta a Jerusalém nas vestes de "convertido", eram ou não compartilhadas pelo grupo dos Apóstolos. A seqüência da narrativa lucana nos leva a intuir que "todos" em Jerusalém, até mesmo os Apóstolos, estavam com medo de Paulo.

De fato, neste ponto Lucas faz com que intervenha Barnabé, personagem respeitável, um levita originário de Chipre, que se tornou cristão em Jerusalém. Ele, diferentemente dos outros cristãos de Jerusalém, mostra estar bem informado sobre o que aconteceu a Paulo no caminho de Damasco. Talvez sua origem e o conhecimento da língua grega lhe dêem a oportunidade de manter contatos com a pequena comunidade de judeu-cristãos do ambiente sírio. Em todo caso, Barnabé leva Paulo consigo, o apresenta ao grupo dos Apóstolos e lhes conta "como Saulo no caminho tinha visto o Senhor, como o Senhor lhe havia falado, e como ele havia pregado corajosamente em nome de Jesus na cidade de Damasco" (At 9,27). A mediação de Barnabé desfaz os titubeios dos cristãos e dos Apóstolos de Jerusalém de tal modo que Paulo é acolhido na comunidade judaico-cristã local e pode começar a falar "abertamente em nome do Senhor" aos judeu-helenistas. Contudo, esse início da missão paulina em Jerusalém é truncado pelo surgimento do complô dos judeus, que procuram matá-lo.

Do conjunto desse quadro narrativo lucano resulta que a primeira visita de Paulo a Jerusalém não só foi de breve duração, mas acabou sendo um fiasco. As relações com a comunidade cristã são difíceis. A presença de Paulo em Jerusalém é vista com suspeita no ambiente cristão e, além disso, provoca novas e perigosas tensões com o ambiente judaico. A pessoa e a atividade de Paulo relembram aos cristãos de Jerusalém a experiência traumática de Estêvão. Por isso, após sua acolhida, graças aos bons contatos de Barnabé, Paulo é levado para longe, a fim de evitar o pior. Não é por acaso que, depois dessa primeira tentativa de missão da parte de Paulo em Jerusalém, o autor dos Atos faça um balanço geral do seguinte teor: "E a Igreja vivia em paz em toda a Judéia, Galiléia e Samaria. Ela se edificava e progredia no temor do Senhor, e crescia em número com a ajuda do Espírito Santo" (At 9,31).

Em suma, o leitor dos Atos é convidado a tirar a seguinte conclusão: depois da sua conversão, Paulo não encontra em Jerusalém o terreno adequado para sua atividade missionária. No contexto dessa primeira visita de Paulo a Jerusalém, posterior à experiência de Damasco, poderia ser encaixada a visão no templo, onde Paulo recebe do próprio Senhor a ordem de deixar Jerusalém, pois os judeus "não aceitarão o testemunho que você dá a meu respeito" (At 22,18). Essa palavra do Senhor, que dá nova interpretação para a fuga de Paulo de Jerusalém, é completada com o encargo da missão aos pagãos: "Vá! É para longe, é para os pagãos que eu vou enviar você" (At 22,21). Essa reconstrução corresponde mais à perspectiva do autor dos Atos do que ao real e progressivo amadurecimento da consciência de Paulo, como esta se apresenta no testemunho das suas cartas.

De qualquer modo, por meio desse relato da primeira visita de Paulo a Jerusalém após sua conversão, Lucas tem a oportunidade de apresentar a pessoa de Barnabé e relação dele com Paulo. Esse primeiro encontro dos dois judeu-cristãos helenistas antecipa a futura colaboração missionária deles. Além disso, o autor dos Atos acha o ponto exato para reafirmar o aspecto problemático da chamada "conversão" de Paulo no caminho de Damasco. Esse evento não introduz Paulo de repente na Igreja, especialmente na de Jerusalém. Apesar do que se sabe ou se diz de Paulo e da sua transformação, ficam sobras que alimentam suspeitas e perplexidade a seu respeito.

Podemos perceber um eco disso no escrito de Paulo aos gálatas, no qual ele se compraz em sublinhar sua independência e certa estranheza em relação aos outros Apóstolos de Jerusalém e das Igrejas da Judéia em geral. Ele reafirma isso na sua reconstrução dos primeiros anos após o chamado ou revelação de Damasco. Trata-se da página autobiográfica escrita às Igrejas da Galácia, na qual Paulo defende a legitimidade da sua função de apóstolo de Jesus Cristo, que está na base do que ele chama de "a verdade e a liberdade do Evangelho".

Ele percorre as etapas da sua vida após a virada decisiva que o fez passar do compromisso militante no Judaísmo e da perseguição à Igreja de Deus para a atividade missionária na difusão do Evangelho entre os pagãos. Nessa reconstrução do seu currículo de apóstolo cristão, Paulo enfatiza sua relativa autonomia diante dos outros Apóstolos, especialmente dos de Jerusalém, embora tenha para com eles um reconhecimento mais ou menos explícito. Em suma, Paulo procura demonstrar a tese enunciada na abertura deste trecho apologético: "Irmão, eu declaro a vocês: o Evangelho por mim anunciado não é invenção humana. E, além disso, não o recebi nem aprendi por intermédio de um homem, mas por revelação de Jesus Cristo" (Gl 1,11-12).

Sob esse aspecto, Paulo apresenta uma escala cronológica da sua atividade missionária e das suas relações com os responsáveis pela Igreja de Jerusalém. Primeiramente, Paulo menciona o anúncio do Evangelho aos pagãos nos arredores de Damasco, na região que ele chama genericamente de "Arábia". Paulo afirma ter iniciado imediatamente essa atividade missionária para responder ao chamado da parte de Deus, que lhe revelou o seu Filho. Parece que essa primeira iniciativa missionária de Paulo durou pouco. Ela se conclui com sua reentrada em Damasco, de onde é obrigado a fugir para escapar do governador do rei Aretas. Este último dado permite situar o episódio antes de 39 d.C., ano da morte de Aretas IV, rei dos nabateus, e, portanto, datar os acontecimentos de Damasco por volta da metade dos anos 30 d.C.

O relato autobiográfico paulino continua com outras datações. Elas se referem às visitas de Paulo a Jerusalém e seus encontros com os Apóstolos ou as "pessoas mais notáveis". Eis o texto ditado por Paulo: "Três anos mais tarde, fui a Jerusalém para conhecer Cefas e fiquei com ele quinze dias [...] Catorze anos depois, voltei a Jerusalém com Barnabé e levei também Tito comigo" (Gl 1,18; 2,1). Paulo faz questão de precisar que durante os catorze anos entre essas duas visitas, ele não teve outros contatos com aqueles de Jerusalém. De fato, após a primeira visita a Jerusalém ele foi "para as regiões da Síria e da Cilícia". Para confirmar a veracidade dessa sua prestação de contas dos fatos, Paulo faz uma espécie de juramento, apelando para o testemunho de Deus: "Deus é testemunha: o que estou escrevendo a vocês não é mentira" (Gl 1,20). Percebe-se nas entrelinhas do texto a necessidade, da parte do Apóstolo, de acentuar as particularidades e o significado do seu encontro em Jerusalém com Cefas, contra quem estava dando uma versão diferente sobre esse encontro.

Portanto, segundo a reconstrução dos seus primeiros anos feita pelo próprio Paulo, ele deixou passar "três anos" da sua primeira ação missionária autônoma nos arredores de Damasco antes de entrar em contato com Cefas em Jerusalém. Em sua primeira Carta aos Coríntios, num documento oficial, ele também o apresenta com o mesmo nome aramaico, como destinatário da aparição de Cristo ressuscitado juntamente com o grupo dos "Doze" (1Cor 15,5). A finalidade dessa primeira viagem de Paulo a Jerusalém é indicada com um verbo especial, que não ocorre em outro lugar nos textos do Novo Testamento: "Fui a Jerusalém para conhecer Cefas [*historêsai Kephân*]". Nos textos gregos profanos o verbo *historéin* referido a pessoas significa "conhecer", "ter informações sobre alguém". Paulo, portanto, vai a Jerusalém para entrar em contato pessoal com Cefas, para conhecê-lo e obter informações de primeira mão sobre ele.

Assim ficam excluídas as outras reconstruções hipotéticas, como aquelas de quem imagina Paulo e Pedro juntos em longas e diárias reuniões de trabalho para verificarem o conteúdo histórico do Evangelho ou ocupados em conferir em Jerusalém e arredores os lugares dos últimos dias de Jesus, desde a sala da Ceia do adeus até a prisão no horto e a morte no Gólgota. Nas cartas paulinas não há nenhum sinal de tudo isso, nem mesmo nas poucas e fragmentárias notícias sobre Jesus histórico. Em suma, Paulo não foi até Cefas em

Jerusalém para fazer um curso de atualização catequética nem uma visita turístico-arqueológica. Ele faz questão de dizer que sua permanência junto a Cefas foi de caráter pessoal ou privado e, tudo somado, de breve duração, isto é, não mais do que duas semanas. Esses esclarecimentos são feitos contra aqueles que insinuavam uma dependência ou subordinação de Paulo como apóstolo daqueles "que eram apóstolos antes dele em Jerusalém" (cf. Gl 1,17a).

Para confirmar esse caráter privado e circunscrito do seu primeiro encontro com Cefas, Paulo acrescenta o seguinte: "Entretanto não vi nenhum outro apóstolo, a não ser Tiago, irmão do Senhor" (Gl 1,19). Portanto, ele exclui categoricamente qualquer outro contato ou encontro oficial com o grupo dos "apóstolos". E acrescenta, para ser escrupulosamente preciso, que viu apenas Tiago, conhecido como "o irmão do Senhor". Pela construção do texto grego ditado por Paulo não se compreende bem se ele está incluindo ou não Tiago entre os "apóstolos". Todavia, pelo teor geral dessa seção, na qual Paulo procura provar sua plena autonomia em relação ao grupo dos "apóstolos", deve-se deduzir que, para Paulo, Tiago não faz parte dele.[2] Na comunidade de Jerusalém, Tiago exerce um papel importante ao lado de Cefas e de João. Em seguida, irão apelar para ele os judeucristãos intransigentes que gostariam de impor também aos cristãos convertidos do paganismo a observância da lei judaica (Gl 2,9.12).

---

[2] Pelos outros textos paulinos nos quais se fala de Tiago, se entende que ele não faz parte do grupo dos "Doze", embora possa ser associado a todos os "apóstolos", entendidos em sentido amplo como enviados ou missionários por força da experiência pascal deles (cf. 1Cor 15,7). Tiago faz parte do grupo dos "irmãos do Senhor", que são distintos tanto dos "Doze", o grupo de Cefas, como dos outros Apóstolos (cf. 1Cor 9,5).

2. PAULO EM ANTIOQUIA DA SÍRIA

As duas fontes para reconstruir a primeira missão de Paulo — os Atos dos Apóstolos e as seções autobiográficas do epistolário paulino — são como duas estradas que às vezes correm paralelas, às vezes se cruzam ou se ultrapassam, mas nunca coincidem. É, portanto, imprescindível seguir uma estrada por vez, de modo autônomo, ficando de olho no percurso da outra. Nesse caso, podemos começar com a notícia bem sucinta que Paulo oferece em sua prestação de contas autobiográfica na Carta aos Gálatas, após a visita informal a Pedro em Jerusalém: "Depois fui para as regiões da Síria e da Cilícia" (Gl 1,21). Isso é tudo o que interessa a Paulo dizer aos cristãos da Galácia sobre sua atividade que se estende por catorze anos, precisamente entre a primeira visita a Jerusalém e o segundo encontro com as "pessoas mais notáveis", Tiago, Cefas e João, que são considerados como "as colunas". Como preencher esse longo arco de tempo que vai desde o final dos anos 30 d.C. até as portas dos anos 50 d.C.? É um desafio para os estudiosos dos textos neotestamentários e, sobretudo, para os historiadores do cristianismo primitivo.

As coisas se complicam porque parece que o epistolário paulino autêntico ignora essa primeira fase da atividade missionária de Paulo. Naturalmente isso depende da datação escolhida para as cartas atribuídas de forma unânime a Paulo. Se a Carta aos Gálatas foi escrita nos meados dos anos 40 d.C. — como defendem alguns que identificam a Galácia com a província romana homônina —, ela seria o único documento paulino de primeira mão a poder ser utilizado para preencher o vazio deixado pelas outras cartas. Todavia, contra essa hipótese sobre a datação da carta enviada às Igrejas da Galácia há o fato de que na seção autobiográfica desse escrito, na qual Paulo reconstrói sua ação missionária, ele deixa de fora de seu horizonte geográfico exatamente a Galácia. Ele menciona apenas as "regiões da Síria e da Cilícia". Esta última, para além do Tauro, confina com a província romana da Galácia, mas não pode de nenhum modo ser confundida com qualquer das regiões denominadas, sob vários aspectos, de "Galácia".

Não nos resta senão confiarmos no relato dos Atos dos Apóstolos, no qual encontramos material suficiente para preencher catorze anos da vida de Paulo. Segundo o quadro histórico lucano, Paulo, após o seu primeiro contato com a Igreja de Jerusalém, teve de deixar a cidade por causa da oposição hostil e ameaçadora dos judeus helenistas. Os próprios cristãos de Jerusalém se preocuparam em colocar Paulo a salvo, como acontecera em Damasco. Eles o conduzem até Cesaréia e daí o fazem seguir até Tarso. O texto dos Atos não diz expressamente que em Cesaréia Paulo embarcou para Tarso. Talvez isso esteja implícito, pois Cesaréia é o porto junto ao mar Mediterrâneo, embora não seja o mais adequado para se tomar uma embarcação com destino à capital da Cilícia. Poderíamos também supor que Paulo teria tomado a estrada costeira ou, por mar, chegado antes à cidade de Antioquia na Síria e daí prosseguido até Tarso na Cilícia.

O autor dos Atos, porém, embora saiba que Paulo é originário de Tarso na Cilícia, não diz nada sobre a ação missionária dele nessa região. Ao contrário, concentra todo o seu interesse no nascimento e na expansão do movimento cristão na metrópole da Síria, Antioquia, sede da administração romana e centro estratégico para as comunicações entre o Ocidente e o Oriente Médio. Ali nasce e se desenvolve a primeira comunidade cristã mista, formada de judeus e pagãos, que acolhem o Evangelho levado pelos judeu-helenistas expulsos de Jerusalém no tempo da perseguição de Estêvão.

A cidade de Antioquia é uma das quatro grandes cidades fundadas por Seleuco I Nicator — juntamente com Laodicéia, Apaméia e Selêucia de Pieria — na região da Síria, que, por isso, é chamada de *tetrápolis*.[3] Antioquia é a maior delas e toma o nome do pai de Seleuco, que em 301 a.C. transfere para aí os 5.300 colonos atenienses e macedônios da cidade vizinha de Antigônia, fundada por iniciativa do general de Alexandre Magno, Antígono, em 307 a.C. Como capital do reino dos selêucidas, Antioquia, no século II a.c., está envolvida nas lutas para o controle do poder no Oriente Médio. Após um breve período de domínio armênio de 83 a 66 a.c., Antioquia, com a chegada de Pompeu no Oriente em 64 a.c., entra na órbita de Roma e se torna a capital da província da Síria. Desde 27 a.C. é a sede do *legatus Augusti pro praetore*. Aí estão aquarteladas quatro legiões para a pronta intervenção nas zonas acima das fronteiras orientais e meridionais do império ameaçadas pelos partas e nabateus.

Antioquia torna-se uma metrópole que, por sua riqueza, esplendor e cultura, compete com Alexandria do Egito. Protegida a nordeste e a sudeste pelos montes Amano e Cássio, assentada aos pés do Sílpio, o centro urbano surge às margens de uma vasta e fértil planície na margem esquerda do rio Orontes, a 25/30 quilômetros — segundo Estrabão, a cento e vinte estádios — do mar Mediterrâneo, onde, junto à foz do rio, se encontram o porto e a cidade de Selêucia.[4]

---

[3] Estrabão, op. cit., 16,2,4; C 750.

[4] Idem, ibidem, 16,2,8.

Graças a esse acesso marítimo e às grandes vias de comunicação com a Síria e a Mesopotâmia, Antioquia é a porta de entrada para o Oriente, centro comercial entre leste e oeste. Estrabão a chama, como a região homônima, de *tetrápolis*, porque é formada por quatro bairros protegidos por muralhas e defendidos, cada um deles, por um cinturão amuralhado, mandado construir por Antíoco IV Epífanes. Na época de Justiniano, o perímetro da muralha de Antioquia atingia trinta quilômetros.

A cidade de Antioquia é famosa pela beleza de seus monumentos, templos, teatros e termas. Na ilhazinha, formada ao norte da cidade pelo rio Orontes, surge em primeiro plano o esplêndido palácio dos reis selêucidas e, depois, a residência dos governadores romanos. Uma rua larga, com mais de nove metros, toda ela calçada, atravessa a cidade. É chamada de Rua das Colunas, pois é ladeada dos dois lados por mais de três mil colunas de granito rosa e cinza. Segundo Flávio Josefo, Herodes Magno a mandou calçar de mármore e enfeitar de colunas.[5] Uma segunda rua, de norte a sul, ornada de colunas, cruza com a primeira. Aos pés do monte Sílpio, entre o verde, surgem as esplêndidas vilas dos ricos cidadãos de Antioquia. A cidade de Antioquia é famosa por seu luxo e suas festas, sobretudo aquelas em honra de Apolo. A uns dez quilômetros da cidade, emoldurado pelas vilas, jardins e riachos, imerso no verde intenso de um bosque de loureiros — do qual provém o nome *Daphne* — se encontra o santuário de Apolo e de Ártemis, lugar de encontro dos peregrinos e de multidões cosmopolitanas à procura de emoções religiosas e de lazer.

---

[5] *Ant.*, 16,5,3, par. 148.

Esse conjunto de fatores justifica o meio milhão de habitantes que povoa a metrópole da Síria. Entre estes devemos contar os judeus que estão presentes de forma consistente em Antioquia desde o século III. Segundo o testemunho de Flávio Josefo, a colônia judaica de Antioquia goza de certa autonomia, no modelo da alexandrina. Os membros dessa comunidade fazem parte da classe média-alta da cidade e exercem notável influência sobre os outros cidadãos.[6] Favorecidos pelos últimos selêucidas, sobretudo por Antíoco III, com dons e privilégios, os judeus de Antioquia podem dispor de numerosas sinagogas, das quais uma no bairro a sudoeste, aos pés do monte Sílpio, e outra na localidade de Dafne, não longe do santuário de Apolo.[7] A ativa comunidade judaica de Antioquia — que poderia, no século I d.C., contar com cerca de um mínimo de 20.000 a um máximo de 50.000 membros — atrai simpatizantes e impulsiona o fenômeno dos convertidos e dos prosélitos.[8]

---

[6] *Ant.*, 112,3,1, par. 119-124, retomado substancialmente e com outra terminologia em *Ap.* 2,39; *Bell.*, 7,3,3, par. 43-45. Nas *Antiguidades judaicas*, Flávio Josefo afirma que Seleuco Nicator garantiu aos judeus de Antioquia o direito de cidadania, *politéia*, e declarou que eles gozam dos mesmos privilégios dos macedônios e dos gregos de tal modo que, conclui, "esse direito de cidadania perdura até hoje"; para confirmar isso, ele traz o fato de que os ginasiarcas da cidade haviam recebido a ordem de passar para os judeus uma soma de dinheiro para eles comprarem óleo puro e não serem obrigados a usar o óleo dos pagãos. Essa documentação de Flávio Josefo sobre os direitos dos judeus de Antioquia deve ser vista com certa reserva, pois do conjunto do contexto se entende que está permeada por uma intenção apologética. Podemos admitir que, por razões de política interna, os sucessores de Seleuco, especialmente Antíoco III, tenham favorecido os judeus de Antioquia, estendendo a eles os direitos ou privilégios dos outros grupos étnicos, sobretudo no âmbito da vida religiosa.

[7] Aí, na metade do século II a.C., onde fora buscar refúgio, valendo-se do direito de asilo do santuário, foi morto traiçoeiramente pelos emissários do sumo sacerdote Menelau, o ex-sumo sacerdote Onias III. Menelau, mediante corrupção, havia se apossado do cargo de sumo sacerdote em Jerusalém (cf. 2Mc 4,33-34).

[8] Flávio Josefo (*Bell.*, 7,3,3, par. 45) diz que os judeus de Antioquia "atraíam continuamente para seus ritos religiosos um grande número de gregos, fazendo assim, de algum modo, parte da comunidade deles".

Nesse ambiente cosmopolita e rico de estímulos religiosos e culturais nasce a primeria comunidade ecumênica cristã.[9] Lucas narra a fundação da Igreja antioquena, ligando-a com a missão itinerante dos judeu-cristãos de Jerusalém dispersos após a morte de Estêvão. De fato, no grupo de Estêvão — os "sete" judeu-cristãos escolhidos para prover à comunidade cristã de língua grega em Jerusalém — há um certo Nicolau, prosélito de Antioquia" (At 6,5). É compreensível que alguns desses cristãos de língua grega, obrigados a deixar Jerusalém, tenham se dirigido para o norte na província da Síria, onde poderiam encontrar comunidades e lugares mais hospitaleiros.

Talvez na onda dessa emigração forçada dos cristãos de Jerusalém tenha nascido a primeira comunidade de Damasco, na qual Paulo viveu sua primeira experiência cristã. O autor dos Atos não diz nada sobre isso. Ao contrário, acompanha com atenção o percurso dos judeu-helenistas expulsos de Jerusalém ao longo da costa mediterrânea até Antioquia da Síria e descreve a atividade evangelizadora deles nestes termos: "Aqueles que se haviam espalhado por causa da tribulação que se seguiu à morte de Estêvão, chegaram à Fenícia, à ilha de Chipre e à cidade de Antioquia, embora não pregassem a Palavra a ninguém que não fosse judeu. Contudo, alguns deles, habitantes de Chipre e da cidade de Cirene, chegaram a Antioquia e começaram a pregar também para os gregos, anunciando-lhes a Boa Notícia do Senhor Jesus" (At 11,19-20). Lucas diz que exatamente em Antioquia aconteceu uma virada decisiva para o futuro da

---

[9] Para os primeiros trinta anos da Igreja antioquena, de 40 a 70 d.C. (cf. BROWN, R.E. & MEIER, J.P. *Antiochia e Roma*; chiese-madri della cattolicità antica. Assisi, Cittadella, 1987. pp. 41-60).

Igreja. Alguns cristãos originários da diáspora judaica, como o era Paulo de Tarso, anunciam o Evangelho do Senhor Jesus também aos pagãos. O autor dos Atos os chama de "gregos", isto é, distintos dos "judeus", não tanto e tão-só por causa da língua, mas pela pertença étnico-religiosa. Em outras palavras, pela primeira vez o anúncio cristão é proposto de modo aberto e sistemático aos não-judeus.[10]

Na pronta e numerosa adesão dos greco-pagãos de Antioquia ao Evangelho proclamado pelos judeu-cristãos helenistas, o autor dos Atos vê um sinal da vontade de Deus. De fato, só a intervenção eficaz do Senhor explica o sucesso dos primeiros missionários antioquenos: "A mão do Senhor estava com eles, de modo que foi grande o número dos que acreditaram e se converteram ao Senhor" (At 11,21). Esse rápido crescimento da comunidade cristã de Antioquia coloca problemas de organização. Contudo, na perspectiva lucana, mais importante ainda é a questão da relação entre a nova comunidade de cristãos provenientes do ambiente pagão e a Igreja histórica de Jerusalém. Ele vê uma solução para ambos os problemas na pessoa carismática de Barnabé, que já havia aparecido por ocasião da primeira visita de Paulo a Jerusalém. Ele é originário de Chipre, como os judeu-cristãos helenistas que em Antioquia propõem pela primeira vez o Evangelho aos greco-pagãos (At 4,36). A facilidade de

---

[10] Na realidade, o primeiro caso de evangelização de um pagão, simpatizante do judaísmo, é o de Filipe, que batiza o eunuco alto funcionário de Candace, rainha da Etiópia (cf. At 8,27-30); o segundo caso é atribuído a Pedro, que por inspiração divina vai até Cesaréia, onde batiza o oficial pagão Cornélio com toda a sua família e os amigos (cf. At 10,1-11,18). O autor dos Atos, para dar precedência ao gesto de Pedro, retarda e adia a chegada dos judeu-helenistas em Antioquia, de tal modo que o anúncio do Evangelho feito por eles aos greco-romanos segue o anúncio exemplar e programático do apóstolo de Jerusalém.

comunicação entre a ilha de Chipre e a cidade de Antioquia, através do porto de Selêucia no Mediterrâneo, explica o papel dos judeu-cristãos cipriotas na fundação e crescimento da Igreja antioquena.

Como os Atos dos Apóstolos não falam de um retorno de Barnabé a Jerusalém após o seu envio a Antioquia, foi levantada a hipótese de que ele mesmo fizesse parte do grupo de judeu-cristãos cipriotas expulsos de Jerusalém, que dão origem à comunidade étnico-cristã de Antioquia. Para o autor dos Atos, porém, a presença de Barnabé, antes em Jerusalém e depois em Antioquia, é indispensável para estabelecer a ligação entre a Igreja-mãe e a nova comunidade antioquena. Em todo caso, sua presença, não importa se como delegado de Jerusalém ou como missionário itinerante, é determinante para o desenvolvimento e a organização da Igreja na metrópole síria. De fato, Lucas faz uma apresentação cheia de elogios dela, segundo um modelo literário estereotipado, em função do papel assinalado à personagem. Quando Barnabé chegou a Antioquia como "homem bom, cheio do Espírito Santo e de fé, os animou a permanecerem de todo o coração ligados ao Senhor" (At 11,24).

O nome hebraico original dessa personagem é "José", mas os apóstolos de Jerusalém o cognominaram de "Barnabé", nome que o autor dos Atos interpreta para seus leitores gregos como "filho da exortação" (At 4,36). Com efeito, sua ação na Igreja de Antioquia corresponde plenamente ao seu novo nome. Ele exorta a todos a permanecerem fiéis ao compromisso assumido ao ouvir a palavra do Senhor. E se tem a confirmação dessa animação profética de Barnabé na rápida expansão da comunidade cristã. Lucas esclarece que a função de Barnabé, embora importante, é secundária em relação à ação determinante de Deus. Assim, ele conclui com a fórmula que relembra o crescimento da Igreja de Jerusalém: "E uma considerável multidão se uniu ao Senhor" (At 11,24c; cf. At 2,47).

É nessa fase de crescimento e amadurecimento da Igreja antioquena que Paulo aparece. Mais uma vez, é Barnabé quem toma a iniciativa de buscá-lo em Tarso, onde, segundo a narrativa dos Atos, ele havia se retirado após sua primeira, mas fugaz e infrutífera, missão jerosolimitana. Barnabé vai buscá-lo em Tarso para levá-lo a Antioquia. Pelo teor do texto dos Atos parece que a busca de Barnabé não foi fácil. Paulo teria voltado para sua família, se esta ainda se encontrava em Tarso? Teria retomado contatos com a comunidade judaica de Tarso, apesar da sua transformação espiritual? Ou teria se dedicado a uma ação pessoal de difusão do Evangelho entre os greco-pagãos da cidade, como fizera na região de Damasco? Se Barnabé vai procurar Paulo, isso significa que considera útil ou indispensável a contribuição específica dele nesse momento de expansão da jovem comunidade antioquena, aberta ao mundo greco-pagão da cidade. Portanto, Paulo é o perito na missão junto aos pagãos, que Barnabé vai buscar em Tarso, a fim de trazê-lo para Antioquia.

O relato lucano acentua a situação favorável que se criou na Igreja de Antioquia, graças ao encontro e à colaboração prolongada de Barnabé e Saulo. De fato, o autor dos Atos esclarece que "passaram um ano inteiro trabalhando juntos na Igreja, e instruíram muita gente". E, logo em seguida, acrescenta: "Foi em Antioquia que os discípulos receberam, pela primeira vez, o nome de cristãos" (At 21,26). A função e a atividade de Barnabé e Saulo em Antioquia são definidas pelo verbo *didáskein*, "ensinar, instruir". Com esse verbo, no livro dos Atos, não se indica apenas uma atividade de catequese intereclesial, mas também o anúncio do Evangelho àqueles que nunca o tinham ouvido antes (cf. 5,42; 28,31). As duas formas de anúncio são inseparáveis numa comunidade cristã que vive uma fase de rápido desenvolvimento e aberta ao diálogo com o ambiente. Com efeito, Lucas assinala um fato importante para sua perspectiva histórica: em Antioquia, pela primeira vez, os fiéis em Jesus Cristo são chamados de *christianói*.[11]

Trata-se de uma designação que é feita por quem olha de fora aqueles que formam um grupo já distinto, tanto da comunidade judaica como de outras associações religiosas. São os seguidores ou defensores de "Cristo", visto por quem ouve falar dele como um nome próprio. Tal designação não pode provir do ambiente judaico tradicional, pois os judeus que lêem a Bíblia em grego sabem que *Christós* significa "Messias", e chamar os seguidores de Jesus de "cristãos" implicaria a admissão tácita da sua messianidade. Portanto, devemos concluir que esse nome reflete um modo de falar dos greco-pagãos de Antioquia. Poderíamos dar um passo a mais se considerarmos a sua forma latinizante de adjetivar. Essa particularidade lingüística poderia apoiar a hipótese de que tal designação do grupo dos aderentes-defensores de *Christós* provém do ambiente oficial da administração romana, que está de olho nas novas formas de agregação religiosa.

---

[11] J. Taylor, (*Les Actes des deux Apôtres*; Commentaire historique. Paris, 1994. pp. 55-83) atribui a fundação da Igreja de Antioquia a dois grupos distintos. Um primeiro grupo de missionários judeu-cristãos provenientes de Chipre e de Cirene, evangeliza os judeus; um segundo grupo, dos helenistas de Jerusalém, proclama o Evangelho aos pagãos de Antioquia. Essa dupla evangelização explicaria as tensões que se seguem na Igreja antioquena. O nome *christianói* se ligaria aos problemas e às desordens que aconteceram na comunidade judaica de Antioquia durante o terceiro ano de Calígula (30-40 d.C.), provocados pela pregação cristã que alimenta uma retomada do movimento nacionalista judaico com a conseqüente repressão romana. A hipótese de Taylor se fundamenta na reconstrução do "texto ocidental" dos Atos e na hipótese das várias estratificações redacionais proposta por BOISMARD, M.E. & LAMOUILLE, A. *Les Actes des deux Apôtres*. Paris, 1990. 3 volumes.

3. BARNABÉ E PAULO ENVIADOS A JERUSALÉM?

O relato da experiência de Paulo e Barnabé na Igreja antioquena é retomado no capítulo 13 dos Atos dos Apóstolos, no cenário que serve de plano de fundo para a primeira missão dos dois protagonistas, antes em Chipre e depois na Anatólia central. A continuidade histórica e narrativa é quebrada pela colocação, entre as duas seções, de uma viagem de Barnabé e Saulo a Jerusalém. Tal viagem é motivada pela intervenção de Ágabo, um carismático que faz parte de um grupo de profetas, que chegou a Antioquia proveniente de Jerusalém. Durante uma reunião de oração na comunidade de Antioquia, Ágabo se levanta e, sob o impulso do Espírito, anuncia "que uma grande fome viria sobre a terra".[12] Os cristãos de Antioquia decidem fazer uma coleta, segundo as possibilidades de cada um, e enviar a quantia recolhida aos irmãos que estavam na Judéia. Barnabé e Saulo são escolhidos para levar a contribuição aos responsáveis da Igreja de Jerusalém, como sinal de solidariedade entre as duas Igrejas (At 11,27-30).

Enquanto isso, segundo a reconstrução lucana, estoura em Jerusalém uma nova perseguição por iniciativa de Herodes Agripa I, neto de Herodes Magno, que para angariar o favor dos judeus procura se opor ao movimen-

---

[12] A pessoa carismática de Ágabo, grecização do nome hebraico Hagab, reaparece mais uma vez na cena da última viagem de Paulo a Jerusalém (At 21,10-11).

to cristão na capital, reprimindo-o. Um dos filhos de Zebedeu, Tiago, irmão de João, é morto à espada, e o próprio Pedro é encarcerado para ser julgado após as festividades pascais. Pedro, porém, é milagrosamente libertado da prisão, deixa a comunidade cristã de Jerusalém, da qual fica responsável, juntamente com um grupo de presbíteros, o outro Tiago, irmão do Senhor. A morte repentina do rei Agripa I em 44 d.C. põe fim à ameaça que pairava sobre a Igreja de Jerusalém.

Seguindo a narrativa lucana, é em meio a esses apuros que se dá a visita de Barnabé e Paulo a Jerusalém, para levar à comunidade cristã local os auxílios recolhidos na Igreja de Antioquia. De fato, após a morte de Herodes Agripa, Lucas pode fazer um balanço do crescimento da Palavra que preanuncia uma nova fase de expansão da Igreja: "A Palavra de Deus, entretanto, crescia e se multiplicava". Nesse contexto se situa a conclusão do serviço de solidariedade que Barnabé e Saulo prestaram em favor de Jerusalém, de onde voltaram, levando consigo João, também chamado Marcos (At 12,24-25).

A reconstrução lucana dessa viagem de Barnabé e Saulo a Jerusalém para levar a ajuda da Igreja antioquena coloca problemas não apenas no nível da coerência narrativa, mas também no nível historiográfico. Primeiramente, devemos notar que o mesmo autor, depois de ter falado sobre a profecia de Ágabo a respeito da carestia que se desencadearia sobre toda a terra, diz que tal evento, na realidade, se verificou sob o império de Cláudio (41-54 d.C.). Flávio Josefo fala de uma carestia na Judéia por volta da metade dos anos 40 d.C. no tempo dos governadores romanos Cúspio Fado e Tibério Alexandre, neto de Fílon de

Alexandria (44-47 d.C.).[13] Sob o reinado de Cláudio, de 41 a 54 d.c., surgem carestias recorrentes, atribuídas por Suetônio à seca.[14] Em particular, são lembradas uma carestia em 42 e outra em 52 d.C.[15]

Portanto, comparando com outras fontes de informação sobre esse período, devemos concluir que a palavra profética de Ágabo foi antecipada em alguns anos ou alguns dos fatos aqui referidos devem ser deslocados para os anos posteriores à morte de Herodes Agripa. De fato, não é imaginável que a missão de Barnabé e Saulo em Jerusalém aconteça na fase mais aguda da repressão e perseguição da Igreja jerosolimitana por parte do rei Herodes Agripa. A isso devemos acrescentar que Paulo não era a pessoa mais adequada para voltar nessas circunstâncias a Jerusalém, depois da sua primeira experiência nessa cidade, onde, segundo a narrativa lucana, correu o risco de ser morto pelos judeus.

Além disso, é importante notar que na Carta aos Gálatas, onde Paulo faz questão de mencionar seus contatos com a Igreja de Jerusalém, ele não fala nada sobre uma eventual viagem entre a primeira visita a Cefas e aquela acontecida

---

[13] *Ant.*, 3,14,3, par. 320; 20,2,5, par. 51; 5,2, par. 101. Segundo Flávio Josefo, a grande carestia desencadeada na Judéia sob o procurador Tibério Alexandre oferece a ocasião para a rainha Helena de Adiabene, em visita a Jerusalém, enviar trigo do Egito e figos secos de Chipre, para aliviar o problema da população de Jerusalém; seu filho Izate, ao saber da carestia, enviou uma quantia em dinheiro aos responsáveis de Jerusalém; a expressão lucana "sobre toda a terra habitada", *ekouméne*, talvez seja uma ampliação ou a interpretação da fonte que falava de "toda a terra" no sentido bíblico, isto é, "toda a terra de Israel".

[14] *Claudius*, 18,2.

[15] À primeira acena Dion, em *Historia romana* 60,11,1; a segunda é mencionada por Tácito, em *Annales*, 12,42-43.

catorze anos mais tarde, que coincide substancialmente, quanto aos problemas tratados e aos participantes, com aquela do chamado "concílio de Jerusalém". É provável, portanto, que o autor dos Atos tenha desdobrado a única segunda viagem de Paulo realizada junto com Barnabé a Jerusalém. Numa primeira narrativa de viagem, ele o faz companheiro de Barnabé, para levar a ajuda da jovem Igreja de Antioquia à Igreja-mãe de Jerusalém, ressaltando assim a solidariedade entre as duas Igrejas. Na segunda narrativa, os dois protagonistas da missão entre os pagãos vão a Jerusalém para enfrentar o problema da acolhida dos pagãos convertidos na Igreja. Uma confirmação disso seria o fato de que a ajuda da Igreja antioquena foi endereçada aos "presbíteros" de Jerusalém. Trata-se do grupo de responsáveis que em Jerusalém acompanham Tiago (At 15,4; 21,18).

Nessa reconstrução dos fatos não há lugar para uma missão de solidariedade realizada por Barnabé e Paulo em Jerusalém por encargo da Igreja de Antioquia. Lucas, para sublinhar a relação entre as duas Igrejas e dar consistência ao ideal de solidariedade eclesial, funde dois dados históricos: as notícias sobre a carestia no tempo de Cláudio e os socorros enviados para a Igreja de Jerusalém, de que Paulo será o protagonista. A viagem de Barnabé e Paulo a Jerusalém oferece ao autor dos Atos o gancho para completar a equipe da futura missão em Chipre e na Anatólia. Ela parte de Antioquia, mas pode contar com a colaboração de João Marcos, um cristão de Jerusalém. De fato, é à casa da mãe deste, Maria, que Pedro vai após ter saído da prisão e onde encontra a comunidade cristã que faz vigília em oração (At 12,12). Lucas tem razões suficientes para fazer Barnabé e Paulo irem a Jerusalém antes da grande missão deles, que atravessa as fronteiras da Síria.

4. A MISSÃO PAULINA EM CHIPRE

O ambiente cosmopolita de Antioquia e a experiência ecumênica da jovem comunidade cristã na metrópole síria são o berço do primeiro projeto missionário de vasto alcance. Ele amadurece no clima de entusiasmo espiritual favorecido por algumas personalidades carismáticas e culturalmente preparadas. O autor dos Atos, que na tradição é considerado originário de Antioquia, fala da presença na comunidade de Antioquia de *prophêtai kaì didáskaloi*, "profetas e mestres", e elenca um grupo de cinco: "Barnabé, Simeão, chamado o Negro, Lúcio, da cidade de Cirene, Manaém, companheiro de infância do governador Herodes, e Saulo" (At 13,1)[16]. O primeiro e o último nome desse grupo, Barnabé e Saulo, são duas personagens conhecidas por sua atividade de anúncio, instrução e animação da comunidade cristã de Antioquia. Isso poderia contribuir para dar um significado mais preciso e concreto aos dois títulos "profetas e mestres", que servem de cabeçalho para a lista dos cinco nomes. Trata-se de pessoas que, por suas qualidades carismáticas, como Barnabé, ou por sua competência doutrinal, como Paulo, são capazes de estimular o crescimento e a expansão da Igreja local de Antioquia.

---

[16] A origem antioquena de Lucas se baseia no texto dos Atos dos Apóstolos 11,28, retomado pela tradição manuscrita ocidental, no qual se fala da profecia de Ágabo na comunidade de Antioquia: "E houve grande alegria. Enquanto estávamos reunidos, um deles, de nome Ágabo [...]"; uma tradição do ambiente africano tende a identificar Lúcio de Cirene com Lucas, o autor dos Atos dos Apóstolos.

Os outros três são cristãos de Antioquia representativos do ambiente compósito e rico da comunidade cristã. De fato, Simeão, chamado o Negro — *Niger* é um adjetivo latino grecizado — é um africano. Lúcio tem um nome correspondente ao latim *Lucius*. Ele provém da diáspora judaica da cidade africana de Cirene. Os judeus da Cirenaica têm também uma sinagoga em Jerusalém e a primeira evangelização dos gregos pagãos de Antioquia é promovida pelo grupo de judeu-cristãos helenistas ligados à diáspora dessa cidade do norte da África (At 6,9; 11,20). Manaém é um judeu que pode ostentar o título honorífico de *sýntrophos*, "companheiro de infância" de um dos filhos e sucessores de Herodes Magno. Ele provém de família nobre, aparentada ou próxima ao ambiente dos príncipes herodianos, pois foi educado na corte juntamente com Herodes Antipas, tetrarca da Galiléia e da Peréia.

Todavia, para a primeira missão além das fronteiras da província síria são escolhidos Barnabé e Saulo. Essa eleição é atribuída à iniciativa de Deus, que se manifesta num clima de oração preparada e acompanhada pela prática do jejum. É o Espírito Santo que, segundo o autor dos Atos, diz: "Separem para mim Barnabé e Saulo, a fim de fazerem o trabalho para o qual eu os chamei" (At 13,2). A linguagem utilizada por Lucas se baseia no modelo literário do apelo profético, ao qual Paulo também se refere ao apresentar sua função de apóstolo escolhido ou chamado por Deus para anunciar o Evangelho (Rm 1,1; Gl 1,15). Podemos imaginar que a comunidade cristã de Antioquia tenha se reunido sob a guia e a animação do grupo dos "profetas e mestres" para entender qual seria a vontade de Deus sobre o projeto da nova missão fora das próprias fronteiras. No contexto de uma intensa oração, os "profetas" tomam a palavra e, sob o impulso do Espírito, apontam Barnabé e Saulo como os candidatos para o novo encargo.

Num segundo momento, a comunidade, numa reunião toda ela caracterizada pela oração e pelo jejum, impõe as mãos sobre os dois escolhidos para expressar de modo visível não só a invocação dos dons de Deus, mas também a confirmação do encargo deles e a sua participação na obra do Senhor. Lucas, que evita atribuir a Barnabé e a Saulo o título de "apóstolos", ao apresentar a investidura missionária deles na Igreja de Antioquia recorre a todos os elementos da ordenação apostólica. De fato, não é por acaso que ele começa a narrativa da missão de Chipre com esta frase solene: "Enviados pelo Espírito Santo, Barnabé e Saulo desceram a Selêucia e daí navegaram para Chipre" (At 13,4).

A primeira meta da viagem dos dois missionários Barnabé e Saulo é a ilha de Chipre. Para aí haviam chegado alguns judeu-cristãos helenistas expulsos de Jerusalém, depois da morte de Estêvão. A escolha de Chipre é compreensível não só pelo fato de Barnabé ser originário da ilha, mas porque é a meta mais fácil de ser atingida, partindo do porto de Selêucia, distante uns trinta quilômetros de Antioquia. Outros judeu-cristãos, que chegaram em Antioquia como Barnabé, também eram originários de Chipre. Esta é a maior ilha do Mediterrâneo oriental, distante uns oitenta quilômetros da costa meridional da Cilícia Tracheia, enquanto mais de duzentos quilômetros separam o porto de Selêucia de Pieria, na Síria, do porto de Salamina, em Chipre.

A ilha de Chipre, com 225 quilômetros de cumprimento e 96 de largura, apresenta a forma de uma mão fechada com o dedo indicador apontado para a Síria setentrional. Duas cadeias de montanhas, que a atravessam paralelas em seu cumprimento de leste a oeste, criam no centro uma vasta planície chamada Messaria. Os escritores antigos elogiam a fertilidade do solo e a riqueza de seus bosques.[17] Na realidade, a escassez de água não favorece a agricultura. A ilha, porém, pode contar com outra reserva. As abundantes minas de cobre deram o nome ao metal chamado *cuprum, cyprium*, muito raro e, por isso, procurado e apreciado no mundo antigo. A extração e a fusão do cobre, já praticadas na idade do bronze, são incrementadas depois da metade do século XIII a.C., quando a civilização micênica se difunde na ilha de forma maciça. Nos séculos seguintes, a ilha sofre a influência dos fenícios de Tiro e depois passa para o domínio dos assírios e, em seguida, dos persas. A frota de Chipre contribui de modo determinante para a conquista de Tiro por parte de Alexandre Magno. Após um breve período de dominação de Antígono, Chipre entra na órbita dos Ptolomeus do Egito, até a chegada dos romanos que, em 58 a.C., a unem à província da Cilícia. Em 27 a.C., a ilha de Chipre se torna província autônoma imperial e, em 22 a.C., província senatorial menor, governada por um procônsul.

Tendo partido do porto de Selêucia, desembarcam em Salamina, onde se encontra o porto oriental da ilha. João Marcos, originário de Jerusalém, acompanha os dois missionários. Seu papel de *hyperétes*, "ajudante", vai desde a tarefa de assistente ou secretário até o de servidor adido à organização logística da viagem e às necessidades alimentares do grupo. Salamina é a segunda cidade da ilha, onde, até 116 d.C., se encontra uma numerosa colônia judaica. A presença de judeus em Chipre é atestada desde o século II a.C. Eles vivem não só nas cidades e nos centros maiores, mas nas

---

[17] Estrabão, op. cit., 16,6,5: "Quanto à fertilidade, Chipre não é inferior a nenhuma outra ilha, pois produz tanto bom vinho, como bom óleo, além de uma quantidade de grãos suficiente para as suas necessidades".

aldeias rurais.[18] Quando Herodes Magno recebe de Augusto o direito de gozar da metade dos proventos das minas de cobre, o número de judeus aumenta em toda a ilha.[19] Em Salamina, onde a vida econômica e os intercâmbios culturais e religiosos são mais intensos, graças à atividade do porto, existem várias sinagogas.[20] Aí, Paulo e Barnabé têm oportunidade de encontrar seus co-nacionais, judeus da diáspora cipriota, assim como pagãos fiéis ou simpatizantes do Judaísmo.

Todavia, o grupo dos missionários não se detém muito tempo em Salamina. A meta deles é a capital da ilha, Pafos, na costa ocidental. Portanto, percorrem quase toda a parte meridional da ilha, onde uma estrada liga os centros maiores: Kition, Amathus e Kórion. A viagem poderia ter sido feita também por mar, com uma pequena embarcação ao longo da costa. O autor dos Atos, contudo, diz expressamente que eles "atravessaram toda a ilha até Pafos". A cidade é famosa na Antiguidade por seu santuário de Afrodite, meta de peregrinações de nobres e gente humilde, generais e piratas. A imagem da deusa é representada por uma estranha pedra arredondada, apenas esboçada.[21] A nova Pafos,

---

[18] Em 1Mc 15,23, entre as diversas localidades mencionadas onde se encontram judeus, está a ilha de Chipre. Cf. Flávio Josefo. *Ant.* 13,10,4, par. 284-287. Fílon, em *Leg. Cai.*, 282, diz que a ilha "está cheia de colônias judaicas". Dion Cássio, em *Hist.*, 68,32, diz que nas revoltas dos judeus da diáspora no tempo de Trajano, em Chipre, sob a liderança de um certo Artemion, eles teriam matado 240.000 pagãos; assim se explica a reação dos cipriotas que não permitem aos judeus colocarem o pé na ilha, nem mesmo os sobreviventes de naufrágios.

[19] Flávio Josefo. *Ant.*, 16,4,5, par. 129.

[20] Salamina, ao norte da baía de Famagusta, foi a capital da ilha sob os Ptolomeus, mas no século III a.C. é substituída por Pafos, por causa do assoreamento do seu porto.

[21] O general Tito, durante a guerra judaica, também foi visitar o santuário de Afrodite (cf. Tácito, *Historiae* 2,2,3.).

reconstruída por Augusto não muito longe da velha, destruída por um terremoto e chamada Sebaste, se situa no interior, não muito distante da costa ocidental da ilha. Aí, no século I d.C., reside o procônsul romano.

Na época da viagem de Paulo, nos meados do ano 40 d.C., o procônsul da ilha é o senador Sérgio Paulo. Não temos outras informações sobre essa personagem, além do título protocolar sempre preciso de Lucas, e o nome.[22] A primeira pessoa que os dois missionários cristãos encontram não é procônsul romano, e sim "um judeu, mago e falso profeta, que se chamava Bar-Jesus", que se encontra na casa de Sérgio Paulo. Lucas, que faz questão de ressaltar o prestígio social daqueles que acolhem o Evangelho, diz que o próprio procônsul, "homem de bom critério, mandou chamar Barnabé e Saulo, pois desejava escutar a Palavra de Deus" (At 13,7).

Nesse ponto, na presença do procônsul romano Sérgio Paulo, se dá o confronto entre o mago judeu e Saulo. Exatamente nessa ocasião, pela primeira vez, o autor dos Atos revela o segundo nome da personagem que até agora chamou pelo nome hebraico-aramaico: "Então Saulo, também chamado Paulo, cheio do Espírito Santo, fixou os olhos em Elimas e disse: 'Filho do diabo, cheio de falsidade e malícia, inimigo de toda justiça, quando é que você vai parar de torcer os caminhos do Senhor, que são retos? Eis que a mão

---

[22] O nome de um procônsul *Paulus* aparece em algumas inscrições encontradas em Soli, na costa da Cilícia, diante da ilha de Chipre; um *Lucius Sergius Paulus* faz parte dos cinco curadores das margens e dos reparos do Tibre na época de Cláudio; o nome aparece também numa inscrição de Antioquia da Pisídia em 55 d.C.; mas nenhuma dessas inscrições concorda com a cronologia da viagem e da visita de Paulo a Pafos. BOFFO, L. *Iscrizioni greche e latine per lo studio della Bibbia*. Brescia, Paideia, 1994. pp. 242-246.

do Senhor vai cair agora sobre você. Você ficará cego e, por algum tempo, não verá mais o sol'" (At 13,9-11). O motivo dessa dura intervenção de Paulo e da sua maldição contra o mago é logo explicitada por Lucas com uma breve frase que mostra o que está em jogo: "O mago Elimas — assim se traduz o seu nome — se opôs, procurando afastar da fé o procônsul" (At 13,8).

O confronto termina obviamente em favor de Paulo. Ele, como anunciador do Evangelho que leva a luz, coloca fora de jogo o mago Bar-Jesus, Elimas, representante do mundo das trevas.[23] Sobre o mago que tenta se opor à obra de Paulo caem de repente escuridão e trevas de tal modo que ele, andando às cegas, procurava alguém que lhe desse a mão para se orientar. O procônsul fica tão impressionado com o fato que adere imediatamente ao anúncio cristão feito por Paulo. Com efeito, Lucas termina o relato com uma frase que representa o ápice da cena: "Ao ver o que acontecera, o procônsul abraçou a fé, pois ficara impressionado com a doutrina do Senhor" (At 13,12).

Nesse episódio tão dramático e carregado de alusões, não é fácil separar o que é eco de uma tradição histórica de sua releitura com enfoque simbólico. Por certo o autor dos Atos quer pôr em evidência o sucesso da missão paulina em Chipre. A conversão do alto funcionário romano, procônsul

---

[23] No ambiente religioso e cultural do século I, amiúde a magia é associada ao mundo judaico; em todo caso, não se entende qual é a relação entre o "mago", conhecido como Bar-Jesus, e a sua qualificação de Elimas; Flávio Josefo, em *Ant.*, 20,7,2, par. 141-143, recorda a presença de um poderoso mago em Chipre, que se presta para realizar os desejos do procurador romano Antônio Felix, a fim de cativar a princesa judia Drusila, que fora esposa de Aziz, rei de Emesa.

da ilha, é o máximo que se poderia obter. Pedro, em Cesaréia Marítima, havia anunciado o Evangelho ao oficial romano Cornélio. Paulo, em Chipre, leva à conversão e à fé um senador que se encontra no auge da carreira administrativa.

A comparação entre as duas personagens das origens cristãs se refere também ao confrontro delas com a magia. Na Samaria, Pedro enfrenta o poderoso mago Simão e desmascara as intenções perversas dele (At 8,18-23). Paulo, em Chipre, com sua palavra eficaz, frustra as manobras do mago judeu que tenta se opor à sua ação evangelizadora. A cegueira repentina e, por sorte, temporária de Bar-Jesus Elimas é uma espécie de parábola dramatizada. Como acontecera ao próprio Paulo, quando perseguia os discípulos de Jesus, assim também o mago judeu, que se opõe à luz do Evangelho, cai na escuridão. Como Paulo no caminho de Damasco, cegado pela luz, não enxerga nada e é conduzido pela mão pelos companheiros, assim Elimas não é capaz de se mexer sozinho. Agora, Paulo é o portador daquela luz que o iluminou e desbarata o fronte das trevas. Em suma, para o autor dos Atos, o êxito da missão de Paulo em Chipre é o prelúdio do caminho futuro da palavra do Senhor ou de seu Evangelho.

5. A MISSÃO EM ANTIOQUIA DA PISÍDIA

É compreensível que, desse momento em diante, Paulo tome a direção da missão e o seu nome, no relato do autor dos Atos, venha quase sempre antes do nome de Barnabé. De Pafos, os dois missionários e o ajudante João Marcos embarcam de volta para as costas da Ásia. Chegam a Perge na Panfília e daí prosseguem para o interior do planalto, além da cadeia do Tauro, até a cidade de Antioquia da Pisídia. Para chegar até Perge, a pequena comitiva teve de percorrer um trecho de estrada, pois a cidade não fica junto ao mar. Ela dista uns quinze quilômetros da foz do rio Kestros, atualmente chamado de Aksu, e se encontra cerca de oito quilômetros do curso do rio que na Antiguidade era navegável. É provável que o navio proveniente do porto de Pafos tenha ancorado no porto de Atália, de onde Paulo e Barnabé embarcarão para a viagem de volta.

Em todo caso, Perge é a cidade mais importante e famosa da Panfília, província romana de 25 a.C. a 42 d.C.[24] A região que se estende desde a costa do mar Mediterrâneo até os contrafortes da cadeia do Tauro é pobre e pantanosa. Em Perge se encontra o maior estádio da Ásia Menor e um belo teatro para 15.000 pessoas. Tais monumentos remontam à época romana do século II e III d.C. Paulo e Barnabé podem entrar na cidade pela monumental porta helenística ladeada

---
[24] Dion Cássio, op. cit., 53,26,3; 60,17,3.

por duas torres. Por ela têm acesso à grande *agorá* retangular e, por uma das portas situadas nos quatro pontos cardeais, chegam ao pátio que se acha no centro, onde existe uma série de lojas. Da porta helenística até os pés da acrópole, onde surge o famoso templo de Ártemis, pode-se atravessar toda a cidade baixa, percorrendo a esplêndida rua com pórticos, com vinte metros de largura. Todavia, nesse primeiro contato com a cidade de Perge não se fala explicitamente de uma atividade missionária. Paulo e Barnabé anunciarão aí a Palavra de Deus na viagem de retorno (At 14,25).

Nesse momento, há outras coisas a se pensar. No pequeno grupo dos missionários cristãos itinerantes, liderados por Paulo, surge uma crise que, no final, acaba se resolvendo com a desistência de João Marcos. O jovem ajudante de Jerusalém decide deixar a equipe missionária e voltar para casa. O autor dos Atos, que procura matizar contrastes e discórdias, neste caso se limita a dar uma informação telegráfica: "João, porém, separou-se do grupo e voltou para Jerusalém" (At 13,13b). As várias explicações dessa mudança repentina de Marcos não passam de hipóteses. As de caráter psicológico ou humano podem ter seu peso, mas não são determinantes. Diz-se que Marcos não agüentou ficar longe de casa por um tempo maior do que o previsto. Talvez a missão original tivesse como meta apenas a ilha de Chipre, pátria de Barnabé. Quando, por iniciativa de Paulo, o grupo embarca de volta para a Ásia Menor, e, de Perge, põe-se a atravessar o Tauro para atingir o planalto, Marcos fica preocupado e decide voltar atrás.

É provável que para essa opção do jovem cristão jerosolimitano tenha tido certo peso a linha missionária promovida por Paulo. De fato, Marcos está ligado, até por razões de parentesco, a Barnabé. A Carta aos Colossenses o apresenta como "primo de Barnabé" (Cl 4,10). Ele não vê com bons olhos o papel preponderante assumido por Paulo após o seu sucesso missionário na ilha de Chipre, principalmente em Pafos. A conversão do procônsul romano prestigiou Paulo e sua metodologia missionária, que procura privilegiar o anúncio do Evangelho aos gregos pagãos.

Esse incidente de Marcos tem uma seqüência na história das relações entre Paulo e Barnabé. Paulo, após o concílio ou assembléia de Jerusalém, segundo a reconstrução histórica lucana, propõe a Barnabé retomar o caminho da missão, a fim de visitar as comunidades cristãs fundadas na primeira viagem que fizeram juntos. Barnabé queria levar João Marcos também. Paulo, porém, diz o relato de Lucas, "era de opinião que não deviam levar consigo uma pessoa que se havia separado deles na Panfília e não os acompanhara no trabalho" (At 15,38). E, neste caso, o autor dos Atos fala abertamente de "desacordo", *paroxismós*, que chega a ponto de causar a separação dos dois colaboradores. Com efeito, Barnabé, tomando Marcos consigo, embarca de volta para Chipre, a fim de rever as comunidades da primeira missão e continuar o anúncio do Evangelho na ilha. De sua parte, Paulo escolhe outro colaborador de Jerusalém, Silas, e parte para o norte, em direção da Cilícia e da Ásia Menor.[25]

---

[25] Parece que, depois, esse desacordo foi superado ou que o rasgão entre Paulo e Marcos tenha sido costurado, pois Paulo o menciona na lista das pessoas às quais manda saudações na Carta a Filemon, e, na tradição paulina, Marcos é lembrado entre os seus colaboradores estimados e queridos (cf. Fm 24; Cl 4,10; 2Tm 4,11).

Depois da desistência de Marcos, os dois missionários deixam Perge e se dirigem para o norte, tomando a estrada que leva ao planalto da Anatólia central, na região dos lagos. Nos primeiros oitenta quilômetros, se costeia o rio Kestros, atual Aksu çavi; em seguida, se percorre por mais de quarenta quilômetros o vale Kovada, ao lado do lago homônimo, para se chegar após uns sessenta quilômetros à ponta meridional do grande lago de Egridir, chamado na Antiguidade de Limnai. Daí, a estrada segue para noroeste, acompanhando a margem oriental do lago e, após outros oitenta quilômetros, chega em Antioquia da Pisídia. Cerca de 260 quilômetros separam Perge de Antioquia.

Quem, a partir da planície costeira de Perge, pretende chegar a Antioquia, deve atravessar a cadeia montanhosa do Tauro. Não é um percurso fácil nem tranqüilo, pois, além da aspereza da estrada de montanha, há a ameaça de ladrões, que ficam de tocaia nos desfiladeiros profundos e nas reentrâncias das rochas. Apesar da intervenção do exército romano, no século I d.C., para desaninhar as tribos predadoras desses montes, continua havendo o perigo das emboscadas para os viajantes isolados e as caravanas. Nem mesmo a vigilância de destacamentos de soldados — *orophýlakes*, "guardiães das montanhas" — torna inteiramente segura a viagem nessas regiões. Quando Paulo, na segunda Carta aos Coríntios, faz a lista dos vários perigos ligados às sua viagens missionárias — "perigos nos rios, perigos por parte dos ladrões" — seu pensamento vai até essas veredas e estradas de montanha percorridas juntamente com caravanas de mercadores, muitas vezes escoltadas por soldados ou guardas.

Em todo caso, após 260 quilômetros, que em pequenas etapas podem ser percorridos em dez dias, Paulo e Barnabé chegam a Antioquia da Pisídia. A cidade se situa no centro da região dos lagos — o lago Egridir a sudoeste e o grande lago Caralis, atual Beysehyr, a sudeste — ao longo do rio Anzio, num planalto a 1.100 metros de altitude, delimitado a noroeste pelo maciço do Sultan Daj, que atinge 2.980 metros. As ruínas da antiga cidade se encontram a uns dois quilômetros da atual aldeia de Yalvaç. A origem da cidade helenística remonta a Selêuco I Nicator — o mesmo que fundou Antioquia da Síria — por volta de 280 a.C., no lugar habitado por colonos gregos de Magnésia-sobre-o-Meandro.[26] Para distingui-la das outras cidades homônimas, alguns historiadores antigos a chamam de "Antioquia da Pisídia" ou "em-direção-à-Pisídia", embora na realidade ela se situe na região habitada pelos frígios.[27]

Após a derrota de Antíoco Magno, em 189 a.C., os romanos a declaram cidade livre, escolhendo-a como posto avançado de fronteira para a luta contra os ladrões do Tauro. No tempo de Augusto, a cidade passa ao controle romano como parte do reino do rei Amintas, cujas posses, após sua morte em 25 a.C., são anexadas por Roma. No mesmo período, passa a ser colônia romana com o nome de *Caesarea Antiochia* e se torna a sede da administração civil e militar da província romana da Galácia meridional. Graças a uma rede viária que a liga a outras colônias romanas da região, a cidade se torna um ponto estratégico de primeira grandeza utilizado pelo senador Públio Sulpício Quirino na guerra contra os predadores omonadenses. As ruínas visíveis — o aqueduto, os propileus da acrópole, a esplanada (*Augusta*

---

[26] Estrabão, op. cit., 12,8,14.

[27] Idem, ibidem, 121,6,4.

platea) e o templo de Augusto, dedicado ao deus lunar frígio Men, a *Tiberia platea*, praça em honra de Tibério — são um testemunho do prestígio da cidade romana.

Paulo e Barnabé, em Antioquia, se põem em contato com a comunidade judaíca local. Segundo o testemunho de Flávio Josefo, os judeus estão presentes nessas regiões da Frígia desde o tempo de Antíoco III, o Grande (242-187 a.C.), que mandou transferir duas mil famílias de judaica da Mesopotâmia, favorecendo-lhes o estabelecimento como cultivadores e funcionários públicos.[28] Em Antioquia existe uma sinagoga, e os dois missionários, no sábado, têm a oportunidade de participar da assembléia litúrgica festiva no período da manhã. Após algumas fórmulas de bênção iniciais, recita-se em comum o *shemá*, a oração tirada do Deuteronômio 6,4-5, que é ao mesmo tempo profissão de fé e compromisso de guardar a aliança. Logo depois se faz a leitura de um trecho da lei ou Pentateuco, segundo o ordenamento do calendário litúrgico, seguida pela leitura de um trecho correspondente dos livros proféticos. Na comunidade de Antioquia, formada por judeus residentes de várias gerações, a leitura dos textos bíblicos é feita em grego, segundo a versão de Alexandria do Egito.

Após a leitura dos dois trechos da Bíblia, os responsáveis da comunidade judaica local convidam os hóspedes, sentados uns ao lado dos outros, a tomarem a palavra. Mais do que um comentário em forma de homilia, pede-se a eles uma "palavra de exortação". Qualquer judeu adulto, do sexo masculino, pode falar durante a assembléia litúrgica, e so-

---

[28] *Ant.*, 12,3,4, par. 147-153.

bretudo os dois hóspedes recém-chegados da importante comunidade de Antioquia da Síria. Segundo o relato lucano, é Paulo quem se levanta e se apresenta à assembléia litúrgica, fazendo um sinal com a mão, como os oradores.

É a primeira vez que o autor dos Atos relata uma pregação de Paulo de modo amplo e articulado, no contexto de uma assembléia litúrgica judaica. O texto lucano não é uma gravação do discurso de Paulo, mas nele se pode vislumbrar o esquema ideal do anúncio feito pelos missionários cristãos no ambiente da diáspora judaica. Os destinatários da intervenção de Paulo são tanto os judeus de nascimento como os convertidos ao Judaísmo, chamados de "prosélitos". A eles se acrescentam os "tementes a Deus", que podem participar da liturgia judaica (At 13,16.26.43). Estes últimos são pagãos simpatizantes, diferentes dos "prosélitos", os quais se comprometem a observar a lei judaica mediante o rito da circuncisão.

Na primeira parte de seu discurso, Paulo faz uma retrospectiva da história do povo de Israel, do chamado dos patriarcas até o rei Davi, de cuja descendência provém o Messias como salvador. Nessa história de promessas se insere o testemunho da última voz dos profetas, João Batista, que anuncia a vinda de Jesus. A segunda parte começa com um apelo dirigido por Paulo aos presentes: "Irmãos, descendentes de Abraão e não-judeus que adoram a Deus, esta mensagem de salvação foi enviada para nós" (At 13,26). Neste ponto, Paulo insere o esquema do anúncio cristão que fala sobre a morte de Jesus, de sua ressurreição e aparição aos discípulos escolhidos como testemunhas. Em seguida, procura confirmar o valor salvífico desses eventos baseando-se nas Escrituras. Faz três citações bíblicas, duas dos Salmos e uma de Isaías. Paulo encerra seu discurso com um convite para acolher a oferta da remissão dos pecados, que se obtém pela fé em Jesus Cristo. De fato, ele diz aos seus ouvintes judeus: "E, por meio dele, todo aquele que acredita é justificado de todas as coisas de que vocês não puderam ser justificados pela lei de Moisés" (At 13,39).

O discurso de Paulo na sinagoga de Antioquia da Pisídia a um só tempo é muito bem estruturado para ser transmitido em partes e muito conciso para ser uma gravação do que ele disse aos judeus reunidos para a liturgia do sábado. O autor dos Atos não está presente, nem pode consultar as anotações de Paulo ou os esquemas das suas pregações. Nem mesmo teve em mãos a coleção das cartas que o Apóstolo enviou às comunidades cristãs por ele fundadas, nas quais podem ser encontrados alguns temas ou podem ser reconstruídos os traços de sua pregação. Lucas, consciente dessa situação, segue a metodologia dos historiadores do seu tempo. Quando não estão presentes aos discursos de suas personagens, nem podem interpelar aqueles que os escutaram, fazem com que elas digam o que, dadas as circunstâncias e o seu caráter, é mais verossímel. Tal é o método seguido por Tucídides na história da *Guerra do Peloponeso*.[29] Em relação a Tucídides e a outros historiadores daquela época, o autor dos Atos tem a vantagem de poder dispor do esquema do anúncio cristão, conservado e transmitido de uma comunidade a outra.

---

[29] Tucídides (Guerra do Peloponeso 1,12,1-4) diz: "Acrescento que quanto aos discursos — aquilo que disseram — pronunciados por uns e por outros, quer imediatamente antes quer durante a guerra, era bem difícil recolhê-los em seu exato teor, seja por mim quando os escutava pessoalmente, seja por qualquer um que os transmitisse, baseados nesta ou naquela fonte. Transcrevi, portanto, que, a meu ver, eles poderiam ter dito e que corresponderia melhor à situação, atendo-me, no que concerne ao pensamento, o mais aderente possível às palavras realmente ditas ou pronunciadas".

O discurso missionário de Paulo na sinagoga de Antioquia se ressente desse modelo tradicional. O autor dos Atos, porém, seguindo os critérios historiográficos de seu tempo, o adapta ao modo de pensar e de se expressar de Paulo, assim como ele o conhece pela tradição. De fato, diferentemente de outros discursos missionários, como aqueles feitos por Pedro em Jerusalém ou na casa de Cornélio em Cesaréia, aqui Lucas faz com que apareça ao menos dois aspectos típicos do pensamento e do linguajar de Paulo. Primeiro, Paulo anuncia que Jesus Cristo é o Filho de Deus, baseado na sua ressurreição. Além disso, no final, o Apóstolo convida os ouvintes judeus a procurarem a "justificação" que se obtém pela fé em Jesus Cristo, contraposta àquela que eles procuram na lei de Moisés. Em suma, embora a pregação de Paulo em Antioquia seja obra de Lucas, este autor tenta, ao menos, lhe dar um tom ou uma veste paulina.

O primeiro anúncio de Paulo na sinagoga de Antioquia dá logo seus primeiros frutos. Com efeito, os que o ouviram pedem para escutá-lo de novo, no sábado seguinte. Além disso, um grupo de judeus e prosélitos, isto é, de convertidos ao Judaísmo, segue Paulo e Barnabé, os quais, durante a semana, se dedicam a completar a instrução e a formação cristã deles. Esse primeiro resultado é apenas o prelúdio do que está para acontecer. "No sábado seguinte", conta Lucas, "quase toda a cidade se reuniu para ouvir a palavra de Deus." Essa imagem de toda a cidade reunida na sinagoga é uma expressão hiperbólica lucana, mas pretende fazer entender a reação exasperada dos judeus que vêem nessa presença dos pagãos uma ameaça à identidade étnico-religiosa e ao equilíbrio da própria comunidade. O texto lucano diz que "quando os judeus viram aquela multidão, ficaram cheios de ciúme [*zêlos*]" (At 13,45). Tal expressão faz com que venha à nossa mente a atitude dos chefes de Jerusalém, que mandam prender os discípulos de Jesus porque anunciam a ressurreição. Paulo também, antes de sua "conversão", diz que estava "cheio de ciúme por Deus", assim como os seus co-nacionais de Jerusalém, que pedem sua morte. É desse radicalismo religioso que se alimenta a reação dos judeus de Antioquia, que começam a se opor aos discursos de Paulo, até com insultos.

O resultado desse confronto diante da sinagoga de Antioquia é a escolha prática que Paulo e Barnabé são obrigados a fazer para continuar fiéis à sua missão. Com toda liberdade e audácia, eles declaram aos judeus que os contestam o critério inspirador de sua atividade missionária: "Era preciso anunciar a palavra de Deus, em primeiro lugar para vocês, que são judeus. Porém, como vocês a rejeitam e não se julgam dignos da vida eterna, saibam que nós vamos dedicar-nos aos pagãos. Porque esta é a ordem que o Senhor nos deu: 'Eu coloquei você como luz para as nações, para que leve a salvação até os extremos da terra'" (At 13,46-47). Por essa declaração programática poderíamos deduzir que o anúncio do Evangelho aos pagãos é apenas um expediente, após o fracasso entre os judeus. Na realidade, os dois pregadores de Antioquia são porta-vozes da perspectiva do autor dos Atos, que pretende sublinhar a unidade e a coerência do plano de Deus na história da salvação. Sua palavra, destinada historicamente aos filhos de Israel, traz em seu bojo uma instância de salvação universal, como diz de forma expressa o texto profético de Isaías, quando apresenta a missão do Servo do Senhor. Ele é apresentado como "luz das nações", que leva salvação aos que estão distantes. De fato, esse é o programa traçado por Jesus ressuscitado antes da sua ascensão. Seus discípulos, com a força do Espírito, devem ser suas testemunhas de Jerusalém até os extremos da terra (At 1,8).

Pode-se ver uma confirmação desse plano salvífico de Deus, revelado pelo Senhor Jesus, na reação dos pagãos de Antioquia. Ao ouvirem as palavras de Paulo e Barnabé, diz o relato lucano, "os pagãos ficaram muito contentes, e começaram a elogiar a palavra do Senhor. E todos os que estavam destinados à vida eterna abraçaram a fé" (At 13,48). A reação favorável dos pagãos incentiva a atividade dos dois pregadores. Eles estendem o raio da sua ação. Os próprios recém-convertidos se tornam propagadores espontâneos da experiência deles, a tal ponto que o autor dos Atos pode dizer que "a palavra do Senhor se espalhava por toda a região".

Contudo, essa grande adesão dos pagãos de Antioquia ao Evangelho pregado pelos dois missionários itinerantes provoca a reação da comunidade judaica local. Com efeito, trata-se dos pagãos simpatizantes do Judaísmo, que gravitam em torno da sinagoga. Eles, como futuros prosélitos, podem incrementar a vida religiosa da comunidade judaica e até os seus recursos financeiros. Em suma, os dois missionários cristãos, com sucesso entre os pagãos de Antioquia, são concorrentes perigosos. Como os responsáveis da sinagoga não podem tomar providências disciplinares contra Paulo e Barnabé para afastá-los de Antioquia, eles recorrem a uma manobra indireta. Para conseguir seu objetivo, podem contar com o apoio de algumas mulheres de classe alta, simpatizantes ou convertidas ao Judaísmo. Algumas delas são esposas de altos funcionários da cidade. Além disso, podem contar com o prestígio e os privilégios de que a comunidade judaica goza junto às autoridades locais. Eles se apóiam nesses elementos para solicitar uma intervenção que obrigue os dois propagadores a deixar Antioquia e a região.

O autor dos Atos, neste caso, fala de "uma perseguição contra Paulo e Barnabé". Embora não se trate de uma intervenção administrativa por parte das autoridades de Antioquia, o resultado é o mesmo. Os dois missionários cristãos são obrigados a deixar a cidade e seu território. Partem, sacudindo a poeira dos pés. É um gesto simbólico de separação em relação a um ambiente que rejeita o anúncio dos missionários. Contudo, em Antioquia da Pisídia permanece um núcleo de "discípulos" que ouviram a Palavra de Deus e experimentaram sua eficácia. O autor dos Atos, com uma penada, evoca o retrato dessa primeira comunidade cristã surgida numa colônia romana no planalto da Anatólia: "Os discípulos, porém, estavam cheios de alegria e do Espírito Santo" (At 13,52). Na perspectiva lucana, a perseguição não impede a marcha da Palavra de Deus, mas se torna mola propulsora para ampliar seu raio de ação.

6. A MISSÃO EM ICÔNIO, LISTRA E DERBE

Numa nota bem simples no diário de viagem — "foram para Icônio" — se concentra a distância de 140 quilômetros de estrada que separam Antioquia, na fronteira oriental entre a Frígia e a Pisídia, e a cidade de Icônio, na fronteira oposta entre a Frígia ao norte e a Licaônia ao sul.[30] As duas cidades são coligadas pela grande via militar e comercial chamada Sebaste, construída pelo imperador Augusto. Seu percurso acompanha o relevo do planalto, que se estende a oriente da região dos lagos. Nos últimos cinqüenta metros, depois de Antioquia, a estrada na direção sudeste percorre primeiramente um território acidentado aos pés do maciço do Sultan dag e, depois, por mais um trecho, margeia o grande lago Caralis, que hoje leva o nome da cidade de Beysehir, de origem medieval, situada na margem sudeste. A antiga estrada romana, deixando o lago mais ao norte, se dirige a oriente, atravessando um imenso planalto inculto e semideserto, a uma altura média de 1.000 metros. A "Via Sebaste ou Augusta" leva diretamente a Listra, enquanto Paulo e Barnabé, uns quarenta quilômetros antes, se desviam para o norte, em direção a Icônio.

---

[30] Não há concordância entre historiadores e escritores antigos ao situarem a cidade de Icônio respectivamente na Frígia ou na Licaônia; Xenofonte em *Anabasi*, 1,2,19, a chama de última cidade da Frígia; Plínio, em *Naturalis historia*, 5,41,32, também. Estrabão, em *Geogr.*, 12,6,1 e Cícero, em *Ad familiares*, 15,4,2, a situam na Licaônia. Nas proximidades de Konya (Yunuslar) foi encontrada uma inscrição latina em um miliário da época de Augusto, na qual se menciona a "Via Sebaste". As distâncias são computadas da colônia de Antioquia da Pisídia, de onde partem dois braços principais de estradas: o do sudoeste chegava às colônias de Comama, Olbasa e Cremna; o outro, em direção leste, chegava até Pappa, e daí se ramificavam ainda duas estradas, uma em direção a Icônio e outra a Listra (cf. Boffo, op. cit., pp. 151-155).

A história de Icônio atravessa todas as fases da estratificação dessa região, que vai desde a ocupação dos hititas até a dominação romana. Pela colina, onde atualmente se localiza a mesquita de Alaeddin, construída no século XIII, passaram os frígios, os bandos dos cimérios no século VII a.C. e, em seguida, os assírios, os persas, os lídios e os sucessores de Alexandre Magno. A cidade começa a fazer parte dos territórios de Lisímaco e, depois, dos selêucidas, para acabar nas mãos do rei de Pérgamo. Em 133 a.C., chegam os romanos, que fazem dela um centro estratégico para o controle do grande planalto delimitado ao sul pelo Tauro e cortado pela "Via Augusta", que liga Éfeso às "Portas da Cilícia" e ao Oriente. Quando Paulo e Barnabé aí chegam, a cidade se chama *Claudiconium*, título honorífico concedido pelo imperador Cláudio.[31]

A missão de Paulo e Barnabé em Icônio repete o mesmo esquema de Antioquia da Pisídia. Eles começam a pregação na sinagoga com um grande sucesso, pois, diz o relato lucano, "uma grande multidão de judeus e gregos abraçou a fé" (At 14,1). Mas logo em seguida se manifesta a reação dos outros judeus, e sobretudo dos responsáveis da comunidade judaica, que não enxergam com bons olhos essa atividade dos dois missionários itinerantes. Ela não só cria um racha dentro da comunidade judaica, mas a corrói pelas

---

[31] Hoje, a cidade de Konya, com quase meio milhão de habitantes, fica no centro de um oásis que, como já dizia Estrabão, contrasta com a estepe árida circunvizinha. Konya foi a capital do sultanato seljúquida dos rumes, o estado mais poderoso medieval estabelecido pelos turcos. Contudo, a cidade é famosa porque foi o centro espiritual do sufismo, difundido sobretudo graças ao ensinamento do poeta místico persa Celaêddin Rumí (1207-1273), cognominado Mevlâna, "o nosso mestre", fundador dos "derviches dançantes". A minúscula comunidade cristã de Icônio se reúne em torno de uma pequena igreja que relembra a missão de Paulo na cidade no século I.

bordas, ao atrair gregos, tanto prosélitos como tementes a Deus, que representam o ambiente favorável ao seu crescimento na cidade de Icônio. No final, Paulo e Barnabé são obrigados a deixar a cidade para escapar de uma tentativa de linchamento por parte dos habitantes pagãos da cidade, instigados pelos judeus e seus líderes.

Contudo, antes dessa primeira partida forçada, Paulo e Barnabé se dedicam durante certo tempo à formação dos "irmãos", que devem enfrentar a hostilidade dos judeus de Icônio. A pequena comunidade cristã é constituída por aqueles judeus e pagãos que acolheram o testemunho corajoso deles, confirmado por "sinais e prodígios" que o Senhor lhes concede realizar. No final, diz o relato de Lucas, a cidade se divide, "uns estavam do lado dos judeus, outros do lado dos Apóstolos" (At 14,4). É a primeira vez que Paulo e Barnabé são chamados com o nome de "apóstolos", em geral reservado pelo autor dos Atos aos "Doze". Não é um sinal de promoção pela atividade, mas da utilização de uma fonte ou tradição que considera os dois pregadores como "apóstolos-enviados" da Igreja, no caso da Igreja de Antioquia da Síria, onde nasceu e se conservou esta tradição-lembrança.

Entretanto, o retrato dos dois missionários que Lucas prefere é o de testemunhas corajosas e livres, graças à confiança deles no Senhor. Por isso, em Icônio eles podem enfrentar ameaças e insultos por parte de um ambiente exasperado pelo confronto com a sinagoga. Porém, quando se dão conta do risco de linchamento, fogem "para Listra e Derbe, cidades da Licaônia, e arredores, onde começaram a anunciar a Boa Notícia" (At 14,6). Assim se encerra a primeira missão de Paulo e Barnabé em Icônio, onde permanece um pequeno posto avançado de cristãos.[32] Mais uma vez, para o autor dos Atos, a "perseguição" numa localidade determinada impulsiona os missionários cristãos a continuar seu caminho para outros lugares e se torna ocasião para ampliar o campo do anúncio deles.

A nova etapa da missão de Paulo e Barnabé é a cidade de Listra, uns quarenta quilômetros ao sul de Icônio, em pleno território da região conhecida na Antiguidade como Licaônia. O pequeno centro agrícola, por iniciativa de Augusto, em 6 a.c. havia se tornado colônia romana, com o título de *Julia Felix Gemina Lystra*. A posição estratégica de Listra, no limite setentrional das montanhas do Tauro, no percurso da "Via Augusta", tornava indispensável a presença de um destacamento militar para defender os comboios contra os ataques dos ladrões da montanha.[33] Os licaônios, habitantes do eixo setentrional da cadeia do Tauro, por meio de incursões, desde o século IV a.C., se estabeleceram mais abaixo, no planalto. Essa região que começava em Icônio, com o nome de Licaônia, foi incorporada pelos romanos à província da Galácia, enquanto a região montanhosa continuou sendo governada por um rei local até 72 d.C.

---

[32] Em Icônio é ambientado em parte o "romance" conhecido com o título de *Atos de Paulo e Tecla*, um escrito apócrifo do século II que descreve a atividade taumatúrgica de Paulo pregador. Tal escrito pode ser o eco da presença de uma comunidade cristã que se reporta à tradição paulina.

[33] Da cidadezinha de Listra só restam algumas poucas pedras com inscrições dedicatórias, descobertas no final do século XIX na colina, cerca de um quilômetro do centro atual de Hatunsaray, distante 15 quilômetros de Konya. Em todo caso, a presença de uma comunidade florescente cristã em Listra é atestada pela lista dos bispos presentes ao concílio de Nicéia, na primeira metade do século IV.

Em Listra não existe uma comunidade judaica organizada em torno da sinagoga. Há, porém, grupos de judeus e famílias mistas formadas por pagãos que se casaram com mulheres judias, como é o caso da mãe de Timóteo. Ele é um dos primeiros cristãos de Listra a acompanhar Paulo na segunda viagem missionária, como seu eficaz e estimado colaborador na Grécia e na Ásia Menor, principalmente na cidade de Éfeso. Na cidadezinha de Listra, onde a população é constituída em sua grande maioria por pagãos nativos que falam o dialeto licaônico, se dá uma experiência com os dois missionários, narrada em tons dramáticos pelo autor dos Atos. Ela começa com a cura repentina de um homem paralítico das pernas de nascença. Ele, diz Lucas, estava ouvindo o discurso de Paulo. Não sabemos o que ele poderia entender daquilo que o pregador estava dizendo em grego a uma multidão de habitantes de Listra, reunidos numa esplanada junto às portas da cidade. Paulo, entretanto, voltando-se para os ouvintes, percebe a presença do deficiente. Observando-o atentamente, nota que o homem não quer outra coisa senão ser curado daquela enfermidade. Então, Paulo se dirige diretamente a ele e, para que pudesse escutar no meio da multidão, grita: "Levante-se direito sobre os seus pés!". O paralítico se levanta imediatamente, fica em pé e se põe a caminhar sem dificuldade com as próprias pernas.

A cena da cura repentina daquele homem desencadeia a reação dos presentes. Eles se olham cheios de espanto. Alguns murmuram aos vizinhos alguma coisa em voz baixa. Depois a corrente aumenta e alguém começa a gritar: "Os deuses desceram entre nós em forma humana!". Formam-se rodinhas de pessoas que comentam o fato admiradas. Um outro mais ousado, apontando para Barnabé, que até agora estava tranqüilo e quieto ao lado de Paulo, diz:

"Aquele ali é Zeus". Ao ouvir isso, alguns exclamam: "Então o outro que está falando é Hermes, o mensageiro dos deuses". Todos esses comentários e exclamações no meio da multidão ali presente são feitos na língua local, o dialeto licaônico, que os dois missionários cristãos ignoram completamente. Eles percebem a reação de espanto do povo, que viu com os próprios olhos a cura do homem paralítico, mas não entendem o que estão dizendo a respeito deles. Por outro lado, é a primeira vez que se encontram num ambiente religioso e cultural com claro predomínio pagão, onde as manifestações do mundo divino em formas humanas são coisas costumeiras.[34]

A notícia do que aconteceu junto à porta da cidadezinha de Listra se espalha rapidamente. Alguns correm a informar o sacerdote adido ao templo de Zeus, localizado ali perto, na entrada da cidade. Em pouco tempo, ele predispõe tudo o que é necessário para prestar a devida homenagem às divindades. De fato, se apresenta às portas do pequeno templo de Zeus conduzindo animais para o sacrifício e as grinaldas a serem colocadas na cabeça das vítimas e dos ofertantes. Enquanto isso, a multidão aumenta bastante e se aperta para assistir ao sacrifício em honra de Zeus. Ao verem todo esse aparato, Paulo e Barnabé se dão conta do que o povo está gritando em dialeto licaônico. De fato, todos fixam os olhos neles com admiração e alguns fazem gestos de adoração e súplica.

---

[34] Nas regiões da Frígia e Licaônia, Ovídio ambienta a lenda da visita de Júpiter e Mercúrio, Zeus e Hermes para os gregos, que se apresentam em forma humana e são acolhidos pelo casal Filemon e Bauci (*Metamorfose*, 8,614-629). As duas divindades próprias da Frígia, correspondentes à dupla greco-romana, são os deuses Pappas e Men. A associação de duas ou três divindades é atestada pelas inscrições encontradas na região de Listra.

Os dois missionários se olham e, com um acordo tácito, realizam um gesto simbólico sugerido pela formação judaica deles, mas que os gregos pagãos são capazes de entender. Com força, rasgam as roupas de cima e, a um só tempo, se precipitam entre a multidão para o lugar onde o cortejo está se dirigindo para o sacrifício. Gesticulando e gritando, procuram fazer-se entender. O autor dos Atos, como de costume, resume as palavras dos missionários. Parece mais um esquema de pregação preparado no escritório do que um discurso gritado em praça pública, numa cidadezinha da Anatólia central, diante de uma multidão rumorosa e tomada pela emoção religiosa. Em todo caso, a reconstrução de Lucas dá uma idéia do ponto crucial de um possível diálogo entre os pregadores cristãos e o mundo da religião popular pagã: "Homens, o que vocês estão fazendo? Nós também somos homens mortais como vocês. Estamos anunciando que vocês precisam deixar esses ídolos vazios e se converter ao Deus vivo, que fez o céu, a terra, o mar e tudo o que neles existe" (At 14,15).

As últimas palavras são uma profissão de fé monoteísta explícita emprestada da Bíblia. A seqüência do breve discurso é o eco de temas próprios da pregação judaica e cristã dirigida ao mundo pagão. Deus, que é o único criador de todas as coisas, dirige a história dos povos e manifesta sua presença e ação benéfica no mundo, mediante os dons do céu e da terra, a chuva e os frutos das várias estações. Enfim, os dois missionários tentam apresentar à multidão de Listra a imagem bíblica de Deus, criador e Senhor de tudo, mas adaptada ao modo de sentir dos camponeses. O que conta é que eles, de um modo ou de outro, conseguem se livrar dessa espécie de apoteose popular e, sobretudo, "com muito custo conseguiram que a multidão desistisse de lhes oferecer um sacrifício" (At 14,18).

A aventura de Listra tem, contudo, um final inesperado. Nem sequer terminou o tumulto da multidão que queria oferecer um sacrifício aos dois pregadores, quando chega um grupo de judeus das cidades de Antioquia e de Icônio. Eles vieram atrás dos dois missionários cristãos para neutralizar a ação deles. Com efeito, conseguem persuadir a multidão de Listra de que se trata de pessoas perigosas, que já foram expulsas pelas autoridades daquelas duas cidades. Obstinam-se principalmente com Paulo, o pregador que chama a atenção tanto dos judeus como dos pagãos tementes a Deus.[35] A multidão, numa reviravolta repentina, dá razão aos recém-chegados e procura linchar Paulo a pedradas. O Apóstolo, debaixo da saraivada de pedras, desmaia. Alguns facínoras, tendo-o por morto, o arrastam para fora da cidade e o abandonam.

A cena foi acompanhada com certa discrição por um pequeno grupo dos que em Listra haviam aderido à mensagem proclamada por Paulo. Eles vão até lá, aproximam-se de Paulo, que jaz por terra coberto de marcas e com o rosto ensangüentado. Percebem que ele, embora um tanto zonzo, ainda vive. Então o levantam, entram com ele na cidade e o levam até a casa de amigos, onde já se encontra Barnabé. No dia seguinte, os dois missionários decidem deixar Listra para ir até Derbe, localidade também situada em território da Licaônia, mas na fronteira com a Cilícia e a Capadócia. Derbe si situa a uns cinqüenta quilômetros de Listra, na direção sudeste. No século I a.C., a cidadezinha foi sede de

---

[35] A precedência dada ao nome de Barnabé, juntamente com o título de "apóstolos" atribuído aos dois missionários no relato do episódio dramático de Listra (At 14,14), talvez reflita o teor da tradição utilizada por Lucas.

um rei local, chamado Antípater, o Pirata, amigo de Cícero, que foi seu hóspede durante o proconsulado na Cilícia.[36] Quando Paulo e Barnabé ali chegam, Derbe, chamada *Claudioderbe* em homenagem ao imperador, é um pequeno centro, sede de um destacamento de soldados para controle e segurança das vias de comunicação próximas.[37] Nessa localidade, livres das manobras dos judeus dos dois grandes centros de Antioquia e Icônio, os dois missionários podem anunciar o Evangelho com sucesso. De fato, o autor dos Atos registra que eles ganharam "aí numerosos discípulos" (At 14,21).

Após essa última obra positiva de evangelização, eles pensam na viagem de volta para Antioquia da Síria. A estrada mais curta, até mesmo segundo Estrabão, é aquela que vai em direção às "Portas da Cilícia" e daí desce para Tarso e chega a Antioquia através da passagem do monte Amano. Contudo, o objetivo imediato dos dois missionários não é voltar logo para Antioquia da Síria, e sim rever e encorajar os pequenos grupos de cristãos espalhados nas cidades onde anunciaram pela primeira vez o Evangelho. Por isso, eles refazem o caminho no sentido inverso, passando novamente por Listra, Icônio e Antioquia da Pisídia.

Em cada uma dessas localidades encontram os cristãos, os encorajam e os exortam a "perseverarem na fé". São pequenas comunidades cristãs formadas por judeus e pagãos que acabaram de se converter e que estão vivendo num

---

[36] Estrabão, op. cit., 12,1,4; Cícero, op. cit., 13,73.

[37] O nome de Derbe, juntamente com o do seu bispo Miguel, aparece numa inscrição que remonta a 147 d.C., numa grande pedra, que agora está no museu de Karaman. Com base nessa pedra encontrada, identifica-se o sítio de Derbe com a localidade de Devri Sehir, a uns dez quilômetros de Karaman, na direção de Eregli.

ambiente desconfiado e hostil. Na linguagem religiosa tradicional, as adversidades ligadas à própria fé são chamadas de "tribulações". O autor dos Atos resume as palavras de conforto e de exortação de Paulo e Barnabé numa única expressão: "é preciso passar por muitas tribulações para entrar no Reino de Deus" (At 14,22). Os dois missionários, porém, não se limitam a dizer palavras de conforto e a aconselhar. Eles dão início a uma microorganização que garanta a estabilidade dos pequenos grupos de fiéis. Em cada uma das comunidades locais procuram fazer com que sejam escolhidos alguns responsáveis — *presbýteroi*, "anciãos", diz o texto dos Atos — conforme o modelo da organização da sinagoga. Num contexto de oração acompanhada pelo jejum, como acontecera em Antioquia da Síria, eles se despedem desses cristãos e os confiam "ao Senhor, no qual haviam acreditado" (At 14,23).

Em seguida, de Antioquia da Pisídia pegam o caminho de volta, rumo ao sul da região da Pisídia; atravessam de novo a cadeia do Tauro e chegam ao território da Panfília. A última etapa da viagem de volta é a cidade de Perge, de onde, após a desistência de João Marcos, haviam iniciado a viagem missionária para o planalto anatólio. Os dois missionários aproveitam essa segunda visita a Perge para anunciar o Evangelho. De Perge, por uns quinze quilômetros, descem até a cidade portuária de Atália, a fim de embarcar de volta para Antioquia da Síria, "onde tinham sido entregues à graça de Deus para o trabalho que acabavam de realizar" (At 14,26). Finalmente, em Antioquia, podem rever os amigos e colaboradores que os esperam com ansiedade.

Quanto tempo passou desde a partida para a missão em Chipre e na Anatólia? Devemos calcular uns dois ou três anos para cobrir esse longo percurso, levando em conta os meses de inverno passados no planalto anatólio, na espera da boa estação, as semanas de viagem por terra e por mar e, sobretudo, a permanência em cada uma das localidades para instruir e formar os grupos de cristãos. Se partiram de Antioquia na metade dos anos 40 d.C., eles estão de volta em 48/49 mais ou menos.

O primeiro ato é um encontro com toda a comunidade reunida, como no momento da partida deles. Fazem um relato, emocionado, impregnado de alegria e de reconhecimento. O estilo comedido de Lucas capta apenas a sua dimensão religiosa: "Contaram tudo o que Deus havia feito por meio deles: o modo como Deus tinha aberto a porta da fé para os pagãos" (At 14,27). Essa é a novidade que interessa de modo especial à comunidade de Antioquia, que tomou a iniciativa da missão. Ela também é formada por gregos pagãos que, pela primeira vez, acolheram o anúncio do Evangelho. Nesse clima de calorosa simpatia e de alegre reconhecimento espiritual, os dois enviados podem gozar um pouco de repouso. O autor dos Atos também lhes concede esse descanso, concluindo o relato da missão de Paulo e Barnabé com esta frase: "E passaram então algum tempo com os discípulos" (At 14,28).

VI
ENCONTRO E ACORDO EM JERUSALÉM

Logo após o relato da primeira missão de Paulo com Barnabé e, num primeiro momento, também com João Marcos, antes na ilha de Chipre e depois na Anatólia (Ásia Menor), Lucas relata nos Atos dos Apóstolos a controvérsia que se dá em Antioquia da Síria sobre a necessidade ou não de impor a circuncisão aos pagãos convertidos à fé cristã. Esse debate na Igreja antioquena precede o encontro dos dois missionários, Paulo e Barnabé, com a Igreja, os Apóstolos e os anciãos de Jerusalém, para tomar uma decisão sobre essa questão.

Em Jerusalém, alguns judeu-cristãos oriundos do movimento farisaico levantam de novo o problema e afirmam a necessidade de circuncidar os pagãos convertidos e de impor-lhes a observância da lei de Moisés. Depois de uma longa discussão, tudo se resolve com a intervenção de Pedro e de Tiago, em favor da liberdade dos pagãos. Uma carta dos Apóstolos, dos anciãos e de toda a Igreja de Jerusalém, enviada por meio dos dois delegados — Judas, chamado Bársabas, e Silas —, juntamente com Paulo e Barnabé, devolve a paz e a confiança à Igreja de Antioquia. Assim, Paulo, garantido por essa decisão da Igreja de Jerusalém em favor da sua metodologia missionária, pode empreender uma ampla campanha de anúncio do Evangelho nas cidades da Grécia e da Ásia Menor.

Essa reconstrução dos fatos acontecidos depois da primeira missão de Paulo tem uma coerência própria e plausibilidade narrativa dentro do projeto historiográfico da obra lucana. Nela transparecem em toda sua clareza a unidade e a harmonia eclesial, readquiridas graças ao encontro com os Apóstolos e os responsáveis da Igreja de Jerusalém. O autor dos Atos procura atenuar e abrandar as asperezas da controvérsia e tende a acentuar os pontos de convergência. Assim, a intervenção de Tiago, no encontro em Jerusalém, num primeiro momento parece perfeitamente homogênea à de Pedro, mas o acréscimo de quatro condições que ele julga necessário impor aos pagãos convertidos dá a impressão de que tudo volta ao ponto de partida. Ora, tais "condições" ou cláusulas propostas por Tiago têm um peso importante no projeto lucano, pois são relembradas na carta-documento enviada pela Igreja de Jerusalém à Igreja de Antioquia e que, em seguida, serão relembradas a Paulo no seu último encontro em Jerusalém com Tiago e os anciãos (At 21,25).

Essa versão lucana dos fatos relativos à controvérsia sobre as modalidades de acolhida dos pagãos convertidos na Igreja é diferente daquela oferecida por Paulo na Carta aos Gálatas. Em sua reconstrução autobiográfica, Paulo conta que catorze anos depois da primeira visita a Jerusalém, quando encontrou Cefas e viu apenas Tiago, o irmão do Senhor, ele volta em companhia de Barnabé. Nessa segunda viagem a Jerusalém, diz Paulo: "Levei Tito também comigo", um cristão de origem grega totalmente ignorado nos Atos dos Apóstolos. Paulo fala, em seguida, dos encontros em Jerusalém com os responsáveis — menciona Tiago, Cefas e João — e das tentativas dos "falsos irmãos" de se oporem à "liberdade do Evangelho" de que gozam os pagãos convertidos. Contudo, a ação de Paulo em favor da liberdade, que ele chama de "a verdade do Evangelho", encontra o pleno consenso dos responsáveis supracitados. Estes, diz Paulo expressamente, não lhe impuseram nenhuma restrição. O único compromisso que Paulo assumiu de bom grado no encontro com os líderes históricos de Jerusalém é o de fazer uma coleta em favor dos pobres. Somente num segundo momento Paulo fala sobre uma controvérsia que se deu em Antioquia, onde ele se desentende com Pedro porque, por medo dos delegados de Tiago, o apóstolo representante dos "Doze" interrompe a comunhão de mesa com os cristãos não-judeus.

À parte o acréscimo de Tito e João, na Carta aos Gálatas, todos os outros coincidem com as personagens mencionados por Lucas nos Atos dos Apóstolos. No encontro participam Paulo e Barnabé, além de Pedro e Tiago. Evidentemente se trata dos mesmos episódios e problemas, ambientados do mesmo modo em Antioquia e Jerusalém, embora sejam reconstruídos segundo duas perspectivas diferentes. O autor dos Atos procura sublinhar a harmonia e o pleno acordo feito depois da controvérsia, mas à custa das limitações impostas por Tiago. Paulo se preocupa em afirmar a legitimidade dos seus métodos de evangelização, confirmado pelo reconhecimento dos responsáveis da Igreja de Jerusalém, que — ele faz questão de reafirmar — "nada mais me impuseram".

Como fazer concordar essa afirmação decidida de Paulo com a menção explícita das cláusulas de Tiago, divulgadas exatamente por Paulo e Barnabé à Igreja de Antioquia? Onde e quando acontece o desentendimento sobre o modo de admitir os pagãos na Igreja? Em Antioquia e Jerusalém, como narra Lucas nos Atos, ou apenas em Jerusalém, como diz Paulo? Esse confronto aconteceu antes ou depois do acordo de Jerusalém?

A dupla reconstrução dos fatos é útil para poder comparar dois pontos de vista diferentes sobre uma mesma experiência. Mais do que tentar conciliar as duas versões ou testemunhos, que devem ser lidos e avaliados em sua coerente independência, vale a pena tentar percorrer de novo as etapas desse desenrolar decisivo do caminho de Paulo. O encontro-acordo de Jerusalém na história das origens cristãs, inspirada no relato lucano, é chamado de "concílio de Jerusalém", pois se fala do encontro da Igreja com os anciãos e os apóstolos, em analogia com outras assembléias solenes da Igreja nos séculos posteriores, em que os bispos reunidos decidem a respeito de importantes questões doutrinais ou disciplinares. Outros preferem adotar uma linguagem mais modesta e falam de "sínodo" de Jerusalém, por tratar-se de questões mais circunscritas e localmente delimitadas. Ficando com a versão paulina dos fatos, poderíamos pensar numa espécie de reunião de cúpula, restrita aos poucos responsáveis representantes das duas partes.

Em todo caso, embora sob vários ângulos, o encontro-acordo de Jerusalém sobre a questão da admissão e do estatuto dos pagãos na Igreja exerce um papel decisivo tanto no projeto historiográfico lucano dos Atos dos Apóstolos como na argumentação apologética de Paulo na Carta aos Gálatas. Na biografia paulina, a controvérsia antioquena e os acordos com os chefes de Jerusalém representam uma virada de grande alcance para a futura organização da missão de Paulo no ambiente dos pagãos.

1. A CONTROVÉRSIA DE ANTIOQUIA NO RELATO LUCANO

A permanência de Paulo e Barnabé em Antioquia da Síria, após a primeira missão deles em Chipre e nas regiões da Anatólia central, é por "algum tempo", segundo o autor dos Atos. É nesse período que, justamente na Igreja antioquena, começa a controvérsia sobre o modo de tratar os pagãos que aderiram ao Evangelho. Na cidade de Antioquia, pela primeira vez, o anúncio do Evangelho foi feito aos pagãos e parece que a conversão à fé cristã e a pertença eclesial deles foram acolhidas sem objeções ou resistências pelos judeu-cristãos locais. E a recente experiência dos dois delegados da Igreja da Síria, Paulo e Barnabé, que propuseram com sucesso o Evangelho às populações pagãs das cidades da Anatólia, também foi reconhecida como um indício de plano salvífico de Deus, que "tinha aberto a porta da fé aos pagãos".

Contudo, o grande afluxo de pagãos convertidos na Igreja coloca um problema novo. Não se trata apenas de harmonizar as relações entre os dois componentes da comunidade — os cristãos de origem judaica e os de procedência pagã —, mas de repensar a realidade Igreja sob o perfil histórico e espiritual. A Igreja poderia se considerar herdeira das promessas de Deus a Israel se a maioria de seus componentes fosse constituída por pagãos convertidos? Esses pagãos não deveriam ser, de algum modo, incorporados à realidade histórica do povo de Israel?

A questão é levantada de modo explícito em Antioquia por um grupo de cristãos que provêm da Judéia. O autor dos Atos resume a posição deles nestes termos: "Se não forem circuncidados, como ordena a lei de Moisés, vocês não poderão salvar-se" (At 15,1b). Os recém-chegados visam diretamente aos étnico-cristãos de Antioquia, os quais até agora foram acolhidos na Igreja sem qualquer restrição. Esses judeu-cristãos que chegam em Antioquia não fazem parte do movimento dos "helenistas" que tiveram de deixar a Igreja de Jerusalém durante a perseguição de Estêvão. Eles pertencem à Igreja de matriz judaica que permaneceu na cidade santa juntamente com os Apóstolos. Na perspectiva lucana, são os mesmos que em Jerusalém recriminam Pedro, não porque propôs o Evangelho e batizou o oficial pagão Cornélio e sua família, mas porque "entrou na casa de incircuncisos e comeu com eles" (At 11,3).

Esse grupo de judeu-cristãos defende de modo categórico o princípio que, no seu entender, deveria regular a acolhida dos pagãos convertidos na Igreja. Somente a inserção dos neoconvertidos no povo de Israel, mediante o rito imposto aos prosélitos, isto é, a circuncisão com a observância da lei mosaica correspondente, abriria o caminho para a salvação prometida por Deus. Além disso, a presença na Igreja de pagãos incircuncisos e que não observam a lei de Moisés prejudica desde logo a possibilidade de propor aos judeus observantes a entrada na mesma Igreja. O que fazer então? Criar duas Igrejas paralelas, uma de judeu-cristãos observantes e outra de étnico-cristãos e judeu-cristãos ecumênicos? Na visão lucana, não está em jogo apenas uma metodologia missionária, mas a própria identidade da Igreja como herdeira das promessas de Deus.

Em torno desse problema se acende um animado debate na comunidade cristã de Antioquia. De um lado estão os judeu-cristãos de Jerusalém, que encontram certo consenso em alguns grupos da Igreja antioquena; do outro lado estão Paulo e Barnabé com seus defensores. O confronto ou dissidência entre os dois grupos é tão aceso e áspero que acabam decidindo, numa assembléia da comunidade, enviar a Jerusalém uma delegação presidida por Paulo e Barnabé, a fim de apresentar a questão aos chefes históricos e aos responsáveis — "apóstolos e anciãos" — daquela Igreja. De fato, os judeu-cristãos que colocaram de pernas para o ar a comunidade ecumênica de Antioquia são de Jerusalém.

O autor dos Atos, que apóia a linha liberal de Paulo e Barnabé, descreve a viagem deles para Jerusalém como uma marcha triunfal. Com efeito, eles são acompanhados até certo ponto pelos representantes da Igreja de Antioquia e, no caminho, suscitam o entusiasmo dos cristãos da Fenícia e da Samaria, narrando o sucesso da missão deles entre os pagãos. De fato, a estrada que desce de Antioquia da Síria, ao longo da costa mediterrânea, atravessa primeiro a Fenícia e a Galiléia e, mais ao sul, chega até Cesaréia na Samaria. Nessas regiões, o Evangelho foi anunciado pelos judeu-cristãos "helenistas" do grupo de Estêvão, entre os quais Filipe, o evangelizador de "uma cidade da Samaria". Podemos imaginar que a delegação da Igreja antioquena guiada pelos dois missionários dos pagãos encontra nessas comunidades cristãs acolhida e apoio.

2. A ASSEMBLÉIA DE JERUSALÉM

De Cesaréia Marítima os delegados de Antioquia continuam em direção ao interior, subindo para Jerusalém. Aí são acolhidos "pela Igreja, pelos Apóstolos e anciãos" (At 15,4). Numa reunião da Igreja de Jerusalém, Paulo e Barnabé repetem o relato do trabalho missionário deles, cujo sucesso é atribuído, como sempre, à iniciativa de Deus. O autor dos Atos chama a atenção para esse aspecto, repetindo a mesma expressão: "E contaram as maravilhas que Deus havia realizado por meio deles". Desse modo, ele sugere qual deve ser o resultado dessa controvérsia se os protagonistas do debate estiverem prontos para reconhecer e acolher os sinais da vontade de Deus.

No ambiente da Igreja de Jerusalém é reproposta a questão dos pagãos convertidos nos mesmos termos da discussão anterior em Antioquia. Neste caso, as objeções contra a acolhida dos pagãos incircuncisos na Igreja são levantadas por um grupo de judeu-cristãos pertencentes ao movimento dos fariseus. Em termos mais explícitos, eles pedem que sejam impostas aos pagãos que aderem ao Evangelho a circuncisão e a observância da lei mosaica. Essa nova tomada de posição por parte dos judeu-cristãos observantes de orientação farisaica oferece o gancho para que o autor dos Atos exponha de modo detalhado as decisões tomadas pela autoridade da Igreja de Jerusalém. De fato, num contexto de reunião dos responsáveis, isto é, "os Apóstolos e os anciãos", reacende a discussão iniciada em Antioquia. Então Pedro, como porta-voz dos Apóstolos, toma a palavra e se dirige à assembléia nestes termos: "Irmãos, vocês sabem que, desde os primeiros dias, Deus me escolheu no meio de vocês, para que os pagãos ouvissem de minha boca a palavra da Boa Notícia e acreditassem" (At 15,7).

Pedro, baseado em sua experiência como primeiro evangelizador dos pagãos, apresenta a interpretação autorizada da vontade de Deus.[1] Ele se refere ao episódio da conversão do oficial pagão Cornélio e família. Estes, após terem ouvido e acolhido o anúncio do Evangelho, receberam, no dia de Pentecostes, o dom do Espírito Santo como os primeiros discípulos de Jesus em Jerusalém. Portanto, diz Pedro: "[Deus] não fez nenhuma discriminação entre nós e eles, purificando o coração deles mediante a fé" (At 15,9). A partir dessa contatação, Pedro tira a conseqüência que não se deve impor o jugo da lei aos que acreditam no Evangelho, sejam eles judeus ou pagãos. De fato, conclui Pedro, "é pela graça do Senhor Jesus que acreditamos ser salvos, exatamente como eles" (At 15,11).

O princípio da liberdade em relação à lei, proclamado por Pedro com uma linguagem que relembra o epistolário paulino, vai além do problema imediato do estatuto eclesial dos pagãos que aderem ao Evangelho. Na realidade, as palavras de Pedro são a resposta aos judeu-cristãos que, segundo Lucas, antes em Antioquia e depois em Jerusalém, defenderam a necessidade de impor aos pagãos convertidos a circuncisão e a observância da lei de Moisés como condição para participar da salvação messiânica. A intervenção de Pedro, que se coloca no mesmo nível teórico ou doutrinal

---

[1] A expressão usada por Pedro "desde os primeiros dias, Deus me escolheu no meio de vocês [...]" é recalcada na fraseologia bíblica, na qual se ressalta tanto o aspecto fundante e arquetípico de um evento, quanto a iniciativa eficaz de Deus (cf. Is 41,26).

dos opositores, põe fim à discussão. De fato, o autor dos Atos, após ter relatado o discurso de Pedro, diz que "houve então um silêncio em toda a assembléia". E aproveitando o silêncio ele tem a oportunidade de apresentar o testemunho dos dois missionários dos pagãos, que pela terceira vez narram "todos os sinais e prodígios que Deus havia realizado por meio deles entre os pagãos" (At 15,12). É outra confirmação do plano salvífico de Deus que abraça todos os fiéis sem discriminações.[2]

No término do relato dos dois missionários, Tiago toma a palavra como porta-voz dos anciãos e da Igreja de Jerusalém. Ele assume a posição de "Simão" — nomeia Pedro com esse nome hebraico-aramaico — e a reformula com expressões tiradas da Bíblia: "Desde o começo Deus cuidou de tomar homens das nações pagãs para formar um povo dedicado ao seu Nome. Isso concorda com as palavras dos profetas, pois está escrito: 'Depois disso, eu voltarei e reconstruirei a tenda de Davi que havia caído; reconstruirei as ruínas que ficaram e a reerguerei, a fim de que o resto dos homens procure o Senhor com todas as nações que foram consagradas ao meu Nome. É o que diz o Senhor, que tornou essas coisas conhecidas desde há séculos'" (At 15,14-18; cf. Am 9,11-12).

---

[2] A introdução do testemunho dos dois missionários tem apenas uma função de destaque narrativo, pois, de fato, não acrescenta nada à substância dos fatos. A precedência dada ao nome de Barnabé em relação a Paulo poderia ser um indício de que Lucas está utilizando uma tradição parecida com a carta-documento que está na base da sua narração, na qual os nomes de Barnabé e Paulo são citados na mesma ordem (cf. At 15,25).

3. AS CLÁUSULAS DE TIAGO

Portanto, os pagãos que pela fé reconhecem Jesus como Senhor não só fazem parte da Igreja com todos os direitos — o "povo consagrado" a Deus —, mas do mesmo modo que os judeus são destinatários da sua promessa de salvação. Nesse momento poderia ser dissolvida a assembléia de Jerusalém em boa paz, sobretudo para a delegação de Antioquia liderada por Paulo e Barnabé. De fato, o princípio que apareceu mais de uma vez na seqüência da narração lucana foi plenamente aprovado: Deus, por meio da obra dos dois missionários, abriu aos pagãos a porta da salvação. Como Pedro já havia feito em sua intervenção, assim Tiago tira uma conclusão prática: "Por isso, eu sou do parecer que não devemos importunar os pagãos que se convertem a Deus" (At 15,19). Tais palavras até poderiam ser a conclusão da síntese lucana do discurso de Tiago.

Contudo, o representante dos anciãos da Igreja de Jerusalém não se limita a confirmar, baseado nas Escrituras, o princípio da liberdade em relação à lei, já proposto por Pedro. Ele acrescenta quatro casos concretos em que até os pagãos convertidos devem observar a lei de Moisés, pois essas coisas são conhecidas desde os tempos antigos. De fato, todos os sábados, nas cidades onde haja judeus, a lei de Moisés é lida e proclamada nas sinagogas. Trata-se das prescrições legais observadas desde sempre pelos judeus com base nas prescrições bíblicas. Os pagãos que vivem em contato com as comunidades judaicas da diáspora conhecem o regime de vida delas. Eis as observâncias que Tiago considera necessário impor aos pagãos convertidos: "Vamos somente prescrever que eles evitem o que está contaminado pelos ídolos, a *pornéia*, comer carne sufocada e o sangue" (At 15,20).

Essa lista é retomada no documento enviado pelos "apóstolos, anciãos e toda a Igreja" à comunidade de Antioquia, em que são comunicadas as decisões da assembléia de Jerusalém. A lista é precedida pelo cabeçalho solene e autorizado: "Decidimos, o Espírito Santo e nós, não impor sobre vocês nenhum fardo, além destas coisas indispensáveis: abster-se das carnes sacrificadas aos ídolos, do sangue, das carnes sufocadas e da *pornéia* [...]" (At 15,28-29).

Comparando as três edições das "cláusulas de Tiago", vemos que três delas se referem a proibições de caráter alimentar. Entre estas, duas se referem à proibição bíblica do "sangue" e uma às carnes imoladas aos ídolos (Lv 17,10.12-14). Apenas a quarta, indicada pelo substantivo genérico *pornéia*, traduzida como "uniões ilegítimas", é alheia a esse código alimentar.[3] Também ela poderia entrar no quadro das prescrições levíticas, nas quais se condena o matrimônio entre parentes próximos ou consangüíneos (Lv 18,6-18). Em outras palavras, Tiago considera necessário impor aos pagãos convertidos à fé cristã a observância das leis de pureza que no Levítico são exigidas aos membros do povo de Deus e aos estrangeiros residentes na terra de Israel. São aquelas normas de pureza que tornam possível a convivência entre judeus e não-judeus, representada pela comunidade de mesa.

---

[3] Na *Bíblia Sagrada,* Ed. Pastoral, o termo grego *pornéia* é traduzido por "uniões ilegítimas". Em sentido genérico, poderia ser interpretado como "fornicação" ou "imoralidade"; no contexto matrimonial pode indicar qualquer tipo de união ilegítima que provoque uma situação de "imoralidade" no matrimônio (cf. 1Cor 5,1; Mt 5,32; 19,9).

Em outras palavras, a linha de Tiago é um compromisso para favorecer a convivência nas comunidades cristãs mistas, mas com um olho nas exigências de pureza dos judeus observantes, sejam eles cristãos ou não. Tal concessão não só elimina as acusações de trangressão da lei, movidas contra os cristãos pelo grupo dos integristas de origem judaica, mas sobretudo deixa aberta a possibilidade de uma missão cristã nesse eixo. Esse meio-termo de Tiago corre o risco de apoiar indiretamente a posição dos judeu-cristãos que, por outras razões, acham necessário impor aos pagãos a circuncisão, que implica a observância de toda a lei de Moisés. De fato, as cláusulas de Tiago podem dar a impressão de que os pagãos convertidos à fé cristã são equiparados aos prosélitos acolhidos na comunidade judaica.

Em todo caso, não é essa, segundo Lucas, a intenção original do documento chamado de "decreto de Tiago". Com efeito, ele traz quatro prescrições impostas aos étnico-cristãos no documento oficial da assembléia de Jerusalém, que é entregue aos dois delegados eleitos — "Judas, chamado Bársabas, e Silas, que eram muito respeitados pelos irmãos" —, enviados juntamente com Paulo e Barnabé para Antioquia. O documento, em forma de carta, diz o seguinte: "Nós, os Apóstolos e os anciãos, irmãos de vocês, saudamos os irmãos que vêm do paganismo e que estão em Antioquia e nas regiões da Síria e da Cilícia. Ficamos sabendo que alguns dos nossos provocaram perturbações com palavras que transtornaram o espírito de vocês. Eles não foram enviados por nós. Então decidimos, de comum acordo, escolher alguns representantes e mandá-los a vocês, junto com nossos queridos irmãos Barnabé e Paulo, homens que arriscaram a vida pelo nome de nosso Senhor Jesus Cristo. Por isso, estamos enviando Judas e Silas, que pessoalmente transmitirão a vocês a mesma mensagem" (At 15,23-27). Segue então a lista das quatro cláusulas precedidas pela fórmula supracitada: "Decidimos, o Espírito Santo e nós [...]".

A entrega da carta da assembléia jerosolimitana e a sua leitura numa reunião da comunidade cristã de Antioquia põem um fim na controvérsia antioquena. Os dois delegados da Igreja de Jerusalém, que possuem o carisma da palavra inspirada — "eram também profetas", diz o texto dos Atos —, encorajam os cristãos de Antioquia e os confirmam no compromisso deles. Concluída a missão, eles se despedem dos irmãos antioquenos com saudações de paz e voltam a Jerusalém. Paulo e Barnabé, que vieram com eles de Jerusalém, permanecem em Antioquia "e junto com muitos outros ensinavam e anunciavam a Boa Notícia da palavra do Senhor". Termina assim a controvérsia sobre o estatuto dos pagãos convertidos. Ela começara em Antioquia e foi resolvida na assembléia de Jerusalém, cujas decisões autorizadas trazem de novo a alegria e a confiança à Igreja da metrópole da Síria. Esse clima favorece uma retomada da atividade de anúncio e formação. Para o autor dos Atos, esse é o terreno propício para projetar novos empreendimentos missionários.

4. O ENCONTRO DE JERUSALÉM SEGUNDO PAULO

A assembléia para resolver a controvérsia de Antioquia sobre o estatuto dos étnico-cristãos na Igreja, que segundo Lucas teria se realizado em Jerusalém, é narrada por Paulo como um encontro com os responsáveis da Igreja em Jerusalém a respeito de uma questão parecida. Ele fala disso na Carta aos Gálatas, no contexto do seu relato sobre as relações com aqueles que eram Apóstolos em Jerusalém antes dele. Paulo diz que somente depois de catorze anos da sua primeira visita feita a Cefas, ele foi de novo a Jerusalém em companhia de Barnabé. Faz questão de sublinhar que escolheu Tito pessoalmente para levá-lo consigo (Gl 2,1). A menção explícita de Tito, um cristão de origem pagã, é funcional para a argumentação de Paulo em defesa da "liberdade do Evangelho". De fato, ele pretende demonstrar que todos aqueles que acolhem o anúncio do Evangelho são livres seja quanto ao rito da circuncisão seja quanto às observâncias legais judaicas.

Sobre a razão ou o motivo que leva Paulo a realizar essa nova viagem a Jerusalém, ele mesmo diz expressamente que foi para lá "seguindo uma revelação". Com base no significado que a terminologia da "revelação" assume no epistolário paulino, devemos entender que a decisão de ir a Jerusalém amadureceu num contexto de oração e reflexão. De fato, segundo Paulo, é nesse contexto que se revela e se reconhece a vontade de Deus que, mediante Jesus Cristo, oferece a salvação a todos os homens.

O segundo aspecto que Paulo esclarece é a finalidade dessa viagem a Jerusalém. Ele apresenta os protagonistas e o conteúdo do encontro realizado na cidade, nestes termos: "Expus a eles o Evangelho que anuncio aos pagãos". Contudo, logo em seguida, esclarece que se trata de um encontro reservado, pois diz: "Mas o expus reservadamente às pessoas mais notáveis". Depois, acrescenta o que preza muito: "Para não me arriscar a correr ou ter corrido em vão" (Gl 2,2). A imagem da corrida na linguagem paulina indica a atividade missionária itinerante para difundir o Evangelho. O risco de que Paulo quer se precaver é o de tornar ineficaz, quanto à salvação, sua ação de servidor do Evangelho e de Cristo. Está em jogo o destino das suas comunidades, principalmente daquelas que fundou na Galácia. Com efeito, Paulo escreve aos Gálatas que, se eles pretendem substituir ou completar com a circuncisão e a observância da lei a experiência de receber o Espírito, significa que tantas experiências foram inúteis e que também ele se cansou inutilmente (Gl 3,4; 4,10).

Antes de apresentar o resultado desse encontro com os mais notáveis, o Apóstolo se preocupa em dar outra informação sobre seu envolvimento na questão dos étnico-cristãos na Igreja. É o caso de Tito, um cristão grego, que Paulo decidiu levar consigo nessa segunda visita a Jerusalém. Eis seu relato, que não tem paralelo com a narração lucana nos Atos: "Nem Tito, meu companheiro, que é grego, foi obrigado a circuncidar-se. Nem mesmo por causa dos falsos irmãos, os intrusos que se infiltraram para espionar a liberdade que temos em Jesus Cristo, a fim de nos tornar escravos. Mas para que a verdade do Evangelho continuasse firme entre vocês em nenhum momento nos submetemos a essas pessoas" (Gl 2,3-5).

A presença de Tito, que em Jerusalém vive junto com os judeu-cristãos, representa uma espécie de bandeira para Paulo. Ele é a prova de que os pagãos convertidos podem fazer parte da Igreja sem necessidade de se submeter ao rito da circuncisão, exigido dos convertidos ao Judaísmo, para serem inseridos na comunidade de Israel. Paulo dá a entender que essa linha de total liberdade em relação à praxe tradicional judaica não se deu sem conflitos. De fato, alguns judeu-cristãos de Jerusalém, que ele chama de "falsos irmãos", tentaram fazer pressão para impô-la também no caso de Tito. Paulo, porém, se opôs energicamente em nome do princípio da liberdade cristã, que se fundamenta sobre a "verdade do Evangelho". Trata-se da liberdade que deriva da fé em Jesus Cristo, reconhecido e acolhido como único caminho da salvação prometida e concedida por Deus a todos os homens, sem discriminações.

Após essa digressão sobre o caso exemplar de Tito, Paulo retoma a narrativa do encontro com os responsáveis. Ele deixa de lado todas as particularidades e mantém sua atenção no ponto que lhe interessa, isto é, o reconhecimento da legitimidade da sua função de apóstolo dos pagãos e do seu método missionário. O relatório de Paulo se desenvolve em dois momentos, um negativo e outro positivo. Em termos negativos, Paulo afirma: "No que se refere àqueles mais notáveis — pouco me importa o que eles eram então, porque Deus não faz diferença entre as pessoas — esses mesmos notáveis nada mais me impuseram". Em seguida, resume a parte positiva do acordo neste termos: "Pelo contrário, viram que a mim fora confiada a evangelização dos não-circuncidados, assim como a Pedro fora confiada a evangelização dos circuncidados. De fato, aquele que tinha agido em Pedro para o apostolado entre os circuncidados, também tinha agido em mim a favor dos pagãos. Por isso, Tiago, Pedro e João, aqueles que são considerados como colunas, reconheceram a graça que me fora concedida, estenderam a mão a mim e a Barnabé, em sinal de comunhão: nós trabalharíamos com os pagãos, e eles com os circuncidados" (Gl 2,7-9).

Esse testemunho de Paulo, embora motivado por razões apologéticas, é importante para entender suas relações com os responsáveis históricos da Igreja de Jerusalém. Ele os apresenta mediante uma perífrase construída com o particípio do verbo grego *dokéin*, "mostrar-se", "parecer", seguido em dois casos por uma especificação: *hoi dokoúntes*, "aqueles que se mostram", "aqueles que são considerados como alguma coisa, como colunas da Igreja". No final, quando fala sobre o gesto simbólico — o aperto de mão — que sela o acordo de Jerusalém, chama-os pelos respectivos nomes. De um lado, estão Tiago, Cefas e João e, de outro lado, Paulo e Barnabé. Dada a importância de que esse fato se reveste para Paulo em sua argumentação na Carta aos Gálatas, não acredito que sua expressão "aqueles que são considerados" seja um modo irônico de se referir aos chefes históricos de Jerusalém ou uma crítica velada à autoridade deles. As duas frases incidentais que interrompem o relato de Paulo dão a entender que ele quer acentuar não só a função das pessoas, mas a iniciativa de Deus, que as escolhe livremente para realizar o seu plano. Desse ponto de vista, o que conta são as tarefas diferentes designadas por Deus a Pedro e a Paulo. De forma simétrica, um é destinado à missão de proclamar o Evangelho entre os pagãos (Paulo) e o outro entre os judeus (Pedro). Isso é o que os chefes ou responsáveis de Jerusalém aprovaram abertamente. Mas de modo especial ficaram cientes de que Paulo recebeu, por livre concessão de Deus — a "graça" — o encargo específico da missão entre os não-judeus. Por isso, no final, o gesto de comunhão — "dar a mão direita" — expressa essa tomada de consciência e o reconhecimento de que há uma dupla missão cristã com seus respectivos responsáveis, destinada a dois grupos, aos judeus e aos pagãos.

Paulo, contudo, além desse reconhecimento explícito da sua função de apóstolo dos pagãos, faz questão de dizer, sem possibilidade de ser desmentido, que "esses mesmos notáveis nada mais me impuseram". Esse "nada mais" refere-se naturalmente à questão relembrada um pouco atrás, isto é, o Evangelho que ele prega entre os pagãos, exemplificado pelo caso do étnico-cristão Tito, que pode ficar junto com os judeu-cristãos sem submeter-se ao rito da circuncisão. Para confirmar sua declaração central — "nada mais me impuseram" — Paulo pode dizer de forma positiva que Tiago, Cefas e João, as colunas da Igreja, deram a ele e a Barnabé a mão direita em sinal de comunhão.

No final, Paulo acrescenta uma nota que esclarece o sentido dessa comunhão: "Eles pediram apenas que nos lembrássemos dos pobres, e isso eu tenho procurado fazer com muito cuidado" (Gl 2,10). É uma situação de precariedade econômica e social na qual se encontram os cristãos da Igreja de Jerusalém. Os seus responsáveis relembram isso a Paulo e Barnabé, reconhecidos como legítimos missionários dos pagãos, com o convite implícito para se encarregarem disso. Na conclusão da Carta aos Romanos, Paulo explica que as Igrejas por ele fundadas "a Macedônia e a Acaia resolveram fazer uma coleta em favor dos pobres da comunidade de Jerusalém" (Rm 15,26). Para Paulo, tal coleta não é uma imposição ou taxa religiosa que as Igrejas da sua missão devem entregar à Igreja-mãe, como a taxa que os judeus da diáspora pagam ao templo de Jerusalém. Ele não a considera nem imposição nem sinal de dependência ou submissão da Igreja dos pagãos à Igreja dos judeus. Representa, ao contrário, a confirmação do reconhecimento da sua função de apóstolo entre os pagãos e o sinal concreto da comunhão selada no encontro de Jerusalém. Por isso, Paulo assume pessoalmente e com prazer o compromisso de organizar a coleta de fundos em favor dos pobres da Igreja judaico-cristã de Jerusalém.

5. A CONTROVÉRSIA DE ANTIOQUIA SEGUNDO PAULO

Após o encontro de Paulo com os chefes da Igreja de Jerusalém sobre a questão do Evangelho por ele pregado entre os pagãos, o relato autobiográfico da Carta aos Gálatas continua com um episódio que podemos chamar de "controvérsia de Antioquia", pois está ambientado nessa Igreja, tendo ainda como protagonistas Paulo e Pedro, chamado pelo seu nome aramaico "Cefas". Pelo teor da frase inicial, que liga as duas narrativas, não entendemos bem se se trata de um episódio posterior ou anterior ao acordo de Jerusalém. O que se vê de modo bastante claro é o contraste entre as duas situações: de um lado, o pleno acordo com as colunas da Igreja, entre as quais é mencionado explicitamente Cefas; de outro lado, o confronto que se dá em Antioquia. Desde as primeiras linhas, Paulo se preocupa em apresentar o caso de modo a fazer aparecer com clareza a sua posição e a de Pedro-Cefas: "Quando Pedro foi a Antioquia, eu o enfrentei em público, porque ele estava claramente errado" (Gl 2,11). Sem meios termos, Paulo declara que Cefas estava errado e, por isso, sua oposição clara e aberta a ele não só tinha sido perfeitamente legítima, mas se impunha pela própria lógica dos fatos.

Todavia, como se deram os fatos? Paulo, na Carta aos Gálatas, se preocupa em interpretá-los a favor da sua linha de defesa diante dos cristãos da Galácia. Ele é acusado de ser um apóstolo de segundo escalão, dependente dos que eram Apóstolos antes dele em Jerusalém. Além disso, dizem que seu modo de pregar o Evangelho entre os pagãos não é compartilhado, mas contestado, por aqueles apóstolos de Jerusalém. Reconstruindo suas relações com os Apóstolos e responsáveis de Jerusalém, Paulo demonstra que seu encargo de apóstolo enviado aos pagãos provém de Deus, sendo reconhecido também pelos chefes históricos da cidade. Para confirmar a legitimidade da sua missão entre os pagãos, reconhecida em Jerusalém do mesmo modo que a de Pedro entre os judeus, Paulo relata a controvérsia de Antioquia.

A frase inicial, ditada pela preocupação apologética de Paulo de dizer logo que ele tinha razão e que Pedro estava errado, dá a impressão de que ele se opôs a Pedro assim que este chegou em Antioquia. Na seqüência, porém, Paulo narra o desenvolvimento do caso e qual foi o comportamento de Pedro que provocou sua dura reação. Num primeiro momento, Pedro compartilha sem escrúpulos, em Antioquia, a mesa com os cristãos convertidos de origem pagã. Mas quando chegam em Antioquia alguns judeu-cristãos vindos de Jerusalém, que se reportam à autoridade de Tiago, Pedro começa a não mais participar da mesa com os étnico-cristãos de Antioquia e a se separar deles por medo daqueles que acabaram de chegar.[4] A situação se agrava pelo fato de que o exemplo de Pedro leva os outros judeu-cristãos a interromper a comensalidade com os cristãos não-judeus. Até Barnabé, colaborador de Paulo na missão entre os pagãos, se deixa arrastar por tal comportamento.

---

[4] O texto grego de Gálatas 2,12 deixa abertas duas possibilidades de interpretação: aqueles que vieram da parte de Tiago podem ser "delegados enviados", como inspetores de Tiago; ou simplesmente são alguns que pertencem ao ambiente de Tiago. O texto grego, testemunhado por alguns códices no singular ("um fulano veio da parte de Tiago"), reforçaria a autoridade de Tiago sobre a comunidade de Antioquia e sua influência sobre o comportamento de Pedro.

Sem meios termos, Paulo chama de "hipocrisia" esse modo de agir dos judeu-cristãos que, por medo, como Pedro, interrompem a comunhão de mesa com os outros cristãos. Diante dessa situação, ele não pode ficar olhando. Enfrenta abertamente Pedro e lhe joga no rosto a incoerência. Eis o relato dos fatos, com as próprias palavras de Paulo: "Quando vi que eles não estavam agindo direito, conforme a verdade do Evangelho, eu disse a Pedro, na frente de todos: Você é judeu, mas está vivendo como os pagãos e não como os judeus. Como pode, então, obrigar aos pagãos a viverem como judeus?" (Gl 2,14). Para Paulo, na questão da comensalidade entre os dois grupos cristãos, os de origem judaica e os oriundos do paganismo, está em jogo aquilo que ele chama de "verdade do Evangelho".

A verdade do Evangelho coincide com o anúncio de Jesus Cristo. Ele é o único mediador da salvação concedida por Deus a todos os seres humanos que se abrem a ele pela fé. Se isso é verdade, então não há razão para haver separação entre judeus e pagãos convertidos. De fato, todos fazem parte do único povo de fiéis batizados em nome de Jesus Cristo. Compreende-se, então, a tomada de posição de Paulo que enfrenta Pedro não em particular, mas publicamente, numa assembléia da Igreja de Antioquia, "na presença de todos". Agindo assim, ele quer se opor à influência negativa que Pedro exerce sobre os outros judeu-cristãos na comunidade antioquena. Paulo diz: "Você, Pedro, com o seu comportamento cria de novo aquela separação entre judeus e pagãos que foi eliminada pela nossa comum adesão a Jesus Cristo".

Colocada nesses termos, a questão da comensalidade entre os cristãos não é um fato marginal que pode ser regulado conforme critérios de ocasião. Talvez Pedro não queira se opor à linha dos judeu-cristãos de Jerusalém que apelam para Tiago. Paulo, porém, vê as coisas de outro modo. Se Pedro cede à pressão dos judeu-cristãos, cria um racha na Igreja antioquena que pratica a comensalidade entre os vários grupos cristãos em nome da fé cristã comum. A divisão das mesas não pode ser uma concessão para favorecer dois modos de viver a única fé em Jesus Cristo. Com essa praxe corre-se o risco de negar o próprio fundamento da unidade eclesial e de criar duas Igrejas paralelas. Paulo, que vive na pele o confronto com os judeus da diáspora, se dá conta desse risco e condena sem meias medidas a linha de Pedro e dos outros judeu-cristãos que, por razões práticas ou táticas, interrompem a comunhão de mesa com os étnico-cristãos. Portanto, para Paulo a comensalidade é apenas um sinal ou sintoma da comunhão mais profunda entre os fiéis que está na base da experiência eclesial deles.

Como terminou esse confronto entre Paulo e Pedro em Antioquia? Pedro deu razão a Paulo e voltou a freqüentar a mesa com os étnico-cristãos? Como reagiram os outros judeu-cristãos, principalmente Barnabé, amigo e colaborador de Paulo? Paulo não diz explicitamente qual foi o resultado dessa controvérsia, em que, no seu entender, estava em jogo a "verdade do Evangelho". Se ele tivesse tido um sucesso ao menos parcial o teria dito, pois isso entraria na argumentação de defesa da legitimidade da sua função de apóstolo e do conteúdo do Evangelho de Jesus Cristo, que ele propôs aos gálatas. Talvez Paulo tenha ficado sozinho ao defender claramente e sem concessões o que chama de a "liberdade do Evangelho". De fato, ele admite que Pedro não teve coragem de se opor aos judeu-cristãos de Jerusalém, que recorrem à autoridade de Tiago. Se até Barnabé se adaptou à prática de Pedro e dos outros judeu-cristãos de Antioquia significa que Paulo se viu sozinho ao defender a comunhão de mesa como expressão da igualdade e da unidade dos cristãos na Igreja da metrópole síria.

Se as coisas caminharam realmente assim, então a controvérsia de Antioquia, reconstruída segundo o testemunho de Paulo na Carta aos Gálatas, representa um racha incurável entre a linha de Paulo e a linha dos outros judeu-cristãos seguidores de Tiago. Mas sobretudo a situação provocada pelo comportamento de Pedro é um indício de que a Igreja de Antioquia não é mais o ambiente ecumênico aberto ao dinamismo missionário, no qual Paulo, juntamente com Barnabé, amadureceu sua vocação de apóstolo dos pagãos.

Uma confirmação desse estado de coisas poderia vir daquilo que Lucas narra nos Atos dos Apóstolos sobre a ruptura da colaboração entre Paulo e Barnabé. Depois da assembléia de Jerusalém, que traz novamente a paz à Igreja antioquena, Paulo propõe a Barnabé voltarem a visitar as comunidades cristãs em todas as cidades onde haviam anunciado juntos a palavra do Senhor, para ver como elas estão. Nessa nova viagem missionária, Barnabé gostaria de levar João Marcos. Paulo, porém, se opõe a isso, pois não quer ter como companheiro alguém que desistira na Panfília e não quis participar do trabalho missionário. O autor dos Atos, que geralmente procura diluir os contrastes e os dissabores, diz abertamente: "Houve desacordo entre eles, a tal ponto que tiveram de separar-se um do outro. Barnabé levou Marcos consigo e embarcou para Chipre. Paulo, por sua vez, escolheu Silas e partiu, recomendado pelos irmãos à graça do Senhor" (At 15,39-40).

O fim da colaboração entre Paulo e Barnabé teria sido determinado apenas por causa de João Marcos? A oposição de Paulo em aceitar de novo Marcos, como propõe Barnabé, dá a impressão de teimosia ou de uma espécie de represália. Será que na origem desse confronto, que acaba separando os dois missionários, não poderia estar a crise subjacente à controvérsia de Antioquia, em que parece entrar em discussão a metodologia missionária de Paulo e a convivência dos cristãos nas comunidades mistas? Nesse caso, o desacordo sobre a presença ou não de Marcos na nova campanha missionária seria apenas indício de um desacordo bem mais profundo. O autor dos Atos, contudo, não diz nada a respeito dessa controvérsia de Antioquia, sobre a comensalidade entre os cristãos de procedência diferente, em que estão pessoalmente envolvidos Paulo, Pedro e também Barnabé.

Neste ponto, vale a pena tentarmos comparar os dois testemunhos, o de Lucas nos Atos dos Apóstolos e o de Paulo na Carta aos Gálatas, para reconstruirmos, no que for possível, o desenvolvimento dos fatos ligados com o chamado "concílio de Jerusalém". Antes de qualquer hipótese historiográfica sobre o assunto, devemos ter em mente o percurso diferente seguido pelas duas tradições e pelos respectivos autores, procurando sublinhar suas convergências e divergências.

6. CONVERGÊNCIAS E DIVERGÊNCIAS ENTRE LUCAS E PAULO

Antes de tudo, deve-se ter em mente que há uma convergência substancial entre os dois testemunhos autônomos sobre o "concílio de Jerusalém", que condiciona a biografia de Paulo como missionário cristão. Não só os protagonistas são os mesmos, com a variante de alguns nomes — acréscimo de Tito e João por parte de Paulo; de Judas Bársabas e Silas em Lucas —, mas o assunto da discussão, embora apresentado numa perspectiva diferente, coincide. Trata-se de esclarecer a posição dos cristãos que provêm do mundo pagão também sobre a circuncisão e a observância ou não da lei judaica. Não é apenas uma questão teórica, mas prática e de organização da vida eclesial, imposta pela missão cristã dirigida aos pagãos.

Uma solução poderia ser aquela oferecida pelo modelo da missão judaica, que acolhe na sua comunidade os pagãos convertidos como "prosélitos". O rito da circuncisão sela a adesão deles à fé monoteísta e o compromisso de observarem a lei judaica. Nesse ponto, entretanto, o movimento dos cristãos que professam a fé em Jesus Cristo como Senhor seria uma variante messiânica do Judaísmo. Talvez seja esta a linha proposta pela ala mais intransigente dos judeu-cristãos de Jerusalém, que recorrem à autoridade de Tiago.

O "concílio de Jerusalém", ao contrário, segundo os testemunhos de Paulo e Lucas, opta por outra solução. Ela encontra provavelmente em Paulo o seu mais convicto e ativo defensor teórico e prático, porque nasce a partir da instância de uma missão cristã aberta aos povos sem discriminações e, sobretudo, sem o empecilho da circuncisão, que provoca fortes resistências no mundo greco-romano. Paulo apresenta uma justificativa teórica para essa linha missionária, baseado na fé em Jesus Cristo, considerado como único mediador de salvação. Em termos gerais, a posição é defendida até por Pedro e Tiago, os quais sob diversos títulos representam a Igreja de Jerusalém e são porta-vozes dos judeu-cristãos, o núcleo original dos convertidos à fé cristã.

Os dois testemunhos de Paulo e de Lucas convergem sobre esse significado decisivo do evento de Jerusalém. As divergências dizem respeito a algumas circunstâncias e episódios particulares ligados ao encontro ou assembléia de Jerusalém. Um fato fortemente salientado por Paulo é o de que a circuncisão não foi imposta aos pagãos convertidos à fé cristã como condição para fazer parte da Igreja. Eles são acolhidos com todos os direitos também em nível prático, como mostra o caso de Tito, o cristão de origem pagã que vive junto com os outros cristãos em Jerusalém. Além disso, Paulo insiste em dizer que nada mais lhe foi imposto pelos responsáveis da Igreja de Jerusalém. Entre aqueles que são considerados colunas da Igreja, ele menciona, em ordem de importância, por causa da função exercida na Igreja de Jerusalém, "Tiago, Cefas e João". O fato de citar três pessoas satisfaz o princípio jurídico da Bíblia que, nos debates processuais, exige a presença de duas ou três testemunhas (cf. Dt 19,15).

Paulo, portanto, faz questão de sublinhar que essas pessoas, que todos em Jerusalém consideram como as mais importantes e respeitadas, nada mais lhe impuseram. Talvez ele pretenda contestar alguns judeu-cristãos, que apelam a essas pessoas para justificar as próprias restrições a respeito dos pagãos convertidos. Eles insinuam que Paulo, com seu modo de organizar a missão entre os pagãos, não leva em conta as decisões tomadas em Jerusalém. A versão dada por Lucas da assembléia de Jerusalém poderia convalidar essa hipótese sobre a presença de um grupo de opositores de Paulo, que recorrem à autoridade de Jerusalém. De fato, o autor dos Atos traz como síntese e resultado do debate em Jerusalém a carta enviada a Antioquia, na qual constam as quatro cláusulas que Tiago considera necessário impor aos pagãos convertidos, a fim de favorecer a convivência com os outros cristãos de origem judaica.

Será que Paulo não sabe nada a respeito desse "decreto de Tiago" ou o ignora de propósito? A versão lucana dos fatos sobre esse assunto está em contraste notório com a versão paulina, pois o autor dos Atos diz que Paulo e Barnabé acompanham os dois delegados da Igreja de Jerusalém — Judas Bársabas e Silas — até Antioquia, levando a carta, na qual constam as cláusulas de Tiago. Além disso, no começo do relato da nova viagem missionária que Paulo realiza em companhia de Silas, como substituto de João Marcos — em Listra se associa também Timóteo —, se diz que "percorrendo as cidades, Paulo e Timóteo transmitiam as decisões que os Apóstolos e anciãos de Jerusalém haviam tomado, e recomendaram que fossem observadas" (At 16,4). Essa imagem de Paulo com as vestes de propagandista e executor das cláusulas de Tiago — isto é, das decisões tomadas em Jerusalém e entregues por escrito no documento enviado a

Antioquia — contrasta fortemente com aquilo que o Apóstolo escreve na Carta aos Gálatas e no conjunto do seu epistolário autêntico.

Entretanto, na primeira Carta aos Coríntios há algumas alusões a um método missionário que relembra a linha meio-termo proposta pelo decreto de Tiago. No contexto do debate sobre o modo de pôr em prática a liberdade cristã, Paulo traz o seu exemplo de apóstolo como exemplo de liberdade paradoxal. Ele, como verdadeiro apóstolo, embora sendo livre em relação a todos, se faz servo de todos para ganhar o maior número possível de adeptos. Paulo diz: "Com os judeus, comportei-me como judeu, a fim de ganhar os judeus". E repete, com outras palavras, a mesma idéia: "Com os que estão sujeitos à lei, comportei-me como se estivesse sujeito à lei — embora eu não esteja sujeito à lei —, a fim de ganhar aqueles que estão sujeitos à lei" (1Cor 9,20-21). A reflexão de Paulo trata exatamente sobre o seu método de evangelização dirigida aos judeus que estão sob a lei e aos pagãos que não estão sob a lei. No mesmo contexto, ele acena também à colaboração de Barnabé, que partilhou com ele a mesma opção de anunciar gratuitamente o Evangelho (1Cor 9,6).

Na primeira Carta aos Coríntios, Paulo enfrenta um problema parecido, regulado pelo decreto de Tiago. É a relação entre os dois grupos diferentes de cristãos de origem pagã e judaica sobre a oportunidade ou não de participar do banquete no qual se comem as carnes imoladas aos ídolos. Neste caso, Paulo não recorre de nenhum modo às decisões da Igreja de Jerusalém, que até lhe podiam ser úteis para fazer valer sua posição contra aqueles que defendem o direito de participar desses banquetes em nome da liberdade de consciência. Na mesma carta, Paulo recorre à praxe disciplinar da Igreja de Jerusalém — "igrejas de Deus" — para confirmar sua posição sobre a função e o comportamento das mulheres nas assembléias de Corinto (1Cor 11,16; 14,34-36). Ao contrário, não diz nada que possa lembrar um eventual decreto da Igreja de Jerusalém, no qual constem as proibições alimentares da tradição bíblica.

A comparação entre o que Paulo diz e o relato lucano nos Atos pode ser feita numa sinopse em que a ordem de sucessão dos fatos referidos por um se enquadra com a ordem de sucessão dos fatos apresentada pelo outro. Mas em ambos os casos se privilegia um dos dois testemunhos. Quem dá mais crédito ao esquema de Paulo procura adaptar o esquema lucano e vice-versa. Eis o quadro comparativo dos dois testemunhos:

Os fatos segundo Lucas
Primeira viagem de Paulo a Jerusalém, após a sua "conversão", onde encontra os Apóstolos graças à mediação de Barnabé (At 9,26-30).

A segunda viagem de Paulo juntamente com Barnabé para levar ajuda da Igreja de Antioquia aos anciãos de Jerusalém (At 11, 27-30).

Os fatos segundo Paulo
Esta primeira viagem corresponderia à primeira visita breve de Paulo a Jerusalém, depois de três anos, para se encontrar com Cefas (Gl 1,18-19).

Esta nova viagem tem alguns elementos em comum com aquela que Paulo fez em companhia de Barnabé depois de catorze anos, "seguindo uma revelação" (Gl 2,1-2a).

O aceno aos "pobres", no final do encontro de Paulo com as colunas da Igreja em Jerusalém, relembra a motivação da segunda viagem na versão lucana, em que se fala de uma coleta em Antioquia, feita sob a inspiração do profeta Ágabo.

A terceira viagem de Paulo também junto com e outros delegados da Igreja de Antioquia para tratar da questão da missão e do estatuto dos pagãos com os responsáveis da Igreja, depois de uma primeira controvérsia na Igreja de Antioquia (At 15,1-4).	Há elementos em comum Barnabé com aquele mencionado por Paulo em companhia de Tito; a mesma motivação; não se fala, porém, de uma controvérsia sobre o problema dos pagãos que teria acontecido na Igreja de Antioquia (Gl 2,1-5).
Nova controvérsia em Jerusalém resolvida pela intervenção de Pedro e Tiago na presença de Paulo e Barnabé (At 15,5-19).	Fala-se de uma controvérsia sobre a comensalidade em Antioquia, em que estão envolvidos Pedro, Paulo e Barnabé; referência a Tiago e a Jerusalém (Gl 2,11-14).

Paulo fala dessa controvérsia antioquena, relacionada à comensalidade com os étnico-cristãos, depois do encontro e do acordo de Jerusalém. Uma pergunta se impõe: É a mesma controvérsia anterior ao "concílio de Jerusalém", de que Lucas fala, ou se trata de dois episódios distintos, relatados de modo autônomo pelas duas fontes? Deve-se notar que Paulo, na Carta aos Gálatas, não menciona sua experiência antioquena, enquanto, segundo Lucas, ela tem um papel decisivo no que se refere à sua missão entre os pagãos. Paulo fala de Antioquia só por ocasião da controvérsia com Pedro sobre a comunhão de mesa entre os cristãos. Controvérsia em que Barnabé também está envolvido e que poderia estar na origem da separação deles.

Outro ponto de divergência entre os dois testemunhos se refere ao papel de Pedro na missão entre os pagãos. Para o autor dos Atos, Pedro foi o primeiro escolhido por Deus para levar o Evangelho aos pagãos. Lucas narra, antes da assembléia de Jerusalém, o episódio da conversão de Cornélio e de sua família, em Cesaréia, para confirmar essa função exemplar de Pedro na evangelização dos pagãos. O próprio Pedro, nessa ocasião, foi contestado por ter se hospedado na casa de Cornélio, em Cesaréia, isto é, por ter comido juntamente com os incircuncisos. Paulo, ao contrário, na Carta aos Gálatas, insiste em apresentar de modo simétrico as duas missões distintas e os respectivos encarregados. Deus confiou a ele, Paulo, o Evangelho aos incircuncisos e a Pedro aos circuncidados, isto é, aos judeus. Também o acordo final entre as colunas da Igreja, Tiago, Cefas e João, de um lado, e Paulo e Barnabé, de outro lado, se encerra com o reconhecimento da missão distinta dos primeiros aos circuncidados judeus e dos segundos aos pagãos.

7. HIPÓTESES SOBRE A BIOGRAFIA MISSIONÁRIA DE PAULO

Para resolver em parte as divergências entre os dois testemunhos e, ao mesmo tempo, obter uma linha historiográfica coerente, propõe-se uma nova sucessão dos fatos que precedem e sucedem a assembléia ou encontro de Jerusalém. Nessa reconstrução, procura-se reordenar o quadro lucano, para fazer com que ele combine com o quadro paulino.[5] Nessa hipótese, a missão aos pagãos se desenvolveu, num primeiro momento, no ambiente de Antioquia, por iniciativa dos helenistas que haviam saído de Jerusalém. Paulo se inseriu nessa linha missionária, trabalhando nas regiões da Síria e da Cilícia, cuja capital é Antioquia, e se associou a Barnabé. A partir da experiência de Antioquia, a missão se interessa primeiramente pelos simpatizantes do Judaísmo, "os tementes a Deus", e depois diretamente pelos pagãos.

Não fica claro se desde o começo, isto é, já na experiência de Antioquia, não se impõe a circuncisão aos pagãos que aderem ao Evangelho. Paulo é defensor de uma linha de total liberdade em favor dos pagãos convertidos. Barnabé adere a essa linha e se torna o colaborador de Paulo no ambiente antioqueno. Tal situação provoca a reação dos judeu-cristãos integristas de Jerusalém, que seguem Tiago e que gostariam de impor a circuncisão e a relativa obser-

---

[5] Pesch, R. *Atti degli apostoli*. Assisi, Cittadella Editrice, 1992. pp. 605-606.

vância da lei aos neoconvertidos do paganismo. Essa controvérsia antioquena desemboca na assembléia de Jerusalém, que aprova a linha de Paulo e Barnabé, que em seguida realizam a missão, primeiro em Chipre e depois nas regiões da Anatólia. Na volta deles, surge em Antioquia uma nova controvérsia — a comensalidade dos dois grupos de cristãos — em que se defrontam Pedro e Paulo. Os judeucristãos seguem Pedro, e também Barnabé adere à linha de Pedro, que se dissocia dos étnico-cristãos. Esse fato provoca a separação de Paulo e Barnabé. Então Paulo, juntamente com Silas e Timóteo, empreende uma nova missão, que o leva à Galácia, Macedônia e Grécia.

Segundo outra hipótese, essa segunda viagem missionária teria sido realizada antes da assembléia de Jerusalém, que aprova a linha missionária de Paulo.[6] Na Carta aos Gálatas, em que fala do seu encontro com os chefes de Jerusalém e da sua oposição aos falsos irmãos, Paulo considera como um fato anterior a sua missão na Galácia. Do mesmo modo, devem ser consideradas como anteriores uma segunda visita a essas Igrejas ou as informações sobre a confusão provocada pela propaganda dos novos pregadores, os quais recomendam aos gálatas a circuncisão e a observância da lei judaica. Devemos notar, porém, que Paulo considera, tanto a missão na Galácia quanto a respectiva crise, como fatos passados em relação à redação da carta, mas não necessariamente anteriores ao seu encontro com os chefes de Jerusalém. Mais do que tudo, seria pro-

---

[6] LEGASSE, S. *Paolo apostolo*; saggio di biografia critica. Roma, Città Nuova, 1994. pp. 93-106.

blemática a presença de Barnabé nesse encontro de Jerusalém, pois ele não é colaborador de Paulo na missão que, depois da Galácia, continua em direção à Macedônia e à Grécia. O novo companheiro na missão de Paulo nessas regiões é Silas, originário de Jerusalém, o qual, segundo Lucas, foi escolhido por Paulo exatamente durante o concílio ou a assembléia de Jerusalém.[7]

Fica o problema do chamado "decreto de Tiago", que Paulo na Carta aos Gálatas e nas outras cartas, onde teria tido ocasião de lembrá-lo, parece ignorar ou até mesmo contestar ou esnobar. A solução mais simples é a de restringir o ambiente dos destinatários dessas disposições às comunidades mistas das regiões da Síria e da Cilícia, que seguem a orientação da Igreja de Antioquia. Nesse caso, as novas Igrejas paulinas na Galácia, Macedônia e Grécia, formadas em sua maior parte por pagãos convertidos, não estariam sujeitas às restrições inspiradas na legislação do Levítico sobre a pureza ritual. Outra solução seria pós-datar o decreto de Tiago como medida disciplinar para aplicar a linha escolhida pela assembléia de Jerusalém. Em outras palavras, o decreto teria sido emanado após o chamado "concílio de Jerusalém", exatamente a partir das controvérsias surgidas em conseqüência da questão da comensalidade entre os cristãos, exemplificadas no incidente de Antioquia. Precisamente nessa ocasião se faz valer a autoridade de Tiago até mesmo sobre o comportamento de Pedro e dos outros judeu-cristãos.

---

[7] Contudo, parece que Barnabé é conhecido em Corinto como missionário companheiro de Paulo; no mesmo contexto, porém, Paulo fala de Cefas, dos outros Apóstolos e dos "irmãos do Senhor", sem necessariamente pressupor que todos tenham estado em Corinto (1Cor 9,5-6).

Se os fatos se desenrolaram conforme essa seqüência, então Paulo pode dizer no seu relatório sobre o encontro de Jerusalém: "No que se refere aos mais notáveis [...] nada mais me impuseram". Não se entende, entretanto, porque em seguida, quando escreve a Carta aos Gálatas, ele ignora exatamente o decreto que tinha a intenção precisa de regulamentar a convivência nas comunidades cristãs mistas, relembrando aos ex-pagãos a observância das proibições alimentares levíticas. Será que Paulo não fala do decreto porque o considera estranho ao seu ambiente de apóstolo dos pagãos, reconhecido também por Tiago juntamente com os outros chefes de Jerusalém? Ou não fala dele porque contradiz a "verdade" e a "liberdade do Evangelho"? Aqueles que o conhecem, porém, podem sempre apelar para esse documento a fim de levantar suspeitas sobre sua plena comunhão com a Igreja de Jerusalém. Não existe uma hipótese que explique esse silêncio de Paulo sobre o decreto jerosolimitano. Afirmar que o decreto de Tiago é uma invenção de Lucas, no plano historiográfico é uma declaração de fracasso. É preferível reconhecer que a relação de Paulo com o "decreto de Tiago" continua sendo um enigma, embora sua origem histórica possa ser explicada, assim como o valor eclesial de suas disposições.

Fica ainda aberta a questão do número, ordem de sucessão e cronologia das viagens de Paulo a Jerusalém e das suas missões na Ásia e na Grécia. Essa questão se entrelaça com o "concílio de Jerusalém" e as controvérsias de Antioquia. Quanto à cronologia da assembléia de Jerusalém e da controvérsia de Antioquia sobre a comensalidade, devemos levar em conta a presença de Pedro. Se tomarmos como bom o testemunho lucano sobre a perseguição de Herodes Agripa em Jerusalém, devemos admitir que Pedro deixa a cidade antes de 44 d.C., ano da morte do rei. A morte de Herodes é confirmada, de fato, também por Flávio Josefo. Então entendemos o papel proeminente assumido por Tiago na Igreja de Jerusalém depois da partida de Pedro. Tão-só depois da morte de Herodes Agripa, Pedro pode voltar a Jerusalém, onde se dá o encontro com Paulo e Barnabé e o acordo sobre a missão aos pagãos e aos judeus. Tudo isso nos leva a uma datação do encontro por volta do final dos anos 40 d.c. Antepor a isso a dupla missão de Paulo, antes com Barnabé em Chipre e na Ásia Menor e, depois, com Silas e Timóteo na Macedônia e na Grécia, traz complicações cronológicas muito mais intrincadas do que aquelas que se procura resolver. Basta pensarmos que a missão paulina em Corinto dura cerca de dois anos. E esses dois anos devem ser contados a partir do ano 50 d.c., pois a presença de Paulo na cidade de Corinto coincide em parte com o ano do proconsulado de Galião (51-52 d.C.).[8]

O ponto mais fraco dessas reconstruções da missão de Paulo e das suas relações com a Igreja de Jerusalém é a incoerência metodológica. Por um lado, se toma como indício historicamente seguro e plausível a ordem de sucessão sugerida pela Carta aos Gálatas ou pelo conjunto do epistolário paulino autêntico. O esquema lucano nos Atos dos Apóstolos é então subordinado ao das cartas, mas é remexido para fazer com que se enquadre com o esquema paulino. Por outro lado, se constata que as notícias ocasionais e fragmentárias presentes nas cartas de Paulo não permitem obter um quadro cronológico homogêneo e completo. Então se

---

[8] Para a documentação e a relativa discussão sobre essa data decisiva para a cronologia paulina, cf. o capítulo dedicado à missão de Paulo em Corinto.

recorre às informações lucanas, sobretudo àquelas que se referem a lugares e tempos, personagens e episódios das viagens de Paulo pela Ásia, Galácia, Macedônia e Grécia. Esses dados servem para confirmar o quadro reconstruído com base nas cartas paulinas, que por sua vez é utilizado para remexer os papéis na obra lucana. Para um mínimo de coerência metodológica deve-se admitir que existem dois testemunhos diferentes dos fatos sobre a biografia de Paulo. Apenas onde há uma substancial convergência se pode reconstruir um roteiro razoável. Diante das divergências inconciliáveis, é preferível levar em conta os dois pontos de vista, sem a pretensão de reconstruir o desenrolar exato dos fatos, pois ambos são interpretações legítimas, ainda que não seja possível verificar sua plausibilidade historiográfica.

É momento de se fazer um balanço dessa investigação sobre a assembléia ou encontro de Paulo com os responsáveis da Igreja de Jerusalém. Concluindo, o chamado "concílio de Jerusalém", embora seja colocado no desenvolvimento da história paulina com os relativos eventos que o precedem e lhe sucedem, é uma espécie de divisor de águas na vida e na missão de Paulo. Depois desse evento, com suas ressonâncias doutrinais e práticas, Paulo é reconhecido oficialmente como o missionário dos pagãos. Ainda que suas relações com a Igreja de Antioquia e de Jerusalém se compliquem, ele pode realizar uma missão de grande alcance, que o leva às grandes cidades da Ásia Menor e da Grécia. A partir dessas metrópoles que estão defronte ao mar Egeu e ao mar Mediterrâneo, Paulo olha para Roma e para as regiões ocidentais do império romano. Após esse evento, podemos imaginar a trajetória da biografia missionária de Paulo como uma linha ideal que parte de Jerusalém e, passando por Antioquia, aponta para a capital do império romano.

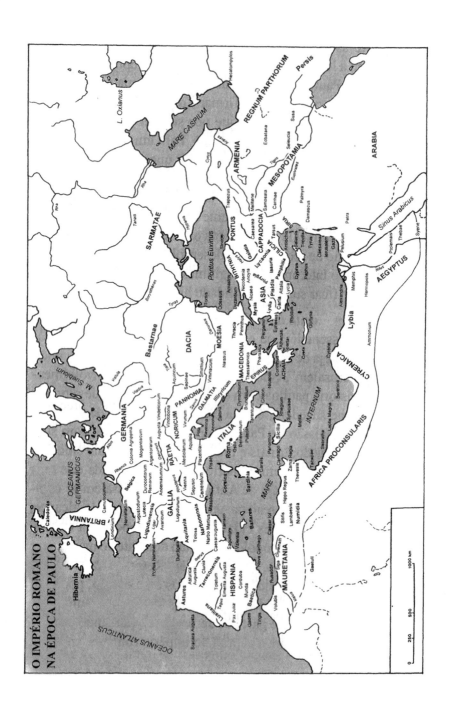

VII
A MISSÃO ENTRE OS PAGÃOS

O encontro de Paulo e Barnabé em Jerusalém com as pessoas consideradas "mais respeitáveis" e "colunas da Igreja" se encerra com um gesto de "comunhão": Tiago, Cefas e João dão a mão direita aos dois missionários. Paulo interpreta isso como reconhecimento do seu trabalho de pregador do Evangelho e como confirmação do chamado por parte de Deus, que lhe revelou o seu Filho para que o anunciasse entre os pagãos. De fato, o acordo de Jerusalém não segue a linha dos judeu-cristãos integristas, que se opõem ao método de evangelização de Paulo em favor dos pagãos. Ao mesmo tempo, porém, o esclarecimento junto aos responsáveis da Igreja jerosolimitana abre uma nova perspectiva de missão voltada para os não-judeus. Desse momento em diante, Paulo projeta uma ação missionária de longo alcance, para chegar até os maiores centros do império romano.

Outro impulso para ampliar o horizonte do anúncio do Evangelho provém do incidente de Antioquia. Qualquer que seja a hipótese cronológica sobre esse episódio — antes ou depois do encontro de Jerusalém —, ele provoca uma nova situação que abre ou confirma a divisão dos campos da missão cristã acertada com os responsáveis de Jerusalém.

Na controvérsia de Antioquia sobre a comunhão da mesa entre os cristãos, Paulo entra em confronto com Pedro, que se deixa influenciar pelos judeu-cristãos de Tiago. Todavia, a desilusão maior que Paulo sente é o abandono de Barnabé que, juntamente com outros judeu-cristãos de Antioquia, segue o exemplo de Pedro. Em poucas palavras, Paulo ficou em minoria ao defender a plena igualdade eclesial dos étnico-cristãos. Ele se dá conta de que a Igreja antioquena não é mais o ambiente adequado para sua ação. Por isso, Paulo pensa em uma nova viagem missionária, percorrendo as etapas anteriores, mas visando decididamente ao mundo dos pagãos. Ele já está em condições de voar sozinho e de organizar uma missão de modo autônomo, sem depender do cordão umbilical que o mantém ligado às Igrejas de Jerusalém e da Síria.

Para reconstruir a biografia de Paulo "apóstolo dos pagãos", como ele mesmo se apresenta na Carta aos Romanos, temos disponíveis as informações espalhadas em seu epistolário. Os dados auferidos das cartas escritas pelos discípulos de Paulo às Igrejas também podem ser utilizadas para completar o quadro da sua atividade, que se estende por quase uma década. Trata-se, contudo, sempre de informações ocasionais e de dados fragmentários, que não permitem traçar um perfil completo do trabalho missionário de Paulo e que deixam descobertos amplos setores da sua ação. As cartas de Paulo, principalmente as autênticas, são documentos de primeira mão, que lançam uma grande e intensa luz sobre cada uma das situações locais, mas deixam na sombra todo o resto. A biografia missionária de Paulo, construída com base em suas cartas, é bem definida e precisa, mas descontínua e cheia de lacunas.

Portanto, é indispensável o recurso aos Atos dos Apóstolos como segunda fonte de informação para completar o quadro da missão de Paulo. Ainda mais que, na narrativa lucana, depois da assembléia de Jerusalém, Paulo é o único protagonista. Ele agora ocupa toda a cena, e seus colaboradores, quando mencionados, são apenas figurantes. Tem-se a impressão de que os Atos dos Apóstolos, projetados como história do testemunho cristão ou do trajeto da Palavra desde Jerusalém até os extremos da terra, se transformam, depois do "concílio de Jerusalém", numa biografia paulina. Trata-se, porém, de uma biografia particular, feita de uma montagem de viagens marcadas por algumas etapas, em que se concentra a atividade missionária de Paulo. Em outras palavras, a história lucana de Paulo é a primeira biografia da sua missão identificada com a missão da Igreja.

Então, por que não pegar o arcabouço da narrativa de Lucas como base para reconstruir a biografia missionária de Paulo? Esse é o caminho mais fácil e espaçoso, que muitos percorrem. Além disso, não há alternativas para quem escolhe traçar um quadro, no que for possível, extenso e completo de Paulo como promotor e organizador da missão cristã. Entretanto, é um itinerário possível o escolhido por Lucas, que liga idealmente Jerusalém a Roma, deixando desfocado todo o resto. Ele não fala nada sobre a missão cristã nas regiões mencionadas na lista dos povos de Pentecostes, desde os partos até os habitantes da Mesopotâmia, do Ponto ao Egito e à Líbia.

Por outro lado, a escolha lucana coincide com aquela que se entrevê no epistolário de Paulo e que ele mesmo resume na Carta aos Romanos com estas palavras: "Assim, desde Jerusalém e seus arredores até a Ilíria, levei a cabo o anúncio do Evangelho de Cristo" (Rm 15,19). Entre Jerusalém e a Ilíria estão as regiões da Ásia, da Macedônia e da Grécia. Nas metrópoles dessas províncias do império romano, Paulo exerce sua atividade missionária documentada nas cartas enviadas às Igrejas que aí surgiram. Na Carta aos Romanos, ele já considera concluída essa fase missionária porque, diz expressamente, "agora já não tenho tanto campo de ação nessas regiões. E porque há muitos anos tenho grande desejo de visitá-los, quando eu for à Espanha, espero vê-los por ocasião da minha passagem. Espero também receber ajuda de vocês para ir até lá, depois de ter desfrutado um pouco a companhia de vocês" (Rm 15,23-24).

Portanto, no projeto de Paulo, ao menos naquele que ele reconstrói retrospectivamente no último escrito autêntico enviado à Igreja de Roma, a meta da sua missão itinerante é a capital do império, mas apenas como ponte para ir até as extremas regiões ocidentais, ou seja, à Espanha. Paulo aponta o motivo dessa escolha no mesmo contexto no qual faz um balanço da missão nas regiões orientais do império. Para ele se tornou ponto de honra anunciar o Evangelho somente onde ainda não havia chegado o nome de Cristo, "para não construir sobre fundamento alheio". O mesmo critério na escolha do campo de ação missionária é definido por Paulo na segunda Carta aos Coríntios, num trecho cheio de fortes acentos polêmicos contra os missionários cristãos que se intrometem em suas comunidades — como acontece em Corinto — e se vangloriam de trabalhos alheios. Ao contrário, a regra que Paulo estabeleceu para si é a de "levar o Evangelho para além das fronteiras", embora partindo dos lugares que já ouviram e acolheram o anúncio cristão (2Cor 10,12-16).

É essa, portanto, a linha metodológica que seguirei nesta reconstrução da atividade missionária itinerante de Paulo. Tomarei como ponto de referência as regiões e as cidades onde, graças à ação evangelizadora de Paulo, surgiram grupos cristãos. São aquelas comunidades ou Igrejas às quais são enviadas as atuais cartas de Paulo, tomando como ponto de referência o grupo de cartas consideradas autênticas.

Para encorpar esse quadro da missão de Paulo nas cidades do império romano utilizarei as informações fornecidas pelos Atos dos Apóstolos. A obra lucana tem a vantagem de apresentar um itinerário completo dos deslocamentos e da ação de Paulo, ao menos sob o aspecto geográfico e, em alguns casos, também do ponto de vista cronológico. O autor dos Atos, quando não dispõe de informações precisas e amplas, passa adiante ou faz ligações rápidas, concentrando tempo e espaço reais em sua trama narrativa. Esse, porém, é o risco que corre quem não se limita a catalogar documentos de arquivo ou memórias da tradição, mas procura recompor todo o afresco ou mosaico, partindo dos pedaços que sobraram.

1. A MISSÃO DE PAULO NA GALÁCIA

Paulo não programou uma missão cristã na região da Galácia. Ele foi obrigado a se deter nos territórios habitados pelos gálatas por causa de uma doença, talvez a mesma que na segunda Carta aos Coríntios ele apresenta como um "espinho na carne" e que percebe como um bofetão do anjo de Satanás (cf. 2Cor 12,7). Vale a pena ouvir seu testemunho registrado na carta enviada às Igrejas da Galácia alguns anos depois da parada forçada, na qual anunciou pela primeira vez o Evangelho nessas regiões. Num trecho epistolar de estilo autobiográfico, Paulo relembra esse primeiro encontro. Diante do risco de que os seus cristãos da Galácia abandonem o Evangelho de Cristo para recair na escravidão dos "elementos do mundo", aos quais são assimiladas as práticas judaicas recomendadas pelos novos pregadores, Paulo escreve o seguinte: "Receio que me cansei inutilmente por vocês" (Gl 4,11). Na terminologia paulina, "trabalho" e "cansaço" se referem à atividade missionária e pastoral para implantar e construir a comunidade cristã.

Em seguida, Paulo continua relembrando as circunstâncias e as modalidades do anúncio do Evangelho aos gálatas. Considera essa experiência paradigmática para definir suas relações com os cristãos da Galácia, que são seus filhos, gerados nas dores do parto (cf. Gl 4,19). "Irmãos, peço que sejam como eu, porque eu também me tornei como vocês. Vocês não me ofenderam em nada. E sabem que foi por causa de uma doença física que eu os evangelizei a primeira vez. E vocês não me desprezaram nem me rejeitaram, apesar do meu físico ser para vocês uma provação. Pelo contrário, me acolheram como a um anjo de Deus ou até como a Jesus Cristo" (Gl 4,12-14).

Paulo acentua a relação cordial e profunda que se estabeleceu entre ele e os gálatas por ocasião do primeiro encontro com eles. De fato, ele, o Apóstolo pregador do Evangelho, se apresentou entre os gálatas como um homem doente e necessitado de cuidados. Em vez de rejeitá-lo como pessoa suspeita, porque estava atingido pela doença, o acolheram como se fosse um enviado de Deus, ou até mesmo como o Messias Jesus. Paulo pode testemunhar que o consideraram bem-vindo e cuidaram dele com grande generosidade e dedicação. "Pois eu dou testemunho de que, se fosse possível, vocês teriam arrancado os próprios olhos para me dar" (Gl 4,15). Nesse clima de espontânea e recíproca confiança, Paulo anunciou aos gálatas o Evangelho de Jesus Cristo. Ele pode até mesmo escrever aos gálatas que representou diante dos olhos deles, ao vivo, "Jesus Cristo crucificado" (Gl 3,1). Doente, sem prestígio ou força, Paulo realmente é a imagem viva de Jesus crucificado, que revela o amor de Deus na fraqueza da sua morte.

Diante da situação propícia assim criada, Paulo prolongou sua atividade evangelizadora entre as populações da Galácia, mesmo depois de ter se curado da doença. Surgiram diversos grupos de cristãos nas cidades e vilas da região. De fato, Paulo envia sua carta "às Igrejas da Galácia". Onde, porém, se encontram essas Igrejas? Quem são os gálatas aos quais Paulo envia sua carta? Quando ele fez essa viagem à Galácia? As coisas se complicam pelo simples fato de que o termo "Galácia" pode indicar, no século I, regiões diferentes no centro da atual Turquia ou planalto anatólio.

Trata-se da província romana da Galácia ou das regiões onde as populações célticas chamadas "gálatas" se estabeleceram? Para respondermos a essas perguntas, podemos recorrer à segunda fonte de informações, os Atos dos Apóstolos, que falam da viagem de Paulo pela Anatólia central.

2. PAULO LEVA CONSIGO SILAS E TIMÓTEO

Depois da assembléia de Jerusalém, que restabelece a paz na Igreja antioquena, o autor dos Atos retoma a narrativa da atividade missionária itinerante de Paulo. Após a separação de Barnabé, por causa de João Marcos, Paulo escolhe Silas como novo colaborador, que fora um dos dois delegados da Igreja de Jerusalém encarregados de levar a carta do concílio à Igreja de Antioquia. Lucas o apresenta como uma pessoa muito estimada na Igreja de Jerusalém e dotada de carisma profético, capaz de falar com eficácia para animar as comunidades cristãs. O seu nome *Silás* é transcrição grecizada do original *Shei'la*, forma aramaica do nome hebraico *Sha'ul*. Essa afinidade com o nome hebraico-aramaico de Paulo já o predispõe à colaboração com o Apóstolo dos pagãos. Em suas cartas, Paulo o menciona com o nome latinizado *Silouanós*, "Silvanus/Silvano" (2Cor 1,19; cf. 2Ts 1,1).

Assim, juntamente com Silas/Silvano, Paulo deixa Antioquia da Síria e toma o caminho em direção a noroeste, dirigindo-se para a Cilícia. Ultrapassando o monte Amano, através da passagem de Belém, chamada antigamente de "Portas da Síria", eles percorrem a estrada que costeia o golfo na planície de Issos, onde, em 333 a.C., se deu o encontro entre Alexandre Magno e Dario, a batalha que abriu para o rei macedônio o caminho à conquista do Oriente Médio. Os dois missionários atravessam a planície de Cilícia e chegam a Tarso. Com efeito, por aí passa a estrada que provém da Síria e se dirige para o noroeste, a fim de superar, na altura de 1.100 metros, a cadeia do Tauro, através do estreito desfiladeiro das "Portas da Cilícia", a uns cinqüenta quilômetros de Tarso.[1]

O relato dos Atos diz simplesmente que "atravessaram a Síria e a Cilícia, dando nova força às Igrejas" (At 15,41). O percurso da nova viagem pode ser reconstruído porque a intenção de Paulo é fazer uma visita aos irmãos em todas as cidades (cf. At 15,36), onde havia anunciado anteriormente, junto com Barnabé, a Palavra do Senhor. As únicas localidades que Lucas menciona são Derbe e Listra, na região da Licaônia, no centro do planalto anatólio. Em Listra, onde Paulo correu o risco de ser linchado, após a tentativa de apoteose popular depois da cura prodigiosa de um coxo de nascença, se deu a escolha de um segundo colaborador, Timóteo.

Lucas o apresenta como um cristão da Igreja local de Listra, nascido de um matrimônio misto. De fato, a mãe de Timóteo é uma judia que se tornou cristã, e o pai é grego, isto é, pagão (At 16,1). Essa informação lucana é confirmada pelo que se diz na segunda carta pastoral, colocada sob o nome de Paulo e endereçada ao "amado filho Timóteo". O Apóstolo se lembra dele com grande afeto e recorda a fé sincera de seu discípulo, "a mesma que havia antes na sua avó Lóide, depois em sua mãe Eunice" (2Tm 1,5). Ele sabe que Timóteo, desde menino, foi educado no conhecimento

---

[1] O desfiladeiro do Tauro, conhecido como "Portas da Cilícia", quer pela aspereza do lugar quer pela ameaça de ladrões que infestam a região, era transitável somente na boa estação (cf. CÍCERO. *Ad Atticum*, 5,21,14); no ponto mais estreito da garganta, os romanos haviam construído uma porta, junto à qual um destacamento de soldados fazia a guarda.

das Escrituras judaicas (2Tm 3,14-15). Segundo a autor dos Atos, "os irmãos de Listra e Icônio davam bom testemunho de Timóteo"(At 16,2), assim como Silas era muito respeitado pelos irmãos em Jerusalém (cf. At 15,22). O fato de que Timóteo seja conhecido e estimado não só em Listra, onde vive com sua família, mas também pelos cristãos de Icônio, leva a supor que ele tenha uma função de animador — catequista ou mestre —, coordenador dos diversos grupos cristãos dessas localidades da Licaônia.

Na primeira Carta aos Coríntios, Paulo chama Timóteo de "meu filho amado", porque o gerou por meio do Evangelho (1Cor 4,17). O Apóstolo, portanto, pode fazer valer de algum modo seus direitos de "pai" em relação ao jovem cristão de Listra. O autor dos Atos diz que Paulo "quis que Timóteo partisse com ele". Neste ponto, Lucas insere uma informação que, para quem conhece Paulo pelas suas cartas, se torna um tanto estranha: "Tomou-o e o circuncidou, por causa dos judeus que se encontravam nessas regiões, pois todos sabiam que o pai de Timóteo era grego" (At 16,3). O fato de Paulo circuncidar um cristão adulto, já batizado, parece contradizer a sua tomada de posição no encontro de Jerusalém, de que fala na Carta aos Gálatas. Paulo afirma categoricamente que se opôs às pressões dos "falsos irmãos" de Jerusalém, que queriam impor a circuncisão a Tito, um cristão de origem pagã.

Na primeira Carta aos Coríntios, o Apóstolo dita essa norma aos cristãos preocupados em escolher um estado de vida em harmonia com o chamado deles à fé cristã. Paulo diz: "De resto, cada um continue vivendo na condição em que o Senhor o colocou, tal como vivia quando foi chamado. É o que ordeno em todas as Igrejas. Alguém foi chamado à fé quando já era circuncidado? Não procure disfarçar a sua circuncisão. Alguém não era circuncidado quando foi chamado à fé? Não se faça circuncidar" (1Cor 7,17-18). Poderia se objetar que o caso de Timóteo é diferente, pois ele é um cristão de origem judaica por parte de mãe, mas filho de pai grego-pagão. Enfim, se encontra numa situação intermediária, que não corresponde perfeitamente a nenhum dos casos levantados por Paulo em sua norma ditada aos cristãos de Corinto. Portanto, Paulo, que manda Timóteo ser circuncidado, contradiz o seu princípio, que ele assim comenta: "Não tem importância nenhuma estar ou não estar circuncidado. O que importa é observar os mandamentos de Deus" (1Cor 7,19).

O autor dos Atos talvez esteja ciente dessa situação que foge do esquema paulino, pois, como justificativa, acrescenta que Paulo faz com que Timóteo seja circuncidado por causa dos judeus que se encontram nessas regiões, onde é conhecido como filho de pai grego. Portanto, segundo Lucas, a opção de Paulo de circuncidar Timóteo é uma concessão aos judeus para não criar empecilhos à missão cristã na diáspora judaica. De fato, ele assume Timóteo como colaborador na nova missão itinerante. O próprio Paulo, na primeira Carta aos Coríntios, esclarece que em nome da liberdade cristã ele mesmo se adaptou ao modo de viver dos destinatários de sua missão para que recebessem o Evangelho: "Com os judeus, comportei-me como judeu, a fim de ganhar os judeus; com os que estão sujeitos à lei, comportei-me como se estivesse sujeito à lei — embora eu não estivesse sujeito à lei —, a fim de ganhar aqueles que estão sujeitos à lei" (1Cor 9,20). Em outras palavras, o caso de Timóteo é uma exceção que confirma a regra! Mas é uma exceção que o próprio Paulo prevê na elasticidade da sua praxe missionária.

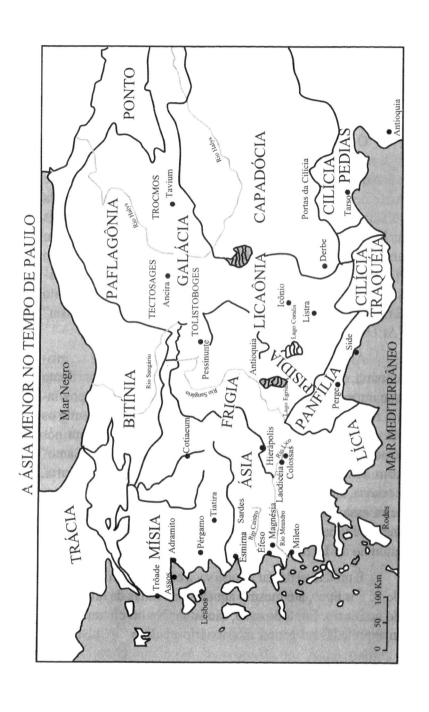

3. ATRAVÉS DA "REGIÃO DOS GÁLATAS"

O novo grupo formado por Paulo e pelos dois colaboradores Silas e Timóteo continuam pela "Via Augusta", que provém das "Portas da Cilícia", e se dirige para noroeste perto de Éfeso, passa pelas cidades de Icônio e Antioquia da Pisídia, nas fronteiras da região da Frígia. De fato, são essas as localidades onde Paulo anunciou o Evangelho na viagem anterior juntamente com Barnabé. O autor dos Atos, segundo o programa anunciado anteriormente, diz que eles "atravessaram a Frígia e a região da Galácia, uma vez que o Espírito Santo os proibira de pregar a Palavra de Deus na Ásia" (At 16,6).

Além da concisão lucana desse relato de viagem missionária, continua sendo enigmático o aceno ao Espírito Santo que impede continuar em direção a Éfeso, capital da província romana da Ásia. Numa leitura de concordância entre os Atos dos Apóstolos e a Carta aos Gálatas, seria para nós espontâneo identificar o impedimento do "Espírito Santo" com a "doença na carne" de que Paulo fala em sua carta. Todavia, além da confusão metodológica, não é muito lisonjeira essa imagem do Espírito Santo que se manifesta por meio de uma doença, ainda que esta se torne ocasião para o anúncio do Evangelho numa nova região.

É preferível deixar a coisa vaga e pensar em dificuldades de vários tipos, até mesmo aquelas derivadas da hostilidade do ambiente. Em todo caso, são situações ou circunstâncias interpretadas no grupo missionário paulino como sinal da vontade de Deus. Não é por acaso que Silas se encontra na equipe, apresentado como alguém que possui o carisma de "profecia". Contudo, o próprio Paulo, em suas cartas, interpreta mais de uma vez os obstáculos aos seus projetos de viagem numa perspectiva religiosa que vai além das circunstâncias externas.[2]

Seja lá como se explique o impedimento do Espírito Santo, ele, de fato, fecha à pequena comitiva missionária, guiada por Paulo, a estrada que vai para oeste e, através do vale do Lico e do Meandro, chega até Éfeso. Esse obstáculo imprevisto faz com que mudem de direção, pois o texto lucano menciona as regiões que eles atravessam nesta ordem: "A Frígia e a região da Galácia". Em seguida, quando Paulo chega em Éfeso, partindo sempre de Antioquia da Síria e, portanto, percorrendo a "Via Augusta", a ordem é inversa: "Partiu de novo, percorrendo sucessivamente as regiões da Galácia e da Frígia, fortalecendo todos os discípulos" (At 18,23). Se levarmos a sério essas informações sucintas de Lucas, devemos admitir duas coisas. Antes de tudo, a constituição de grupos cristãos nas regiões da Galácia e da Frígia. Em segundo lugar, que a primeira atividade missionária na Galácia, embora não programada, se deu durante a primeira viagem de Paulo juntamente com Silas e Timóteo.

A *galatikê chôra*, a "região gálata", de que Lucas fala nos Atos dos Apóstolos, associada sempre à Frígia, não pode ser identificada com a província romana da Galácia, em-

---

[2] Na primeira Carta aos Tessalonicenses, Paulo diz que mais de uma vez tentou voltar a Tessalônica para rever os cristãos dessa Igreja, mas "Satanás nos impediu" (1Ts 2,18); ele repete a mesma coisa na Carta aos Romanos: pede que, pela vontade de Deus, se lhe abra uma porta para encontrar-se com os cristãos de Roma, mas que até agora lhe fora impedido, sem atribuir esse fato à ação de Satanás (cf. Rm 1,10-12).

bora faça parte dela. De fato, esta última é a província constituída por Augusto no ano 25 a.c., que compreende o reino de Amintas, aliado dos romanos no tempo das guerras republicanas. Ela engloba a verdadeira Galácia habitada pelos gálatas, parte da Frígia, da Licaônia e da Pisídia, e talvez alguns territórios da Panfília. Em seguida, essa província foi ampliada no ano 6 a.c. por Augusto, com o acréscimo dos territórios da Paflagônia e do Ponto gálata, as regiões junto ao mar Negro ou Euxino. A província romana da Galácia, até os anos 70 d.C., foi governada por um *legatus* pretório. Por volta do final do século I d.C., a província da Galácia engloba as regiões da Capadócia e da Armênia menor, mais ao oriente.

A "região gálata", para a qual o autor dos Atos nunca usa a terminologia da administração romana *Galatia*, deve ser identificada com os territórios em que os gálatas se estabeleceram, que Paulo em sua carta chama com este nome: *hoi... Galátai* (Gl 3,1).[3] Os gálatas, *galátai* em grego, são descendentes das antigas tribos célticas que, durante suas emigrações, se estabeleceram entre o Danúbio e o Adriático. Por volta do século III a.C. algumas dessas tribos emigram para a Macedônia e a Grécia, onde são derrotadas em Delfos no ano 277 a.C. Expulsas para a Ásia Menor, finalmente se fixam nas regiões centrais da Anatólia, nos territórios delimitados e percorridos pelos rios Sangarius e Halys, os atuais Sakarya e Kizilirmac. Aí são mantidas sob controle pelo rei de Pérgamo, sobretudo por Atálio I que, entre os

---

[3] O termo *Galatia* aparece quatro vezes nos escritos do NT, três dos quais no epistolário paulino (Gl 1,1; 1Cor 16,1; 2Tm 4,10), e uma vez no cabeçalho da primeira carta de Pedro, nomeada juntamente com o Ponto, a Capadócia, a Ásia e a Bitínia (1Pd 1,1).

anos 240 e 230, interveio mais de uma vez para domar essas populações dadas a razias e rapinas nos territórios fronteiriços.

Depois dessas intervenções do rei de Pérgamo, as tribos dos gálatas criam uma organização que espelha a divisão tribal deles. A tribo dos Tolistobogos ocupa os territórios ao redor das cidades de Pessinunte e Górdio (Galácia ocidental); a tribo dos Tectosagos se estabelece ao redor da cidade de Ancira, atual Ancara (Galácia central); por fim, a terceira tribo, dos Trócmos, ocupa os territórios à margem esquerda oriental do rio Halys, ao redor da cidade de Távio (Galácia oriental). Cada tribo está dividida em quatro cantões sob a responsabilidade de tetrarcas. O conselho das tribos, formado por trezentos homens, se reúne na localidade de Drynemetum, para julgar os casos de homicídio.

Os confrontos dos gálatas com o rei de Pérgamo continuam até a chegada dos romanos. Após a batalha de Magnésia, entre Antíoco da Síria e Lúcio Cipião, em 189 a.C., o cônsul Gneo Manlio Vulson é enviado para submeter os gálatas. Na guerra contra Mitridates, os gálatas permanecem fiéis a Roma e, no tempo de Silas e Pompeu, o tetrarca dos Tolistobogos, Deiotaro, derrota o rei Eumaco, do Ponto, e reúne as tribos sob seu domínio. Como aliado e defensor dos romanos, ele obtém do senado o título de rei. Antônio, que incentivou a organização dos gálatas nas três repúblicas tribais, entrega a Galácia a Amintas, escrivão e colaborador de Deiotaro. Após a morte deste, Amintas recebe um reino que, além da Galácia, abrange as regiões da Frígia, Panfília e Pisídia, ampliado por Otaviano após a batalha de Áccio com os territórios da Isáuria e da Cilícia

Tracheia. Quando, em 25 a.C., Amintas morre na luta contra os omonádios, grande parte do seu reino é transformada em província romana da Galácia.[4]

Portanto, a província romana da Galácia engloba não só vários territórios distintos por razões históricas e geográficas, mas reúne também grupos étnicos heterogêneos diferenciados por tradições culturais e áreas lingüísticas.[5] Os gálatas preservam suas características célticas durante toda a época imperial, se é verdade que no tempo de Jerônimo elas, além da língua grega, comum a outras populações das regiões orientais, falam também a língua céltica.[6] No linguajar administrativo romano e nas inscrições se conserva o eco dessa pluralidade de regiões. O governador da província romana da Galácia se chama "legatus Augusti propraetore Provinciae Galatiae, Pisidiae, Lycaoniae, Isauriae, Paphlagoniae, Ponti [...]". Quando, no tempo de Trajano, se fala do *koinon Galatías* se entende a assembléia da Galácia céltica — que se reúne em Ancira ou Pessinunte —, à qual correspondem as outras assembléias regionais da Licaônia e do Ponto.

O argumento mais convincente para identificar a Galácia, onde Paulo anuncia o Evangelho, e a região gálata da qual falam os Atos dos Apóstolos, com a Galácia céltica

---

[4] Dion Cássio, *Hist...* cit., 53,26,3; Estrabão, op. cit., 12,5,1.

[5] Estrabão (op. cit., 12,5,1-4) a chama de *Galatia* ou *Gallograikíae* Tito Lívio (*Hist...* cit, 38,17) de *Grecogallia*.

[6] Em *Comentário a Gl 2,3*, Jerônimo diz que na Galácia se fala ainda uma língua afim à dos tréviros (PL 26,382, In: *Epist. ad Galatas*, praef., lib.II. O equivalente entre o *celta*, língua autóctone, e *gallus*, língua latina, é atestado por Júlio César em *De bello gallico*, 1,1.

do norte, diferente da Galácia do sul, é o modo como Paulo se dirige aos destinatários da sua carta: "Gálatas — *galátai* — insensatos" (Gl 3,1). É pouco provável que Paulo esteja se referindo aos habitantes das cidades de Antioquia ou Icônio, Listra e Derbe, que são frígios, pisídios ou licaônios, chamando-os de *galátai*, no sentido genérico de pertencentes à província romana da Galácia! Portanto, apesar de todas as dificuldades de ordem cronológica e geográfica que tal identificação suscita, ela é preferível à outra hipótese que faz com que Galácia e gálatas coincidam com as regiões que Paulo visitou na primeira viagem à Anatólia, juntamente com Barnabé, antes da assembléia ou concílio de Jerusalém.

Dada a escassez de informações fornecidas por Lucas nos Atos e por Paulo em sua carta, o itinerário seguido pela equipe missionária na Galácia continua inteiramente hipotético. Quais cidades das três tribos Paulo visitou? Quais estradas seguiu? Da região de Antioquia da Pisídia até a fronteira com a Frígia há uma estrada que continua em direção a nordeste e chega à capital dos Tectosagos, Ancira, que se tornou sede administrativa da província romana da Galácia com o nome de Sebaste Tectosagum. Nas paredes do templo dedicado a Augusto em Roma foi feita uma inscrição em latim e em grego que é cópia do documento de Augusto, o *Monumentum Ancyranum*, um balanço financeiro e militar do seu império e uma lista apologética de suas realizações.[7]

---

[7] A parede com o documento de Augusto foi encontrada em 1555 em Ancara, incorporada antes numa basílica cristã e depois na mesquita na qual foi transformado o templo romano. A inscrição traz o texto original latino e a tradução grega; outra cópia, só em latim, foi encontrada em 1914 em Antioquia da Pisídia, *Monumentum Antiochenum*. O original, que se perdeu, estava inscrito em duas placas de bronze colocadas diante do mausoléu de Augusto em Roma (cf. Suetônio. *Augusto*, 101).

Outra estrada, mais a leste de quem vem de Listra e Icônio, se dirige a Bitínia em direção norte, passa por Pessinunte, capital dos Tolistobogos, a uns 130 quilômetros de Ancira. Aí surge o célebre santuário dedicado ao deus da vegetação, Atis. Na Antigüidade, o santuário era meta de peregrinações que provinham de todas as regiões da Ásia Menor.[8]

Nesse ambiente impregnado de religiosidade pagã, em que se mesclam elementos anatólios nativos e influências greco-latinas, Paulo anuncia o Evangelho de Jesus Cristo. É uma força de libertação que faz com que aqueles que são escravos dos "elementos do mundo" passem para a liberdade dos filhos de Deus. Na carta escrita alguns anos depois da primeira evangelização da Galácia, Paulo relembra aos cristãos o passado de pagãos deles que, embora venerando muitas divindades, ignoravam o único Deus criador e Senhor do universo. Agora eles correm o risco de recair numa nova forma de escravidão se colocarem sua esperança de salvação nas observâncias legais judaicas propostas pelos novos pregadores, os quais recomendam a circuncisão como caminho de salvação. Paulo escreve aos gálatas: "No passado, quando vocês não conheciam a Deus, eram escravos de deuses, que na realidade não são deuses. Agora, porém, vocês conhecem a Deus, ou melhor, agora Deus conhece vocês. Então, como é que vocês querem voltar de novo àqueles elementos fracos e sem valor? Por que vocês querem novamente ficar escravos

---

[8] Estrabão (op. cit., 12,5,3) diz que o templo de Cibeles, descoberto em 1967, na região do atual vilarejo de Ballihisar, 16 km ao sul do centro agrícola de Sivrihisar, compreende também uma escadaria monumental com uma rampa de 24 degraus, ladeada por uma escadaria de mármore, para acolher os peregrinos durante as cerimônias. Todo o conjunto poderia pertencer à época posterior à morte de Augusto entre os anos 20-25 d.C.

deles? Vocês observam cuidadosamente dias, meses, estações e anos!" (Gl 4,8-10). Paulo conclui amargamente, mas com um apelo implícito que faz seus cristãos da Galácia repensarem: "Receio que me cansei inutilmente por vocês" (Gl 4,11).

Um aceno à situação religiosa dos gálatas pode ser notado no último desabafo epistolar de Paulo, que vê as frágeis comunidades da Galácia ameaçadas pela propaganda insistente dos novos pregadores. Eles pressionam aqueles que acolheram o Evangelho e foram batizados em nome de Jesus Cristo para que se submetam ao rito da circuncisão, para serem membros de Israel e, portanto, participantes das bênçãos prometidas a Abraão. Paulo previne os cristãos da Galácia contra essa proposta que os levam a se desviarem, pois os afasta da iniciativa gratuita de Deus, oferecida com o anúncio do Evangelho. Ele, porém, expressa sua confiança no Senhor que os cristãos partilhem a sua convicção. Entretanto, aqueles que procuram subverter o Evangelho de Cristo e colocar em crise a comunidade cristã gálata vão sofrer a condenação por parte de Deus. Mas afinal, pergunta-se Paulo, por que esses tais querem impor a circuncisão aos pagãos? Se se agarram tanto a essa prática como caminho necessário para se aproximar de Deus, então, exclama Paulo: "Tomara que aqueles que estão perturbando vocês se mutilem de uma vez por todas!" (Gl 5,12).

Não podemos excluir que Paulo, com esta última frase "se mutilem uma vez por todas", queira aludir à emasculação praticada no contexto do culto a Cibeles, a deusa mãe, que tem seu célebre santuário em Pessinunte. De fato, junto dos gálatas havia os eunucos de Cibeles. Sobretudo os sacerdotes, para se dedicarem ao culto do santuário da deusa mãe anatólica, se castravam. Essa comparação de Paulo entre a prática judaica da circuncisão e a autocastração pagã devia soar como um insulto difamatório para os judeus. Mas para aqueles cristãos que na Galácia eram tentados a vê-la como um novo caminho de perfeição espiritual, a alusão de Paulo era uma desmotivação eficaz.

Essa crise das Igrejas da Galácia é uma história posterior ligada a situações análogas àquelas que surgem nas outras Igrejas de matriz paulina. Do seu primeiro encontro com os gálatas, aos quais propôs o Evangelho de Jesus Cristo apesar da sua condição de fraqueza, Paulo guarda uma bela recordação. Ele não consegue esquecer que foi rodeado de cuidados, como um pai ou uma mãe. E, apesar dos possíveis mal-entendidos, ele gosta de relembrar seus cristãos da Galácia da seguinte maneira: "Gostaria de estar junto de vocês neste momento, e de mudar o tom da minha voz, porque não sei mais que atitude tomar com vocês" (Gl 4,20).

Essa relação muito pessoal que Paulo relembra em sua Carta aos Gálatas parece ignorar completamente a presença dos outros dois colaboradores, Silas e Timóteo. Com efeito, Paulo se apresenta como único remetente, ainda que para dar peso à sua autoridade de Apóstolo de Jesus Cristo se associe a "todos os irmãos" que lhe estão próximos (Gl 1,1-2). Na realidade, o debate com as Igrejas da Galácia diz respeito à função de Paulo Apóstolo e ao seu método missionário na acolhida dos pagãos dentro da Igreja. Ele é pessoalmente acusado por aqueles que na Galácia propõem outro Evangelho, diferente daquele que, diz Paulo, "anunciamos" ou que vocês "receberam" (cf. Gl 1,8-9). Em todo caso, a missão na Galácia, embora não estejamos em condições de reconstruir de modo preciso o tempo da sua duração e o itinerário seguido e as respectivas localidades, teve um bom resultado, pois surgiram vários grupos cristãos que Paulo, em sua carta, pode chamar de "as Igrejas da Galácia".

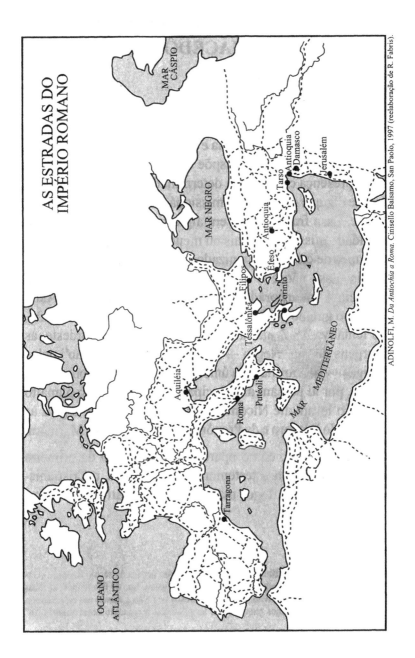

4. DE TRÔADE A FILIPOS NA MACEDÔNIA

Em seguida, a pequena comitiva sob a liderança de Paulo deixa para trás a Frígia e a "região da Galácia". Quando o autor dos Atos não dispõe de informações precisas sobre a presença cristã numa determinada região, ele simplesmente diz que o grupo dos missionários a atravessa e vai em frente. Essa frase lucana, em alguns casos, pressupõe uma atividade missionária mais ou menos intensa que dá origem a grupos de cristãos organizados em pequenas comunidades locais. Esse não é o caso da Mísia, região a noroeste da Galácia e incorporada à província proconsular da Ásia. O grupo guiado por Paulo somente passa perto dessa região, na tentativa de chegar à Bitínia, região mais a nordeste, às margens do mar Negro — chamado "Ponto Euxino" pelos antigos — que forma uma única província com o Ponto. Com efeito, por aí passam as principais estradas que do planalto anatólio levam até Nicomédia, capital da Bitínia, e para as cidades do Bósforo e da Propôntida, o atual mar de Mármara.

Na Bitínia, como aparece no cabeçalho da primeira carta de Pedro e nos testemunhos posteriores, o Cristianismo se implantou logo, mas não por iniciativa de Paulo.[9]

---

[9] Plínio, governador da Bitínia, por volta da primeira década do século II, em sua correspondência ao imperador Trajano, diz que os cristãos "são de fato muitos, de todas as idades, de todos os níveis, de ambos os sexos [...] Não é apenas nas cidades, mas também nas vilas e nos campos, que se propagou o contágio dessa superstição" (*Epistulae* 10,96,6).

De fato, pela segunda vez, o autor dos Atos atribui a uma intervenção do Espírito a mudança do itinerário missionário do pequeno grupo que se dirige à Bitínia. Eis a breve nota de viagem de Lucas: "Chegando perto da Mísia, eles tentaram entrar na Bitínia, mas os Espírito de Jesus os impediu" (At 16,7). Também neste caso a expressão incomum lucana em que se menciona o "Espírito de Jesus" dá azo a todo tipo de hipóteses. As dificuldades do percurso, talvez as hostilidades encontradas tanto no ambiente pagão como nas colônias judaicas são interpretadas por Paulo como indicações do Espírito que Jesus prometeu aos seus discípulos, enviados para dar testemunho dele.

Na realidade, o autor dos Atos não dispõe de dados precisos sobre a missão paulina nessas regiões. Ou um relato mais detalhado desse trecho da viagem não faz parte do seu projeto narrativo. De fato, tem-se a impressão de que ele condensou ou enxugou o material disponível para fazer com que o grupo dos três missionários chegue quanto antes em Trôade. É aí que se dá a virada decisiva para a futura missão de Paulo. Tudo aquilo que vem antes dessa etapa é uma marcha apressada que leva os três missionários de Antioquia da Síria até as margens do Egeu, diante da Macedônia.

Quanto ao tempo, essa viagem de transferência da Síria até a fronteira norte-oriental da Ásia Menor leva alguns meses, incluída a estada na Galácia, por causa da enfermidade de Paulo e a atividade missionária que se seguiu nessa região. Desde o ponto de partida, Antioquia da Síria, até Trôade, Paulo e Silvano (Silas) percorreram quase dois mil quilômetros, indo do nível do mar de Tarso até mais de mil metros nas "Portas da Cilícia". Daí, indo por um trecho da "Via Augusta", atravessaram o planalto anatólio na altura média de mil metros, num terreno acidentado na zona da

Licaônia, da Pisídia e da Frígia oriental. Em seguida, em companhia de Timóteo, conhecedor da região, pois é natural de Listra na Licaônia, enveredaram-se pelas planícies aluvianas da Galácia central, rodeadas por cadeias de montanhas que atingem dois mil metros. Nos últimos cinqüenta quilômetros dessa longa viagem, através da Anatólia central, os três missionários vão pelo trecho da estrada que liga as cidades de Ancira e de Pessinunte com as costas da Ásia Menor junto ao Egeu, atravessando exatamente a Mísia, passando pelos centros de Dorylaeum e Cotiaeum, ao longo do curso de um afluente do rio Sangarius.

O autor dos Atos resume todo esse trajeto numa frase formada por quatro palavras — dois verbos e dois nomes próprios com as relativas partículas gregas: "Então, tendo atravessado a Mísia, desceram para Trôade" (At 16,8). Trôade se ergue na extremidade norte-ocidental da província da Ásia. É uma pequena região montanhosa delimitada em três lados pelo mar, ao sul pelo golfo de Adramítide, a leste pelo Egeu e ao norte pelo Helesponto, atual estreito dos Dardanelos, que dá acesso ao mar de Mármara ou Propôntida dos antigos. O lado sul é dominado pelo lendário monte Ida, que supera os 1.700 metros de altitude. Em suas fraldas nasce o rio Escamandro, atualmente chamado de Küçük Menderes, "Pequeno Menderes", que, depois de um trajeto de cem quilômetros, atravessa a planície pantanosa e desemboca no mar, não longe do local da antiga Tróia, hoje chamada Truva.[10]

---

[10] Na colina de Hissarlik, cerca de seis quilômetros do mar Egeu e um pouco menos do Helesponto, as escavações de Heinrich Schliemann, entre 1871 e 1890, continuadas por Wilhelm Dörpfeld em 1891-1894 e pela Universidade de Cincinnati de 1932 a 1938, trouxeram à luz 46 estratos, dos quais ao menos dez níveis principais da antiga

A 18 quilômetros dessa célebre localidade surge a cidade de Alexandria Trôade. O nome relembra as façanhas de Alexandre Magno que, junto ao rio Granico, não longe do Helesponto, derrotou as linhas de defesa dos persas, abrindo para si o caminho à conquista da Ásia Menor. A cidade fundada por Antígono no século IV a.c. com o nome de Antigônia foi em seguida chamada de Alexandria Troas por Lisímaco, que a aumentou e a embelezou. Passou, então, para o domínio dos selêucidas antes e dos atálidas de Pérgamo depois, que a deixaram em herança para os romanos. Depois das guerras republicanas, a cidade gozou de grande esplendor sob o império. De fato, os descendentes da *Gens Julia*, de Júlio César até Augusto, a encheram de privilégios porque, à moda dos poemas homéricos e de Virgílio, a ela ligaram as origens de seu clã familiar. Júlio César, no dizer de Suetônio, pensava fazer dela a capital do império, e Augusto, acreditando que ela fosse herdeira de Tróia, a transformou em colônia romana.[11]

Portanto, Trôade, a cidade portuária junto ao mar Egeu, é a meta da longa viagem feita pelo grupo missionário liderado por Paulo. Desse porto, situado um pouco mais ao sul da ilha de Tenedo, partem as embarcações para a Macedônia, para a Grécia e para a Itália. Não sabemos qual era o

---

fortaleza, que representam diferentes períodos de ocupação desde o segundo milênio a.C. até a época romana. A destruição de Tróia no século XIII coincide com o período de maior esplendor dos palácios micenos. A posição estratégica de Tróia junto ao Helesponto atraiu em todas as épocas o interesse dos colonos, comerciantes e estrategos. Nesse contexto, se insere a história da expedição dos aqueus, cantada nos poemas homéricos.

[11] Em *Julius*, 79, Suetônio diz que o que ainda resta da cidade romana se reduz aos escombros de um palácio romano, um balneário público, um aqueduto, um estádio, um teatro e o ginásio.

programa de Paulo. Será que ele pensava em ir diretamente para Atenas ou para Corinto, por via marítima? Pode ser que o grupo, na expectativa de alguma nova oportunidade, tenha anunciado o Evangelho aos habitantes de Trôade. Talvez a partir desse primeiro contato tenha nascido uma pequena comunidade cristã que podia se reunir numa sala para suas reuniões de oração (At 20,7-12).

Alguns anos mais tarde, Paulo, em sua segunda Carta aos Coríntios, fala da sua visita a Trôade, partindo de Éfeso, situada a mais de trezentos quilômetros ao sul. Ele disse que aí chegara para anunciar o Evangelho de Cristo. E relembra também que a situação para esse anúncio não era muito favorável. Nesse momento, porém, Paulo tinha outra coisa em mente. Estava tomado pelo desejo de encontrar-se com Tito, para ter notícias sobre sua missão em Corinto. Por isso, decidiu partir para a Macedônia (2Cor 2,12-13).

Nessa localidade de Trôade, durante a primeira visita junto com Silvano e Timóteo, Paulo programa a viagem para a Macedônia. Tal decisão, entretanto, segundo o autor dos Atos, se dá num contexto de revelação divina. Eis o relato lucano: "Durante a noite, Paulo teve uma visão: na sua frente estava de pé um macedônio que lhe suplicava: 'Venha à Macedônia e ajude-nos!'. Depois dessa visão, procuramos imediatamente partir para a Macedônia, pois estávamos convencidos de que Deus acabava de nos chamar para anunciar aí a Boa Notícia" (At 16,9-10).[12]

---

[12] Desse momento até a narrativa da história da fundação da Igreja de Filipos, a narrativa lucana é exarada em primeira pessoa, como se o narrador fizesse parte do grupo; a narrativa volta a ser em primeira pessoa na viagem em sentido inverso de Filipos a Trôade (At 20,5-8.13-15); e depois em outros trechos da última viagem de Paulo para

Paulo não é novato nesse tipo de experiências. Em Trôade, num sonho noturno, vê a figura de um homem que, pela clâmide longa e pela forma do chapéu de abas largas, reconhece como sendo um macedônio. A visão é explicada pelas palavras do homem que convida Paulo a passar para a sua região a fim de ser ajudado. Num clima de intensa busca espiritual no sonho podem ser reelaboradas as experiências visuais e auditivas desse estado de vigília. O encontro com alguns mercadores macedônios no porto de Trôade ou os contatos feitos com os comandantes de embarcações com destino ao porto de Neápolis, na Macedônia, podem ter fornecido o material para a elaboração onírica de Paulo.[13]

O modelo literário de Lucas é fornecido pela Bíblia, na qual Deus revela sua vontade aos patriarcas e aos profetas por meio de sonhos e visões. O que é novo na experiência paulina é a interpretação do sonho. Não apenas Paulo,

---

Jerusalém e para Roma (At 21,8b-18; 27,1 - 28,16). Várias são as hipóteses para explicar essa particularidade estilística: o uso de uma fonte escrita em forma de "diário de viagem", que poderia remontar a Timóteo ou ao próprio Lucas; o autor dos dois livros, Evangelho e Atos dos Apóstolos, que compõe um prólogo em primeira pessoa do singular (Lc 1,1-4), em Trôade se associa ao grupo dos missionários; segundo alguns, seria até mesmo aquele macedônio que suplica a Paulo para ir até a Macedônia; para outros, o recurso ao "nós" seria a imitação do estilo literário ao qual a historiografia antiga recorre quando quer tornar a narrativa mais viva e dar-lhe um valor documental na forma de autotestemunho.

[13] Há vários exemplos de sonhos na história das personagens da Antiguidade, desde Alexandre Magno até Apolônio de Tiana. Flávio Josefo (*Ant...* cit., 11,8.5, par. 329-335) conta que Alexandre Magno, tendo chegado em Jerusalém, acolheu com veneração o sumo sacerdote, pois quando ainda estava na Macedônia o havia visto em sonho, convidando-o a passar para a Ásia, a fim de conquistar o império persa; Apolônio de Tiana, enquanto se encontrava em Malea no Peloponeso com a intenção de zarpar para Roma, tem um sonho em que lhe aparece uma mulher muito grande e muito velha que diz ter sido a nutriz de Zeus e lhe suplica para se encontrar com ela antes e zarpar para a Itália; assim, Apolônio decide ir até Creta, onde fora gerado Zeus (cf. Filostrato, *Vit. Apoll...* cit., 4,34).

mas todo o grupo reconhece nisso o chamado de Deus para um novo campo de ação missionária. Como nos casos anteriores em que se fala da ação ou intervenção do Espírito Santo ou do Espírito de Jesus para escolher a direção do caminho, assim também no presente caso se percebe a manifestação da vontade de Deus nas circunstâncias favoráveis, filtradas pela visão ou sonho de revelação. O que interessa para o autor dos Atos é o timbre de legitimação divina que confirma o projeto missionário na província da Macedônia.

5. A MISSÃO DE PAULO EM FILIPOS

O relato lucano da viagem de transferência, via marítima, de Trôade a Filipos é bem sucinto. Dá a impressão de um diário de viagem, onde os verbos na primeira pessoa do plural acentuam seu caráter de rapidez: "Embarcamos em Trôade e navegamos diretamente para a ilha de Samotrácia. No dia seguinte, ancoramos em Neápolis, de onde passamos para Filipos, que é uma das principais cidades da Macedônia" (At 16,11-12). Paulo, Silas e Timóteo embarcam num navio mercante que faz escala na ilha de Samotrácia. Aí eles passam a noite. É apenas um breve descanso na metade do caminho, na ilha do Egeu, famosa pelos "mistérios cabíricos".[14] No dia seguinte, os três missionários cristãos retomam a viagem em direção a Neápolis, o porto na costa macedônia.[15] Uma viagem de aproximadamente 230 quilômetros entre Trôade e Neápolis feita em dois dias é praticamente um recorde, levando em conta a velocidade média — três a quatro nós, correspondentes a seis quilômetros — dos navios cargueiros. Na realidade, as pequenas embarcações ao longo das costas podiam aproveitar as correntes e o vento favorável.

---

[14] Os "Cabírios" são divindades — quatro nomes deles são conhecidos —, talvez de origem frígia, de caráter ctônico ligados a culto da fertilidade e assimilados a Demeter, Hermes e Dionísio; como protetores dos marinheiros, são associados aos Dióscuros. Em Samotrácia foi encontrada a famosa Nike, exposta no museu do Louvre em Paris.

[15] A cidadezinha que se ergue num promontório diante da ilha de Taso, atualmente se chama Kavala. Essa denominação se refere à troca de cavalos que era feita nessa localidade situada na estrada romana que liga a Macedônia com o Oriente. Antes da dominação turca, se chamava Christópolis, recordando a missão paulina. A história da cidade remonta à antiga colônia fundada por volta do século VI a.C. pelos habitantes da ilha de Taso (*Thásos*, em grego).

Desembarcando em Neápolis, os três missionários cristãos continuam por terra, pela estrada que, superando as altitudes ao longo da costa, faz ligação ao norte com a "Via Egnatia".[16] Uns quinze quilômetros depois eles chegam à colônia romana de Filipos. A "Via Egnatia", construída por volta de 130 a.C., liga Roma à costa adriática e ao Oriente. Ela toma o nome da cidade homônima na costa apúlia onde chega a estrada, que com o mesmo nome chega até o mar, partindo de Roma e indo até Brindisi. A partir de Durazzo, na costa adriática, uma bifurcação da estrada desce até Apolônia e daí continua ao longo da costa e chega a Corinto. A "Via Egnatia", ao contrário, atravessa os Balcãs e, passando ao norte do lago de Ocrida, chega a Heracléia, onde termina a estrada que desce de Stobi, vindo do nordeste. Em seguida, continua para sudeste, passando perto do Vevi, margeia Edessa e Pela e alcança a costa egéia em Tessalônica. Daí continua para o oriente e, passando por Apolônia e Anfípolis, chega à cidade de Filipos. Prosseguindo ao longo da costa da Trácia chega até ao Helesponto e em Bizâncio. Portanto, percorrendo a "Via Egnatia", Paulo se encontra na estrada que leva a Roma. Por enquanto, ele se detém na cidade de Filipos que, como colônia romana, reproduz em miniatura o modelo da capital do império.

A cidade de Filipos toma o nome do seu fundador, Filipe II da Macedônia que, por volta de 356 a.C., fortifica a antiga possessão dos trácios, que se tornou colônia dos habitantes da ilha de Taso, chamada com o nome da região *Daton*, "planície fértil". Conhecida pelos gregos também

---

[16] Logo que se sai de Kavala, na estrada atual que desce de Filipos, à direita ainda pode se ver um trecho da antiga estrada romana.

como *Krinides*, "Fontes", era disputada por causa do controle das minas dos montes circunvizinhos, principalmente as de ouro e prata do monte Pangeu, consagrado a Dionísio. Depois de ter derrotado e submetido os trácios, Filipe empossa aí os colonos macedônios, embelezando-a e construindo aí um teatro. Tendo se esgotado os recursos minerais do monte Pangeu, o centro macedônio de Filipos também perde sua importância. Quando o cônsul romano Lúcio Emílio Paulo, chamado o Macedônio, em 168 a.C. na batalha de Pidna, derrota o último rei da Macedônia, Perseu, Filipos é uma vila sem nenhum prestígio.

A importância de Filipos renasce com aquela que pode ser considerada sua refundação como cidade romana em 42 a.C., quando Antônio e Otaviano, em duas batalhas em campo aberto no período de poucos meses, vencem a resistência do exército de Cássio e de Bruto, assassinos de César. Na planície, que havia sido teatro das duas batalhas às margens da região pantanosa, é fundada uma colônia de veteranos. A colônia aumenta quando, em 31 a.C., Otaviano em Áccio, nas costas do Adriático, leva a melhor sobre seu adversário Antônio, mesmo contando este com as forças navais de Cleópatra. Otaviano Augusto envia a Filipos outros veteranos e muitos simpatizantes de Antônio, que foram privados de seus bens.[17] Com o título de *Colonia Augusta Julia victrix Philippensium*, Filipos tem até o privilégio do *jus italicum*, que a torna isenta de vários impostos — o *tributum capitis* e o *tributum soli* — e lhe é conferida a autonomia administrativa.

---

[17] Dion Cássio, *Hist...* cit., 51,4,6.

A Filipos encontrada por Paulo, quase um século depois, é essa colônia romana, cidade de grande importância, que faz parte do primeiro distrito em que se divide a província romana da Macedônia.[18] Pelas ruas da cidade e na *agorá* ou *forum* romano, que se estende à beira da "Via Egnatia", aos pés da cidade alta, podem ser encontrados cidadãos e funcionários que falam latim, nativos trácios, comerciantes gregos e asiáticos, judeus e africanos. A vida religiosa desse mundo cosmopolita deixou seu sinal nas incisões votivas e nos baixos-relevos dos nichos escavados nas rochas dos declives da acrópole.[19]

Passados alguns dias para tomar contato com o novo ambiente, Paulo e seus companheiros têm o primeiro encontro importante. Eles se informaram a respeito do local de encontro dos judeus para a oração do sábado. A pequena comunidade judaica de Filipos realiza seus encontros fora da porta monumental da cidade, na direção do ocidente, onde flui o rio Ganges, num espaço a céu aberto, rodeado por um

---

[18] Anfípolis é a cidade-sede do primeiro dos quatro distritos — situado entre os rios Nestós, Mesta e Estrimon — que correspondem à divisão que os romanos fizeram da Macedônia em 167 a.C.

[19] Nos declives sul e sudeste da colina da acrópole foram encontrados cerca de 180 inscrições e relevos rupestres, dos quais muitos deles representam Diana, a caçadora. As escavações arqueológicas, iniciadas em 1861 pelo arqueólogo francês Léon-Heuzey e pelo arquiteto Alphonse Daumet, foram continuadas pela Escola Arqueológica Francesa de Atenas, de 1914 até 1937; atualmente, as escavações estão sendo feitas na zona oriental das ruínas. Essas escavações trouxeram à luz o lugar da colônia romana, as construções de Marco Aurélio do século II d.C. e os edifícios cristãos posteriores: o fórum romano do século II d.C., o mercado com as estruturas dos armazéns e as duas grandes Igrejas cristãs, uma basílica do século V no bairro norte ou cidade alta e outra maior na cidade baixa, no lado sul do fórum, não terminada, da qual ainda se vêem as enormes pilastras e os capitéis em forma de cesto da época de Justiniano, no século VI.

muro.[20] Aí, na manhã de sábado, os missionários se encontram diante de um grupinho de mulheres que se reuniram para a oração. Os três missionários talvez sejam os três únicos homens nessa assembléia feminina. Eles ficam sentados e, num dado momento, como é costume nas reuniões de oração da sinagoga, são convidados a tomar a palavra. Paulo aproveita para expor a mensagem da salvação que é oferecida àqueles que acolhem o Evangelho.

Entre as mulheres que ouvem Paulo há uma senhora que se destaca pelo seu modo de vestir. Seu olhar atento revela o seu grande interesse diante das palavras de Paulo. Chama-se Lídia e traz o nome da sua terra de origem, a Lídia, uma região da Ásia Menor, cuja capital é Sardes, famosa pelo espírito empreendedor de seus habitantes no comércio. Tornou-se proverbial a riqueza do seu último rei, Creso. A Lídia foi o primeiro estado a usar a moeda cunhada. Os contatos dessa região da Ásia com o mundo e a cultura gregos tiveram um incremento durante o domínio dos macedônios e continuaram na época helenística e romana.

A senhora Lídia, que vive em Filipos, é natural da cidade de Tiatira.[21] Na colônia romana ela exerce sua atividade no comércio de tecidos de luxo. De fato, ela é co-

---

[20] O termo grego usado por Lucas, *proseuché*, não nos permite dizer se se trata de um edifício de reunião equivalente à sinagoga, ou apenas um local de oração ao ar livre. Em todo caso, o curso de água oferece a possibilidade de fazer as abluções rituais. Atualmente, ao longo do rio que flui a uns dois quilômetros a oeste das ruínas do *forum* se ergue uma capela-batistério dedicada à lembrança do encontro de Paulo com Lídia.

[21] A cidade de Tiatira, hoje Akhisar, situada numa importante encruzilhada de estradas no fértil vale do Lico, na época imperial era considerada a metrópole da Lídia. Tibério, depois de um terremoto que a havia destruído, ajudou em sua reconstrução mediante auxílios financeiros. A cidade se caracteriza pela grande atividade de seus artesãos, entre os quais, nas inscrições, são mencionados os tingidores e os tecelões.

merciante de púrpura que, pela raridade de seu corante vermelho tirado de um molusco marinho, encontra compradores apenas entre as camadas ricas e as pessoas de prestígio. É provável, portanto, que se trate de uma pessoa abastada, ou até mesmo rica. De resto, é mais fácil para as mulheres que possuem uma posição social autônoma aderirem ao judaísmo como simpatizantes ou "tementes a Deus" e até como prosélitas.

Em todo caso, a conversão de Lídia ao Evangelho marca o nascimento da Igreja de Filipos. O autor dos Atos fala disso com certa complacência, embora atribua esse evento à iniciativa gratuita e eficaz de Deus. Com uma expressão característica, Lucas diz: "O Senhor abrira o seu coração para que aderisse às palavras de Paulo" (At 16,14). Imediatamente, segundo a narrativa dos Atos, Lídia recebe o batismo juntamente com toda a sua família. Em seguida, ela oferece a hospitalidade da sua casa aos missionários, como sinal da seriedade da sua adesão de fé: "Se vocês me consideram fiel ao Senhor, permaneçam em minha casa". A insistente cortesia da ativa comerciante de púrpura de Filipos não pode ser recusada. O autor dos Atos encerra esta cena com uma fórmula que deixa transparecer sua simpatia por essas formas de hospitalidade: "E nos forçou a aceitar"(At 16,15).

Provavelmente, o autor dos Atos adota um esquema narrativo no qual o tempo e o espaço reais são bem condensados. Podemos pensar que um processo mais lento, com duração de algumas semanas, tenha levado à constituição do primeiro núcleo da comunidade cristã de Filipos. Ele é formado por alguns simpatizantes ou aderentes ao judaísmo e por uma maioria de pagãos convertidos. De fato, a casa de Lídia se torna o local de encontro da comunidade, uma pequena Igreja doméstica que utiliza os ambientes hospitaleiros da senhora abastada. Talvez ela seja uma mulher não casada ou viúva, pois não se fala nada da presença de um homem, e Lídia toma as decisões para si e sua família de modo autônomo.[22]

A imagem que Lucas oferece do nascimento da Igreja de Filipos, com a história exemplar de Lídia, é confirmada por aquilo que Paulo escreve na carta enviada alguns anos depois da prisão efesina aos cristãos de Filipos. Ele se dirige a eles de forma calorosa e afetuosa: "Assim, meus queridos e saudosos irmãos, minha alegria e minha coroa, continuem firmes no Senhor, ó amados" (Fl 4,1). Ele exorta principalmente Evódia e Síntique: relembra a função que tiveram no primeiro anúncio do Evangelho e reconhece aquilo que estão fazendo atualmente na animação da comunidade. Paulo, que se encontra na prisão por causa do Evangelho, tem consciência que foi ajudado e sustentado com uma contribuição contínua de auxílios provindos dessa Igreja, desde o começo da sua missão na Macedônia. No bilhete de agradecimento pela ajuda que os filipenses lhe prestaram por meio do delegado deles, Epafrodito, Paulo escreve: "Vocês mesmos sabem, filipenses, que no início da pregação do Evangelho, quando parti da Macedônia, nenhuma outra Igreja, fora vocês, teve contato comigo em questão de dar e receber. Já em Tessalônica, vocês me enviaram ajuda por mais de uma vez, para aliviar as minhas necessidades" (Fl 4,15-16).

---

[22] A apresentação lucana de Lídia como animadora da Igreja de Filipos, combinada com a expressão de Paulo em Fl 4,3: "Meu/minha fiel companheiro/a" — em grego o vocativo *Syzýge* — deu azo para encontrar uma mulher para Paulo no ambiente de Filipos. Orígenes e Clemente Alexandrino vêem uma alusão à mulher deixada em Filipos no apelativo "companheira". Ernest Renan a identifica como Lídia, a primeira convertida de Filipos.

6. A "LUTA" DE PAULO EM FILIPOS

Essa relação privilegiada que os filipenses têm com Paulo revela não só as condições econômicas deles, mas sobretudo a grande e cordial confiança que se instaurou entre o fundador e a primeira comunidade cristã na Macedônia. Esses laços profundos amadureceram em meio a provas e sofrimentos que Paulo e o grupo dos missionários tiveram de enfrentar em Filipos. Nos Atos, Lucas apresenta uma reconstrução dessa experiência de intensa dramaticidade. Um paralelo dela, embora em tons menos fortes, pode ser encontrado nas cartas de Paulo. Ele fala da "luta em que vocês me viram empenhado" (Fl 1,7.30). E na primeira carta enviada aos cristãos de Tessalônica, Paulo diz expressamente que chegou à cidade deles para anunciar o Evangelho de Deus com coragem, em meio a muitas lutas "depois de maltratados e insultados em Filipos, como vocês bem sabem" (1Ts 2,2).

A narrativa lucana do drama paulino em Filipos começa em primeira pessoa, como se fosse o relato de uma testemunha ocular: "Estávamos indo para a oração, quando veio ao nosso encontro uma jovem escrava, que estava possuída por um espírito de adivinhação" (At 16,16). Em seguida, o narrador em primeira pessoa desaparece e permanecem em cena apenas dois protagonistas: Paulo e Silas.[23]

---

[23] Levanta-se a hipótese de que o autor dos Atos use neste caso uma tradição que remonta a Timóteo, o qual, embora fazendo parte do grupo dos três missionários, parece não estar envolvido como Paulo e Silas no episódio que obrigará os dois missionários cristãos a abandonar Filipos (Pesch, op. cit., pp. 639;653-4).

Na realidade, é Paulo quem toma a iniciativa e marca as viradas da ação dramática.

A primeira cena é ambientada numa estrada de Filipos, aquela percorrida pelos missionários para se dirigirem ao local de oração dos judeus e dos tementes a Deus, fora da porta da cidade. Aí, por acaso, eles se encontram com uma pobre moça, uma escrava, que é explorada pelos patrões por causa de seus poderes divinatórios. As respostas que ela dá ou as predições do futuro são atribuídas a um espírito "pitônico", assim chamado por assimilação àquele célebre de Delfos, onde uma mulher servia de instrumento para comunicar os oráculos de Apolo.[24] No caso da moça adivinha de Filipos podemos pensar em poderes paranormais unidos a formas extáticas ou simplesmente em ventriloquia interpretada como voz do espírito divinatório.[25]

Para o autor dos Atos, o encontro da moça adivinha com os missionários cristãos se torna a ocasião para desmascarar o papel ambíguo da arte divinatória e para exaltar a eficácia da verdadeira palavra de Deus. A moça segue o grupinho dos três pregadores e, tomada pela exaltação espiritual, revela a todos a verdadeira identidade dos missionários: "Esses homens são servos do Deus Altíssimo e anunciam o caminho da salvação para vocês" (At 16,17). Nesse testemunho explícito em favor dos missionários cristãos não se entende bem se é Lucas que se serve da jovem pitonisa ou se ele procura expressar com a sua terminologia a atividade oracular dela. O resultado é o mesmo.

---

[24] O célebre oráculo de Delfos está ligado ao mito de Apolo, que mata o monstro-serpente, uma divindade ctônica, e o substitui na atividade oracular. As respostas de Apolo são dadas graças à mediação de uma mulher, jovem ou velha segundo as épocas, passando pela prova de um ritual rigoroso e a interpretação dos sacerdotes.

[25] PLUTARCO. *De defectu oraculorum* 9,414e.

A coisa se repete toda vez que a mulher vê os três pregadores estrangeiros. Paulo acaba ficando incomodado, pois a gritaria da jovem adivinha chama indiscretamente a atenção do povo. Ele apela a um rápido mas eficaz exorcismo. Na devida forma, íntima ao espírito: "Eu lhe ordeno em nome de Jesus Cristo: saia dessa mulher!" (At 16,18). O efeito é instantâneo. A mulher é libertada do espírito pitônico, mas infelizmente, com a expulsão do espírito, diz ironicamente Lucas, se esgota também a fonte de lucro dos seus patrões. E então começam os problemas para Paulo e para seu companheiro Silas.

Os patrões da jovem escrava agarram os dois pregadores e os arrastam até a *ágora*, o *forum* da cidade romana, com a intenção de denunciá-los às autoridades de Filipos. A reação violenta deles se baseia no consenso, para não dizer no apoio de todos aqueles que presenciaram a cena e vêem na intervenção dos dois pregadores uma obscura ameaça. Na acusação diante dos magistrados, a questão da relação entre o dinheiro e a prática da adivinhação desaparece completamente. Os acusadores de Paulo e Silas se baseiam na aversão dos habitantes de Filipos contra os estrangeiros em geral e contra os judeus em particular.[26] Além disso, se aproveitam da pertença deles ao mundo privilegiado dos cidadãos romanos. De fato, se dirigem aos magistrados nestes termos: "Estes homens estão provocando desordem em nossa cidade; são judeus e pregam costumes que a nós, romanos, não é permitido aceitar nem seguir" (At 16,20-21).[27]

---

[26] Na primeira Carta aos Tessalonicenses, o próprio Paulo é intérprete da prevenção e dos preconceitos que existem contra os judeus 1Ts 2,15. Cf. Tácito, *Hist.*, 5,5. Filostrato (*Vit. Apol.*, 5,33) diz que os judeus são hostis a todo o gênero humano!

[27] O texto dos Atos fala de *stratególi*, "magistrados", que correspondem aos funcionários públicos que nas inscrições latinas de Filipos são chamados de *duumviri iuredicundo*, com tarefas até judiciárias.

Podemos imaginar a cena no amplo espaço pavimentado do *forum* romano, diante da plataforma mais alta, o *bêma*, onde os magistrados se põe a ouvir as causas e dão as sentenças.[28] Há um vai-vém contínuo de gente que corre atrás de seus afazeres. Mais numerosos são aqueles que não têm nada a fazer e os curiosos à procura de novidades. Essa multidão anônima, pronta para ficar do lado de quem lhe agrada, se coloca diante do *bêma* para ouvir e ver o que está acontecendo. Paulo e Silas estão lá no meio da multidão, que se comprime e grita, sem possibilidade de fazer ouvir suas razões. Os patrões da jovem e seus defensores estão em cima deles e os maltratam como malfeitores pegos em flagrante. O caso deles já está decidido a partir do momento da acusação. De fato, a multidão se insurge contra os dois judeus que, com a sua atividade e propaganda religiosa, ameaçam a vida ordeira da cidade de Filipos, a pequena Roma da Macedônia.[29]

Então, sem esperar a defesa dos dois acusados e sem emitir qualquer sentença formal, os magistrados dão ordem para submetê-los à *verberatio*. Os *lictores*, que estão à disposição dos magistrados, arrastam Paulo e Silas para o pequeno espaço diante do *bêma*, arrancam suas roupas e os espancam diante de todos. A *verberatio* é uma medida de

---

[28] As escavações de Filipos trouxeram à luz o foro romano, uma vasta praça pavimentada com cerca de cem metros de cumprimento e cinqüenta de largura, rodeada pelos restos da cidade romana do tempo de Marco Aurélio, do século II d.C. O acesso ao foro se dava por duas entradas pelo lado norte, diante das quais havia duas fontes ricamente decoradas. No centro, entre as duas fontes, no lado norte se erguia o *bêma*, reservado para as intervenções dos funcionários públicos, governadores, magistrados e oradores. Em ambos os lados do *bêma* são visíveis alguns degraus que levavam à plataforma mais alta.

[29] O escritor latino Aulo Gélio, do século II d.C., em sua obra de vinte volumes, *Noctes Acticae*, 16,13, falando de Filipos, a chama de *effigies parva Romae*.

coerção policial, praticada sem muitos escrúpulos quando se trata de estrangeiros não tutelados pelo direito de cidadãos romanos. Contudo, Paulo e Silas, conforme o autor dos Atos, são cidadãos romanos, como aparece na seqüência do relato. Por que não disseram logo, em vez de fazerem suas queixas apenas na manhã seguinte? Estavam em condições de se fazer ouvir ou, sobretudo, de provar isso no meio da confusão da multidão excitada? Atendo-nos ao relato lucano, os dois azarados não conseguiram prever e muito menos controlar o desenrolar dos acontecimentos. A conclusão dessa primeira parte do drama é que, depois de serem espancados, são jogados na prisão, e com a ordem para serem bem vigiados. O chefe da guarda que se responsabiliza por eles os mete na cela mais segura da prisão e prende os pés deles no tronco.[30]

O ápice da "luta" de Paulo em Filipos se dá no coração da noite. Os dois prisioneiros, após o aturdimento inicial, se dão conta do que está acontecendo. Os golpes recebidos no ombro e nas costas começam a espalhar uma dor por todo o corpo. Não podem se deitar nem ficar sentados, apoiando-se na parede da cela. No lusco-fusco do cárcere chegam vozes, lamentos e gritos, imprecações e insultos dos outros prisioneiros. Passa o primeiro turno da vigília da noite. Paulo aprendeu desde menino a bendizer a Deus à noite, antes de se deitar. Espontaneamente lhe vem aos lábios a oração do

---

[30] O direito criminal romano não prevê a prisão de pessoas livres como forma de punição. A detenção é uma medida coercitiva aplicada pelos magistrados a quem se rebela contra suas ordens; o acusado, na espera do processo, é mantido preso à disposição da autoridade judiciária. Entre as ruínas de Filipos é mostrado o cárcere onde Paulo e Silas teriam sido trancafiados. Na verdade, trata-se de uma cisterna da época romana, aposta ao aterro da cidade alta, onde surge a grande basílica cristã do século VI. No local da prisão de Paulo foi depois construída uma pequena igreja adornada, da qual permanecem tão-só alguns pedaços coloridos na parede.

Shemá e a fórmula de bênção da noite: "Bendito seja Deus que ilumina o mundo todo com o seu esplendor". É uma oração lenta, ritmada, sussurrada apenas. Silas também faz ouvir sua voz em sintonia com Paulo.

Diante de seus olhos se recompõe agora a cena da praça, as vestes rasgadas com violência, os gritos dos curiosos que incitam aqueles que os espancam. Vêm à mente deles as palavras de Isaías sobre o Servo do Senhor maltratado e espancado. Esse também foi o destino do mestre e Senhor deles. Conhecem um pequeno salmo cristão que se canta durante a ceia eucarística. O refrão diz: "Jesus Cristo é o Senhor, para a glória de Deus Pai". A breve oração fala do drama de Jesus Cristo que, embora tendo a condição divina, não reivindicou para si um tratamento privilegiado, mas na condição humana tornou-se semelhante a todos os homens, ou melhor, esvaziou-se a si mesmo na forma extrema da humilhação, permanecendo fiel a Deus. Por isso, Deus o exaltou e o constituiu Senhor universal. Eles repetem pausadamente o breve salmo em honra de Cristo crucificado e ressuscitado. Os lamentos e as vozes dos outros prisioneiros diminuem e, depois, no silêncio se ouve apenas a cantilena do salmo.

Um rumor de passos na entrada da prisão indica que está sendo feita a terceira troca da guarda. É meia-noite. Então, acontece algo inesperado. É melhor ouvir o texto de Lucas que narra o episódio da seguinte maneira: "De repente, houve um terremoto tão violento que sacudiu os alicerces da prisão. Todas as portas se abriram e as correntes de todos se soltaram" (At 16,26). Na tradição bíblica, o terremoto faz parte dos sinais da manifestação do poder de Deus. Na história da primitiva Igreja de Jerusalém conta-se que um terremoto sacudiu a casa onde os fiéis e os Apóstolos estavam reunidos em oração. Eles ficaram repletos do Espírito Santo como os primeiros discípulos de Jesus no dia de Pentecostes depois da tempestade que se abatera sobre a casa (At 4,31). O terremoto de Filipos também não destrói ou provoca medo, mas liberta. Os cepos e as cadeias se rompem, as portas se escancaram, os prisioneiros são libertados.

Nesse cenário se dá o segundo ato do drama noturno, que tem como protagonista o carcereiro. Mais uma vez o relato lucano é de grande eficácia: "O carcereiro acordou e viu as portas da prisão abertas. Pensando que os prisioneiros tivessem fugido, puxou da espada e estava para suicidar-se. Mas Paulo gritou: 'Não faça isso! Nós estamos todos aqui'. Então o carcereiro pediu tochas, correu para dentro e, tremendo, caiu aos pés de Paulo e Silas. E os conduziu para fora [...]" (At 16,27-29). Todo o interesse do narrador se concentra na relação entre Paulo, Silas e o carcereiro, deixando na sombra o que acontece com os outros prisioneiros. A pronta intervenção de Paulo salva o chefe da guarda do suicídio. Num gesto instintivo, ele procurava escapar da condenação por causa da fuga dos prisioneiros. Mas, como o vigia da prisão poderia ser culpado de uma fuga em massa de prisioneiros que aproveitam a oportunidade provocada por um terremoto? O autor dos Atos não se coloca tais problemas de caráter histórico ou jurídico. Ele visa ao seu programa narrativo, usando os modelos literários do seu ambiente.[31]

---

[31] Pedro é libertado da prisão durante a noite (At 12,6-11). À meia-noite se dá o prodígio da porta de bronze no templo de Jerusalém, que se abre sozinha (Flávio Josefo, *Bell.*, 6,5,3, par. 293); Apolônio de Tiana, trancado no templo de Creta, é libertado do tronco no coração da noite (Filostrato, op. cit., 8,30).

Deus ouve a oração dos prisioneiros que o invocam e os liberta. Graças a essa intervenção de Deus, eles se tornam, por sua vez, mediadores da salvação para o carcereiro e sua família. De fato, a narrativa lucana retoma e desenvolve o tema da salvação em todas as suas dimensões. O carcereiro se joga aos pés deles como se fosse diante de dois salvadores e, cheio de medo, pergunta: "Senhores, que devo fazer para ser salvo?". Então, eles lhe propõem a fé no Senhor Jesus como caminho de salvação para ele e sua família. O carcereiro manda vir seus familiares e, todos juntos, ouvem os dois pregadores que lhes falam de Jesus, um judeu crucificado pelos romanos, mas liberto da morte e que foi exaltado por Deus com a ressurreição e que o constitui Senhor e salvador de todos. Em seguida, em plena noite, o carcereiro leva Paulo e Silas para fora até um tanque de água. Aí, com cuidado, lava e limpa as marcas e as feridas causadas pelos açoites. Mergulha no mesmo tanque para ser batizado com sua família. Tudo se encerra na sua casa, no andar de cima, onde ele manda preparar o jantar, "e alegrou-se com todos os seus familiares por ter acreditado em Deus" (At 16,34). O carcereiro de Filipos e a sua família começam a fazer parte da Igreja de Filipos. Eles, juntamente com a família de Lídia, formam o segundo núcleo da comunidade surgida na colônia romana da Macedônia.[32]

A experiência dramática da noite tem um epílogo pela manhã, quando os magistrados enviam os *lictores* para anunciar aos prisioneiros a libertação deles. O mesmo carcereiro é encarregado de dar este anúncio: "Os magistrados mandaram soltar vocês. Portanto, podem sair e ir embora em paz"

---

[32] Em sua Carta aos Filipenses, Paulo relembra algumas personagens que tiveram alguma função reconhecida na comunidade cristã: Clemente e Epafrodito (Fl 2,25; 4,3.18).

(At 16,36). A intervenção dos magistrados de Filipos parece ignorar por completo o que aconteceu durante a noite. De fato, se pressupõe que o carcereiro esteja ainda em seu posto e receba a ordem de libertar os prisioneiros que ainda estão no cárcere intacto. Somente agora Paulo faz notar a grave irregularidade do procedimento deles: "Fomos açoitados em público sem nenhum processo, e fomos lançados na prisão sem levar em conta que somos cidadãos romanos [...]". Ele exige que os próprios magistrados venham tirá-los da prisão. Logo que estes vêm a saber que os dois prisioneiros são cidadãos romanos, ficam preocupados por causa de possíveis complicações jurídicas e correm até lá para pedir desculpas. Em seguida, mandam os litores os acompanhar, rogando-lhes que deixem a cidade.[33]

Não é possível conferir nos detalhes a credibilidade histórica da narrativa lucana a respeito do que, em suas cartas, Paulo chama de "luta" sustentada ou de "ultrajes" sofridos em Filipos. Para o autor dos Atos interessa demonstrar que a missão cristã de Paulo na primeira cidade da Macedônia não pode ser legalmente incriminada. Se Paulo, com Silas, é submetido à flagelação, o único motivo é que a sua palavra eficaz coloca em crise a exploração da adivinhação pagã. Todavia, se os magistrados da colônia romana de Filipos não exercem suas funções de tutela dos direitos dos cidadãos, o próprio Deus intervém para libertar seus enviados e fazer deles instrumentos de salvação mediante o anúncio da Palavra.[34]

---

[33] A *Lex Porcia*, emanada por Marcos Pórcio Catão, em 199 a.C., proíbe a flagelação dos cidadãos romanos sem apelo.

[34] A confirmação de que Paulo, apesar do seu estatuto de cidadão romano, foi submetido ao menos três vezes à flagelação romana, pode ser encontrada em 2Cor 11,25: "Fui flagelado três vezes [...]".

Aquilo que aparece da narrativa de Lucas é o temperamento e a personalidade de Paulo. Ele não se deixa abater pela provação e humilhação sofridas. O proclamador do Evangelho encontra no relacionamento com o Senhor a força de retomar o caminho e repropor com a mesma ousadia e liberdade a boa notícia da salvação. A aventura de Filipos se conclui com uma breve visita aos irmãos reunidos na casa de Lídia. Os dois pregadores itinerantes deixam uma pequena Igreja doméstica na colônia romana de Filipos. Como nessa observação sobre a partida de Paulo e Silas de Filipos não se menciona Timóteo, é provável que ele, não tendo sido envolvido no tumulto popular do dia anterior, tenha permanecido por mais algum tempo em Filipos, vindo a se unir depois aos dois missionários expulsos.[35] Assim, na cidade de Filipos, a pequena Roma da Macedônia, nasce uma comunidade cristã graças ao testemunho corajoso de Paulo e Silas, que se torna um centro fecundo para toda a missão cristã na Macedônia.

---

[35] A recordação da presença e da ação missionária de Timóteo em Filipos é atestada por aquilo que Paulo escreve na carta enviada a essa Igreja: "De fato, ele é o único que sente como eu e se preocupa sinceramente com os problemas de vocês [...]. Vocês mesmos sabem como Timóteo deu provas do seu valor: como filho junto do pai, ele se colocou ao meu lado a serviço do Evangelho" (Fl 2,20.22).

7. A MISSÃO DE PAULO EM TESSALÔNICA

A segunda etapa da missão paulina na Macedônia é Tessalônica, sede do procônsul romano. A "Via Egnatia", que sai de Filipos e se dirige para o ocidente, atravessa rios e terrenos pantanosos. Com efeito, o monte Pangeu separa o mar da planície que se estende a oeste de Filipos e cria uma vasta zona pantanosa. A antiga estrada romana, que se estende ao norte do monte, desce para o mar quando atinge o vale do rio Estrimon, atual Struma. Na margem oriental, numa ilha formada pelo rio, a uns sessenta quilômetros de Filipos, surge a cidade de Anfípolis.[36] A "Via Egnatia" passa por Anfípolis e chega até seu porto, Eion, a uns 25 estádios, no golfo Estrimon. Seguindo em direção do ocidente, atravessa a parte setentrional da península calcídica, adaptando-se ao terreno ondulado das colinas e costeando a margem meridional do lago Volvi e, depois, a do lago Koronia. Depois de uns quarenta quilômetros chega à cidadezinha de Apolônia.

---

[36] A cidade, fundada pelos atenienses no século V a.C., tem esse nome porque suas muralhas são rodeadas dos dois lados pelo rio Estrimon (Tucídides, *Hist.*, 4,102). Sua posição estratégica como vigia da ponte do rio, na encruzilhada entre as estradas que descem do norte e se unem com aquela que liga a Grécia com a Trácia e o Oriente, fazem de Anfípolis uma cidade disputada na história das lutas entre os gregos para o controle da região, rica em madeira e sobretudo em minas de ouro e prata no monte Pangeu. Na época romana, Anfípolis se torna "cidade livre", capital da *Macedonia Prima* (Plínio. *Hist. Nat.*, 4,38). As escavações trouxeram à luz os alicerces das muralhas, a quadra do ginásio e uma necrópole, da qual provém o colossal leão colocado num pedestal perto da ponte sobre o Estrimon.

Paulo e Silas não param nem em Anfípolis nem em Apolônia. Aí eles não encontram ponto de apoio, geralmente constituído pela presença de judeus e por um local de reunião, onde podem se encontrar também os pagãos prosélitos e os simpatizantes do judaísmo. Mais uns cinqüenta quilômetros depois de Apolônia, a "Via Egnatia" chega à cidade de Tessalônica, acomodada na extremidade oriental da ampla baía do golfo Termaico. Ao todo, os dois missionários cristãos, que haviam partido de Filipos, percorreram 150 quilômetros, empregando, sem paradas muito grandes, ao menos uma semana.

A cidade de Tessalônica, fundada em 316-315 a.C. pelo general Cassandro, unifica e substitui as localidades que surgiam na localidade chamada *Therme*.[37] Ela toma o nome da mulher de Cassandro, uma meia-irmã de Alexandre, *Thessaloníkê*, como lembrança da vitória sobre os tessálios. A cidade se ergue na planície da foz formada pelos rios Aliakmonas, Galikós e Axios, que desembocam no golfo Termaico. Aí chegam as estradas que vêm do Adriático, como a "Via Egnatia" e aquelas que provêm dos Balcãs. Por isso, Tessalônica se torna o principal porto da Macedônia, substituindo o já assoreado porto de Pela. Depois da conquista romana de 146 a.C., é escolhida como capital da grande província macedônia, subdividida em quatro distritos.[38]

---

[37] Estrabão. Op. cit., 7,21.24.

[38] Quase um século antes da chegada de Paulo, em 58 a.C., Cícero ficou exilado em Tessalônica. O destino posterior de Tessalônica está ligado ao imperador Galério que, em 300 d.C., a escolhe como residência imperial. Em 380, Teodósio proclama aí o edito que torna oficial o símbolo de Nicéia. A cidade atinge o máximo do seu esplendor sob Justiniano, quando aí se levantam Igrejas decoradas com esplêndidos mosaicos. Os restos da cidade romana estão cobertos pela cidade moderna e somente algumas sondagens descobriram os restos da *ágora/forum* e das termas.

Em Tessalônica, Paulo e Silas encontram uma comunidade judaica dinâmica, que se reúne todos os sábados na sinagoga. Com a ajuda da comunidade de Filipos, num primeiro momento eles se alojam numa hospedaria. Paulo procura se manter com o próprio trabalho manual, junto a alguma loja onde são preparados os tecidos para as tendas. Durante três sábados consecutivos, diz o autor dos Atos, Paulo, conforme o costume, freqüenta as reuniões da comunidade judaica e tem oportunidade de apresentar o anúncio cristão. De fato, aí Paulo debate com os judeus, baseado nas Escrituras, e "explicava e demonstrava para eles que o Messias devia morrer e ressuscitar dos mortos. E acrescentava: 'O Messias é esse Jesus que eu anuncio a vocês'" (At 17,3).

Essa pregação paulina no ambiente da sinagoga não teve muito sucesso. De fato, o balanço lucano, embora lacônico, deixa transparecer algo da situação que acabou se criando algumas semanas depois. Apenas um pequeno grupo de judeus da colônia de Tessalônica adere à mensagem cristã de Paulo e Silas. Entre estes, está Jasão que oferece aos dois missionários a hospitalidade em sua casa. Seu nome faz pensar num judeu helenizado abastado, conhecido e estimado no ambiente da cidade greco-romana de Tessalônica.[39] Contudo, a maioria dos judeus permanece arredia,

---

[39] Jasão é uma forma grecizada do hebraico Josué ou *Yehoshua/Yesous*. Esse é também o nome de um cristão que se encontra com Paulo em Corinto por volta do final dos anos 50 d.C. e que envia suas saudações à Igreja de Roma. Juntamente com Sosípatro, esse Jasão é apresentado como um "parente" de Paulo. Caso se tratasse da mesma personagem, ligado a Paulo por vínculos de parentesco, então haveria outra motivação para a hospitalidade que ele oferece a Paulo durante sua permanência em Tessalônica e se compreenderia a caução que ele oferece aos magistrados da cidade para deixarem partir livres os dois missionários acusados de subversão. No grupo que acompanha Paulo de Corinto até Trôade é mencionado um certo Sópatros, contração de Sosípatro, da Beréia, filho de Pirro (cf. At 20,4). Também neste caso não podemos afirmar com certeza a identidade dele com o Sosípatro de Corinto, parente de Paulo, como Jasão.

ou melhor, começa a perceber a presença dos novos pregadores como uma ameaça para a sinagoga. De fato, aqueles que acolhem bem a pregação de Paulo são os pagãos que freqüentam a sinagoga como tementes a Deus e, sobretudo, algumas senhoras de classe alta e abastadas. Em outras palavras, os dois missionários cristãos em Tessalônica criam um movimento de vertente messiânica que se torna concorrente à influência que a comunidade judaica exerce no ambiente pagão.

A reação não se faz esperar. Segundo Lucas, os judeus "ficaram com inveja e reuniram alguns indivíduos maus e vagabundos; e provocaram um tumulto, alvoroçando a cidade. Alguns se apresentaram na casa de Jasão em busca de Paulo e Silas, a fim de os levar à presença da assembléia do povo. Não encontrando Paulo e Silas, arrastaram Jasão e alguns irmãos diante dos magistrados; e gritavam: 'Estes homens, que estão transtornando o mundo inteiro, chegaram agora aqui também, e Jasão deu hospedagem para eles. Todos eles vão contra a lei do imperador, afirmando que existe outro rei chamado Jesus'" (At 17,5-7). Repete-se, portanto, em Tessalônica, o que já havia acontecido nas outras cidades da diáspora judaica. Os judeus, sob o impulso do *zêlos* religioso, procuram impressionar as autoridades locais organizando uma agitação na praça.[40] Eles procuram os imputados até na casa de Jasão, mas Paulo e Silas haviam se es-

---

[40] No texto lucano são mencionados o *dêmos*, traduzido como "povo", e os *politárchai*, traduzido como "magistrados". Essa terminologia é confirmada pelas inscrições de Tessalônica, em que aparecem os termos *boúle*, "conselho", e *ekklesía* do *dêmos*, "assembléia do povo", como órgãos da administração da cidade de Tessalônica. A menção lucana dos "politarcas" concorda com o título oficial que se dá aos magistrados numa inscrição macedônia que remonta aos meados dos anos 40 d.C. (Bofo, op. cit., pp. 236-241).

condido a tempo. A amarga aventura de Filipos levou-os a não enfrentar ou desafiar os humores incontroláveis da praça. Diante da assembléia e dos "politarcas" da cidade, os judeus conseguem arrastar apenas Jasão e alguns judeu-cristãos que formam a incipiente comunidade tessalonicense.

A acusação formulada na linguagem lucana é muito perigosa, pois adquire uma conotação política, como aquela que levou Jesus à condenação diante de Pilatos. A proclamação que Paulo fez na sinagoga, dizendo que o Messias é aquele Jesus que foi condenado à morte e ressuscitado por Deus, pode derivar para uma acusação com conotações suspeitas em relação à autoridade romana. O nome Messias traduzido para o grego significa "rei", título reservado tão-só ao imperador. Portanto, o anúncio cristão numa cidade que é capital da província sede do procônsul, que goza dos privilégios de cidade livre, não pode deixar de chamar a atenção e as suspeitas das autoridades locais de Tessalônica. Com efeito, os "politarcas" estão preocupados e procuram resolver a questão de modo administrativo, pedindo a Jasão uma fiança. Não entendemos bem se se contentam com um compromisso verbal ou se exigem um depósito em dinheiro, que deve ser considerado como perdido no caso de se repetir a incriminação. Não obstante essa solução, é muito arriscado para os dois missionários cristãos permanecer em Tessalônica. Assim, a pequena comunidade cristã de Tessalônica organiza, durante a noite, a partida deles para a localidade de Berrai, distante 75 quilômetros.

8. O TESTEMUNHO DE PAULO A RESPEITO DA IGREJA DE TESSALÔNICA

Podemos encontrar uma documentação de primeira mão sobre a missão paulina em Tessalônica na primeira carta enviada por Paulo a essa comunidade cristã e escrita algumas semanas depois dos acontecimentos do seu nascimento ou fundação.[41] O cabeçalho da carta menciona os três missionários Paulo, Silvano e Timóteo. Este último, portanto, havia se unido a eles partindo pouco tempo depois de Filipos e, provavelmente, como na situação anterior, não se envolvera no tumulto da praça que havia obrigado Paulo e Silas a deixarem a cidade. Assim, Timóteo pode voltar a Tessalônica sem levantar suspeitas ou reações perigosas na ambiente judaico.

Por isso, quando Timóteo desce de Beréia e chega em Atenas, Paulo o envia a Tessalônica para ter notícias frescas sobre a situação dessa Igreja depois da tempestade. Ele teme que os sofrimentos, sobretudo a hostilidade do ambiente, provoquem o desânimo entre os poucos cristãos de origem judaica e desmoralizem o grupo de fiéis pagãos que são boicotados por seus conterrâneos. Há, porém, outra coisa em

---

[41] R. Pesch, *La scoperta della più antica lettera di Paolo*; Paolo revisitato. Le lettere alla comunità de Tessalonicesi. Brescia, Paideia, 1987. (SB 80). Levanta a hipótese da fusão de duas cartas na atual primeira Carta aos Tessalonicenses: uma escrita de Atenas e levada a Tessalônica pelo próprio Timóteo; e outra de Corinto, depois da chegada de Timóteo com as notícias sobre a situação dos cristãos de Tessalônica.

que Paulo está interessado. Ele teve de fugir como um ladrão, obrigado a abandonar a jovem comunidade num ambiente que se tornara perigoso para ele. Esse foi o motivo que serviu de base para algumas suspeitas alimentadas por seus adversários. Eles dizem que Paulo e seus colaboradores são iguais a todos os outros propagadores das escolas filosóficas e pregadores das novas doutrinas e ritos religiosos, que percorrem as grandes cidades à cata de clientes que os mantenham. Esses tais, dizem, se servem da facilidade de expressão para seduzir os curiosos e adular os endinheirados, para arrancar deles algum dinheiro. Até mesmo o fato de Paulo não ter voltado a Tessalônica seria a prova de que ele não se interessa mais pelos seus cristãos, abandonados ao primeiro sinal de perigo.

Em sua carta, Paulo se preocupa em responder a essas insinuações e a esses boatos, baseando-se mais na refutação dos fatos do que em argumentos verbais. Acima de tudo, ele se apresentou em Tessalônica, depois da experiência de Filipos, sem nenhuma pretensão, mas revestido tão-só da coragem que provém de Deus, a fim de anunciar o seu Evangelho em meio a muitas tribulações. Em segundo lugar, a prova de que ele não buscou nem o favor nem o dinheiro de ninguém está no fato de que trabalhou "de noite e de dia, a fim de não sermos de peso para ninguém", embora pudesse fazer valer sua função e dignidade de Apóstolo em relação aos neoconvertidos. Mais do que um profissional da propaganda religiosa, ele se comportou com os seus cristãos de Tessalônica como uma mãe "aquecendo os filhos que amamenta". Paulo escreve: "Queríamos tanto bem a vocês, que estávamos prontos a dar-lhes não somente o Evangelho de Deus, mas até a nossa própria vida, de tanto que gostávamos de vocês" (1Ts 2,8). Como um pai que se preocupa com a formação de seus filhos, assim Paulo, além do trabalho para se manter, se dedicou ao máximo aos cristãos de Tessalônica. Mais uma vez ele apela para o testemunho deles: "Vocês sabem muito bem que tratamos a cada um de vocês como um pai trata seus filhos. Nós exortamos, encorajamos e admoestamos vocês a viverem de modo digno de Deus, que os chama para o seu Reino e glória" (1Ts 2,11-12).

O diálogo epistolar de Paulo com os tessalonicenses deixa entrever a matriz étnico-cultural desses primeiros convertidos e a situação eclesial deles. Na maioria, provêm de ambiente pagão, pois Paulo, numa retrospectiva sobre sua missão em Tessalônica, relembra que eles se converteram, "deixando os ídolos e voltando-se para Deus, a fim de servir ao Deus vivo e verdadeiro. Falam também de como vocês esperam que Jesus venha do céu, o Filho de Deus, a quem Deus ressuscitou dentre os mortos. É ele que nos liberta da ira futura" (1Ts 1,9-10).[42] Essas expressões são um eco da primeira pregação de Paulo em ambiente pagão, mas familiarizado com o linguajar da fé religiosa bíblica, como o eram os pagãos simpatizantes que freqüentavam a sinagoga. Na carta, porém, se reflete o conflito com a comunidade judaica de Tessalônica, pois Paulo diz: "Estes [os judeus] mataram o Senhor Jesus e os profetas, e agora nos perseguem. Desagradam a Deus e são inimigos de todo mundo. Eles querem impedir-nos de pregar a salvação aos pagãos" (1Ts 2,15-16).

---

[42] As documentações encontradas em Tessalônica documentam o fervor religioso de seus habitantes que, além das divindades tradicionais greco-helenistas — Atena, Héracles, Apolo —, veneram também as novas divindades dos cultos orientais como Ísis e Serapis, pois foram encontrados restos do santuário deles. Entretanto, a divindade principal da época helenística é Dionísio, cuja efígie aparece nas moedas da cidade.

Para completar a obra de formação interrompida bruscamente, Paulo expressa o desejo de voltar a Tessalônica, e deseja ardentemente rever os rostos de seus cristãos. Para tanto, reza com insistência noite e dia, e a um só tempo agradece a Deus, porque eles estão firmes no Senhor, como Timóteo lhe comunicou logo que retornou de Tessalônica. Além disso, a comunidade cristã dessa cidade, com o anúncio do Evangelho, recebeu também um mínimo de organização e um modelo de vida que Paulo relembra no final da sua carta. Há alguns encarregados de liderar e animar os outros cristãos. Eles, diz Paulo, "se afadigam em dirigi-los no Senhor" e, por isso, "vocês devem tratá-los com muito respeito e amor, por causa do trabalho que eles realizam" (1Ts 5,12-13). Todos, porém, devem ajudar aqueles que precisam de correção, de encorajamento e de sustento. O convite a viver com alegria, a orar com perseverança e em tudo dar graças a Deus é a síntese do programa da vida para a Igreja de Tessalônica. Nela existem, além dos responsáveis pela direção, aqueles que têm o dom do Espírito profético, pois Paulo encerra as suas instruções práticas com este convite: "Não extingam o Espírito, não desprezem as profecias; examinem tudo e fiquem com o que é bom" (1Ts 5,19-21).

É interessante como termina a carta: além da oração da bênção, Paulo exorta os destinatários cristãos a se saudarem reciprocamente: "Saúdem todos os irmãos com o beijo santo". E antes da tradicional despedida, faz um último e caloroso convite: "Peço-lhes encarecidamente que esta carta seja lida a todos os irmãos" (1Ts 5,26-27). Essas palavras de Paulo abrem uma fresta sobre a organização e os relacionamentos internos daquela que é chamada de "a Igreja dos tessalonicenses que está em Deus Pai e no Senhor Jesus Cristo" (1Ts 1,1). São pequenos grupos de cristãos que se encontram nas casas para a oração e a formação comum. Para terem à disposição a carta ou as várias pequenas cartas enviadas por Paulo, talvez já tenham sido feitas cópias em Tessalônica. Elas estão na origem do processo que levará à formação do epistolário paulino.

9. A MISSÃO DE PAULO EM BERÉIA

Paulo e Silas, obrigados pela oposição dos judeus de Tessalônica a deixarem a cidade durante a noite, chegam a Beréia. A nova localidade se encontra fora do percurso da "Via Egnatia", que passa por Pela e continua em direção a Edessa, chegando a Apolônia e depois Durazzo, na costa adriática. Quem parte de Tessalônica, percorrendo a "Via Egnatia" em direção noroeste, depois de uns trinta quilômetros chega a Pela.[43] Daí se deixa a estrada romana e se continua em direção a sudoeste por mais uns quarenta quilômetros até Beréia. A dupla de missionários cristãos que saíram de Tessalônica não pára em Pela, onde não há presenças judaicas significativas. Continuam em direção de Beréia, pois foram informados em Tessalônica que ali há uma comunidade judaica com sinagoga. Beréia, que toma o nome de seu fundador Pheres, na época romana se torna a capital do terceiro distrito da província da Macedônia. Sua importância cresce com o declínio progressivo de Pela. Preferida pela administração romana, Beréia recebe por duas vezes o título de *Neokoria* e *Metrópolis*. Como sede do *koinon*, "assembléia" dos macedônios, se torna o centro

---

[43] A cidade de Pela está relacionada com a história dos reis macedônios. De fato, Arquelau a fundou como nova capital do reino, chamando para a cidade artistas e escritores da época, tal como Eurípedes, que escreveu e encenou *Efigênia em Aulides* e *As Bacantes*. Pela é a pátria de Filipe II e de Alexandre Magno e foi a capital da Macedônia até sua destruição pelos romanos em 168 a.C.

do culto imperial e a segunda cidade depois de Tessalônica. Nela residem funcionários e administradores romanos, ricos comerciantes e proprietários de terra.[44]

Nesse contexto, é natural encontrar uma comunidade judaica, em torno da qual gravitam gregos, homens e sobretudo mulheres, entre as quais se distinguem algumas pelo seu nível social. O autor dos Atos nos leva a ressaltar esse particular e sublinha também o fato de que os judeus de Beréia possuem sentimentos mais nobres do que os de Tessalônica. Assim, a missão cristã é facilitada, pois os judeus acolhem o anúncio do Evangelho com grande entusiasmo e se mostram dispostos a examinar diariamente as Escrituras para conferir a mensagem de Paulo.

Esse começo feliz, que leva muitos judeus e algumas mulheres gregas nobres à conversão é, entretanto, bruscamente interrompido pela chegada de judeus de Tessalônica. Eles foram informados do sucesso dos dois missionários cristãos e usam a mesma estratégia de Tessalônica. Desse modo, os cristãos de Beréia, como havia acontecido em Tessalônica, são obrigados a organizar a partida de Paulo,

---

[44] Beréia surge no lado oriental do sopé do monte Vermion, numa região cheia de colinas que desce docemente em direção à vasta planície irrigada pelo rio Aliakmonas, que, uns trinta quilômetros adiante, desemboca no golfo Termaico. É uma paisagem cheia de vegetação por causa da abundância de água; é uma cidade tranqüila e fora de mão, como diz Cícero (In: *Pisonem*, 36). O atual centro de Véria/Beréia preserva o antigo nome da cidade, da qual ainda se vêem restos junto à encruzilhada para Edessa: restos de uma porta, das muralhas e das torres do século III d.C. No centro de Véria, um arco e um pátio protegem o *bêma*, de onde Paulo teria anunciado o Evangelho. Ganhou, porém, interesse dos historiadores, arqueólogos e turistas o centro de Vergina, a 16 quilômetros a sudeste de Véria, local da antiga capital da Macedônia, Aigai, onde foram descobertas, pelo arqueólogo Manolis Andronikos, algumas tumbas da necrópole real da metade dos anos 70 d.C., especialmente aquela que foi identificada com o túmulo de Filipe II e o seu tesouro, exposto agora no museu de Salônica.

acompanhando-o até a estrada que leva ao mar. Silas e Timóteo permanecem em Beréia; este último havia se unido ao grupo nesse meio tempo. Paulo, sempre acompanhado por alguns cristãos de Beréia, continua, por via marítima, até Atenas. A missão paulina na Acaia começa por essa cidade, símbolo da Grécia clássica. Paulo percebe a importância do momento, pois, por intermédio dos amigos cristãos que voltam para Beréia, ordena a Silas e Timóteo que venham se unir a ele em Atenas o mais rápido possível.

VIII
PAULO EM ATENAS E CORINTO

Jerusalém e Atenas são cidades-símbolo de dois universos religiosos e culturais. Idealmente, Paulo parte de Jerusalém, onde aprendeu a conhecer a Deus na prática da lei e, em seu percurso de proclamador do Evangelho aos pagãos, chega à cidade de Péricles e de Platão, onde o centro de interesse é a investigação sobre o ser humano, medida de todas as coisas. A mediação cultural do helenismo da época de Alexandre Magno colocou os dois mundos em contato, o do Oriente, no qual amadureceu a religiosidade judaica de Paulo, e o do Ocidente helenista, que ele aprendeu a conhecer juntamente com a língua grega desde sua infância, em Tarso.

Contudo, apesar dessa osmose, favorecida pela diáspora dos judeus nas cidades da Grécia e a presença de gregos na terra de Israel, permanece uma grande diferença de fundo entre esses dois universos culturais, sobretudo no modo de viver e expressar a experiência religiosa. Para a Bíblia, Deus é o "santo" e o Senhor inacessível. Por isso, aquele que crê é o "servo" fiel que ouve a palavra de Deus e a põe em prática. O homem grego está imerso no mundo do divino. Mas o discípulo de Sócrates, que ouve a inspiração divina interior, a submete ao crivo crítico da razão. Por um lado, é a vontade de Deus que guia o curso dos acontecimentos no mundo; por outro lado, é o destino, que deve ser aceito tragicamente ou que se deve enfrentar numa luta heróica.

No pano de fundo desse horizonte histórico e cultural podemos compreender a apresentação lucana da missão de Paulo em Atenas. Ela mostra o encontro e o confronto entre dois mundos diferentes sob o perfil religioso e cultural. Na *ágora* de Atenas, Paulo entra em contato com os representantes da filosofia da época, epicureus e estóicos. Em seguida, é convidado a expor sua mensagem diante do conselho do Areópago, competente em questões religiosas. Nessa moldura, o autor dos Atos apresenta Paulo que proclama o Evangelho como resposta às genuínas instâncias da busca humana de Deus. Aos que veneram o "deus desconhecido" e o procuram de modo confuso e incerto nas produções do pensamento e da imaginação humana, Paulo anuncia o fim do tempo da ignorância e propõe o encontro com Deus por meio de um homem creditado por ele pela ressurreição dos mortos. Nesse ponto o diálogo entre o Evangelho e a investigação religiosa do mundo grego se encerra.

A reconstrução lucana da missão de Paulo em Atenas é uma espécie de cenário ideal para mostrar o encontro entre o Evangelho e as questões religiosas da cultura grega. Será possível de fato, um encontro entre esses dois mundos? O autor dos Atos, que coloca Paulo falando diante do conselho do Areópago, em termos teóricos diz que o Evangelho proclamado pela Palavra tem todas as bases para responder às instâncias religiosas mais autênticas do mundo grego. Contudo, esse mundo se mostra refratário à proposta evangélica, pois não ousa atravessar o limiar na busca de Deus, que na ressurreição de Jesus Cristo desafia o escândalo da morte humana. Assim, Paulo sai da reunião do Areópago convidado cortesmente pelos seus ouvintes a um "aggiornamento" do encontro. Paulo, porém, não voltará mais a Atenas. Aí ele deixa alguns fiéis isolados, mas não uma comunidade cristã.

A missão paulina em Atenas foi um fracasso? O diálogo com os representantes da cultura grega foi estéril? Paulo provavelmente constatara que sua tentativa de apresentar o Evangelho dentro de um discurso sábio corria o risco de esvaziar a cruz de Cristo. Por isso, depois da experiência de Atenas, tendo chegado em Corinto, ele preferiu anunciar o "testemunho de Deus" sem as vestes da sabedoria humana. Relembrando sua primeira missão entre os habitantes de Corinto, Paulo diz que se apresentou entre eles "cheio de fraqueza, receio e tremor; minha palavra e minha pregação não tinham brilho nem artifícios para seduzir os ouvintes, mas a demonstração residia no poder do Espírito, para que vocês acreditassem, não por causa da sabedoria dos homens, mas por causa do poder de Deus" (1Cor 2,3-5).

Essa sobreposição do relato lucano dos Atos e o testemunho de Paulo na primeira Carta aos Coríntios dá uma imagem distorcida da realidade. Com efeito, Paulo em sua carta não faz nenhuma referência à experiência de Atenas, e Lucas, ao relatar a missão de Paulo em Corinto, não fala absolutamente nada sobre uma mudança da sua metodologia, provocada por alguma desilusão anterior em Atenas. Os dois testemunhos, o de Lucas e o de Paulo, são autônomos e respondem a duas perspectivas diferentes. Qualquer tentativa de fazer uma montagem deles é uma operação incorreta do ponto de vista historiográfico, embora seja interessante para quem gosta de romances psicológicos. A imagem de um Paulo que, desiludido do encontro com os intelectuais de Atenas, se dirige de maneira despojada e simples aos portuários de Corinto, entra num esquema ideológico que não tem fundamento na história.

O texto dos Atos dos Apóstolos oferece um quadro amplo e detalhado da missão de Paulo antes em Atenas e, depois, em Corinto. Vale a pena ler essa narrativa lucana de modo independente, sem se deixar condicionar por aquilo que Paulo escreve em suas cartas sobre a relação entre o anúncio do Evangelho de Jesus Cristo e a sabedoria ou cultura grega. Igualmente, a documentação de Paulo sobre sua missão em Corinto é também rica em particularidades sobre a condição social e cultural dos cristãos da Igreja coríntia. A comparação entre os Atos dos Apóstolos e o epistolário paulino pode ser feita depois, para verificar os elementos comuns e discordantes das duas fontes quanto ao quadro histórico geral.

1. A MISSÃO DE PAULO EM ATENAS

Paulo chega em Atenas vindo da Macedônia por via marítima. Juntamente com o grupo de cristãos que o acompanham desde Beréia, ele embarca no porto de Pidna no mar Egeu, uns dez quilômetros ao norte da atual cidade de Katerini e desce em Falero, o antigo porto de Atenas. O caminho por via marítima é mais seguro e mais rápido que o outro, através da Tessália. Paulo e seus amigos embarcam num navio de pesca ou mercante que faz escala em Atenas. Eles costeiam a Tessália e, do mar, podem ver o maciço do Olimpo. Os cumes mais altos que atingem quase três mil metros estão escondidos por nuvens brancas iluminadas pelos reflexos dourados do pôr-do-sol. O grande monte atrai a atenção até de quem, como Paulo, não projeta aí a mítica morada dos deuses. Depois, a pequena embarcação chega às Esporades, rodeia a ilha Eubéia, evitando as correntes perigosas do estreito canal do Euripos, em frente à cidade de Cálcis. Dobrando o cabo Súnio, onde surge o antigo templo dedicado a Poseidon, a fim de propiciar a navegação em torno desse promontório perigoso, se entra no golfo Sarônico. Aí a embarcação atraca no porto de Atenas.[1]

---

[1] O porto de Falero, que está mais próximo de Atenas, é melhor para as embarcações pequenas, em relação a Pireu, onde as águas profundas permitem o atracamento dos grandes navios que chegam da Itália e da Ásia. Apesar das repetidas destruições — a última foi a de Silas em 87/86 a.C. —, o Pireu é um porto importante ligado à cidade de Atenas por uma estrada de seis quilômetros. Na margem da enseada de Glyfada encontram-se ruínas de uma Igreja paleocristã construída no lugar tradicional do desembarque de Paulo.

Depois de se despedir de seus amigos de Beréia, Paulo fica sozinho em Atenas, esperando que cheguem Timóteo e Silas. Essa presença de Paulo em Atenas é confirmada por aquilo que ele mesmo escreve à Igreja de Tessalônica alguns meses depois dessa chegada: "Assim, não podendo mais agüentar, resolvemos ficar sozinhos em Atenas, e enviamos a vocês Timóteo, nosso irmão e colaborador na pregação do Evangelho de Cristo. Nós o enviamos para fortalecê-los e encorajá-los na fé"(1Ts 3,1-2). Segundo essa informação de Paulo, Timóteo teria se juntado a ele em Atenas e daí teria sido enviado a Tessalônica com uma primeira parte da atual carta endereçada àquela jovem comunidade cristã da Macedônia. Não se pode reconstruir, porém, o itinerário seguido pelo outro colaborador, Silas, deixado por Paulo em Beréia. Em todo caso, segundo o testemunho concorde dos Atos e do epistolário paulino, o grupo será recomposto em Corinto.

Uma breve nota lucana retrata Paulo andando pelas ruas de Atenas: "Enquanto Paulo os esperava em Atenas, ficou revoltado ao ver a cidade cheia de ídolos" (At 17,16). A cidade que Paulo vê não é mais a grande e célebre metrópole da idade clássica, a cidade de Sócrates, Platão e Péricles. Depois de várias vicissitudes com as guerras republicanas, que vêem a cidade na maioria das vezes ao lado dos partidos dos perdedores, a Atenas da época imperial está reduzida a uma cidade provinciana, cuja população não passa de cinqüenta mil habitantes. Contudo, ela ainda exerce seu fascínio sobre os literatos, poetas e artistas que não cessam de visitá-la, projetando nela as recordações do seu passado.[2]

---

[2] Visitaram Atenas: Cícero, que em Elêusis se submeteu à iniciação dos mistérios; os poetas Horácio, Virgílio, Propércio e Ovídio, que em suas *Metamorfoses* (15,430) diz que bem pouco, além do nome, sobrou da célebre Atenas do passado.

Portanto, Atenas, que na administração do império romano goza do estatuto de "cidade aliada e livre", continua sendo um centro de atração para os cultivadores das artes e dos estudos.

Paulo foi a Atenas como turista? Quem aprendeu a falar grego desde pequeno numa cidade famosa pelos seus estudos como Tarso não poderia deixar escapar a oportunidade de ver Atenas, o centro histórico da cultura e da arte gregas. Todavia, a apresentação de Lucas desmonta qualquer curiosidade turística. Em Atenas, Paulo é antes de tudo o pregador do Evangelho que se enxerta na fé monoteísta bíblica. Compreende-se então a reação de Paulo marcada pela frase lucana: "Ficou revoltado ao ver a cidade cheia de ídolos" (At 17,16). Para Paulo, os monumentos de Atenas são simplesmente "ídolos". Por isso, ele fica revoltado até o "paroxismo".[3] Nos dias que permanece em Atenas, Paulo se dedica à atividade missionária. Inicialmente, freqüenta a sinagoga no sábado. Os judeus, que vivem na cidade desde o século II a.C., têm um lugar de encontro para o culto e a formação religiosa (PLUTARCO. *Quaestiones conviviales*, 4,6,1; inscrições encontradas em Atenas atestam a presença dos judeus). É a oportunidade de Paulo debater com os judeus e os pagãos "tementes a Deus", que freqüentam a sinagoga.

---

[3] Essa imagem da cidade cheia de monumentos sacros é confirmada por Tito Lívio (*Hist.*, 45,27,11) e pelo geógrafo do século II, Pausânias (*Descrição da Grécia*, 1,17,1). Uma reação parecida, mas ditada por outra perspectiva religiosa e filosófica, é a de Apolônio de Tiana, que em Atenas faz muitos discursos e mantém debates sobre o modo correto de prestar culto às divindades, "constatando que os atenienses eram dedicados aos sacrifícios" (Filostrato, *Vit. Apol...* cit., 4,19).

Atenas, entretanto, oferece também a Paulo a possibilidade de encontrar-se com outras pessoas interessadas num discurso religioso. Na praça principal da cidade, chamada *ágora* em grego, todos os dias ele debate com aqueles que encontra.[4] Como fazia Sócrates, Paulo se detém a conversar com o pessoal que freqüenta a praça de Atenas. Trata-se dos habitantes da cidade e dos visitantes de passagem, de comerciantes a pregadores de novos cultos, gregos, latinos e orientais.

Entre os freqüentadores da *ágora*, diz o autor dos Atos, estão "certos filósofos epicureus e estóicos", que aceitam prazerosamente debater com Paulo. São os representantes das duas linhas filosóficas mais difundidas na época imperial. Epicuro, o fundador da escola, morreu em Atenas no ano 270 a.C. Seus discípulos e seguidores em Atenas continuam se reunindo na propriedade do fundador, levando uma vida austera e recolhida. Todavia, segundo a opinião pública, Epicuro é o representante do hedonismo, pois ele afirma que o prazer é "princípio e o fim da vida feliz".[5] O controle dos desejos e das paixões é necessário para evitar a dor e

---

[4] A *ágora* de Atenas é atravessada pela "Via Sacra", que une o Partenon ao santuário de Elêusis, percorrida durante as festas panatenéias. A *ágora* se estende ao norte da Acrópole até o Dypilon, a porta principal da cidade. Ela é o centro da vida de Atenas e as ruínas de sua construção são um testemunho visível da longa história da cidade a partir do século V a.C. A *ágora* é delimitada nos quatro lados por vários pórticos: ao ocidente, além do *Bouleutérion*, lugar de reunião do conselho de Atenas, surgem os edifícios administrativos e alguns templos, o pórtico ou a stoá de *Zeus Eleutherios* e a stoá *Basileos*; ao norte, a stoá *Poikíle* e a de Hermes; ao oriente, a grande stoá de Atálio II, e ao sul, os pórticos da época romana, juntamente com o ginásio de Ptolomeu. Na época romana foram acrescentados, ao oriente, o mercado de César e de Augusto. Alguns desses monumentos trazidos à luz pelas escavações da Escola Americana de Estudos Clássicos correspondem à descrição feita pelo geógrafo Pausânias, do século II d.C.

[5] *Carta a Meneco*, 128.

para chegar à *ataraxía*, a "imperturbabilidade", isto é, à liberdade dos afazeres. A concepção rigidamente materialista de Epicuro o leva a negar não só a sobrevivência da alma humana, mas também qualquer intervenção de causas externas ao mundo, até mesmo a influência dos deuses. Compreende-se a suspeita e as reações que tais posições de Epicuro provocam.[6]

Mais aceito pela opinião pública é o estoicismo fundado no século IV por Zenão de Cício. Diversos mestres do estoicismo da época imperial são naturais de Tarso. Essa escola filosófica toma seu nome do lugar onde se reúnem mestre e discípulos em Atenas, junto à stoá *Poikíle*. É uma filosofia de caráter prático, que se resume no seguinte princípio: "Viva segundo a natureza, *homologouménos phýsei zên*". A vida feliz consiste em se adequar ao *lógos*-Deus, que rege todas as coisas e se reflete na razão humana. O *lógos* se manifesta como *eimarméne*, "destino-necessidade", e *prónoia*, "providência divina". Por isso, o sábio que vive segundo a própria razão e se conforma ao *lógos* universal não só é um homem virtuoso, mas é também livre e feliz. De fato, a dor e a morte, que não podem ser evitadas, não mancham a condição virtuosa do sábio. Uma forma mitigada de estoicismo o torna mais praticável e difundido entre as pessoas cultas e os estadistas da época imperial.

---

[6] Flávio Josefo, em *Contra Apionem*, 2,180, expressa sua opinião crítica sobre alguns filósofos que "com seus discursos sobre Deus, procuram subtrair deles a providência sobre os homens". Nos textos rabínicos, o termo *apikoros*, de "epicureu", equivale a "incrédulo" (cf. Idem, Antiguidades..., cit., 10,11,7, par. 278-279).

Portanto, segundo o autor dos Atos, na *ágora* de Atenas se apresentam para discutir com Paulo os representantes mais qualificados da cultura grega daquele momento. O Apóstolo se dirige em alta voz a um grupinho de pessoas que estão paradas para ouvi-lo. Alguns, que têm o jeito de praticar a filosofia — trazem o manto que os distingue — se perguntam: "O que esse charlatão está querendo dizer?". O termo grego *spermalógos*, entre irônico e provocador, alude à impressão de aliciamento e de remendo que o discurso de Paulo suscita. Seu modo de falar se assemelha mais ao do pregador que ao modo de argumentar do filósofo. A essa pergunta do primeiro grupo de filósofos faz eco a resposta de outros que conseguiram entender algumas palavras de Paulo: "Deve ser um pregador de divindades estrangeiras". De fato, eles ouviram, entre outras, duas palavras que aparecem com freqüência no discurso de Paulo: "Jesus e a ressurreição". Acham que Paulo é o costumeiro propagador de novas religiões orientais, nas quais as divindades se apresentam em parelhas. Nesse caso, Jesus é uma divindade e a outra é *anástasis*, "ressurreição". Esta soa tão estranha aos ouvidos dos gregos que pode ser confundida com uma nova divindade.

A coisa não acaba por aí, pois os novos interlocutores de Paulo querem saber mais sobre o assunto. Eles se aproximam e pedem com certa insistência que ele os acompanhe, para que se possa esclarecer o conteúdo da sua mensagem. O que lhes causa impressão é a novidade e a estranheza daquilo que Paulo diz. O grupinho de filósofos leva Paulo diante do Areópago.[7] O Areópago toma esse nome do lugar, a coli-

---

[7] A expressão lucana "o levaram", *epì tòn Áreion págon*, certamente não se refere à pequena colina rochosa de Ares, que surge na extremidade noroeste da Acrópole; o verbo *ágein* com a partícula *epì* na obra lucana se refere sempre ao comparecimento diante de uma autoridade ou tribunal.

na de Ares, onde antigamente se reunia o Conselho dos arcontes, de ex-arcontes e de outros membros eleitos, que tinham funções de magistrados para os delitos de sangue, incêndios voluntários e outros fatos atinentes à esfera religiosa. O conselho na época romana é formado por 31 membros escolhidos pelo procônsul e se reúne na stoá *Basileos*. O autor dos Atos está a par da função que tem o Areópago de Atenas e considera que não existe tribuna melhor para Paulo falar do que esse organismo que oscila entre o Senado da cidade e o tribunal supremo.[8]

A acusação implícita feita contra Paulo pelos filósofos é parecida com aquela feita contra Sócrates, isto é, de introduzir divindades, *dáimonia*, estrangeiras.[9] Contudo, o discurso de Paulo, que deveria ter a função de uma apologia, na realidade é um anúncio do Evangelho feito nas formas adequadas a um público culto e refinado. O autor dos Atos, de modo vivo, apresenta os destinatários do discurso de Paulo nestes termos: "Com efeito, todos os atenienses e os estrangeiros residentes passavam o tempo a contar ou ouvir as últimas novidades" (At 17,21). Essa imagem lucana dos habitantes de Atenas corresponde a um estereótipo difundido entre os escritores antigos.[10] O autor dos Atos o utiliza a fim

---

[8] Na colina de Ares, com uns cem metros de altura, diante da Acrópole, do lado oeste, ainda se conservam partes de uma êxedra — onde se reunia o antigo Conselho — e, no cume, os alicerces de um altar talvez dedicado a Atena Aréia. O acesso até ele se dá por uma escadaria talhada na rocha. Aos pés da pequena colina rochosa, no lado direito da escadaria, se vê inciso em caracteres gregos antigos, numa lage de bronze, o texto do discurso de Paulo (cf. At 17,22-31).

[9] XENOFONTE. *Memoráveis*, 1,1; PLATÃO. *Apologia di Socrate*, 24b.

[10] Demóstenes (*Discursos Contra Filipe* ("Filípicas"), 4,10) diz: "Vocês querem ir pelas ruas e se perguntarem: O que há de novo hoje?". Em obra de Tucídides, (*Guerra do Peloponeso*, 3,38,4) Cleantes se dirige aos atenienses: "Vocês preferem se iludir indo atrás da última novidade e não querem seguir aquilo que é mais comprovado".

de preparar seus leitores para o resultado pouco lisonjeiro da pregação de Paulo em Atenas. Ele parece querer dizer que o anúncio do Evangelho permanece estéril se não encontra um terreno favorável. Apesar dessa premissa, ele narra o discurso de Paulo diante dos representantes mais respeitáveis da cidade símbolo da cultura grega.

2. O DISCURSO DE PAULO DIANTE DO AREÓPAGO

"De pé, no meio do Areópago, Paulo disse [...]" (At 17,22). A cena imaginada por Lucas é a do orador grego que, em pé, acena com a mão para chamar a atenção dos ouvintes e tomar a palavra. As primeiras frases do discurso de Paulo diante do supremo Conselho de Atenas também são formuladas com arte: "Senhores de Atenas, em tudo eu vejo que vocês são extremamente religiosos". É um recurso de hábil orador que acerta em cheio o registro adequado para atrair a simpatia e a benevolência dos ouvintes. Na realidade, a expressão grega *deisidaimonésteroi,* traduzida por "extremamente religiosos" — literalmente, "muito tementes das divindades" — é ambivalente, pois poderia ser entendida também como "extremamente supersticiosos".[11]

E a ambivalência continua na frase seguinte, que justifica a classificação atribuída aos atenienses: "De fato, passando e observando os monumentos sagrados de vocês, encontrei também um altar com esta inscrição: 'Ao Deus desconhecido'. Pois bem, esse Deus que vocês adoram sem conhecer, é exatamente aquele que eu lhes anuncio" (At 17,23). A um só tempo impressionado e irritado diante do conjunto de monumentos que fazem de Atenas uma espécie de "museu" ao ar livre, Paulo teria notado uma inscrição ao "deus

---

[11] A proverbial religiosidade dos atenienses é atestada pelas fontes antigas: Sófocles, *Édipo em Colona*, 260; Flávio Josefo, *Contr. Ap.*, 2,11,130; Filostrato, *Vit. Apol.*, 4,19; Pausânias, *Attica*, 1,17,1; 24,3.

desconhecido".[12] Subindo a pé do porto de Falero, onde desembarcou, em direção a Atenas, Paulo atravessou o bairro do Ceramista, ao longo da rua homônima, paralela à "Via Sacra", que chega às portas monumentais da cidade. Dos dois lados da rua, se erguem vários monumentos fúnebres dedicados aos heróis e aos mortos na guerra. Contudo, dentro e sobretudo ao redor da *ágora* de Atenas há edículas, altares e templos dedicados às diversas divindades, tradicionais e novas. Com a sua expressão *agnôstos theós*, "deus desconhecido", Paulo indica também o culto idolátrico que, na sua perspectiva monoteísta, chama de "ignorância" de Deus. De fato, no encerramento do seu discurso, Paulo retoma essa terminologia para designar "os tempos da ignorância", *ágnoia*, caracterizados pela idolatria, que procura assimilar a divindade com as estátuas de ouro, de prata e de pedra, produtos da fantasia e da arte humana.

Para fazer a acusação de falsa veneração de Deus em forma de idolatria, Paulo busca seus argumentos na tradição bíblica, que têm seu correspondente na crítica que os filósofos fazem do culto popular dos deuses. Ele começa e encerra sua denúncia sobre o culto aos ídolos com uma expressão recalcada num texto da tradição de Isaías. Até mesmo a supramencionada inscrição do altar ao "deus desconhecido" poderia estar inspirada numa expressão de Isaías: "De fato,

---

[12] Diz-se que tal inscrição apareceria também no "guia turístico" de Pausânias, que visitou a cidade de Atenas 130 anos depois de Paulo. Na realidade, Pausânias (*Attica*, 1,1,4) fala da dedicação dos altares a divindades anônimas ou desconhecidas; Filostrato (*Vit. Apoll.*, 6,3) coloca na boca de seu protagonista: "É mais sábio ser reverente a toda divindade, como se faz em Atenas, onde até aos deuses desconhecidos, *agnóston daimónion*, são consagrados altares"; no mesmo sentido devem ser interpretados os outros testemunhos antigos sobre o culto às divindades anônimas (cf. Diógenes Laércio. *Vidas dos Filósofos*, 1,1 10).

tu és o Deus escondido, o Deus de Israel, o salvador"(Is 45,15). Tal expressão serve de pano de fundo para toda a argumentação de Paulo, pois no contexto de Isaías se alternam a crítica ao culto idolátrico e a apresentação de Deus criador do universo e único Senhor da história humana.

Eis as palavras de Paulo reconstruídas na composição lucana: "O Deus que fez o mundo e tudo o que nele existe. Sendo Senhor do céu e da terra, ele não habita em santuários feitos por mãos humanas. Também não é servido por mãos humanas, como se precisasse de alguma coisa; pois é ele que dá a todos vida, respiração e tudo o mais" (At 17,24-25). Essa declaração de Paulo diante do Areópago faz eco àquela do primeiro mártir Estêvão, que com uma fraseologia tomada dos profetas bíblicos, afirma que Deus não habita em construções feitas por mãos humanas, pois ele criou todas as coisas e, por isso, nenhuma delas pode se tornar sua morada (cf. At 7,48-50). Expressões análogas, embora fora do horizonte da criação do universo por parte de Deus, podem se encontradas nos pensadores e escritores gregos e latinos, desde Platão até Plutarco, de Eurípedes a Sêneca.[13]

A denúncia antiidolátrica de Paulo em Atenas desemboca numa visão positiva da relação com Deus. É possível procurá-lo, pois o próprio Deus colocou no mundo por ele criado e na história do ser humano os sinais para encontrá-lo. Mais uma vez as palavras que o autor dos Atos coloca na boca de Paulo são uma montagem com ressonâncias bíblicas

---

[13] Platão, em *Timeu* 34b: "(Deus) não tem necessidade de nada"; Plutarco, em *Moralia* 2,1304b: "Deus não habita nos templos"; Eurípedes, em Eraclides, 1343-1345: "Se Deus é verdadeiramente Deus, não tem necessidade de nada"; Sêneca, em *Epistulae*, 95,47: "Deus não precisa de servidores. Para quê? Ele mesmo provê ao gênero humano e está disponível a todos em qualquer lugar".

e alusões filosóficas gregas, até com a citação explícita de um poeta pagão. Aí o discurso de Paulo chega ao ápice da convergência entre o mundo bíblico e o greco-helenístico: "De um só homem, ele (Deus) fez toda a raça humana para habitar sobre toda a face da terra, tendo fixado os tempos previamente estabelecidos e os limites da sua habitação. Assim fez, para que buscassem a Deus e para ver se o descobririam, ainda que seja às apalpadelas. Ele não está longe de cada um de nós, pois nele vivemos, nos movemos e existimos, como alguns dentre os poetas de vocês disseram: 'Somos da raça do próprio Deus'" (At 17,26-28).

A citação é tomada da obra de um conterrâneo de Paulo, o poeta Arato, que viveu na Macedônia na segunda metade do século III a.C., mas que era natural de Soli, na Cilícia.[14] As três declarações em primeira pessoa, que expressam a imersão total do ser humano no ambiente divino, se equilibram no fio da navalha entre o redemoinho da corrente panteísta e a consciência bíblica da relação com o Deus criador.[15]

Com essas palavras sobre a possível procura de Deus por causa da afinidade que o ser humano tem com o criador do mundo e o Senhor do universo, o discurso de Paulo diante do Areópago chega ao auge. Há terreno comum para estabelecer

---

[14] A citação de Arato é tirada de seu poema didascálico de conteúdo astronômico, intitulado de os *Phaenómena*, 5. A expressão faz parte do repertório de citações usadas também pelo filósofo eclético judeu-helenista Aristóbulo. Expressões parecidas podem ser encontradas no *Hino a Zeus*, 5, do estóico Cleantes, do século III a.C., e nos discursos de Dion de Prousa (*Orationes* 12,32; 30,26).

[15] Os salmos e os profetas falam da relação vital com Deus, próximo ao ser humano que o busca (Sl 139; 145,18; Jr 23,23-24; 29,13-14); os filósofos e pensadores gregos acentuam a afinidade e intimidade do mundo e do ser humano com Deus: Platão, em *Timeu*, 10,37c; Sêneca, em *Epist.*, 41,1. Sobretudo Dion de Proussa, no discurso chamado de "Olímpico", sublinha o fato de que todos os homens têm uma noção de Deus, "porque não vivem por própria conta, longe ou fora da divinidade, mas estão como que plantados no meio dela, ou melhor, cresceram juntamente com ela [...]" (*Orat.*, 12,28).

um diálogo fecundo entre a busca humana de Deus e sua revelação histórica. O encontro, porém, só será possível se o ser humano não se deixar levar por imagens que são substituições da realidade de Deus. Daí deriva o apelo final de Paulo à conversão, que corresponde ao esquema da pregação cristã primitiva. Ele propõe aos gregos que passem dos ídolos mortos ao Deus vivo e verdadeiro. O apelo paulino se apóia no fato de que agora Deus constituiu como protagonista do seu juízo universal um homem por ele creditado com a ressurreição dos mortos.

As últimas palavras de Paulo são um eco esmaecido do anúncio cristão, em que se proclama abertamente que Deus ressuscitou Jesus Cristo e o constituiu Senhor universal. Isso marca a ruptura com o auditório privilegiado de Atenas, que representa o mundo da cultura grega: "Quando ouviram falar de ressurreição dos mortos, alguns caçoavam e outros diziam: 'Nós ouviremos você falar disso em outra ocasião'" (At 17,32). Essas duas reações dos ouvintes têm o mesmo significado. A zombaria dos primeiros é mais eloquente do que a cortesia formal dos segundos. Ambos os grupos, porém, permanecem alheios à proposta de diálogo que apela para uma mudança de perspectiva. Para abrandar esse efeito frustrante, Lucas, que o preparou com a apresentação da superficialidade dos atenienses, acena ao fato de que alguns acolhem o apelo de Paulo. Entre esses convertidos de Atenas são lembrados dois nomes: Dionísio, membro do conselho do Areópago, e Dâmaris, uma mulher que poderia ser parente dele, ou até mesmo sua esposa.[16]

---

[16] A rua atual que rodeia a Acrópole de Atenas ao sul se chama *hodós Dionisíou Areopagítou*; segundo Eusébio de Cesaréia, Dionísio foi o primeiro bispo de Atenas; a ele é também dedicada uma igreja aos pés da colina do Areópago; Dionísio o Areopagita é o pseudônimo de um teólogo místico do século VI, cuja obra, traduzida para o latim por João Escoto Eriúgena no século IX, exerceu uma grande influência no Ocidente medieval.

3. A CAMINHO DE CORINTO

Sem esperar a chegada de Timóteo, que fora enviado a Tessalônica, Paulo deixa Atenas e se dirige a Corinto. Parece ter pressa de deixar a cidade que permaneceu refratária ao anúncio do Evangelho. Exceto o grupinho de convertidos, que se reúne em torno de Dionísio e da senhora Dâmaris, não surgiu em Atenas nenhuma comunidade cristã organizada. De fato, Paulo não escreverá nenhuma carta aos cristãos de Atenas, nem parece que ele tenha voltado para visitar os cristãos locais. Nas duas cartas escritas aos coríntios, nas quais fala de suas repetidas viagens pela Grécia, nunca faz aceno a uma eventual parada em Atenas. A cidade, símbolo da cultura e da religiosidade gregas, desaparece também no horizonte da narrativa lucana. Quando o autor dos Atos menciona a Grécia e a Acaia sempre fala de Corinto. Com efeito, é para ali que se dirige o alexandrino Apolo, colaborador de Paulo, recomendado pela comunidade cristã de Éfeso (At 18,27; 19,1). Em suma, na geografia missionária de Paulo, Atenas permanece num cone de sombra.

O centro que atrai Paulo é Corinto, capital da Acaia e sede do procônsul romano. A viagem de Atenas a Corinto pode ser realizada de maneira ágil pelo mar, partindo do porto de Falero e desembarcando no de Cencréia, sempre no golfo Sarônico. Contudo, é provável que Paulo, sem muitos recursos tenha preferido percorrer a pé os quase setenta quilômetros que separam as duas cidades. A estrada que liga Atenas a Corinto acompanha o itinerário da "Via Sacra" e, depois de uns vinte quilômetros, chega ao santuário de Elêusis.[17]

Vinte quilômetros depois de Elêusis, na direção sudoeste, a estrada atravessa a Megaride, que toma o nome da cidade de Megara, situada entre Atenas e Corinto. Em seguida, costeando o mar, a estrada chega ao Ístmo, que liga a península do Peloponeso à região Ática. Na altura da localidade de Esquenunte, atual Kalamaki, se encontra a parte mais estreita do Ístmo. Daí sai a estrada pavimentada de mais ou menos três metros e meio de largura, chamada *diolkós* — do verbo *diélkein*, "arrastar", "transportar" — porque antes do corte do Istmo os navios, tendo descarregado suas mercadorias, eram arrastados numa carreta, chamada *holkós*, desde o golfo Sarônico no mar Egeu até o golfo de Corinto no mar Jônio, e vice-versa. As mercadorias descarregadas nos portos de Cencréia e do Lequeu também eram transportadas por terra, para serem recarregadas

---

[17] Em Elêusis são celebrados anualmente os mistérios chamados "eleusinos", inspirados no mito cósmico de Deméter e Perséfone ou Coré. Os "pequenos mistérios eleusinos" se dão na primavera, no mês de Antestérion — fevereiro/março —; os "grandes mistérios eleusinos" em outono, de 13 a 23 de Boédromion — setembro/outubro. Por ocasião destes últimos, uma grande procissão parte de Elêusis com os objetos sagrados e sobe para a Acrópole de Atenas. Daí, depois de quatro dias de sacrifícios e ritos de purificação, uma procissão noturna, à luz de tochas, leva de volta os objetos sagrados para Elêusis, onde se celebram os ritos de iniciação. Todos os cidadãos de Atenas deviam ser iniciados ao menos ao primeiro grau dos mistérios eleusinos. Das construções do antigo santuário de Elêusis, além dos alicerces de alguns templos, são visíveis os restos do *Telestériona*, grande sala quadrada com as cadeiras entalhadas na rocha, onde eram celebrados os ritos mistéricos. Diante de Elêusis, na direção sul, fechando a baia de Elêusis, se assenta no amplo golfo Sarônico a ilha de Salamina. Nesse trecho do mar, cinco séculos antes da viagem de Paulo, foi decidida a sorte da Grécia clássica no confronto com a poderosa Pérsia. As pequenas e ágeis naves mandadas construir por Temístocles levaram a melhor sobre a poderosa frota persa em setembro de 480 a.C.

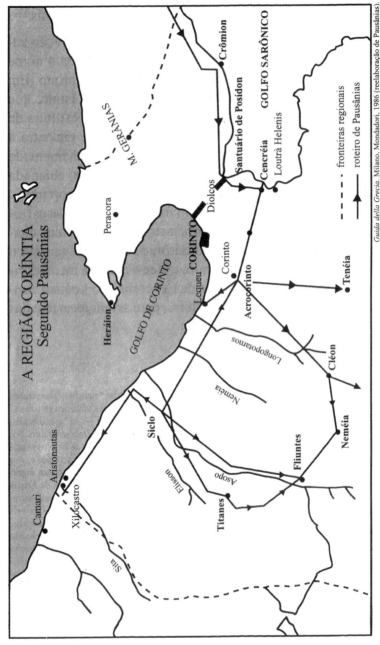

nos navios nos respectivos portos.[18] Trechos dessa estrada, com sinais visíveis das rodeiras dos veículos que transportavam os navios, foram encontrados nas duas margens do canal atual, principalmente na margem ocidental. Como essa estrada não tem um traçado reto, retilíneo, seu comprimento é maior do que os seis quilômetros do Istmo que ela atravessa.[19]

A estrada que leva a Corinto passa pela cidade de Istmia, onde surge o célebre santuário dedicado a Poseidon, protetor dos navegantes.[20] Ali, a cada dois anos, na primavera, são celebrados os "Jogos Ístmicos", os mais importantes depois dos de Olímpia. Os jogos pan-helênicos de Istmia, celebrados em honra de Poseidon, segundo uma das duas

---

[18] Estrabão. op. cit., 7,1, fala do *diólkos*: "A largura do Istmo sobre o *diólkos*, através do qual os navios são arrastados por terra de um mar ao outro, é de 40 estádios (o estádio computado por Estrabão equivale a 177 metros), como eu já disse". Ele também dá uma razão dessa opção por parte dos navegantes: porque é perigoso dobrar o cabo Malea, por causa dos ventos contrários (ibidem, 7,6,20).

[19] O corte do canal, projetado já na época dos tiranos de Corinto, sempre foi adiado por causa das dificuldades técnicas e dos grandes investimentos necessários. Os primeiros projetos do tirano de Corinto, Periandro, no século VI a.C., e o de Demétrio I Poliorcetes, no século IV a.C., jamais foram executados. Até Júlio César pensou no corte do Istmo de Corinto. O imperador Calígula, em 40 d.C., desistiu da obra, pois os técnicos egípcios chegaram à conclusão de que, dado o nível mais alto do mar no golfo de Corinto, o corte do Istmo submergiria a ilha de Egina, que se encontra num nível mais baixo no golfo Sarônico. Uma primeira tentativa foi feita por Nero em 67 d.C., quando durante três meses milhares de operários — entre os quais, seis mil judeus enviados por Vespasiano (Flávio Josefo, *Bell.,* 3,540) — cavaram nas duas direções na mesma região do traçado do canal atual. A morte do imperador interrompeu os trabalhos. O canal moderno, com mais ou menos seis quilômetros de comprimento, 25 metros de largura no alto e 21 metros no nível do mar, com cerca de oito metros de profundidade, foi iniciado por uma empresa francesa em 1881 e terminado em 1893.

[20] Pausânias (*Guia da Grécia*; A Coríntia e a Argólida, 2,1,7-9) apresenta a história do templo de Poseidon e descreve as coisas principais. Os restos do santuário foram trazidos à luz nas vizinhanças do vilarejo atual de Kyravryssi.

tradições, foram instituídos por Sísifo, rei de Corinto, para celebrar o deus marinho Palemon, ao qual é dedicado o santuário de Palémion.[21]

Todas essas localidades ricas em memórias históricas e ligadas às lembranças da mitologia grega parecem inexistentes na descarnada narrativa lucana, que resume a viagem de Paulo em dois verbos e dois nomes: "Paulo deixou Atenas e foi para Corinto" (At 18,1). Contudo, Paulo na primeira Carta aos Coríntios, falando do seu método de evangelização, faz uma referência explícita às corridas no estádio e a outras disputas atléticas praticadas nos jogos panhelênicos. De fato, ele se remete à experiência partilhada pelos seus interlocutores quando escreve: "Vocês não sabem que no estádio todos os atletas correm, mas só um ganha o prêmio?". Em seguida, exorta os cristãos de Corinto a correrem de modo a conquistar também eles o prêmio. Mas, os atletas que competem nos jogos para poder obter a vitória se abstêm de tudo. Eles, diz Paulo, fazem isso "para ganhar uma coroa perecível; e nós, para ganharmos um coroa imperecível". Nos jogos ístmicos, a coroa consiste num ramo de pinheiro sagrado que cresce junto ao altar de Palemon.[22]

---

[21] Outra tradição remonta a origem dos jogos ístmicos a Teseu, que ao subir a estrada Corinto-Atenas teria matado o predador Sini. A partir de 581 a.C., os jogos são definitivamente organizados como manifestação bienal. Os restos do estádio romano, com o dispositivo de partida da corrida a pé, se encontram perto daqueles do antigo estádio, na esquina extrema sudoeste do templo de Poseidon.

[22] Somente durante certo tempo, sob a influência de Neméia, as coroas eram de aipo, símbolo funerário usado em Istmia em honra de Palemon. Em Olímpia e em Delfos, os vencedores eram coroados com um ramo de oliveira selvagem.

Em sua carta à Igreja de Corinto, Paulo desenvolve a comparação entre as condições exigidas nas atividades esportivas e as que ele mesmo se impôs no seu método de evangelização. Ele escreve: "Quanto a mim, também eu corro, mas não como quem vai sem rumo. Pratico o pugilato, mas não como quem luta contra o ar. Trato com dureza o meu corpo e o submeto, para não acontecer que eu proclame a mensagem aos outros, e eu mesmo venha a ser desclassificado" (1Cor 9,26-27). As referências de Paulo a algumas provas dos jogos pan-helênicos revelam uma discreta competência no assunto.[23] De fato, ele fala da corrida e do pugilato com uma terminologia bem precisa. Mostra também quais são as condições e as técnicas para obter a vitória. Além disso, sublinha a necessidade do treinamento para estar em forma e não ser desclassificado nas disputas. A tudo isso corresponde seu estilo de vida, feito também de privações físicas, para poder participar da salvação prometida no Evangelho que anuncia. Um eco do linguajar esportivo se percebe no termo técnico usado por Paulo, quando escreve: "para não acontecer [...] que eu mesmo venha a ser desclassificado [*adókimos*]".

---

[23] Os jogos ístmicos compreendiam várias provas: corrida, salto, lançamento, pentatlo, corridas a cavalo, concursos musicais, teatrais e de pintura. Durante os jogos era respeitada a "trégua sagrada".

4. PAULO EM CORINTO

Essas referências de Paulo às disputas dos jogos pan-helênicos não são nada estranhas, pois os jogos ístmicos eram realizados em Corinto. Agora esta é a meta da sua caminhada. A estrada, depois de Istmia, chega ao porto de Cencréia, *Kenchrái*, o porto oriental de Corinto no golfo Sarônico. Daí, a estrada sobe até a cidade de Corinto, que se estende num terraço em forma de trapézio nas encostas ao norte da colina rochosa, chamada Acrocorinto. A cidade dista cerca de três a quatro quilômetros da costa do golfo de Corinto, onde se encontra o porto ocidental da cidade chamado Lequeu, *Lecáion*. A Corinto que Paulo visita no começo dos anos 50 d.C. é a cidade romana, reconstruída por Júlio César quase um século antes, em 44 a.C., depois da destruição da velha cidade grega em 146 a.C. por Lúcio Múmio Acaico. O general romano, que sucedeu ao cônsul Metelo na guerra contra a liga aquéia liderada por Corinto, depois da vitória sobre Déio, ocupou a cidade, a saqueou e a destruiu, enviando seus tesouros para Roma.

Situada numa posição estratégica no istmo, Corinto controla a um só tempo as comunicações entre a Grécia continental e o Peloponeso, e os tráficos dos dois mares que a colocam em comunicação com a Ásia ao oriente e com a Itália ao ocidente. O máximo esplendor da antiga Corinto grega se dá com o governo dos Baquíadas, do século VIII ao VI a.C., ao qual sucede o da família de Cipselo. Nos séculos posteriores, ela se envolve nas disputas entre Atenas, Tebas e Esparta para a hegemonia política e o controle do comércio nos territórios da Ática e do Peloponeso, chegando o conflito até a colônia coríntia de Siracusa. Após a conquista de Filipe II, o macedônio, em 335 a.C., Corinto se torna capital da liga coríntia. Com a chegada dos romanos, Corinto é declarada cidade livre, e em 196 se torna a cidade piloto da liga aquéia. Como tal, sofre as conseqüências da intervenção repressiva romana até sua completa destruição em 146 a.C. Com a reconstrução realizada por Júlio César, em 44 a.C., ela se torna colônia romana e capital da província romana da Acaia.

A posição favorável de Corinto às margens de uma fértil planície, que se estende a ocidente ao longo da costa, na encruzilhada de importantes vias comerciais, está na base da sua riqueza conhecida e celebrada em todos os tempos, desde Homero até Estrabão, que a chamam de a "rica", *aphneiós*.[24] O historiador e geógrafo grego fala da cidade de Corinto, que visita pessoalmente por volta do ano 29 a.C. e, do alto da Acrocorinto, admira suas construções. Eis o testemunho de Estrabão: "Corinto é chamada de opulenta por causa de seus comércios marítimos; de fato, ela se encontra no istmo e é dona de dois portos, dos quais um está do lado da Ásia e o outro da Itália, facilitando o intercâmbio de mercadorias entre essas duas partes tão distantes uma da outra [...]. Vão também para Corinto os impostos de todos aqueles que exportam mercadorias do Peloponeso e dos que as importam. Essa situação se estendeu ininterruptamente, ou melhor, depois se acrescentaram até outras vantagens para os coríntios; com efeito, os jogos ístmicos, que aí eram celebrados, atraíram multidões".[25]

---

[24] Homero, *Ilíada*, 2,570; Estrabão. Op. cit., 8,6,20.

[25] Estrabão, op. cit., 7,6,20.

Desde a Antiguidade, Corinto se destaca na construção de navios para o comércio e para a guerra. Contudo, sua especialidade sempre foi a cerâmica, que se distingue pela cor da terra, diferente da de Atenas. Mas, como diz Estrabão, a fortuna de Corinto se deve sobretudo ao comércio e à multidão que vem à cidade para os jogos ístmicos. Uma amostra da riqueza de Corinto é a escolha, entre seus cidadãos, dos organizadores e presidentes dos jogos ístmicos, os "agonotetas", que contribuem para isso com seus bens pessoais. Além do comércio, se desenvolve também a indústria da tecelagem e a arte de fundição do bronze. O comércio de objetos de arte se torna uma fonte de renda para os habitantes de Corinto.

A nova cidade de Corinto — *Nea-Korinthos* — reconstruída por Júlio César é uma colônia romana — *Colonia Laus Iulia Corinthiensis* — habitada em sua grande parte por libertos nativos — escravos alforriados — e por uma minoria de veteranos latinos. Somente bem devagar ela readquire o nível de bem-estar e o esplendor artístico da antiga Corinto.[26] Quando, em 29 a.C., Estrabão visita a cidade, ele a contempla com os olhos do historiador que aí projeta as imagens do passado. Ele escreve que "o santuário de

---

[26] As ruínas da Corinto romana se encontram a seis quilômetros, na direção sudoeste, da cidadezinha, construída no lugar atual depois do terremoto de 1858 e do de 1928. As escavações de Corinto, iniciadas em 1892 pela Sociedade Arqueológica Grega, continuaram de 1896 até nossos dias, em colaboração com a Escola Americana de Estudos Clássicos de Atenas. De modo sistemático, foram escavados a *ágora* e outros monumentos da cidade romana. Remontam à Corinto clássica as sete colunas dóricas monolíticas do templo de Apolo do século VI a.C., a fonte sagrada ao sul do templo, as partes mais antigas das fontes de Peirene e de Glauke, as ruínas do estádio, um pequeno templo no perígolo de Apolo, os pórticos norte e sul da *ágora*, todos monumentos restaurados durante a época romana.

Afrodite era tão rico que possuía como escravas mais de mil heteras que homens e mulheres haviam dedicado à deusa. Também por causa da presença dessas mulheres a cidade era bem movimentada e se enriquecia; os capitães de navios facilmente gastavam aí seu dinheiro e é daí que vem o provérbio: 'A viagem a Corinto não é para qualquer um'".[27]

Na realidade, entre as ruínas da Neocorinto, que as escavações trouxeram à luz, não se encontra nenhum templo dedicado a Afrodite. E o pequeno templo dedicado à deusa do amor, no cume da Acrocorinto, visitado por Estrabão, certamente não se presta para abrigar as mil hieródulas de que fala. Provavelmente o autor transfere para Corinto, com base nas fontes literárias atenienses que amplificavam a fama de cidade corrupta, a imagem da cidade oriental, onde se pratica a prostituição sagrada. O termo *korinthiázesthai*, "viver à moda coríntia", com o significado de "fornicar", foi cunhado por Aristófanes no século V a.C.; a expressão *korinthia korê*, "uma jovem coríntia" com o significado de "prostituta", se encontra em Platão (*República*, 404D). Na Corinto romana certamente se conhece e se pratica a prostituição, mas não de modo mais difundido do que nos outros portos marítimos e nas metrópoles cosmopolitas do império.

---

[27] Estrabão, op. cit., 7,6,20; cf. Horácio, *Epist.*, 1,17,36. Pausânias, ao falar da tumba de Laide em Corinto, narra: "Diz-se que ela seria originária de Ícara na Sicília, e que, ainda menina, teria sido feita prisioneira por Nícias e pelos atenienses; que, depois, vendida para Corinto, se sobressaía em beleza entre as heteras da sua época, e gozava de tanta admiração por parte dos coríntios que estes ainda hoje a reivindicam como própria" (*Guia da Grécia*, 2,2,5).

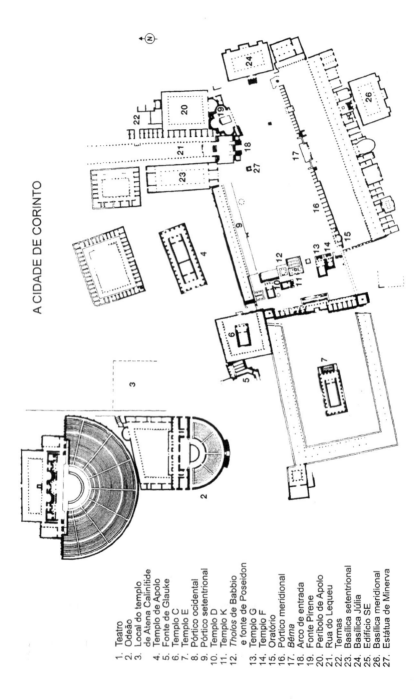

A CIDADE DE CORINTO

1. Teatro
2. Odeão
3. Local do templo de Atena Calinitide
4. Templo de Apolo
5. Fonte de Glauke
6. Templo C
7. Templo E
8. Pórtico ocidental
9. Pórtico setentrional
10. Templo D
11. Templo K
12. *Tholos* de Babbio e fonte de Poseidon
13. Templo G
14. Templo F
15. Oratório
16. Pórtico meridional
17. *Bêma*
18. Arco de entrada
19. Fonte Pirene
20. Peribolo de Apolo
21. Rua do Lequeu
22. Termas
23. Basílica setentrional
24. Basílica Júlia
25. Edifício SE
26. Basílica meridional
27. Estátua de Minerva

5. O NASCIMENTO DA IGREJA DE CORINTO

Quando Paulo, nos meados do século I d.c., chega a Corinto, entra numa grande cidade que há uns vinte anos — desde 27 d.C. — era capital da província da Acaia e sede do procônsul romano. A nova Corinto, refundada por Júlio César, é uma cidade rica e movimentada, onde povos, religiões e culturas diferentes se encontram. Em Corinto, Paulo entra em contato com os judeus que têm uma sinagoga com a relativa estrutura organizativa de uma comunidade da diáspora. A inscrição grega incompleta *(syna)gogê hebr(áion)*, encontrada num pedaço de arquitrave na estrada pavimentada que liga Corinto ao porto ocidental do Leque, embora remonte a um período posterior — século III-IV d.C. —, é um documento sobre a presença judaica em Corinto. Temos uma confirmação disso na documentação literária relativa à diáspora judaica na Grécia, em que se menciona explicitamente a cidade de Corinto.[28]

---

[28] Filon, em *Leg. Cai.*, 281, ao falar da presença dos judeus na Grécia, relembra duas localidades: Argos e Corinto; Trifão se auto-apresenta como um judeu de Corinto, em Justino, *Diálogo com Trifão*, 1,3; a cidade de Siciônia, a uns trinta quilômetros de Corinto, na estrada para Patrasso, está entre as localidades às quais, por volta da metade do século II a.C., são enviadas cartas oficiais, a fim de comunicar o acordo dos judeus com Roma (1Mc 15,23); é provável que a partir desse antigo estabelecimento judaico de Siciônia tenha surgido o primeiro núcleo da comunidade judaica na colônia romana de Corinto; a política de Júlio César em favor dos judeus de Roma poderia ter encorajado o estabelecimento deles em Corinto, cidade refundada exatamente por ele em 44 a.C.

No ambiente judaico de Corinto, Paulo encontra um casal proveniente da Itália. O marido se chama Áquila, judeu originário do Ponto, a região que toma o nome de sua posição nas costas do mar Negro, designado na Antiguidade como "Ponto Euxino". A mulher Priscila — ou Prisca, como escreve Paulo em suas cartas — tem um nome latino bem comum. Ficando com a informação dada por Lucas sobre a chegada de Paulo em Corinto, o casal havia deixado há pouco a Itália "pois o imperador Cláudio tinha decretado que todos os judeus saíssem de Roma" (At 18,2).[29]

O edito do imperador Cláudio, nas fontes históricas latinas que falam dele, diz respeito à expulsão dos responsáveis de uma ou mais comunidades judaicas da capital. De fato, parece que as tensões criadas na colônia judaica de Roma depois da difusão do novo movimento messiânico levaram as autoridades a tomar providências restritivas. O historiador latino Suetônio, em sua obra *Vidas dos doze Césares*, publicada por volta de 120 d.C., escreve: "Os judeus que, por instigação de Cresto, provocavam continuamente tumultos, ele (Cláudio) os expulsou de Roma"[30].

Apesar da linguagem aproximativa do escritor latino, o qual confunde Jesus Cristo com um certo "Cresto" — que ele vê como presente e ativo em Roma —, deve-se admitir que na origem desses tumultos no ambiente judaico da capi-

---

[29] Essa informação lucana, juntamente com a menção relativa ao procônsul Galião, que se encontra em Corinto na mesma época da presença de Paulo, são dois elementos úteis para se estabelecer a data da missão de Paulo em Corinto e a cronologia relativa a toda a sua atividade. Tais dados serão levados em consideração e debatidos em seguida.

[30] *"Iudaeos impulsore Chresto assidue tumultuantes Roma expulit"* (Suetônio, *Claudius*, 25).

tal haja a presença de grupos judeu-cristãos. Nesse caso, o casal Áquila e Priscila não só seria judeu-cristão, mas também responsável da primeira comunidade cristã de Roma. De fato, não podemos imaginar que o edito de Cláudio tenha expulsado, como diz o texto lucano, "de Roma todos os judeus", que, nos meados do século I d.C. poderiam chegar a cerca de 25.000. Uma medida restritiva desse alcance não deixaria passar em silêncio historiadores e sobretudo Flávio Josefo, que em suas obras fala mais de uma vez das comunidades judaicas espalhadas nas cidades do império romano. É, ao contrário, verossímil que o edito de expulsão emanado pela administração romana tenha atingido aqueles que eram considerados responsáveis pelas comunidades judeu-cristãs de Roma.

Assim, Paulo encontra o casal romano Áquila e Priscila em Corinto. Hospeda-se e trabalha na casa deles. Aliás, o primeiro contato com o casal judeu-cristão em Corinto se dá graças ao trabalho que permite a Paulo sobreviver. Os deslocamentos contínuos e rápidos de uma localidade para outra, nos últimos meses, reduziram seus recursos financeiros. Ele gastou até mesmo os auxílios que lhe foram enviados por duas vezes para Tessalônica pelos cristãos de Filipos. Além disso, nem em Beréia e muito menos em Atenas Paulo teve a possibilidade de trabalhar para se manter, como fizera em Tessalônica. Por isso, em Corinto, desde os primeiros contatos com o ambiente judaico, Paulo procura trabalho. Aí ele vem a saber da presença dos dois judeu-cristãos que vieram de Roma. Eles se inseriram na comunidade judaica de Corinto, bastante numerosa e bem organizada. Graças aos conhecidos que têm entre os latinos de Corinto, puderam retomar logo suas atividades no campo da produção e do comércio de tendas. Paulo, que está buscando um ponto de apoio em Corinto, tem a sorte de se encontrar com esse casal abastado e empreendedor. Começa assim, entre Paulo e essa família judeu-cristã, uma intensa colaboração e uma amizade cordial que acabarão se solidificando com o tempo.[31]

Por enquanto, na casa de Áquila e Priscila, Paulo dá uma mão na preparação do material que serve para montar as tendas. Desde jovem, em Tarso, ele aprendeu com a sua família a profissão de tecelão e a exerceu quando precisou de recursos para viver. Mas a casa e a família de Áquila e Prisca oferecem a Paulo o mínimo de segurança humana e social que lhe permite realizar uma discreta atividade missionária no ambiente de Corinto. Como de costume, ele aproveita a ocasião do encontro semanal na sinagoga de Corinto para comunicar a mensagem cristã aos judeus e aos pagãos que para aí são atraídos pelo interesse deles pelo Judaísmo.

Nessa primeira fase, Paulo pode contar com o apoio de Áquila e Prisca que, desde a chegada deles em Corinto, começaram de modo informal a falar da sua experiência cristã. Contudo, o fato de terem sido afastados de Roma por causa de uma intervenção da autoridade imperial, sob acusação de serem causadores de "tumultos" por questões religiosas, torna-os um tanto cautelosos. Eles não querem alimentar novas suspeitas na colônia romana de Corinto. É mais

---

[31] Áquila e Priscila ou Prisca são mencionados mais de uma vez nas listas de saudações do epistolário paulino. Na Carta aos Romanos, Paulo manda saudar Prisca e Áquila, "meus colaboradores em Jesus Cristo, que arriscaram a própria cabeça para salvar a minha vida. Sou grato não somente a eles, mas também a todas as Igrejas dos pagãos. Saúdem também a Igreja que se reúne na casa deles" (Rm 16,3-5). De Éfeso, onde se encontra, Paulo manda saudações aos cristãos de Corinto também da parte de "Áquila e Prisca, com a Igreja que se reúne na casa deles" (1Cor 16,19); cf. também 2Tm 4,19.

fácil apoiar a ação de Paulo, que por enquanto não sofre nenhuma censura, do que se exporem pessoalmente a um eventual confronto com a comunidade judaica.

Depois desse primeiro momento, no qual Paulo entra em contato com a sinagoga e percebe as oportunidades, mas também os empecilhos do ambiente de Corinto, chegam da Macedônia os dois colaboradores Silas e Timóteo. Este último havia sido enviado por Paulo a Tessalônica, quando ainda estava em Atenas, para saber notícias daquela comunidade, surgida havia algumas semanas. Silas também se havia unido a ele em Tessalônica e, juntos, partiram para Atenas, embarcando em algum navio cargueiro, que fazia escala em Corinto, no porto de Cencréia.[32] Paulo combinara com Timóteo de se encontrarem em Corinto. Logo que chegaram, Silas e Timóteo procuram Paulo nos ambientes da sinagoga local, onde ele já se fez notar nos encontros do sábado, durante as primeiras semanas da sua presença em Corinto.

Os dois amigos e colaboradores, além das boas notícias sobre a Igreja de Tessalônica, trazem também os auxílios dos cristãos da Macedônia, sobretudo da parte da comunidade de Filipos, que faz questão de manter uma relação de estreita colaboração com Paulo. Ele mesmo atesta isso na carta enviada alguns anos depois aos filipenses (Fl 4,15). Ele também diz expressamente isso aos cristãos de Corinto,

---

[32] Se a viagem não foi feita por via marítima, mas percorrendo a estrada costeira que desce de Tessalônica para Atenas e depois até Corinto — quase 560 quilômetros —, o tempo exigido supera as duas semanas que os colaboradores de Paulo deveriam ter empregado tomando uma ou mais embarcações. A pressão de Paulo sobre Timóteo para ter notícias quanto antes dos cristãos de Tessalônica deve ter sugerido o meio de transporte mais rápido, isto é, por via marítima.

aos quais não quis ser de peso, embora passando necessidade, "porque os irmãos que vieram da Macedônia supriram às minhas necessidades" (2Cor 11,9). Portanto, com a chegada de Silas e Timóteo, Paulo se sente reconfortado com as boas notícias sobre a fidelidade e a coragem da Igreja tessalonicense. Agora, sem deixar de trabalhar na oficina de Aquila e Priscila, ele pode se dedicar de modo mais intenso ao anúncio do Evangelho. Não só nas reuniões do sábado na sinagoga, mas também em outros momentos, ele se encontra com os judeus e, de modo explícito, proclama que Jesus é o Messias.

A reação da comunidade judaica logo se faz sentir. Os responsáveis da sinagoga de Corinto se opõem decididamente a Paulo. Contestam o conteúdo do seu anúncio e a sua interpretação messiânica da Escritura. Paulo proclama que Jesus crucificado é o Messias prometido por Deus. Os seus ouvintes judeus lhe objetam que um homem "crucificado" é um amaldiçoado por Deus. Proclamar como "Messias" um crucificado é um insulto ao poder de Deus, que libertou os antepassados da escravidão do Egito, manifestando-se como Senhor e Salvador mediante grandes sinais e prodígios. Deus prometeu pelos profetas que enviaria o Messias para libertar todos os filhos de Israel e reuni-los na unidade na terra deles. Por isso, esse Jesus, condenado pelos romanos à morte infame da cruz e que Paulo está por aí proclamando como o Messias enviado por Deus, só pode ser um pseudomessias.

No final, Paulo é obrigado a deixar a sinagoga. E o faz dentro do estilo dos profetas bíblicos com um gesto simbólico de separação. Sacudindo as vestes, ele declara aos judeus de Corinto: "Vocês são responsáveis pelo que acontecer. Não tenho nada a ver com isso. De agora em diante, vou me dirigir aos pagãos" (At 18,6). É uma opção decisiva de campo de ação, parecida com a que se deu em Antioquia da Pisídia, durante a primeira viagem missionária. O novo contato com não-judeus é favorecido pelo fato de que Paulo aluga uma sala junto à casa de um certo Tício Justo, que mora perto da sinagoga. O nome — *Títios Ioústos* — indica sua pertença à população de origem latina. Trata-se de um pagão "temente a Deus" que coloca sua casa à disposição para os encontros de Paulo. A partir desse momento, a maior parte daqueles que aderem ao anúncio cristão de Paulo em Corinto provêm do mundo pagão.

Entretanto, não podemos dizer que a primeira fase da atividade de Paulo no ambiente judaico de Corinto tenha ficado sem nenhum resultado. Ao contrário, é exatamente a eficácia da ação de Paulo que provoca a reação da comunidade judaica. De fato, o *archisinágogos*, o "chefe da sinagoga", adere a Paulo juntamente com toda a sua família. O fato de a sala onde Paulo continua sua missão se encontrar perto da sinagoga representa uma provocação para a comunidade judaica de Corinto. A conversão do chefe da sinagoga, Crispo, é a gota d'água que faz o copo transbordar. Ela preanuncia um novo confronto entre Paulo e a comunidade judaica de Corinto. Não podendo agir diretamente contra Paulo, os responsáveis da sinagoga tentam acusá-lo diante do procônsul romano Galião, que representa a suprema autoridade do império.

O autor dos Atos antecipa o resultado desse último confronto entre o pregador cristão e a comunidade judaica de Corinto numa visão noturna, em que o próprio Deus revela a Paulo o seu projeto para a cidade onde ele está proclamando o Evangelho: "Não tenha medo, continue a falar, não se cale, porque eu estou com você. Ninguém porá a mão em você para lhe fazer mal. Nesta cidade há um povo numeroso que me pertence" (At 18,9-10). Nessa experiência de revelação em Corinto, Paulo revive aquela experiência inicial do chamado no caminho de Damasco. Nos momentos cruciais da sua vida cristã, Paulo encontra o sentido dela na relação profunda com Deus. Durante a noite, quando pode parar para refletir de modo mais intenso, ele revê o que está fazendo e procura entender o que Deus quer dele. Paulo se pergunta se vale a pena continuar a propor o Evangelho nessa situação. Exatamente aqueles que deveriam ser seus primeiros beneficiários o rejeitam. Então, vêm-lhe à mente a história de Moisés, rejeitado por seus irmãos; a história de Jeremias, ameaçado de morte em seu país, e a figura de Isaías rejeitado pela sua comunidade. Nessa oração noturna, Paulo encontra a força para continuar sua missão em Corinto.

6. PAULO DIANTE DO PROCÔNSUL GALIÃO

O autor dos Atos resume numa linha a intensa e prolongada atividade missionária e pastoral de Paulo em Corinto: "Assim, Paulo ficou um ano e meio entre eles, ensinando a Palavra de Deus" (At 18,11). É a primeira vez que Paulo dedica um tempo tão longo à pregação do Evangelho numa localidade. Somente em Antioquia da Síria ele havia se detido um ano todo, juntamente com Barnabé, para a formação da comunidade cristã local. Em Corinto, a sua escolha, como deixa entrever a experiência de revelação referida pouco antes por Lucas, amadureceu num contexto de oração. Nos primeiros tempos, ao se estabelecer na casa e na oficina de Áquila e Priscila, Paulo tentou encetar um diálogo com a comunidade judaica local. O confronto e a ruptura, porém, foram inevitáveis por duas razões. Por um lado, Paulo apresenta a pessoa de Jesus, um messias crucificado que parece contradizer a esperança judaica. Por outro lado, sua proposta de experiência religiosa, livre das amarras das observâncias legais judaicas, atrai os pagãos que já estão propensos ao ideal religioso e ético do judaísmo.

Em suma, Paulo abre uma perigosa concorrência com a comunidade judaica de Corinto. De fato, aqueles que aderem à mensagem cristã de Paulo se afastam da sinagoga. Ele mesmo, embora continuando a morar junto a Áquila e Priscila, faz suas reuniões num local adjacente à sinagoga. O caso de Crispo, chefe da sinagoga, se torna contagioso não apenas para os fiéis judeus, mas sobretudo para os pagãos prosélitos ou tementes a Deus. Depois da ruptura oficial com a comunidade judaica, a ação de Paulo vai se apoiar justamente sobre estes. É compreensível, então, a tentativa dos judeus de Corinto de se opor à ação corrosiva de Paulo, buscando a intervenção do representante da administração romana da cidade, diante da qual eles podem fazer valer seu estatuto de comunidade religiosa reconhecida.[33]

Nesse contexto, o autor dos Atos situa o episódio do comparecimento de Paulo diante do procônsul da Acaia, Galião. A iniciativa parte dos judeus, que, narra Lucas, "se insurgiram em massa contra Paulo e o levaram diante do tribunal, dizendo: 'Este homem induz o povo a adorar a Deus de modo contrário à lei'" (At 18,12-13). A cena pode ser reconstruída sobre o pano de fundo das ruínas trazidas à luz pelas escavações da *ágora* romana de Corinto. A praça de Corinto é um grande retângulo de duzentos por cem metros mais ou menos, disposto em direção leste-oeste no lado mais comprido. No lado ocidental situam-se alguns pequenos templos dedicados a várias divindades, tais como Hermes, Apolo, Poseidon, *Týche*/Fortuna, e um santuário para todas as divindades, um pequeno *Pantheon*. O lado norte é fechado por uma fila de 16 lojas, que chega até a fachada em dois pisos da basílica romana construída ao lado da grande rua pavimentada que sai da cidade e vai até o porto do Lequeu. No largo que desemboca essa rua, ou seja, na *ágora,* se erguem

---

[33] A instrução que Paulo dá aos cristãos de Corinto sobre o modo de regular suas controvérsias internas — pequenos furtos ou questões de propriedade — pressupõe que eles podem recorrer a um tribunal interno, como era reconhecido para as comunidades judaicas, assimiladas no império romano ao estatuto dos *collegia* (cf. 1Cor 6,1-8; MEEKS, W.A. *Os primeiros cristãos urbanos*: o mundo social do apóstolo Paulo. São Paulo, Paulus, 1992.

os propileus monumentais. Sobre o arco central da grande porta há o carro dourado do Sol e de Fetontes. O lado oriental da praça é fechado pela *Basilica Julia* da época de Augusto, usada como tribunal e sala de reuniões públicas. Sempre no lado oriental, ao sul da basílica se ergue uma construção usada para o arquivo.

O lado sul da *ágora* é ocupado em primeiro plano por uma longa série de lojas, interrompida na metade por uma plataforma elevada, à qual se tem acesso por uma escadaria. É o *bêma*, chamado "tribunal", que corresponde às "pontas" do foro de Roma, de onde o procônsul se dirige à população de Corinto. Atrás do *bêma* e das lojas se ergue um longo e vasto pórtico, restaurado na época romana, em dois andares sustentados por 71 colunas dóricas na fachada e 31 colunas jônicas no lado de dentro. Atrás do pórtico se abrem 33 lojas de dois andares. Depois do pórtico e das lojas existem ainda outros edifícios públicos, entre os quais uma grande basílica.[34]

É nesse cenário da *ágora* que se dá o encontro de Paulo com o procônsul Galião, representante da administração imperial em Corinto. Logo de manhãzinha, chega o grupo de judeus que pediram para apresentar suas acusações contra Paulo. A formulação da acusação deles é muito genérica e ambígua. Não se entende bem contra qual "lei" Paulo se coloca com a sua proposta de experiência cristã. Trata-se da "lei" judaica, indiretamente reconhecida pela legislação ro-

---

[34] Sobre as coisas dignas de menção na cidade de Corinto, Pausânias diz que "são, em parte, aquelas que sovrevivem entre as antigas, mas na maioria pertencem ao segundo florescimento da cidade"; em seguida, ele descreve os templos e as estátuas que podem ser vistos na *ágora* (*Guia da Grécia*, 2,6-3,4).

mana ou da "lei" romana, que regula a propaganda religiosa e a adesão aos novos cultos? Essa acusação ambivalente de ilegitimidade levantada pelos judeus a respeito da atividade missionária de Paulo em Corinto oferece o fio da meada para a tomada de posição do procônsul romano.

Paulo, que se encontra no banco dos réus, exatamente diante da tribuna do procônsul Galião, gostaria de tomar a palavra em sua defesa. Antes, porém, que ele abra a boca, Galião se dirige aos judeus de Corinto, dizendo: "Judeus, se fosse por causa de um delito ou de uma ação criminosa, seria justo que eu atendesse a queixa de vocês. Mas, como é questão de palavras, de nomes e da lei de vocês, tratem disso vocês mesmos. Eu não quero ser juiz nessas coisas" (At 18,14-15). Em suma, Galião se declara incompetente para tratar o caso de Paulo. De fato, trata-se de questões de disciplina interna da comunidade judaica, para as quais é reconhecida a plena autonomia jurídica.

Para o autor dos Atos, a declaração do procônsul romano de Corinto tem um valor programático de grande importância. Com efeito, essa declaração prenuncia as do último processo em Jerusalém e em Cesaréia que levarão Paulo a Roma para ser julgado pelo tribunal do imperador. Por enquanto, o que interessa é o arquivamento de uma acusação que lhe teria impedido de continuar sua atividade missionária em Corinto. Galião não absolve Paulo nem condena os judeus. No caso, o representante de Roma age simplesmente como árbitro imparcial e remete cada um às próprias responsabilidades.

A conclusão da cena, em sua rapidez e em seu desenrolar inesperado, é de grande efeito. Galião ordena que todos se afastem, acusadores e acusado. Enquanto isso, diante do *bêma* se reuniram tanto judeus, que correram para assistir à disputa, como curiosos da praça. Todos ficam desapontados com esse rápido encerramento do debate. Então, eles investem contra o novo chefe da sinagoga, Sóstenes, que tomou a iniciativa de arrastar Paulo diante do tribunal de Galião. Começam a bater nele na presença do procônsul romano. Galião assiste impassível à cena.

O final lucano desse episódio mostra um traço característico da personalidade de Galião, conhecido na história romana como irmão do mais famoso filósofo e escritor, Sêneca. Os dois irmãos são filhos do orador e escritor Lúcio (ou Marcos) Aneu Sêneca, o "velho". Antes de ser adotado pelo seu amigo orador L. Júnio Galião e assumir o nome dele, o primogênito se chamava M. Aneu Novato.[35] Ele, juntamente com o irmão, nascido em Córdoba na Espanha, no tempo de Tibério, vai com o pai a Roma, onde segue a carreira consular. O imperador Cláudio o nomeia procônsul da província da Acaia. Galião chega a Corinto antes do verão, mas antecipa sua volta a Roma por razões de saúde. O irmão filósofo Sêneca, que lhe dedica dois dos seus diálogos, o apresenta como uma pessoa amável, equilibrada e de grande integridade moral. Os outros historiadores romanos também elogiam sua personalidade pública, mas o recriminam por causa de sua excessiva preocupação com a saúde. Como o irmão Sêneca, Galião será obrigado pelo imperador Nero a tirar a própria vida.[36]

---

[35] O terceiro filho de Sêneca, o "velho", e da esposa Élvia, se chamava M. Aneu Mela, pai do poeta Lucano. Os Sêneca são uma rica família eqüestre de estirpe itálica.

[36] Sêneca, o filósofo, dedica a seu irmão dois diálogos: *De ira* e *De vita beata*; elogia-o nas *Quaest. nat.* 4,10; acena à sua doença na *Epist.* 18,1,1. Ainda falam de Galião: Plínio (*Hist. nat.*, 31,62-63); Tácito (*Ann.*, 15,73); Dion Cássio (*Hist.*, 61.35,4; 62,20,1).

7. A INSCRIÇÃO DE GALIÃO E A CRONOLOGIA PAULINA

O nome do procônsul Galião, diante do qual Paulo foi conduzido pelos judeus de Corinto, representa um dos pontos de referência mais seguros para reconstruir a cronologia não apenas da missão coríntia, mas de toda a sua atividade no ambiente greco-romano. O caso pede que o nome desse procônsul seja conservado, tanto nas fontes literárias mencionadas, como num dos fragmentos de uma placa de pedra encontrada no terraço do templo de Apolo, durante as escavações de Delfos na última década do século XIX. Publicada pela primeira vez em 1905, a inscrição de Delfos foi completada com outros fragmentos num total de nove em sua última reconstrução feita nos anos 70 d.C.[37] A placa fragmentária de Delfos traz o texto de uma carta que o imperador Cláudio escreveu a Galião e ao seu sucessor. O imperador, informado por seu amigo procônsul Galião sobre a decadência de Delfos, dá normas sobre as medidas a serem tomadas para fazer Delfos retornar ao seu antigo esplendor.

---

[37] As escavações da missão francesa em Delfos foram feitas nos anos 1892, 1893, 1896; os primeiros quatro fragmentos da inscrição de Galião foram publicados em 1905 por Émile Bourguet; outros três, pelo mesmo Bourguet em 1910, e os últimos dois por A. Brassac em 1913. Em 1970, A. Plassart publicou o conjunto dos nove fragmentos, com uma leitura retocada por J. H. Oliver em 1971 (cf. DITTEMBERGER. *Sylloge inscriptionum graecarum*. Leipzig, n. 801D, 1917. p. 492-497. Sete fragmentos da inscrição se encontram no depósito do museu de Delfos com a seguinte numeração: 3883; 2178; 2271; 4001; 728; 500; 2311.

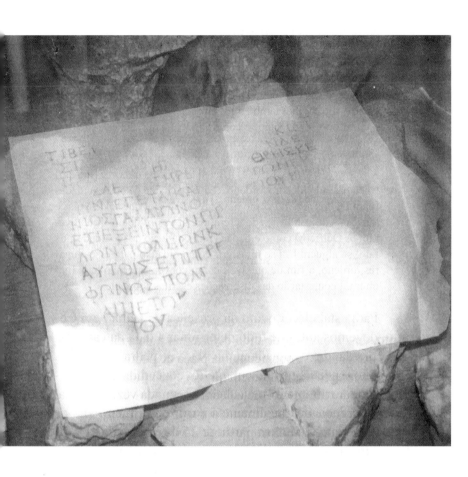

Fragmentos recompostos da inscrição na qual é mencionado o procônsul L.G.A. Galião, Delfos, Museu (foto de G. Borba).

Eis o texto da carta reconstruído:

> Tibério Cláudio César Augusto Germânico no [XII] poder tribunício, aclamado *imperator* 26 vezes, pai da pátria [saúda...]. Já antes, a respeito da cidade de Delfos, eu estava não somente [bem disposto, mas também solícito] do [seu] destino, e observei o culto de Apolo [Pício; e como] agora se diz que está até sem cidadãos, como [me referiu há pouco L.] Júnio Galião, *L. IOUNIOS GALLION*, meu amigo e procônsul, *HO PHILOS MOU KAI ANTYPATHOS*, [... os Délficos] terão mais uma vez [intacto] o seu passado [decoro, ordeno...] que se chame de outras cidades [para Delfos *ingenui* como novos residentes e] que se dê a eles e [aos seus descendentes de terem todos] os privilégios [que tiveram os Délficos] como cidadãos [em condição de igualdade]; de fato, se alguém [...] se transferir como cidadão para esses lugares, ordeno, a fim de que [...], como convém que não haja [nenhuma] contestação das disposições escritas sobre ele.[38]

Para estabelecer o ano da presença de Galião em Corinto, devemos antes de tudo determinar a data da carta escrita por Cláudio e copiada numa placa de pedra em Delfos. A carta foi enviada no ano em que foi concedida ao imperador o "poder tribunício" pela décima segunda vez. Como tal poder era renovado anualmente a partir do primeiro ano de reinado — para Cláudio a partir de 25 de janeiro de 41 a 24 de janeiro de 42 — o décimo segundo poder tribunício de Cláudio começa em 25 de janeiro de 52 d.C. Além disso, se faz referência à vigésima sexta aclamação de Cláudio. Podemos estabelecer que essa aclamação, com base numa inscrição dedicatória do aqueduto da *Aqua Claudia* na porta

---

[38] Boffo, op. cit., pp. 247-256; PENNA, R. *L'ambiente storico culturale delle origini cristiane*. 3. ed., Bologna, 1991. pp. 251-253, n. 134; MURPHY, O'Connor. J. *Corinthe au temps de saint Paul*; D'après les textes et l'archéologie. Paris, Cerf, 1986. pp. 220.263-267.

Maior de Roma, se deu antes do mês de agosto de 52 d.C., por ocasião da vigésima sétima aclamação. Portanto, a carta de Cláudio foi escrita depois de 25 de janeiro e antes do começo do mês de agosto do ano 52 d.C., isto é, na primavera de 52, quando, por causa de alguma vitória militar, Cláudio foi aclamado imperador pela vigésima sexta vez. Enfim, a carta de Cláudio, na qual se menciona o procônsul Galião, foi escrita de Roma entre abril e julho de 52 d.C.

Se a carta foi endereçada a Galião, o seu cargo anual de procônsul da província senatorial da Acaia se situa entre 51 e 52 d.C.[39] Durante seu mandato, encurtado por causa da sua doença, Galião deu informações ao imperador sobre a situação da cidade-santuário de Delfos. De fato, Cláudio escreve a carta remetendo-se a informações recentes do procônsul e amigo Galião. Este, portanto, foi procônsul em Corinto da primavera de 51 a outubro do mesmo ano ou na primavera-verão de 52 d.C.[40]

Nesses meses do mandato de Galião, Paulo foi acusado pelos judeus diante do tribunal do procônsul. Passaram-se apenas alguns meses da chegada de Paulo em Corinto, durante os quais foi crescendo o confronto com a sinagoga e, finalmente, houve a ruptura. Os judeus aproveitam a vin-

---

[39] A determinação do destinatário da carta de Cláudio — Galião ou o seu sucessor, ou os cidadãos de Delfos — depende da leitura do texto deteriorado de duas linhas da inscrição. Linha sétima: "Te/vos ordeno..."; linha décima sétima: "Te ordeno". Em favor da hipótese de Galião é o fato de ser mencionado o título de "procônsul", *antypathos*, que lhe cabe tão-só durante o ano do seu cargo.

[40] Tibério havia determinado que os administradores das províncias entrassem em função no dia primeiro de julho (cf. Dion Cássio, *Hist.*, 57,14,5). Cláudio determina que tais magistrados deixem Roma em abril (cf. idem, ibidem, 60,11,3; 60,17,3). Galião teria voltado para Roma antes do final do ano de seu mandato por causa da contínua febre que o afligia na Acaia (cf. Sêneca, *Epist.*, 104,1).

da do procônsul romano Galião a Corinto para apresentar suas acusações contra Paulo. Levando em conta todos esses elementos, podemos concluir que a permanência de Paulo em Corinto, que durou um ano e meio, vai do final do ano 50 ou dos primeiros meses do ano 51 d.C. até a primavera ou verão de 52 d.C., quando ele embarca para a Síria.

Essa datação da atividade missionária de Paulo em Corinto, contudo, deve ser comparada com um segundo dado referido por Lucas no começo do seu relato da missão paulina na capital da Acaia. Falando do casal Áquila e Priscila, que havia acabado de chegar da Itália, o autor dos Atos menciona a ordem de Cláudio para que "todos os judeus saíssem de Roma". Sem precisar a data, Suetônio fala desse decreto restritivo do imperador Cláudio.[41] O texto de Suetônio é retomado mais tarde, no século V, pelo historiador cristão Paulo Orósio em suas *Histórias contra os pagãos*, em sete volumes. Ele traz o texto com uma indicação cronológica atribuída a Flávio Josefo: "No ano nono de seu reinado, (Flávio) Josefo conta que os judeus foram expulsos da cidade por obra de Cláudio[...]".[42] Essa indicação cronológica de Orósio permitiria datar o edito de Cláudio por volta de 49 ou 50 d.C. E essa datação estaria de acordo com a da chegada de Paulo em Corinto, determinada com base na inscrição de Delfos.

Entretanto, a indicação cronológica de Orósio, que se remete a Flávio Josefo, não encontra nenhuma confirmação nas obras do historiador e escritor judeu. Paulo Orósio poderia ter tido em suas mãos um texto de F. Josefo diferente

---

[41] *Claudius*, 25.
[42] 7,6,15.

daqueles que estão disponíveis atualmente. Ou se trataria de uma interpolação no texto de Flávio Josefo, em que se procura datar um acontecimento importante na história dos judeus de Roma. Além disso, é pouco provável que o imperador Cláudio, que acabava de subir ao trono no começo dos anos 40 d.c., tomasse uma medida tão restritiva em relação aos judeus da capital. Provavelmente tal medida foi precedida por outras menos severas, como aquelas de que fala Dion Cássio quanto ao primeiro ano do reinado de Cláudio: "Quanto aos judeus, que haviam novamente se multiplicado em tão grande número, dificilmente se poderia expulsá-los da cidade sem provocar um tumulto, [Cláudio] não os expulsou, mas lhes ordenou que não fizessem reuniões, embora continuassem no tradicional estilo de vida deles. Ele também dissolveu as associações permitidas por Gaio".[43] Embora a indicação de Orósio sobre o ano do edito de Cláudio contra os judeus não encontre confirmações seguras na documentação antiga, ela pode ser considerada plausível, por razões intrínsecas. Portanto, com base nos dados da inscrição de Delfos relativa a Galião, não de todo irreconciliáveis com a datação do edito de Cláudio, podemos sem dúvida datar a missão de Paulo no início dos anos 50 d.C.

---

[43] *Hist.*, 60,6,6; alguns interpretam esse texto de Dion Cássio como uma correção intencional do escrito de Suetônio acima citado, relativo ao reescrito de Cláudio sobre a expulsão dos judeus de Roma. Nesse caso, a ordem de Cláudio deveria ser datada de 41 d.C., primeiro ano de seu reinado. Contra essa hipótese, porém, se coloca a linha política seguida por Cláudio em relação aos judeus e principalmente à comunidade judaica de Alexandria, como sabemos por uma "carta de Cláudio aos alexandrinos", do ano 41 d.C. (cf. Penna, op. cit., pp. 115-228, n. 121; Flávio Josefo, *Ant.* 19,5,2-3, par. 281-285.297-291; Fílon, *Leg. Cai.; In Flaccum)*. Por outro lado, daquilo que diz Dion Cássio (*Hist.*, 60,3,1): "Narrarei, em seguida, aquilo que ele fez", não devemos concluir que ele segue sempre rigorosamente a ordem cronológica na exposição dos fatos (cf. SCHÜRER, E. *The History of the Jewish people in the age of Jesus Christ.* Edinburgh, 1986. pp. 77-78).

Depois do perigo de incriminação diante do tribunal do procônsul Galião, Paulo, segundo a narrativa lucana, "permaneceu ainda vários dias em Corinto. Depois, despediu-se dos irmãos e embarcou para a Síria, em companhia de Priscila e Áquila". Esses "dias" da estada de Paulo em Corinto devem ser acrescentados aos dezoito meses lembrados antes ou já estão incluídos aí? Em ambas as suposições o que se conclui é que, no final, Paulo deixa Corinto espontaneamente, depois de ter consolidado os grupos cristãos espalhados pela cidade e arredores, até os do porto de Cencréia no golfo Sarônico.

Aqui, o ponto de referência é a casa de Febe, uma mulher estimada e empreendedora, que Paulo conheceu por intermédio de seus hóspedes e empregadores Áquila e Priscila. De fato, por causa de sua atividade comercial, eles estão em contato com o porto oriental de Corinto, que liga a cidade com a Ásia Menor, de onde provém a matéria-prima para o trabalho deles. Em seguida, Paulo atribuirá a Febe não só uma função de protetora no plano social e jurídico, mas também a tarefa eclesial reconhecida como "*diákonos* da Igreja de Cencréia" (Rm 16,1-2).[44]

Em Cencréia, Paulo se detém para cumprir uma promessa que fizera anteriormente, isto é, durante os meses que permaneceu em Corinto. Ele havia prometido viver por certo tempo como "consagrado", em hebraico *nazir*,

---

[44] Na época romana, na baía ao sul do istmo, havia um conjunto de pórticos, reproduzidos nas moedas de Corinto. Dois diques fechavam o mar ao norte e ao sul. Neste último, mais largo, se erguia um templo dedicado a Ísis e, depois, uma basílica paleocristã. As escavações da Escola Americana da Universidade de Chicago encontraram os alicerces dos prédios e das instalações portuárias de Cencréia, onde chegavam todas as mercadorias da bacia oriental do Mediterrâneo.

segundo as prescrições bíblicas, não cortando o cabelo e não bebendo bebidas alcoólicas. Em Cencréia, antes de partir para Antioquia da Síria, Paulo corta o cabelo. De fato, durante essa viagem, ele chegará até Jerusalém, onde, no templo, poderá cumprir os ritos previstos para o voto de nazireato.

Essa estranha notícia sobre o voto de Paulo levanta vários problemas, dentre os quais um ao menos tem certa importância. Essa prática do voto bíblico do nazireato nos dá uma imagem de Paulo um tanto diferente daquela que notamos em suas cartas. Nas Cartas aos gálatas e aos romanos, ele contesta decididamente o papel e o valor da observância da lei judaica para os fiéis batizados. Mas o próprio Paulo, na primeira Carta aos Coríntios, quando fala do estilo de vida conexo com o Evangelho, diz que "com os judeus, comportei-me como judeu [...]; com os que estavam sujeitos à lei, comportei-me como se estivesse sujeito à lei [...]" (1Cor 9,20). Nessa perspectiva, é compreensível que no ambiente de Corinto, onde viveu por certo tempo com os judeus e à maneira judaica, Paulo tenha feito o voto de nazireato.[45]

---

[45] A dificuldade de combinar essa imagem lucana de Paulo, observante da lei judaica, com aquela que aparece em suas cartas, sugeriu a alguns ler o texto dos Atos 18,18 como se o sujeito do voto de nazireato fosse Áquila e não Paulo. Gramaticalmente essa leitura é possível, mas não se vê que interesse Lucas teria em mencionar um voto de Áquila, que, além do mais, não poderia ser completado com os ritos que devem ser feitos no templo de Jerusalém. Segundo a prescrição bíblica de Números 6,18, os cabelos que fossem cortados deveriam ser queimados no fogo do sacrifício, que se faz no templo de Jerusalém. Flávio Josefo, em *Bell.*, 2,15,1, par. 313, descreve o voto de nazireato nestes termos: "De fato, é costume que alguém atingido por uma doença ou por qualquer outro mal faça voto de se abster de vinho e de cortar o cabelo durante trinta dias antes daqueles em que deverá oferecer sacrifícios".

Por outro lado, é apenas uma curiosidade o fato de que Paulo deixe crescer os cabelos até a conclusão de seu voto de consagrado. Como isso se concilia com a imagem iconográfica tradicional de Paulo calvo? Entretanto, em nenhum lugar está escrito que calvos não possam fazer o voto de nazireato, que implica, entre outras coisas, não cortar o cabelo. O texto bíblico diz simplesmente: "Enquanto durar seu voto de nazireato não raspará a cabeça com navalha; deixará crescer livremente os cabelos, até que acabe o tempo pelo qual se consagrou a Yahvé" (Nm 6,5). Portanto, podemos imaginar que Paulo, hóspede por algumas horas na casa de Febe, uma senhora cristã da Cencréia, cortou os cabelos para cumprir seu voto de nazireato, que coincide também com o final da sua primeira missão em Corinto.

No relato dos Atos nada se diz sobre Silas e Timóteo, que acompanharam Paulo em sua viagem e missão na Grécia, o primeiro vindo de Jerusalém e o segundo de Listra na Licaônia. Eles, porém, desapareceram no horizonte narrativo de Lucas já durante a missão paulina em Corinto. O casal Áquila e Priscila, que o hospedou, é lembrado tão-só em vista da nova missão na Ásia, na cidade de Éfeso. Entretanto, Lucas fala da presença dos dois judeu-cristãos de Roma, que deixam Corinto juntamente com Paulo. Agora, eles não são apenas empregadores de Paulo, mas seus colaboradores no anúncio do Evangelho. Não é improvável que o casal romano se encarregue das despesas de viagem de Paulo para a Síria. Como uma das etapas é Jerusalém, podemos pensar que também Silas tenha embarcado juntamente com Paulo para voltar à sua Igreja de origem. Timóteo permanece em Corinto, e depois alcançará Paulo em Éfeso e será encarregado, como seu delegado, de levar a primeira e atual carta à Igreja coríntia, que ele viu nascer.

8. A COMUNIDADE CRISTÃ DE CORINTO

A Igreja que Paulo deixa em Corinto, depois de um ano e meio de atividade missionária e de trabalho pastoral, se compõe de vários grupos cristãos, quer residentes na cidade quer espalhados pelos arredores. É uma Igreja ativa e cheia de iniciativas, que Paulo visitará várias vezes e para a qual escreve diversas cartas. Duas foram conservadas com o título de "primeira e segunda Carta aos Coríntios". A partir desse testemunho pessoal paulino é possível fazer uma idéia mais precisa da origem social e cultural dos cristãos de Corinto, da organização da Igreja coríntia, de seus problemas internos e de sua relação com o ambiente religioso e cultural da cidade.

Na primeira carta à "Igreja de Deus que está em Corinto", Paulo escreve: "Sem cessar, agradeço a Deus por causa de vocês, em vista da graça de Deus que lhes foi concedida em Jesus Cristo. Pois em Jesus é que vocês receberam todas as riquezas, tanto da palavra quanto do conhecimento. Na verdade, o testemunho de Cristo tornou-se firme em vocês, a tal ponto que não lhe falta nenhum dom [...]" (1Cor 1,4-7a). São os dons espirituais, chamados em grego de *charísmata*, aos quais os cristãos de Corinto são levados, principalmente para as manifestações da linguagem extática. Em sua carta, Paulo dá instruções para avaliar e exercer de modo ordenado e construtivo tais carismas. Como linha de princípio, ele aprecia e encoraja essas experiências que remontam à ação de Deus por meio do Espírito Santo, comunicado aos fiéis por Jesus Cristo, o Senhor ressuscitado.

Nas duas cartas aos coríntios, Paulo se apresenta como o único fundador da Igreja de Corinto, embora reconheça a contribuição de seus colaboradores no anúncio do Evangelho (2Cor 1,19). Como um arquiteto competente, ele colocou o alicerce, que é Cristo. Os que vieram depois trabalharam no campo ou no edifício de Deus, que é a comunidade dos fiéis (1Cor 3,1-10). Com efeito, depois do primeiro anúncio do Evangelho, que deu origem à Igreja de Corinto, chegaram outros pregadores itinerantes. Entre estes, se destaca o alexandrino Apolo, que fascinou os coríntios com a sua habilidade no falar. Paulo, porém, reivindica seu papel de pai em relação aos cristãos de Corinto e se apóia nessa função paterna para intervir até mesmo com vigor e autoridade. Ele escreve o seguinte: "De fato, ainda que vocês tivessem dez mil pedagogos, em Cristo, não teriam muitos pais, porque fui eu quem gerou vocês em Jesus Cristo, através do Evangelho" (1Cor 4,15).

Na Igreja de Corinto, formada por diversos grupos, Paulo tem de intervir, pois surgem algumas tensões e desordens. Há a tendência de alguns grupos a se auto-exaltarem e se contraporem aos outros. Então, Paulo convida a todos os cristãos de Corinto a terem presente a própria condição social, econômica e cultural. "Portanto, irmãos, vocês que receberam o chamado de Deus, vejam bem quem são vocês: entre vocês não há muitos intelectuais, nem muitos poderosos, nem muitos de alta sociedade" (1Cor 1,26). A maioria dos cristãos de Corinto provém de camadas pobres e humildes da sociedade. De resto, a massa da população da Corinto romana é formada por escravos e sobretudo libertos. Estes últimos são escravos libertados, mas que são obrigados a prestar alguns serviços aos seus antigos patrões, como sinal de reconhecimento pela liberdade recebida. Seus patrões constituem o núcleo ativo da cidade, pois são banqueiros, comerciantes, proprietários de lojas, artesãos, mestres, escrivães e secretários.[46]

Os cidadãos livres, descendentes das famílias de veteranos romanos da colônia ou latinos vindos da Itália, são minoria. Eles formam a classe abastada e rica da cidade de Corinto. É interessante notar que entre os 17 nomes de indivíduos ou grupos cristãos mencionados por Paulo em sua correspondência aos coríntios ou de Corinto — Carta aos Romanos — constam ao menos nove pertencentes aos estratos sociais superiores, entre os quais alguns latinos. Destaca-se Gaio, um dos primeiros batizados por Paulo em Corinto, que hospedará Paulo e seus colaboradores durante a última permanência na cidade do istmo. Ali Paulo até vai ter à sua disposição um escrivão, Tércio, para ditar sua Carta aos Romanos. Na lista de nomes dos que enviam saudações a Roma consta também Erasto, apresentado como "tesoureiro, *oikónomos*, da cidade", juntamente com seu irmão Quarto (Rm 16,22-23).[47]

São esses cristãos abastados que colocam a própria casa à disposição para as reuniões da comunidade cristã. Levando em conta as dimensões dos espaços disponíveis para

---

[46] Apion (*Hist.*, 8,136) diz que Júlio César enviou a Cartago e Corinto duas das colônias por ele fundadas em 44 a.C., os "pobres" que lhe pediam terrenos (cf. Plutarco, *Vida de César*, 57,8; 734f).

[47] Em 1929 (em 1947 um segundo fragmento), foi descoberta entre as pedras de Corinto uma inscrição que remonta à metade do século I d.C., na qual se menciona um certo "Erasto", que contribuiu "às próprias custas, para a pavimentação de uma estrada, para compensar sua eleição para o cargo de edil" (cf. THEISSEN, G. Sociologia do movimento de Jesus. Petrópolis, Vozes, 1989). Boffo, op. cit., pp. 349-352, embora levando em conta o significado diferente dos títulos para indicar "edil" em latim e em grego, chega à conclusão de que não é impossível identificar a personagem paulina com o benfeitor cívico de Corinto.

os hóspedes, numa casa senhoril romana pode-se pensar em grupos cristãos de trinta até um máximo de cinqüenta pessoas.[48] A reunião dos cristãos de Corinto nas casas de latinos abastados oferece a vantagem de não levantar suspeitas junto às autoridades locais. Essa organização doméstica da Igreja local, entretanto, tem algumas conseqüências negativas, apontadas na primeira Carta de Paulo aos coríntios. Aqueles que se reúnem na mesma casa acabam assumindo uma mentalidade e identidade diferente, muitas vezes contrária a outros grupos que têm como referência outra casa.

Na mesma comunidade cristã doméstica também se manifestam as diferenças sociais e econômicas dos participantes. O dono da casa convida para entrar na sala interna — o triclínio — os seus amigos livres e clientes, enquanto lá fora, no átrio, se ajeitam como podem os outros, libertos e escravos. Os primeiros têm um tratamento diferente à mesa, pois as melhores porções são reservadas para eles. Além disso, nas reuniões dos cristãos de Corinto acontece que os que chegam primeiro consomem os alimentos colocados à disposição pelos mais abastados. Quando chegam os artesãos e os pequenos comerciantes, que estavam no trabalho, não encontram mais nada. Ao saber que acontecem essas divisões na reunião dos grupos de Corinto, Paulo diz que desse jeito não tem mais sentido celebrar a "Ceia do Senhor" (1Cor 11,17-22).

---

[48] Nas "vilas" romanas, trazidas à luz nas escavações de Corinto e em outras localidades, o triclínio e o átrio, aptos para acolher os hóspedes, têm em média estas dimensões: o triclínio 36 metros quadrados; o átrio externo 55 metros quadrados; nesses dois ambientes, com a presença de ânforas ou urnas ornamentais no átrio, e de divãs no triclínio, cabem no máximo cinqüenta pessoas (cf. Murphy, op. cit., pp. 237-245).

De fato, ele transmitiu aos cristãos de Corinto, durante sua primeira missão, juntamente com o anúncio do Evangelho, um esquema de celebração na qual se faz a memória do Senhor repetindo seus gestos e suas palavras. Na Ceia que antecedeu à sua morte, Jesus convidou os discípulos a comerem o pão e a beberem o vinho como sinais do dom de seu corpo e de seu sangue. Aqueles que agora tomam parte da ceia formam um só corpo entre si e com o Senhor. Por isso, Paulo convida os cristãos de Corinto a esperarem uns aos outros quando se reúnem para a refeição comum durante a qual se celebra a "Ceia do Senhor" (1Cor 11,24-34).

Não é apenas por motivos sociais e econômicos que se criam em Corinto tensões e contraposições entre os vários grupos cristãos e dentro de cada uma das comunidades domésticas, mas também por razões culturais e pelas relações com o ambiente. Com efeito, há alguns cristãos que, pela sua posição ou função social, são convidados aos banquetes oficiais, realizados junto aos templos das divindades por ocasião de alguma festividade ou feriado civil. Outros, por causa da amizade ou do parentesco, são convidados para comer nas salas do santuário de Serapis ou do conjunto terapêutico de Asclépio.[49] Alguns cristãos de Corinto aceitam o convite e sem escrúpulos se sentam à mesa juntamente com

---

[49] Na parte setentrional da cidade, em direção ao mar, dentro das muralhas, há o santuário dedicado a Asclépio, um lugar tranqüilo, rico em água e fresco até no verão, onde há salas para banquetes entre amigos e membros das associações. Pausânias, op. cit., 2,4,5, descreve esse ambiente assim: "Não longe desse teatro está o antigo ginásio e uma fonte chamada Lerna; ao redor dela há colunas e aí foram colocados bancos para os visitantes descansarem no verão. Junto a esse ginásio surgem templos dedicados a divindades, precisamente a Zeus e a Asclépio: as estátuas de Asclépio e de Egea são em mármore e a de Zeus em bronze".

seus colegas e amigos pagãos ali perto do templo, onde é servida a carne oferecida antes à divindade. Outros cristãos, porém, não ousam aceitar o convite ao banquete sagrado, pois têm a impressão de recair na prática da idolatria.

Na comunidade cristã de Corinto se discute como comportar-se. É lícito participar dos banquetes junto aos santuários? Pode-se comprar e comer em casa a carne que é vendida no mercado, sabendo que é a carne dos animais sacrificados em honra das divindades pagãs? Alguns dizem: os ídolos são invenção humana e quem reconhece na consciência que há um só Deus, criador de tudo, e um só Senhor, Jesus Cristo, é livre para aceitar os convites ao banquete, que é pura formalidade social, podendo também comer as carnes imoladas aos ídolos. Outros objetam que assim se aprova a prática religiosa dos pagãos. Paulo, em sua carta, intervém nesse assunto, relembrando os princípios do agir cristão. A liberdade cristã, diz Paulo, se fundamenta na fé e cada um tem direito de se comportar segundo sua consciência. Deve, contudo, levar em consideração a consciência do irmão em crise, que tem medo de recair na idolatria. Em outras palavras, a liberdade deve andar junto com a caridade. Além disso, para o cristão seguro da própria fé continua havendo o risco de recair na idolatria ou ao menos de dar certo apoio à prática idolátrica dos pagãos.

Entretanto, há outras situações que fazem intuir a dificuldade que têm os grupos cristãos de viver de modo coerente a própria fé num ambiente de maioria pagã, como é o de Corinto. Com efeito, alguns cristãos, depois do entusiasmo da conversão inicial, confirmada pelo batismo, retomam o estilo de vida anterior. Voltam a praticar a idolatria e se entregam às desordens morais e sociais da cidade de Corinto, onde existem avaros, ladrões e beberrões. Paulo, então, envia uma primeira carta, que se perdeu, na qual prescreve aos cristãos fiéis para que interrompam as relações com os que se chamam cristãos, mas praticam os vícios dos pagãos. Também sobre isso se discute na Igreja de Corinto. Alguns dizem que não se deve ter relações com ninguém notoriamente viciado, seja ele pagão ou cristão. Informado sobre essa interpretação intransigente, Paulo esclarece que ele se referia às relações entre os cristãos, não com os pagãos, pois "se assim fosse vocês teriam de sair deste mundo", diz ele (1Cor 5,10).

Na comunidade cristã de Corinto há alguns que procuram justificar a prática sexual desordenada em nome de uma pretensa liberdade espiritual. Dizem que o instinto sexual, assim como a necessidade de comer, foi feito para ser satisfeito. Ademais, dizem, a união física dos corpos não impede a união espiritual do fiel com Cristo. Também nesse caso Paulo intervém, esclarecendo o sentido da liberdade cristã, que concerne à vida do cristão em todas as suas dimensões. Na linha oposta, outros cristãos de Corinto querem impor a abstinência sexual também aos casados dentro da própria vida do casal. Chegam até a proibir o matrimônio aos jovens noivos, dizendo que aquele que se casa comete pecado. Para resolver essas tensões, os responsáveis da Igreja coríntia pedem esclarecimentos ao Apóstolo fundador.

Antes de deixar a Igreja de Corinto, Paulo confia a Estéfanas a função de coordenar a vida dos vários grupos. A família de Estéfanas é o primeiro núcleo de cristãos que o próprio Paulo batizou, juntamente com o chefe da sinagoga, Crispo (1Cor 1,16; 16,15). Estéfanas, com sua família, ajudado por Fortunato e Acaico, mantêm as relações entre Paulo e a comunidade cristã de Corinto. As informações e os intercâmbios são favorecidos pela facilidade de comunicação por via marítima entre Corinto e Éfeso, onde Paulo estabelece o quartel general da sua nova missão na Ásia. Aí ele recebe notícias por meio dos operários e comerciantes que fazem o trajeto entre Corinto e Éfeso. Daí ele escreve suas cartas aos cristãos de Corinto, para responder às perguntas deles e envia os colaboradores para resolver as tensões internas da Igreja coríntia e os seus conflitos com o ambiente.

IX
PAULO EM ÉFESO

O novo centro da missão de Paulo, depois de Corinto, é a cidade de Éfeso. Essa metrópole, capital da província da Ásia Menor e sede do procônsul romano, devia ser a meta da primeira viagem missionária de Paulo, depois da assembléia ou "concílio" de Jerusalém, em companhia de Silas e Timóteo. Os três missionários itinerantes, porém, não puderam realizar esse projeto por causa das circunstâncias adversas interpretadas como sinal da vontade de Deus. O autor dos Atos narra que eles decidiram atravessar as regiões centrais da Anatólia, "uma vez que o Espírito Santo os proibira de pregar a Palavra de Deus na Ásia" (At 16,6). Assim, a difusão do Evangelho segue outro itinerário, chegando primeiro às províncias do império romano da Grécia, a Macedônia e a Acaia.

Quando Paulo, dirigindo-se para a Síria, deixa Corinto em companhia de Áquila e Priscila, faz escala no porto de Éfeso e aí se detém por alguns dias. Vai à sinagoga e se põe a discutir com os judeus, que pedem para que fique mais tempo com eles. Paulo, contudo, se despede da comunidade judaica de Éfeso, prometendo voltar "se Deus quiser". Em seguida, continua sua viagem até Cesaréia, o porto da Judéia e da Samaria. Daí sobe para saudar a Igreja de Jerusalém e, depois, desce para Antioquia da Síria. Entretanto, o casal cristão, Áquila e Priscila, permanece em Éfeso, preparando assim de algum modo o terreno para a próxima missão de Paulo na província da Ásia. De fato, tendo passado certo tempo na Igreja de Antioquia, ele se põe de novo em viagem "percorrendo sucessivamente as regiões da Galácia e da Frígia, fortalecendo todos os discípulos" (At 18,23). Tem assim a oportunidade de rever e confirmar na fé os pequenos grupos cristãos que se formaram nas localidades da Anatólia central durante a missão anterior. Depois de atravessar essas regiões do planalto, Paulo chega finalmente a Éfeso.

1. EM VIAGEM PARA ÉFESO

Esse é o quadro dos deslocamentos de Paulo reconstruído pelos Atos. Aqui se deveria inserir o adendo entre a chamada "segunda" e "terceira viagem" de Paulo. Na realidade, fazendo uma leitura contínua do texto lucano não entende muito bem onde termina a segunda viagem missionária de Paulo e onde começa a outra. Poderia ser de Antioquia, pois, de Cencréia, o porto de Corinto, Paulo parte direto para a Síria. Mas, de fato, ele vai até Éfeso, para uma breve estada de exploração do terreno e para ter um primeiro contato com a comunidade judaica da cidade. Em seguida, parte de novo por via marítima, mas para desembarcar em Cesaréia Marítima, nas costas da Samaria. A rigor, se poderia pensar que, na geografia política do império, Cesaréia entra de algum modo no âmbito da Síria. Mas esse não é o modo de falar de Lucas, que distingue bem a Judéia e a Samaria da província romana da Síria. De fato, Cesaréia é a residência do governador romano da Judéia.

Talvez o navio que Paulo tomou em Éfeso, por causa dos ventos desfavoráveis, não pode navegar diretamente para Selêucia, o porto de Antioquia, mas teve de parar mais ao sul no porto de Cesaréia. É uma hipótese possível, mas sem nenhum fundamento no texto lucano. O que consta é que Paulo chega a Antioquia depois dessa espécie de périplo que o leva antes a Cesaréia e talvez depois a Jerusalém. Com efeito, a visita de Paulo à Igreja de Jerusalém também apresenta problemas, ligados desta vez ao texto lucano, que não menciona de nenhum modo a cidade de Jerusalém. O texto diz simplesmente: "Desembarcando em Cesaréia, subiu para saudar a Igreja, e depois desceu para Antioquia" (At 18,22). As traduções geralmente completam a frase lacônica de Lucas acrescentando ao substantivo *tên ekklesían* a especificação: "igreja [de Jerusalém]". Por si, o texto de Lucas poderia ser lido também assim: "Desembarcando em Cesaréia, subiu para saudar a Igreja [local ou de Cesaréia] e depois desceu para Antioquia". Todavia, levando em consideração a linguagem de Lucas, que usa o verbo *anabáinein* (= subir) em relação à cidade de Jerusalém — 10 vezes em 28 ocorrências desse verbo na obra lucana — e fato de que Paulo deve cumprir os ritos previstos para o voto de nazireato no templo de Jerusalém, podemos pensar que, realmente ele tenha feito uma breve visita à Igreja jerosolimitana e, em seguida, ido para Antioquia. Foi daqui que Paulo partiu pela primeira vez para a chamada "segunda viagem", que o levou às regiões centrais da Anatólia e depois à Grécia.

A impressão geral que se tem lendo o resumo que Lucas faz dos deslocamentos de Paulo de Corinto até Éfeso é que o autor dos Atos está com certa pressa de fazer com que ele chegue logo a essa cidade da Ásia. Com efeito, Paulo entra em contato com a comunidade judaica efesina durante sua primeira e breve estada, logo depois da partida de Corinto. A longa viagem circular de Paulo, antes de Éfeso a Cesaréia e Jerusalém, e daí para Antioquia, tem como meta Éfeso. As outras localidades são mencionadas apenas como uma agenda de viagem. São etapas encontradas ao longo do percurso. Paulo aproveita essas pequenas paradas para se encontrar com as Igrejas locais. Contudo, todo o interesse da narrativa lucana está projetado à frente, em direção à etapa final.

No quadro narrativo de Lucas, a breve parada de Paulo em Antioquia da Síria não representa um corte tão decisivo a ponto de justificar uma divisão em dois troncos da grande missão aos pagãos. Por razões didáticas podemos falar de "segunda" e "terceira viagem" missionária de Paulo, mas, na perspectiva lucana, um arco ideal une os dois centros da missão paulina na Grécia, em Corinto, na Ásia e em Éfeso. Somente no final dessa intensa e ampla campanha missionária, que abrange ao todo cinco ou seis anos, Paulo sobe a Jerusalém para se encontrar oficialmente com os responsáveis da Igreja reunidos em torno de Tiago. Em outras palavras, no esquema lucano, a missão de Paulo parte de Jerusalém, logo depois que o concílio confirma sua metodologia de anúncio do Evangelho aos pagãos, e termina em Jerusalém, onde ele ainda terá um encontro com os representantes da Igreja mãe.

No centro desse cenário de rápidos deslocamentos e de breves encontros apenas Paulo aparece. Seus companheiros e colaboradores de missão na Macedônia e na Acaia, Silas e Timóteo, não entram no campo narrativo lucano. Timóteo reaparecerá ao lado de Paulo somente no final da sua atividade bienal em Éfeso. Quando Paulo pensa em deixar Éfeso para ir à Acaia através da Macedônia, envia para lá dois dos seus ajudantes, Timóteo e Erasto, enquanto ele se detém um pouco mais na província da Ásia (At 19,22). Devemos supor, portanto, que Timóteo se une a Paulo em Éfeso chegando de Corinto, onde ficara depois da partida do Apóstolo. De Silas, porém, desaparecem todos os rastros. É provável que ele tenha voltado, em companhia de Paulo, para Jerusalém, sua Igreja de origem. De fato, o nome dele não se encontra mais no cabeçalho das cartas de Paulo escritas depois da primeira missão paulina em Corinto.

Agora, ao lado de Paulo aparece um novo colaborador, Tito. Este exerce a função de delegado do Apóstolo nas relações com a Igreja de Corinto, especialmente para organizar aí a coleta de fundos pela qual Paulo se empenhou na assembléia de Jerusalém. Paulo o toma consigo quando, em companhia de Barnabé, se dirige pela segunda vez a Jerusalém por ocasião da supramencionada assembléia. Tito é um cristão de origem pagã, provavelmente originário de Antioquia da Síria. Seu nome latino depõe a favor da hipótese de que se trata de uma personagem pertencente ao mundo abastado e de classe alta da cidade síria. Paulo o conheceu durante sua permanência e atividade na Igreja de Antioquia, alguns anos antes. Por aquilo que Paulo nos deixa intuir em suas cartas, Tito tem um caráter firme e uma personalidade forte, diferente de Timóteo, mais reservado e tímido.

Paulo o revê na breve parada feita em Antioquia para organizar a nova campanha missionária que tem como centro Éfeso. Depois da volta de Silas para Jerusalém, Paulo propõe a Tito que o acompanhe em sua nova missão na província da Ásia. Tito aceita o convite de Paulo e se torna seu novo companheiro de viagem e colaborador. Juntamente com Tito, Paulo percorre de novo o caminho da missão na Anatólia para visitar as comunidades cristãs dessas regiões. Juntos fazem a longa viagem para Éfeso, atravessando o Tauro no desfiladeiro das "Portas da Cilícia" e percorrendo a "Via Augusta". Um desvio para o norte os leva à Galácia, onde Paulo revê os grupos cristãos que nasceram da sua primeira pregação nessa região. Nestas Igrejas há alguns problemas surgidos por causa de uma contramissão promovida por alguns integristas de Jerusalém. É uma crise que atingirá progressivamente quase todas as Igrejas paulinas surgidas durante a primeira missão. Porém, Paulo agora quer chegar a

Éfeso e ver o que deve ser feito. Junto com Tito, chega finalmente à província da Ásia e à cidade de Éfeso.

Os gálatas, portanto, tiveram a oportunidade de conhecer Tito durante essa breve visita missionária e pastoral feita ao lado de Paulo. Por isso, na carta enviada aos gálatas algum tempo depois, Paulo pode falar de Tito como uma pessoa conhecida (Gl 2,1.3). Tito é companheiro e colaborador de Paulo em Éfeso, pois este o menciona mais de uma vez na segunda Carta aos Coríntios. De Éfeso, Paulo o envia como seu representante para esclarecer e resolver os mal-entendidos com a Igreja de Corinto. Quando Paulo deixa Éfeso, vai para Trôade, na esperança de encontrar Tito; não o tendo encontrado, continua a viagem até a Macedônia. Aí, por fim, Paulo se sente consolado por Deus, pois revê Tito, que o informa sobre o bom resultado da sua delicadíssima missão em Corinto (2Cor 2,13; 7,6). Paulo quer bem a Tito como se fosse um "irmão", e o apresenta como seu "companheiro e colaborador", cheio de afeto e de grande dedicação para com os cristãos de Corinto (2Cor 7,13.14; 8,6.23). Pede agora encarecidamente para que ele vá, juntamente com outro delegado, até Corinto a fim de completar a coleta de fundos de solidariedade em favor das Igrejas da Judéia (2Cor 12,18).

Contudo, de modo estranho, Lucas ignora a presença de Tito junto a Paulo na missão efesina. Esse silêncio ficaria inexplicável se o próprio Lucas não tivesse cancelado ou deixado de lado todas as informações relativas à coleta promovida por Paulo nas Igrejas dos pagãos em prol dos cristãos pobres da Judéia e da qual Tito é o organizador, ao menos nas Igrejas da Acaia. Um eco deformado dessa iniciativa paulina pode ser vislumbrado naquilo que o autor dos Atos põe na boca de Paulo diante do governador Antônio Felix, na primeira audiência do processo em Cesaréia: "Depois de muitos anos, vim trazer esmolas para o meu povo e também apresentar ofertas" (At 24,17). Aquilo que, no projeto de Paulo, acolhido e aprovado pela assembléia de Jerusalém, é um gesto de solidariedade entre as Igrejas, na perspectiva lucana se torna uma coleta de esmolas em favor de Israel. Compreende-se, então, que nesse horizonte lucano não há lugar para Tito, o colaborador em quem Paulo mais confiava. De fato, ele enviará Tito a Corinto para pedir a execução da coleta também junto aos grupos cristãos de Corinto que, por diversas razões, tinham dúvidas e levantavam suspeitas quanto a essa operação, promovida pelo Apóstolo para ajudar as Igrejas da Judéia.

2. EM ÉFESO, À ESPERA DA CHEGADA DE PAULO

A chegada de Paulo em Éfeso é precedida por aquela de uma personagem que se move no círculo das comunidades paulinas como uma espécie de contrafigura. Chama-se Apolo, e o autor dos Atos o apresenta como um "judeu [...], natural de Alexandria [...] homem eloqüente, instruído nas Escrituras" (At 18,24). Seu nome, Apolo — abreviação de Apolônio — tipicamente grego, está documentado nessa forma na região helenizada da África setentrional desde Alexandria até Cirene e até mesmo em Chipre. Alexandria, situada numa posição estratégica na ponta ocidental do delta do Nilo, toma o nome de seu fundador Alexandre Magno. Sob os Ptolomeus, sucessores de Alexandre no Egito, a cidade se torna um grande porto do Mediterrâneo e um centro de irradiação da cultura grega. Desde o século III a.C., os judeus possuem em Alexandria uma colônia numerosa e ativa, que goza de certa autonomia administrativa com um "etnarca" próprio. É nesse ambiente que, na época helenística, é feita a versão da Bíblia judaica para a língua grega. Alexandria é também a pátria do famoso filósofo judeu Fílon, que procura reler o universo religioso da Bíblia e a lei judaica por meio das categorias do pensamento grego.

Portanto, a origem alexandrina de Apolo é uma carta de apresentação prestigiosa que o autor dos Atos completa com duas informações a respeito de seu preparo cultural e religioso. Ele possui os instrumentos da cultura grega e pode contar com sua formação bíblica, própria de judeu, pois freqüentou a academia judaica. Em poucas palavras, Apolo é orador e escriba. Em Alexandria, Apolo entrou em contato com a experiência cristã e aí recebeu sua primeira formação. Lucas, no entanto, diz que a formação cristã de Apolo é falha e tem necessidade de algumas complementações. Eis o perfil de Apolo segundo o autor dos Atos: "Fora instruído no Caminho do Senhor e, com muito entusiasmo, falava e ensinava com exatidão a respeito de Jesus, embora só conhecesse o batismo de João" (At 18,25).

À primeira vista, o retrato lucano de Apolo parece contraditório. Por um lado, afirma que ele recebeu uma catequese cristã que lhe permite falar e ensinar de modo correto a respeito de Jesus e sua mensagem; por outro lado, esclarece que Apolo conhece apenas o batismo de João. Assim falando, Lucas parece fazer alusão a uma experiência religiosa pré-cristã. Apolo faria parte do movimento batismal que se relacionava com a figura de João Batista. Segundo o testemunho do próprio Lucas, um grupo desses seguidores do movimento batismal de João se encontra também em Éfeso. E isso explicaria a presença de Apolo no ambiente efesino (At 19,1). Entretanto, diferentemente do grupo dos joanitas, parece que Apolo já havia feito a experiência do dom do Espírito, pois fala de Jesus sob "o impulso do Espírito". Além disso, no livro dos Atos não se faz aceno a uma conversão nem ao batismo de Apolo.

Portanto, ele é um judeu-cristão helenista, como Estêvão e o próprio Paulo, que usa sua habilidade retórica e sobretudo sua competência bíblica para "falar com muita convicção na sinagoga". Quando o casal cristão, Priscila e Áquila, que se deteve em Éfeso à espera da chegada de Paulo, o ouve durante as reuniões e os debates da comunidade judaica, se dá conta de que ele precisa de alguma complementação em sua formação. Lucas diz que "o tomaram consigo e, com mais precisão, lhe expuseram o Caminho de Deus" (At 18,26). O primeiro contato de Apolo com a catequese paulina se dá por meio dessa família de comerciantes que hospedou Paulo em Corinto. O texto lucano, ao apresentar o casal, pela segunda vez dá precedência a Priscila; isso é sinal de que ela é quem toma as iniciativas e talvez tenha tido um papel importante na complementação da formação cristã de Apolo. O resultado desse curso supletivo e intensivo não se faz por esperar. Por sua competência e suas qualidades, Apolo é procurado pelos cristãos. Quando ele manifestou o desejo de ir para a Grécia, "os irmãos o apoiaram e escreveram aos discípulos que o acolhessem bem" (At 18,27).

Assim, sabemos que em Éfeso há um grupo de cristãos que se formou antes da chegada de Paulo. Contudo, o autor dos Atos adiantou-se a isso, pois já falou de uma primeira e rápida visita de Paulo àquela cidade da Ásia. Aí ele deixou seus amigos e colaboradores Áquila e Priscila, capazes de catequizar até mesmo um judeu-cristão culto e perito nas Escrituras como Apolo. Graças a essa suplementação de catequese paulina, Apolo obtém grande sucesso em Corinto, onde está apto para rebater "vigorosamente os judeus em público, demonstrando pelas Escrituras que Jesus é o Messias" (At 18,28).

As cartas de Paulo nos informam sobre a função de Apolo na Igreja coríntia. Em Corinto, alguns grupos, que se reúnem na mesma casa, seguem Apolo e fazem concorrência com outros grupos que têm Paulo como líder (1Cor 1,12). O Apóstolo fundador reconhece abertamente que Apolo recebeu de Deus o dom de anunciar o Evangelho e colaborou no crescimento e construção da "Igreja de Deus"(1Cor 3,5-6). Contudo, adverte os cristãos de Corinto para que não baseiem a própria fé na sabedoria humana e na habilidade retórica do pregador. É como construir com material de segunda que, ao primeiro incêndio — isto é, a prova da perseguição — se esvai em fumaça. Além disso, conclui Paulo, o pregador do Evangelho está a serviço de Cristo e é a ele que deve responder. Portanto, é estupidez confiar, no prestígio ou nas qualidades carismáticas de um ou outro proclamador do Evangelho, achando que são melhores por causa disso.

Esses esclarecimentos de Paulo sobre o estatuto do pregador do Evangelho e de sua relação com a comunidade cristã nos levam a crer que existe certa tensão, ou até mesmo uma rivalidade, com Apolo. Contudo, esse estado de coisas não provém de um confronto direto entre os dois pregadores, que têm um método e até uma orientação espiritual diferentes, e sim da instrumentalização que os coríntios fazem disso. Eles ficam fascinados pela cultura e pela facilidade que Apolo tem para falar. Seu entusiasmo espiritual os atrai. É natural a comparação com a pessoa de Paulo e com o seu modo de propor o Evangelho. Daqui se passa facilmente à contraposição e à formação de grupos separados. Paulo intervém por meio de suas cartas para esclarecer e fazer com que os cristãos de Corinto reflitam; de fato, ele se considera o único pai deles, pois os gerou mediante o Evangelho.

Entretanto, Paulo conserva uma relação de estima e de colaboração com Apolo. Fala dele como alguém que trabalhou em conjunto, no mesmo campo e no mesmo edifício que pertence a Deus. Paulo, contudo, sabe que não pode dispor de Apolo como dispõe de Timóteo. Na conclusão da sua primeira Carta aos Coríntios, Paulo escreve: "Quanto ao nosso irmão Apolo, insisti que ele fosse com os irmãos visitar vocês, mas ele não quis de jeito nenhum ir agora. Irá quando tiver oportunidade" (1Cor 16,12). Nas entrelinhas se percebe certo desapontamento de Paulo, porque Apolo não aceitou acompanhar a delegação da Igreja de Corinto, que veio a Éfeso para informá-lo e pedir-lhe alguma indicação sobre como resolver os problemas mais urgentes. A carta é ditada e expedida de Éfeso, onde Paulo se encontra há algum tempo. Ele chegou aí por volta da metade dos anos 50 d.C. e encontra um terreno fértil para sua ação missionária.

3. "AQUI SE ABRIU UMA PORTA LARGA E CHEIA DE PERSPECTIVAS"

Com essa expressão, na primeira Carta aos coríntios, Paulo apresenta as oportunidades que lhe são oferecidas para difundir o Evangelho no ambiente efésio. Todavia, acrescenta em seguida: "E os adversários são muitos" (1Cor 16,9). O autor dos Atos dedica um amplo espaço à missão paulina em Éfeso. Paulo chega em Éfeso depois de ter atravessado as regiões do planalto, seguindo a "Via Augusta", que liga Éfeso ao Oriente. A cidade, onde Paulo chega por volta dos meados do século I d.C., é a grande metrópole da Ásia Menor, sede da administração romana, onde reside o procônsul. Ela se encontra na costa oriental do mar Egeu, junto a uma baía natural, ao sul da foz do rio Kaystros.[1] A cidade, que em sua estrutura mais ampla e esplêndida, remonta à época helenística, se assenta entre o monte Pion, ao norte, e o monte Coressos, Bülbül Dagj, que atinge quase 500 metros de altitude, ao sul. Quando Lisímaco, rei da Macedônia, a herda de Alexandre Magno, ordena a construção do novo porto, transfere o centro da cidade a dois quilômetros e meio para oeste, mandando construir ao redor enormes muralhas, que acompanham o relevo das duas montanhas.[2]

---

[1] O rio Kaystros, que hoje se chama Küçük Menderes, "Pequeno Menderes", com seus aluviões assoreou o antigo porto de Éfeso, que atualmente se encontra cerca de oito quilômetros do mar. As ruínas de Éfeso antiga se encontram a três quilômetros a oeste da cidadezinha de Selçuk, que relembra o título grego (ho) Theólogos, dado a João, considerado pela tradição efesina como Apóstolo e evangelista, autor do quarto evangelho.

[2] A história de Éfeso está ligada àquela das outras cidades da costa egéia, colonizada pelos jônios. Permanece sob o domínio persa até a conquista de Alexandre Magno em 334 a.C.. Em 190 a.C., Éfeso entra na esfera de influência de Roma, quando Antíoco III da Síria foi derrotado pelos Cipiões em Magnésia junto ao Sipilo. Entregue ao rei de Pérgamo, aliado dos romanos, em 133 a.C., com a morte de Atálio III passa para o domínio direto de Roma.

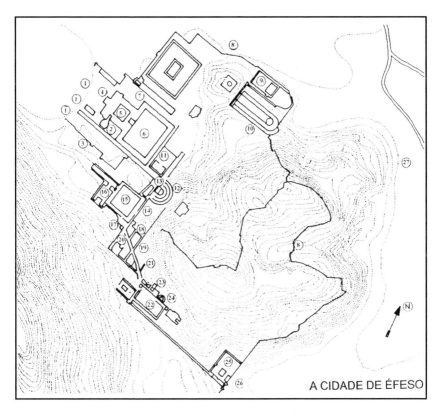

A CIDADE DE ÉFESO

1. Entrada do porto
2. Rua Arcadiana
3. Muralhas bizantinas
4. Termas do porto
5. Ginásio do porto
6. Átrio de Verulano
7. Igreja da Virgem
8. Muralhas de Lisímaco
9. Ginásio de Védio
10. Estádio romano
11. Ginásio do teatro
12. Teatro
13. Fonte do teatro
14. Rua de Mármore
15. *Ágora* inferior
16. *Serapeion*
17. Biblioteca de Celso
18. Termas de Escolástica
19. Templo de Adriano
20. Rua dos Curadores
21. Ninfeu de Trajano
22. *Ágora* superior
23. Pritaneu
24. *Bouleutàrion*
25. Ginásio oriental
26. Porta da Magnésia
27. *Artemision*

Reelaboração de ADINOLFI M.
Da Antiochia a Roma. Milano,
Ed. San Paolo, 1986.

Acompanhado por Tito, Paulo entra em Éfeso pela porta oriental, a porta de Magnésia junto ao Meandro, onde a estrada cruza com a "Via Sacra", que leva ao santuário da Grande Ártemis, o *Artemision*. Transpondo a muralha da cidade, Paulo entra na primeira grande praça, a *ágora* superior, onde se encontra o centro administrativo de Éfeso. Os edifícios principais do lado setentrional ficam no alto dos declives do monte Pion. Duas filas de colunas com capitéis jônicos, que terminam com cabeças de touro, formam a stoá tripartida, um pórtico de três naves de 160 metros de cumprimento, chamado de "Basílica do mercado". Esse é o lugar de encontro dos cidadãos livres de Éfeso para tratar e discutir as questões mais urgentes e receber as delegações estrangeiras. No centro da praça surge o templo dedicado a Ísis, enquanto no lado meridional, um ninfeu, uma fonte monumental, oferece a possibilidade de se refrescar.

Da grande praça superior a rua desce, seguindo o declive do vale entre o monte Pio e o Coressos. É uma esplêndida avenida pavimentada com mármore, chamada "Embolo".[3] A avenida é ladeada por vários monumentos dedicatórios, templos, pórticos, fontes, lugares de descanso, banhos e termas. No lado meridional, dispostas em escadarias sobre as fraldas do monte Coressos, surgem as esplêndidas vilas dos nobres, das quais se vislumbra, pela porta de entrada, o grande átrio, tendo ao centro uma fonte da qual jorra a água para o tanque recoberto de mosaicos.

---

[3] Hoje é chamada de "rua dos Curadores" pelas inscrições encontradas, nas quais se mencionam os sacerdotes encarregados do fogo sagrado do Pritaneu, o centro religioso e político da cidade. Ele aparece logo depois da praça superior e inclui em seu âmbito, além de um Odeão, o templo do fogo sagrado, guardados pelos "curadores" e pelas "vestais", moças das famílias nobres da cidade. É entre as ruínas dessa construção que foram encontradas em 1956 as duas estátuas da Ártemis efésia, agora no museu local, com o busto ornado de muitos seios ou testículos de touro, símbolos da fecundidade.

Percorrendo, em direção nordeste, a rua dos Curadores até a altura onde surgirá mais tarde a biblioteca de Celso, Paulo e Tito viram à direita, passam pela porta de Mazeu e Mitrídates — dois libertos que dedicaram o monumento à família de Augusto, com diz a inscrição no ático — e chegam à *ágora* inferior, onde se fazem as transações comerciais. Após a *ágora* comercial, continuando em direção ao norte, a rua leva ao teatro de Éfeso. Na grande cávea, escavada nas fraldas do monte Pion, fervilham ainda os trabalhos, pois o imperador Cláudio decidiu ampliar o antigo teatro grego que remonta ao século III a.C.[4] Na primeira vez que chegou a Éfeso, Paulo percorreu a grande avenida que vai do porto até o teatro e o centro histórico da cidade.[5]

Paulo se familiarizou com a vida das grandes cidades do império. Viveu vários anos em Tarso, sua cidade natal; passou um ano inteiro em Antioquia da Síria e quase dois em Corinto. Todavia, Éfeso, com seus 300.000 habitantes, é uma das maiores metrópoles do império. Nas inscrições é chamada de "a primeira e mais importante metrópole da

---

[4] Quando concluído, na época de Trajano, no começo do século II, o auditório do teatro de Éfeso, com suas 66 arquibancadas, divididas em três setores de 22 filas, com uma altura de 30 metros, acolheria 25.000 espectadores. As arquibancadas são revestidas de mármore e ornadas com patas de leão. Atrás da fachada ricamente ornamentada, com 18 metros de altura, se encontra a boca do palco, pela qual se intui a imponência das ruínas do palco.

[5] No século II d.C., no lado setentrional da avenida do porto, ao lado do teatro, surgirá um grande conjunto esportivo, o ginásio, com uma grande quadra pavimentada de mármore e rodeada nos três lados por pórticos e no quarto lado por uma arquibancada para os espectadores. A grande avenida monumental que sai do teatro na direção do porto é chamada "Via Arcadiana", pois foi mandada restaurar pelo imperador Arcádio, no século IV d.C.; tinha 600 metros de cumprimento, 11 de largura, ladeada de grandes pórticos cobertos e ornados com mosaicos, nos quais se abriam as lojas; como se sabe pelas inscrições encontradas, era iluminada por 50 lanternas.

Ásia". Aí chegam comerciantes de tecidos e peles, de metais e pedras preciosas, de especiarias e essências do Oriente. Em seu porto atracam os navios de Alexandria, que descarregam trigo e carregam óleo e vinho, madeira e metais, tecidos de púrpura e linho. Nas ruas de Éfeso se encontram latinos e gregos, nativos das regiões do interior da Anatólia, asiáticos e orientais.

Os judeus também estão presentes em Éfeso desde a época helenística. Sob o domínio de Roma, a comunidade judaica de Éfeso goza de alguns direitos e privilégios reconhecidos e confirmados pelas autoridades locais.[6] A colônia judaica de Éfeso é bem numerosa e organizada e dispõe de uma ou mais sinagogas.[7] Atendo-nos ao relato lucano, Paulo já teve um primeiro contato com os judeus de Éfeso durante a breve visita de transferência de Corinto para Antioquia da Síria. Então, ele se despedira deles com a promessa, se assim Deus quisesse, de voltar. Paulo manteve a palavra e ei-lo novamente em Éfeso, desta vez para uma atividade que em seus projetos deveria se prolongar por vários meses.

No ambiente cosmopolita de Éfeso, Paulo se encontra com um grupo de doze seguidores do movimento de João Batista. Embora o autor dos Atos os chame de "discípulos", termo usado para designar os cristãos, parece que esse

---

[6] Flávio Josefo e Fílon documentam, embora com intenções apologéticas, a série de privilégios de que gozam os judeus de Éfeso, desde a isenção do serviço militar à liberdade de culto, e até mesmo o direito de recolherem as taxas para o templo de Jerusalém (cf. Flávio Josefo. Ant., 12,2, par. 125; 14,10.13.16.19, par. 228-230.234.239-240; 14, 20,25, par. 262-264; 16,6,4.7, par. 167-168.172-173; Cai. Ap., 2,4 e Fílon, Leg. Cai., 40, par. 315).

[7] As inscrições relativas à sinagoga judaica de Éfeso e aos funcionários ligados a ela são de datação incerta ou posterior à época de Paulo (cf. Schürer, op. cit., p. 23).

grupo não só está separado da sinagoga, mas não faz nem mesmo parte da pequena comunidade cristã de Éfeso, que se reúne na casa de Áquila e Priscila. Entretanto, eles podem ser confundidos com um grupo cristão, pois praticam banho de iniciação — o batismo — como fazem aqueles que se convertem à fé em Jesus Cristo. No encontro de Paulo com esses seguidores de João, percebe que eles não conhecem a experiência do Espírito Santo. Então, Paulo explica que o batismo de João é um rito que prepara a experiência da fé messiânica. Jesus é o Messias anunciado por João.

Ao terminar essa catequese cristã, Paulo propõe ao grupo dos joanitas a recepção do batismo "em nome do Senhor Jesus". Depois da imersão batismal, Paulo impõe as mãos sobre os joanitas e invoca o dom do Espírito Santo. Nesse momento se verifica o que havia acontecido aos primeiros discípulos de Jesus em Jerusalém, durante a festa de Pentecostes. Os doze discípulos de João, batizados por Paulo, também começam "a falar em línguas e a profetizar" (At 19,6). É o fenômeno da oração carismática e da comunicação extática que se dá nos momentos de grande emoção espiritual. Assim Paulo, como haviam feito os Apóstolos Pedro e João na Samaria, pela imposição das mãos transmite o dom do Espírito Santo aos fiéis batizados. Essa experiência favorecida por Paulo é a plena integração do grupo dos joanitas na comunidade cristã, marcada pela experiência do Espírito, dom do Senhor ressuscitado.

Depois desse primeiro sucesso missionário, Paulo retoma o contato com o ambiente judaico de Éfeso. Como de costume, expõe a mensagem sobre Jesus Messias nas reuniões do sábado na sinagoga. Toma como ponto de partida a leitura da Bíblia e mostra que o plano de Deus, isto é, seu reino, realizou-se na missão histórica de Jesus. Esses encontros numa sinagoga de Éfeso continuam por três meses, mas depois o equilíbrio é rompido, quando começam as primeiras adesões à proposta messiânica de Paulo. Os responsáveis da sinagoga se dão conta do risco que a ação de Paulo representa quanto às relações dentro da comunidade judaica. Eles, porém, não enfrentam Paulo diretamente. Nas assembléias da sinagoga, advertem os fiéis judeus sobre o novo movimento contrário à interpretação tradicional da Bíblia.

Desta vez Paulo joga no contrapé. Não espera ser botado para fora, mas toma a iniciativa e convida o grupinho de simpatizantes — "os discípulos", diz o texto lucano — a continuar os encontros numa sala alugada na escola de um certo Tiranos. Aí, ele não está mais preso ao ritmo semanal e ao horário da sinagoga. Pode se encontrar todos os dias com quem quiser. Para sua atividade de ensino e de debate público, Paulo escolhe as horas centrais do dia, das 11 às 16 horas. No verão, não se trabalha nesse horário, e quem quiser tem a oportunidade de ouvi-lo e discutir com ele. Nesse ambiente aberto e sem conotações confessionais, Paulo pode se encontrar com todos, sem discriminações étnicas e religiosas. O autor dos Atos resume a intensa e prolongada atividade missionária de Paulo em Éfeso nestes termos: "Isso durou dois anos, de modo que todos os habitantes da Ásia, judeus e gregos, puderam ouvir a Palavra do Senhor" (At 19,10).

Em outras palavras, Lucas diz o que o próprio Paulo atesta na primeira Carta aos Coríntios, ao escrever que pretende deter-se em Éfeso até Pentecostes, "pois aqui se abriu uma porta larga e cheia de perspectivas para mim, e os adversários são muitos" (1Cor 16,8-9). Paulo se empenha na proclamação do Evangelho e no trabalho de formação da comunidade cristã de Éfeso durante três anos, como declara na retrospectiva feita diante dos anciãos de Éfeso (At 20,31). Nesse cômputo entram também os primeiros três meses dedicados aos debates na sinagoga. A atividade missionária e pastoral de Paulo em Éfeso é um modelo para todo pregador do Evangelho e para os pastores responsáveis da Igreja. Essa é a intenção do autor dos Atos ao relatar o discurso de adeus que o Apóstolo faz aos anciões de Éfeso convocados em Mileto (At 20,17-35).

4. ÉFESO, CENTRO DA MISSÃO PAULINA NA ÁSIA

Durante essa permanência de três anos de Paulo em Éfeso são postas as bases do que se chama "a tradição paulina". Ela é documentada pela coleção de suas cartas autênticas e pela produção das cartas que, em seu nome, foram escritas às Igrejas de origem paulina. De fato, ao menos quatro das seis cartas postas sob o nome de Paulo são endereçadas às Igrejas da Ásia. Entre elas se sobressai a Carta aos Efésios, concebida como carta circular para as várias Igrejas da região. A Carta aos Colossenses também faz parte do grupo dos escritos paulinos amadurecidos no ambiente efesino. De fato, Colossas é uma cidade que se encontra no interior, cerca de 150 quilômetros de Éfeso, no vale do Lico, um afluente do Meandro. Nas cidades vizinhas de Laodicéia e Hierápolis outros grupos de cristãos mantêm contato com os cristãos de Colossas. Enfim, duas das chamadas "cartas pastorais", colocadas sob o nome de Paulo, são endereçadas a Timóteo, o discípulo e fiel colaborador de Paulo, que o Apóstolo deixa em Éfeso com o encargo de preservar a sã doutrina e organizar a Igreja local (1Tm 1,2-3).

Portanto, a ação de Paulo, a partir de Éfeso, se estende até as cidades do interior que gravitam em torno da metrópole da Ásia. Disso se faz porta-voz o autor dos Atos, quando escreve que "os habitantes da Ásia, judeus e gregos, puderam ouvir a Palavra do Senhor". Para esse trabalho de anúncio do Evangelho e de animação das pequenas comunidades locais, Paulo pode contar com uma rede de colaboradores, entre os quais, além de Tito, está Timóteo, que se juntou a ele em Corinto. No cabeçalho da Carta a Filemon, Paulo menciona expressamente o irmão Timóteo (Fm 1). Essa breve carta, que cabe numa folha de caderno, foi ditada por Paulo quando estava preso. Ele se dirige ao seu amigo e colaborador Filemon para lhe pedir que acolha como a um "irmão no Senhor" o ex-escravo Onésimo. Este fugira do seu patrão Filemon e se refugiara junto a Paulo, descobrindo a fé cristã.

Junto com Onésimo, Paulo envia um bilhete ao patrão dele, que vive em Colassas. Filemon e sua mulher Ápia colocam a própria casa à disposição para as reuniões de um grupo de cristãos da cidade. Eles têm um bom colaborador, Arquipo, que Paulo conheceu em Éfeso e com o qual partilhou o trabalho de anúncio do Evangelho até em momentos difíceis (Fm 1-2). No final da Carta a Filemon, Epafras, que é apresentado por Paulo como "meu companheiro de prisão em Jesus Cristo", também envia saudações. A ele se juntam outros quatro colaboradores de Paulo: "Marcos, Aristarco, Demas e Lucas" (Fm 23-24).[8] Arquipo é um cristão de Colassas, lembrado na lista de saudações da Carta aos Colossenses. Na comunidade de Colassas, ele exerce um papel importante e respeitável (Cl 4,17).

---

[8] Os nomes desses colaboradores de Paulo se encontram na Carta aos Colossenses (4,10.14). Além da presença de Lucas, chamado na Carta aos Colossenses de "o querido médico", a presença de Marcos coloca um problema, pois é apresentado nessa carta como "primo de Barnabé"; Paulo havia se separado de Barnabé exatamente por causa de Marcos (At 15,39). Lucas e Marcos são mencionados juntos entre os colaboradores de Paulo numa outra carta de tradição paulina (2Tm 4,11). Quanto à menção de Marcos em Fm 24 podemos pensar que ele tenha se reconciliado com Paulo. Nesse caso, teria se unido a ele em Éfeso, onde começa de novo a fazer parte do grupo de colaboradores paulinos.

Contudo, o verdadeiro fundador da Igreja de Colossas é outro cristão, que se chama Epafras. Na Carta aos Colossenses, ele é apresentado como "querido companheiro" de Paulo no anúncio do Evangelho e seu representante na Igreja de Colossas (Cl 1,7). Epafras vive e age em Colossas, mas estende seu trabalho missionário e pastoral nas comunidades das cidades vizinhas de Laodicéia e Hierápolis (Cl 4,12-13). Outro cristão que está ao lado de Epafras, no âmbito da tradição paulina, é Tíquico. Ele também é apresentado na Carta aos colossenses como companheiro de Paulo e fiel servidor do Evangelho (Cl 4,7). Seu nome é conhecido pelo autor dos Atos, que o menciona no grupo dos delegados das Igrejas que acompanham Paulo na última viagem da Grécia para a Síria, passando pela Ásia Menor (At 20,4).

Portanto, para ampliar sua ação missionária e organizar os grupos cristãos, Paulo se serve de vários colaboradores. Os nomes de alguns são conhecidos por meio do epistolário paulino. Outros são lembrados por Lucas nos Atos dos Apóstolos. Como diz a primeira Carta aos Coríntios, Apolo se encontra em Éfeso. Depois de sua atividade em Corinto, ele voltou para a metrópole da Ásia. Apolo, entretanto, não se presta facilmente a colaborar com Paulo. A mentalidade e o método pastoral deles são bem diferentes. Para manter os contatos com as Igrejas da Macedônia — Filipos e Tessalônica — e sobretudo com aquela um tanto mais irrequieta de Corinto, Paulo se serve da colaboração de Timóteo e Tito.

De Éfeso, Paulo envia Timóteo a Corinto. Ele o apresenta e o recomenda aos cristãos dessa Igreja como "meu filho amado e fiel no Senhor". Timóteo é encarregado de uma missão delicada junto à Igreja de Corinto, que corre o risco de se esfacelar em muitos grupelhos, pelo fato de acharem que pertencem a este ou aquele pregador ou catequista. Timóteo, como delegado de Paulo, deve transmitir aos cristãos de Corinto as normas concernentes à organização da comunidade cristã. Timóteo, escreve Paulo aos coríntios, "fará com que vocês se lembrem de minhas normas de vida em Jesus Cristo, aquelas mesmas que eu ensino por toda parte, em todas as Igrejas" (1Cor 4,17). Por isso, conhecendo o caráter um tanto reservado e tímido de Timóteo e a desenvoltura dos cristãos de Corinto, Paulo os convida expressamente a tratarem bem o seu discípulo e delegado. Na parte final da carta, Paulo escreve: "Quando Timóteo for encontrar vocês, cuidem que esteja sem receios no meio de vocês, pois ele trabalha como eu na obra do Senhor. Portanto, que ninguém o despreze. Dêem a ele os meios de voltar em paz para junto de mim, pois eu com os irmãos o esperamos" (1Cor 16,10-11).

Nessas palavras, ditadas por Paulo na primeira Carta aos Coríntios para apresentar e recomendar Timóteo, se percebe a determinação em enfrentar as situações de tensão e conflitos nas suas Igrejas. Por causa da estima e do afeto que o unem ao discípulo e colaborador, Paulo confia a Timóteo a missão junto aos cristãos de Corinto. Portanto, Timóteo representa em Corinto o Apóstolo Paulo sob um duplo aspecto: é seu delegado e o amigo querido.

O quadro dos colaboradores de Paulo na missão de Éfeso poderia se ampliar se fosse viável a hipótese de se ler na lista dos 26 nomes — dos quais nove são femininos —, com a qual se encerra a Carta aos Romanos, um bilhete originalmente destinado à Igreja de Éfeso ou que acompanhava uma cópia da Carta aos Romanos enviada também a Éfeso.

Seria um documento excepcional para conhecer a rede de amigos e colaboradores com os quais Paulo poderia contar a fim de organizar sua atividade missionária e pastoral na província da Ásia.[9]

Entretanto, ao menos um nome dessa lista se refere a um dos primeiros cristãos que fazem parte do núcleo da Igreja de Éfeso. Chama-se Epêneto, que Paulo apresenta como "o primeiro fruto da Ásia para Cristo" (Rm 16,5b). Seu nome grego, *Epáinetos*, calcado sobre o adjetivo grego que significa "louvável", indica sua proveniência do ambiente pagão, talvez das camadas mais populares de Éfeso. Se Paulo o chama de "primeiro fruto" da Ásia, como no caso de Estéfanas em Corinto, um primeiro fruto oferecido a Cristo, isso significa que Epêneto tem um cargo de responsabilidade na Igreja efesina. Paulo se lembra dele com particular afeto; é um irmão amado, *agapetós*, como outros estreitos colaboradores mencionados na longa lista de pessoas para as quais ele manda saudações na carta escrita de Corinto para a Igreja de Roma.

---

[9] O último capítulo da Carta aos Romanos coloca problemas, principalmente porque a transmissão do texto é incerta. A doxologia de Romanos 16,25-27 em alguns códices se encontra no final do capítulo 14; em outros, no final do capítulo 15; em outros ainda, é repetida duas vezes. A bênção de Romanos 16,23: "Que a graça do Senhor Jesus esteja com vocês" está deslocada, conforme os vários grupos de manuscritos, em seis diferentes posições. Além disso, a cópia da Carta aos Romanos usada por Marcião e pelos seus seguidores não continha os dois últimos capítulos (15 e 16). Finalmente, há o problema da longa lista de pessoas — 26 nomes — para as quais Paulo manda saudações em Roma, a que nunca tinha visitado. Como e quando ele conheceu todos esses colaboradores e amigos da Igreja de Roma? Seriam talvez cristãos de Éfeso emigrados para Roma? Levanta-se também a hipótese de que o capítulo 16 da atual Carta aos Romanos seja um bilhete enviado com a cópia da mesma carta à Igreja de Éfeso.

Entre eles se destaca naturalmente o casal Prisca e Áquila. São os primeiros que Paulo saúda, juntamente com a Igreja que se reúne na casa deles. Ele os chama sem nenhum exagero retórico de "meus colaboradores em Jesus Cristo". Em seguida, acrescenta um particular que, se referido à experiência efesina, seria mais uma cunha para dar densidade histórica à dramática experiência que encerra a presença de Paulo na metrópole da Ásia. Relembrando essa situação, Paulo escreve: "Saudações a Prisca e Áquila, meus colaboradores em Jesus Cristo, que arriscaram a própria cabeça para salvar a minha vida. Sou grato não somente a eles, mas também a todas as Igrejas dos pagãos" (Rm 16,3-4).

5. EM ÉFESO,
"LUTEI CONTRA OS ANIMAIS"

O perigo do qual Paulo diz ter escapado graças à intervenção de Prisca e Áquila assume contornos bem precisos e definidos se compararmos essa alusão da Carta aos Romanos com os outros textos esparsos em seu epistolário, em que ele fala mais de uma vez da luta e das provas enfrentadas na Ásia. Na primeira Carta aos Coríntios, no contexto de suas reflexões sobre a experiência cristã fundamentada na ressurreição de Jesus Cristo, Paulo escreve: "Se a nossa esperança em Cristo é somente para esta vida, nós somos os mais infelizes de todos os homens" (1Cor 15,19). E para confirmar a esperança cristã, que vai além da perspectiva da morte terrena, cita seu caso pessoal. Se os mortos não ressuscitam, não faz sentido a opção de proclamar o Evangelho em Éfeso, onde todos os dias corre-se risco de vida. "E nós mesmos por que nos expomos ao perigo a todo momento? Diariamente estou correndo perigo de morte, tão certo, irmãos, quanto são vocês a minha glória em Jesus Cristo nosso Senhor. Para mim, o que teria adiantado lutar contra os animais em Éfeso, se eu tivesse apenas interesses humanos? Se os mortos não ressuscitam, comamos e bebamos, pois amanhã morreremos" (1Cor 15,30-32).

Na segunda pergunta retórica de Paulo, em que aparece o verbo *theriomachéin*, "lutar com os animais", se alude a uma experiência real ou se trata de uma expressão metafórica? De fato, com essa pergunta, Paulo retoma o tema do perigo, ao qual se expõe continuamente. É um risco mortal, que ele encara todos os dias. Além disso, não se tem notícia de uma possível condenação de Paulo *ad bestias*, à luta contra os animais, de que ele, como cidadão romano, deveria ser isentado.[10]

Em certo momento, a oposição desses adversários em Éfeso se torna muito perigosa. Na segunda Carta aos coríntios, escrita depois de ter deixado a cidade, Paulo diz que temeu por sua própria vida. Com uma terminologia religiosa estereotipada, ele fala de "tribulação", isto é, de uma situação crítica por razões de fé. Paulo, contudo, também se refere a um perigo mortal. Eis seu testemunho, na carta enviada nos meados dos anos 50 d.C. à Igreja de Corinto:

Irmãos, não queremos que vocês ignorem isto; a tribulação que sofremos na Ásia nos fez sofrer muito, além de nossas forças, a ponto de perdermos a esperança de sobreviver. Sim, nós nos sentíamos como condenados à morte: a nossa confiança já não podia estar apoiada em nós, mas em Deus que ressuscita os mortos. Foi Deus quem nos libertou dessa morte, e dela nos libertará; nele colocamos a esperança de que ainda nos libertará da morte. Para isso, vocês vão colaborar através da oração. Desse modo, a graça que obteremos pela intercessão de muitas pessoas provocará a ação de graças de muitos em nosso favor (2Cor 1,8-11).

---

[10] Somente em alguns códigos dos "Atos de Paulo", apócrifo do final do século II, se fala da condenação de Paulo às feras na cidade de Éfeso (cf. MORALDI, L. *Apocrifi del Nuovo Testamento*. Torino, 1971. v. 2, pp. 115-116). As *venationes*, os combates dos homens, chamados bestiarii, contra as feras nos teatros, anfiteatros ou circos foram introduzidas no século II a.C. e se difundiram na época imperial. São também conhecidos casos de violação do direito de cidadãos romanos condenados aos espetáculos do circo. A "luta contra os animais" em Éfeso é apenas uma imagem para expressar a condição precária e perigosa do pregador do Evangelho, que em outros lugares Paulo compara aos condenados à morte, "porque nos tornamos espetáculo para o mundo, para os anjos e para os homens!" (1Cor 4,9). Os "adversários, com uma comparação emprestada da tradição bíblica dos Salmos, são comparados aos "animais" ferozes que ameaçam a existência do fiel (Sl 22,14.17.20-22).

Embora a linguagem de Paulo não seja a de um cronista que narra um incidente com possíveis conseqüências mortais, entretanto, nas entrelinhas, se nota que ele de fato correu risco de vida. Trata-se de uma experiência traumática ou violenta, talvez ligada a algum processo, pois fala de "sentença de morte".[11] Agora que está fora de perigo, ele enfatiza a sua libertação, atribuída à ação salvífica de Deus graças às orações dos seus cristãos, até os de Corinto. Em outras palavras, Paulo relê a experiência que o colocou cara a cara com a morte na perspectiva da dialética pascal de morte e ressurreição.

De resto, é o seu modo habitual de considerar os riscos, até mesmo mortais, ligados à atividade de proclamador do Evangelho. Na mesma carta, Paulo reconhece que exatamente na fragilidade da condição humana, comparada ao vaso de barro, se manifesta o poder extraordinário de Deus. Falando em nome do grupo de enviados, mas, de fato, refletindo sobre suas experiências pessoais, ele escreve: "Somos atribulados por todos os lados, mas não desanimados; somos postos em extrema dificuldade, mas não somos vencidos por nenhum obstáculo; somos perseguidos, mas não abandonados; prostrados por terra, mas não aniquilados. Sem

---

[11] Por si, a expressão *tò apókrima toû thanátou*, "sentença de morte", poderia também ter um significado metafórico, em relação a um perigo mortal representado, por exemplo, por uma grave doença. Mas a colocação desse perigo de morte num lugar preciso, na Ásia, e o fato de Paulo falar geralmente da doença de outro modo, não em termos de "tribulação", favorece a hipótese de um perigo ou ameaça de morte ligada à hostilidade do ambiente; M.F. Baslez (*Paolo de Tarso*; apostollo delle genti. Torino, Sei, 1993. pp. 154-157), defende que, realmente, Paulo em Éfeso esteve a ponto de ser condenado *ad bestias* por causa do *responsum* — correspondente do grego *apókrima* — desfavorável de Tibério Cláudio Balbillo, um astrólogo romano anti-semita de passagem pela cidade da Ásia, por ocasião das celebrações em honra do imperador Cláudio; o casal Áquila e Prisca teriam arriscado a própria cabeça para salvar o Apóstolo.

Paulo com o "cesto" de seus livros. Afresco (séc. III). Roma, Catacumba de Domitila.

Paulo. Afresco (séc. IV). Roma, Catacumbas da rua Dino Compagni.

Jesus entre Pedro e Paulo. Afresco (séc. III-IV). Roma, Catacumba de são Pedro e são Marcelino.

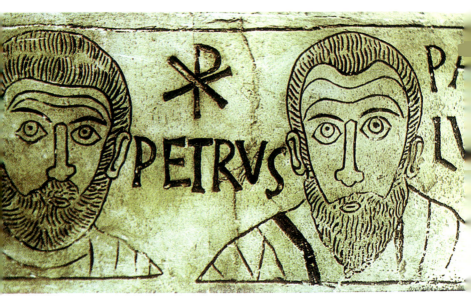

Pedro e Paulo. Grafite (séc. IV). Vaticano. Museus Lateranenses.

Paulo é conduzido ao martírio. Baixo-relevo do sarcófago de Júnio Basso (séc. IV). Roma, Grutas Vaticanas.

Ao lado, à direita, *Paulo* (part.). Mosaico (séc. VI) Ravena, Capela de São Pedro Crisólogo.

Paulo. Afresco (séc. V). Nápoles, Catacumbas de são Gennaro.

Paulo. Mosaico (séc. V). Ravena, Batistério dos Ortodoxos ou Batistério Neoniano.

Acima à esquerda: *Paulo*. Placa em marfim (séc. VII). Paris, Museu de Cluny.

Acima à direita: *Paulo*. Miniatura Bizantina (séc. IX). Milão, Biblioteca Ambrosiana.

Afresco proveniente da Basílica Constantiniana (séc. VIII-IX). Roma, Grutas Vaticanas.

Do alto para a esquerda: *Conversão de Paulo*; *Paulo na casa de Judas*; *Paulo cercado em Damasco*; *Pregação de Paulo.* Miniatura da Bíblia de Carlos, o Calvo (séc. IX). Paris, Biblioteca Nacional.

Paulo. Desenho sobre pergaminho (séc. X). Vercelli, Biblioteca Capitular.

Pedro e Paulo. Ícone (séc. XI). Novgorod, Museu Histórico de Arquitetura.

Paulo batiza Timóteo. Afresco (séc. XI). Roma, Igreja de santa Pudenciana

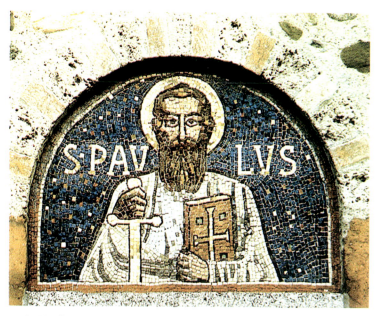

Paulo. Mosaico (séc. XI) sobre a luneta da fachada de são Pedro em Civate (Como). Arte proto-românica lombarda.

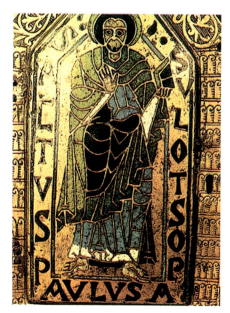

Paulo. Ouro e esmalte (séc. XII). Limoges, Museu Cívico.

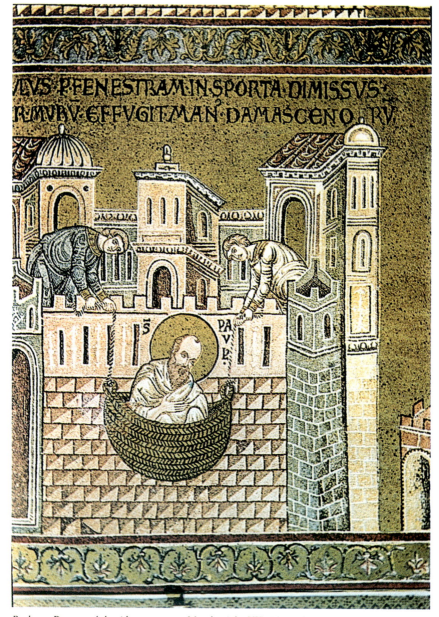

Paulo em Damasco é descido numa cesta. Mosaico (séc. XII). Monreale, Palermo.

Paulo. Afresco (séc. XII), Capela do Castelo Orcau. Barcelona, Museu de Arte Catalã.

Paulo debate com os judeus. Mosaico (séc. XII). Monreale, Palermo.

Paulo envia a Carta aos Efésios. Miniatura (séc. XIII). Veneza, Biblioteca Marciana.

Paulo. Miniatura de Bíblia Sagrada (séc. XIII). Copenhague, Biblioteca Real (Ms. Gl. Kgl. S.4 -fls. 142 v).

Martirio de Paulo. Mestre de Cracóvia (c. 1400). Antifonário, Ms. H.I. 7, fls. 121r. Sena, Biblioteca Municipal.

Paulo. Miniatura "Bible historiale" de Guyart des Moulins (séc. XIV). Escola francesa. Copenhague, Biblioteca Real (Ms. Thott. 6. II - fls. 436v).

Paulo prega no Areópago. Pintura sobre prancha (séc. XIV). Luca di Tommè. Sena, Pinacoteca.

Paulo. Políptico (part.), Orcagna (séc XIV). Florença, santa Maria Novella.

Em baixo, à esquerda: *Paulo* (part.). Giusto de' Menabuoi (1320-1387). Kress Study Collection, University of Georgia, Museum of Art Athens.

Em baixo, à direita: *Pedro e Paulo*. Miniatura de um Gradual (séc. XIV). Scuola degli Angeli. Florença, Biblioteca Laurentiana.

Pregação de Paulo. Miniatura de um manuscrito de *La Città de Dio* [A cidade de Deus] (séc. XV). Mestre François e ajudantes. Haia, Museu Meermanno Werstreenianum. Página ao lado, no alto: *Paulo* (part.). Bartolomeo Longo (1450-1523). Milão, Museu Poldi Pezzoli. Em baixo: *Queda de Paulo*. Pintura sobre prancha (séc. XV). Escola Baixa Saxônia. Hannover (Alemanha).

Paulo. Óleo sobre prancha. Masaccio (1401-1428). Pisa, Museu Nacional de são Mateus.

Paulo diante do juiz Festo (part.). Pintura sobre prancha, pintor desconhecido (séc. XVI). Bolzano, Abadia Novacella.

Paulo. Domenico di Jacopo, chamado "il Beccafumi" (1486-1551). Sena, Museu Opera del Duomo.

Paulo escreve as cartas. Rembrandt (1609-1669). Nuremberg. Germanisches National Museum.

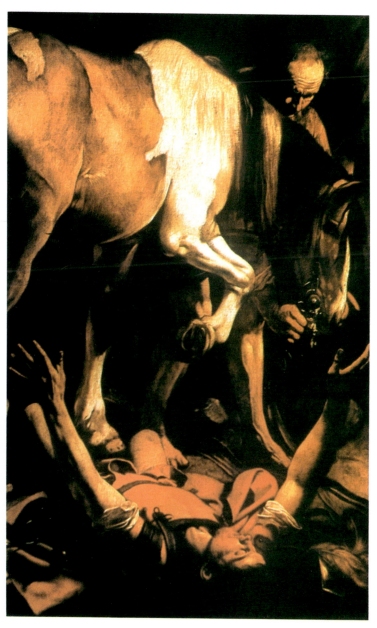

Conversão de Paulo. Caravaggio (c. 1571-1610). Roma, Santa Maria del Popolo.

Paulo. Ícone (séc. XVII). Atenas, Coleção particular de Paul Canellopoulos.

Paulo. Ícone rumeno (séc. XVIII). Bucarest, Igreja de Krazulesku.

Paulo parte para Mileto. Marcello Sozzi (séc. XIX). Roma, Basílica de São Paulo Fora dos Muros.

Paulo. Testa A. (1904-). Turim, Coleção particular.

Na página ao lado: *Paulo em viagem*. Óleo sobre tela. Trento-Longaretti (1977).

Paulo, luz de Cristo. Óleo sobre tela. Fratel Venzo (1977).

Cegueira de Paulo. Têmpera sobre papel telado. Dina Bellotti (1977).

cessar e por toda parte levamos em nosso corpo a morte de Jesus, a fim de que também a vida de Jesus se manifeste em nosso corpo. De fato, embora estejamos vivos, somos sempre entregues à morte por causa de Jeus, a fim de que também a vida de Jesus se manifeste em nossa carne mortal" (2Cor 4,8-11; cf. Fl 3,10).

Numa outra seção da segunda Carta aos Coríntios, Paulo fala de uma longa lista de várias situações perigosas ligadas à sua atividade de pregador do Evangelho. Além das experiências de perigo e de cansaço próprias de quem viaja, Paulo relembra as prisões, as flagelações e os freqüentes "perigos de morte". E, em seguida, dá alguns exemplos desses perigos: "Dos judeus recebi cinco vezes os quarenta golpes menos um. Fui flagelado três vezes; uma vez fui apedrejado; três vezes naufraguei; passei um dia e uma noite em alto mar" (2Cor 11,24-25). A lista de Paulo reflete o modelo retórico das "peripécias". Não se pode negar, porém, que além da roupagem literária existam experiências reais de perigo que Paulo viveu durante sua atividade missionária. Também na última carta escrita em Corinto para os cristãos de Roma, ele relembra algumas situações que se tornam paradigmáticas da condição dos fiéis. Paulo se pergunta: "Quem nos poderá separar do amor de Cristo? A tribulação, a angústia, a perseguição, a fome, a nudez, o perigo, a espada?" E responde que nada e ninguem, nem vida nem morte, "nos poderá separar do amor de Deus, manifestado em Jesus Cristo, nosso Senhor" (Rm 8,35.39).

Paulo tende a transfigurar a realidade projetando-lhe em cima a luz da fé pascal. Todavia, além dessa releitura paulina, é possível reconstruir a situação de Éfeso, onde o Apóstolo se expõe continuamente ao perigo e todos os dias enfrenta a morte? Em que consiste a "tribulação" que em Éfeso o levou a duvidar da sua vida e à convicção de ter recebido uma sentença de morte? Com base nessas alusões paulinas fragmentárias à tribulação de Éfeso, é possível falar de uma prisão de Paulo nessa cidade? Se Paulo passou um período na cadeia em Éfeso, então algumas cartas escritas "nas cadeias" ou no cárcere, como a Carta aos Filipenses e o bilhete a Filemon, podem ser colocadas no ambiente e no período de tempo passado por Paulo em Éfeso.[12] Por outro lado, esses escritos paulinos podem ser usados como fontes para conseguir outras informações e completar o quadro do perigo de morte de Paulo em Éfeso.

Na cronologia paulina, reconstruída a partir da referência lucana a Galião, procônsul em Corinto no começo dos anos 50 d.C., a permanência de Paulo em Éfeso durante três anos se situa nos meados desses anos. Nesse período, em Éfeso, foi morto o procônsul romano da Ásia, M. Júnio Silano, por causa das intrigas de Agripina, ex-esposa de Cláudio e mãe do imperador Nero. Tácito reconstrói a trama da morte nestes termos:

> A primeira vítima do novo principado foi Júnio Silano, procônsul da Ásia, cuja morte, sem Nero saber, foi preparada pelas intrigas de Agripina. Não foi a força de caráter que o levou à ruína. Aliás, ele era indolente e desprezado pelos outros imperadores de tal mdo que Gaio César (Calígula) o chamava de ovelha dourada; ela, porém, que havia tramado a morte do irmão dele, Lúcio Silano, tinha medo da vingança, tendo-se espalhado o boato de que no lugar de Nero, que acabara de sair da infância

---

[12] A única lembrança paulina entre as ruínas arqueológicas de Éfeso é a "Torre de São Paulo", uma grande torre quadrada que faz parte do sistema defensivo do porto, que remonta à muralha de Lisímaco, do século IV a.C.

e chegado ao trono por meio de um crime, se deveria preferir um homem maduro, íntegro e nobre e, circunstância que na época era importante, descendente dos Césares. De fato, Silano era neto de Augusto; e esse foi o motivo da sua morte. Seus executores foram o cavaleiro romano Públio Célere e o liberto Hélio, administradores do patrimônio imperial na Ásia. Durante um banquete, deram veneno ao procônsul, mas de tal modo às claras que ninguém percebeu.[13]

Esses acontecimentos, que mexem com a vida administrativa da capital da Ásia poderiam servir de pano de fundo para as vicissitudes pessoais de Paulo. Ele se encontra na prisão, esperando julgamento. Não se sabe qual será o resultado da próxima audiência. Será absolvido ou condenado à morte? Da prisão, Paulo escreve uma carta aos cristãos de Filipos na Macedônia. Serve-se de Timóteo como portador, juntamente com Epafrodito, que os filipenses haviam enviado para levar a ajuda deles e para assisti-lo durante a prisão. Nessa carta, Paulo dá algumas informações sobre seu caso e faz previsões. Ele escreve: "Irmãos, quero que vocês saibam: o que me aconteceu ajudou o Evangelho a progredir. Tanto no pretório como em outros lugares, todos ficaram sabendo que estou na prisão por causa de Cristo. E a maioria dos irmãos, vendo que estou na prisão, têm mais confiança no Senhor, e mais ousadia para anunciar sem medo a Palavra" (Ef 1,12-14). Esse impulso ao anúncio do Evangelho no ambiente de Éfeso parte do fato de que foi esclarecido o

---

[13] Tácito. Ann., 13,1. A hipótese da ligação entre esses eventos e a libertação de Paulo da prisão de Éfeso é defendida por M. Carrez, (*La deuxième épitre de saint Paul au Corinthiens*. Genève, 1986. pp. 27-30); um sinal da confusão "político-administrativa" de Éfeso, na metade dos anos 50 d.C., segundo Carrez, é a menção lucana dos "procônsules", no plural, anthýpatoi (At 19,38).

motivo da prisão de Paulo.[14] Ele foi preso não por motivos políticos ou para responder a algum crime, mas por causa de sua atividade como pregador do Evangelho de Jesus Cristo. Para acabar com qualquer suspeita, Paulo declara diante do tribunal o seu estatuto de cidadão romano. Esse fato acelera o processo, abrindo perspectiva para uma libertação próxima. Paulo fala sobre isso aos cristãos de Filipos, os quais espera ver em breve (Fl 1,25-26; 2,24). Contudo, até que não saia a sentença definitiva de absolvição, Paulo não pode deixar de pensar que pode ser condenado. Todavia, mesmo na perspectiva da morte, ele tem certeza que está dando testemunho de Cristo e, portanto, pode escrever aos filipenses: "E mesmo que o meu sangue seja derramado sobre o sacrifício e sobre a oferta da fé que vocês têm, eu fico contente e me alegro com todos vocês" (Ef 2,17; cf. 1,20).

Os amigos efesinos de Paulo se aproveitam da confusão criada com a morte imprevista do procônsul Lúcio Silano, envenenado a mando de Agripina no final do ano 54 ou no começo do ano 55 d.C. Através de uma caução, eles conseguem que ele seja posto em liberdade. Entretanto, nessas circunstâncias, é melhor que Paulo saia imediatamente de Éfeso. A segunda Carta aos Coríntios permite a reconstrução do itinerário dessa viagem. Seguindo a estrada que costeia o Egeu na direção norte, depois de uns setenta quilômetros, Paulo chega a Esmirna e, noventa quilômetros mais ao norte, passa ao lado de Pérgamo. A estrada continua em direção ao porto de Adramite e de Assos e chega a Alexandria

---

[14] Paulo comunica que no mesmo ambiente onde se encontra prisioneiro, em Éfeso, há alguns que não partilham o seu método e sobretudo contestam o fato de que ele tenha recorrido ao seu direito de cidadão romano para esclarecer sua posição (Fl 1,15-18).

Trôade, percorrendo uma distância total de mais de trezentos quilômetros. Mas como Paulo quer se encontrar com Tito o mais rápido possível, para ter notícias da Igreja de Corinto, pode ser que os amigos de Éfeso o tenham ajudado a encontrar alguma embarcação com destino ao porto de Adramite ou de Assos, de onde ele pode continuar até Trôade mesmo a pé. Paulo tem a intenção de se deter aí para anunciar o Evangelho, mas não encontrando Tito, como esperava, prefere continuar viagem para a Macedônia, onde finalmente encontra seu colaborador, que lhe traz boas notícias a respeito da conciliação na Igreja de Corinto. Para esta última parte da viagem, Paulo se serviu de uma das embarcações que ligam Trôade a Neápolis, o porto de Filipos.

De Filipos, onde ele escreve a segunda Carta aos Coríntios, Paulo projeta a terceira visita à Igreja da capital da Acaia. Em Éfeso, porém, ele não vai pôr mais os pés. Se a lista de saudações conservada no atual capítulo final da Carta aos Romanos foi realmente endereçada à Igreja efesina, ela seria o último documento paulino sobre a Igreja da Ásia. De Corinto, onde escreve a Carta aos Romanos, Paulo envia aos cristãos de Éfeso este convite: "Irmãos, peço que vocês tomem cuidado com aqueles que provocam divisões e obstáculos contra a doutrina que vocês aprenderam. Fiquem longe deles, porque não servem a Cristo nosso Senhor, mas ao próprio estômago; com palavras doces e bajuladoras, eles enganam o coração das pessoas simples" (Rm 16,17-18).[15] Encerra-se assim a aventura de Paulo em Éfeso, conforme o testemunho de seu epistolário.

---

[15] Essa advertência de Paulo, enviada à Igreja de Éfeso, tem uma afinidade impressionante com aquela que ele dita para os filipenses a partir da prisão de Éfeso: "Cuidado com os cães, cuidado com os maus operários [...]. Há muitos que são inimigos da cruz de Cristo [...]. O deus deles é o ventre, sua glória está no que é vergonhoso, e seus pensamentos em coisas da terra" (Fl 3,2.18-19).

6. O TUMULTO DOS ARTESÃOS DE ÉFESO

Essa reconstrução dos últimos acontecimentos da permanência de Paulo em Éfeso, com base em informações fragmentárias e alusivas de suas cartas, até que ponto corresponde ao quadro lucano nos Atos dos Apóstolos? Lucas ambienta em Éfeso uma das histórias mais dramáticas da sua biografia paulina. Paulo corre o risco de ser linchado no teatro de Éfeso, onde se reuniu a população da cidade instigada por Demétrio, chefe dos artesãos. Diante dos artesãos de Éfeso, Demétrio denuncia o risco representado por Paulo, que está pregando que os ídolos construídos por mãos humanas não são deuses. Essa propaganda antiidolátrica, diz Demétrio, coloca em crise a atividade deles, que consiste em fabricar pequenos templos como ex-votos ou lembranças da deusa Ártemis, venerada em Éfeso. Todavia, continua o porta-voz dos artesãos, há o perigo de que "também o santuário da grande deusa Ártemis acabe sendo desacreditado e, assim, fique despojada de majestade aquela que toda a Ásia e o mundo inteiro adoram" (At 19,27). Os artesãos e os ourives de Éfeso fazem a notícia circular e colocam em pé-de-guerra toda a cidade, que acorre ao teatro, gritando: "Grande é a Ártemis dos efésios!". Dois amigos e colaboradores de Paulo, Gaio e Aristarco, originários da Macedônia, são arrastados pela multidão amotinada para dentro do teatro. Paulo gostaria de se apresentar à multidão, mas felizmente os cristãos de Éfeso não deixam.

Antes de ver o resultado desse tumulto que, segundo Lucas, envolve toda a cidade de Éfeso, é preciso retomar sua narrativa da missão de Paulo na capital da Ásia. O autor dos Atos prepara a cena dramática da revolta dos artesãos com alguns episódios que mostram a eficácia do anúncio de Paulo no ambiente sincretista de Éfeso. A atividade missionária de Paulo, como aquela dos Apóstolos de Jerusalém, especialmente a de Pedro, é acompanhada por prodígios extraordinários que provocam o entusiasmo popular. O simples contato com as vestes de Paulo produz a cura instantânea dos doentes. De fato, basta colocar sobre os enfermos os lenços ou aventais usados por Paulo para obter um efeito terapêutico. A fama taumatúrgica de Paulo chama a atenção dos outros curandeiros e exorcistas ambulantes, presentes em Éfeso. Entre eles, há uma família de judeus, formada por sete filhos e pelo pai, um tal Ceva, de origem sacerdotal.[16] Eles ficaram impressionados com o fato de que Paulo cura ou liberta os possessos em nome de Jesus. Por isso, em suas práticas exorcistas recorrem a uma fórmula com a qual procuram se apropriar do poder taumatúrgico de Paulo. Eles se dirigem aos espíritos dizendo: "Eu esconjuro vocês por este Jesus que Paulo está pregando". A coisa parece funcionar durante certo tempo. Logo depois, porém, o truque é desmascarado pela própria força que eles tentam controlar. Um dia, o espírito mau se revolta contra os exorcistas judeus dizendo: "Eu conheço Jesus e sei quem é Paulo; mas quem são vocês?". E, a um só tempo, o homem possuído pelo espírito se lança sobre o

---

[16] O nome latino *Schaeva* é um indício da assimilação desse pretensioso exorcista judeu, que reivindica uma ascendência sacerdotal; não existe, de fato, na lista dos "sumos sacerdotes" judeus nenhum que traga esse nome; é conhecida, ao contrário, a fama dos exorcistas judeus no mundo greco-romano (Flávio Josefo, *Ant.*, 8,2,5, par. 45; *Bell.*, 7,6,3, par. 180-185).

grupo de exorcistas e os maltrata violentamente, a tal ponto que, no final, os desastrados são obrigados a fugir nus e cobertos de feridas.

A narrativa lucana do exorcismo fracassado consegue um duplo efeito. Por um lado, desmascara a ambivalência da prática exorcista dos judeus. Por outro lado, serve para exaltar a pessoa taumatúrgica de Paulo. De fato, o autor dos Atos mostra a reação positiva provocada pelo vexame do grupo de exorcistas judeus: "E toda a população de Éfeso, judeus e gregos, ficou sabendo do fato. O temor se apossou de todos. E a grandeza do nome de Jesus era exaltada" (At 19,17). Outra conseqüência desse fato é a vitória sobre as práticas mágicas de Éfeso. Também nesse caso, a narrativa lucana, em sua lineariedade, é de grande eficácia: "Muitos fiéis acorriam para acusar-se em voz alta de suas práticas mágicas, e um bom número dos que praticavam magia amontoaram seus livros e os queimaram em praça pública. O valor desses livros foi calculado em cinqüenta mil moedas de prata" (At 19,18-19). A nota final do narrador — "Assim, a Palavra do Senhor crescia e se firmava com grande poder" — confirma sua intenção apologética. Em suma, ele pretende dizer que, aonde Paulo chega, se acaba tudo aquilo que gira em torno do mundo ambíguo da magia, muitas vezes associada ao interesse por dinheiro.[17]

A mesma relação entre religião pagã e dinheiro está no pano de fundo do episódio dos artesãos. Lucas introduz a cena de Demétrio, que incita os artesãos, com estes termos:

---

[17] A cidade de Éfeso tem fama de ser um centro das práticas mágicas, a tal ponto que as folhas de papiro ou de pergaminho com as fórmulas mágicas se chamam *tà ephésia grámmata*, mesmo que compostas em outro lugar (cf. Plutarco. *Symposium*, 7,5,4).

"Havia um sujeito chamado Demétrio, que era ourives e fabricava nichos de prata da deusa Ártemis. Ele reuniu esses artesãos, juntamente com outros que trabalhavam no ramo, e lhes disse: 'Amigos, vocês sabem que o nosso bem-estar provém dessa nossa atividade [...]'" (At 19,24-25). O chefe da corporação dos fabricantes de nichos de Ártemis se preocupa antes de tudo com os interesses da categoria. Contudo, ele coloca sua manobra na moldura de defesa do culto da grande deusa Ártemis, "que a Ásia e o mundo inteiro adoram". E diante do grito: "Grande é a Ártemis dos efésios", que excita o fervor popular, os artesãos e os ouvintes de Demétrio arrastam a multidão de Éfeso para o teatro.

Éfeso é o centro do culto da *Magna mater*, identificada com Ártemis.[18] Desde o século VIII a.C. existe em Éfeso um templo, várias vezes reconstruído, dedicado a Ártemis. No século I d.C., o *Artemision* de Éfeso é conhecido como uma das sete maravilhas do mundo. É uma construção gigantesca, com mais de 120 metros de cumprimento, 70 metros de largura, rodeada de 128 colunas de 19 metros de altura.[19]

---

[18] Na mitologia grega, Ártemis nasce da união de Zeus com uma mulher chamada Leto. Para escapar da ira da mulher de Zeus, Hera, que manda um dragão persegui-la, Leto, com a cumplicidade do vento, se refugia na Ásia e dá à luz num bosque, nos arredores de Éfeso. Ártemis, cujo nome de origem indo-européia significa "grande", se torna a divindade protetora dos animais selvagens e das parturientes, assimilada à deusa-mãe Cibeles, da Anatólia. No ambiente latino, identifica-se com Diana.

[19] A serviço do templo da grande deusa-mãe existe um corpo sacerdotal masculino — entre os quais os eunucos sagrados — e feminino, dividido em várias ordens. Do *Artemision*, situado logo fora das muralhas da cidadezinha de Selçuk, restam apenas alguns troncos de colunas caídas numa zona pantanosa, visíveis da fortaleza bizantina de Ayasoluk. O antigo santuário, depois do término dos cultos pagãos, se tornou um manancial de pedras para construir as basílicas cristãs dedicadas a são João e a Maria, proclamada *Theotókos*, "Mãe de Deus", no concílio de Éfeso, em 431.

Os nichos, dos quais fala o chefe dos artesãos de Éfeso, não são reproduções do *Artemision*, mas estatuinhas da deusa em ouro, prata e terracota, ou estilizações do templo, tendo ao centro a figura da deusa Ártemis, como se pode ver nas moedas de Éfeso.[20] Como diz Demétrio, vem gente de toda a Ásia a Éfeso para venerar a grande Ártemis. Na festa principal, realizada em abril-maio, a estátua da deusa é levada em procissão através da "Via Sacra", do templo até o teatro; ali e no estádio vizinho são feitos sacrifícios, se realizam as competições atléticas e poéticas com os respectivos e grandes banquetes. A fim de obter a proteção para os marinheiros, para os viajantes e comerciantes, a estátua é imersa na água do mar aberto. O tesouro do santuário, com suas esplêndidas ofertas votivas, funciona como um banco para o estado e para os particulares. Numa palavra, uma estreita ligação, feita de devoção religiosa e de interesses econômicos, une a deusa Ártemis à cidade de Éfeso.

Nesse pano de fundo se entende a cena reconstruída pelo autor dos Atos. Por duas horas, no grande teatro de Éfeso, a multidão grita: "Grande é a Ártemis dos efésios!". É nesse clima de exaltação popular que Paulo gostaria de se apresentar para falar à multidão. Seus amigos cristãos de Éfeso,

---

[20] Numa moeda de bronze, cunhada sob o imperador Adriano, no século II, se vê o templo de oito colunas — quatro de cada lado — sobre um pódio, tendo ao centro do nicho a estátua de Ártemis efésia e no exergo se lê o nome da cidade de Éfeso. As estátuas de Ártemis Efésia, encontradas na região do Pritaneu, conservadas no museu de Éfeso, representam uma mulher com o seio coberto por três tipos de símbolos: ovos ou testículos de touro ou mamas, de onde o nome de polýmastos dado a Ártemis; no peito se sobressaem os sinais do zodíaco; do pescoço pende um colar; a parte inferior do corpo é coberta por decorações com os baixo-relevos dos animais dos quais ela é protetora: cervos, grifos, leões e touros alados; a abelha, símbolo heráldico de Éfeso, ornamenta os lados; na cabeça ela traz uma coroa guarnecida de torres de vários tipos.

porém, o impedem. Lucas diz que "também algumas pessoas importantes da província, *asiárchoi*, que eram seus amigos, mandaram pedir que ele não se arriscasse a comparecer ao teatro" (At 19,31). É muito arriscado enfrentar a massa manipulada por quem tem interesse em excitá-la. A confirmação disso é o caso de Alexandre, um representante da comunidade judaica de Éfeso que, sob a instigação de seus companheiros, tenta dissociar sua comunidade da acusação de propaganda antiidolátrica dirigida contra os novos pregadores cristãos. Ele se apresenta na tribuna dos oradores do teatro, faz um sinal com a mão para pedir a palavra, mas não consegue dizer nada, pois a multidão logo percebe que ele é um judeu e se põe a gritar em coro: "Grande é a Ártemis dos efésios!".

No final, somente a intervenção do *grammatéus*, "secretário", o magistrado responsável pelas assembléias regulares da província da Ásia, consegue acalmar a multidão.[21] Em primeiro lugar, ele relembra aquilo que todos sabem e reconhecem: "A cidade de Éfeso guarda o templo da grande Ártemis e sua estátua caiu do céu" (At 19,35). Ao mesmo tempo, porém, o magistrado toma a defesa dos dois companheiros de Paulo, Gaio e Aristarco, dizendo que eles não podem ser acusados nem de serem profanadores do templo nem de terem blasfemado contra a grande Ártemis. Em terceiro lugar, convida Demétrio e os artesãos, que instigaram a multidão para uma reunião ilegal, a apresentarem as próprias acusações em sede competente, isto é, diante do tribu-

---

[21] Baslez, op. cit., p. 156, por causa da menção dos "asiarcas" e do *grammatéus*, levanta a hipótese de que o ajuntamento no teatro de Éfeso coincide com o *koinón*, assembléia anual dos representantes da Ásia por ocasião das celebrações em honra do imperador. É sabido que Éfeso foi o primeiro centro em que a lealdade para com Roma se expressa no "culto" prestado à *Dea Roma* e ao *Divus Iulius*.

nal do governador romano; ou, para outras queixas particulares, que se dirijam à assembléia ordinária legitimamente convocada. Numa palavra, o secretário de Éfeso se torna porta-voz da linha de defesa escolhida pelo autor dos Atos. Paulo e os seus colaboradores não são pregadores fora da lei, nem podem ser acusados de crime contra a religião oficial.

Apesar dessa tomada de posição por parte do magistrado de Éfeso, Paulo resolve deixar imediatamente a cidade. Segundo o relato lucano, "quando terminou o tumulto, Paulo mandou chamar os discípulos de Éfeso. Depois de encorajá-los, despediu-se deles e viajou para a Macedônia" (At 20,1). Na verdade, já antes do último episódio dramático, o autor dos Atos desenhou o projeto das viagens de Paulo. Depois do sucesso da missão em Éfeso, diz Lucas que Paulo "resolveu ir a Jerusalém, passando pela Macedônia e pela Acaia. Ele dizia: 'Depois de ir até lá, eu devo ir também a Roma'" (At 19,21). E, dentro desse projeto, envia seus ajudantes Timóteo e Erasto para a Macedônia. Portanto, a missão de Paulo em Éfeso, segundo a ótica lucana, encerra sua atividade no Oriente. Já se vislumbra no horizonte a meta do programa traçado por Jesus ressuscitado aos discípulos enviados para lhe dar testemunho, com o poder do Espírito Santo, em Jerusalém e "até os extremos da terra". Paulo é o protagonista que vai executar esse programa, no qual as cidades-símbolo, Jerusalém e Roma, são os pontos focais. O autor dos Atos encaixa dentro dessa moldura ideal todas a informações de que dispõe para narrar a biografia de Paulo, testemunha de Jesus Cristo.

Qual é a relação entre esse quadro lucano e o testemunho fragmentário e disperso nas cartas de Paulo? O esquema geral dos deslocamentos do Apóstolo coincide substancialmente nas duas fontes. Da primeira Carta aos Coríntios se conclui que Paulo pretende, saindo de Éfeso, atravessar a Macedônia para chegar a Corinto, onde irá passar o inverno e se preparar para uma nova missão (cf. 1Cor 16,5-6). Nesse texto, Paulo não diz aonde pretende ir depois de Corinto, mas podemos imaginar que a nova meta seja Roma, pois, no começo da carta enviada à Igreja da capital, ele afirma expressamente que mais de uma vez se propôs visitá-la, mas foi impedido (Rm 1,13). E na conclusão da mesma carta, em que faz um balanço da sua missão no Oriente, retoma esse tema, dizendo que há vários anos tem um grande desejo de ir a Roma. Contudo, antes precisa ir a Jerusalém para levar os fundos recolhidos entres seus cristãos e realizar um serviço de solidariedade em favor daquela Igreja (cf. Rm 15,23.25).

Fora desse quadro geral, as duas fontes obedecem a critérios diferentes e, por isso, é impossível harmonizá-las. Os nomes dos colaboradores de Paulo apontados nos Atos apenas em parte coincidem com aqueles conhecidos pelo epistolário paulino, com funções e tarefas diferentes. Erasto, enviado por Paulo com Timóteo à Macedônia, é conhecido em Corinto como "o tesoureiro da cidade", irmão de Quarto (Rm 16,24). Será a mesma personagem? Ele se encontrou com Paulo em Éfeso e foi encarregado por ele de preparar, juntamente com Timóteo, sua viagem através da Macedônia e ir para Corinto antes dele? Ou foi encarregado de organizar a coleta na Macedônia? Atendo-nos às informações da primeira Carta aos Coríntios, Timóteo faz a ligação entre Éfeso e Corinto como delegado de Paulo. Voltou para junto do Apóstolo depois da visita a Corinto, ou o envio de que falam os Atos é o mesmo mencionado na carta paulina?

São perguntas destinadas a permanecer sem resposta, pois os dois canais de informação paulina não só são autônomos, mas seguem dois modelos diferentes. O autor dos Atos ignora completamente a iniciativa da coleta promovida por Paulo em suas Igrejas em prol dos cristãos pobres da Judéia. Ele passa em branco sobre os conflitos e as tensões disseminadas nas Igrejas fundadas por Paulo e que o obrigam a intervir quer por intermédio dos colaboradores quer mediante o envio das suas cartas. Lucas parece até mesmo ignorar completamente a atividade epistolar de Paulo. Ou ele a engloba no modelo mais geral do envio dos colaboradores?

Em todo caso, a partir do centro de Éfeso, Paulo mantém a ligação com as jovens comunidades cristãs nascidas da sua ativadade de pregador, enviando seja os colaboradores, seja as cartas. A partir do diálogo epistolar de Paulo com as jovens comunidades cristãs, é possível reconstruir a situação vital delas, seus problemas e as contínuas crises de perseverança. Para responder a esses problemas, Paulo é obrigado a repensar o anúncio cristão e suas aplicações práticas, dando assim início ao processo de reflexão sobre a experiência de fé que marca o começo da teologia cristã.

X
A "CRISE"
NAS IGREJAS PAULINAS

No mesmo momento em que Paulo pensa ter completado seu plano missionário no Oriente — "anunciar o Evangelho onde ainda não chegou o nome de Cristo" — as comunidades cristãs por ele fundadas se envolvem numa crise que, com diferentes sintomas e intensidades diversas, se manifesta na Galácia, em Filipos e em Corinto. Não se trata apenas das dificuldades com as quais qualquer nova experiência religiosa se depara. As Igrejas fundadas por Paulo formam pequenos grupos que têm como ponto de referência a casa de algum membro mais abastado. É normal que, apesar da precaução de não dar na vista, se manifestem no ambiente social e religioso, tanto pagão como judaico, não apenas certa curiosidade desconfiada, mas também prevenções e aversões. O movimento cristão paulino, embora possa ser comparado em determinados aspectos com o judaísmo, procura adquirir uma organização autônoma em relação à sinagoga. Além disso, os grupos cristãos se diferenciam também das associações pagãs, os *collegia*, pois não participam das manifestações religiosas e sociais que marcam a vida da cidade.

Essa diversidade das pequenas comunidades cristãs, tanto na forma de organização, como no estilo de vida, cria tensões e conflitos com o ambiente. Nessa situação se verificam algumas formas de boicote e discriminação contra os que aderem à experiência cristã. Alguns perdem o emprego, outros vêem desaparecer a clientela em sua atividade comercial. Acima de tudo, há os mal-entendidos e as tensões no ambiente familiar. Nem sempre a conversão da mulher é acompanhada pela do marido e vice-versa. O mesmo acontece com os jovens casais. Trata-se quando muito de matrimônios mistos, sobretudo quando a mulher é que adere ao novo movimento religioso. O marido, até por razões sociais, é obrigado a tomar parte nas manifestações públicas, que sempre têm um desdobramento religioso. Esse conjunto de fatores, que cria mal-estar e sofrimentos nas pequenas comunidades cristãs, é designado com um termo tirado da terminologia apocalíptica: "tribulação".

Todavia, essa crise de adaptação se dá com todos aqueles que aderem a novos cultos ou formas de agregação religiosa, que conseguem se integrar com dificuldade no tecido social de um ambiente determinado. Quando falo de "crise" nas Igrejas paulinas não me refiro diretamente a essas situações de mal-estar ou de conflito social, mas falo de um fenômeno particular ligado à metodologia missionária própria de Paulo, que lhe permite se apresentar como "apóstolo dos pagãos". Sua opção de levar o Evangelho de Jesus Cristo aos não-judeus não é apenas uma escolha de campo, acertada com os chefes de Jerusalém por razões de organização ou de táticas, mas é a escolha de uma orientação religiosa e espiritual diferente, a tal ponto que Paulo pode falar de "meu Evangelho", aquele que está pregando aos pagãos. Esse Evangelho paulino é caracterizado pela opção radical por Jesus

Cristo como caminho único e definitivo para se ter acesso à salvação prometida por Deus na história de Israel. Conseqüentemente é descartada a função mediadora da lei, com todas as suas observâncias rituais, que fazem de Israel o povo eleito e santo. Agora, o "verdadeiro Israel" é a comunidade dos que acreditam em Jesus Cristo.

Então, qual é o lugar do Israel histórico no plano de Deus? É somente um resíduo do passado ou uma forma particular de experiência religiosa? O Cristianismo é uma espécie de Judaísmo messiânico? Qual é o valor da lei revelada por Deus na tradição bíblica e praticada pelos judeus como atuação da sua vontade? A ação missionária de Paulo entre os pagãos não corre o risco de criar uma Igreja paralela em relação à originária surgida entre os judeus? Esses são alguns problemas que estão na origem da crise nas Igrejas paulinas. Não se trata apenas de discussões doutrinais ou teóricas com desdobramentos práticos e organizativos, como acontecera na assembléia-concílio de Jerusalém. A ação missionária intensiva de Paulo nas cidades do império, onde estão presentes também as comunidades judaicas, cria uma mistura explosiva perigosa. O detonador é uma espécie de contramissão itinerante de alguns judeu-cristãos que se referem ao ambiente de Jerusalém. Eles passam pelas Igrejas de Paulo e questionam tanto o conteúdo como o método da sua missão entre os pagãos.

A documentação para reconstruir essa "crise" é constituída pelas cartas autênticas de Paulo. São aquelas escritas no contexto quente da sua missão autônoma, desenvolvida no arco de uma década a partir do início dos anos 50 d.C. e tem como quartel-general Corinto e sobretudo Éfeso. Desses dois centros, Paulo escreve suas cartas e envia seus colaboradores para responderem aos problemas colocados pelos cristãos que têm dificuldade em perseverar no caminho da fé. Todavia, nesses escritos, muitas vezes ditados aos borbotões, Paulo tem de enfrentar também as questões colocadas em suas Igrejas pela contramissão dos judeu-cristãos de Jerusalém.

É difícil reconstruir o perfil histórico preciso, o conteúdo do anúncio e o método de ação desses missionários que Paulo chama de "maus operários", "falsos irmãos" e "falsos apóstolos". Infelizmente, as Igrejas da tradição paulina conservaram apenas os escritos do seu fundador e mestre. O que pensavam e diziam seus adversários só pode ser conhecido indiretamente nas cartas de Paulo, mas de modo inevitavelmente deformado pelo filtro da polêmica ou da apologética.

Um eco dessas diferenças e tensões nas Igrejas de origem paulina pode ser percebido na reconstrução lucana do discurso de adeus feito por Paulo aos anciãos de Éfeso, convocados em Mileto durante sua viagem de transferência da Ásia para Jerusalém. Na parte central do discurso, que funciona como um testamento pastoral, Paulo, como se costuma fazer em tais circunstâncias segundo um modelo literário bastante conhecido, vislumbra os riscos e as ameaças que se desenham no horizonte, a fim de prevenir seus ouvintes e sucessores e, assim, incentivá-los no compromisso. Eis as palavras proféticas de Paulo reconstruídas pelo autor dos Atos: "Eu sei: depois da minha partida, aparecerão lobos vorazes no meio de vocês, e não terão pena do rebanho. E do meio de vocês mesmos surgirão alguns falando coisas pervertidas, para arrastar os discípulos atrás deles. Portanto, fiquem vigiando e se lembrem de que durante três anos, dia e noite, não parei de admoestar com lágrimas a cada um de vocês" (At 20,29-31).

Nessas palavras de Paulo se reflete a situação contemporânea do autor dos Atos, como dá a entender a formulação das mesmas em termos de admoestação profética. Trata-se de uma dupla ameaça, uma externa e outra interna. A primeira, acenada com a comparação clássica dos "lobos vorazes", se refere ao conflito com o ambiente social no qual as comunidades cristãs vivem. A segunda, porém, está ligada à dissidência doutrinal que se manifesta na segunda e terceira gerações cristãs, cuja documentação pode ser encontrada nas cartas da tradição paulina, sobretudo no escrito enviado aos colossenses e no grupo das três cartas pastorais. Contudo, nenhuma dessas duas ameaças, previstas para o tempo futuro, coincide com a crise que se abate sobre as Igrejas de Paulo, como se reflete em suas cartas autênticas.

Nas cartas da tradição paulina, ao contrário, como no discurso pastoral de Mileto, se transmite a imagem de Paulo avalista da verdade, protótipo e modelo dos pastores. Tal imagem se insere em seu papel histórico de fundador das Igrejas mediante o anúncio do Evangelho. Entretanto, apenas nos escritos históricos de Paulo se percebe a densidade e a dureza da polêmica. Não é somente o conflito com o ambiente social e religioso que obrigou Paulo a assumir o papel e o tom polêmicos. É uma crise que põe em discussão a legitimidade de Paulo como Apóstolo proclamador do Evangelho e, portanto, ameaça as raízes da identidade das suas Igrejas.

Essa situação acaba sendo para Paulo um estímulo para repensar os pontos fundamentais do seu anúncio e do seu método. Ele precisa buscar nos textos bíblicos os argumentos para defender sua posição. No debate, é obrigado a apurar seus argumentos. É esse o laboratório ou o forno onde

Paulo prepara os instrumentos ou forja as armas da primeira teologia cristã como reflexão e argumentação arrazoada sobre a fé em Jesus Cristo e suas conseqüências práticas, éticas e espirituais, para a vida dos indivíduos e das comunidades cristãs. Sob esse aspecto, é de grande interesse levar em consideração as raízes e as causas, as formas e o desenrolar da crise que, quase concomitantemente, se alastra nas Igrejas de origem paulina.

1. A "CRISE"
NAS IGREJAS DA GALÁCIA

No plano histórico é difícil estabelecer se a crise ligada à ofensiva antipaulina dos missionários judeu-cristãos se manifesta antes na Galácia ou alhures. Por certo a documentação mais ampla e detalhada sobre a "crise" se encontra na carta enviada por Paulo às Igrejas da Galácia. Podemos dizer que esse denso escrito paulino foi ditado na hora sob a impressão que o Apóstolo tem da ameaça que se abate sobre as Igrejas por ele fundadas na região dos gálatas. De fato, o Apóstolo, logo depois do cabeçalho, omite a oração costumeira de ação de graças e interpela os gálatas com certo nervosismo, neste termos: "Estou admirado de vocês estarem abandonando tão depressa aquele que os chamou por meio da graça de Cristo, para aceitarem outro Evangelho. Na realidade, porém, não existe outro Evangelho. Há somente pessoas que estão semeando confusão entre vocês, e querem deturpar o Evangelho de Cristo" (Gl 1,6-7).

O único e imutável "Evangelho de Cristo" para Paulo, que neste caso não tem escrúpulos de modéstia, se identifica com aquele que ele pregou aos gálatas. Mesmo quando fala no plural — "aquele que anunciamos", talvez para incluir seus colaboradores — Paulo se expõe em primeira pessoa. Ele chega a ameaçar com o anátema: "Seja maldito!", para si ou para qualquer um, ainda que fosse anjo do céu, se este pregasse um Evangelho diferente daquele que os gálatas receberam. Contudo, está em jogo não só o conteúdo ou o teor do Evangelho pregado, mas a pessoa e o papel do pregador. Logo depois da dupla ameaça de excomunhão contra quem tentasse pregar um Evangelho diferente, Paulo desloca o debate para o nível pessoal: "Por acaso, é aprovação dos homens que estou procurando, ou é aprovação de Deus? Ou estou procurando agradar aos homens? Se estivesse procurando agradar aos homens, eu já não seria servo de Cristo" (Gl 1,10).

As duas perguntas retóricas expressam a reflexão de Paulo sobre seu papel e sobre sua identidade em relação a Deus e aos homens. Nelas se percebe o eco das acusações daqueles que chegaram à Galácia e que, com a desculpa de completar o Evangelho pregado por Paulo, não fizeram outra coisa senão "semear confusão" entre os gálatas e "deturpar" o Evangelho de Cristo. Eles levantam suspeitas sobre o estilo missionário de Paulo e colocam em dúvida sua legitimidade como Apóstolo. Os novos pregadores, em resumo, dizem aos gálatas:

> Em nome da liberdade do Evangelho, Paulo deixou de falar para vocês sobre as exigências da vontade de Deus. Para granjear o consentimento de vocês, ele não lhes disse que a condição prévia para alguém fazer parte do povo dos salvos é a circuncisão, que Deus exigiu de Abraão e de sua descendência. Paulo, ademais, não é Apóstolo como os outros, escolhidos e enviados pelo Senhor Jesus. Ele não conheceu Jesus; ao contrário, até perseguiu a Igreja de Deus e, depois, não se sabe como, se autodesignou Apóstolo e pregador do Evangelho junto aos pagãos. Embora essa função dele tenha sido reconhecida pelos outros Apóstolos, os de Jerusalém, ele continua sempre subordinado a eles.

Desde as primeiras linhas da carta, Paulo trata da questão que lhe interessa. Ele reafirma sua função autorizada e legítima de "apóstolo". De fato, se ele não fosse um apóstolo legítimo, então nem mesmo o Evangelho por ele proposto seria autêntico. Entende-se porque Paulo, no cabeçalho, se apresenta como o único remetente, embora depois mencione a comunidade cristã em que se encontra. A Carta aos Gálatas começa da seguinte maneira: "Paulo, Apóstolo não da parte dos homens, nem por meio de um homem, mas da parte de Jesus Cristo e de Deus Pai, que o ressuscitou dos mortos. Eu e todos os irmãos que estão comigo, às Igrejas da Galácia" (Gl 1,1-2). Na rápida visita que ele fez às Igrejas da Galácia antes de chegar em Éfeso, Paulo se deu conta da situação perigosa que estava sendo criada nessas comunidades cristãs. Os amigos que chegam do interior à capital da Ásia confirmam essa impressão negativa. Então ele escreve a carta de Éfeso. Ela está situada na primeira fase da sua presença e ação na cidade da Ásia, anterior à prisão e aos últimos acontecimentos dramáticos que o obrigaram a deixar a cidade. De fato, na Carta aos Gálatas não há qualquer aceno à prisão nem à ameaça de morte, de que se fala na segunda Carta aos Coríntios.

Na realidade, Paulo não se preocupa em dar notícias sobre sua situação atual nem comunica seus projetos futuros. O que lhe interessa na breve Carta aos Gálatas é esclarecer dois pontos cruciais. O primeiro é sobre a sua legitimidade e autoridade como Apóstolo ou "servo de Cristo". Esse dado de fato está na base do segundo ponto, concernente à "verdade" e à "liberdade do Evangelho". As duas questões são inseparáveis, embora Paulo as aborde por ordem, uma depois da outra. Antes de tudo, ele traça um rápido perfil da sua autobiografia cristã, que coincide com sua investidura como Apóstolo de Jesus Cristo. Paulo tem consciência de ter sido chamado por iniciativa gratuita de Deus, do qual recebeu também o encargo de proclamar o Evangelho aos pagãos. Por isso, ele não sente necessidade de buscar confirmação da sua função de proclamador do Evangelho junto àqueles que eram Apóstolos antes dele em Jerusalém.

Numa pequena e caprichosa escala cronológica, Paulo apresenta aqueles que foram seus contatos com os de Jerusalém. Em particular, faz questão de ressaltar suas relações com Cefas, porta-voz do grupo dos "doze" discípulos de Jesus. Em Jerusalém, Cefas é a pessoa mais autorizada, embora no pano de fundo sempre esteja Tiago, que tem o privilégio de se chamar "o irmão do Senhor". De fato, é apelando a essas personagens históricas, sobretudo a Tiago e às suas posições, que os novos pregadores judeu-cristãos chegados à Galácia se mostram fortes. Em sua reconstrução do encontro, Paulo ressalta a plena aprovação da sua função de Apóstolo dos pagãos por parte de Pedro, Tiago e João, que ele chama — talvez copiando um modo de dizer de seus adversários — de "as colunas da Igreja".

Em que consiste contudo a pregação dos missionários judeu-cristãos que Paulo considera "deturpadores" do Evangelho de Cristo? O que propõem de tão perturbador, a ponto de provocar confusão nas comunidades cristãs da Galácia? Com certa desilusão e surpresa Paulo pergunta aos destinatários da sua carta: "Gálatas insensatos! Quem foi que os enfeitiçou? Vocês que tiveram diante dos próprios olhos uma descrição clara de Jesus Cristo crucificado!" (Gl 3,1). Por aquilo que ele escreve em forma de diálogo epistolar e de argumentação teológica se percebe que o ponto de discussão é a "justificação", entendida como relação justa com Deus para não cair sob o julgamento de condenação por causa do pecado.

Segundo Paulo, só a fé em Jesus Cristo torna possível a justa relação com Deus para se obter a salvação final. Os novos pregadores, ao contrário, defendem que a fé em Jesus Cristo não pode prescindir das "obras da lei", isto é, da observância de todas as prescrições dadas por Deus na Bíblia. A primeira ordem dada por Deus a Abraão, segundo o capítulo 17 do Gênesis, é sobre a prática da circuncisão. Isso vale para todos os descendentes do patriarca, que é justo diante de Deus, por ser fiel executor da sua ordem. Portanto, concluem esses pregadores itinerantes, para tomar parte na bênção prometida por Deus a Abraão e à sua descendência, é preciso começar a fazer parte do povo de Deus por meio da circuncisão. Por isso, os gálatas, por razões étnicas alheias à descendência de Abraão, podem se inserir no povo da aliança com Deus somente se submetendo ao rito da circuncisão.

Simplificando as coisas, podemos dizer que os pregadores antipaulinos na Galácia propõem uma espécie de "proselitismo" judaico-cristão, pelo qual os pagãos convertidos são assimilados aos que abraçam o judaísmo. Paulo contesta de forma radical exatamente essa assimilação, pois, desse modo, afirma, se descarta a função mediadora única e definitiva de Jesus Cristo. Ele insiste várias vezes sobre isso, escrevendo aos cristãos da Galácia, tentados a seguir o caminho do proselitismo. No final do debate, iniciado com Pedro em Antioquia da Síria, mas que continua com os pregadores que, em nome da lei, impõem a circuncisão aos gálatas, Paulo escreve: "Se a justiça vem através da lei, então Cristo morreu em vão" (Gl 2,21).

Ele retoma essa contraposição radical na última parte da carta, quando tira as conseqüências práticas da liberdade cristã fundamentada na fé em Jesus Cristo. Trata-se de uma liberdade que deve ser vivida até o fim, sem saudades ou complementações legais. Resumindo o argumento anterior, Paulo escreve no início dessa seção prática: "Cristo nos libertou para que sejamos verdadeiramente livres. Portanto, fiquem firmes e não se submetam de novo ao jugo da escravidão. Eu, Paulo, declaro: se vocês se fazem circuncidar, Cristo de nada adiantará para vocês. E a todo homem que se faz circuncidar, eu declaro: agora está obrigado a observar toda a lei. Vocês que buscam a justiça na lei se desligaram de Cristo e se separaram da graça" (Gl 5,1-4).

A "graça" de que Paulo fala é a iniciativa de Deus para a salvação de todos os seres humanos. Ela se revela e é comunicada aos fiéis por intermédio de Jesus Cristo. Os gálatas fizeram a experiência libertadora dessa iniciativa de Deus, que os chamou por meio do anúncio do Evangelho. Eles, diz Paulo, mediante a fé acolheram o dom de Deus que consiste na "justiça" — a plena comunhão com Deus ou a salvação —, do qual o Espírito Santo é o selo e o penhor, na expectativa da consumação final. Em seguida, conclui com uma declaração que resume sua posição: "Porque em Jesus Cristo, o que conta não é a circuncisão ou a não-circuncisão, mas a fé que age por meio do amor" (Gl 5,6).

Assim cai por terra a função discriminadora da circuncisão. Ela não é mais o critério para estabelecer a pertença ao povo da aliança. Ao mesmo tempo, Paulo projeta a nova identidade religiosa oferecida tanto aos judeus como aos pagãos. Todos são chamados a participar dela por meio da fé. Todavia, para evitar equívocos, ele esclarece logo que a fé em Jesus Cristo não deixa de lado a exigência ética da lei, mas a realiza pelo amor. Com efeito, a lei, expressão da vontade de Deus, encontra sua plenitude num único preceito: "Ame o seu próximo como a si mesmo" (Gl 5,14). Assim, a liberdade cristã da lei se realiza paradoxalmente em seu cumprimento por meio do amor, síntese e plenitude da lei.

Nessa perspectiva, Paulo pode falar da "lei de Cristo", que é cumprida pelos fiéis quando no espírito de solidariedade fraterna se ajudam mutuamente, carregando uns o fardo dos outros (Gl 6,2). Esse esclarecimento sobre a relação entre liberdade e lei é ainda mais urgente, pois nas comunidades cristãs da Galácia se manifestam sintomas de certo libertinismo em nome da experiência do Espírito Santo. Pode ser que os pregadores da lei aproveitem para denunciar as tendências permissivas que atribuem à proposta paulina de liberdade. Por sua vez, ela é associada à experiência carismática. De fato, o dom do Espírito é o sinal do tempo messiânico ligado à adesão ao anúncio do Evangelho.

Paulo, esclarece então, que a liberdade daqueles que acolhem o Evangelho de Jesus Cristo não pode se tornar um álibi para satisfazer o próprio egoísmo. Em sua linguagem sintética, fala de "desejos da carne", opostos aos "desejos do Espírito". Com efeito, quem vive segundo o Espírito não se entrega aos impulsos do egoísmo, que se manifesta nas "obras da carne", isto é, nos desvios éticos condenados pela lei. Por isso, Paulo pode indicar aos cristãos da Galácia a via mestra da liberdade no Espírito: "Mas, se forem conduzidos pelo Espírito, vocês não estarão mais submetidos à lei" (Gl 5,18). O Espírito nos liberta da lei porque a leva ao cumprimento mediante o dom do amor. De fato, o primeiro fruto do Espírito é o amor, que se manifesta como "alegria, paz, paciência, benevolência, bondade, fé, mansidão, domínio de si. Contra essas coisas não existe lei", conclui Paulo (Gl 5,22-23).

Na crise dos cristãos da Galácia, desencadeada pelo problema da circuncisão, há um aspecto que tem conotações ou desdobramentos sociais, para não dizer políticos. A prática da circuncisão está ligada à identidade judaica. Desde os tempos da revolta macabéia, no século II a.C., a autonomia nacional e religiosa dos judeus em relação à cultura helenística hegemônica e à política de assimilação dos selêucidas se apóia na prática da circuncisão e na observância das normas relativas ao sábado, às festividades e à pureza ritual. Nos momentos de tensão política, sobretudo em Israel, o integrismo religioso se acentua. Essas mesmas tendências, porém, se fazem sentir também na diáspora, na qual as comunidades judaicas estão em contato com o ambiente dos pagãos simpatizantes e inclinados a abraçar o monoteísmo com suas exigências éticas. Nesse clima, a prática da circuncisão como sinal de pertença a Israel se torna uma espécie de bandeira dos "zelotas", isto é, de todos aqueles que estão empenhados na observância integral da lei. Eles combatem os judeus que, para favorecer a adesão dos pagãos, não impõem a circuncisão com as observâncias correlatas de toda a lei judaica.

Em sua Carta aos Gálatas, Paulo acena para essas tensões, que se manifestam dentro do judaísmo e concernem também às relações entre os diversos grupos cristãos. Os pregadores que chegaram à Galácia impedem os cristãos evangelizados por Paulo de continuarem seguros no seu caminho. Não é uma questão doutrinal ou teórica, mas aí estão implicadas as relações entre as pessoas. Do seu lado, Paulo, o fundador das comunidades cristãs da Galácia, se sente como um pai abandonado pelos filhos que correm atrás dos novos pregadores que os iludem. Paulo relembra o relacionamento de afeto sincero que havia se instaurado entre eles durante sua permanência na Galácia, quando, constrangido pela enfermidade, havia se detido ali e anunciado pela primeira vez o Evangelho nessas regiões. Agora, ele pergunta um pouco ressentido:

"Onde está a alegria que vocês experimentaram então? Pois eu dou testemunho de que, se fosse possível, vocês teriam arrancado os próprios olhos para me dar. E agora, será que me tornei inimigo, só porque lhes disse a verdade?" (Gl 4,15-16).

Trata-se da "verdade do Evangelho", que implica a liberdade da circuncisão e das observâncias legais correlatas. Logo, porém, ele esclarece que os novos pregadores, que gostariam de completar a verdade do Evangelho com a circuncisão exigida pela lei judaica, de fato não se preocupam nem com o Evangelho nem com a vontade de Deus. Eles vão atrás de prosélitos a fim de exibi-los diante daqueles que se preocupam com a expansão do Judaísmo. Paulo insinua essa suspeita na parte central da sua carta quando escreve: "Esses homens mostram grande interesse por vocês, mas a intenção deles não é boa; o que eles querem é separar vocês de mim, para que se interessem por eles" (Gl 4,17). E retoma esse assunto e o explicita sem meios termos na conclusão autógrafa que resume a carta: "De fato, nem mesmo os próprios circuncidados observam a lei. Eles querem que vocês se circuncidem apenas para eles se gloriarem de ter marcado o corpo de vocês" (Gl 6,13).

Aqueles que impõem a circuncisão aos cristãos na Galácia fazem com que os fiéis que aderiram à "verdade do Evangelho" se desviem. Certamente os novos pregadores não podem recorrer à iniciativa de Deus, que se manifestou justamente com o anúncio do Evangelho. Por isso, Paulo convida os seus cristãos a fazer uma opção clara, sem comprometimentos: "Um pouco de fermento basta para levedar toda a massa! Confio no Senhor que vocês estão de acordo com isso. Aquele, porém, que os perturba sofrerá condenação, seja quem for" (Gl 5,9-10).[1]

Esse tipo de concorrência missionária tem desdobramentos conflitantes que Paulo indica com o léxico da "perseguição". Assim como ele, em nome de sua militância no judaísmo e do seu zelo em defender a tradição dos pais, perseguiu a Igreja de Deus, agora do mesmo modo os judeu-cristãos integristas, talvez sob a influência de seus colegas judeus, "perseguem" os cristãos que não aderem ao judaísmo por meio da circuncisão e das observâncias legais. Na releitura tipológica da história de Abraão, Paulo diz que o filho nascido de Agar, Ismael, que representava a Jerusalém histórica e seus filhos, perseguia Isaac, o filho de Abraão nascido de Sara por causa da promessa. Assim, diz ainda Paulo, acontece no atual conflito entre os respectivos descendentes, aqueles segundo a carne e aqueles segundo o espírito: "Acontece agora como acontecia naquele tempo: o que nasceu de modo natural persegue aquele que nasceu segundo o espírito" (Gl 4,29).

O grupo de pregadores judeu-cristãos, que defende a necessidade da circuncisão para os pagãos, insinua a suspeita de que o próprio Paulo, para evitar conflitos com seus ex-colegas judeus, quando lhe é cômodo não só tolera a circuncisão, mas a propõe abertamente, a prega. Diante dessa insinuação que pode macular a confiança dos gálatas não só na

---

[1] Esta última expressão de Paulo: "seja quem for", poderia se referir a qualquer pessoa com autoridade que faz parte do grupo dos pregadores judeu-cristãos, ou a alguém ao qual eles apelam porque goza de prestígio na Igreja primitiva. São citados os nomes de Tiago, Pedro e Cefas. Mas quando Paulo fala de Pedro na Carta aos Gálatas o chama expressamente pelo nome (Corsani, B. *Lettera ai Galati*. n. 58, p. 326).

verdade do Evangelho, mas também no Apóstolo que a proclama, Paulo responde com uma pergunta que mostra um dado de fato, de que os próprios gálatas são testemunhas. Ele tem de se confrontar duramente com os integristas judeu-cristãos e com seus ex-colegas judeus, exatamente porque anuncia Jesus Cristo crucificado como único caminho para a justificação ou para o encontro com Deus. "Quanto a mim, irmãos, se é verdade que ainda prego a circuncisão, por que sou perseguido? Nesse caso, o escândalo da cruz estaria anulado!" (Gl 5,11).

No apêndice, escrito de próprio punho como resumo de sua mensagem, Paulo esclarece e explicita aquilo que o diálogo epistolar deixa entrever: "Os que querem impor-lhes a circuncisão são aqueles que estão preocupados em aparecer. Fazem isso para não serem perseguidos por causa da cruz de Cristo" (Gl 6,12). Por trás dessa frase própria de Paulo se vislumbram os desdobramentos até étnico-sociais do conflito que se avoluma em torno do problema de circuncidar ou não os pagãos que aderem ao Evangelho. Para evitar a represália dos ambientes integristas de Jerusalém, os novos pregadores aplicam aos convertidos o estatuto dos prosélitos ou dos que aderem ao Judaísmo. Eles não só querem evitar complicações como, diz Paulo, se preocupam em aparecer diante dos judeus de Jerusalém apresentando os novos fiéis como filiados ao Judaísmo.

Diante dessa manobra, que Paulo denuncia como oportunismo tático, ele expõe a sua linha intransigente, que coloca no centro o anúncio de Jesus Cristo crucificado. Com uma frase de efeito, que resume o debate sobre o papel da lei em relação a Cristo, Paulo escreve: "Quanto a mim, que eu não me glorie, a não ser na cruz de nosso Senhor Jesus Cristo, por meio do qual o mundo foi crucificado para mim, e eu para o mundo" (Gl 6,14). E retomando quase literalmente o que escreveu na última seção do diálogo epistolar, declara: "O que importa não é a circuncisão ou a não-circuncisão, e sim a nova criação" (Gl 6,15). Ele encerra esse seu resumo da carta às Igrejas da Galácia invocando a bênção de Deus sobre todos os que crêem, tanto cristãos como judeus, cada um deles fiel ao seu estatuto de povo de Deus: "Que a paz e a misericórdia estejam sobre todos os que seguirem esta norma, assim como sobre (todo) o Israel de Deus" (Gl 6,16).[2]

Depois dessas palavras de bênção "ecumênica", Paulo reivindica para si uma espécie de imunidade paradoxal, pondo em guarda todos aqueles que no futuro ousarem pisar-lhe os pés: "De agora em diante ninguém mais me moleste, pois trago em meu corpo as marcas de Jesus" (Gl 6,17). Em outras palavras, ele se coloca sob a proteção de Jesus, com o qual está crucificado. Não se trata apenas de uma assimilação ideal com Jesus Cristo, porque Paulo realmente leva em seu corpo os sinais dos sofrimentos — flagelações, pauladas, apedrejamento — enfrentados para permanecer fiel à sua opção de anunciar a todos, e de todos os modos, Jesus Cristo crucificado. Com essa auto-apresentação de radical pertença a Jesus crucificado se encerra a carta escrita de imediato para enfrentar a crise que se delineia nas Igrejas da Galácia.

---

[2] A quem Paulo está se referindo com a fórmula "Israel de Deus"? Não aos judeu-cristãos com os quais polemizou até o momento; não aos étnico-cristãos, como são os cristãos da Galácia, aos quais ele propõe que sigam sua "norma", isto é, a escolha radical por Cristo que faz deles uma "nova criação"; é provável que com essa expressão Paulo inclua na bênção o povo hebraico, que continua sendo o povo da eleição; cf. Rm 11,28-29: ele espera a salvação final para o povo hebraico por força da misericórdia de Deus. Cf. Corsani, op. cit., p. 410.

Um eco mais tênue desse debate pode ser encontrado no escrito mais amplo e sistemático enviado aos cristãos de Roma. Nessa carta, Paulo aprofunda e desenvolve os argumentos esboçados na Carta aos Gálatas, em defesa da verdade e da liberdade do Evangelho. O fato de sentir necessidade de falar mais amplamente e de modo orgânico sobre a "justificação" aos cristãos de Roma, apresentando o que chama de "meu Evangelho", significa que a crise das Igrejas da Galácia não é um fenômeno marginal e isolado, mas atinge outras comunidades paulinas. Por isso, o Apóstolo acha tão importante retomar o assunto na Carta aos Romanos, na qual faz um balanço teológico e moral da sua atividade de evangelização nas regiões orientais do império.

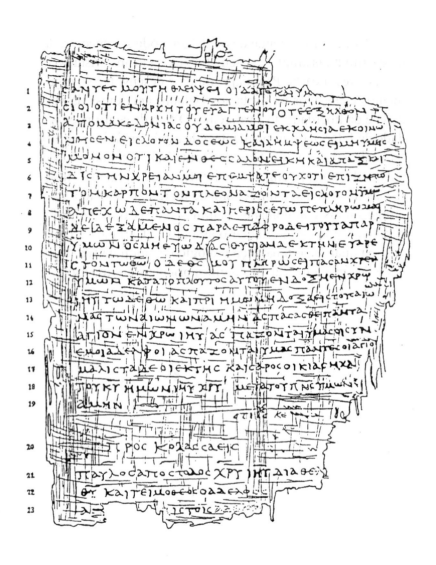

Página do Papiro de *Chester Beatty*, P[46], século III, final da Carta aos Gálatas e início da Carta aos Filipenses, Ann Arbor (Michigan), Biblioteca.

2. A "CRISE" NA IGREJA DE FILIPOS

Na Macedônia também se manifesta uma crise, embora de forma branda e apenas em parte comparável àquela que se abate sobre os cristãos da Galácia. Sobre a Igreja de Filipos há um testemunho direto no capítulo 3 da carta que Paulo escreve aos filipenses da prisão em Éfeso. Um aceno à "luta" contra os "adversários" se encontra também no final do capítulo 1 da mesma carta, mas sem nenhum esclarecimento quanto à natureza desse confronto. Implicitamente, Paulo exorta os cristãos de Filipos a permanecerem firmes e unânimes no combate "pela fé do Evangelho". Para encorajá-los nessa luta, ele projeta o destino final dos adversários, oposto àquele reservado por Deus aos fiéis. Enquanto estes últimos podem esperar com confiança a salvação da parte de Deus, para os opositores haverá tão-só a clamorosa demonstração da ruína deles (Fl 1,27-28).

A "luta" de que Paulo fala aos cristãos de Filipos, usando imagens tiradas do mundo esportivo, é a mesma que ele enfrentou na cidade deles durante a missão de fundação e que ainda agora enfrenta por causa do Evangelho ou de Jesus Cristo. Trata-se do confronto com o ambiente desconfiado e hostil em que a maioria cristã de Filipos vive. Há mal-estar e sofrimentos. Na seqüência da carta, Paulo renova esse convite à fidelidade e coerência integral dos cristãos. Diz que eles devem ser "inocentes e íntegros, como perfeitos filhos de Deus que vivem no meio de gente pecadora e corrompida", onde brilham como astros no mundo, apegando-se firmemente à palavra da verdade (Fl 2,15). Na linguagem estereotipada de Paulo, "gente pecadora e corrompida" não designa um grupo de contornos bem definidos e precisos. Trata-se da tensão com o ambiente dos não-crentes, que todo grupo cristão fiel ao próprio compromisso deve levar em conta.

Bem diferente é o conflito que Paulo dá a entender no capítulo 3 dessa carta. No final do capítulo anterior, ele apresenta seu fiel discípulo e colaborador Timóteo, que pretende enviar a Filipos para ter notícias recentes sobre essa comunidade cristã. Aí faz também uma calorosa e afetuosa recomendação ao cristão filipense Epafrodito, que chegou com os auxílios e o assistiu durante a prisão, a ponto de arriscar a própria vida por causa de uma grave enfermidade. Paulo exorta os filipenses a acolhê-lo bem e não fazer com que pese sobre ele a renúncia forçada ao serviço que estava prestando ao Apóstolo. Em seguida, conclui o diálogo epistolar com um convite à alegria, que caracteriza o clima espiritual da carta: "Quanto ao resto, irmãos, fiquem alegres no Senhor".

Neste ponto, mudam repentinamente o tom e o tema. O próprio Paulo está consciente disso. De fato, ele pára um momento e dita uma frase a fim de preparar os seus leitores para o que vai escrever: "Escrever as mesmas coisas para vocês não é penoso para mim, e é útil para vocês" (Fl 3,1). Na realidade, o que vem depois é um duro e impiedoso ataque contra um grupo de missionários itinerantes que são evocados mais por causa da ameaça que representam do que pelo conteúdo preciso da pregação deles. Dirigindo-se aos filipenses, chamados na linha anterior de "meus irmãos", Paulo escreve: "Cuidado com os cães, cuidado com os maus operários, cuidado com os falsos circuncidados" (Fl 3,2).³ O martelar do triplo *blépete,* "cuidado!", dirigido aos filipenses, revela a preocupação de Paulo, que no ardor polêmico não economiza apelidos e atributos aos adversários, os quais beiram ao insulto. O apelido "cães", em geral, era dirigido pelos judeus aos pagãos, pois viviam numa condição de impureza que provocava contaminação. No presente caso, trata-se de missionários judeu-cristãos, como dão a entender o segundo e o terceiro atributo: "maus operários", "falsos circuncidados". O termo "operários" é uma designação dos pregadores itinerantes que também freqüentam a comunidade de Corinto (cf. 2Cor 11,13). Mas, aqueles que chegaram a Filipos são, na realidade, "maus operários", que se servem da qualificação de pregadores para finalidades indignas da missão cristã.

Nem mesmo a pertença judaica, da qual se vangloriam, os recomenda, pois a circuncisão do ponto de vista exterior pode ser comparada a uma operação de significado religioso duvidoso como a mutilação ou a castração dos pagãos. De fato, Paulo continua afirmando que os cristãos, enquan-

---

[3] Esse início brusco da seção polêmica no capítulo 3 é um dos elementos aduzidos para defender a hipótese de que a atual Carta aos Filipenses é produto de uma montagem redacional de três breves cartas originais paulinas. Contudo, o ditado epistolar de Paulo, como aparece também na Carta aos Gálatas, está sujeito a esses arroubos imprevistos, sobretudo nas seções de caráter polêmico. De resto, a harmonia geral de léxico, estilo e temática nas várias seções da carta depõe a favor da sua unidade de composição e não apenas redacional. A análise mais recente do escrito, segundo os critérios da retórica, confirma essa impostação unitária da carta que Paulo enviou à Igreja de Filipos (cf. Fabris, R. *Lettera ai Filippesi*. Bologna, Edizioni Dehoniane, 1983). P. Wick em *Der Philipperbrief. Der formale Aufbau des Briefes als Schlüssel zum Verständnis seines Inhalt*. Beiträge zum Wissenschaft vom Alten und Neuen Testament, 15, Stuttgart, Kohlhammer, 1993, baseado na análise literária e retórica, defende que Filipenses 3,1a representa o ponto central da carta paulina estruturada em duas partes de igual extensão.

to acreditam em Jesus Cristo, formam o povo da aliança, por causa do dom interior e transformador do Espírito de Deus. Como intérprete da autoconsciência cristã, Paulo escreve: "Os verdadeiros circuncidados somos nós, que prestamos culto movidos pelo Espírito de Deus. Nós colocamos a nossa glória em Jesus Cristo e não confiamos na carne. Eu, aliás, até poderia confiar na carne" (Fl 3,3-4). Em seguida, elenca os títulos que lhe permitem se apresentar, até sob perfil humano, histórico e anagráfico, como um autêntico e fiel judeu, observante escrupuloso da lei conforme o direcionamento farisaico. Paulo encerra a lista de seus motivos de glória "segundo a carne" com esta declaração: "Quanto à justiça que se alcança pela observância da lei, sem reprovação" (Fl 3,6).

E em sua rápida autobiografia Paulo continua: "Por causa de Cristo, porém, tudo o que eu considerava como lucro, agora considero como perda. E mais ainda: considero tudo uma perda, diante do bem superior que é o conhecimento do meu Senhor Jesus Cristo. Por causa dele perdi tudo, e considero tudo como lixo, a fim de ganhar Cristo, e estar com ele. E isso não mediante uma justiça minha, vinda da lei, mas com a justiça que vem através da fé em Cristo, aquela justiça que vem de Deus e se apóia sobre a fé" (Fl 3,7-9). Esta última frase remete à conclusão da autobiografia judaica de Paulo relembrada algumas linhas antes. É quase um eco antitético do que ditou a respeito da "justiça que se alcança pela observância da lei". No meio, entre as duas formas de justiça, está Jesus Cristo, que Paulo já considera e chama de "meu Senhor".

A relação vital com Jesus Cristo é agora para Paulo o critério definitivo de avaliação de todas as suas experiências religiosas. Ele recorre ao vocabulário comercial para exprimir seu pensamento. Considera não apenas o seu passado de militante judeu, mas também seus sucessos como pregador cristão, como uma "perda", diante do "ganho" incomparável que é a profunda comunhão com Jesus Cristo Senhor. Paulo aumenta a dose e, com um termo que talvez aluda ao apelido "cães" dado aos adversários, afirma que abandonou todas as coisas e as considera como *skýbala*, "lixo". Percebe-se na linguagem de Paulo certa intransigência e radicalidade, próprias de quem fez uma ruptura clara com o próprio passado. Ele, contudo, não vive isso como um complexo de culpa ou remorso de consciência. Sua escolha de Jesus Cristo é uma experiência solar e luminosa, que agora dá sentido e unidade a toda a sua vida.

Se Paulo se volta para seu passado é somente para esclarecer diante dos filipenses sua posição a respeito dos que se vangloriam da pertença judaica, colocando em primeiro plano a circuncisão e a observância da lei. Ele, então, contrapõe à justiça baseada na prática da lei a justiça que é dom de Deus acolhido na fé. É uma frase um tanto prolixa, que em seu estilo repetitivo acentua o elemento distintivo dessa justiça que não provém das ações éticoreligiosas do ser humano, mas é um dom livre de Deus, feito aos que crêem em Jesus Cristo. A fé se contrapõe à observância da lei. Como livre abertura do ser humano à iniciativa e ação de Deus, justo e fiel, ela é a única condição para participarmos da sua justiça.[4]

---

[4] Num texto mais elaborado da Carta aos Romanos, Paulo retoma esse tema e chega à formulação antitética da justiça de Deus: "Justiça que vem da lei" e "a justiça que vem da fé". No contexto da Carta aos Romanos, a lei está associada às "obras da lei" (cf. Rm 9,30-32; 10,3.5-6).

Na Carta aos Filipenses, essa questão não é desenvolvida, pois Paulo não pretende abrir uma discussão com os adversários, mas quer fazer com que os cristãos de Filipos entendam sua posição e comportamento espiritual diante de uma pregação que busca colocar entre parênteses a função de Jesus Cristo e, sobretudo, o significado da sua morte na cruz. De fato, na segunda parte do capítulo 3, depois da seção autobiográfica, Paulo retoma o diálogo epistolar e exorta os filipenses a o imitarem e a continuarem firmes e fortes no caminho que iniciaram.

Paulo os precede nesse caminho como um atleta que visa diretamente à meta, sem se deixar distrair por outras coisas. Recorrendo à terminologia esportiva, esclarece que não chegou ao final da corrida e que ainda não conquistou o prêmio: "Apenas continuo correndo para conquistá-lo, porque eu também fui conquistado por Jesus Cristo" (Fl 3,12). Em seguida, retoma o contato com os destinatários da carta e tira a conclusão da sua autobiografia cristã dizendo: "Irmãos, não acho que eu já tenha alcançado o prêmio, mas uma coisa eu faço: esqueço-me do que fica para trás e avanço em direção à meta, em vista do prêmio do alto, que Deus nos chama a receber em Jesus Cristo" (Fl 3,13-14).

Paulo, agora na condição de encarcerado por causa do Evangelho, participa dos sofrimentos de Cristo e procura conformar-se à morte dele, na esperança de conhecer o poder da sua ressurreição e de chegar à ressurreição dos mortos. Nisso consiste a justiça de Deus, que é comunicada na fé. De fato, ele se entrega a Deus, que ressuscitou Jesus Cristo dos mortos e o constituiu Senhor, fonte de vida para todos aqueles que crêem.

Os pregadores que chegaram em Filipos, ou alguns de seus emissários, privilegiam uma forma reduzida do anúncio cristão. Eles se apresentam como delegados de Jesus Cristo, o Senhor ressuscitado e glorioso, que desde agora participam do poder da sua ressurreição. Por isso, não só se vangloriam da sua condição de judeus circuncidados, membros de Israel, mas reivindicam uma particular experiência de Cristo ressuscitado. Acham que já chegaram à meta, pois atingiram a perfeição escatalógica. Conseqüentemente, consideram como um estágio inferior e incompleto a experiência cristã proposta por Paulo, que tem como eixo central o anúncio de Jesus Cristo crucificado. Consideram que a conformidade a Jesus Cristo crucificado é algo superado.

O Apóstolo, depois de ter relembrado aos cristãos de Filipos seu itinerário pessoal, que vai da observância da lei ao conhecimento de Jesus Cristo os convida a não se deixarem desviar pelos que se dizem "perfeitos". Nós, diz Paulo aos filipenses, somos "perfeitos", embora ainda não tenhamos chegado à meta. Retomando o diálogo epistolar escreve: "Portanto, todos nós que somos perfeitos, devemos ter esse sentimento. E, se em alguma coisa vocês pensam de maneira diferente, Deus os esclarecerá. Entretanto, qualquer que seja o ponto a que chegamos, caminhemos na mesma direção" (Fl 3,15-16).

E para encorajar os filipenses a continuarem na direção certa, Paulo propõe seu itinerário espiritual como exemplo a seguir. Ele não está mais presente na comunidade de Filipos, mas tem diante dos olhos o estilo de vida dos que seguem o protótipo paulino. "Irmãos, sejam meus imitadores e observem os que vivem de acordo com o modelo que vocês têm em nós" (Fl 3,17). Nesse contexto de exortação positiva, retoma a advertência inicial, mas com acentos mais angustiados e calorosos, levantando um pouco o véu sobre a "crise" que ameaça a Igreja de Filipos. Os defensores de um cristianismo entusiasta e glorioso encontram facilmente seguidores até nas comunidades paulinas. O próprio Paulo já havia mostrado de certo modo esse perigo aos filipenses: "Uma coisa eu já disse muitas vezes, e agora repito com lágrimas: há muitos que são inimigos da cruz de Cristo" (Fl 3,18).

A ameaça de uma crise não depende apenas do anúncio reduzido à metade do Evangelho, procurando remover o escândalo da morte de Jesus na cruz, mas também das conseqüências no plano ético. De fato, os proclamadores de Cristo glorioso são reconhecidos pelo seu modo de viver em dissonância com o Evangelho. Paulo abre os olhos de seus leitores cristãos, mostrando qual será o resultado final disso: "O fim deles é a perdição; o deus deles é o ventre, sua glória está no que é vergonhoso, e seus pensamentos em coisas da terra" (Fl 3,19).

Serão os mesmos que, no início, foram chamados de "cães, maus operários, falsos circuncidados"? Parece que sim, embora aqui sejam caracterizados com outros elementos, ficando na surdina a questão da pertença judaica deles. Em primeiro lugar, é o comportamento ou a praxe caracterizada pelo laxismo moral e pelo conseqüente hedonismo ou materialismo prático. Quem renega a cruz de Cristo e pensa que já chegou à glória se acha dispensado dos vínculos vulgares da lei ética. Pode chegar a exaltar e achar que é motivo de glória o hedonismo libertino, fruto de entusiasmo espiritualista.[5]

---

[5] A menos que o "deus ventre" e "o que é vergonhoso" sejam modos de se aludir à circuncisão e às observâncias legais, que é o ponto forte dos pregadores judeu-cristãos, com "seus pensamentos em coisas da terra".

Paulo conclui sua apaixonada advertência aos filipenses com uma abertura escatológica. Seguindo seu ritmo, em contraposição aos que têm "seus pensamentos em coisas da terra", ele impõe o estilo de vida que se fundamenta na esperança dos que crêem em Jesus Cristo Senhor: "A nossa cidadania, porém, está lá no céu, de onde esperamos ansiosamente o Senhor Jesus Cristo como Salvador. Ele vai transformar nosso corpo miserável, tornando-o semelhante ao seu corpo glorioso, graças ao poder que ele possui de submeter a si todas as coisas" (Fl 3,20-21). Nesse texto se ouve o eco da profissão de fé cristã primitiva. Nele reverberam alguns reflexos do hino incrustado no capítulo 2 da Carta aos Filipenses, no qual se celebra, em forma de salmo cristão, o drama de Jesus Cristo, exaltado por Deus depois de sua humilhação até morte de cruz (Fl 2,6-11).

Jesus, que se fez solidário com a condição dos seres humanos, é o protótipo da transfiguração do corpo deles, que acaba com a morte. Todavia, por enquanto apenas Jesus ressuscitou e entrou no mundo glorioso de Deus, "no céu". Como uma colônia de emigrados, os cristãos gozam do direito de cidadania nessa mãe-pátria celeste, de onde esperam Jesus Cristo Senhor como salvador. E a salvação esperada consiste na transfiguração do miserável corpo deles, que será assimilado à condição gloriosa de Jesus Cristo que, desde já, exerce o senhorio de Deus sobre todas as coisas.

Como se vê, a chamada "crise" na Igreja de Filipos não pode ser comparada com aquela que perturba as Igrejas da Galácia. Trata-se mais de uma possível ameaça, contra a qual Paulo coloca os filipenses de prontidão, do que de uma verdadeira ação de propaganda antipaulina. Nessa Igreja primitiva, fundada na província da Macedônia, muito ligada a

Paulo, e com a qual ele mantém contatos freqüentes por meio de seus colaboradores, não entram em discussão sua autoridade e legitimidade de Apóstolo de Jesus Cristo. É uma Igreja já bem encaminhada e com uma estrutura, formada por alguns responsáveis que Paulo chama com o vocábulo grego *epískopoi*, que estão a serviço — *diákonoi* — da comunidade. Paulo e Timóteo se apresentam no cabeçalho da carta como "servos, *doúloi*, de Jesus Cristo"(Fl 1,1). Em sua carta, como Paulo apresenta a Igreja de Filipos, apesar de algumas tensões internas e do conflito com o ambiente, como uma Igreja sólida e compacta, com a qual pode contar e da qual, com toda liberdade, pode receber de modo estável contribuições, até materiais, para manter sua atividade missionária.

3. A "CRISE" NA IGREJA DE CORINTO

A Igreja de Corinto atravessa uma crise complicada, na qual se entrelaçam vários elementos, que vão desde o entusiasmo espiritualista à procura de experiências carismáticas espetaculares, do laxismo ético ao fragmentarismo eclesial, da venalidade na aceitação de pregadores itinerantes ao individualismo exasperado. A história dessa crise pode ser acompanhada por meio da documentação em primeira mão representada pelo intercâmbio epistolar entre Paulo e a Igreja coríntia. Enviando suas cartas, Paulo supre ou completa suas visitas pessoais e as de seus colaboradores. Restam pelo menos duas das quatro cartas que Paulo enviou aos cristãos de Corinto.[6] Elas são um espelho não somente das relações entre Paulo e a ativa Igreja de Corinto, mas também da situação interna, especialmente do nascimento e da evolução da "crise" que atinge as comunidades cristãs da cidade de Corinto e os vários grupos cristãos da província de Acaia.

A "crise" da Igreja de Corinto deslancha a partir do clima cultural e social do ambiente em que vivem seus componentes, mas se alimenta principalmente das suas experiências

---

[6] Levanta-se a hipótese de que nas atuais duas cartas que sobraram estão incluídas as que são mencionadas em 1Cor 5,9, em 2Cor 2,3-4 e 7,8; a não ser que a 1Cor e 2Cor sejam o produto de uma montagem redacional das várias cartas que Paulo enviou a Corinto. Se houve essa fusão de mais cartas — isso vale sobretudo para a segunda Carta aos Coríntios — não há nenhum sinal na tradução manuscrita e, portanto, ela teria sido feita no contexto da primeira coleção das cartas de Paulo no ambiente de Corinto. Para efeito de documentação historiográfica não tem muita importância o fato de que as atuais cartas aos coríntios sejam textos originariamente unitários ou produto de uma obra redacional posterior.

espirituais. Um fenômeno que está presente de modo oblíquo nas diversas situações individuais e comunitárias, e que tem desdobramentos no plano ético e eclesial, pode ser chamado de "entusiasmo" espiritual. Paulo faz aceno a isso mais de uma vez na primeira Carta aos Coríntios, usando o termo grego *physioústhai,* "inflar-se", "encher-se de orgulho".[7] Pelas referências paulinas na primeira Carta aos Coríntios podemos intuir que se trata de uma tendência à auto-exaltação. Em Corinto, alguns são levados a privilegiar as manifestações religiosas exteriores. Outros, em nome da própria *gnósis,* "conhecimento", passam por cima dos relacionamentos com os irmãos mais fracos e das exigências da comunidade.[8] A auto-suficiência espiritual, que beira à presunção, em alguns casos se casa com um permissivismo ou laxismo no plano ético.

a) O fragmentarismo eclesial

No contexto da fundação e composição da Igreja de Corinto, já foi falado sobre as tendências ao fragmentarismo que levam alguns grupos a se contraporem uns aos outros, cada um deles apelando para personagens de prestígio entre

---

[7] Em 1Cor 4,6, Paulo convida os coríntios a não se "inflarem" uns contra os outros; em 1Cor 4,18-19 adverte "que se inflam", pois ele virá logo para verificar concretamente aquilo de que eles se orgulham com palavras; em 1Cor 5,2 mostra a contradição entre um caso de imoralidade condenada até pelos próprios pagãos: convivência incestuosa de um cristão com a madrasta, e o "inflar-se" deles; em 1Cor 8,1 diz que o "conhecimento" sem amor "infla"; ao contrário, em 1Cor 13,4 afirma que o amor autêntico "não se infla"; cf. Cl 2,18.

[8] É o caso dos cristãos que, em nome da "ciência" que possuem, separada do amor, reivindicam o direito de aceitar sem escrúpulos os convites aos banquetes sagrados junto ao templo ou junto aos amigos, nos quais se comem as carnes imoladas aos ídolos (cf. 1Cor 8,1-13; 10,23-30).

os pregadores itinerantes ou líderes históricos. Paulo, que se encontra em Éfeso, de onde escreve a primeira Carta aos Coríntios, é informado sobre essa situação por empregados da casa de Cloé, uma senhora cristã conhecida em Corinto. Na primeira parte da carta, ele enfrenta essa "crise" da unidade e da coesão eclesial. Paulo exorta os cristãos de Corinto a superarem as "divisões", buscando a unidade quer nas palavras quer sobretudo nas atitudes profundas. O convite do Apóstolo para que sejam concordes no falar deriva do fato de que os vários grupos e Corinto se identificam com expressões que designam a respectiva pertença a um ou outro líder ou autoridade. De fato, Paulo, baseado nas informações que recebeu, traça um quadro das contraposições nestes termos: "Eu me explico. É que uns dizem: 'Eu sou de Paulo'. E outros: 'Eu sou de Apolo'. E outros mais: 'Eu sou de Pedro'. Outros ainda: 'Eu sou de Cristo'" (1Cor 1,12).

A última expressão poderia ser um acréscimo de Paulo procurando mostrar o absurdo da posição dos cristãos de Corinto, que pretendem afirmar a própria identidade em relação a alguma pessoa importante. Assim, até a relação vital com Cristo, que está na raiz da unidade de todos aqueles que crêem e dos batizados, é quebrada. Se Cristo é monopolizado por um grupo, fica reduzido ao nível de um fundador qualquer como os outros. Infelizmente, os cristãos de Corinto correm o risco de copiar o que acontece no ambiente deles, onde os pertencentes às várias escolas filosóficas ou às diferentes associações religiosas se identificam pela referência a um fundador de escola ou a um chefe de turno. De fato, embora por meio do batismo todos os cristãos tenham sido inseridos em Jesus Cristo, alguns pretendem se destacar dos outros em nome de alguma personagem célebre como sinal distintivo ou bandeira.

Na primeira parte da carta enviada aos coríntios, Paulo desnuda a raiz profunda da crise que ameaça a unidade eclesial deles. As contraposições de diversos grupos em nome de uma ou outra personagem surgem da necessidade de se auto-afirmar e da busca de prestígio. Isso leva a viver a experiência cristã como um novo "conhecimento" religioso, no qual o que conta é a habilidade em argumentar e a competência retórica.

Então Paulo diz aos cristãos de Corinto: "Vocês não entenderam nada do Evangelho e o distorceram completamente. Eu lhes anunciei simplesmente Jesus Cristo morto na cruz, sem recorrer aos recursos da sabedoria humana ou aos artifícios da retórica. Pois bem, o anúncio de Jesus Cristo revela uma imagem de Deus radicalmente oposta àquela que os judeus e gregos buscam. Os primeiros se apóiam numa divindade poderosa capaz de realizar prodígios para salvá-los. Os gregos, por sua vez, pensam a divindade como um princípio lógico ordenador do mundo. Em Jesus Cristo crucificado, ao contrário, Deus se revela como um derrotado no confronto com os poderosos deste mundo e aos olhos dos sábios é considerado um louco. Na fidelidade de Jesus que morre na cruz, Deus manifesta sua sabedoria e seu poder de amor. Para reconhecer e acolher essa imagem de Deus, invertida em relação à investigação religiosa comum, se deve responder ao apelo que ele dirige a todos mediante o anúncio do Evangelho" (cf. 1Cor 1,17-25).

Podemos imaginar o diálogo epistolar entre Paulo e os cristãos de Corinto prosseguindo do seguinte modo. Os coríntios dizem a Paulo: "Então existe também uma sabedoria cristã!". Paulo responde: "Sim, existe. É aquela que Deus revelou por meio de Jesus Cristo crucificado e que ele comunica aos fiéis mediante seu Espírito". Então eles perguntam a Paulo: Por que você não nos falou nada a respeito dessa sabedoria?". Em sua carta, Paulo responde: "Quanto a mim, irmãos, não pude falar a vocês como a homens maduros na fé, mas apenas a uma gente fraca, como a crianças em Cristo. Dei leite para vocês beberem, não alimento sólido, pois vocês não o podiam suportar. Nem mesmo agora o podem, pois ainda se deixam levar por instintos egoístas. De fato, se entre vocês há invejas e brigas, não será pelo fato de serem guiados por instintos egoístas e por se comportarem como qualquer um? Quando alguém declara: 'Eu sou de Paulo', e outro diz: 'Eu sou de Apolo', não estarão vocês se comportando como qualquer um?" (1Cor 3,1-4).

Em sua resposta aos coríntios, Paulo contrapõe duas categorias de cristãos. Os que chama de *pneumatikói*, "espirituais", opostos aos *sárkinoi* ou *sarkikói*, "carnais, gente fraca". Os primeiros são considerados *téleioi*, "perfeitos, maduros", enquanto os segundos ainda estão no estágio de imaturidade, são *nêpioi*, "crianças, recém-nascidos" em Cristo, pois pensam e agem segundo uma lógica inspirada em critérios simplesmente humanos. Nessa lógica, a face de Deus, que se manifesta em Jesus Cristo crucificado, se apresenta como algo absurdo ou loucura. E um sintoma que mostra que os cristãos de Corinto ainda são imaturos no campo espiritual são as suas relações mútuas, caracterizadas pela inveja e pela discórdia. Daí deriva aquele espírito de concorrência, pelo qual o grupo de Paulo se contrapõe ao de Apolo e vice-versa. Portanto, a sabedoria de Deus dada aos cristãos maduros coincide com o amor que inspira as novas relações entre as pessoas.

Nessa lógica da sabedoria de Deus revelada em Jesus crucificado mudam também o papel dos pregadores e a relação deles com a comunidade cristã. Eles não são os donos da comunidade, mas simplesmente "administradores na casa de Deus" e "servos de Cristo". A comunidade dos fiéis é como um campo ou uma construção que pertence a Deus. Ela é o seu templo, onde ele habita por meio do seu Espírito. Por isso, Paulo conclui com uma proposta paradoxal, que pega a pretensa "sabedoria" dos cristãos de Corinto no contrapé: "Ninguém se iluda. Se alguém de vocês pensa que é sábio segundo os critérios deste mundo, torne-se louco para chegar a ser sábio; pois a sabedoria deste mundo é loucura diante de Deus" (1Cor 3,18-19). Em termos mais realistas, essa proposta, inspirada na lógica da cruz, implica um novo modo de compreender a própria identidade de fiel e uma nova relação com os pregadores e responsáveis da comunidade. Paulo encerra com uma declaração programática: "Portanto, ninguém coloque seu orgulho nos homens, pois tudo pertence a vocês: Paulo, Apolo, Pedro, o mundo, a vida, a morte, as coisas presentes e as futuras. Tudo é de vocês; mas vocês são de Cristo e Cristo é de Deus" (1Cor 3,21-23).

A relação com Deus por meio de Cristo é o novo critério para definir a identidade dos cristãos. Eles não pertencem a um determinado pregador ou a algum chefe carismático ou institucional. Os pregadores do Evangelho não estão acima da comunidade dos fiéis, e sim a serviço de Deus e de Cristo em favor da comunidade. Paulo afirma isso com todas as letras num convite explícito dirigido aos cristãos de Corinto: "Que os homens nos considerem como servidores de Cristo e administradores dos mistérios de Deus" (1Cor 4,1). Isso vale tanto para Paulo como para Apolo. Como administradores, eles devem responder sobre o próprio serviço a quem os encarregou. Por isso, não podem ser monopolizados ou instrumentalizados por nenhum grupo cristão. Paulo diz isso dirigindo-se diretamente aos coríntios: "Irmãos, vocês me obrigaram a aplicar essas verdades a Apolo e a mim. Aprendam nessa oportunidade a não se sentirem superiores por serem partidários de um contra o outro" (1Cor 4,6).

Por outro lado, a condição e o estilo de vida dos pregadores do Evangelho não são motivo para legitimar a autoexaltação de quem, em nome de sua experiência cristã, se considera "sábio" e "poderoso". Paulo diz aos cristãos de Corinto: "Tentem imaginar essa situação paradoxal e digam-me se não é ridículo quem se sente superior, servindo-se dos dons de Deus como se fossem um direito adquirido ou propriedade sua. Um pouco de ironia sobre si mesmo bastaria para fazer com que se desinflasse". Paulo procura fazer isso com uma pequena dramatização irônica. Ele se dirige aos que se sentem superiores: "Vocês já estão ricos e satisfeitos e se sentem reis sem nós! Tomara mesmo que se tivessem tornado reis; assim nós também poderíamos reinar com vocês!" (1Cor 4,8). Deus, porém, mostrou aos Apóstolos outro caminho para se chegar ao reino. Então Paulo completa a comparação antitética entre os dois grupos da seguinte maneira: "Nós somos loucos por causa de Cristo; e vocês, como são prudentes em Cristo! Nós somos fracos, vocês são fortes! Vocês são bem considerados, nós somos desprezados!" (1Cor 4,10).

No final, Paulo diz abertamente aos coríntios que se está escrevendo essas coisas não é para causar mal-estar entre eles, mas para adverti-los, como um pai deve fazer com seus filhos. E, por causa do amor e da autoridade de pai, está pronto para intervir na comunidade. Por enquanto, ele envia a Corinto seu fiel colaborador Timóteo, com o encargo de relembrar as normas disciplinares que valem para todas as outras Igrejas paulinas. E, antes de encerrar, Paulo visa diretamente ao grupo dos que se auto-exaltam: "Alguns se encheram de orgulho, como se eu não fosse mais visitá-los. Contudo, se o Senhor quiser, irei logo, e então verei não o que esses orgulhosos dizem, mas o que fazem. Pois o Reino de Deus não consiste em palavras, mas em poder. O que vocês preferem: que eu os visite com vara, ou com amor e suavidade?" (1Cor 4,18-21).

b) As desordens ético-sociais

Entre outras coisas, Paulo vem a saber que na comunidade de Corinto há situações intoleráveis não apenas para um cristão, mas também para quem tem um pouco de bom senso. Não há, de fato, nenhum motivo para se sentirem orgulhosos! Com efeito, um cristão de Corinto está convivendo com a segunda mulher do seu pai, isto é, com a madrasta. O caso é mais do que conhecido, pois todos comentam a respeito. Então, Paulo convida os membros da comunidade a manterem os pés no chão. Como eles não tomaram nenhuma decisão sobre o assunto, e deveriam ter tomado, Paulo, com a autoridade que lhe vem do Senhor Jesus, obriga a comunidade a excluir temporariamente esse cristão. E apresenta o motivo: um pouco de fermento leveda toda a massa. E a comunidade cristã é a massa nova, aquela que se prepara para celebrar a Páscoa, onde o cordeiro imolado é Cristo. Portanto, deve ser removido todo resíduo de pão fermentado, como se faz na vigília da Páscoa judaica. Mas, na perspectiva cristã, o fermento velho representa a malícia e a perversidade, enquanto os pães ázimos são as novas relações calcadas na sinceridade e na verdade (cf. 1Cor 5,1-8).

De resto, numa carta enviada anteriormente aos coríntios, Paulo já havia estabelecido qual regra deveria ser seguida nas relações com os cristãos que, depois do batismo, continuassem a viver de modo desordenado, como antes. Paulo relembra e esclarece o sentido daquela norma de disciplina comunitária: "Escrevi que vocês não devem associar-se com alguém que traz o nome de irmão e, no entanto, é imoral, avarento, idólatra, caluniador, beberrão ou ladrão. Com pessoas assim vocês não devem nem sentar-se à mesa" (1Cor 5,11). A exclusão da mesa comum, onde se celebra a "ceia do Senhor", é também um sinal visível de separação eclesial. Na nova carta, contudo, Paulo é obrigado a esclarecer que não se trata de evitar os contatos com os outros que são "imorais, avarentos, ladrões e idólatras; se assim fosse, vocês teriam que sair deste mundo!" (1Cor 5,10). Note-se que alguns cristãos de Corinto estavam aplicando as indicações disciplinares de Paulo de modo integrista, evitando qualquer contato com todas as pessoas suspeitas de comportamentos imorais. Então ele diz expressamente que não cabe à comunidade cristã "julgar aqueles que estão fora". Estes são seres humanos responsáveis do próprio agir ético e estão sob o julgamento de Deus.

O tema do "julgamento" leva Paulo a analisar outro problema, que se refere às tensões entre indivíduos cristãos da comunidade de Corinto. Alguns armaram brigas e litígios com outros por questões de propriedade e de relações de trabalho. Verificam-se também pequenos furtos contra algumas pessoas abastadas da comunidade. Aqueles que têm direito recorrem aos tribunais públicos da cidade e fazem com que seus irmãos de fé sejam intimados a comparecer em juízo. Paulo não aprova esse modo de proceder. Ele considera que a comunidade cristã, como fazem a judaica e as outras associações religiosas, deve se valer do direito reconhecido pela administração civil de resolver a querela entre seus próprios membros, recorrendo a um mediador.

Ao mesmo tempo, porém, ele relembra a quem comete injustiça e rouba que não só se afasta do estatuto de fiel batizado, mas se auto-exclui da comunhão final com Deus. E faz uma lista de "injustos" que serão excluídos do reino de Deus. São os "imorais, idólatras, adúlteros, depravados, efeminados, sodomitas, ladrões, avarentos, bêbados, caluniadores". E, referindo-se aos coríntios, diz: "Alguns de vocês eram assim. Mas vocês se lavaram, foram santificados e reabilitados pelo nome do Senhor Jesus Cristo e pelo Espírito do nosso Deus" (1Cor 6,11). Nem todos os cristãos de Corinto provêm de um passado de vida desordenada. Aqueles, porém, que carregam nas costas uma história de hábitos desordenados têm mais dificuldades de viver a experiência batismal e o compromisso cristão de modo coerente. Na segunda carta enviada à Igreja de Corinto, Paulo se queixa de alguns que, apesar de suas repetidas exortações por carta e de suas intervenções pessoais, tenha de chorar "por muitos que pecaram no passado e ainda não se tenham convertido da impureza, da fornicação e dos vícios que antes praticavam" (2Cor 12,21).

c) Libertinagem sexual

A persistência dessas desordens de caráter ético na comunidade cristã de Corinto não se explica apenas pela fraqueza e incoerência dos recém-convertidos. Encontra um terreno favorável no clima de permissivismo moral justificado por alguns em nome da liberdade do Espírito. Os defensores dessas tendências se reportam ao próprio Paulo, que em Corinto insistiu sobre a liberdade interior dos fiéis batizados no Espírito. Além disso, se percebe a presença e a ação desse Espírito nas assembléias de oração e de comunicação espontânea. Essas experiências carismáticas, unidas à tendência de considerar a dimensão corpórea e física do ser humano como irrelevante e até mesmo alheia à vida espiritual, fomentam no ambiente de Corinto o terreno de cultivo de uma libertinagem ética avassaladora. Paulo enfrenta os representantes dessa tendência, que ele considera não só extravagante, mas em clara contradição com o núcleo do anúncio e da fé cristã.

Ele imagina se encontrando cara a cara com um desses porta-vozes da libertinagem cristã e reconstrói os pontos salientes da discussão, no estilo dos debates dos mestres de filosofia popular estóica, tal como poderiam ser ouvidos na *ágora* ou sob os pórticos de Corinto. Cita a frase programática do seu interlocutor: "Posso fazer tudo o que quero!". Paulo rebate: "Eu, porém, não deixarei que nada me escravize".[9] O opositor de Paulo continua: "Os alimentos são para o estômago e o estômago para os alimentos". Está implícita a aplicação desta afirmação ao comportamento sexual: assim como a necessidade de comer é naturalmente satisfeita, do mesmo modo o instinto sexual deve ser satisfeito.

Nesse ponto Paulo introduz a categoria "corpo", que não se reduz à dimensão física e mortal do ser humano. De fato, o corpo tem um futuro indestrutível, pois está em relação com o Senhor ressuscitado. Por isso, Paulo pode dizer

---

[9] Paulo imagina um debate parecido com quem, em Corinto, em nome da consciência de cristão iluminado, defende sua total liberdade — "tudo é permitido" — no aproveitamento das carnes imoladas aos ídolos (cf. 1Cor 10,23).

que o "corpo não é para a imoralidade e sim para o Senhor; e o Senhor é para o corpo" (1Cor 6,13). O termo "corpo", neste caso, corresponde à pessoa, incluindo sua dimensão física e espiritual. Com efeito, o Apóstolo conclui essa primeira parte do debate com uma afirmação tirada da fé cristã: "Deus, que ressuscitou o Senhor, ressuscitará também a nós pelo seu poder" (1Cor 6,14).

Para dar força aos seus argumentos, Paulo acrescenta algumas reflexões sobre o significado da comunhão que todo fiel batizado tem com Cristo. As pessoas batizadas são membros do corpo de Cristo. Por isso, quem se une com uma prostituta profana o corpo de Cristo, do qual é membro. De fato, a união com Cristo é comparável àquela que, por força da palavra criadora de Deus, liga o homem à mulher: "Os dois serão uma só carne" (Gn 2,24).[10] Contudo, Paulo esclarece: quem se une ao Senhor ressuscitado "forma com ele um só espírito" (1Cor 6,17), isto é, uma realidade dinâmica aberta ao futuro de Deus.

A conseqüência no campo ético é imediata. O pecado sexual, enquanto envolve a pessoa na sua globalidade de corpo e espírito, vai contra o estatuto de fiel batizado. Como batizado, ele pertence a Deus, que o adquiriu pagando o preço estabelecido, como se faz para resgatar ou libertar os escravos.[11] Deus toma posse de e está presente em cada fiel

---

[10] Paulo modifica o texto da versão grega da Bíblia, que fala de uma só "carne", *sárx*, e usa o termo "corpo", *sôma*, em função do seu discurso, que se baseia no "corpo" de Cristo.

[11] Muitos exemplos de contratos de libertação dos escravos estão inscritos nas grandes pedras que servem de alicerce ao templo de Apolo em Delfos; ali foram esculpidas cerca de 800 atas oficiais. Mediante a soma estabelecida, o escravo se torna propriedade de Apolo, que é também o avalista da sua liberdade (cf. Emancipação de uma escrava. In: Penna, op. cit., n. 58, p. 112).

por meio do Espírito Santo. Paulo recorre à convicção de fé que partilha com seus cristãos: "Ou vocês não sabem que o seu corpo é templo do Espírito Santo, que está em vocês e lhes foi dado por Deus? Vocês já não pertencem a si mesmos". Por isso, ele encerra essa discussão com um convite programático: "Portanto, glorifiquem a Deus no corpo de vocês" (1Cor 6,19-20).

d) Os rigoristas de Corinto e a escolha do estado de vida

Na vertente oposta à dos defensores da libertinagem sexual, em Corinto se faz ouvir outra corrente, que propugna a abstenção total das relações sexuais, até mesmo para as pessoas casadas. Os representantes da comunidade enviam a Paulo uma espécie de memorial escrito, expondo os problemas e pedindo-lhe orientações a respeito. Na resposta, o Apóstolo refere-se a esse escrito e logo em seguida cita uma frase que circula entre os rigoristas da comunidade coríntia: "Passemos agora ao que vocês escreveram: 'É bom que o homem se abstenha de mulher'. Todavia, para evitar a imoralidade, cada homem tenha a sua esposa, e cada mulher o seu marido" (1Cor 7,1-2). Tendo optado por não se casar, Paulo deu a entender, e talvez até tenha dito, que "é bom que o homem se abstenha de mulher". Alguns cristãos de Corinto partem desse *slogan* paulino para contestar o matrimônio e defender um celibato de forma absoluta.[12]

---

[12] O celibato, por razões de pureza ritual, é praticado no ambiente judaico pelos membros da comunidade de Qumrã. No ambiente greco-helenístico, o celibato tanto masculino como feminino é escolhido ou imposto aos membros de algumas associações dedicadas ao culto de certas divindades ou à guarda do fogo sagrado, como o eram as "vestais" em Roma. Os seguidores do orfismo e do pitagorismo, em nome de uma rigorosa ascese, também praticam a abstenção ou a renúncia sexual.

Paulo, porém, com uma boa dose de senso prático, mostra que essa opção de ascetismo sexual, ampliada ao âmbito do matrimônio, acaba levando a uma ação não apenas teórica, mas concreta, como já acontece em Corinto, onde alguns abandonam à fornicação.

A intervenção de Paulo contra os rigoristas de Corinto, que se entrincheiram atrás do *slogan*: "é bom que o homem se abstenha de mulher", assume alguns temas e a terminologia de inspiração cínico-estóica, partilhada em parte também pelos seus interlocutores coríntios. Para os mestres de orientação estóica, casar-se corresponde ao dever natural de dar a própria contribuição ao incremento e estabilidade da cidade e da sociedade da qual se faz parte. Os filósofos de orientação cínica, como Diógenes de Sinope, se opõem ao matrimônio porque este, por causa de seus compromissos e preocupações de caráter material, impede ao sábio de cumprir sua tarefa de guia espiritual da humanidade. Alguns representantes do estoicismo popular, como Epíteto, também partilham dessas reservas ou objeções dos cínicos sobre o estado matrimonial. Em determinadas circunstâncias, aconselham ao sábio que não se case. Para entender as orientações que Paulo enviou por carta aos coríntios temos de ter presente que tais idéias sobre o matrimônio, provenientes do ambiente greco-helenístico, se encontram também em alguns escritos de autores judaicos de orientação sapiencial e apocalíptica.[13]

---

[13] Deming, W. Paul on Marriage and Celibacy; The Hellenistic Background of 1Corinthians 7. Cambridge, 1995. (SNTS, Mon. Ser. 83.)

Na resposta, Paulo defende antes de tudo a legitimidade da instituição matrimonial e, em seguida, o direito-dever recíproco do marido e da mulher de terem relações sexuais regulares e estáveis. Subtrair-se a essa pertença recíproca significa expor-se à tentação de Satanás, o adversário do plano de Deus. Somente a dedicação à oração, conforme o exemplo de Tobias e Sara, pode justificar a abstenção das relações sexuais do casal, feita de comum acordo entre os dois e por determinado tempo. Contudo, a esse respeito, Paulo sabe que não pode exigir como preceito, mas apenas aconselhar. De fato, a opção de permanecer não-casado é inteiramente pessoal, embora ele gostasse que todos fossem como ele. Entretanto, diz Paulo, cada um tem seu carisma dado por Deus para escolher o estado de vida mais conveniente. Por isso, ele diz aos viúvos, homens e mulheres, que fazem bem em permanecer sem se casar, desde que tenham o dom espiritual de perseverar nessa opção; do contrário, que se casem, pois, conclui Paulo, "é melhor casar-se do que ficar fervendo" (1Cor 7,9).

Em seguida, analisa aos outros casos de matrimônio. Para os casais cristãos, ele relembra algumas normas no caso de crise no relacionamento: "A esposa não se separe do marido; e caso venha a separar-se não se case de novo, ou então se reconcilie com o marido. E o marido não se divorcie de sua esposa" (1Cor 7,10-11). Essas instruções para os casais cristãos de Corinto não correspondem ao direito matrimonial judaico, que prevê o divórcio e a disciplina do repúdio. A orientação de Paulo pressupõe o princípio da indissolubilidade, que ele atribui explicitamente ao "Senhor", isto é, à tradição cristã respeitada, que segue o ensinamento de Jesus.

Entretanto, para resolver as crises de matrimônios mistos — entre um(a) cristão(ã) e uma(um) não-cristã(ão) —, como não há nenhuma tradição que fale sobre isso, Paulo apresenta uma solução pessoal. Antes de tudo, esse matrimônio deve ser vivido sem escrúpulos, porque a parte não-cristã entra em relação com o Senhor graças à sua união com a parte cristã. No caso de a convivência, por objeções ou resistências do parceiro não-cristão, se tornar impossível, então Paulo convida o parceiro cristão a retomar sua liberdade, porque, escreve ele, "foi para viver em paz que Deus nos chamou" (1Cor 7,15).

E conclui o tratado sobre o matrimônio dos cristãos com uma reflexão sobre a relação entre a escolha do estado de vida e a vocação cristã. Para ser e viver como cristão, Paulo diz que não é preciso escolher um estado particular de vida. Pode-se ser bom cristão permanecendo, sob o perfil étnico-social, no âmbito do judaísmo ou do paganismo. E apresenta o caso paradigmático da circuncisão. Relembra uma frase que aparece na Carta aos Gálatas, embora num outro contexto: "Não tem importância estar ou não circuncidado. O que importa é observar os mandamentos de Deus" (1Cor 7,19).

Mais eficaz e familiar ainda para os cristãos de Corinto é o exemplo do escravo e da pessoa livre. Pode-se ser cristão tanto numa como em outra condição, pois o escravo cristão é "liberto no Senhor" e a pessoa livre é "um escravo de Cristo". Por isso, Paulo conclui repetindo pela terceira vez o princípio que deve inspirar a escolha do estado de vida dos cristãos de Corinto: "Irmãos, cada um permaneça diante de Deus na condição em que se encontrava quando foi chamado" (1Cor 7,24).

Por que Paulo propõe uma espécie de "congelamento" do estado de vida dos cristãos? Para se opor ao integrismo dos grupos cristãos que em Corinto gostariam de impor um estado de vida especial em nome da fé cristã? Ele esclarece seu pensamento na resposta aos jovens cristãos de Corinto que perguntam se fazem bem ou mal em se casar.[14] Ele diz honestamente que não conhece sobre esse assunto nenhuma norma que provenha do Senhor. Mas nesse caso ele também dá um conselho como Apóstolo, isto é, chamado e enviado pelo Senhor a anunciar o Evangelho. Ele pensa que "por causa das angústias presentes" é bom para o homem que fique na condição em que se encontra. Isto é, se um é casado não procure se separar; se alguém é solteiro, não fique preocupado em se casar. Entretanto, Paulo esclarece, contra a tendência ascética dos rigoristas: "Se você se casar, não estará cometendo pecado". O mesmo vale para a moça que se casa. Paulo acrescenta: "No entanto essas pessoas terão de suportar fardos pesados, e eu desejaria poupar vocês" (1Cor 7,28).

Portanto, Paulo aconselha a opção do celibato ou desaconselha a do matrimônio talvez não como fizessem os rigoristas de Corinto, por uma oposição radical ao matrimônio ou em nome da fé cristã, mas simplesmente por razões contingentes de oportunidade. Ele fala "das angústias presentes", isto é, da situação crítica ligada ao tempo que precede imediatamente o fim. De fato, Paulo diz expressamen-

---

[14] A tradução do original *perì dè tôn parthénon* para o português: "Quanto às pessoas virgens", que se encontra na Bíblia Sagrada, Ed. Pastoral (cf. também BJ: "A propósito das pessoas virgens" e TEB: "A respeito de quem é virgem") leva em conta a ambivalência do termo grego *parthénos*, que pode se referir tanto aos homens como às mulheres que estão para se casar. De fato, Paulo trata de ambas as situações, tanto a do homem como a da mulher.

te aos coríntios que "o tempo se tornou breve [...] a aparência deste mundo é passageira" (1Cor 7,29.31). Essa aceleração do tempo e a conseqüente desmobilização das estruturas mundanas torna precária e provisória qualquer condição histórica terrena, não só a de quem é casado, mas também a de quem está bem e de quem está mal, de quem compra e de quem tem propriedade ou assume cargos sociais e públicos. Enfim, o tempo inaugurado pela ressurreição de Jesus é o da emergência, em que fica relativizada qualquer situação histórica ou intramundana.[15]

Na perspectiva profética "apocalíptica", da qual Paulo depende, a intervenção final de Deus é precedida por uma profunda crise social, durante a qual são revirados e quebrados também os laços familiares. Por isso, nessa crise do fim, chamada por Paulo de "angústias presentes", os cristãos casados estão expostos às "tribulações", até mesmo sob o aspecto físico ou material, "na carne", mais do que os solteiros. Assim, humanamente, diz Paulo, eu gostaria de poupar-lhes essa situação de maior estresse e sofrimento proveniente dos laços matrimoniais.

---

[15] As motivações de Paulo para privilegiar a opção pelo celibato são afins, em conteúdo e linguagem, às de Epíteto, o qual diante da pergunta do jovem se o sábio deve ver o casamento como um dever essencial, responde que ele até poderia se casar numa cidade onde todos fossem sábios, "mas no estado presente das coisas, enquanto nos encontramos por assim dizer em plena batalha, será que não é oportuno que o sábio fique livre de tudo aquilo que pode distraí-lo, inteiramente dedicado ao serviço de Deus, de modo a unir-se aos homens sem estar preso aos deveres particulares, sem estar comprometido com relações sociais, às quais não poderia se isentar se quisesse salvaguardar a sua posição de homem honesto e que, ademais, não poderia observar, sem destruir em si o mensageiro, o intérprete, o arauto dos deuses?" (Epíteto, op. cit., 3,22,69-70); em seguida, ele faz uma lista das preocupações do marido e pai de família e acrescenta: "E depois existem outras preocupações e distrações".

Há, contudo, uma segunda razão de caráter prático que leva Paulo a aconselhar aos cristãos de Corinto que não se casem. Ele gostaria que seus cristãos "estivessem livres de preocupações". Por experiência, ele sabe que aquele que é casado deve prover às necessidades da família e sobretudo procurar contentar o(a) parceiro(a). Por isso, o cristão casado se encontra dividido entre a sua relação com o Senhor como fiel e, concomitantemente, o desejo de agradar o parceiro. No final, Paulo diz abertamente que a sua proposta de celibato para os cristãos de Corinto visa àquilo que é útil para eles: "Não para armar uma cilada; somente para que vocês façam o que é mais nobre e possam permanecer sem distração junto ao Senhor" (1Cor 7,35). Em outras palavras, aquilo que conta não é a opção de um estado de vida ou outro, mas viver de modo harmonioso e equilibrado a própria relação de fé com o Senhor.

Nessa mesma ótica, ele resolve o caso do noivo que não sabe se deve se casar logo com sua namorada ou adiar o casamento a fim de prolongar seu compromisso celibatário. De maneira lapidar, Paulo conclui: "Portanto, quem se casa com sua noiva faz bem; e quem não se casa, procede melhor ainda" (1Cor 7,38). Solução parecida vale para a viúva insegura, que não sabe se se casa de novo ou não. Ela está livre para se casar com quem quiser, mas "no Senhor", isto é, numa perspectiva de fé cristã. E justifica essa preferência pessoal, apelando para o Espírito de Deus, que tem como cristão e Apóstolo.

A nota final sobre o Espírito dá a entender que Paulo, nessa coleta de esclarecimentos e de conselhos endereçada à Igreja de Corinto, joga no contrapé, para tirar o chão dos pés dos rigoristas, que gostariam de impor o celibato a todos os cristãos. Paulo diz que isso, no plano ideal e até prático, poderia ser desejável, mas apenas como um dom particular do Espírito. De fato, ele faz questão de insistir todas as vezes que, apesar de sua preferência pessoal pelo celibato, a opção de se casar, sobretudo quando não se está em condições de viver o celibato, é plenamente legítima e boa.

e) Encher-se de orgulho por causa dos carismas espetaculares

O clima de entusiasmo espiritual entre os cristãos de Corinto é favorecido e alimentado pela intensidade e freqüência da experiência que Paulo chama de "carismas" ou "dons do Espírito", *charísmata* e *pneumatiká* (1Cor 12,1; 14,1). Esses dons do Espírito se manifestam de várias maneiras. Vão desde a "palavra da ciência" até o dom das curas, do falar em línguas ao poder de fazer milagres (1Cor 12,9-10). O que chama a atenção e impressiona os cristãos de Corinto são os carismas mais espetaculares, como o falar em línguas ou "glossolalia". Esse fenômeno se verifica nas reuniões de oração, em que no clima de forte emoção religiosa alguém começa a rezar ou a falar com sons inarticulados, recorrendo até a vocábulos de outras línguas. Sem a intervenção de quem tem o dom correspondente da interpretação, o falar em línguas permanece incompreensível para os outros.

Nesse ambiente espiritual superexcitado facilmente se cria certa confusão. Todos querem tomar a palavra quando se sentem sob o impulso do Espírito. Aqueles que têm mais iniciativa monopolizam a assembléia e provocam mal-estar entre os que não conseguem falar ou não entendem nada. Aqueles que exercem tarefas mais discretas na comunidade, como administrar os bens e assistir aos pobres, ficam com a impressão de que não têm nenhuma experiência do Espírito ou são inúteis. Paulo, então, esclarece que o primeiro critério para discernir a ação do Espírito não é o entusiasmo ou o impulso espontâneo como acontece no culto pagão, e sim a fé no Senhor Jesus. De fato, os dons espirituais ou carismas, diz Paulo, são dados a todos os fiéis pessoalmente. Eles provêm do único Deus por intermédio do Senhor Jesus, que comunica o mesmo e único Espírito Santo. Portanto, a cada um é dada pessoalmente uma manifestação particular do Espírito, mas para a utilidade, isto é, para a edificação ou crescimento de toda a comunidade.

Portanto, acrescenta Paulo, não há razão para formas de contraposição entre carismas espetaculares ou de prestígio e os carismas humildes, pois todos os fiéis batizados, embebidos no único Espírito, formam o único corpo que é Cristo. Ele é constituído por muitos e diferentes membros, mas todos juntos formam um só corpo. E para exemplificar de modo eficaz essa unidade orgânica e vital dos diferentes membros no único corpo de Cristo, Paulo recorre à parábola do corpo e dos membros, conhecida no ambiente da cidade romana de Corinto.[16] Entretanto, acentua não só a solidariedade entre os diferentes membros do único corpo, mas a lógica que deve inspirar as relações na comunidade cristã, corpo de Cristo. Assim como no corpo humano os membros mais fracos são os mais necessários, do mesmo modo deve acontecer na comunidade eclesial. No corpo, os membros

---

[16] É conhecido o apólogo com o qual Menênio Agripa consegue aplacar a rebelião dos plebeus de Roma contra os patrícios. Ele faz a comparação com a solidariedade orgânica existente entre o ventre ocioso que digere o alimento e as outras partes do corpo que trabalham para enchê-lo (cf. Tito Lívio. *História de Roma*, 2,32.8-9).

que parecem menos dignos de honra são objeto de maior respeito e os menos decentes são tratados com maior decência e mais protegidos. Essa ordem entre os membros do corpo remonta ao Deus criador, o qual quer que "não haja divisão no corpo, mas os membros tenham igual cuidado uns para com os outros". E Paulo conclui: "Se um membro sofre, todos os membros participam do seu sofrimento; se um membro é honrado, todos os membros participam da sua alegria" (1Cor 12,25-26).

Também na Igreja, que é o corpo de Cristo, no qual cada um participa como membro vivo, Deus dispôs certa "ordem", que corresponde às exigências vitais. A Igreja nasce e cresce pelo anúncio da Palavra. Por isso, os três carismas fundamentais estabelecidos por Deus na Igreja são os da Palavra, que está na origem e incrementa o crescimento permanente. Paulo escreve aos coríntios: "Aqueles que Deus estabeleceu na Igreja são, em primeiro lugar, Apóstolos; em segundo lugar, profetas; em terceiro lugar, mestres" (1Cor 12,28). Os outros carismas vêm depois e ninguém tem o monopólio deles. Há, no entanto, um critério fundamental para avaliar e viver cada carisma: é o dom do Espírito por excelência, o do amor ou *ágape*. Este é o carisma que dá valor a todos os outros. De fato, ele permanecerá até mesmo quando cessar a função de todos os outros, ao terminar a experiência histórica da Igreja.

Em seguida, Paulo faz a aplicação desses esclarecimentos teóricos ao plano prático e organizativo. Em primeiro lugar, convida os cristãos de Corinto a não se encherem de orgulho por causa da glossolalia, mas a procurarem os carismas que facilitam a participação de todos na edificação ou crescimento da comunidade. Recomenda principalmente o carisma da "profecia", que se manifesta falando de maneira clara e compreensível para a instrução, exortação e conforto de todos. Esse carisma da palavra, que interpreta e aplica a vontade de Deus, tem uma função benéfica não só para os membros da comunidade, mas exerce uma influência positiva também nos eventuais hóspedes não cristãos. Paulo imagina o que pode acontecer se numa assembléia doméstica de cristãos entrarem estranhos: "Por exemplo: se a Igreja se reunir e todos falarem em línguas, será que os simples ouvintes e os incrédulos que entrarem não vão dizer que vocês estão loucos? Ao contrário, se todos profetizarem, o incrédulo ou o simples ouvinte que entrar se sentirá persuadido de seu erro por todos, julgado por todos; e os segredos de seu coração serão desvendados; ele se prostrará com o rosto por terra, adorará a Deus e proclamará que Deus está realmente no meio de vocês" (1Cor 14,23-25).

No final, Paulo dá algumas normas para regulamentar a assembléia cristã, onde todos possam se expressar e dar a própria contribuição para a edificação: "Cada um pode entoar um canto, dar um ensinamento ou revelação, falar em línguas ou interpretá-las". Começa pelos que têm estes dois últimos carismas. Quem tem o carisma das línguas deve intervir apenas se houver um intérprete, capaz de dizer com palavras compreensíveis o significado da glossolalia. Se não houver, diz Paulo, "que o irmão se cale na assembléia; fale a si mesmo e a Deus" (1Cor 14,28). E aqueles que têm o carisma da profecia podem usar da palavra, mas com ordem e um por vez, enquanto os outros profetas ouvem e avaliam o significado do seu discurso. Assim todos podem aprender e tirar alguma conclusão útil para a vida pessoal e comunitária. Nesse contexto se encaixam a função e a intervenção das mulheres na Igreja coríntia.

f) As mulheres cristãs na Igreja de Corinto

Na Igreja coríntia, repleta de entusiasmo espiritual, a função das mulheres apresenta problemas. Na primeira carta enviada aos coríntios, Paulo não diz se recebeu informações sobre o que está acontecendo durante as assembléias, onde as mulheres intervêm para orar ou dizer uma palavra de exortação. Diz apenas que alguém "gosta de contestar", por ser contrário aos costumes seguidos nas outras Igrejas, sobretudo nas da Judéia, que são ponto de referência a ser respeitado por todos (1Cor 11,16). Paulo se refere ao fato de que em Corinto, nas reuniões da comunidade, onde se faz a oração comum e se ouvem as instruções e exortações das pessoas inspiradas — ele chama tudo isso de "profetizar" —, algumas mulheres cristãs se apresentam com a cabeça descoberta ou com algum penteado que imita o penteado masculino.

Paulo considera tal comportamento inadequado a uma mulher cristã, mas sobretudo prejudicial para a assembléia e a comunidade cristã em seu conjunto. Entre os argumentos que usa para convencer seus interlocutores, deduzimos que a "ordem" é o que mais lhe interessa. Paulo tem medo que a atitude das mulheres cristãs, que procuram dissolver ou descuidar da diferença delas com os homens, e sobretudo a submissão das mulheres aos maridos, coloque em discussão a ordem querida por Deus na criação, que não é abolida pela experiência cristã.

É provável que o grupo das mulheres cristãs de Corinto esteja radicalizando a proposta de igualdade fundamentada na experiência da fé batismal. Essa igualdade se expressa na proclamação: "Não há mais diferença entre homem e mulher" (cf. Gl 3,28).[17] De fato, em sua carta, Paulo menciona as outras formas de igualdade social e religiosa — entre escravos e livres, entre judeus e gregos —, mas não fala da igualdade antropológica (cf. 1Cor 12,13). Entretanto, ele sabe — porque já propôs isso de modo explícito — que no Senhor, isto é, na perspectiva da fé cristã, a mulher e o homem estão numa posição paritária e ambos são constituídos em sua dignidade pessoal pelo gesto criador de Deus.

Paulo reconhece, portanto, o "direito" da mulher cristã de tomar parte na oração e na exortação da assembléia, mas exige que isso seja feito no respeito à distinção e submissão que Deus, na criação, colocou entre homem e mulher. De resto, acrescenta Paulo, considerando que a mulher, por natureza, tem os cabelos mais abundantes, deve-se concluir que ela tem obrigação de se apresentar em público com a cabeça coberta.[18] Este último argumento é fraco e funciona apenas para quem já está convencido de que a mulher deve usar o véu em público como sinal da sua distinção do homem e da sua submissão ao marido. Esse costume, contudo, vale para o ambiente judaico palestinense, não para o ambiente grego de Corinto. Mas Paulo procura inculcá-lo também no ambiente coríntio, por causa de seu significado

---

[17] É sintomático que em algumas disputas dos jogos ístmicos de Corinto, como a condução de carros, e na corrida, fossem admitidas também as mulheres. Além disso, na Corinto do século I d.C. se faz sentir a influência de Roma, onde as mulheres das camadas médias têm maior liberdade e autonomia.

[18] Um modo de raciocinar parecido se encontra em Epíteto, que remete a uma distinção posta pela providência divina entre a cabeleira farta da mulher e a barba para os homens (*Diatribe*, 1,16,14: "Por isso, devemos conservar o sinal que Deus nos deu e não devemos renunciar a ele, e na medida em que isso depende de nós, não devemos provocar confusão na distinção dos sexos"). Plutarco em *Questões romanas*, 10, diz que colocar o véu na cabeça faz parte da atitude de quem ora e adora a divindade.

simbólico e pedagógico. Esse costume visa se opor à posição de algumas mulheres que se ressentem da crise provocada pelo entusiasmo espiritual da Igreja coríntia.

Uma confirmação disso temos na segunda e breve intervenção mais enxuta de caráter normativo que Paulo dita na conclusão do manual de instruções sobre o uso dos carismas. Ele exige que na assembléia carismática, em que todos podem intervir com uma palavra de exortação ou de oração, "tudo seja feito de modo conveniente e com ordem" (1Cor 14,33.40). Para tanto, prescreve que os que se sentem inspirados falem um de cada vez e outros ouçam e façam sua avaliação espiritual. Todavia, nesse contexto da assembléia carismática, Paulo estabelece que, segundo uma regra aplicada em todas as Igrejas, que as mulheres se calem (1Cor 14,34). Ele exclui principalmente as mulheres casadas de intervir quando o marido toma a palavra. A assembléia carismática não é o lugar adequado para pedir esclarecimentos ao marido ou explicações. Isso pode ser feito em casa.[19]

g) A crise sobre a "ressurreição dos mortos"

No último capítulo da primeira Carta aos Coríntios, antes das informações e saudações, Paulo trata de uma questão de grande importância, porque está ligada ao núcleo

---

[19] Algo de parecido se lê em Plutarco (*Coniug. praec.*, 30), mas com outras motivações: "A mulher deve ficar em casa e calada. De fato, é bom que fale ao seu marido ou através dele". Permanecendo a aparente contradição entre as normas restritivas dessa breve seção sobre o papel da mulher na assembléia carismática e o que Paulo escreve em 1Cor 11,2-16 sobre a mulher que ora ou profetiza sem véu na cabeça, alguns acham que o nosso trecho é um acréscimo feito por um discípulo de Paulo, que introduz uma disciplina eclesial parecida com a de 1Tm 2,11-15. Não há motivo, nem de crítica textual nem de crítica literária que justifique tal hipótese. Nos dois textos da primeira Carta aos Coríntios sobre as mulheres Paulo aborda duas questões diferentes.

central do anúncio e da fé cristã: o destino final dos mortos. Em Corinto, alguns cristãos dizem "que não há ressurreição dos mortos" (1Cor 15,12). As dúvidas e dificuldades deles derivam da constatação de que o corpo sepultado na terra se corrompe completamente e não se vê como possa ressuscitar. Vamos ter outro corpo? Que relação ele terá com o nosso corpo mortal e corruptível? Esses cristãos de Corinto dizem que é inútil a ressurreição dos corpos, pois o que conta é a ressurreição espiritual. Desde já, quem está unido a Jesus mediante a fé batismal ressuscitou e participa de sua vida gloriosa, que não está sujeita à corrupção da morte.

Paulo já tivera a oportunidade de tratar dessa questão no diálogo epistolar com os cristãos de Tessalônica, onde alguns ficaram perturbados pelo fato de que seus amigos e parentes haviam morrido antes da vinda do Senhor. Qual teria sido o destino deles? A relação vital com Jesus muda realmente o destino dos cristãos que morrem? Paulo respondera, assegurando-lhes que a comunhão final com Jesus, o Senhor ressuscitado, não depende do fato de estar vivo ou morto no momento de sua vinda. O que importa é a comunhão atual de fé com Jesus Cristo que desemboca na comunhão definitiva depois da morte e da ressurreição.

Em Corinto, porém, a questão é colocada em outros termos, porque se apoiando justamente na comunhão espiritual com Jesus alguns acham supérflua a ressurreição dos mortos. Eles dizem: "Nós já ressuscitamos e já temos um corpo espiritualmente transfigurado". As experiências carismáticas, que em alguns grupos de oração em Corinto se apresentam com um grande envolvimento até externo e visível dos participantes, seriam a confirmação de que a transformação final dos corpos já se deu. Em suma, a esperança cristã não se refere ao destino final dos mortos, mas à atual condição dos fiéis, que são imortais em seu espírito.

Nessas posições alimentadas pelas tendências de um espiritualismo entusiasta, Paulo vê uma grave ameaça que atinge o cerne do Evangelho tradicional, que ele havia proposto alguns anos antes em Corinto. Ele diz logo e com clareza que o Evangelho tem como ponto central e qualificador o anúncio de que Cristo morreu por nossos pecados e ressuscitou segundo a promessa de Deus. Quem aceita esse anúncio em sua integridade está salvo, isto é, não só liberto dos pecados, mas participa da vitória de Jesus Cristo sobre a morte. "Que salvação seria essa promessa do Evangelho se os mortos não ressuscitam?", se pergunta Paulo. Alguns cristãos de Corinto respondem: "Para nós basta a ressurreição espiritual!". Contudo, se os mortos não ressuscitam quer dizer que a força do pecado, da qual deriva o efeito devastador da morte, continua exercendo sua fúria. Assim sendo, a ressurreição de Jesus é ineficaz; inútil e vazia também é a pregação cristã e, acima de tudo, aqueles que anunciam a ressurreição de Jesus atribuem a Deus algo que ele não fez, isto é, a ressurreição real do seu Filho.

Os coríntios refutam: "Mas nós acreditamos na ressurreição de Jesus Cristo. Trata-se, porém, de uma ressurreição única e irrepetível, pois ele é o Filho glorificado por Deus. Nós, ao contrário, somos mortais e os nossos corpos acabam com a morte". Então Paulo responde que os seres humanos, a partir da criação de Adão, estão inseridos num destino único, e assim como todos morrem, porque são solidários com o primeiro homem, todos ressuscitarão para a vida, pois são solidários com o segundo e definitivo Adão.

A narrativa da criação dá a entender isso quando afirma que "o primeiro homem se tornou um ser vivo". O novo Adão, continua Paulo, é Cristo, que, mediante sua ressurreição, como nova criação, foi constituído por Deus como "espírito doador de vida". Por isso, assim como todos os seres humanos que trazem a marca de Adão, criado do pó da terra, acabam na corrupção da morte, do mesmo modo todos, por causa da ligação com o segundo Adão, que provém do mundo de Deus, Jesus Cristo, são candidatos à vida mediante a ressurreição ou transfiguração de seu corpo mortal.

Em suma, diz Paulo, ninguém na condição atual, isto é, com um corpo mortal e corruptível, pode entrar no mundo de Deus. Portanto, é necessária para todos uma transformação também em sua dimensão corpórea. Não importa como e quando isso vai acontecer. O certo, conclui Paulo, é que o poder de Deus criador, que ressuscitou Jesus Cristo dos mortos, por força dos laços de solidariedade com ele, ressuscitará todos os seres humanos que estão mortos.

h) Mal-entendidos e tensões entre Paulo e a Igreja de Corinto

Na conclusão da primeira Carta aos Coríntios — na realidade se trata do segundo escrito depois da primeira carta, que não foi conservada —, Paulo anuncia uma segunda visita a essa Igreja. Alguns cristãos de Corinto dizem que o Apóstolo manda cartas e envia seus delegados, mas ele mesmo não tem coragem e não encontra tempo para vir pessoalmente encarar a comunidade. Então Paulo anuncia seu programa de viagens e visitas pastorais. Após atravessar a Macedônia, sem parar, chegará a Corinto, onde pretende se deter e passar o inverno. Desde já encarrega os coríntios de prepararem o necessáreio para a sua futura atividade missionária.

E insiste mais dizendo: "Não quero vê-los apenas de passagem; se o Senhor permitir, espero ficar algum tempo com vocês" (1Cor 16,7). Esses são os projetos de Paulo a respeito de suas relações com a Igreja coríntia.[20]

As coisas, entretanto, caminharam diferentemente. Depois de ter enviado Timóteo e a atual primeira Carta aos Coríntios, Paulo não foi a Corinto como prometera. Esse fato deu novo impulso às insinuações e às suspeitas de alguns cristãos que não partilham sua linha pastoral. Eles aproveitam para dizer que Paulo não é coerente, diz uma coisa e faz outra. Como é que ele pode ser digno de crédito como Apóstolo de Cristo? Paulo, se diz Corinto, sabe engrossar a voz só quando escreve. Algúem chega a dizer expressamente que "as cartas são duras e fortes, mas a presença dele é fraca e sua palavra é desprezível" (2Cor 10,10). E também que aquilo que escreve em suas cartas não é claro. De fato, na Igreja coríntia há várias posições exatamente a partir das interpretações contraditórias dos escritos de Paulo.

Enquanto isso, aconteceu um fato novo em Corinto. Chegaram alguns pregadores apresentando cartas de recomendação da parte das Igrejas que visitaram anteriormente. Esses missionários cristãos se vangloriam de sua origem e formação judaica. Como membros do povo de Israel, pertencem à descendência de Abraão. Afirmam que a lei dada por Deus a Moisés não pode ser deixada de lado, pois é nela

---

[20] Com algumas pequenas modificações no itinerário e nas seqüências da viagem, Paulo relembra esses projetos no começo da segunda Carta aos Coríntios, em que escreve: "Animado por essa certeza, eu pretendia em primeiro lugar ir ao encontro de vocês, para que recebessem uma segunda graça; depois seguiria para a Macedônia; e finalmente da Macedônia retornaria até vocês, a fim de que me preparassem a viagem para a Judéia" (2Cor 1,15-16).

que a aliança se fundamenta. Eles se classificam como verdadeiros "apóstolos", enviados de Cristo, porque não só estão em contato com os seus discípulos históricos, mas podem contar suas experiências particulares de revelação carismática. Baseados nesses títulos de prestígio, os novos missionários judeu-cristãos em Corinto não só se hospedam na casa de seus simpatizantes, mas pretendem ser recompensados largamente pela comunidade.

Informado dessa situação, Paulo procurou intervir pessoalmente, fazendo uma rápida visita a Corinto, logo depois da partida dos novos pregadores. Contudo, se defrontou com os defensores deles e principalmente com aqueles que os haviam acolhido e hospedado. A comunidade ficou olhando, sem tomar nenhuma posição. Tendo voltado para Éfeso, onde nesse meio-tempo as coisas haviam se precipitado, escreveu uma carta aos coríntios na qual expressa toda a sua desilusão e amargura diante do que aconteceu. Relembrando esses momentos na atual segunda Carta aos Coríntios, ele diz: "De fato, quando escrevi, eu estava tão preocupado e aflito que até chorava; não pretendia entristecê-los, mas escrevi para que compreendam o imenso amor que tenho por vocês" (2Cor 2,4).

Nessa carta escrita entre muitas lágrimas, Paulo convida os coríntios a tomar providências disciplinares contra quem, com seu comportamento, não só o "ofendeu" pessoalmente, mas jogou no descrédito toda a comunidade cristã. Parece que a carta obteve seu resultado. Para acabar de acertar as coisas e completar a obra de reconciliação, Paulo envia Tito, um homem que ele aprecia não apenas por causa de sua habilidade de organizar a coleta de fundos, mas também pela estima de que goza juntos aos coríntios. Enquanto isso,

Paulo é obrigado a deixar Éfeso e vai para Trôade e, em seguida, para a Macedônia. Aí finalmente encontra Tito, que lhe conta como as coisas andaram em Corinto. A comunidade, beneficamente sacudida pela carta do Apóstolo, excluiu das reuniões o ofensor de Paulo. Pelas informações de Tito, Paulo soube que se tratava de um caso isolado e que, no conjunto, a comunidade lhe permaneceu fiel.

Então ele escreve outra carta, a quarta, que corresponde à atual segunda Carta aos Coríntios, em que convida a comunidade a aliviar as penas tomadas contra quem o havia entristecido e ofendido, "para que ele não fique sob o peso de tristeza excessiva" (2Cor 2,7). Paulo se congratula com seus cristãos, pois, mais uma vez, corresponderam à confiança e à estima neles depositadas. Expressa principalmente sua alegria e conforto, porque lhe demonstraram afeto e obediência filial. Contudo, na nova carta, procura esclarecer os mal-entendidos surgidos por causa da mudança de seus projetos de viagens e visitas. Numa espécie de juramento, no qual chama a Deus como testemunha, Paulo escreve: "Foi para poupar vocês que eu não voltei a Corinto" (2Cor 1,23). No final dessa carta, ele anuncia que fará uma terceira visita a Corinto e, desta vez, pretende recorrer a toda sua autoridade de Apóstolo para construir a comunidade, não para destruí-la. Por isso, os exorta a eliminarem os resíduos de "discórdia, inveja, animosidade, rivalidade, maledicências, falsas acusações, arrogância e desordens". Em seguida, expressa o receio de que "quando eu voltar a encontrá-los, o meu Deus me humilhe em relação a vocês, e que eu tenha de chorar por muitos que pecaram no passado e ainda não se tenham convertido..." (2Cor 12,20-21).

Apesar do arrependimento e da reconciliação da comunidade coríntia, favorecidos pela missão de Tito, Paulo sabe que a ação dos pregadores judeu-cristãos deixou sua marca entre os coríntios, pois se apresentaram como os únicos e verdadeiros Apóstolos de Cristo. Eles levantaram a suspeita de que Paulo seria um Apóstolo de segundo escalão. É um pregador isolado que não pode contar com cartas de recomendação das outras Igrejas, sobretudo das da Judéia. A prova de que ele não está seguro da sua função e da sua autoridade de Apóstolo de Cristo aparece no fato de que ele não ousa pedir a recompensa que lhe cabe como Apóstolo. Além disso, não é verdade que ele não peça dinheiro. Faz isso de forma indireta, por meio das coletas que promove nas suas Igrejas e que pede também em Corinto. Por isso delegou Tito e outros colaboradores, mas, de fato, por trás está Paulo, que manobra tudo.[21]

Por isso, Paulo dedica algumas seções da carta para esclarecer o estatuto do verdadeiro Apóstolo de Cristo, a fim de desmontar as insinuações e as suspeitas levantadas a seu respeito. Os novos pregadores que chegaram em Corinto se consideram "superapóstolos", não apenas baseados em sua origem, mas sobretudo por causa da habilidade de manejar a palavra, acompanhada de suas experiências carismáticas. Não é isso, porém, que fundamenta o estatuto de Apóstolo de

---

[21] Na atual segunda Carta aos Coríntios, dois capítulos são dedicados à questão da coleta que Paulo se preocupou em organizar desde os primeiros tempos de fundação da Igreja coríntia (cf. 2Cor 8,1-9,15; 1Cor 16,1-3). Os dois capítulos da segunda Carta aos Coríntios tratam de dois aspectos diferentes da coleta: o primeiro pede que se termine a coleta na Igreja de Corinto por obra de Deus e apresenta os outros delegados; o segundo se dirige às Igrejas da Acaia e expressa outras motivações para encorajar a coleta de fundos em favor dos "santos" da Judéia.

Cristo. Também eu, diz Paulo, poderia me vangloriar de minhas origens e pertença judaica. Mas, ao contrário, prefiro vangloriar-me de minhas fraquezas, que são a marca do verdadeiro Apóstolo. É uma vanglória de louco, na lógica da cruz, segundo a qual o poder de Deus se revela na fraqueza. Poderia fazer uma lista das minhas experiências de visões e revelações, mas a autoridade do Apóstolo não depende disso. As marcas do verdadeiro Apóstolo, das quais os coríntios são testemunhas, são antes de tudo a "paciência a toda prova", depois os prodígios e milagres que a possam confirmar (2Cor 12,12).

A respeito da recusa de receber recompensas da comunidade coríntia como Apóstolo, Paulo faz questão de afirmar que não vai ceder a essa opção, apesar das insinuações feitas. Não é por falta de confiança na comunidade coríntia que ele seguiu essa regra. Ele se considera pai da comunidade cristã de Corinto e, por isso, pode se inspirar no modelo familiar, onde "não são os filhos que devem acumular bens para os pais, mas sim os pais para os filhos". Nesse diálogo com seus cristãos de Corinto, Paulo alterna a ironia, o desabafo e o apelo apaixonado. Quanto à sua escolha de anunciar gratuitamente o Evangelho, ele diz no final: "Quanto a mim, de boa vontade me gastarei e me desgatarei totalmente em favor de vocês. Será que dedicando-lhes mais amor, serei por causa disso menos amado?" (2Cor 12,15).

A Igreja coríntia é cruz e alegria para Paulo. Em sua linguagem de inspiração bíblica, diz que os cristãos de Corinto são o seu "orgulho" diante do Senhor. Ele se considera pai e mãe, esposo e irmão deles. Diz expressamente que sente uma espécie de ciúme divino, pois eles correm o risco de deixar de lado o pacto esponsal com Cristo. Paulo é o amigo do esposo que se torna avalista da integridade da esposa. Não se trata, porém, de uma função jurídica e formal, porque ele está pessoal e afetivamente implicado nas relações com a comunidade-esposa de Corinto. Daí deriva o forte *pathos* emotivo com que enfrenta a crise que atinge essa Igreja. Prova disso são as suas repetidas visitas, mas também as duas das quatro, ou talvez mais, cartas por ele escritas à Igreja coríntia. Elas são documentos diretos das situações críticas internas dessa Igreja, abalada pela sensibilidade humana e espiritual de Paulo, que a fundou e fez crescer.

XI
O "MEU EVANGELHO": A CARTA AOS ROMANOS

A "crise" que atinge as Igrejas paulinas é um divisor de águas no caminho biográfico e espiritual de Paulo. Essa "crise", provocada em alguns casos por influências externas, encontra ressonâncias, para não dizer conivências, dentro das próprias comunidades paulinas. Entretanto, os grupos cristãos, que o Apóstolo constituiu nas cidades e nas metrópoles das províncias centro-orientais do império romano, se consolidam por meio dessa luta espiritual. O próprio Paulo vive um processo de amadurecimento. No debate com os "adversários" deve repensar o conteúdo do seu anúncio do Evangelho. No diálogo com suas comunidades em crise aprofunda as razões da opção de fé e do estilo de vida cristã. Da sua parte, coloca à prova o método de seu trabalho pastoral. Mediante as visitas, o envio de colaboradores e de cartas, Paulo mantém os contatos com as jovens Igrejas da Macedônia, da Acaia e da Ásia e também com as da Galácia. Entretanto, desde a fundação das comunidades, ele cuida da constituição e formação de um grupo de responsáveis e coloca em pé uma estrutura organizativa autônoma interna para cada comunidade local. Essas Igrejas serão capazes de andarem com as próprias pernas?

A partir dos meados dos anos 50 d.C., Paulo pensa concretamente no projeto de ampliação de sua atividade de evangelização rumo ao ocidente. Se essa era sua intenção desde quando pôs pela primeira vez os pés na Macedônia e se dirigiu ao longo da "Via Egnatia", que liga o oriente ao ocidente, é difícil de saber com base numa documentação plausível. Ele fala de modo explícito de suas tentativas de ir a Roma na seção de abertura da carta enviada aos cristãos da capital. E no último capítulo da mesma carta, onde faz um balanço da sua atividade no oriente, expõe seu programa futuro, que tem como meta a Espanha. Roma, portanto, é uma etapa intermediária nesse itinerário paulino em direção ao ocidente. Ele, contudo, pretende englobar a Igreja da capital do império na nova missão para as regiões em que o Evangelho de Jesus Cristo ainda não foi anunciado.

A ampla e articulada carta enviada por Paulo aos romanos tem como finalidade prepará-los para esse encontro, que ele considera decisivo para o bom êxito do seu programa de evangelização no ocidente. A carta é pensada como síntese do seu "evangelho", isto é, do anúncio de Jesus Cristo, que ele vem fazendo há uns vinte anos de modo sistemático entre os pagãos. O confronto com os "adversários", que promovem uma contramissão nas Igrejas da Galácia e propõem um "evangelho" alternativo, fez com que Paulo amadurecesse a convicção sobre a necessidade de fazer uma apresentação articulada e orgânica do seu anúncio de Jesus Cristo aos pagãos. De fato, na Carta aos Romanos, Paulo fala de "meu Evangelho".[1]

---

[1] Rm 2,16; 16,25. O último texto faz parte da doxologia que encerra a Carta aos Romanos. Alguns códigos colocam o texto de Rm 16,25-27 no final do capítulo 14 ou 15; outros o omitem; o seu vocabulário e o conteúdo são parecidos com os das cartas da

Paulo escreve a Carta aos Romanos de Corinto, onde permanece algum tempo antes de ir a Jerusalém, na Judéia, a fim de levar o fruto das coletas organizadas nas suas Igrejas. Essa permanência de Paulo em Corinto corresponde à "terceira visita" que ele anuncia em 2Cor 12,14; 13,1. O dado paulino concorda com o que escreve o autor dos Atos, Lucas, o qual esclarece que Paulo, tendo deixado Éfeso, depois do tumulto levantado pela corporação dos artesãos, atravessa a Macedônia e chega à Grécia, onde fica por três meses (At 20,1-3). Daí ele parte em direção a Jerusalém, para sua última viagem, percorre de novo a estrada da Macedônia, passa por Trôade e Mileto, de onde embarca para Cesaréia-Jerusalém. Em linhas gerais, esse quadro concorda com o que Paulo escreve na Carta aos Romanos. Por enquanto, ele tem em mente ir a Jerusalém para prestar um serviço a essa comunidade, isto é, entregar-lhe a coleta das Igrejas da Macedônia e da Acaia em favor dos pobres da comunidade de Jerusalém (Rm 15,25).

Outro indício que ajuda a hipótese sobre a composição da Carta aos Romanos no ambiente de Corinto aparece na lista de saudações do último capítulo. Apesar das dúvidas sobre sua pertença originária à carta enviada a Roma, em todo caso o bilhete, talvez acrescentado à cópia escrita para os de Éfeso, confirma que o escrito maior, ou seja, o testamento teológico e espiritual de Paulo veio à luz na Igreja de Corinto. Juntamente com seus colaboradores mais diretos, aí ele é hóspede na acolhedora casa de Gaio. Este é um cristão de Corin-

---

tradição paulina (cf. 2Tm 2,8). Das cerca de cinqüenta ocorrências do termo *euaggélion* nas sete cartas autênticas de Paulo, apenas na Carta aos romanos ocorre a expressão "meu Evangelho". No mais das vezes, nesse grupo de cartas, o termo "evangelho" aparece de modo absoluto, 32 vezes; seguido do genitivo "evangelho de Deus", 5 vezes; "evangelho de Cristo", 9 vezes.

to, um dos poucos que Paulo batizou pessoalmente (1Cor 1,14). O nome indica sua origem latina e pode ser um indício da sua pertença à classe social média-alta de Corinto. Gaio não só hospeda Paulo e seus amigos e colaboradores, mas coloca sua casa à disposição para um grupo cristão de Corinto.

Na casa de Gaio, Paulo pode dispor de um escrivão, que no final coloca seu nome entre os que enviam saudações: "Eu, Tércio, que escrevi esta carta, mando saudações no Senhor" (Rm 16,22). Ao lado de Paulo está seu fiel e amado colaborador Timóteo, além de três "parentes", que se chamam Lúcio, Jasão e Sosípatro. No fim, também Gaio envia sua saudação e a ele se associam dois irmãos, Erasto e Quarto. O primeiro é uma pessoa conhecida e importante, pois é "tesoureiro da cidade". A menção dos dois irmãos com nomes grecolatinos também confirma a hipótese de que a cidade de onde Paulo escreve a carta aos cristãos da capital é Corinto.

Somente escrevendo de Corinto tem sentido o que Paulo dita a Tércio no começo do último capítulo da carta, antes da lista das saudações: "Recomendo a vocês a nossa irmã Febe, diaconisa da Igreja de Cencréia" (Rm 16,1). Cencréia é o porto oriental de Corinto no golfo de Sarônico, aberto para o mar Egeu. Paulo convida os destinatários da carta a receberem Febe como convém a cristãos e os exorta: "Dêem a ela toda a ajuda que precisar". E explica o motivo: "pois ela foi protetora para muita gente e para mim também". O termo grego usado por Paulo, *prostátis*, "protetora", tem um significado jurídico e poderia indicar uma pessoa que protege alguém junto às autoridades. A função diaconal de Febe na Igreja de Cencréia se firma também nessa sua função de assistente no plano jurídico e social. Febe, *diákonos* da Igreja de Cencréia, é a pessoa mais creditada para levar a carta que Paulo escreveu de Corinto para a Igreja de Roma.

1. PAULO, "APÓSTOLO DOS PAGÃOS"

Com que direito Paulo escreve uma carta aos cristãos de Roma? Isso não vai contra o seu princípio de não construir sobre o alicerce colocado por outros? De fato, ele não pode reivindicar nenhuma relação particular com a Igreja de Roma, nem diretamente, nem por meio de seus colaboradores. Paulo responde a essa objeção implícita desde o começo de sua carta e volta a falar disso no final, quando faz um balanço da sua ação missionária e apresenta os projetos futuros. Além de um motivo prático e imediato, como o de preparar seu encontro com a Igreja romana para envolvê-la na projetada missão à Espanha, Paulo apresenta razões mais profundas, que atingem sua identidade e consciência de Apóstolo do Evangelho. Com efeito, ele com pleno direito se considera "apóstolo dos pagãos", pois recebeu de Deus o encargo de anunciar o seu Evangelho, que é "força para a salvação de todo aquele que acredita, do judeu em primeiro lugar, mas também do grego" (Rm 1,16). Portanto, a salvação, dom de Deus, é oferecida a todos os fiéis sem distinção entre judeus e gregos, entre pagãos idólatras e judeus observantes da lei.

No cabeçalho solene da Carta aos Romanos, Paulo se auto-apresenta como "servo de Jesus Cristo", mas logo em seguida acrescenta o título de "apóstolo, chamado por Deus e escolhido para proclamar o seu Evangelho" (Rm 1,1). Em duas frases simétricas, Paulo oferece uma síntese do "Evangelho de Deus", na qual ressalta a dupla dimensão de Jesus Cristo. Por um lado, Jesus Cristo é solidário com a história bíblica da promessa messiânica e, por outro, lado, participa do mundo divino como Filho de Deus, ressuscitado dos mortos, capaz de comunicar o Espírito Santo. O vocabulário e o estilo arcaico da frase levam a acreditar na hipótese de que se trata de um fragmento da profissão de fé nascida no contexto judaico-cristão. Paulo cita-o como bilhete de apresentação da sua fé cristológica. Em seguida, afirma que foi escolhido "para anunciar o Evangelho de Deus, que por Deus foi prometido por meio de seus profetas nas Santas Escrituras. Esse Evangelho se refere ao Filho de Deus que, como homem, foi descendente de Davi, e, segundo o Espírito Santo, foi constituído Filho de Deus com poder, por meio da ressurreição dos mortos: Jesus Cristo nosso Senhor" (Rm 1,2-4).

Paulo liga imediatamente a sua investidura da parte de Deus como Apóstolo dos pagãos à fórmula de fé cristológica. De fato, por intermédio de Jesus Cristo, Filho de Deus e Senhor, o próprio Deus, com um ato de amor livre e gratuito, o constituiu "apóstolo", a fim de conduzir à obediência da fé "todos os povos pagãos". Em seguida acrescenta: "Entre eles, estão também vocês, chamados por Jesus Cristo". E conclui com a costumeira saudação — "graça e paz" — dirigida a "todos vocês que estão em Roma e que são amados por Deus e chamados à santidade" (Rm 1,5).

Ele retoma esse discurso de modo mais preciso no contexto da oração de ação de graças que serve de ligação entre o cabeçalho e o anúncio temático da carta. Paulo diz que antes de tudo agradece a Deus por meio de Jesus Cristo, porque a fama da fé dos cristãos de Roma "se espalhou pelo mundo inteiro". Ele ouviu falar dela e pôde ter uma idéia da Igreja romana. Basta aqui lembrar as relações intensas e de cordial amizada e que o ligam ao casal cristão Áquila e Prisca, que vieram de Roma. Eles colaboram com Paulo, primeiramente em Corinto e depois em Éfeso.

Paulo, porém, se preocupa em assegurar aos seus destinatários de Roma que ele, como servo de Deus no anúncio do Evangelho de seu Filho, sempre está pensando neles, e em suas orações pede a Deus que lhe abra finalmente um caminho para aí chegar. Assim se realizaria seu grande desejo de vê-los para poder trocar reciprocamente dons espirituais e reafirmar a fé comum. Portanto, o objetivo de sua viagem a Roma não é, em primeiro lugar, o anúncio do Evangelho, e sim o encontro com uma comunidade cristã.

Entretanto, Paulo, como "apóstolo dos pagãos", acredita que o ambiente de Roma possa ser um terreno adequado para o anúncio do Evangelho. Com efeito, ele recebeu de Deus a tarefa de propor o Evangelho a todos, sem distinção entre gente culta e ignorante, entre aqueles que falam o grego e os outros, chamados *bárbaroi*. Por isso, Paulo diz expressamente aos seus destinatários romanos que mais de uma vez pensou nessa viagem, mas não pôde realizá-la. Agora, porém, parece que as dificuldades ou as situações que o haviam impedido se dissiparam. Assim, ele pode dizer: "Estou pronto para anunciar o Evangelho também para vocês que estão em Roma" (Rm 1,15).

No final da carta, antes das saudações, Paulo volta a falar sobre esse assunto. Ele procura justificar-se pelo fato de, na carta a eles endereçada, não se ter limitado a propor o seu Evangelho, mas ter se intrometido de algum modo em afazeres internos da comunidade romana, dando-lhes sugestões sobre como superar as tensões entre os dois grupos de cristãos, os fracos e os fortes. Paulo sabe que os cristãos de Roma são capazes de resolver por si mesmos seus problemas. Contudo, mais uma vez, ele apela ao estatuto de Apóstolo dos pagãos para fundamentar seu direito-dever de intervir nas Igrejas formadas por étnico-cristãos.

Paulo apresenta essa função específica de Apóstolo de modo solene, recorrendo à linguagem sacral do culto: "Todavia, escrevi a vocês, em parte com certa ousadia, para lhes reavivar a memória, em vista da graça que me foi concedida por Deus. Sou ministro de Jesus Cristo entre os pagãos, e a minha função sagrada é anunciar o Evangelho de Deus, a fim de que os pagãos se tornem oferta aceita e santificada pelo Espírito Santo" (Rm 15,15-16). Em outras palavras, Paulo se apresenta como delegado oficial de Jesus Cristo junto aos pagãos. Mediante o anúncio do Evangelho de Deus, ele exerce uma tarefa sacerdotal, pois oferece a Deus a comunidade dos fiéis, os quais são santificados pela ação do Espírito.

Paulo tem a oportunidade de esclarecer sua relação com os destinatários como "apóstolo dos pagãos" não só na moldura da carta, mas fala incidentalmente sobre isso também no pequeno tratado teológico a respeito do mistério de Israel. Num dado momento, Paulo se pergunta se o atual fechamento de seus irmãos judeus ao Evangelho será irreversível e definitivo. Ele pode afirmar com segurança que os filhos de Israel, conforme as palavras proféticas da Bíblia, tropeçaram na pedra — Jesus Cristo — que é o fundamento da comunidade cristã. A queda deles, porém, afirma Paulo, é temporária para facilitar o anúncio da salvação aos pagãos e a entrada deles na aliança. Nessa perspectiva, ele apresenta sua tarefa de Apóstolo aos étnico-cristãos de Roma: "Portanto, digo a vocês, pagãos: como Apóstolo dos pagãos, eu honro o meu ministério, para ver se provoco o ciúme dos que pertencem à minha raça, e se consigo salvar alguns deles" (Rm 11,13-14). Para Paulo, o pequeno grupo de judeus que aderem ao Evangelho — e se coloca entre eles, pois é "israelita, da descendência de Abraão, da tribo de Benjamim" — é penhor e primícia do cumprimento da salvação na qual todo o Israel vai entrar.

2. PROJETOS DE PAULO: DE JERUSALÉM A ROMA

Quando escreve a carta à Igreja de Roma, durante os três meses passados na casa de Gaio em Corinto, Paulo se encontra numa fase crítica. Está para deixar as regiões do império romano, onde dedicou tempo e energias para fundar e organizar numerosos e ativos grupos cristãos, que ele chama de "Igrejas de Deus", nas cidades da Grécia e da Ásia. O trabalho de Paulo, feito com entusiasmo e paixão, foi acompanhado de sucessos e desilusões. Um ponto crucial da sua atividade missionária e pastoral é a relação com a Igreja histórica de Jerusalém. Não se trata apenas de uma questão prática e de organização. A ligação com a Igreja onde nasceu a experiência cristã e de onde partiu o anúncio do Evangelho representa o eixo da unidade dos fiéis batizados em nome de Jesus Cristo. Ele define principalmente o estatuto e a identidade dos novos convertidos provenientes do mundo não-judaico. Em Jerusalém, e também fora dela, se pergunta: Os étnico-cristãos, que são a maioria nas comunidades paulinas, fazem parte com pleno direito da Igreja, povo de Deus, participando das promessas bíblicas feitas a Israel?

Teoricamente, a pergunta já teve uma resposta positiva na assembléia ou "concílio" de Jerusalém, onde foi aceita a metodologia missionária de Paulo entre os pagãos. A adesão de fé a Jesus Cristo, sancionada pelo batismo, é a condição fundamental para fazer parte da única Igreja, formada por judeus e gregos convertidos. As cláusulas acrescentadas por Tiago para as comunidades cristãs mistas, da Judéia e da Síria, não mudam esse princípio da unidade, embora representem uma concessão ao grupo dos judeu-cristãos integristas. Estes gostariam de impor as observâncias judaicas também aos étnico-cristãos, segundo o modelo dos prosélitos que abraçam o Judaísmo. Paulo teve de enfrentar a crise provocada nas suas comunidades pela contramissão organizada por esses representantes da linha de restauração "judaizante".

Nesse contexto, assume um novo significado e uma relevância diferente a coleta de fundos para ajudar os cristãos pobres da Judéia, que Paulo se esforçou para organizar nas suas Igrejas, na maioria formadas por étnico-cristãos. Não se trata apenas de um gesto de solidariedade entre os fiéis em Jesus Cristo. Certamente a contribuição dos indivíduos e das comunidades, para ir ao encontro das necessidades materiais dos judeu-cristãos mais pobres, é um gesto de generosidade e de amor que se inspira na fé cristã. Paulo chama isso de "serviço em favor dos santos". Por isso, ele escreve aos coríntios e lhes pede que terminem a obra generosa que haviam começado. Ele se apóia na ativa experiência espiritual deles, expressa na variedade e riqueza dos carismas. Paulo sabe que não pode impor aquilo que deve nascer da generosidade espontânea, mas — diz isto expressamente — a realização da coleta por parte da Igreja de Corinto é uma prova da sinceridade do amor e da atenção em relação aos outros. Então ele apresenta como modelo e fonte desse amor generoso e solidário a auto-entrega de Jesus, que culmina no gesto da sua morte para a libertação de todos aqueles que crêem. Fazendo uma releitura original da profissão de fé cristã, Paulo escreve: "De fato, vocês conhecem a generosidade de nosso Senhor Jesus Cristo; ele, embora fosse rico, se tornou pobre por causa de vocês, para com a sua pobreza enriquecer a vocês" (2Cor 8,9).

Em seguida, o Apóstolo faz a aplicação desse princípio do intercâmbio entre ricos e pobres ao âmbito das comunidades cristãs. Paulo sabe que os coríntios são ricos não apenas espiritualmente, mas também estão em condições de ajudar, no plano material, os outros cristãos mais pobres. Ele, porém, esclarece que não se trata de deixar ninguém no aperto para aliviar outros, mas de praticar a igualdade. Eis de que modo Paulo concebe essa igualdade obtida mediante o intercâmbio de dons: "Neste momento, o que está sobrando para vocês vai compensar a carência deles, a fim de que o supérfluo deles venha um dia compensar a carência de vocês. Assim haverá igualdade..." (2Cor 8,14).

Na segunda parte da instrução sobre a coleta, Paulo retoma e explicita o significado dessa igualdade realizada mediante o intercâmbio dos respectivos e abundantes dons recebidos de Deus. A generosidade da Igreja de Corinto e das outras Igrejas paulinas envolvidas nessa iniciativa fará subir a Deus o hino de ação de graças da parte dos cristãos que se beneficiam com a ajuda deles. Se sua iniciativa der certo, Paulo imagina aquilo que ele deseja e busca com tanto empenho: "De fato, o serviço dessa coleta não deve apenas satisfazer às necessidades dos cristãos, mas há de ser ocasião de dar efusivas ações de graças a Deus. Tal serviço será para eles uma prova; e eles agradecerão a Deus pela obediência que vocês professam ao Evangelho de Cristo e pela generosidade com que vocês repartem os bens com eles e com todos" (2Cor 9,12-13). A iniciativa da solidariedade material entre as Igrejas de origem paulina e as outras Igrejas judeu-cristãs é uma espécie de selo visível da união espiritual baseada na fé cristã comum. Em outras palavras, aceitando a coleta como um dom generoso dos étnico-cristãos, as Igrejas históricas de matriz judaica reconhecem de fato que esses cristãos fazem parte do único povo dos fiéis batizados em Cristo Jesus.

O que, porém, acontece se as Igrejas da Judéia não acolherem o "serviço sagrado" do qual Paulo se fez promotor entre as suas jovens comunidades? Pode-se imaginar que as Igrejas históricas da Judéia recusem a ajuda material que, com tanta generosidade, os étnico-cristãos da diáspora recolheram? Na carta à Igreja de Roma, Paulo expressa suas dúvidas e temores. Ele tem medo de que a Igreja de Jerusalém, por razões táticas, boicote sua iniciativa, embora ela faça parte dos acordos sancionados no encontro de Jerusalém que teve o beneplácito das "colunas da Igreja", Tiago, Cefas e João. De fato, Paulo sabe o que é que representa esse gesto de solidariedade entre as Igrejas. Diz isso na Carta aos Romanos, esclarecendo o que já havia dado a entender na carta aos cristãos de Corinto. Os cristãos da Macedônia e da Acaia, escreve Paulo, "resolveram fazer uma coleta em favor dos cristãos pobres da comunidade de Jerusalém. Resolveram fazer isso" — na verdade, foi Paulo quem os convidou e os incentivou — "porque são devedores a eles. De fato, se os pagãos participaram nos bens espirituais dos judeus, eles têm obrigação de ajudá-los em suas necessidades materiais" (Rm 15,26-27).

No projeto missionário de Paulo, a coleta para os pobres de Jerusalém encontra sua razão lógica, pois sanciona a plena legitimidade do seu anúncio do Evangelho entre os pagãos. É verdade que, historicamente, o Evangelho de Jesus Cristo parte da Igreja de Jerusalém. Mas Paulo é o protagonista da sua difusão entre os não-judeus. Mediante a adesão de fé, estes se tornaram participantes dos bens espirituais dos primeiros fiéis de origem judaica. Como sinal de reconhecimento, mas também de plena comunhão, os cristãos das Igrejas paulinas vão ao encontro da indigência da Igreja de Jerusalém com ajuda material.

Se o projeto de Paulo se realizar, então ele poderá deixar o terreno da sua ação missionária e zarpar em mar aberto para uma nova missão. Por enquanto, Paulo se deixa levar por esse sonho e escreve na Carta aos Romanos: "Quando eu tiver concluído essa tarefa e tiver entregue oficialmente o fruto da coleta, irei para a Espanha, passando por aí. Sei que, indo até vocês, irei com a plenitude da bênção de Cristo" (Rm 15,28-29). Mas é apenas um belo sonho! Ao ditar a carta para Tércio, Paulo oscila entre o otimismo da esperança e o medo e as dúvidas do seu realismo lúcido. E se o pessoal de Jerusalém não aceitar o fruto da coleta e rejeitar todo o seu trabalho missionário, contestando radicalmente a legitimidade do seu método?

Tomado por esses temores e ansiedades, Paulo se dirige de modo apaixonado aos destinatários da carta. Ele apela à fé comum — "por nosso Senhor Jesus Cristo e pelo amor do Espírito" — para exortá-los a tomar parte em sua luta por meio da oração intensa. Segundo Paulo, são dois os objetivos dessa oração militante: "Rezem para que eu escape dos infiéis que estão na Judéia, e para que o meu serviço a favor de Jerusalém seja bem aceito por aquela comunidade. Assim, se Deus quiser, poderei visitá-los com alegria e descansar um pouco aí entre vocês" (Rm 15,31-32). Não é por acaso que Paulo associa em sua projetada viagem a Jerusalém a ameaça dos judeus não-cristãos — "os infiéis da Judéia" — e o fracasso da sua iniciativa de ecumenismo intra-eclesial. O grupo dos judeu-cristãos que ameaça a unidade da Igreja é impulsionado por um integrismo parecido com aquele que leva os extremistas judeus a eliminarem fisicamente o apóstata e o dissidente Paulo.

O autor dos Atos também está a par de um complô dos judeus no ambiente de Corinto contra Paulo. Com efeito, ele é obrigado a modificar seu projeto de viagem por via marítima até a Síria (At 21,3). Em vez de embarcar diretamente, Paulo percorre a estrada que passa pela Macedônia. Lucas, que reconstrói a biografia paulina a partir de outro ponto de vista, ignora o projeto da coleta a favor dos cristãos da Judéia. No esquema lucano, a viagem a Jerusalém faz parte de uma decisão de Paulo que, aparentemente, não tem nenhuma explicação: "Paulo resolveu ir a Jerusalém [...]. Ele dizia: 'Depois de ir até lá, eu devo ir também a Roma'" (At 19,21). Contudo, o autor dos Atos conhece os nomes dos sete delegados das Igrejas que acompanham Paulo nessa viagem a Jerusalém: "Sópatros, filho de Pirro, da Beréia; Aristarco e Segundo, de Tessalônica; Gaio de Derbe; Timóteo, Tíquico e Trófimo, da província da Ásia" (At 20,4). Segundo o autor dos Atos, que aqui volta a narrar em primeira pessoa, esse grupo de companheiros chega antes de Paulo em Trôade. O Apóstolo, depois da festa da Páscoa — "logo após os dias dos pães sem fermento", diz Lucas — zarpa para Filipos e, após cinco dias de viagem, chega a Trôade (At 20,5-6). Paulo fica uma semana aí e, no final, aproveita para celebrar a vigília do domingo juntamente com a comunidade local. É a última ceia de Paulo antes da sua paixão!

De fato, a narrativa lucana procura estabelecer um paralelismo entre a viagem de Paulo a Jerusalém e a última viagem de Jesus antes da sua paixão. As etapas dessa caminhada, marcadas por encontros de despedida e por palavras proféticas sobre o destino que espera Paulo em Jerusalém, se inscrevem no último capítulo da biografia de Paulo, que termina com a sua prisão e o seu testemunho em Jerusalém, antes da sua transferência para Roma, a fim de responder às acusações diante do tribunal do imperador. Por enquanto, deixemos de lado o fio condutor do relato lucano e vamos em frente, para olhar com os olhos de Paulo a Igreja romana. Por duas vezes, no começo e no fim da Carta aos Romanos, Paulo escreve: "A fama da fé que vocês têm se espalhou pelo mundo inteiro"(Rm 1,8); "A obediência de vocês é conhecida de todos"(Rm 16,19).

Como se apresenta a Igreja de Roma, à qual Paulo escreve a carta e que ele deseja visitar? Quando, como e por meio de quem surgiu o movimento cristão em Roma? A origem da Igreja romana deve ser procurada na comunidade judaica, cujo núcleo poderia remontar à metade do século II a.C.[2]

A comunidade judaica de Roma recebe um incremento decisivo com a chegada dos judeus enviados como escravos logo depois da campanha militar de Pompeu na Síria-Palestina em 63 a.C.[3] Júlio César favorece os judeus de Roma, que choram sua morte como se fosse a de um protetor deles.[4] Sob Augusto, aumenta ainda mais a presença dos

---

[2] No livro dos Macabeus fala-se de uma embaixada liderada por Eupolemo e por Jasão, enviada da Judéia a Roma, para firmar um tratado de aliança e amizade com os romanos (1Mc 8,17-32). É um tratado que garante o apoio de Roma na luta dos judeus contra os selêucidas. Essa política de aliança filorromana continua com os sucessores de Judas, o irmão Jônatas (1Mc 12,1-4) e Simão (1Mc 14,24; 15,15-24). Atendo-nos às informações de Flávio Josefo, a primeira embaixada de Simão pode ser datada de 161 a.C. (*Ant.*, 12,10,6, par. 414-419).

[3] A consistência da colônia judaica em Roma nos meados do século I a.C. é atestada em 59 a.C. por Cícero em *Pro Flacco*, 28,67. Na defesa do magistrado romano acusado de ter desviado o dinheiro enviado pelos judeus da Ásia para Jerusalém, Cícero afirma que todos os anos os judeus de Roma enviam somas de dinheiro como imposto para o templo; no mesmo texto, refere-se à multidão de judeus que assistem ao debate.

[4] Suetônio, *Julius*, 84.

judeus em Roma, se é verdade que cerca de oito mil judeus na capital dão apoio à embaixada de cinqüenta compatriotas enviados da Judéia, por ocasião da morte de Herodes, a fim de tratar da independência nacional.[5] Somente no tempo de Tibério, por influência negativa de Seiano, comandante dos pretorianos, se dá uma mudança nesse endereçamento político filo-hebraico. Contudo, as providências de Tibério contra os judeus se inscrevem no contexto da sua política de controle e contensão dos novos cultos orientais na capital.[6] A aplicação das providências de Tibério contra a comunidade judaica foi mitigada, tanto que no final de seu reinado, e no começo do de Calígula, a presença dos judeus na capital ganha vigor. No início do reinado de Cláudio (41-54 d.C.), por influência de Agripa I, há uma política tolerante em relação aos judeus de que a comunidade romana também se beneficia. Logo depois, porém, Cláudio toma medidas restritivas, até o conhecido edito de expulsão dos judeus da cidade.[7] O que Dion Cássio diz em geral a respeito dos judeus no império romano pode também se referir à comunidade de Roma: "Apesar das freqüentes repressões, eles continuam crescendo e se reforçando, até conseguir o livre exercício de suas práticas religiosas".[8]

---

[5] Flávio Josefo, Bell., 2,6,1, par. 80-83; cf. Ant., 17,11,1, par. 299-302.

[6] Em 19 d.C., por causa de alguns judeus que extorquiram dinheiro de uma mulher da alta sociedade, chamada Fúlvia, que seguia a lei do judaísmo, Tibério manda expulsar de Roma a comunidade judaica e ordena, para combater o banditismo, que quatro mil judeus sejam enviados à Sardenha (Flávio Josefo, Ant., 18,3,5, par. 85; Tácito, Ann., 2,85; Suetônio, Tib., 36). Cf. Fílon, op. cit., 24, par. 159-161.

[7] Para a datação desse edito por volta de 49 d.C. e para a sua aplicação em relação à comunidade judaica de Roma, cf. capítulo VIII, pp. 365-366.

[8] Hist., 37,17,1.

É provável que entre o final do reinado de Tibério e o começo do de Cláudio já se perceba no ambiente de Roma a presença de grupos cristãos, que encontram seus seguidores nas comunidades judaicas de Roma.[9] O edito de Cláudio poderia estar ligado com as tensões criadas em algumas comunidades judaicas por causa da atividade de cristãos que anunciam Jesus Cristo. De qualquer modo que se interprete esse edito, ele tem o efeito de enfraquecer a presença judaica na comunidade cristã de Roma e favorecer a abertura e expansão no ambiente pagão. Quando Paulo escreve sua carta aos cristãos de Roma, por volta do final dos anos 50 d.C., a comunidade cristã, que tem sua raiz no núcleo original judaico-cristão, é constituída em sua maior parte por étnico-cristãos.[10]

---

[9] Para a distribuição no território e a organização de mais de onze comunidades judaicas de Roma são de grande interesse as inscrições encontradas nas seis catacumbas fora das Muralhas Aurelianas. Os locais de estabelecimento dos judeus em Roma são no Trastevere, no bairro popular da Suburra, situado entre o Quirinal, Viminal e Esquilino, na região de Campo Márcio e Porta Capena; quanto ao tamanho da colônia judaica de Roma, as hipóteses oscilam de um mínimo de vinte/vinte e cinco mil a um máximo de cinqüenta mil judeus residentes; na maioria, eles provêm das classes sociais humildes e muitos ainda são escravos; embora integrados no tecido social da cidade, os judeus de Roma, cuja maioria fala grego, do ponto de vista religioso são observantes e bem organizados (cf. Penna, R. Les Juifs a Rome au temps de l'apôtre Paul. In: NTS 28, 1982. pp. 31-347; cf. Idem. Gli Ebrei a Roma al tempo dell'apostolo Paolo. In: *L'apostolo Paolo*; Studi di esegesi e teologia. Milano, San Paolo, 1991. pp. 33-63).

[10] Penna, R. Configurazione giudeo-cristiana della chiesa di Roma nel I secolo. In: *L'apostolo Paolo*, cit., pp. 64-76.

3. "O EVANGELHO [...] É FORÇA DE DEUS PARA A SALVAÇÃO DE TODO AQUELE QUE ACREDITA"

Paulo envia uma carta à Igreja de Roma na qual expressa de modo amplo e orgânico o conteúdo do seu Evangelho. Esse escrito, elaborado como conclusão da sua atividade missionária nas regiões orientais do império, pode ser considerado como o testamento teológico e espiritual de Paulo. Na introdução protocolar, ele acena ao tema da carta: "O Evangelho de Deus", ou "o Evangelho do seu Filho", para o qual Deus o escolheu como Apóstolo, a fim de proclamá-lo entre os povos. Esse tema está resumido numa frase programática no fim da oração inicial de ação de graças, na qual Paulo declara: "Naquilo que depende de mim, estou pronto para anunciar o Evangelho também para vocês que estão em Roma"(Rm 1,15). Depois, o ditado epistolar continua assim: "Não me envergonho do Evangelho, pois ele é força de Deus para a salvação de todo aquele que acredita, do judeu em primeiro lugar, mas também do grego. De fato, no Evangelho a justiça se revela única e exclusivamente através da fé, conforme diz a Escritura: 'o justo vive pela fé'" (Rm 1,16-17).

As duas expressões que definem a eficácia salvífica do Evangelho são "força de Deus" e "justiça de Deus". A "fé", da parte dos seres humanos, corresponde à iniciativa salvífica de Deus. A fé, segundo Paulo, é a condição única e necessária para participarmos da força de salvação que se manifesta e se torna presente no Evangelho. Por isso, todos os seres humanos, sem distinções étnicas ou religiosas, são destinatários da ação eficaz e gratuita de Deus. Confirmação disso é a promessa feita no livro de Habacuc, onde Deus garante a vida ao justo com base na fé. Portanto, a "justiça" de Deus e a "fé" do ser humano são as duas palavras-chave do anúncio programático de Paulo sobre a dinâmica salvífica do Evangelho.

Desde estas primeiras linhas se percebe que o "evangelho" de que Paulo fala, não pode ser reduzido a uma lista de normas doutrinas ou de princípios éticos. Para Paulo, o Evangelho é Jesus em sua condição de Messias crucificado, mas ressuscitado por Deus. Nele se revelam a força e a justiça de Deus para a "salvação" de todo ser humano. De fato, no capítulo 4 da Carta aos Romanos, no final da meditação sobre a história bíblica de Abraão, o justo e pai dos que crêem, Paulo resume o conteúdo da fé cristã nestes termos: "acreditamos naquele que ressuscitou dos mortos, Jesus nosso Senhor, o qual foi entregue à morte pelos nossos pecados e foi ressuscitado para nos tornar justos" (Rm 4,24-25).

Entre essas duas declarações sintéticas, Paulo desenvolve seus argumentos para mostrar que somente no Evangelho de Deus, isto é, em Jesus Cristo morto e ressuscitado, se revela a justiça de Deus para a salvação de todo aquele que acredita. Com efeito, fora do Evangelho acolhido na fé se revela a "ira de Deus", que traz à luz a condição de impiedade e injustiça dos seres humanos que "com a injustiça sufocam a verdade"(Rm 1,18). A ira de Deus é uma metáfora bíblica para falar da reação "passional" de Deus diante do mal e do pecado humano. Impiedade e injustiça designam o pecado em sua dupla dimensão religiosa e ética. A relação adequada com Deus, que se tornou possível pelo conhecimento a partir da realidade criada, é distorcida pelo pecado humano.

Paulo leva em consideração a condição dos "gregos", que se declaram "sábios". Eles, diz Paulo, embora tendo conhecido a realidade invisível de Deus a partir da reflexão sobre as coisas visíveis, não estabeleceram uma relação adequada com Deus, pois o identificaram com a figura de um homem ou com imagens de animais. Em outras palavras, adoraram a criatura no lugar do criador. Essa mentira radical, segundo Paulo, está na origem da perversão ética que marca o mundo corrupto dos pagãos. Tal perversão atinge o ápice na depravação da inteligência que "apesar de conhecerem o julgamento de Deus, que considera digno de morte quem pratica tais coisas, eles não só as cometem, mas também aprovam quem se comporta assim" (Rm 1,32).[11]

Antes de tratar do segundo grupo representativo da humanidade diante do Evangelho, em que se revela a justiça de Deus, Paulo detém sua atenção no tema bíblico do "julgamento de Deus", relembrado apenas no final da lista das perversões éticas dos greco-pagãos. Baseado na tradição bíblica, afirma com todas as letras que o julgamento de Deus é segundo a verdade, isto é, "justo", pois dá a cada um segundo suas obras: "A vida eterna para aqueles que perseveram na prática do bem, buscando a glória, a honra e a imortalidade; pelo contrário, ira e indignação para aqueles que se revoltam e rejeitam a verdade, para obedecerem à injustiça" (Rm 2,7-8). No dito de Paulo voltam as palavras com as quais havia aberto este dossiê sobre a condição de pecado

---

[11] A lista de 21 vícios do mundo pagão, que Paulo traz em Romanos 1,29-31, se insere na polêmica antiidolátrica que tem suas raízes nos textos bíblicos e se prolonga nos escritores judeu-cristãos da época (cf. Sb 13,1-9; 14,22-31; *Carta do Pseudo-Aristeas*, 152; Fílon, *Spec. Leg.*, 3,37-42. Cf. também Rm 1,18-2,29; Penna, Tra predicazione missionaria e imprestito ambientale. In: *L'apostolo Paolo*, pp. 126-134).

dos gregos. Contudo, faz a aplicação disso também ao grupo dos judeus, do qual vai falar logo em seguida: "Haverá tribulação e angústia para todo aquele que pratica o mal, primeiro para o judeu, depois para o grego. Mas haverá glória, honra e paz para todo aquele que pratica o bem, primeiro para o judeu, depois para o grego. Pois Deus não faz distinção de pessoas" (Rm 2,9-11).

Nesse momento, Paulo imagina a reação dos judeus, colocados por ele no mesmo plano dos pagãos diante do julgamento de Deus. Os judeus dizem: "Deus deu a sua lei para nós; ela nos protege contra as depravações morais dos pagãos idólatras que não conhecem a lei de Deus". Paulo responde: "A lei de Deus não garante a imunidade diante de seus julgamentos, porque o que conta não é o conhecimento da lei, mas a sua prática". E aqui ele abre um pequeno parêntese, que reabilita em parte o mundo dos pagãos apresentado no capítulo anterior, por razões dialéticas, com tintas carregadas do ponto de vista ético-religioso.

Aos judeus que se entrincheiram atrás do privilégio da lei, Paulo diz: "Os gregos ou pagãos também possuem uma lei. De fato, eles, mesmo sem nunca terem ouvido falar na lei de Moisés, muitas vezes agem de acordo com tudo aquilo que a lei bíblica prescreve. Por isso, eles têm escrito no coração as prescrições da lei como se pode ver pelo julgamento ético da consciência deles". E conclui essa digressão sobre a lei do coração e a consciência ética dos pagãos remetendo ao dia em que, "segundo o meu Evangelho, vai julgar, por meio de Jesus Cristo, o comportamento secreto dos homens" (Rm 2,16).

Agora o terreno está preparado para atacar o "judeu" que "se apóia sobre a lei", porque ela lhe dá o conhecimento da vontade de Deus. Paulo joga no contrapé: "Não basta ter a lei de Deus para se considerar mestre e guia daqueles que não a conhecem. É preciso observá-la, pois quem se gloria diante de Deus por causa do dom da lei e não a observa, ofende a Deus e oferece aos outros a ocasião de insultá-lo".

De resto, diz Paulo, também a circuncisão, como sinal de pertença ao povo da aliança, é inútil sem a observância da lei sobre a qual se fundamenta a própria aliança. Neste caso, o judeu circuncidado está na mesma condição de um pagão. Ou melhor, o pagão que observa as prescrições da lei diante de Deus é o verdadeiro circuncidado, pois tem a circuncisão do coração ou do espírito de que falam os profetas. Paulo encerra esse assunto contra o duplo álibi do judeu — a lei e a circuncisão — com uma frase que resume tudo: "O que faz o judeu é aquilo que está escondido, e circuncisão é a do coração; e isso vem do espírito e não da letra da lei. Tal homem recebe a aprovação, não dos homens, mas de Deus" (Rm 2,29).

Resta ainda o último baluarte da defesa do judeu que se considera não só superior ao pagão, mas radicalmente subtraído do julgamento de condenação por parte de Deus. Aqui, Paulo reconstrói um debate hipotético no qual aparentemente ambos os interlocutores tomam a defesa da justiça de Deus. O contestador judeu de Paulo faz valer seu estatuto privilegiado. Por ser filho de Israel, membro do povo da aliança, ele é destinatário das promessas de Deus. Ora, Deus não pode condená-lo porque assim falharia com seu compromisso de fidelidade na realização das promessas. Ou melhor, diz o interlocutor de Paulo, reforçando a dose: "A minha infidelidade ou injustiça não faz outra coisa senão realçar a fidelidade absoluta de Deus". Paulo objeta: "Então, nesse caso, você coloca Deus na condição de não poder julgar o mundo?". O outro responde: "Não! Eu digo que Deus não pode me condenar como pecador, porque o meu pecado ou infidelidade à lei não faz outra coisa senão realçar a sua fidelidade!" (cf. Rm 3,1-7).

Neste momento Paulo mostra as suas cartas. Ele acena veladamente a um problema que o envolve pessoalmente: "Por que não haveríamos de fazer o mal para que venha o bem? Aliás, alguns caluniadores afirmam que nós ensinamos isso. Essas pessoas merecem condenação" (Rm 3,8). A questão da relação entre "justiça de Deus" e condição humana de pecado, ou injustiça, atinge um nervo descoberto do anúncio e da teologia que Paulo chama de "o meu Evangelho". Ele parte da sua experiência pessoal. Chamado por Deus, que lhe revelou o seu Filho no caminho de Damasco, Paulo se torna o arauto do Evangelho da "graça" de Deus. Ele se faz paladino da gratuidade da iniciativa de Deus que se manifesta de modo assombroso na condição de pecado e morte em que se encontram todos os seres humanos.

Na Carta aos Romanos, Paulo volta a esse tema outras vezes. No capítulo 5, na qual pretende dar certeza aos leitores cristãos sobre a realidade irreversível do amor de Deus, escreve: "Deus demonstra o seu amor para conosco porque Cristo morreu por nós quando ainda éramos pecadores" (Rm 5,8). E no final do mesmo capítulo resume a comparação entre a história de Adão e a história inaugurada por Cristo, nestes termos: "Onde foi grande o pecado, foi bem maior a graça" (Rm 5,20). Então se entende a objeção com que começa o capítulo seguinte: "Que diremos então? Devemos permanecer no pecado para que haja abundância da graça?" (Rm 6,1). O eco desse debate hipotético sobre a relação entre pecado e graça reaparece no centro do mesmo capítulo, partindo mais uma vez da afirmação de Paulo: "Pois o pecado não os dominará nunca mais, porque vocês já não estão debaixo da lei, mas sob a graça" (Rm 6,14). O assunto continua com a pergunta provocadora: "E daí? Devemos cometer pecados, porque já não estamos debaixo da lei, mas sob a graça?" (Rm 6,15).

Dada a ocorrência dessa objeção, que se baseia na relação entre pecado e graça, que se entrelaça com a questão da lei, podemos pensar que este seja um dos pontos visados pelos contestadores de Paulo. Eles jogam na sua cara que a aceitação da fidelidade de Deus, que salva gratuitamente todos os que crêem, corre o risco de abrir caminho para a libertinagem ética. Confirmação disso seria o que acontece em algumas comunidades paulinas, onde alguns, encorajados pelas declarações abertas de Paulo sobre o regime da lei que já estaria superado, se deixam levar por certo laxismo moral. Paulo se adianta e procura explicar, na carta enviada à Igreja de Roma, qual é sua posição. Sem recuar no anúncio do Evangelho da graça de Deus, revelada em Jesus e acolhida na fé, ele toma distância da libertinagem ética baseada no mal-entendido sobre o papel da lei.[12]

No debate com o grupo dos judeus, que se sentem seguros na posse da lei e das promessas de Deus, Paulo confirma sua argumentação recorrendo exatamente ao testemunho da Bíblia. Numa hábil montagem de frases tomadas dos Salmos, demonstra que todos os seres humanos sem exceção estão sob o domínio do pecado. Todavia, conforme diz a

---

[12] Os caluniadores de Paulo devem ser procurados entre os judeu-cristãos de Roma, que defendem uma interpretação antilegalista e libertina do Evangelho (cf. Penna, I diffamatori de Paulo in Rm 3,8. In: *L'apostolo Paolo*, cit., pp. 135-149).

palavra de Deus, conservada na Escritura, vale principalmente para "aqueles que estão sob a lei', isto é, para os judeus que são destinatários da revelação bíblica de Deus. No final, Paulo cita uma frase do Salmo 143,2: "diante de ti [Deus], nenhum vivente é justo". Ele aduz sua interpretação: "Porque ninguém se tornará justo diante de Deus através da observância da lei". Depois, como já fizera na Carta aos Gálatas, aplica essa declaração ao debate com os judeus sobre o papel da lei no plano de Deus e escreve: "A função da lei é dar consciência do pecado" (Rm 3,20).

Contudo, essa conclusão de Paulo é a parte negativa dos seus argumentos em defesa da tese de que a justiça de Deus se revela somente no Evangelho. O aspecto positivo é formulado no estilo da profissão de fé, em que domina o vocabulário da graça e da fé. Vale a pena reler esse texto de Paulo, percebendo sua insistência nos vocábulos e a redundância estilística: "Agora, porém, independente da lei, manifestou-se a justiça de Deus, testemunhada pela lei e pelos profetas. É a justiça de Deus que se realiza através da fé em Jesus Cristo, para todos aqueles que acreditam. E não há distinção: todos pecaram e estão privados da glória de Deus, mas se tornam justos gratuitamente pela sua graça, mediante a libertação realizada por meio de Jesus Cristo" (Rm 3,21-24).

As constelações semânticas que se entrelaçam no escrito paulino gravitam em torno das expressões "justiça de Deus", "tornar justos" e os termos "acreditar" e "fé", "graça" e "gratuitamente". O léxico da "fé" serve de ponte entre a "justiça de Deus" e a justificação. A direção desse percurso é indicada pela terminologia da "graça". A palavra "libertação", ao contrário, traduz uma segunda frase que tem Deus como sujeito e esclarece o processo da justificação: "Deus o [Jesus] destinou a ser vítima que, mediante o seu próprio sangue, nos consegue o perdão, contanto que nós acreditemos. Assim Deus manifestou a sua justiça[...] Mas, no tempo presente, ele manifesta a sua justiça para ser justo e para tornar justo quem tem fé em Jesus" (Rm 3,25-26).[13]

Depois dessa apresentação solene da ação de Deus "justo", que comunica a sua justiça aos que crêem por meio da fé em Jesus Cristo crucificado, Paulo faz um balanço dos resultados da sua argumentação. Retoma o contato com o hipotético interlocutor "judeu" mediante uma série de perguntas que procuram tirar a lei fora do processo que vai da condição de pecado à de relação adequada com Deus. Paulo conclui com uma declaração solene: "Pois esta é a nossa tese: o homem se torna justo através da fé, independente da observância da lei" (Rm 3,28). Em seguida, ele vai de novo atrás do seu interlocutor, levando-o para o terreno da fé como relação vital com o único Deus e conclui: "De fato, há um só Deus que justifica, pela fé, tanto os circuncidados como os não-circuncidados"(Rm 3,30). Entretanto, com essa declaração Paulo não pretende encerrar a questão porque, se é verdade que a justa relação com Deus, para todos, judeus e gregos, passa pela fé, fica então aberta a pergunta sobre o papel da lei dada por Deus. Por enquanto ele apenas enuncia o tema que desenvolverá em seguida: por meio da fé não se tira, mas se confirma, o valor da lei!

---

[13] A palavra grega *hilastêrion*, traduzida como "instrumento que nos consegue o perdão", corresponde ao vocábulo hebraico *kappóreth* que designa a tampa da arca da aliança que se encontra atrás da cortina, no recinto interior do templo. No dia da expiação, *yôm kippûr*, o sumo sacerdote asperge com o sangue das vítimas a tampa da arca para obter o perdão dos pecados, como Moisés havia feito aos pés do Sinai para sancionar a aliança do povo com Deus (cf. Ex 24,1-11; 25,17-18; Lv 16,14).

4. TODOS SÃO LIBERTADOS POR MEIO DE JESUS CRISTO

Paulo apresenta o Evangelho de Deus, para o qual foi escolhido e chamado a ser Apóstolo, de modo dialético. Ele ressalta a ação salvadora de Deus no pano de fundo da condição de miséria em que os seres humanos se encontram. Karl Barth diz que Paulo, na Carta aos Romanos, deixa entrever as crateras abissais das quais a ação gratuita de Deus tira a humanidade. Nos capítulos centrais da carta, ele reconstrói o processo de libertação que vai da escravidão do pecado e da morte à liberdade dos fiéis realizada por Deus por intermédio de Jesus Cristo e com o dom interior do Espírito. No final desse percurso, Paulo declara decididamente: "Agora, porém, já não existe nenhuma condenação para aqueles que estão em Jesus Cristo. A lei do Espírito, que dá a vida em Jesus Cristo, nos libertou da lei do pecado e da morte" (Rm 8,1-2).

Outro ponto alto, do qual se pode contemplar a condição atual dos fiéis, encontra-se no início do capítulo 5. De fato, Paulo escreve: "Assim, justificados pela fé, estamos em paz com Deus, por meio de nosso Senhor Jesus Cristo" (Rm 5,1). Logo em seguida, porém, o olhar se dirige para frente, em direção ao futuro cumprimento que se chama "glória de Deus". Se desde já, por meio da fé, se vive no âmbito da "graça", então se pode contar com a fidelidade de Deus que realizará o seu plano de salvação final. Se, mediante a fé em Jesus Cristo crucificado, os batizados passam do pecado para a justificação e da separação de

Deus para a reconciliação com ele, então podem estar certos de que a comunhão de fé em Jesus Cristo ressuscitado não só os subtrai do julgamento de condenação, mas lhes garante o dom da vida plena.

Para dar densidade a essas declarações, que se apóiam sobre a profissão de fé cristã, Paulo percorre as etapas da tríplice libertação humana: da morte, do pecado e da lei. Na realidade, o ponto crucial em torno do qual gira a reflexão de Paulo é o papel da lei no plano salvífico de Deus. No primeiro díptico, no qual se contrapõem as duas histórias alternativas, a que começa com Adão e aquela da qual Cristo é o iniciador, é introduzida a lei, como realidade estranha ao processo de libertação da escravidão do pecado e da morte. De fato, a realidade histórica do pecado, que arrasta todos os seres humanos para a morte, é anterior à revelação da lei por meio de Moisés (Rm 5,13-14).

Em seguida, Paulo desenvolve a comparação antitética entre as duas linhas de solidariedade, a de Adão, que vai do pecado de um à morte de todos, e a de Cristo, que da obediência de um só se derrama dom de graça sobre todos. A comparação paulina entre Adão e Cristo serve para ressaltar a desproporção entre os efeitos das duas histórias contrapostas. O julgamento de condenação sobre todos os homens parte do pecado de um só. A comunicação da graça, ao contrário, parte de muitas quedas e termina, por meio de um só homem, Jesus Cristo, na justificação de todos. Em seguida, Paulo tira uma primeira conclusão: "De fato, se através de um só homem reinou a morte por causa da falta de um só, com muito mais razão reinarão na vida aqueles que recebem a abundância da graça e do dom da justiça, por meio de um só: Jesus Cristo" (Rm 5,17).

Na última seção do capítulo 5 ele retoma a comparação entre as duas formas contrapostas de solidariedade: de um só a todos. Na declaração final introduz a figura da lei, mas para reafirmar o seu papel negativo. Na cadeia da solidariedade, que vai do pecado à morte, a lei interfere, mas para aumentar os efeitos devastadores do pecado: "A lei sobreveio para dar plena consciência da falta; mas, onde foi grande o pecado, foi bem maior a graça, para que, assim como o pecado havia reinado através da morte, do mesmo modo a graça reine através da justiça para a vida eterna, por meio de nosso Senhor Jesus Cristo" (Rm 5,20-21). É provocadora e escandalosa essa afirmação de Paulo sobre a função da lei na história da humanidade que se inicia com Adão. A lei, além de não se apresentar como cura nem impedir a catástrofe que envolve todos os seres humanos, contribui para incrementar a força destruidora do pecado.

Como deve ser entendida a ligação da lei com a história do pecado e da morte? Paulo explica isso numa abordagem mais ampla e articulada no capítulo 7 da Carta aos Romanos. Antes, porém, se detém para aprofundar a libertação do pecado a fim de tirar suas conseqüências no plano da práxis ética. A passagem da escravidão sob o pecado para a liberdade já aconteceu para os fiéis imersos em Jesus Cristo pelo batismo. De fato, tendo sido assimilados à sua morte, eles serão configurados também à sua ressurreição. Paulo aplica à condição dos batizados o princípio jurídico de que com a morte cessam as relações de propriedade. Se, mediante a imersão batismal, eles morreram com Cristo, foram subtraídos do regime do velho patrão, o pecado. Paulo expressa isso com uma linguagem densa e incisiva: "Sabemos muito bem que o nosso homem velho foi crucificado com Cristo, para que o corpo de pecado fosse destruído e assim não sejamos mais escravos do pecado" (Rm 6,6).

A questão da relação entre o pecado e a lei reaparece no final, na síntese programática proposta como conseqüência da libertação batismal: "Pois o pecado não os dominará nunca mais, porque vocês já não estão debaixo da lei, mas sob a graça" (Rm 6,14). Essa frase marca a passagem para a segunda seção do capítulo, que começa com a pergunta provocadora: "E daí? Devemos cometer pecados, porque já não estamos debaixo da lei, mas sob a graça?" (Rm 6,15). Paulo mostra o absurdo de uma libertinagem ética em nome da graça. Isso contradiz a condição daqueles que passaram da escravidão do pecado para viverem na obediência à justiça. O regime do pecado termina na morte, enquanto a fidelidade à justiça tem como meta a vida eterna.

Mesmo que a lei seja alheia a esse processo de libertação, porque ela pertence ao velho regime de escravidão, os batizados não podem, em nome de uma pseudoliberdade, recair sob o controle do velho patrão. De fato, eles já saíram do domínio do pecado graças à obediência da fé com a qual acolheram o anúncio do Evangelho. Paulo expressa essa convicção com uma declaração em que reconhece a iniciativa gratuita de Deus: "Damos graças a Deus, porque vocês eram escravos do pecado, mas obedeceram de coração ao ensinamento básico que lhes foi transmitido. Assim, livres do pecado, vocês se tornaram escravos da justiça" (Rm 6,17-18). Para Paulo, a "liberdade" cristã age na forma paradoxal de se tornar "escravo" da justiça, que coincide com "servir a Deus".

5. O PAPEL DA LEI NO PROCESSO DE LIBERTAÇÃO

A fórmula "servo de Deus" relembra o estatuto da aliança bíblica do povo de Deus, no qual as cláusulas são definidas pela lei. Paulo parte daí para falar sobre o tema da lei. Parte do princípio jurídico já acenado nas seções anteriores: "A lei tem domínio sobre alguém só enquanto ele vive" (Rm 7,1). Em seguida, traz o exemplo da condição da mulher casada que "está ligada ao marido enquanto este vive; mas se ele morre, ela fica livre da lei conjugal". Esse exemplo jurídico Paulo não escolheu por acaso. A metáfora matrimonial na tradição profética serve para expressar a relação de aliança entre Deus e a comunidade. E a lei é inseparável da aliança.

É, portanto, espontânea a transferência dessa parábola esponsal da aliança para os cristãos, os quais, por meio da fé e da imersão batismal, foram inseridos em Jesus Cristo e partilham sua condição de crucificado. Dirigindo-se aos cristãos, Paulo diz: "Meus irmãos, o mesmo acontece com vocês: pelo corpo de Cristo, vocês morreram para a lei, a fim de pertencerem a outro, que ressuscitou dos mortos, e assim produzirem frutos para Deus" (Rm 7,4). Portanto, a saída do regime da lei coincide com a entrada na nova aliança, em que se vive numa nova relação com Deus por meio de Jesus Cristo. Paulo apresenta essa passagem do velho para o novo num díptico antitético.

"De fato, quando vivíamos na carne, as paixões pecaminosas serviam-se da lei para agir em nossos membros, a fim de que produzíssemos frutos para a morte" (Rm 7,5).

"Mas agora, fomos libertos da lei morrendo para aquilo que nos aprisionava a fim de servirmos sob o regime novo do Espírito, e não mais sob o velho regime da letra" (Rm 7,6).

No primeiro quadro aparecem três forças que estão coligadas para dominar o ser humano. A sua radical fragilidade e impotência é indicada pela expressão paulina: "viver na carne". Paulo diz que em sua realidade concreta, "os membros", o homem oferece as costas para a devastação do pecado com suas paixões. Estas, porém, são estimuladas pela lei. Nesse caso, o resultado é uma prática que conduz à morte. Na situação oposta, inaugurada com a libertação da lei, cessa também o poder escravizador do pecado e os seres humanos passam a ficar sob a ação do Espírito. Este é o dom prometido por Deus no contexto da nova aliança. O Espírito toma o lugar da lei escrita nas placas de pedra. Paulo exprime tudo isso com uma antítese: o velho regime da letra/lei é substituído pelo novo regime do Espírito.

Essa é a condição atual dos que "estão em Cristo Jesus". Eles são subtraídos da condenação que provém do pecado — morte — porque "a lei do Espírito, que dá a vida em Jesus Cristo, nos libertou da lei do pecado e da morte" (Rm 8,2). Entre essas declarações sobre o estatuto atual de novidade e liberdade dos cristãos, Paulo desenvolve uma ampla reflexão sobre a condição que considera anterior: "antes"/ "agora, porém". Mas as coisas são realmente assim? Por que Paulo se preocupa em apresentar de modo tão detalhado e insistente uma condição existencial que, para os fiéis batizados, já seria coisa passada?

O que chama a atenção no drama humano reconstruído por Paulo é o novo sujeito, indicado em primeira pessoa: "eu". Até agora Paulo havia se dirigido aos destinatários da carta interpelando-os com o costumeiro "vocês". Quando se personifica e se expressa a comum consciência cristã, se recorre à primeira pessoa do plural: "nós". Na nova seção, excluídas algumas declarações em forma de princípio e fórmulas de fé, prevalece o sujeito pessoal "eu". Quem fala? É Paulo que se refere à sua experiência pessoal? Ele fala da sua condição anterior ao chamado ou está falando da sua condição de cristão? É um uso retórico da primeira pessoa "eu", mas para falar da condição do ser humano de forma personalizada, como fazem os que rezam nos Salmos e nas lamentações bíblicas? Esta última hipótese parece mais próxima ao modo de expressão de Paulo e ao estilo do seu ditado epistolar. É uma espécie de diálogo interior feito em voz alta para que seus interlocutores tomem consciência do problema que está na base da Carta aos Romanos: Qual é o papel da lei no plano salvífico de Deus? Ela tem uma função positiva ou negativa? É concorrente ou paralela ao Evangelho, em que a salvação é oferecida por Deus a todo aquele que crê? Ela prepara ou faz parte do caminho da salvação, enquanto dá a conhecer a vontade de Deus?

Este capítulo da Carta aos Romanos, tão carregado de *pathos*, a um só tempo fascina e desconcerta os leitores. O estilo do ditado paulino, com suas contínuas referências, retomadas, insistências e ênfases, não ajuda a clareza da exposição. Nesta página se insere a imagem tradicional de Paulo, considerado o antagonista da lei em nome da fé em Jesus Cristo. Mas será isso mesmo? Em nenhum texto do epistolário paulino se encontram afirmações tão decididas e claras a favor da lei de Deus. Por duas vezes, Paulo suspende o debate dramático para declarar: "A lei é santa e o mandamento é santo, justo e bom" (Rm 7,12). A isso faz eco a outra frase que abre a segunda parte da discussão, partilhada também por seus interlocutores: "Sabemos que a lei é espiritual [...]"(Rm 7,14). Trata-se da "lei de Deus", reconhecida como "boa", à qual se deve amar ou obedecer interiormente (Rm 7,16.22.25).

É verdade que tais declarações são como uma espécie de concessão ao seu interlocutor hipotético. Na realidade, são funcionais para a argumentação de Paulo, que procura demonstrar a impotência radical da lei no drama humano. Ela está envolvida, pois se subordina ao domínio do pecado, que tem como resultado a morte. Desse modo, o discurso de Paulo pode parecer uma forma intencional e insistente de desacreditar a lei. Mas não é assim. Ele leva em consideração o papel histórico da lei que, embora sendo boa e justa em si, de fato está a serviço do pecado e não é capaz de se opor à sua força devastadora que conduz o ser humano à morte.

Para entender o que Paulo quer dizer, é bom começar do ponto de chegada da sua ampla argumentação, na qual trata do problema do papel da lei no plano de Deus. No início do capítulo 8 da Carta aos Romanos, depois da afirmação sobre o estatuto de liberdade em que se encontram aqueles que estão em Cristo, escreve: "Deus tornou possível aquilo que para a lei era impossível, porque a carne a tornou impotente. Ele enviou seu próprio Filho numa condição semelhante à do pecado, em vista do pecado, e assim condenou o pecado na sua carne mortal. Deus fez isso para que a justiça exigida pela lei se realizasse em nós, que vivemos segundo o Espírito e não sob o domínio da carne" (Rm 8,3-4). Portanto, o que Paulo deseja não é desacreditar o papel da lei, mas afirmar a iniciativa de Deus que, por meio de Jesus Cristo, seu Filho, elimina a raiz profunda da impotência humana para aplicar as justas exigências da lei. Na linguagem paulina, a impotência humana se chama "carne" e sua raiz poluidora é "o pecado". Esse mecanismo perverso, alimentado pelo pecado, é desativado pela fidelidade de Jesus Cristo, realizada dentro da condição humana, marcada pelo pecado e pela morte.

O drama imaginado por Paulo na página anterior, isto é, no capítulo 7, serve para esclarecer essa radical impotência do ser humano em que a lei também está envolvida. No final, numa espécie de confissão no estilo dos salmos bíblicos, Paulo exclama angustiado: "Infeliz de mim! Quem me libertará deste corpo de morte?". E logo em seguida, no horizonte da fé cristã, responde: "Sejam dadas graças a Deus, por meio de Jesus Cristo, nosso Senhor" (Rm 7,24). Como conclusão de tudo, numa frase sintética, fixa a condição do ser humano, em que se manifesta a ação libertadora de Deus por meio de Jesus Cristo: "Assim, pela razão eu sirvo à lei de Deus, mas pela carne sirvo à lei do pecado" (Rm 7,25).

As duas conotações finais da lei — "lei de Deus" e "lei do pecado" — resumem a posição dialética de Paulo quanto à lei. Ele a apresenta de forma problemática na pergunta inicial: "Que diremos então? Que a lei é pecado? De jeito nenhum!" (Rm 7,7). Mas logo em seguida ele traça um quadro dramático da condição do ser humano, na qual a lei está envolvida no processo que vai do pecado à morte. Nessa evocação de Paulo, inspirada no relato do Gênesis sobre o pecado primordial, está totalmente ausente a menção de Deus. Os atores do drama, no qual o protagonista personalizado é o "eu" representativo do ser humano, são o pecado, a lei e a morte.

Paulo não explica o que é o pecado, que ele descreve como uma força de sedução e de prevaricação. Ele toma posse do ser humano e faz dele o que bem entende sem ser contestado. No primeiro ato do drama, a cena é ocupada pela lei, que Paulo resume pela palavra com que se fecha o decálogo: "Não cobice" (Ex 20,17). O mandamento da lei, diz Paulo, é o pressuposto para fazer experiência do pecado, o qual por sua vez se enxerta no desejo desencadeado, a "cobiça". Eis como se desenvolve o drama no qual a pessoa está envolvida: "Mas o pecado aproveitou a ocasião desse mandamento e despertou em mim todo tipo de cobiça [...] Porque o pecado aproveitou a ocasião do mandamento, me seduziu e, através dele, me matou" (Rm 7,8.11). Neste ponto, Paulo se pergunta: Como a lei, que é "boa", e o mandamento, que é "justo e santo" e que "devia dar a vida", se tornaram "morte" para mim? E responde: "Foi o pecado que fez isso. Pois o pecado, através do que é bom produziu em mim a morte, a fim de que o pecado, por meio do mandamento, aparecesse em toda a sua gravidade" (Rm 7,13).

Na segunda parte do capítulo 7, Paulo desenvolve a análise sobre a condição do ser humano que está sob o domínio do pecado. Em tal situação, a lei de Deus é radicalmente impotente para arrancá-lo da escravidão, que tem a morte como resultado final. Desde o começo, Paulo evoca a situação em termos antitéticos: "Sabemos que a lei é espiritual, mas eu sou humano e fraco, vendido como escravo ao pecado" (Rm 7,14). A lei é uma força positiva dada por Deus para o bem do ser humano, mas ela é ineficaz enquanto o pecado predominar. Paulo exemplifica essa declaração programática numa série de análises introspectivas nas quais aparece a situação contraditória do ser humano, personalizado no "eu" do discurso dramatizado. Ele está entre o desejo do bem e a realização do mal: "Não consigo entender nem mesmo o que eu faço; pois não faço aquilo que eu quero, mas aquilo que mais detesto" (Rm 7,15). Paulo tira uma primeira conclusão: no ser humano está presente de modo estável e eficaz outra força negativa que contrasta com o bem proposto pela lei. Essa força é o pecado: "Ora, se eu faço o que não quero, reconheço que a lei é boa; portanto, não sou eu que faço, mas é o pecado que mora em mim" (Rm 7,16-17).

Logo em seguida ele repropõe, com algumas pequenas modificações, a mesma análise da situação do ser humano impotente para fazer o bem que deseja: "Sei que o bem não mora em mim, isto é, na minha carne. O querer o bem está em mim, mas não sou capaz de fazê-lo" (Rm 7,18). Portanto, conclui Paulo, no ser humano há uma força contraditória que está na origem do mal: "Ora, se faço aquilo que não quero, não sou eu que o faço, mas é o pecado que mora em mim" (Rm 7,20). E resume sua análise nesta frase: "Assim, encontro em mim esta lei: quando quero fazer o bem, acabo encontrando o mal" (Rm 7,21).

Essa radical contradição que se manifesta no agir humano é por onde se pode espreitar o própria condição de ser "carne, isto é, vendido como escravo ao pecado. No final, Paulo transcreve essa situação do ser humano dominado pelo pecado numa síntese na qual joga com a ambivalência do vocábulo "lei", entendida como estatuto existencial, código ético, norma de vida dada por Deus. Paulo escreve: "No meu íntimo, eu amo a lei de Deus, mas percebo em meus membros outra lei que luta contra a lei da minha razão e que me torna escravo da lei do pecado que está nos meus membros" (Rm 7,22-23).

Fica evidente a vontade de Paulo de afirmar não só o contraste entre "lei de Deus" e "lei do pecado", mas sobretudo ressaltar a impotência do ser humano, contido entre essas duas realidades. Ele expressa essa tensão com a linguagem dualista da antropologia helenística, baseando-se na polaridade de "razão" e "carne", à qual corresponde a de "homem interior" e "membros/corpo". A frase final coloca a atenção sobre este antagonismo existencial: "Assim, pela razão eu sirvo à lei de Deus, mas pela carne sirvo à lei do pecado" (Rm 7,25).

6. A VIDA NO ESPÍRITO

No começo do capítulo 8, de modo paradoxal, afirma que a "lei do Espírito que dá a vida" é a força libertadora do regime da "lei do pecado e da morte". A expressão "lei do Espírito que dá a vida" deve ser entendida no sentido de uma lei que se identifica com o Espírito, isto é, com a força de Deus, capaz de comunicar a vida àqueles que crêem. De fato, Paulo logo em seguida explicita o seu significado falando da missão de Jesus Cristo, o Filho de Deus que se fez solidário com a condição humana, a fim de subtraí-la da escravidão do pecado e da morte. Na vertente positiva, a ação libertadora de Jesus Cristo a favor dos fiéis se manifesta como possibilidade de que neles se realize "a justiça da lei, [*dikaíôma toû nómou*]". O verbo *ploroústhai*, "cumprir-se, realizar-se", no passivo, sugere a idéia de que o cumprimento cabe à iniciativa de Deus por meio de Jesus Cristo. Mas obtém seus efeitos positivos naqueles que caminham "segundo o Espírito e não segundo a carne" (Rm 8,4).

Em seguida, Paulo desenvolve essa antítese dos dois projetos de existência, conotados respectivamente pela "carne" e pelo "Espírito". O termo Espírito, no capítulo 8 da Carta aos Romanos, em que há a máxima concentração, se refere na maioria das vezes ao "Espírito de Deus".[14] Ao "espírito" são associados os termos e as respectivas categorias

---

[14] O termo *pnéuma*, "espírito", aparece 21 vezes neste capítulo 8 num total de 34 vezes em toda a Carta aos Romanos.

de "vida" (4 vezes), "paz" e "justiça" (Rm 8,6.10); o "espírito" está ligado à condição de "filhos de Deus"(Rm 8,14); a oração também é sustentada pelo Espírito (Rm 8,26-27). A única ocorrência da expressão "Espírito de Cristo"(Rm 8,9) deve ser entendida no sentido de Espírito de Deus comunicado por intermédio de Jesus Cristo, o Senhor ressuscitado. Apenas em Romanos 8,16, em que se fala de "nosso espírito", o vocábulo *pneúma* se refere ao espírito do ser humano, que neste caso está sob a influência do Espírito de Deus ou de Cristo. Em posição antitética ao Espírito está a "carne", como se pode ver pela freqüência dessa terminologia no mesmo capítulo 8 da Carta aos Romanos.[15]

Duas lógicas contrapostas inspiram o estilo de vida daqueles que vivem respectivamente segundo a carne e segundo o Espírito. Os dois projetos de vida são conotados por efeitos antitéticos. De um lado, a prática que corresponde às aspirações da carne acaba na morte; ao contrário, a que obedece aos impulsos do Espírito desemboca na vida e na paz. Paulo acentua as conotações negativas do estilo de vida segundo a carne. Afirma que "os desejos da carne estão em revolta contra Deus, porque não se submetem à lei de Deus; e nem mesmo o podem [...]" (Rm 8,7). Nesta última expressão se percebe o eco do quadro dramático do capítulo anterior, no qual Paulo evoca a condição do ser humano impotente para realizar o bem, porque está sob o domínio do pecado. Aqueles que vivem segundo a carne se encontram

---

[15] O vocábulo *sárx*, "carne", encontra-se 13 vezes num total de 21 na Carta aos Romanos. Está associado ao "pecado", à "fraqueza" ou "impotência", e à "morte" (Rm 8,3.6.13). A "carne" se opõe ao Espírito e a Deus (Rm 8,7.8). Algumas conotações da "carne" se referem também ao "corpo", *sôma*, mas, diferentemente da carne, o corpo está destinado à ressurreição graças à presença do Espírito (Rm 8,11.23).

numa condição de impotência, pois não são capazes de fazer o bem indicado pela lei de Deus. Paulo conclui com uma declaração que resume tudo: "Os que vivem segundo a carne não podem agradar a Deus" (Rm 8,8).

No pano de fundo desse quadro negativo ressalta o apelo paulino dirigido "àqueles que estão em Cristo Jesus", para os quais não existe nenhuma condenação. Paulo diz: "Uma vez que o Espírito de Deus habita em vocês, já não estão sob o domínio da carne, mas sob o Espírito, pois quem não tem o Espírito de Cristo não pertence a ele" (Rm 8,9). A presença permanente do Espírito nos fiéis se contrapõe à do pecado que "habita" no ser humano e lhe impede de realizar o bem proposto pela lei de Deus. O Espírito é um dinamismo de libertação para a vida comunicado por Jesus Cristo aos que crêem. Por isso, Paulo pode falar também de "Espírito de Cristo" ou do próprio Cristo, que está presente nos cristãos como uma realidade interior e permanente. Esse é o sinal da pertença deles a Cristo e a garantia da futura ressurreição.

Aqui, Paulo trata de uma questão que acompanha em surdina a apresentação do Evangelho como força de salvação para todos aqueles que crêem. É possível proclamar de modo realista a salvação em relação ao pecado e à morte se, de fato, a morte continua se desencadeando com toda a sua fúria? Como Paulo pode dizer seriamente que não existe mais nenhuma condenação se continuam a existir vítimas da morte? Paulo, então, esclarece que se Cristo está naqueles que crêem, o "corpo" deles vai em direção da morte por causa do pecado, mas o "espírito" deles é candidato à vida, porque já aconteceu a justificação, que o faz passar do pecado à paz e à reconciliação com Deus.

Paulo, porém, se dá conta de que tal dissociação entre "corpo" e "espírito" é insatisfatória, porque parece deixar ainda intacto o domínio do pecado e da morte. Então, ele retoma a questão provocada pela experiência da morte e reformula seu pensamento numa perspectiva escatológica. Paulo não pode negar que os cristãos, apesar da sua imersão em Cristo por meio da fé batismal, morrem como todos os outros, mas pode anunciar desde já o evento da ressurreição final. Ele é antecipado pela presença do Espírito de Deus nos que crêem. Por isso, escreve: "Se o Espírito daquele que ressuscitou Jesus dos mortos habita em vocês, aquele que ressuscitou Cristo dos mortos dará a vida também para os corpos mortais de vocês, por meio do seu Espírito que habita em vocês" (Rm 8,11).

Essa abertura para o futuro da ressurreição, que tem sua garantia na presença atual do Espírito, é retomada em seguida por Paulo num cenário inspirado na linguagem dos profetas apocalípticos, em que a própria realidade criada está envolvida no processo de libertação dos filhos de Deus. Antes de desenvolver esse horizonte da esperança cristã numa dimensão cósmica universal, Paulo se preocupa em tirar as conseqüências no plano prático do seu discurso sobre o duplo estilo de vida, segundo a carne e segundo o Espírito. Ele projeta mais uma vez o resultado diferente dos dois projetos e formas de existência: de um lado, a vida, e de outro lado, a morte. Desta vez, contudo, na exortação implícita dirigida aos destinatários cristãos, o acento é colocado na vertente positiva que oferece o gancho para o desenvolvimento posterior: "Se com a ajuda do Espírito fazem morrer as obras do corpo, vocês viverão" (Rm 8,13).

Aqui se insere a apresentação do estatuto da liberdade daqueles que se deixam guiar pelo Espírito de Deus. Eles são filhos de Deus, arrancados para sempre do regime da escravidão caracterizado pelo medo diante de Deus. Desde já, participam da condição filial de Jesus Cristo, o Filho único de Deus.[16] A prova de que fazem parte do *status* de filhos de Deus é a oração de Jesus, o Filho único que se dirige a Deus com intimidade e confiança filial, chamando-o de *Abbá*, Pai.[17] Esse modo de se dirigir a Deus só pode provir da presença do Espírito, que sugere e sustenta a oração filial dos fiéis batizados em nome de Jesus Cristo.

A lembrança dessa condição filial oferece o gancho para Paulo retomar o tema de sua preferência. Qual é o destino final dos fiéis libertados do pecado e da morte? Como se concilia a esperança de vida deles com a condição atual marcada por sofrimentos que acabam na morte? Com base na constatação de que desde já eles são filhos de Deus, Paulo tira a primeira conseqüência no plano da esperança futura. Se são filhos de Deus, o futuro deles já está garantido. Eles são "herdeiros de Deus e, associados à condição do Filho único", são "co-herdeiros de Cristo". Então, a atual condição de sofrimento é a confirmação de que o destino final

---

[16] Para expressar essa condição filial dos cristãos, Paulo recorre à categoria greco-romana da "adoção", que não tem correspondentes no ambiente bíblico e judaico, mesmo que em Romanos 9,4 faça referência à adoção de Israel como filho de Deus (Ex 4,22; Is 1,2), no contexto da aliança. A *hyiothesía*, "adoção", é um instituto jurídico que prevê a aceitação de alguém no *status* legal de filho com todos os direitos, sobretudo o de herança.

[17] O uso do aramaico *Abbá* e o plural do verbo "clamar" remetem a um contexto litúrgico. Nesse contexto, acontece a aclamação comunitária sob o impulso do Espírito (cf. Gl 4,6). *Abbá* é a invocação com a qual se abre a oração de Jesus, segundo a tradição evangélica (Mc 14,36).

deles já começou. De fato, diz Paulo, todos aqueles que se associam aos sofrimentos de Cristo, isto é, enfrentam a precariedade humana que termina na morte, em união com Jesus Cristo crucificado, são candidatos à sua vitória plena sobre a morte, que é a ressurreição gloriosa.

Paulo, porém, é chamado mais uma vez ao realismo da experiência humana marcada pelas tribulações e sofrimentos. Essa realidade, com todo o seu peso, parece contradizer a expectativa e a esperança de ressurreição fundamentadas na fé em Jesus Cristo ressuscitado. Como é possível falar de filhos de Deus, libertos do medo e da angústia da morte, quando todos os dias são caçados pela doença e pela degradação psicofísica que termina inexoravelmente na destruição da morte? Paulo não se deixa desencorajar por essa constatação realista. Ele toma impulso justamente dessa situação para traçar um quadro impressionante da esperança cristã que se apóia em duas colunas. Por um lado, há a ação de Deus criador que está na origem de toda a realidade e, por outro lado, a ressurreição de Jesus Cristo que, dentro da condição histórica da humanidade e do mundo criado, inverteu o processo que conduz à morte.

Paulo começa com uma declaração positiva de grande fôlego que busca segurança na fé que partilha com os destinatários: "Penso que os sofrimentos do momento presente não se comparam com a glória futura que deverá ser revelada em nós" (Rm 8,18). A "glória" de que fala Paulo é a condição final dos filhos de Deus na qual, por enquanto, apenas Jesus Cristo entrou com a sua ressurreição. Os fiéis batizados ainda vivem na fase dos sofrimentos que corresponde à morte de Jesus crucificado. A glória é esperada como uma realidade certa e definitiva que deverá "se revelar". De fato, ela depende da iniciativa livre e gratuita de Deus. Para dar forma expressiva e desenvolver essa declaração programática sobre a "glória dos filhos de Deus", Paulo traça um quadro que vai desde a criação inicial até o último evento da ressurreição.

Vale a pena reler este texto paulino, que se inspira na linguagem dos profetas: "A própria criação espera com impaciência a manifestação dos filhos de Deus. Entregue ao poder do nada — não por sua própria vontade, mas por vontade daquele que a submeteu —, a criação abriga a esperança, pois ela também será liberta da escravidão da corrupção, para participar da liberdade e da glória dos filhos de Deus" (Rm 8,19-21). O que se intui nessas frases, que se entremeiam e se entrelaçam com a retomada e o esclarecimento dos termos, é a solidariedade de destino entre a criação e os filhos de Deus. Continua enigmática e obscura, contudo, a referência paulina ao estado de escravidão da criação submetida ao "poder do nada" e à "corrupção".[18]

Numa segunda frase, Paulo retoma o anseio da criação solidária com o destino do ser humano e o descreve mediante a metáfora profética das dores do parto: "Sabemos que a criação toda geme e sofre dores de parto até agora.

---

[18] O termo *ktísis*, no contexto de Romanos 8,19-22, deve ser referido à criação entendida como universo criado por Deus, distinto do gênero humano, que é potencialmente chamado a partilhar a condição de "filhos de Deus". O poder do nada, a caducidade, *mataiótes*, à qual a criação está submetida, coincide com a "escravidão da corrupção". Indica o aspecto precário do mundo, que está envolvido no pecado humano. A solidariedade de destino entre realidade criada e ser humano remonta à ação de Deus, mas se torna negativa por causa do pecado de Adão (Gn 3,17; 5,29). Contudo, nessa solidariedade se insere a espera da criação, que se tornou participante da libertação final dos filhos de Deus.

E não somente ela, mas também nós, que possuímos os primeiros frutos do Espírito, gememos no íntimo, esperando a adoção, a libertação para o nosso corpo" (Rm 8,22-23). Esse é o ponto que Paulo ressalta. Não se pode dizer que a salvação esteja realizada até que não se tenha superado o escândalo da morte, que ataca o ser humano também em sua realidade corpórea. Sem a redenção do corpo, mediante a ressurreição, a salvação continua sendo uma realidade prometida, mas que ainda não se completou.

A presença do Espírito nos fiéis assegura esse cumprimento, porque é a sua antecipação, como o são os primeiros frutos em relação à colheita. Ao mesmo tempo, porém, o Espírito sustenta e interpreta a sofrida expectativa dos fiéis na ressurreição. De fato, diz Paulo, os fiéis gemem interiormente em sintonia com os gemidos de toda a realidade criada. Portanto, os sofrimentos que caracterizam a fase atual da história do mundo e da humanidade, como os do parto, são o prelúdio da nova vida que está nascendo.[19]

Uma confirmação dessa esperança de salvação, garantida pela presença do Espírito, está na oração dos fiéis. É uma oração que nasce e recebe impulso do Espírito, o qual interpreta a expectativa deles e a orienta para o seu cumprimento. Ela é certamente eficaz, pois corresponde à vontade de Deus. Então Paulo pode concluir com uma afirmação carregada de otimismo, o qual tem seu fundamento na fidelidade de Deus, que está na origem e conduz o seu plano de salvação à realização. Com base na fé comum, ele declara:

---

[19] A linguagem e as imagens de Paulo relativas aos "gemidos da criação" e às "dores do parto" se inspiram em textos da tradição profética (cf. Is 26,17; 66,8).

"Sabemos que todas as coisas concorrem para o bem dos que amam a Deus, daqueles que são chamados segundo o projeto dele" (Rm 8,28).

Em seguida, ele repassa as fases desse plano divino que vai desde a eleição inicial gratuita e eficaz à glória final. Paulo dita ao seu secretário Tércio algumas linhas nas quais o estilo ritmado das frases deixa perceber a carga de alegre e serena contemplação: "Aqueles que Deus antecipadamente conheceu, também os predestinou a serem conformes à imagem do seu Filho, para que este seja o primogênito entre muitos irmãos. E aqueles que Deus predestinou, também os chamou. E aos que chamou, também os tornou justos. E aos que tornou justos, também os glorificou" (Rm 8,29-30). O plano de Deus que se desenvolve sem solução de continuidade desde a eleição até a glorificação tem o seu núcleo e ponto central na ressurreição de Jesus Cristo, o Filho primogênito, primeiro da fila de uma multidão de irmãos.

Então Paulo retoma o contato com os destinatários e com uma série de perguntas seguidas faz uma comparação entre a ação de Deus para a salvação e a condição de tribulações e sofrimentos em que eles, como todos os seres humanos, vivem. As perguntas de Paulo se resumem nesta última: "Quem nos poderá separar do amor de Cristo?" (Rm 8,35). Segue-se uma lista das situações de crise, privações e sofrimentos que precedem a morte. No final, Paulo responde com uma afirmação na qual se concentra sua opção de fé: "Estou convencido de que nem a morte nem a vida [...] nem qualquer outra criatura, nada nos poderá separar do amor de Deus, manifestado em Jesus Cristo, nosso Senhor" (Rm 8,38-39). Portanto, é mais uma vez o amor de Deus, manifestado e comunicado pelo dom do seu Filho Jesus Cristo, a razão última da esperança cristã, da qual Paulo se faz intérprete na carta enviada aos cristãos de Roma.

7. O MISTÉRIO DE ISRAEL

Com essa profissão de fé no amor de Deus, que está na raiz da esperança dos fiéis em Jesus Cristo, Paulo consegue comunicar a convicção que está subentendida à tese enunciada na abertura da Carta ao Romanos. No Evangelho de Deus realmente se manifesta uma força de salvação para todos aqueles que se abrem a ela por meio da fé, para o judeu primeiramente e depois para o grego. Todavia, qual é o destino daqueles que não acolhem o Evangelho de Deus? Paulo já deu uma resposta a essa pergunta quando falou da ira e do julgamento de Deus, que desce como condenação sobre todos aqueles que "sufocam a verdade na injustiça". Isso vale primeiramente para o judeu e depois para o grego, "pois Deus não faz distinção de pessoas" (Rm 2,11). E sob essa perspectiva histórica, a questão pode ser dada como encerrada.

Todavia, para Paulo o destino de Israel coloca um problema particular, pois questiona diretamente sua argumentação voltada a demonstrar que no Evangelho se revela a "justiça de Deus". Com efeito, para Paulo, Israel não é apenas uma parte da humanidade que está diante da salvação proposta no Evangelho de Deus. Israel é o povo da primeira aliança, com o qual Deus estabeleceu um pacto de fidelidade e ao qual prometeu a salvação. Ora, se Israel em sua grande maioria não acolheu o Evangelho de Deus, porque, de fato, não reconheceu Jesus como Messias e Filho de Deus, isso significa que, nesse caso, a fidelidade de Deus falhou. Que crédito pode ter então a promessa de Deus, que em Jesus Cristo oferece a salvação a todos os seres humanos, se ele falhou na história com o povo da primeira aliança? Nesse caso, o empenho missionário de Paulo para anunciar o Evangelho aos pagãos poderia parecer uma espécie de expediente diante da recusa de Jesus Cristo por parte dos seus compatriotas.

Portanto, o destino de Israel coloca para Paulo um problema com um duplo desdobramento, um teórico e outro pessoal. Ele o enfrenta no diálogo epistolar com os cristãos de Roma que, em seu núcleo original, provêm do ambiente judaico. Na capital do império se encontra uma comunidade judaica numerosa e atuante que, por sua colocação, tem relações com toda a diáspora judaica. Por isso, Paulo dedica à questão do destino de Israel um amplo tratado no qual usa com freqüência o recurso aos textos bíblicos — há pelo menos trinta citações explícitas da Bíblia em três capítulos — e procede com um estilo que, em certos aspectos, se inspira no modelo do debate e, em outros, no modelo da homilia sinagogal.

A argumentação desenvolvida por Paulo pode ser resumida em quatro momentos. Em primeiro lugar, ele relê a história religiosa de Israel para mostrar que Deus salva gratuitamente aqueles que se abrem à sua iniciativa na fé. Por isso, para a salvação, que é dom de Deus, não contam nem a pertença étnica nem os méritos adquiridos pela observância da lei. Em segundo lugar, Paulo mostra que o fato de Israel não ter acolhido a salvação oferecida no Evangelho de Jesus Cristo corresponde ao que os profetas previram na Bíblia, em que se fala de um "povo desobediente e rebelde". Contudo, acrescenta Paulo logo em seguida, a atual infidelidade de Israel é provisória. Além disso, ela tem um desdobramento positivo, enquanto favorece o anúncio do Evangelho aos não-judeus e a conversão deles à fé cristã. Enfim, afirma Paulo, no tempo que só Deus conhece, "todo o Israel será salvo". Então, ele pode concluir: "Deus encerrou todos na desobediência — os pagãos antes e agora os judeus —, para ser misericordioso com todos" (Rm 11,32). Desse modo, aparece a fidelidade de Deus que, com liberdade e sabedoria, guia a história humana para a salvação.

O que Paulo escreveu na casa de Gaio em Corinto, no final dos anos 50 d.C., é um pequeno tratado *Pro Judaeis*. Embora ele não possa contrabalançar a série de tratados antijudaicos — *Adversus* ou *Contra Judaeos* — feitos por autores cristãos a partir do século III, permanece como um documento decisivo para definir o estatuto teológico do povo de Israel.[20] Desde o início, Paulo expõe o seu drama pessoal. Por um lado, ele se sente ligado por razões históricas e afetivas ao seu povo, aos israelitas, que chama de "meus irmãos, meus consanguíneos segundo a carne". Por outro lado, Paulo encontrou Jesus Cristo, que chama de "o meu Senhor", o Filho de Deus, que é a razão da sua vida (cf. Fl 1,21). Então, ele imagina uma situação paradoxal: está disposto a ficar "separado de Cristo" se isso pudesse ajudar na salvação de seus irmãos judeus.

---

[20] Depois da queda de Jerusalém no ano 70 e a segunda revolta em 135, que põe fim à nação judaica como realidade política na terra dos antepassados, as relações entre judeus e cristãos vão se deteriorando até a completa separação na época de Constantino. Reflexo disso são os escritos de cristãos que procuram justificar a ruptura e o conflito, desde o *Diálogo com Trifão*, de Justino, na metade do século II, até os tratados *Adversus* ou *Contra Judaeos* de Clemente de Alexandria, Orígenes, Tertuliano (século III) e de João Crisóstomo (século IV).

Paulo, que colocou sua vida a serviço do Evangelho de Jesus Cristo, sabe que a esperança messiânica aprofunda suas raízes na consciência religiosa de seu povo. De fato, ao terminar a lista dos novos privilégios religiosos e históricos de Israel, Paulo diz: "Deles nasceu Cristo segundo a condição humana, que está acima de tudo. Deus seja bendito para sempre. Amém" (Rm 9,5).[21] Paulo está disposto a reconhecer que os filhos de Israel têm zelo por Deus e procuram observar a sua lei. Mas na sua perspectiva de fé cristã, Paulo afirma que eles, por ignorância, andaram fora do caminho. Ele expressa o seu embaraço interior aos cristãos de Roma nestes termos: "Irmãos, o desejo do meu coração e a súplica que faço a Deus em favor deles, é que se salvem. Pois eu dou testemunho de que eles têm zelo por Deus, mas um zelo pouco esclarecido. Eles desconhecem a justiça de Deus e procuram afirmar a sua própria justiça e, assim, não se submetem à justiça de Deus" (Rm 10,1-3). A "consciência reta", que teria permitido aos filhos de Israel se submeterem à justiça de Deus, é a experiência de fé cristã. Paulo a resume com esta declaração: "O fim da lei é Cristo, para que todo aquele que acredita se torne justo" (Rm 10,4).

Paulo se aflige porque os judeus, seus compatriotas, filhos dos patriarcas, eleitos de Deus, destinatários da lei mosaica e guardiães da promessa messiânica, não são cristãos! Todavia, além do drama pessoal, para Paulo está em jogo a credibilidade da atuação de Deus. Então, ele começa

---

[21] O apelativo *Theós* na construção da frase grega deveria ser referido a Cristo, embora tal atribuição seja excepcional nas cartas autênticas de Paulo, onde o título *Theós* é reservado ao Pai, como aparece nas doxologias de Romanos 1,25; 11,36, 16,27.

a fazer uma pesquisa sobre o modo de agir de Deus como aparece na Bíblia. Ele parte de uma declaração programática: "A palavra de Deus, porém, não falhou" (Rm 9,6). Em seguida, repassa alguns momentos da história que vão desde os patriarcas até Moisés, para mostrar que Deus salva gratuitamente aqueles que ele livremente escolhe e chama. Isso vale para Isaac, filho de Abraão, por força da promessa, e para seu filho Jacó, que nasceu depois de Esaú. Há uma confirmação disso na história do Êxodo, onde Deus age livremente em nome da sua "misericórdia". Então, conclui Paulo, a salvação "não depende da vontade ou do esforço do homem, mas da misericórdia de Deus" (Rm 9,16). O caso do faraó que Deus suscitou para mostrar o seu poder é uma prova da sua liberdade soberana. Em suma, Deus "usa de misericórdia com quem ele quer, e endurece a quem ele quer" (Rm 9,18).

Se assim é, tem ainda sentido falar de liberdade e de responsabilidade do ser humano? Paulo toma a defesa da liberdade de Deus porque sabe que ela é a raiz e o horizonte da liberdade humana. De fato, ele volta ao momento inicial e fundante da relação entre Deus e o ser humano, o momento da criação. Como pano de fundo apresenta a parábola bíblica de Deus criador que, como um oleiro, plasma o ser humano do pó da terra. "Por acaso, o vaso de barro diz ao oleiro: 'Por que você me fez assim?'. Por acaso, o oleiro não é dono da argila, para fazer com a mesma massa dois vasos, um para uso nobre e outro para o uso comum?" (Rm 9,20-21).

Paulo faz a aplicação dessa parábola ao agir de Deus, que livremente chama os que crêem à salvação. Estes são os vasos para uso nobre, designados como "vasos de misericórdia". Mas o que causa problema é a presença dos vasos para uso comum, chamados de "vasos da ira, já prontos para a perdição". Paulo salienta que é diferente o agir de Deus em relação aos dois grupos. De fato, Deus suporta "com muita paciência os vasos da ira" — metáfora para falar do julgamento de condenação por causa do pecado — a fim de "mostrar a riqueza da sua glória para com os vasos de misericórdia, que ele havia preparado para a glória" (Rm 9,23). Paulo se coloca neste segundo grupo juntamente com todos aqueles que são chamados por Deus não só entre os judeus, mas também entre os pagãos. Em outras palavras, a iniciativa livre e eficaz de Deus se manifesta apenas na linha positiva, a da salvação dos que crêem.

Paulo encontra uma confirmação desse agir de Deus nos textos bíblicos dos profetas, onde se fala tanto do chamado de Israel como dos pagãos. No final, ele se pergunta por que o povo de Israel, chamado por Deus, não encontrou a sua justiça, que se revela no Evangelho, enquanto os pagãos a encontraram. Paulo responde que Deus, em Jesus Cristo e no Evangelho, oferece a salvação a todos os seres humanos que se abrem para ele na fé. Nessa perspectiva, ele coloca também a situação dos judeus, comparando-a com a dos pagãos que alcançaram a justiça, mas a justiça que vem da fé; "ao passo que Israel procurava uma lei que lhe trouxesse a justiça, mas não conseguiu essa lei. Por quê? Porque não a procurou através da fé, mas através das obras" (Rm 9,31-32). Assim, a vinda de Jesus, o Messias esperado durante séculos, em vez de ser o ponto de chegada da experiência religiosa de Israel, se tornou uma pedra de tropeço.

Paulo dedica um espaço para esclarecer em que consiste a "justiça que vem da fé", contraposta à que vem da lei. A primeira é dada por Deus a quem reconhece e acolhe a sua palavra no coração. Isso agora acontece no processo da fé cristã, na qual se reconhece no coração que Deus ressuscitou Jesus Cristo dos mortos e se professa abertamente que ele é o Senhor. Mas para poder crer é preciso ouvir o anúncio do Evangelho. Paulo reconstrói as várias fases do processo que vai desde o anúncio do Evangelho até a profissão de fé, na qual se reconhece Jesus como único Senhor que salva os que o invocam, sejam eles judeus ou gregos. No final, ele se pergunta se por acaso Israel não pode aduzir como álibi que o Evangelho não lhe foi anunciado. Essa desculpa, contudo, não se sustenta, pois o Evangelho foi anunciado também a Israel. Será que não o compreendeu? Mas os pagãos o compreenderam! Então quer dizer que a raiz da incompreensão de Israel deve ser atribuída ao seu coração, porque, como diz Isaías, é "povo desobediente e rebelde".

Em seu debate imaginário com compatriotas, representantes de Israel, Paulo o coloca sempre diante da Escritura, na qual se alternam textos da Torá e dos profetas. Ele faz uma hábil montagem dos textos para dar um fundamento bíblico aos seus argumentos. Mas na Bíblia ele encontra também a raiz da sua reflexão sobre o plano salvífico de Deus, no qual entra o destino de Israel como povo da primeira aliança. Em seu debate, Paulo chegou a este ponto: Israel se fechou diante do anúncio do Evangelho, no qual se revela a justiça de Deus; mas a infidelidade de Israel não compromete a fidelidade de Deus, que desde sempre salva gratuitamente aqueles que crêem. Qual será, porém, a sorte final do povo da primeira aliança? Paulo formula a pergunta na linguagem bíblica dos salmos: "Será que Deus rejeitou o seu povo?" (Rm 11,1). Ele responde em seguida, invertendo a pergunta: "Deus não rejeitou o seu povo, que ele tinha conhecido desde o princípio" (Rm 11,2).

De novo, Paulo percorre a história bíblica à procura do modo de agir de Deus que salva o povo a partir de um pequeno resto e conclui: "É o que continua acontecendo hoje: sobrou um resto, conforme a livre escolha da graça. E isso acontece pela graça, e não pelas obras; do contrário, a graça já não seria graça" (Rm 11,5-6). Então por que o destino de Israel não pode entrar nessa lógica da graça? Paulo já tem a resposta pronta, ao ter criado a antítese "graça"/"obras". Contudo, dentro de Israel também há um resto escolhido por Deus gratuitamente, diz Paulo. Mas acrescenta em seguida: "Os demais ficaram endurecidos" (Rm 11,7). E para confirmar essa declaração não lhe faltam textos bíblicos nos quais se denuncia a cegueira de Israel.

Em seguida, Paulo retoma a pergunta em que se reflete o seu tormento pessoal e sobre a qual baseia a parte conclusiva da sua argumentação: "Será que eles tropeçaram para ficar caídos?". A resposta só pode ser esta: "De jeito nenhum!". Paulo, porém, acrescenta que a atual queda de Israel de fato favoreceu a missão entre os pagãos, a ponto de provocar ciúme. Como Apóstolo dos pagãos, ele se empenhou nessa missão a fim de provocar o ciúme dos seus consangüíneos e para salvar alguns deles. Todavia, trata-se apenas de um pequeno resto.

Imediatamente, o pensamento de Paulo, saltando os ritmos da história, projeta na situação atual o cumprimento final do plano de Deus e procura formular o seu sonho sobre o destino de Israel: "Ora, se a queda de Israel se tornou riqueza para o mundo e se sua decadência se tornou riqueza para os pagãos, o que não será a total participação de Israel na salvação!" (Rm 11,12). E volta de novo a formular a mesma idéia algumas linhas à frente nestes termos: "Pois se o fato de eles serem rejeitados trouxe a reconciliação do mundo, o efeito da reintegração deles será a ressurreição dos mortos" (Rm 11,15).

Nessa perspectiva da salvação escatológica — relembrada pela fórmula "ressurreição dos mortos" — Paulo se dirige aos cristãos de Roma de origem pagã e lhes recorda que os primeiros fiéis provêm do povo de Israel. Estes são as primícias da massa que, desse modo é inteiramente consagrada a Deus. Com outra comparação, ele inverte a argumentação: "Se a raiz é santa, os ramos também são santos" (Rm 11,16). Nesse caso, a raiz santa são os antepassados que Deus livremente escolheu.[22] Paulo sabe que os dons e o chamado de Deus são irrevogáveis (Rm 11,28-29).

Em seguida, desenvolve a parábola da relação entre ramos, árvore e raiz, para definir a respectiva função dos fiéis chamados por Deus entre os judeus e os pagãos. Hoje, diz Paulo, os ramos da oliveira são cortados para outros aí poderem ser inseridos. Deus, porém, tem o poder de enxertá-los de novo. Paulo se dirige aos cristãos de Roma, que correm o risco de se considerarem privilegiados em relação aos judeus que atualmente não fazem parte dos chamados, porque não acolheram o anúncio do Evangelho. E escreve: "Pois, se você foi cortada de uma oliveira

---

[22] A primeira comparação das "primícias", que tornam santa, isto é, consagrada a Deus, toda a massa feita com a farinha da nova colheita, poderia se referir aos patriarcas, que são fonte e garantia de consagração de todo o povo de Israel (cf. Nm 15,17-21).

selvagem e contra a natureza foi enxertada na oliveira boa, tanto mais eles poderão ser enxertados na própria oliveira boa à qual pertencem" (Rm 11,24).[23]

No final, em linguagem profética, Paulo anuncia aos étnico-cristãos a sua esperança a respeito do destino final de Israel: "Irmãos, não quero que vocês ignorem este mistério, para que vocês não se tornem convencidos: o endurecimento de uma parte de Israel vai durar até que chegue a plenitude das nações. Então todo o Israel será salvo" (Rm 11,25-26). Paulo encontra um texto bíblico para confirmar ou apoiar também esse anúncio de esperança. Na realidade, porém, a força da sua declaração, que soa como uma espécie de desafio, se baseia no princípio inspirador de toda a sua investigação sobre o destino de Israel. Deus salva todos por meio de sua misericórdia. De fato, tanto os pagãos primeiramente, como agora os judeus foram "desobedientes", isto é, rebeldes à vontade de Deus. Contudo, tanto uns como outros, em tempos e modos diferentes, experimentaram a misericórdia de Deus. Então Paulo não pode deixar de soltar uma exclamação de alegre reconhecimento à sabedoria de Deus, que conduz o seu plano de salvação à realização por caminhos e modos que estão além dos esquemas do pensamento humano.

---

[23] O argumento de Paulo se apóia na comparação dos ramos podados da oliveira boa — os judeus — e daqueles podados da oliveira selvagem — os pagãos — que foram enxertados na oliveira boa. Ele não leva em conta a experiência botânica, na qual se segue um procedimento oposto para se fazer o enxerto: na oliveira selvagem se enxerta o ramo de oliveira boa.

8. UM PROJETO DE VIDA NO AMOR

O Evangelho de Deus, afirma Paulo, é uma força de salvação para todos os seres humanos que se abrem para ele por meio da fé. Nele se revela a "justiça de Deus", isto é, o seu amor fiel que em Jesus Cristo liberta o ser humano da escravidão do pecado e da morte. Mediante o Espírito, doado por Jesus Cristo, Deus comunica aos fiéis o dinamismo do amor que torna possível a atuação da justa exigência da lei. De fato, toda a vontade de Deus, expressa na lei, tem seu núcleo unificador no amor. Por isso, o Evangelho de Deus é também um projeto de vida, que consiste na atuação do amor em todas as dimensões da existência.

Na última parte da Carta aos Romanos, Paulo apresenta aos cristãos de Roma esse projeto de vida e dá algumas sugestões práticas sobre o modo de resolver as tensões dentro da comunidade. Ele insere a lista de instruções e exortações práticas sobre a "misericórdia de Deus", que constitui o eixo da sua esperança sobre o destino de Israel no plano salvífico de Deus. Em duas linhas, Paulo aponta o horizonte e as trajetórias desse projeto: "Irmãos, pela misericórdia de Deus, peço que vocês ofereçam os próprios corpos como sacrifício vivo, santo e agradável a Deus. Esse é o culto autêntico de vocês" (Rm 12,1). A linguagem litúrgica e cultual serve para Paulo sugerir a dimensão religiosa profunda de toda a existência cristã plasmada pelo amor. Que é disso que se trata, ele dá a entender na segunda frase, na qual convida os destinatários cristãos a "distinguir qual é a vontade de Deus: o que é bom, o que é agradável a ele, o que é perfeito" (Rm 12,2).

Dentro dessa moldura, Paulo introduz o que se pode chamar de um breve catecismo ético ou, se preferirmos, um vade-mécum prático sobre como viver cristãmente nas diversas situações pessoais e comunitárias. O conjunto da exposição paulina não tem grande originalidade. Foram recolhidas numa certa ordem breves exortações e listas de deveres que têm seu correspondente no decálogo, na tradição sapiencial da Bíblia e nas instruções dos mestres e oradores do ambiente greco-romano. Se quisermos encontrar um elemento que qualifica e dá unidade às várias exortações de Paulo, vamos encontrá-lo no amor. De fato, a *ágape* deve inspirar as relações dos cristãos em todos os âmbitos, porque no amor se dá o pleno cumprimento da lei.

O que espanta nesse programa de vida prática para os cristãos de Roma é a instrução de Paulo sobre o modo de se comportar em relação às autoridades civis. O pequeno código se abre com um convite programático seguido da motivação correspondente: "Submetam-se todos às autoridades constituídas, pois não há autoridade que não venha de Deus, e as que existem foram instituídas por Deus. Quem se opõe à autoridade, se opõe à ordem estabelecida por Deus. Aqueles que se opõem, atraem sobre si a condenação" (Rm 13,1-2). Esse convite de Paulo não depende nem da situação da Igreja de Roma no tempo que ele escreve a sua carta, nem da sua condição de cidadão romano. Na realidade, o que Paulo escreve aos romanos se encontra também em outros textos do Novo Testamento e da tradição bíblica e judaica.[24]

---

[24] Uma exortação parecida dirigida aos cristãos para ficarem submissos à autoridade civil se encontra em 1Pd 2,13-17; cf. Tt 3,1; 1Tm 2,1-2; sobre a origem e a função da autoridade civil se encontram textos no AT: 1Cr 29,12; Is 41,1-5.25; 45,1-3; Jr 25,9;

A submissão à autoridade constituída entra na ordem estabelecida por Deus, da qual deriva toda e qualquer autoridade. Isso é um postulado da cultura antiga, judaica e helenística, sobre a qual Paulo se baseia para mostrar aos cristãos de Roma o comportamento correto em relação às instituições.[25] De fato, logo em seguida, ele esclarece qual é a função dos governantes. Eles devem promover o bem e reprimir o mal. Quanto a essa função repressiva da autoridade, Paulo chama a atenção, porque diz expressamente que ela tem o direito de recorrer à força representada pela "espada".

Por duas vezes Paulo afirma que a autoridade, nessa função, está a "serviço de Deus". Em seguida, propõe de novo o convite inicial para ficarem submissos, não só por temor da punição, mas também por razões de "consciência". No plano prático, a submissão à autoridade se concretiza no dever de pagar os vários impostos que contribuem para o sustento da administração pública. Paulo conclui a série de instruções com uma exortação geral: "Dêem a cada um o que lhe é devido: o imposto e a taxa, a quem vocês devem imposto e taxa; o temor, a quem vocês devem temor; a honra, a quem vocês devem honra" (Rm 13,7).

Dn 2,21.37-38; 4,14.29; 5,21b; Pr 8,15-16; 21,1; 24,21; Eclo 17,17; Sb 6,1-3.6; e em alguns autores do judaísmo helenístico. Flávio Josefo (*Bell.*, 2,8,7, par. 140) ao apresentar a comunidade dos "essênios", diz que o candidato deve jurar "que será obediente para com todos, especialmente para com aqueles que exercem algum poder, porque ninguém pode exercer um poder sem a vontade de Deus". Pode-se citar ainda a *Carta de Aristeas*, par. 15-16.196.219.224. Quanto à origem divina do poder convergem também alguns textos apocalípticos: *1Henoc* 46,5; *2Baruc* 82,9.

[25] Sobre o dever de obedecer à autoridade, que é constituída pela divindade, cf. Dion de Prousa, *Discursos*, 1,45-46; Plutarco, *A um príncipe inculto*, 3; Estobeu, *Antologia*, 4,761-64.

Paulo retoma a categoria do "dever" e une o pequeno código dos deveres civis com o projeto de vida cristã, que tem o seu fulcro no amor ao próximo: "Não fiquem devendo nada a ninguém, a não ser o amor mútuo. Pois, quem ama o próximo cumpriu plenamente a lei" (Rm 13,8). Para explicitar essa declaração de princípio, Paulo relembra três mandamentos — "não cometer adultério, não roubar, não matar" — e inclui também aí o "não cobiçar", que encerra o decálogo bíblico. Paulo já havia se referido a ele como exemplo das proibições legais no debate sobre o papel da lei no processo de libertação (cf. Rm 7,7). No novo horizonte da liberdade, obra do Espírito que comunica o amor, Paulo o repropõe com enfoque positivo. Para Paulo, assim como para a tradição evangélica, toda a lei se resume no mandamento do amor ao próximo. Por isso, ele conclui com uma afirmação que desmonta qualquer crítica radical à lei: "O amor é o pleno cumprimento da lei" (Rm 13,10). Com uma breve motivação de caráter escatológico, que utiliza temas e expressões de repertório, Paulo completa o projeto de vida ditado aos cristãos de Roma.

Antes de terminar a carta com as informações sobre projetos futuros e saudações, Paulo sugere os critérios e propõe as indicações práticas correspondentes para superar as tensões entre "fracos" e "fortes" na comunidade cristã de Roma. Essa intervenção paulina numa comunidade que ele nunca visitou provoca algumas perguntas: Como é que ele conhecia a situação interna da Igreja de Roma? Poderia ter tido informações de amigos e colaboradores originários da Igreja da capital, tais como Áquila e Prisca. Com que direito ele intervém nos afazeres internos da comunidade cristã de Roma? Na realidade, Paulo se limita a relembrar os princípios e as instruções práticas que valem também para as outras comunidades cristãs. Assim, a intervenção paulina para resolver as tensões entre "fracos" e "fortes" é uma aplicação ou exemplificação do projeto de vida que ele apenas transcreveu para os cristãos da capital.

    Em primeiro lugar, Paulo se dirige àqueles que chama de "fortes" e os convida a acolher "quem é fraco na fé" (Rm 14,1). Ele mesmo se associa ao grupo dos fortes e conclui: "Nós, que somos fortes, devemos suportar a fraqueza dos fracos, e não procurarmos o que nos agrada" (Rm 15,1). No final, porém, convida todos para a mútua acolhida a exemplo de Cristo que "acolheu vocês, para a glória de Deus". E esclarece que Cristo "se tornou servidor dos judeus em vista da fidelidade de Deus, a fim de cumprir as promessas feitas aos patriarcas" (Rm 15,7-8). Mas acrescenta logo em seguida que também os pagãos foram acolhidos para que glorifiquem a Deus por sua misericórdia (Rm 15,9). Paulo, portanto, ao tratar do problema prático das relações entre fracos e fortes na comunidade de Roma, introduz de novo o tema central da carta que diz respeito à posição dos judeus e dos pagãos no plano salvífico de Deus.

    Essa aproximação temática coloca em outra perspectiva a busca de critérios para identificar os pertencentes aos dois grupos. Quem é "fraco" e quem é "forte" na Igreja de Roma? Trata-se de judeu-cristãos em conflito com os étnico-cristãos? Por aquilo que Paulo escreve se entende que o fraco na fé é um cristão inseguro e escrupuloso quanto às observâncias alimentares e de calendário. O problema, porém, se coloca na relação com o outro cristão, que não se sente vinculado a essas observâncias e tende a "desprezar" o seu irmão de fé escrupuloso. Quanto ao problema da atitude diferente a respeito das observâncias alimentares, Paulo escreve: "Um acredita que pode comer de tudo; outro, sendo fraco, só come legumes. Quem come de tudo, não despreze quem não come. E quem não come, não julgue aquele que come, porque Deus o acolhe assim mesmo" (Rm 14,2-3).

A tensão quanto à observância dos calendários é menos importante, porque Paulo acena a ela apenas de passagem e a associa ao problema do comer ou não. Ele escreve: "Há quem faça diferença entre um dia e outro, enquanto outro acha que todos os dias são iguais" (Rm 14,5). Ele convida cada cristão a esclarecer diante do Senhor as próprias convicções e a respeitar as dos outros, sabendo que todos devem prestar contas do próprio modo de agir a Deus. De fato, a identidade de cada fiel depende da sua relação com o Senhor que "morreu e voltou à vida para ser o Senhor dos mortos e dos vivos" (Rm 14,9). Esse critério deduzido da fé deve inspirar as relações dentro da comunidade cristã: "Paremos, portanto, de julgar uns aos outros. Ao contrário, preocupem-se em não ser causa de tropeço ou escândalo para o irmão" (Rm 14,13).

Com esse convite, Paulo apresenta a questão das relações entre fracos e fortes na comunidade à luz da *ágape*. Ele retoma o tema das observâncias alimentares falando do que é impuro com base na avaliação pessoal. Numa perspectiva de vida cristã — "no Senhor Jesus", diz Paulo — "sei e estou convencido: nada é impuro por si mesmo. Mas, se alguém acha que alguma coisa é impura, essa coisa se torna impura para ele" (Rm 14,14). Quando, porém, se trata da consciência do irmão que entra em crise por uma questão de alimentos, então, conclui Paulo, "é melhor não comer carne, nem beber vinho ou qualquer outra coisa, quando isso é ocasião de tropeço, escândalo e queda para o irmão" (Rm 14,21).

Quem são, portanto, os fracos e os fortes na Igreja romana? Podem ser assimilados aos dois grupos que ameaçam dividir a Igreja de Corinto, de onde Paulo escreve a Carta aos cristãos da capital? Não se pode negar que haja certa afinidade entre as duas situações, embora ela possa estar ligada ao modo de Paulo tratar da questão. Pelos indícios da Carta aos Romanos, intuímos que a raiz da tensão entre os dois grupos tem a ver com algumas práticas que distinguem os judeus dos pagãos, sobretudo quando se fala de alimento considerado impuro e de dias considerados sagrados. Algumas observâncias alimentares de caráter ascético estão presentes também no ambiente pagão.[26] Todavia, a referência à questão do "puro" e do "impuro" feita por Paulo tem mais uma orientação para o ambiente do Judaísmo (Rm 14,14).

As considerações finais de Paulo sobre o exemplo de Cristo, que acolheu a todos, colocam a problemática dos fracos e dos fortes na perspectiva mais ampla do plano salvífico de Deus. Paulo coroa a sua exortação à acolhida recíproca com uma invocação que resume o seu pensamento: "O Deus da perseverança e da consolação conceda que vocês tenham

---

[26] Os pitagóricos e os neopitagóricos praticam a abstinência do vinho e da carne; Apolônio de Tiana observa a dieta dos neopitagóricos (Filostrato, op. cit., 1,8). Sob a influência deles, também alguns filósofos estóicos, como Musônio Rufo, Diógenes Laércio (op. cit., 12,20,38). A esses grupos podem ser acrescidos os "terapeutas", sobre os quais Filon escreve, que associam a ascese alimentar à observância do calendário (Vit. Cont., 4, par. 34-37). A ascese alimentar é conhecida no ambiente judaico, sobretudo como prática penitencial (Test. Rúben 1,10; Test. Judas 15,4); como ascese preparatória para a revelação (Dn 1,8-17; 4,22.29-30; 10,2-3; 2Baruc 20,5-6; 4Esdras 5,19-20; 6,35; 9,24-28). Também Apuléio, em *Metamorfose*, 2,21,6-24,5, relembra que é exigida uma dieta rigidamente vegetariana de todo aquele que é iniciado nos mistérios. Proibições alimentares são associadas ao culto dos anjos em Cl 2,20-21.23; em 1Tm 4,3.8, porém, derivam de tendências de caráter gnóstico.

os mesmos sentimentos uns com os outros, a exemplo de Jesus Cristo. E assim vocês, juntos e a uma só voz, dêem glória ao Deus e Pai de nosso Senhor Jesus Cristo" (Rm 15,5-6). Em seguida, explica que a glória de Deus se manifesta no duplo chamado à fé, tanto dos judeus como das nações pagãs. Estas últimas participam a pleno título do plano salvífico de Deus como aparece claro nos quatro textos bíblicos adotados por Paulo para sustentar sua afirmação. Paulo resume o estatuto da vida cristã com uma oração final: "Que o Deus da esperança encha vocês de completa alegria e paz na fé, para que vocês transbordem de esperança, pela força do Espírito Santo" (Rm 15,13).

Portanto, a carta que Paulo escreve à Igreja de Roma a fim de prepará-la a um próximo encontro e envolvê-la em sua missão na Espanha, pode perfeitamente ser considerada como a síntese mais orgânica e completa do que chama de "meu Evangelho". A Carta aos Romanos se torna também o "testamento" espiritual do Apóstolo, pois é seu último escrito autêntico. De fato, Paulo chegará a Roma, mas não, como esperava, "na alegria" para "descansar um pouco" junto aos cristãos da capital e se revigorar na fé comum. Infelizmente, os seus pressentimentos sobre os perigos que implicava a viagem a Jerusalém, para entregar o fruto da coleta aos cristãos pobres daquela Igreja, se demonstraram fundados. O Apóstolo chegará à capital do império, mas como prisioneiro, sob escolta militar, para ser julgado pelo tribunal do imperador. A partir daqui perdemos as pistas históricas do epistolário paulino. Resta o relato do autor dos Atos dos Apóstolos, seu primeiro biógrafo e admirador. Com a última viagem de Paulo para Jerusalém começa o que o autor dos Atos, num paralelismo com a história de Jesus, apresenta como a "paixão de Paulo".

XII
A PRISÃO E O PROCESSO

Ao escrever a Carta aos Romanos, Paulo se despede de suas Igrejas no Oriente e agora olha para o Ocidente, onde pretende realizar seus futuros projetos missionários. Contudo, antes da viagem a Roma e da missão na Espanha, ele quer ir a Jerusalém, que delimita idealmente o âmbito da sua ação como apóstolo dos pagãos nas regiões orientais do império. A entrega dos fundos recolhidos nas jovens Igrejas da missão aos judeu-cristãos pobres de Jerusalém é apenas o aspecto externo dessa relação profunda que liga Paulo à Igreja-mãe jerosolimitana.

Apesar de sua tomada de posição em favor da liberdade dos étnico-cristãos a respeito da lei e das observâncias judaicas, Paulo se sente ligado à Igreja judaico-cristã de Jerusalém. A legitimidade da sua metodologia missionária foi discutida e reconhecida em Jerusalém com os responsáveis dessa Igreja. Por isso, antes de embarcar para Roma, ele quer visitar a Igreja das origens e se encontrar com os seus responsáveis.

Portanto, na geografia espiritual de Paulo, Jerusalém é o ponto de partida e de chegada do seu périplo de evangelização dos povos. Sob esse aspecto, a imagem oferecida pelo epistolário paulino concorda com a do autor dos Atos dos Apóstolos. Segundo Lucas, uma linha ideal une Jerusalém e Roma, a cidade do nascimento da Igreja e aquela da expansão até os extremos da terra. A narrativa lucana é a única fonte disponível para reconstruir as últimas vicissitudes de Paulo. As cartas da tradição paulina estão a par de uma prisão romana do Apóstolo, da detenção em Cesaréia e das preliminares do processo que o levará à capital do império (2Tm 1,17; 4,16).

Por isso, não nos resta senão confiarmos na documentação dos Atos dos Apóstolos, cientes do projeto de seu autor. Ele o torna conhecido de modo explícito nas palavras que o Senhor dirige a Paulo numa visão noturna em Jerusalém, durante os primeiros dias da sua prisão: "Tenha confiança. Assim como você deu testemunho de mim em Jerusalém, é preciso que também dê testemunho em Roma" (At 23,11; cf. At 19,21; 27,24). Portanto, a história pessoal de Paulo, que corre o risco de ser morto em Jerusalém, entra no desígnio mais amplo que Jesus ressuscitado traçou para seus discípulos: "O Espírito Santo descerá sobre vocês, e dele receberão força para serem as minhas testemunhas em Jerusalém. [...] até os extremos da terra" (At 1,8). A categoria de *martyría*, "testemunho", serve de guia para a reconstrução lucana dos últimos acontecimentos da biografia paulina.

1. A VIAGEM PARA JERUSALÉM

Como a história de Jesus, referida por Lucas em seu primeiro livro, assim a de Paulo está orientada para a cidade de Jerusalém. Paulo também faz sua viagem para Jerusalém. Aqui se cumpre a primeira fase da sua paixão. De Jerusalém, ele sai de novo para levar seu testemunho do Senhor ressuscitado aos povos na capital do império. Foi esse, aliás, o programa que o próprio Senhor lhe revelou na experiência do chamado de Damasco. Intérprete disso é Ananias que, em nome de Jesus, o Senhor ressuscitado, lhe anuncia: "Porque você vai ser a sua testemunha de todas as coisas que viu e ouviu, diante de todos os homens" (At 22,15; cf. 26,16-18). Por sua vez, em seu último discurso de defesa em Cesaréia, antes de partir para Roma, na presença do governador romano Pórcio Festo e do rei herodiano Agripa, Paulo declara: "Com a proteção de Deus, eu continuo até hoje dando testemunho diante de pequenos e grandes" (At 26,22). O autor dos Atos percorre as etapas do "testemunho" paulino, primeiramente em Jerusalém, depois em Cesaréia e finalmente em Roma.

A última viagem de Paulo a Jerusalém começa na Grécia. Aí ele chegou depois dos acontecimentos dramáticos de Éfeso e aí permanece por três meses. Nesse período de espera, enquanto planeja os novos projetos missionários, Paulo dita a Carta aos Romanos. Juntamente com amigos e colaboradores, em Corinto, se hospeda na casa de um cristão latino abastado, chamado Gaio. Pode contar também com a colaboração e a iniciativa de Febe, responsável pela comunidade cristã nascida na região do porto. Febe assume o encargo de fazer com que a carta de Paulo chegue aos cristãos de Roma. Por meio dos conhecimentos e da experiência dessa mulher cristã de Cencréia, o Apóstolo programou a viagem a Jerusalém por via marítima, como fizera anteriormente (At 18,18). Todavia, atendo-nos ao relato dos Atos, Paulo é obrigado a modificar seus planos, pois "os judeus tinham organizado uma conspiração contra ele" (At 20,3).

Com a expressão: "os judeus tinham organizado uma conspiração", o autor deixa entrever o clima de ameaça que desde já pesa sobre Paulo e que explodirá em Jerusalém. O autor dos Atos relembra que Paulo, desde a sua primeira visita a Jerusalém, foi obrigado a deixar a cidade, pois os judeus de língua grega tentaram matá-lo (At 9,29-30). Esse atentado jerosolimitano é o prolongamento e a amplificação de um primeiro complô por parte dos judeus de Damasco contra Paulo. Nessa ocasião, o Apóstolo escapou graças à iniciativa de seus amigos que, à noite, o desceram ao longo da muralha dentro de um cesto (At 9,23-25). O próprio Paulo relembra essa fuga inglória da cidade síria para escapar dos damascenos (2Cor 11,32-33). Nesse mesmo contexto ele menciona, entre outras peripécias de suas viagens missionárias, os perigos por parte de seus compatriotas (2Cor 11,26).

Lucas, portanto, está a par dessa tradição referente à ameaça do ambiente judaico contra Paulo. Ele introduz esse elemento na sua narrativa para justificar a decisão de uma viagem por terra, que atrasa em muito a sua chegada a Jerusalém. Há, entretanto, um segundo motivo que o aconselha a modificar seu projeto original. A viagem a Jerusalém tem como finalidade levar aos pobres dessa Igreja a coleta de fundos que ele organizou junto às Igrejas da sua missão na Acaia e na Macedônia (Rm 15,25-26). Por isso, Paulo se juntou a um pequeno comitê formado pelos cristãos que, segundo as indicações do próprio Apóstolo, foram escolhidos pelas comunidades para levar a oferta a Jerusalém (1Cor 16,3; 2Cor 8,18-19.23).

O autor dos Atos, embora não fale nada sobre a coleta, traz a lista dos que acompanham Paulo nessa viagem a Jerusalém. Ao todo, são sete pessoas: "Sópatros, filho de Pirro, da Beréia; Aristarco e Segundo, de Tessalônica". Esses três, portanto, são da Macedônia. Os outros quatro são: "Gaio de Derbe e Timóteo", o conhecido colaborador de Paulo na cidade de Listra na Licaônia; com eles são mencionados dois cristãos "asiáticos", isto é, da região de Éfeso: "Tíquico e Trófimo" (At 20,4).[1] A estes deveríamos acrescentar os nomes dos delegados das Igrejas da Acaia, que Paulo estranhamente omite. Poderiam também fazer parte do grupo Tito e um outro cristão designado pelas Igrejas para essa iniciativa e conhecido pela sua atividade como pregador do Evangelho (2Cor 8,18-19).

---

[1] Alguns dos nomes dos acompanhantes de Paulo, referidos por Lucas, são conhecidos também no epistolário paulino. "Sópatros" da Beréia poderia ser um dos três parentes de Paulo, chamado "Sosípatro", mencionado juntamente com Lúcio e Jasão entre os hóspedes na casa de Gaio em Corinto (Rm 16,21). "Aristarco" é um macedônio, companheiro de viagem de Paulo, mencionado com Gaio em Éfeso (At 19,29); ele acompanha Paulo na última viagem a Roma (At 27,2). Com o mesmo nome é indicado um companheiro de prisão de Paulo em Cl 4,10 (cf. Fm 24). "Gaio" de Derbe poderia ser o mesmo apresentado em At 19,29, juntamente com Aristarco, como "macedônio"; mas essa qualificação de "macedônio" não concorda com a sua origem de Derbe na Licaônia; compreende-se então por que alguns códices em At 20,4, em vez de *Derbáios*, escrevem *Dobérios* ou *Doubérios*, fazendo-o natural de uma cidadezinha vizinha ao monte Pangeu na estrada de Filipos. Os nomes dos asiáticos aparecem respectivamente: Tíquico em Co 4,7; Ef 6,21; 2Tm 4,12; Tt 3,12; e Trófimo em 2Tm 4,20; cf. At 21,29.

O comitê dos delegados das Igrejas enumerados embarca em Cencréia, o porto oriental de Corinto, com destino a Trôade. Paulo, porém, talvez juntamente com Tito e algum outro colaborador, pega a estrada que sai ao norte para Atenas e continua ao longo da costa ocidental do Egeu para chegar à "Via Egnatia". O novo percurso permite que Paulo revisite as comunidades cristãs da Macedônia, especialmente a Igreja de Filipos, onde pode ficar para a celebração da Páscoa. De fato, somente depois da semana dos ázimos, ele embarca no porto de Neápolis e, por via marítima, chega "cinco dias depois" à cidade de Trôade. Nessa localidade, um grupo de delegados, que vieram antes por via marítima, o estão esperando.

Na cidade de Alexandria Trôade há um grupo de cristãos que o Apóstolo visitou mais de uma vez em suas viagens anteriores da Ásia para a Macedônia e vice-versa. Foi do porto de Trôade que ele embarcou para a sua missão na Macedônia juntamente com Timóteo e Silvano. Passaram-se quase dez anos desde esse primeiro contato com a cidadezinha que serve de ligação entre a Macedônia e a Ásia. A chegada de Paulo em Trôade e o encontro com o grupo de amigos e colaboradores serve de ocasião para se reunirem no primeiro dia da semana a fim de "partir o pão" com a comunidade local. Na perspectiva lucana, essa reunião se torna "a última ceia" de Paulo, pois ele decidiu partir no dia seguinte. Todo o grupo dos delegados, depois da chegada do Apóstolo em Filipos, ficou em Trôade por mais uma semana. É clara, portanto, a intenção de despedir-se da comunidade cristã de Trôade durante a reunião eucarística prevista para o primeiro dia da semana.

No relato do autor dos Atos há todos os elementos para reconstruir a celebração eucarística semanal de uma comunidade cristã nas meados dos anos 50 d.C. O encontro se dá durante a noite do "primeiro dia da semana", provavelmente no sábado à noite se o autor segue o modo judaico de computar o início e o fim do dia, de tarde a tarde.[2]

Para essa reunião, os cristãos de Trôade alugaram ou tomaram emprestada uma grande sala no terceiro andar pertencente a um cristão abastado da cidade. Há tapetes e esteiras para se sentar, alguns divãs para os hóspedes e uma mesa para a refeição. Paulo toma a palavra para agradecer e encorajar os cristãos de Trôade. Relembra o encontro anterior, quando permaneceu na comunidade deles para anunciar o Evangelho num momento bastante propício. Na época, porém, teve de apressar sua partida para ir ao encontro de seu colaborador Tito, enviado à Grécia. Fala também da iniciativa da coleta para os judeu-cristãos pobres de Jerusalém, que agora chegou a seu destino, depois dos atrasos e das incertezas dos primeiros anos. É ocasião para expressar e consolidar a comunhão dos diversos grupos cristãos, entre si e com a Igreja das origens. Paulo espera que o significado dessa iniciativa seja compreendido e apreciado também pelos grupos de Jerusalém.

O Apóstolo, porém, expressa seus temores e suas preocupações. Sabe que em Jerusalém nem todos concordam com o seu método missionário. Outros estão amedrontados pelas

---

[2] Seria, contudo, na noite do domingo, seguindo o modo de contar romano, que calcula o dia de uma meia-noite a outra. Entretanto, a indicação temporal "no primeiro dia da semana" parece querer inculcar um modo de dizer tradicional, de matriz judaica, ligado à experiência da ressurreição de Jesus (Lc 24,1; cf. 1Cor 16,2); aliás, também a fraseologia "partir o pão" tem sabor bíblico-judaico (cf. Lc 24,32-25). O autor dos Atos conhece o modo romano de computar o dia, da meia-noite à meia-noite, mas recorre a isso quando a narrativa é ambientada no mundo romano (At 23,31-32). A carta de Plínio, o Jovem, da primeira década do século II, atesta que as reuniões dos cristãos na Bitínia são feitas antes do surgir do sol, num dia estabelecido, *statuto die*, mas sem mais especificações (*Epistulae*, 10,96).

pressões do nacionalismo judaico que enxerga com suspeita o novo movimento messiânico surgido em torno da pessoa de Jesus de Nazaré. Paulo sabe que os opositores mais fanáticos estão entre os judeus helenistas da capital, que já ameaçaram matá-lo. Então, convida todos a rezarem para o bom êxito dessa viagem que deveria encerrar a sua atividade missionária no Oriente. Agora Paulo fala de modo mais distendido sobre seus projetos futuros. Depois da visita a Jerusalém pretende embarcar para Roma, e já enviou uma carta aos cristãos da capital do império a fim de anunciar a sua viagem e prepará-los para ajudar a sua missão na Espanha.

A palestra de Paulo é intercalada por orações, cânticos em forma responsorial, breves aclamações e profissões de fé em Jesus Cristo Senhor. Depois, ele volta a falar, responde a algumas perguntas, dando espaço para intervenções de seus colaboradores. Enquanto isso, já é mais de meia-noite. A sala, onde estão reunidas umas cinqüenta pessoas, é iluminada por muitas lâmpadas a óleo que aquecem o ambiente e espalham no ar um véu de fumaça que fica esvoaçando sob o teto.

Entre os ouvintes de Paulo há um jovem, que quis acompanhar a família e tomar parte nessa reunião noturna para festejar a presença de Paulo. Tem um belo nome grego: ele se chama "Êutico", que significa "afortunado". Durante certo tempo, acompanha a palestra de Paulo sentado na esteira; depois, se aproxima do vão de uma das pequenas janelas que dão para o jardim interno da casa. Pela janela sem proteção entra o ar fresco que vem do mar. Lá fora, se vislumbra no céu o quarto minguante da lua cheia de março-abril. Êutico achou uma posição mais cômoda e tenta inutilmente resistir à doce onda de sono. A voz de Paulo, o eco do canto e o murmúrio das orações que chegam da sala se fazem cada vez mais distantes. O sono profundo o invade. Parece que está voando livre, no ar fresco, em direção à lua. Depois se acomoda num tapete verde, num sono longo e profundo, do qual não tem vontade de acordar.

De repente, percebe um enorme peso no peito, que parece sufocá-lo. Ouve vozes longínquas, depois de modo mais claro e distinto. Alguém o chama pelo nome. Entre outras vozes, a mais familiar de sua mãe. Dois braços fortes o erguem do chão e sente o calor dos lábios que se sobrepõem aos seus. Agora respira melhor. Abre os olhos e, na tênue luz da aurora, vislumbra o olhar de Paulo. O Apóstolo se dirige àqueles que se comprimem atrás: "Não se preocupem: ele ainda está vivo!". A mãe e os parentes de Êutico cuidam do menino, enquanto Paulo volta à sala do terceiro andar.

Chegou o momento de partir o pão, repetindo o gesto realizado por Jesus antes de morrer. Ele havia prometido estar presente como Senhor ressuscitado toda vez que os fiéis partissem o pão em sua memória. Paulo repete as palavras da tradição, parte o pão e o distribui aos presentes. Ele come o pão juntamente com seus amigos colaboradores e com a pequena comunidade de Trôade. Corre também de mão em mão um cálice de vinho sobre o qual Paulo pronunciou a bênção e as palavras de Jesus. Todos agora têm o pressentimento de que o Senhor ressuscitado e vivo está presente não só graças às palavras e aos gestos da eucaristia, mas também no gesto de Paulo, que entregou Êutico vivo à sua mãe.

A palestra continua até que a luz do sol entre pelas pequenas janelas da sala. Chega a mãe de Êutico com os parentes que querem se despedir de Paulo. O rapaz, que já está melhor, também quer ver o Apóstolo à luz do dia. Os amigos de Paulo o apressam, porque é hora de partir e a bagagem já foi levada para o navio. A pequena comunidade de Trôade acompanha a comitiva dos viajantes até o porto. Enquanto os delegados das Igrejas embarcam, Paulo, com alguns amigos, prefere continuar a viagem a pé até o próximo porto de Assos. Será que ele queria evitar o trecho de mar borrascoso diante do cabo Lecton? Talvez seja esse mesmo motivo que o levou a escolher o percurso por via terrestre de Corinto a Filipos. Quanto a isso, porém, o relato dos Atos não apresenta nenhuma motivação explícita.

A estrada que sai de Alexandria Trôade percorre na direção sul, por uns trinta quilômetros, a planície costeira e, deixando à direita o promontório do cabo Lecton, chega, depois de uns quinze quilômetros, em Assos, nos arredores da aldeia atual de Behram Kale, na embocadura do golfo de Edremit, exatamente diante da ilha de Lesbos.[3]

Em Assos, Paulo encontra um grupo de delegados que fizeram a viagem por via marítima. Desta vez ele sobe a bordo do pequeno navio mercante, que faz escala entre os portos da costa egéia e as ilhas. Chegam juntos a Metilene, capital e porto da ilha de Lesbos, a pátria dos poetas Safo e Alceu. Aí a pequena comitiva pernoita. No dia seguinte, retomam a viagem, passando diante da ilha de Quio, que se encontra na altura de Esmirna, e no outro dia chegam à ilha de Samos, diante de Éfeso. A embarcação prossegue até o

---

[3] A cidade grega de Assos, fundada por colonos provenientes de Metilene da vizinha ilha de Lesbos, pertence ao primeiro reino de Pérgamo e, depois, no século II a.C., passa para o controle dos romanos. Da antiga cidade ainda restam, além da acrópole, o templo de Atena, a muralha com uma grande porta e a *ágora*.

porto de Mileto, onde o grupo faz uma parada. Paulo aproveita para mandar vir de Éfeso o grupo dos responsáveis dessa Igreja. O autor dos Atos justifica esse trajeto que deixa fora da rota o porto de Éfeso, dizendo que Paulo estava preocupado em "não prolongar demais sua permanência na Ásia. Tinha pressa de estar em Jerusalém, se possível para o dia de Pentecostes" (At 20,16).

Na realidade, teria poupado ao menos dois dias se tivesse ido diretamente a Éfeso por via marítima em vez de obrigar o grupo de anciãos efésios a fazer quase setenta quilômetros para se encontrar com ele em Mileto. Contudo, o itinerário dos navios de cabotagem curta nem sempre coincide com o programa de viagem do grupo de Paulo. Talvez não houvesse navios que, partindo de Assos, fizessem escala em Éfeso. Nesse caso, Paulo teria avisado os responsáveis da Igreja efésia, marcando encontro em Mileto? O texto lucano, no entanto, diz expressamente que "de Mileto, Paulo mandou emissários a Éfeso para chamar os anciãos dessa Igreja" (At 20,17).

Ou devemos supor que Paulo não queria aparecer em Éfeso, onde alguns meses antes correra o perigo de ser condenado? É apenas uma hipótese que procura completar a narrativa lucana. O autor dos Atos, que conhece pela tradição as etapas da viagem paulina, prefere situá-las na perspectiva do Apóstolo. Ele costuma programar seus deslocamentos conforme o calendário das festividades judaicas (cf. 1Cor 16,8). Isso permite a Lucas relembrar a meta final da viagem de Paulo. Já se passaram quase três semanas da Páscoa e faltam apenas quatro semanas para a festa de Pentecostes. Paulo não pode se dar ao luxo de outras paradas se quiser chegar a Jerusalém no tempo prefixado.

2. O ADEUS ÀS IGREJAS DA ÁSIA

Essa viagem de Paulo para Jerusalém é também o encerramento da sua atividade missionária e pastoral no Oriente. Por isso, ele não pode deixar a província da Ásia sem antes rever os seus colaboradores. O encontro com os anciãos da Igreja de Éfeso oferece ao Apóstolo a ocasião para fazer o balanço da sua atividade na Ásia e entregar às Igrejas o seu testamento espiritual. A moldura desse encontro paulino é a cidade de Mileto, rica em história e célebre por causa de seus escritores e filósofos. Dessa antiga cidade jônia da Ásia Menor se conservaram as imponentes ruínas do teatro, as de alguns monumentos do porto e o traçado das estradas e da *ágora* inseridas numa estrutura urbanística que fez escola na Antiguidade.[4] O rio Meandro assoreou os quatro portos da cidade, de onde partiram os colonos para fundar as cidades às margens do mar Negro. Os navios que partiam dos portos de Mileto alimentaram o comércio da Ásia Menor com o Egito e com as cidades do Mediterrâneo.

A cidade de Mileto não entra no raio de ação missionária de Paulo, nem Lucas fala da presença de uma comunidade cristã nessa cidade. Portanto, não existem razões particulares para situar o adeus de Paulo em Mileto a não ser a recordação de uma tradição que o autor dos Atos reelabora

---

[4] Hipódamo, do século VI a.C., o arquiteto construtor do porto de Atenas, o Pireu, é natural de Mileto. A ele é atribuída a aplicação do esquema retangular "em grade" à planta tradicional das cidades gregas. À cidade de Mileto estão ligados os nomes dos filósofos Tales, Anaximandro e Anaxímenes, e do geógrafo Ecateu, do século V a.C.

segundo a sua perspectiva historiográfica e teológica. O discurso de Paulo aos anciãos de Éfeso, reunidos em Mileto, é a única e a última intervenção de Paulo feita na presença de um grupo de representantes das Igrejas. Ele segue o esquema típico dos discursos de adeus conhecidos na tradição bíblica e judaica, em que os patriarcas, Moisés, Davi e o pai dos macabeus, diante do povo ou dos filhos, fazem um balanço da própria vida e dão as últimas instruções e normas testamentárias.

O discurso de adeus que Paulo faz aos anciãos de Éfeso oferece ao autor dos Atos a oportunidade de apresentá-lo como modelo dos pastores que prolongam a sua presença nas Igrejas da sua geração. De fato, o discurso paulino tem uma seqüência pendular, com uma contínua oscilação entre reminiscências do passado e aberturas para o futuro imediato ou distante. Aí se encaixam as advertências e as exortações práticas. Na primeira parte da sua intervenção, Paulo faz uma retrospectiva da sua atividade de evangelizador e pastor. Apela para a experiência dos anciãos de Éfeso, onde trabalhou durante quase três anos: "Vocês bem sabem de que maneira me comportei em relação a vocês durante todo o tempo, desde o primeiro dia em que cheguei à Ásia. Servi ao Senhor com toda humildade, com lágrimas e no meio das provações que sofri por causa das ciladas dos judeus" (At 20,18-19). Desde o início desse retrato ideal de Paulo, que está a serviço do Senhor, se desenha a ameaça dos judeus que se abaterá sobre ele em Jerusalém.

O autor dos Atos segue um esquema ideal ao transcrever esta autobiografia paulina. Apelando mais uma vez para o testemunho de seus ouvintes, Paulo mostra como foi o seu empenho contínuo a serviço do Senhor: "Nunca deixei de anunciar aquilo que pudesse ser de proveito para vocês, nem de anunciar publicamente e também de casa em casa. Com insistência, convidei judeus e gregos a se arrependerem diante de Deus e a acreditarem em Jesus nosso Senhor" (At 20,20-21). A imagem de Paulo é a de um servidor da Palavra na dupla forma do anúncio público e da instrução ou catequese privada. Sua ação é dirigida a dois grupos distintos por razões étnico-religiosas. Em relação aos judeus, a proclamação do Evangelho visa à profissão de fé em Jesus Senhor, enquanto os pagãos são chamados à conversão ao único Deus.

A este primeiro quadro retrospectivo se liga a previsão sobre o futuro imediato, na qual toma consistência a ameaça dos judeus. Deste momento em diante, assume contornos cada vez mais claros o perfil de Paulo como testemunha ou mártir por causa do Evangelho: "E agora, prisioneiro do Espírito, vou para Jerusalém, sem saber o que aí me acontecerá. Só sei que, de cidade em cidade, o Espírito Santo me adverte, dizendo que me aguardam cadeias e tribulações. Mas, de modo nenhum considero minha vida preciosa para mim mesmo, contanto que eu leve a bom termo a minha carreira e o serviço que recebi do Senhor Jesus, ou seja, testemunhar o Evangelho da graça de Deus" (At 20,22-24). A viagem de Paulo para Jerusalém, como a de Jesus, em sua parte final será marcada por palavras e gestos proféticos. Com uma linguagem inspirada na tradição paulina — "terminar a corrida" (2Tm 4,7) — se introduz o testemunho final do Apóstolo.

Essa perspectiva da morte de Paulo é confirmada pela declaração que introduz a parte central do discurso: "Agora, porém, tenho certeza de que vocês não verão mais o meu rosto, todos vocês entre os quais passei pregando o Reino" (At 20,25). Nessa moldura, adquire o valor de testamento o discurso de Paulo aos anciãos de Éfeso. Em primeiro lugar, ele atesta solenemente a sua inocência diante do risco de que alguém se perca, pois realizou inteiramente a sua tarefa de "anunciar todo o projeto de Deus" (cf. At 20,26-27). Agora, Paulo, com uma admoestação programática, entrega o bastão aos anciãos: "Cuidem de vocês mesmos e de todo o rebanho, pois o Espírito Santo os constituiu como guardiães, para apascentarem a Igreja de Deus, que ele adquiriu para si com o sangue do seu próprio Filho" (At 20,28). Mediante o serviço pastoral, os sacerdotes dão continuidade na Igreja, que é o rebanho ou o povo de Deus, à tarefa de Paulo. A constante vigilância das comunidades eclesiais é tão mais urgente quanto mais se desenha no horizonte a ameaça dos ataques vindos de fora e da discórdia interna (cf. At 20,29-30). Nessa situação, Paulo se apresenta como modelo de pastor, que toma sob seus cuidados o destino de cada uma das comunidades: "Portanto, fiquem vigiando e se lembrem de que durante três anos, dia e noite, não parei de admoestar com lágrimas a cada um de vocês" (At 20,31).

Na parte final do discurso, Paulo se apresenta mais uma vez como o protótipo dos pastores. Em primeiro lugar, entrega os responsáveis das comunidades cristãs "ao Senhor e à palavra de sua graça", isto é, ao Evangelho, no qual se anuncia e se faz presente o amor benigno de Deus (At 20,32). A palavra do Senhor tem poder de edificar a comunidade e dar cumprimento à esperança de salvação de cada um dos fiéis. As últimas palavras de Paulo são como um selo do seu testamento espiritual entregue aos anciãos de Éfeso e idealmente a todos os pastores das Igrejas que se reportam à sua tradição: "Ademais, não cobicei prata, nem ouro, nem vestes de ninguém. Vocês mesmos sabem que estas minhas mãos providenciaram o que era necessário para mim e para os que estavam comigo. Em tudo mostrei a vocês que é trabalhando assim que devemos ajudar os fracos, recordando as palavras do próprio Senhor Jesus, que disse: 'Há mais felicidade em dar do que em receber'" (At 20,33-35).

Essa imagem de Paulo, que trabalha com as próprias mãos para prover às suas necessidades e ajudar os pobres, não corresponde apenas a um ideal lucano, mas também ao epistolário paulino autêntico. Paulo trabalha dia e noite para não ser de peso aos outros e para poder anunciar gratuitamente o Evangelho que lhe foi entregue (1Ts 2,9; 1Cor 4,12; 9,12.18; 2Cor 11,17; 12,14). Nos escritos da tradição paulina se exige dos candidatos ao ministério na Igreja que não sejam apegados ao dinheiro nem ávidos de ganho desonesto (1Tm 3,3.8; 6,7-10; Tt 1,7). O retrato de Paulo, como se apresenta no discurso de adeus aos anciãos de Éfeso, é parecido com aquele que podemos entrever na tradição das cartas pastorais.

Nos Atos dos Apóstolos, porém, quem fala, embora idealizado, é um Paulo que respeita a concretude da pessoa. O autor dos Atos reconstruiu a cena de adeus com traços profundamente humanos. Logo que acaba de falar, Paulo se põe de joelhos. Ao seu redor estão os anciãos efésios que começam a chorar, se jogam em seus braços e o beijam, porque ele disse que não mais veriam o seu rosto. O discurso de adeus e a cena final são ambientados na praia de Mileto não muito longe do porto onde está ancorado o navio. Uma parte dos delegados que acompanha Paulo já está a bordo com as bagagens. Chegou a hora de embarcar. Os amigos acenam para que se apresse. Paulo se levanta e, acompanhado pelo grupo dos anciãos efésios, se dirige para o navio. Últimos abraços e cumprimentos; em seguida, a partida. Ele não reverá mais aqueles rostos. Em Mileto, Paulo se separa e dá adeus às Igrejas da Ásia.

O relato lucano da viagem de Paulo e dos delegados é retomado com uma lista de localidades, como um diário de bordo: "Quando chegou o momento de partir, fomos como que arrancados dos braços deles e navegamos diretamente para a ilha de Cós. No dia seguinte, chegamos a Rodes, e daí fomos até Pátara, onde encontramos um navio que fazia a travessia para a Fenícia; embarcamos e seguimos viagem. Chegando à vista de Chipre, a deixamos pela esquerda e continuamos a nossa viagem em direção à Síria. Desembarcamos em Tiro, onde o navio devia descarregar [...]. Continuando a nossa viagem por mar, de Tiro chegamos a Ptolemaida [...]. No dia seguinte, partimos e chegamos a Cesaréia [...]. Depois de alguns dias, terminamos os nossos preparativos e subimos a Jerusalém [...]. Quando chegamos a Jerusalém, os irmãos nos receberam com alegria" (At 21,1-3.7.8.15.17).

O trajeto por via marítima de Mileto a Jerusalém é interrompido apenas pelo encontro dos viajantes com as comunidades cristãs locais de Tiro, Ptolemaida e Cesaréia, onde o navio ancora durante alguns dias. A primeira parte da viagem até Pátara é feita numa embarcação de pequeno calado, que durante a noite ancora nos portos da ilha de Cós e de Rodes.[5] No porto de Pátara, nas costas da Lícia, o grupo de Paulo consegue embarcar num navio de grande calado que se dirige para a Fenícia.[6] Este passa ao longo da ilha de

---

[5] A ilha de Cós, juntamente com Rodes, faz parte do grupo das ilhas do Dodecaneso. É a pátria de Hipócrates, o pai da medicina, sede de um grande e célebre santuário dedicado a Asclépio. A ilha de Rodes, com o seu porto norte-oriental diante da península de Cnido, a pouca distância da costa sul-ocidental da Lícia, separada delas pelo mar de Mármara, é um ponto de parada obrigatória das pequenas embarcações mercantis.

[6] Pátara, célebre por causa do oráculo de Apolo, foi o porto mais importante da Lícia no período helenístico até o século III d.C.

Chipre e vai diretamente a Tiro. A comitiva é obrigada a ficar aí durante uma semana, pois o navio tem de ser descarregado. Na espera, eles entram em contato com os cristãos da cidade, que os convidam para participar de seus encontros de oração.[7] Alguns cristãos, movidos pelo Espírito, alertam Paulo sobre o risco que corre indo a Jerusalém. Mas a decisão de Paulo de continuar o seu caminho também se remete à ação do Espírito (At 20,22). No momento da partida, repete-se em Tiro a cena de Mileto. Toda a pequena comunidade cristã, com mulheres e crianças, está na praia para dar o último adeus a Paulo e aos seus companheiros.

A premonição sobre o destino trágico reservado a Paulo se repete em Cesaréia, na comunidade cristã iniciada com Filipe, um dos sete cristãos helenistas de Jerusalém, companheiros de Estêvão, o evangelizador da Samaria (cf. At 6,5; 8,4-40). Nesse ambiente, o carisma profético é famíliar, pois as quatro filhas solteiras de Filipe têm o "dom da profecia". Alguns dias depois, chega da Judéia o profeta Ágabo, já conhecido dos leitores dos Atos, que, no estilo dos profetas clássicos, representa uma ação simbólica. Ele pega o cinto de Paulo e, amarrando os próprios pés e mãos, declara: "Isto é o que diz o Espírito Santo: o homem a quem pertence este cinto será amarrado deste modo pelos judeus em Jerusalém e será entregue em mãos dos pagãos" (At 21,11). As palavras de Ágabo, dotado de carisma profético, são uma reminiscência das que marcam o caminho de Jesus em direção a Jerusalém, onde se consumará a sua paixão (cf. Lc 9,44; 18,32).

---

[7] Na época do império, Tiro é cidade comercial e um dos portos mais importantes da costa fenícia, com armazéns em Putéoli e em Roma. A pequena comunidade cristã de Tiro, como a de Ptolemaida, surgiu por iniciativa do grupo dos helenistas que haviam deixado Jerusalém no tempo da perseguição de Estêvão (At 11,19).

Desta vez também o grupo que acompanha Paulo fica muito impressionado e, juntamente com os cristãos de Cesaréia, suplica para que ele desista de ir a Jerusalém. Contrariando tais advertências, Paulo confirma a sua firme decisão. Ele se declara pronto para enfrentar não só a detenção e a prisão, "mas até para morrer em Jerusalém pelo nome do Senhor Jesus" (At 21,13). Ele já assumiu o papel de mártir que deve percorrer até o fim o seu caminho. Seu modo de agir não é a aceitação cega de um destino inevitável, mas, como no caso de Jesus, acolhida da vontade de Deus (cf. Lc 22,42). Os seus companheiros de viagem se resignam em segui-lo, como fizeram os discípulos de Jesus no caminho para Jerusalém.

3. O ENCONTRO COM TIAGO EM JERUSALÉM

Feitos os preparativos para a viagem, Paulo e o grupo dos delegados deixam Cesaréia junto ao mar e, acompanhados por alguns cristãos da cidade, sobem para Jerusalém. A distância de uns cem quilômetros, de Cesaréia à cidade santa, a cerca de oitocentos metros de altitude, pode ser percorrida em alguns dias com paradas no meio do caminho. Graças à mediação dos cristãos de Cesaréia, o grupo encontra hospitalidade junto a Menásson, um cristão natural de Chipre como Barnabé e conhecido no ambiente dos judeu-cristãos helenistas de Jerusalém.[8] A meta final da viagem de Paulo é Jerusalém, e o que ele deseja é se encontrar com a Igreja local. Atendo-nos ao relato lucano, ele, com todo o grupo dos delegados, é bem acolhido e hospedado pelos judeu-cristãos.

No dia seguinte, Paulo e os delegados visitam Tiago e são acolhidos por ele e pelo conselho dos anciãos da Igreja de Jerusalém. Após a saudação, Paulo toma a palavra para narrar "o que Deus fizera aos pagãos através do seu serviço" (At 21,19). No relato lucano, esse encontro de Paulo com Tiago evoca o outro acontecido uns dez anos antes, depois da primeira missão entre os pagãos junto com Barnabé (At 15,4.12). De fato, no final da sua intervenção, Tiago relembra as decisões tomadas na assembléia de Jerusalém

---

[8] Uma variante da tradição manuscrita ocidental de Atos 21,16 coloca a hospitalidade de Menásson numa vila antes de chegar a Jerusalém. Nessa hipótese, na primeira noite de viagem, o grupo se hospeda na casa de Menásson.

sobre os "pagãos que abraçaram a fé". Antes, porém, mostra a Paulo a nova situação criada em Jerusalém e, sobretudo, os boatos e as suspeitas que correm a respeito dele. Mostra-lhe que o número de cristãos provenientes do Judaísmo cresceu enormemente e, em sua grande maioria, sublinha, "todos são fiéis observantes da lei [*zelôtai toû nómou*]" (At 21,20).

Tiago diz a Paulo: "O que me preocupa é que esses judeu-cristãos observantes estão prevenidos contra você, porque os compatriotas deles que chegam a Jerusalém vindos da diáspora os informaram sobre a atividade missionária que você realiza entre os prosélitos e pagãos". E continua: "Sabe-se que você acolhe os convertidos do paganismo como membros do povo de Deus sem impor-lhes a circuncisão e a observância da lei mosaica. Ora, isso é interpretado como se a circuncisão e as prescrições da lei de Moisés não tivessem mais nenhum valor. Em outras palavras, é como se você dissesse aos judeus para que não mais circuncidem os filhos deles e para que não mais levem em conta as normas tradicionais da lei". Tiago, portanto, teme uma reação dos judeu-cristãos mais intransigentes logo que estes vierem a saber que Paulo está na cidade.

Bem mais grave é o risco que pesa sobre a comunidade judaico-cristã de Jerusalém, que vive lado a lado com a comunidade judaica, a qual nos últimos anos vem manifestando sinais de intolerância em nome de um nacionalismo exagerado. Eis o que Flávio Josefo escreve a respeito do governo de Antônio Félix na Judéia, nos meados dos anos 50 d.C.:

> Todavia, enquanto o país era assim limpado — com a captura do chefe de bando Eleazar e a crucifixão de muitos bandidos — em Jerusalém nasceu uma nova forma de banditismo, a dos chamados sicários [*sikárioi*], que cometiam assassinatos em pleno dia e bem no meio da cidade. Principalmente por ocasião das

festas, eles se misturavam com a multidão, escondendo sob as vestes pequenos punhais, e com estes apunhalavam seus adversários; depois, quando este caíam por terra, os assassinos se uniam àqueles que expressavam horror e com tal habilidade que todos acreditavam neles e, por isso, era impossível descobri-los. O primeiro a ser assassinado foi o sumo sacerdote Jônatas, e, depois dele, todos os dias foram numerosas as vítimas, mas o terror era maior do que as mortes, porque cada um, como na guerra, se sentia em perigo de morte a todo momento.[9]

Alguns judeus "zelotas" consideram como sinal de colaboracionismo com os odiados ocupantes qualquer mínima licença ou concessão sobre a observância da lei mosaica por parte dos judeus. Os judeu-cristãos, que convivem com os étnico-cristãos, dão a impressão de abolir ou deixar de lado os costumes de vida que distinguem os judeus dos pagãos. Por isso, recorda Tiago, foi imposta aos étnico-cristãos a observância de algumas prescrições para não provocar a reação hostil dos judeus (At 21,25; cf. 15,19-21.28-29).

No final, Tiago, de acordo com o colégio dos anciãos, propõe que Paulo realize um gesto público, demonstrando o seu apego à lei de Moisés e aos costumes religiosos tradicionais. Ele deveria encarregar-se das despesas previstas para a conclusão do voto de nazireato por parte de quatro judeu-cristãos pobres de Jerusalém. Isso é considerado como gesto meritório e prova explícita de aceitação do judaísmo tradicional.[10] De fato, para fazer isso, o próprio Paulo tem de

---

[9] *Bell.*, 2,13,3, par. 254-256; cf. *Ant.*8,5, par. 160-167.

[10] Conta que Agripa I, como sinal de apoio às tradições judaicas, assume as despesas das ofertas para muitos judeus que fizeram o voto de nazireato (cf. *Ant.*, 19,6,1, par. 294). Esse compromisso implicava um estado de pureza mais rígido do que o costumeiro, acompanhado da abstinência de bebidas inebriantes. O sinal externo era deixar crescer livremente os cabelos durante todo o tempo do voto, que terminava em Jerusalém exatamente com o corte dos cabelos, queimados em seguida no fogo do sacrifício do templo (cf. Nm 6,1-21; At 18,18).

se apresentar no templo e se submeter aos ritos de purificação previstos pela lei para quem vem do mundo dos pagãos e quer entrar no recinto sagrado do templo.

Paulo aceita a proposta de Tiago e dos anciãos e se compromete a pagar as despesas previstas pela "lei do nazireato", isto é, a oferta de "um cordeiro de um ano e sem defeito [...] uma ovelha de um ano e sem defeito [...] um carneiro sem defeito [...] uma cesta de bolos de flor de farinha sem fermento, amassados com azeite [...] tortas sem fermento untadas com azeite, acompanhados de ofertas e libações" (Nm 6,13-15). No final, o texto bíblico diz: "Essa é a lei do nazireu; essa é a oferta a Jahvé pelo seu nazireato, além daquilo que suas posses permitirem fazer. Cumprirá o que tivèr prometido com voto, conforme a lei do nazireato" (Nm 6,21). Esse compromisso econômico nada leve, no caso de Paulo deve ser multiplicado por quatro. Em todo caso, no dia seguinte, Paulo entra em contato com os quatro judeucristãos e se apresenta com eles no templo para se submeter aos ritos de purificação e combinar a apresentação da oferta prescrita para cada um.

Antes de ver o que acontecerá com Paulo no recinto sagrado do templo, exatamente quando está para completar o período de purificação ritual, é imprescindível analisar a questão da coleta para os pobres de Jerusalém que, na perspectiva de Paulo, é o motivo principal da sua viagem a Jerusalém. Para o autor dos Atos não é bem assim, pois desde o começo da viagem ele fez tal motivação desaparecer do seu horizonte narrativo. Até o encontro de Paulo com Tiago e com o conselho dos anciãos da Igreja de Jerusalém, o autor dos Atos tem presente o grupo dos delegados que fazem parte do sujeito plural do relato: "No dia seguinte, Paulo foi *conosco* à casa de Tiago" (At 21,18).

Na seqüência, o grupo "nós" desaparece no nada, e Paulo fica como o único protagonista até o momento de seu embarque para a Itália, quando a narrativa retoma o sujeito na primeira pessoa do plural (At 27,1).

Além das hipóteses para explicar essas mudanças de sujeitos na prosa lucana — uso de fontes diferentes, imitação de modelos narrativos da época sobre viagens marítimas — continua havendo um problema: por que o autor dos Atos não diz nada sobre a coleta que Paulo tanto preza para selar o seu projeto de unificação das duas Igrejas, a de origem judaica — que tem como ponto de referência Tiago em Jerusalém — e a de matriz étnico-pagã, da qual ele se faz promotor? Não se pode dizer que o autor dos Atos não saiba nada sobre essa iniciativa de Paulo, pois acena a ela de forma velada, mudando em parte o seu significado, quando, na defesa de Paulo diante do procurador romano Antônio Félix, faz com que ele diga: "Depois de muitos anos, vim trazer esmolas para o meu povo e também apresentar ofertas" (At 24,17).

Portanto, Lucas sabe que Paulo foi para Jerusalém com uma quantia considerável de dinheiro, acompanhado de delegados das Igrejas. Sabe qual é a destinação original desse dinheiro, mas sublinha que o governador romano Antônio Félix o mantém no cárcere na esperança de arrancar dinheiro dele (At 24,26). Então é de se supor que a coleta não tenha sido entregue, pois Tiago e a Igreja de Jerusalém, como suspeitava Paulo escrevendo a Carta aos Romanos, não "apreciaram" a sua iniciativa. Aceitando esse dinheiro recolhido nas Igrejas de origem pagã, Tiago e a Igreja que ele representa em Jerusalém poderiam ser acusados pelos integristas judeus de apoiarem a linha liberal de Paulo.

Se essa hipótese é plausível, então se compreende a proposta de Tiago e dos anciãos da Igreja de Jerusalém. Paulo poderia usar parte do dinheiro coletado entre os étnico-cristãos para pagar as despesas do voto de nazireato dos quatro judeu-cristãos. Depois desse gesto de aceitação aberta da lei e dos costumes judaicos por parte de Paulo, a coleta poderia ser aceita sem levantar suspeitas na ala mais intransigente da Igreja judaico-cristã. Os acontecimentos, porém, tomaram outro rumo e não se falou mais da coleta. Então, o autor dos Atos pensou que deveria estender um véu sobre esse caso que aos seus olhos parecia um fracasso do projeto ecumênico de Paulo.

Inscrição no templo de Jerusalém, no qual se condena à morte quem viola o recinto reservado aos judeus (foto de R. Fabris).

4. A PRISÃO DE PAULO NO TEMPLO

O gesto público de Paulo no templo de Jerusalém se transforma numa armadilha. Durante um levante popular nos pátios do templo, ele é preso pelos soldados sob o comando do oficial romano que, com muito custo, consegue arrancá-lo das mãos dos judeus que queriam linchá-lo. Eis os fatos. Paulo, juntamente com os quatro judeu-cristãos, se dirige ao templo a fim de realizar as abluções rituais previstas para o terceiro e sétimo dias antes da oferta dos sacrifícios para dissolver o voto de nazireato (cf. Nm 19,12). A entrada principal da região sagrada do templo fica do lado meridional do grande recinto que Herodes mandou construir com enormes blocos de pedra lavrada. No alto de uma grande escadaria se abrem três portas que dão entrada ao grande pátio externo, circundado de pórticos. Ali os pagãos também têm acesso para realizarem atividades comerciais ligadas ao culto, o câmbio da moeda e a venda dos animais para os sacrifícios do templo.

Dentro do grande pátio dos pagãos, no lado ocidental, se ergue, sobre um terraço, chamado *hel*, outro pátio cercado e reservado aos judeus. Tem-se acesso a ele através de uma escada de catorze degraus. Antes da escada, uma barreira de pedra finamente trabalhada, com cerca de um metro e meio de altura — segundo a Mixná, 75 centímetros —, chamada *soreg*, marca o limite da região sagrada. Além dessa balaustrada fica o lugar proibido aos não-judeus. De fato, em intervalos regulares, na balaustrada de pedra, há placas com esta inscrição em grego e latim: "Nenhum estrangeiro [*allogenê*] atravesse a balaustrada que marca o recinto do templo: se alguém for pego, será para si mesmo causa da morte que daí se seguirá".[11] É uma condenação à morte executada mediante linchamento popular.

O grande pátio externo, desde as primeiras horas da manhã, fica lotado de comerciantes judeus e pagãos, de peregrinos judeus e prosélitos e do pessoal do templo. Para a festa judaica de Pentecostes, muitos judeus das vilas da Judéia e da Galiléia chegam a Jerusalém para apresentar no templo as primícias dos campos, dissolver os votos, apresentar os sacrifícios e as ofertas de ação de graças.[12] Há também muitos judeus vindos da diáspora, que aproveitam a estação propícia para realizar a peregrinação anual ao templo.

Para cumprir os ritos religiosos, os judeus se dirigem ao pátio mais interno a eles reservado, além da balaustrada de pedra e da escada. Depois dos catorze degraus se ergue um segundo muro, do qual se bifurcam outras escadas de cinco degraus que levam às treze portas de entrada, das quais quatro do lado norte e quatro do lado sul. Daí, através de três portas, se chega ao pátio oriental reservado às mulheres. Uma escadaria e uma porta monumental, chamada "Coríntia",

---

[11] Uma dessas inscrições gravadas em placa de pedra foi encontrada por Clermont-Ganneau em 1871 e atualmente está guardada no Museu das Antigüidades Orientais e Clássicas de Istambul; uma outra, encontrada em 1935, está guardada no Rockfeller Museum de Jerusalém (cf. Boffo, op. cit., pp. 283-290).

[12] A festa judaica de *Shavu'ot*, "Semanas", é chamada em grego de "Pentecostes", porque cai no qüinquagésimo dia, isto é, sete semanas depois da Páscoa, começando a contar do segundo dia da Páscoa, quando se faz a oferta das primícias da cevada, um feixe de 750 gramas, ou seja, um '*omer* (cf. Lv 23,9-11.15-16). É a festa popular da colheita que em Jerusalém se celebra com cantos e procissões, levando ao templo figos frescos e cachos de uva (cf. Mixná, *Bikkurim*, 3,2-4).

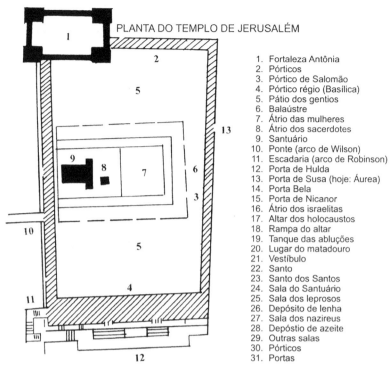

PLANTA DO TEMPLO DE JERUSALÉM

1. Fortaleza Antônia
2. Pórticos
3. Pórtico de Salomão
4. Pórtico régio (Basílica)
5. Pátio dos gentios
6. Balaústre
7. Átrio das mulheres
8. Átrio dos sacerdotes
9. Santuário
10. Ponte (arco de Wilson)
11. Escadaria (arco de Robinson)
12. Porta de Hulda
13. Porta de Susa (hoje: Áurea)
14. Porta Bela
15. Porta de Nicanor
16. Átrio dos israelitas
17. Altar dos holocaustos
18. Rampa do altar
19. Tanque das abluções
20. Lugar do matadouro
21. Vestíbulo
22. Santo
23. Santo dos Santos
24. Sala do Santuário
25. Sala dos leprosos
26. Depósito de lenha
27. Sala dos nazireus
28. Depóstio de azeite
29. Outras salas
30. Pórticos
31. Portas

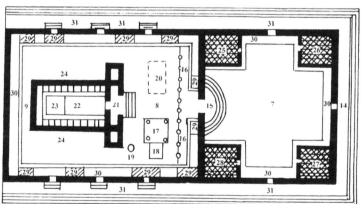

Provável planta do *Templo de Jerusalém*, mandado construir por Herodes entre os anos 20/19 e 10/9 a.C., elaborada com base na descrição de Flávio Josefo e da Mixná, tratado Middot (Medidas do Templo).
Reelaboração feita por GALBIATI, E. R. & ALETTI, A. *Atlante storico della Bibbia e dell'antico Oriente*. Milão, Massimo - Jaca Book, 1983, ed. bras. Paulus

levam do pátio das mulheres ao átrio mais interno, onde podem entrar apenas os judeus homens. Mais além se encontra o pátio dos sacerdotes, que rodeia o santuário propriamente dito. Do pátio dos homens se pode ver a rampa que conduz ao alto do grande altar que se ergue diante da fachada oriental do templo, para onde sobem os sacerdotes a fim de queimar as partes das vítimas oferecidas em sacrifício.[13]

Na companhia dos quatro judeu-cristãos, Paulo atravessa o grande pátio externo ou dos pagãos e entra, por uma das portas laterais, na região reservada aos judeus. O grupo se dirige para o estreito pátio dos homens, que se estende dos dois lados mais compridos do santuário. Ao redor estão os judeus que levam as ofertas das primícias e outros que assistem ao ritual dos sacrifícios sobre o altar diante do templo. Está terminando o sacrifício que é feito diariamente pela manhã, com a oferta de um cordeiro. De repente, se ouve alguém que grita, apontando para o grupo de Paulo. Outros chegam berrando e abrindo caminho entre os curiosos. Empurram de lado os quatro acompanhantes de Paulo, o agarram e, continuando a gritar para os circunstantes, o arrastam para uma das portas que dá para o pátio dos pagãos.

Enquanto isso, uma pequena multidão se reuniu e faz algazarra ao redor. Alguns seguram Paulo, que ainda não se deu conta do que está acontecendo, e um dos agitadores se dirige à multidão: "Israelitas, socorro! Este é o homem que anda ensinando a todos e por toda parte contra o nosso povo, contra a lei e contra este lugar. Além disso, ele trouxe gregos para dentro do templo, profanando este santo lugar!"

---

[13] A descrição dos pátios do templo e do santuário antes que os soldados de Tito os destruíssem em 70 d.C. se encontra em Flávio Josefo, *Bell.*, 5,5-8, par. 184-247.

(At 21,28). Paulo percebe o perigo e procura se explicar. Não é verdade que profanou o lugar santo, pois entrou no templo depois de ter cumprido os ritos de purificação e apenas em companhia de judeus. Eles retrucam: "Nada disso! Você profanou o lugar santo ao introduzir aí um grego, um pagão que conhecemos muito bem, porque é de Éfeso como nós. Nestes dias vimos você na companhia dele pelas ruas de Jerusalém". Paulo percebe que eles cometeram um engano, pois suspeitam que entre seus acompanhantes esteja Trófimo, um pagão convertido de Éfeso, que subiu a Jerusalém com o grupo dos delegados das Igrejas.

Paulo procura esclarecer o equívoco, mas a gritaria da multidão encobre a sua voz. Vai chegando mais gente. Os mais próximos começam a gritar: "Mata! Mata!". Os levitas, adidos ao serviço de vigilância do templo, fecham as portas que dão para o pátio interno, para que o tumulto não se espalhe pela região sagrada. Alguns começam a bater em Paulo, que cai no chão. Os soldados que montam guarda nos aterros sobre os pórticos ao redor do pátio notaram o afluxo de gente e os gritos. Um piquete armado de lanças desce rapidamente até o pátio, outros dão o sinal à tropa que se encontra na fortaleza Antônia.[14] Chega um oficial romano com um grupo de soldados mercenários. A multidão, vendo o oficial e os soldados, se afasta. Os provocadores param de bater em Paulo. O tribuno procura saber o que está acontecendo. Um diz uma coisa, outro diz outra. Alguns gritam: "Mata! Mata!".

---

[14] A torre, mandada construir por Herodes em honra de Marco Antônio, se ergue do lado norte ocidental do recinto externo. Duas escadarias largas a ligam diretamente ao pátio que está abaixo. Por ocasião das festividades judaicas aí ficam uma coorte com 760 soldados de infantaria e um contingente de cavalaria com 240 homens, para assegurar a ordem pública na cidade e principalmente na zona do templo.

Então, o oficial romano ordena aos soldados que amarrem Paulo e o levem embora. Quando a multidão vê Paulo, motivo e objeto do seu furor, escapar-lhes das mãos e que o estão levando embora, começam a gritar e a increpar contra ele e contra os soldados. Estes mantêm os furiosos à distância com a ponta das lanças e se apressam a levar Paulo para a fortaleza Antônia. Diante da escadaria, contudo, o tumulto é tão grande que se vêem obrigados a carregar Paulo. Nesse momento, ele se dirige em grego ao tribuno pedindo para dizer algo à multidão. O oficial romano fica admirado pelo fato de o prisioneiro conhecer o grego e lhe diz: "Então você não é o egípcio que, dias atrás, subverteu e arrastou ao deserto quatro mil sicários?" (At 21,38).

A comparação de Paulo com um líder da revolta anti-romana, conhecido na historiografia judaica, serve para o autor dos Atos tomar as devidas distâncias e ressaltar a diferença.[15] Paulo não é rebelde nem perigoso provocador na luta contra os romanos. Ele é um judeu nascido na diáspora, mas observante da lei e das tradições dos antepassados, como muitos de seus compatriotas, preocupado unicamente em fazer a vontade de Deus. Por isso, procurou fazer essa comparação com o movimento dos seguidores de Jesus. Mas teve de reconhecer que Jesus é o Messias constituído por Deus como Senhor de todos, e se comprometeu em levar essa

---

[15] Flávio Josefo narra que um suposto profeta, vindo do Egito, havia reunido 30.000 rebeldes no monte das Oliveiras, prometendo-lhes conquistar a cidade de Jerusalém, derrubando as muralhas, como havia feito Josué em Jericó. A pronta intervenção da cavalaria e da infantaria romana, ordenada pelo governador Antônio Félix, havia dispersado os rebeldes e seu líder, com um balanço de quatrocentos mortos e duzentos prisioneiros entre os rebeldes (cf. *Ant.*, 20,8,6, par. 169-172; *Bell.*, 2,13,5, par. 261-263).

mensagem aos pagãos. Em suma, tal é o discurso que Lucas coloca na boca de Paulo numa situação improvável. Espelha a linha de defesa que o autor dos Atos quer manter ao reconstruir a história de Paulo. Sua opção de levar o anúncio messiânico aos pagãos, no entanto, representa também o ponto de atrito com a ala intransigente do judaísmo.

De fato, a cena diante da torre Antônia se encerra de modo dramático. Precisamente no templo, Paulo fala sobre o encargo recebido do Senhor para ir entre os pagãos. Essas palavras ditas diante da multidão dos judeus, que querem linchá-lo por tentativa de profanação do templo, soam como uma provocação. Alguns dizem ao tribuno: "Tira esse homem daqui; ele não merece mais viver!". Outros berram frases incompreensíveis. Uns rasgam o manto, outros jogam terra para o alto. Então o tribuno manda que Paulo seja conduzido para dentro da fortaleza e ordena que um centurião o submeta à flagelação. Tiram-lhe as roupas e amarram seus pulsos com correias. Antes de receber os primeiros golpes da flagelação, Paulo diz ao centurião que tal forma de coerção é contra o seu direito de cidadão romano. O tribuno é imediatamente informado sobre isso e ordena que a flagelação e o interrogatório sejam suspensos, até que se esclareça o caso na presença da autoridade judaica competente.

5. PROCESSO E PRISÃO DE PAULO

Na reconstrução da primeira fase do processo de Paulo em Jerusalém, o autor dos Atos se deixa levar pelo desejo de estabelecer um paralelo quase perfeito entre a paixão de Jesus e a do seu discípulo Paulo. Como Jesus, Paulo, depois da sua prisão e da sua detenção noturna na fortaleza Antônia, na manhã seguinte também é levado diante do sinédrio reunido em plenária para ali ser interrogado. São muitas as incongruências históricas para dar crédito a essa reconstrução lucana. Em primeiro lugar, não podemos imaginar que um tribuno romano ordene aos sumos sacerdotes que convoquem todo o sinédrio para interrogar Paulo (At 22,30). Igualmente inverossímil é a participação de um oficial pagão na assembléia do supremo conselho judaico (At 23,10). É também pouco provável que na abertura da reunião Paulo tome a palavra para fazer a sua declaração de inocência (At 23,1).

Lucas, porém, utiliza alguns elementos de uma tradição na qual se fala de certo papel exercido pelo sinédrio de Jerusalém no caso judiciário de Paulo, a fim de apresentar o testemunho de seu protagonista.[16] Esse testemunho forma um todo único com a sua autodefesa. Substancialmente, Lucas diz que Paulo não pode ser condenado por um tribunal judaico porque sempre se comportou como um judeu irrepreensível. De fato, ele pode se apresentar como "fariseu,

---

[16] A função do sinédrio na instrução processual de Paulo poderia reduzir-se à convocação de uma comissão delegada pelo sinédrio para examinar o caso juntamente com o tribuno romano na torre Antônia, onde o prisioneiro estava detido.

filho de fariseus", que está sendo julgado por sua esperança na ressurreição dos mortos (cf. At 23,6). O leitor se pergunta se essa pode ser uma acusação contra Paulo. Certamente não! É exatamente essa conclusão que o autor dos Atos pretende sugerir, sem muitos subterfúgios.

O resto é apenas coreografia. O tapa dado em Paulo por um dos assistentes do sumo sacerdote Ananias, quando ele se declarou inocente, como também a sua imediata e franca resposta a esse insulto, entram dentro do modelo estereotipado do herói, vítima da arrogância do poder. Ele se defende, apelando para a justiça e à sua reta consciência. O encerramento dessa reunião do sinédrio também é uma construção artificial lucana. A declaração de Paulo sobre a "ressurreição dos mortos" desencadeia uma calorosa discussão entre os dois grupos dos sinedritas. Os saduceus negam a ressurreição dos mortos e a existência de seres espirituais. Os fariseus, ao contrário, são mais próximos à posição de Paulo, ou melhor, declaram abertamente: "Não encontramos nenhum mal neste homem" (At 23,9). A discussão entre os dois partidos é de tal modo acesa que no final o tribuno manda a tropa intervir para evitar que Paulo seja linchado. O leitor fica mais ainda convencido de que Paulo está seguro sob a proteção do poder romano.

A transferência de Paulo de Jerusalém para Cesaréia, sob escolta militar, para ser julgado junto à sede do governo romano, é outro passo na direção de Roma. Com efeito, esta é a meta final do testemunho de Paulo segundo as palavras do Senhor: "Assim como você deu testemunho de mim em Jerusalém, é preciso que também dê testemunho em Roma" (At 23,11). A transferência de Paulo se deu por causa da descoberta de um complô organizado por mais de quarenta judeus, os quais mediante de um pacto secreto e um juramento se comprometeram a matá-lo. Na administração de Antônio Félix são freqüentes os atentados dos zelotas e dos sicários contra os filorromanos considerados apóstatas e inimigos do povo de Israel.

Esse clima de terrorismo político e religioso faz com que, ao menos substancialmente, a informação de Lucas sobre a conjuração contra Paulo seja verossímil. Ele, porém, dramatiza a história, fazendo acontecer um acordo impossível entre os zelotas, de um lado, e as autoridades do templo e do sinédrio, de outro lado. Estes últimos deveriam pedir ao tribuno para que levasse Paulo novamente diante do sinédrio a fim de oferecer-lhes a oportunidade de matá-lo, mediante um ataque de surpresa. Além da incongruência desse pedido com o que já foi referido anteriormente sobre a relação entre o tribuno e os sinedritas no caso de Paulo, devemos levar em conta o fato de que os altos funcionários do templo e os sinedritas mantêm uma relação de colaboração com o poder romano. Não se vê como eles poderiam se prestar a ajudar os conjurados que querem matar Paulo.

Em todo caso, resta o fato de que grande parte do debate processual sobre o caso de Paulo se dá em Cesaréia. É provável, portanto, que o tribuno romano tenha sido informado sobre um complô dos judeus contra Paulo e tenha preferido colocar em segurança o imputado, transferindo-o para Cesaréia. O autor dos Atos apresenta o sobrinho de Paulo, filho de uma irmã que vive em Jerusalém, como informante do tribuno romano. Nesse caso, tratar-se-ia de um judeu observante chegado ao ambiente dos zelotas. De resto, também Paulo, antes de sua experiência cristã, seguiu essa linha do judaísmo militante.

A transferência de Paulo de Jerusalém para Cesaréia é organizada como uma pequena expedição militar. Dois centuriões, sob ordens do tribuno romano, devem preparar duzentos soldados, uns setenta cavaleiros e duzentos da infantaria com armas leves. Devem também estar preparadas as cavalgaduras para o prisioneiro. A partida de Jerusalém é marcada para três horas depois do pôr-do-sol. Portanto, a viagem é feita durante a noite por precaução. A primeira etapa, depois de sessenta quilômetros de percurso pelas montanhas da Judéia, chega em Antipátrida, cidade que Herodes mandou construir na fronteira entre os territórios da Judéia e Samaria. Daí se continua até Cesaréia, distante cerca de quarenta quilômetros. Como este último trecho da estrada é menos exposto às emboscadas dos zelotas, a escolta dos soldados pode voltar a Jerusalém, deixando aos cavaleiros a tarefa de acompanhar o prisioneiro até Cesaréia.

O comandante do contingente de cavalaria que escolta Paulo deve entregar ao governador romano Antônio Félix uma carta, na qual se resume a posição do prisioneiro. Nela, o tribuno Cláudio Lísias — finalmente é revelado o nome — diz: "Este homem caiu em poder dos judeus e estava para ser morto por eles. Então cheguei com a tropa e o arranquei das mãos deles, porque fiquei sabendo que era cidadão romano. Querendo averiguar o motivo por que o acusavam, eu mandei levá-lo ao Sinédrio deles. Verifiquei que ele era incriminado por questões referentes à lei que os rege, não havendo nenhum crime que justificasse morte ou prisão. Informado que existia, por parte dos judeus, um atentado contra esse homem, tratei de enviá-lo ao senhor. Comuniquei aos acusadores que devem expor na presença do senhor o que eles têm contra esse homem" (At 23,26-30).

Na carta de Cláudio Lísias ao governador, além de resumir os fatos, assim como foram reconstruídos pelo autor dos Atos, é traçada a linha do debate processual seguinte. Para a autoridade romana, Paulo é inocente, pois as acusações feitas pelos judeus são de caráter religioso, que não interessam aos funcionários do império, encarregados de manter a ordem pública e de recolher os impostos. O governador Antônio Félix, depois de ler a carta do tribuno, procura esclarecer qual seria o tribunal competente para tratar o caso de Paulo. Tendo sabido que ele pertence à província da Cilícia, dependente em parte da Síria, decide chamar o caso a si e marca a audiência para quando os acusadores chegarem de Jerusalém. Enquanto isso, Paulo é mantido prisioneiro no pretório, sede do governador, antigo palácio de Herodes.

Antônio Félix, conhecido por Flávio Josefo como Cláudio Félix, é irmão de Palas, um liberto influente junto ao imperador Cláudio. Ele deve a sua posição política a esse parentesco.[17] Sua nomeação como procurador da Judéia em 52/53 d.C. havia sido solicitada pela delegação dos judeus em Roma, encabeçada pelo então sumo sacerdote Jônatas e pelo atual sumo sacerdote Ananias. Félix, que sucede nesse cargo a Ventídio Cumano (48-52 d.C.), intensifica a política de repressão contra os bandos armados que controlam os vilarejos da Judéia e da Samaria.[18] Ele, porém, não hesita em servir-se dos sicários, que matam traiçoeiramente em Jerusalém, para eliminar o sumo sacerdote Jônatas, que o incomodava com suas contínuas queixas contra a administração romana.[19]

---

[17] Tácito, Hist., 5,9; *Ann.*, 12,54,3.

[18] Flávio Josefo, *Bell.*, 2,13,2-6, par. 252-270.

[19] Idem. *Ant.*, 20,8,5, par. 160-166.

Até em Cesaréia, onde reside, o procurador Félix tem seus problemas, pois precisa enfrentar as desordens que pipocam com freqüência entre os judeus, de um lado, e os gregos e sírios, de outro lado. A cidade fora fundada por Herodes Magno, que havia transformado a antiga Torre de Estratão numa esplêndida residência régia, com templos, teatro, hipódromo e termas. Dotara a cidade de um imponente aqueduto, sobretudo, de um porto amplo e seguro, o *portus Augusti*.[20] Os romanos a haviam escolhido como sede da administração por razões de segurança. Além disso, diferentemente de Jerusalém, de maioria judaica, Cesaréia tinha uma população mista, prevalecendo o elemento grego. Para acalmar os tumultos, o governador Félix não hesita em mandar intervir os soldados que têm simpatia por seus compatriotas greco-sírios. No final, narra Flávio Josefo, para acabar com os conflitos, "Félix escolheu alguns expoentes das duas partes e os enviou em embaixada até Nero, para que defendessem diante dele os seus respectivos direitos".[21]

É nesse clima que se desenrola o processo de Paulo em Cesaréia diante do procurador romano. De fato, para aí são convocados os acusadores, que descem de Jerusalém. Eles, conforme a narrativa lucana, se apresentam depois de cinco dias, liderados pela sumo sacerdote Ananias, acompanhado de alguns anciãos. A delegação dos judeus entrega a

---

[20] Flávio Josefo (*Bell.*, 2,21,5, par. 408-410) diz que recentes escavações trouxeram à luz as estruturas do porto herodiano em Cesaréia, com dois ancoradouros, o meridional com 250 metros de comprimento e o setentrional com 600 metros. A área portuária comportava cerca de 14.000 metros quadrados. O aqueduto que Herodes mandou construir tinha nove quilômetros de comprimento e buscava água nas fontes dos declives do monte Carmelo.

[21] Idem, ibidem, 2,13,7, par. 266-270.

tarefa de expor suas acusações contra Paulo a um "advogado" judeu-helenista chamado Tertulo. Este se dirige ao governador Félix e, em perfeito estilo retórico, depois de uma ampla *captatio benevolentiae*, expõe a sua querela contra Paulo, centrada em três pontos de acusação. Tertulo diz: "Verificamos que este homem é uma peste: ele promove conflitos entre os judeus do mundo inteiro e é também um dos líderes da seita dos nazareus. Ele tentou até profanar o Templo [...]" (At 24,5-6a). E Tertulo conclui que o próprio procurador pode certificar-se, como juiz, da consistência dessas acusações, interrogando diretamente o acusado.

O governador dá a palavra a Paulo, que faz a sua defesa rebatendo ponto por ponto as acusações que lhe foram feitas pelos judeus. Primeiramente, Paulo esclarece que durante a sua permanência em Jerusalém — ao todo, doze dias — não fomentou nenhuma rebelião nos lugares onde os judeus se encontram, isto é, nas sinagogas e no templo. É verdade que ele pertence ao movimento dos nazareus, que chamam de "seita". Todavia, nela pode expressar e viver a sua fé no Deus dos antepassados segundo a lei e conforme as promessas dos profetas. Em particular, na sua fé cristã ele encontra o cumprimento da esperança judaica na ressurreição dos mortos.

Quanto à terceira acusação, a mais específica e circunstanciada, sobre a profanação do templo, Paulo declara explicitamente que os chefes de Jerusalém não são capazes de provar, pois os seus verdadeiros acusadores, os judeus da Ásia, estão ausentes. Ele havia comparecido ao templo de Jerusalém para cumprir os atos de culto tradicionais, respeitando as normas de pureza. De fato, diz Paulo, "depois de muitos anos, vim trazer esmolas para o meu povo e também apresentar ofertas" (At 24,17). As "esmolas" levadas por Paulo a Jerusalém para o povo judaico, não são outra coisa senão a coleta, interpretada por Lucas numa perspectiva filojudaica. Na verdade, a Igreja de Jerusalém, que tem como chefe Tiago, está integrada ao Judaísmo, que o autor dos Atos, sem fugir de todo da realidade, pode dizer que a coleta de Paulo em favor dos judeu-cristãos de Jerusalém é uma coleta de ofertas para o seu povo.[22]

Essa primeira audiência do processo de Cesaréia se encerra sem chegar a nada, pois o procurador Félix a adia, a fim de ouvir o testemunho do tribuno Lísias sobre os fatos do templo. Assim, Paulo continua detido, embora na forma mitigada, porque o procurador dá ordens de lhe conceder certa liberdade, com a possibilidade de receber seus amigos e de ter a assistência dos cristãos de Cesaréia. Uma nota de Lucas esclarece que Félix estava "muito bem informado sobre o Caminho" ou o movimento dos nazareus, do qual Paulo faz parte. Por quem e com que fundamento havia sido informado? É uma observação lucana para insinuar a diferença entre o movimento cristão e os outros movimentos judaicos anti-romanos duramente combatidos por Félix?

A figura do procurador Antônio Félix, como aparece no relato de Lucas, oscila entre duas posições. De um lado, ele aparece como o juiz representante da justiça romana que tutela o direito de Paulo e, de outro lado, é o funcionário político que quer "agradar aos judeus" (At 24,27b). Contu-

---

[22] Devemos nos perguntar se a coleta de Paulo para a Igreja de Jerusalém, aos olhos dos judeus observantes, poderia aparecer como uma iniciativa concorrente ou alternativa ao imposto anual, didracma, que todo judeu de sexo masculino devia fazer ao templo de Jerusalém. Desse ponto de vista, Paulo poderia ser acusado pelos judeus de se servir do direito judaico para cobrar o imposto anual em favor do templo, direito reconhecido pelos romanos, a fim de organizar a coleta em prol de um grupo particular de judeus de Jerusalém.

do, essa imagem do juiz romano é, ofuscada pela observação lucana: "Além disso, Félix esperava que Paulo lhe desse dinheiro. Por isso, mandava chamá-lo freqüentemente e conversava com ele" (At 24,26). Com efeito, durante dois anos, o processo de Paulo não foi em frente. Enfim, o que se tira dessas anotações de Lucas é que Antônio Félix, quer como juiz quer como procurador, é uma figura ambígua.

Confirmação disso é o episódio do encontro de Paulo com Antônio Félix, que se apresenta em companhia da mulher Drusila. Lucas esclarece que a mulher "era judia". O governador conversava com Paulo e o ouvia "falar da fé em Jesus Cristo. Mas, quando Paulo começou a comentar sobre a justiça, a continência e o julgamento futuro, Félix ficou com medo e disse: 'Por agora você pode ir. Quando eu tiver mais tempo, mandarei chamá-lo'" (At 24,24-25). Esses detalhes lucanos sobre os interesses religiosos de Félix também são relatados em função do retrato idealizado de Paulo, que até mesmo na prisão continua a dar testemunho da sua fé em Jesus Cristo.

De fato, Antônio Félix em sua vida privada não é nenhum espelho de virtude. Seu casamento com Drusila era malvisto pelos judeus. Ele se sentira atraído pela jovem e bela princesa herodiana Drusila, filha do herodiano Agripa I e irmã de Agripa II e de Berenice, casada com o rei de Emesa, Aziz, que havia se convertido ao Judaísmo. Antônio Félix, servindo-se da mediação de um falso mago judeu de Chipre, conseguira tirar Drusila do seu primeiro marido e casar-se com ela.[23]

---

[23] Flávio Josefo, *Ant.*, 20,7,1-2, par. 137-144. Cf. Suetônio, em *Caudius*, 28, que fala de Antônio Félix como "um marido de três princesas". Cf. também Tácito, *Historiae*, 5,9.

No pano de fundo dessas aventuras conjugais de Félix, que se entrelaçam com a sua política ambígua como governador da Judéia-Samaria nos anos 50 d.c., podemos compreender a reação dos judeus de Cesaréia, os quais, depois do término do seu mandato, enviam a Roma uma delegação para acusá-lo junto ao imperador Nero. O historiador Flávio Josefo afirma que o prestígio de que seu irmão Palas gozava junto ao imperador conseguiu que ele escapasse da condenação pelos seus desmandos.[24] Essas histórias do governador romano, que comanda o processo de Paulo em Cesaréia, são importantes para estabelecer a cronologia da prisão de Paulo em Cesaréia. O texto dos Atos termina a história das relações de Antônio Félix com Paulo de forma concisa, dizendo: "Dois anos depois, Pórcio Festo ocupou o lugar de Félix" (At 24,27). Ele deixa para o novo procurador o caso de Paulo, que ainda está preso.

O final da administração de Antônio Félix na Judéia-Samaria, como o início da sua carreira, deve ser ligado ao papel do seu irmão Palas junto à corte imperial. Este caiu na desgraça de Nero, juntamente com a mãe do imperador, Agripina, em 55 d.C.[25] Palas, porém, continua a exercer certa influência nos ambientes da corte nos anos seguintes, ao menos até o final do ano 62, quando Nero, para se apossar dos bens do liberto enriquecido, manda prendê-lo.[26] Além disso, Antônio Félix, como diz Flávio Josefo, ainda exerce

---

[24] Flávio Josefo, *Ant.*, 20,8,9. par. 182-183. Tácito (*Historiae*, 5,9) diz que Antônio Félix, "recorrendo a todo tipo de crueldade e de arbitrariedade, exerceu o poder régio com ânimo servil".

[25] Tácito, *Anales*, 13,14,1; 15,1.

[26] Idem, ibidem, 13,14,2; 14,65,1.

sua atividade de procurador durante os primeiros anos de Nero, que se torna imperador em outubro de 54 d.C. Portanto, os dois últimos anos da administração de Félix na Judéia-Samaria podem se datados no final dos anos 50 d.C.[27]

Com a chegada do novo procurador Pórcio Festo, as coisas mudam rapidamente para Paulo, que está esperando o julgamento há dois anos no cárcere do pretório em Cesaréia. Pórcio Festo, originário de um família ilustre, é um funcionário romano eficiente.[28] Desde os primeiros dias da sua posse, o governador procura agilizar o caso de Paulo. Manda que seus acusadores venham a Cesaréia, embora estes lhe tivessem proposto transferir Paulo para Jerusalém, onde ainda se pensa organizar um atentado para matá-lo.

Na nova audiência de Cesaréia se repetem as acusações anteriores. Paulo também repete a sua defesa, que o autor dos Atos relata resumidamente: "Eu não fiz nada contra a lei dos judeus, nem contra o templo, nem contra o imperador" (At 25,8). Lucas continua: "Querendo agradar aos judeus", Festo propõe transferir o processo para Jerusalém. Paulo se opõe a isso energicamente e reivindica o seu direito, como cidadão romano, de ser julgado diante do tribunal de César, disposto, se for o caso, a aceitar a pena de morte.

---

[27] A frase lapidar de Atos 24,27: "Dois anos depois, Pórcio Festo ocupou o lugar de Félix", embora gramaticalmente possa se referir ao biênio do mandato de Félix, deve ser referida à prisão de Paulo, como em At 28,30, porque Félix permanece no cargo de procurador mais dois anos; de fato, ele, com base no testemunho de Flávio Josefo, que coloca a sua nomeação de governador pouco antes do décimo segundo ano do reinado de Cláudio, sucede Ventídio Cumano em 52 e é destituído depois de 55 (cf. *Ant.*, 20,7,1; par. 137-138).

[28] Flávio Josefo recorda que ele combate energicamente os sicários e revoltosos (cf. *Ant.*, 20,8,9, par. 182.185-188; *Bell*, 2,14,1, par. 271).

Por isso, no final, de modo explícito e formal declara: "Apelo para César". Então Festo consulta seus assessores do tribunal e sentencia: "Você apelou para César; então irá a César" (At 25,11-12).

O caso de Paulo está encerrado. Agora já é certo que ele será transferido para Roma. Contudo, a sua apelação ao tribunal do imperador abre uma série de problemas sob a perspectiva histórica e jurídica. A apelação ao tribunal do imperador pressupõe que, também no caso de Paulo, tivesse sido emitida uma sentença de condenação, sobre a qual, no entanto, o autor dos Atos não diz nada. Além disso, a apelação de Paulo se fundamenta na sua condição de cidadão romano, que no contexto do seu processo não é explicitamente mencionada. Devemos dizer, contudo, que na história da administração romana da procuradoria da Judéia há alguns casos de personalidades importantes que foram enviadas ao tribunal do imperador embora não fossem cidadãos romanos. Por fim, a *appellatio* de Paulo, como se diz em termos jurídicos, pode ser entendida de vários modos. Não se trata apenas do direito de apelação a uma instância superior, mas da exceção levantada sobre a competência do tribunal do procurador para tratar do caso em questão.[29]

De qualquer modo que se entenda a apelação requerida por Paulo, o que conta é o seguinte: a sua causa será decidida diante do tribunal do imperador. O procurador da Judéia,

---

[29] O procedimento da *provocatio* prevista no direito romano, *ius provocationis*, não é inteiramente claro e sofre uma evolução na história das instituições processuais romanas da república ao império, quando a *provocatio* é substituída pela *appellatio*. Regulamentada pelo *corpus* das leis *porciae* e *valeriae* no período republicano, na época imperial valia a *Lex Iulia de vi publica et privata*, promulgada no tempo de Augusto.

Pórcio Festo, tem unicamente a tarefa de preparar a transferência do prisioneiro de Cesaréia para Roma, juntamente com um relatório sobre sua posição. O autor dos Atos, que não falará nada sobre o processo de Paulo em Roma, nem do seu resultado, aproveita a visita que o rei Agripa II e sua irmã Berenice fazem ao procurador romano em Cesaréia para mostrar os desdobramentos religiosos e políticos do caso de Paulo.[30] Festo diz abertamente a Agripa que, apesar das acusações dos judeus e do pedido deles de pena de morte, está convencido que Paulo "não fez nada que mereça a morte" (At 25,25). O tribuno Lísias já havia escrito isso em seu relatório ao procurador Antônio Félix (At 21,29). Agora é confirmado por Pórcio Festo na apresentação do caso de Paulo ao rei Agripa.

O rei, porém, quer conhecer pessoalmente o andamento das coisas. Então é convocada uma audiência solene, na qual Paulo comparece diante do rei Agripa, que está acompanhado de Berenice. Os tribunos e os cidadãos mais importantes da cidade de Cesaréia também tomam parte. Paulo tem a oportunidade de fazer, pela terceira vez, a sua defesa. Repete o relato da sua experiência de Damasco, a fim de mostrar que em tudo obedece à vontade de Deus. E conclui a exposi-

---

[30] Marcos Júlio Agripa, filho de Agripa I, é o último descendente da família de Herodes Magno. Durante o seu período de formação em Roma teve oportunidade de cultivar conhecimentos e amizades nos ambientes da corte, que lhe garantiram certo sucesso político. Em 50 d.C, recebe o reino do seu tio Herodes de Cálcis, no atual Líbano, e depois outros territórios de Filipe e Lisânias nas regiões norte-orientais do lago de Tiberíades. Além disso, consegue de Cláudio o direito de nomear os sumos sacerdotes de Jerusalém e de guardar os tesouros do templo. Berenice, que acompanha Agripa, é a irmã mais velha de Drusila, mulher de Antônio Félix e, portanto, sua meia-irmã. Antes casada com um judeu egípcio, se tornara mulher de Herodes de Cálcis. Desde a morte do seu marido convive com o seu meio-irmão (cf. Flávio Josefo, *Ant.*, 18,5,4. par. 132; 20,7,3, par. 145-146; *Bell.*, 2,13,2, par. 252; 16,3, par. 344).

ção da sua atividade de pregador e de testemunha da fé cristã com estas palavras: "Não prego nada mais do que os Profetas e Moisés disseram que havia de acontecer, isto é, que o Messias devia sofrer e que, ressuscitado por primeiro dentre os mortos, ele devia anunciar a luz ao povo e aos pagãos" (At 26,22b-23). O discurso de Paulo é dirigido ao rei herodiano Agripa, embora tal discurso se adapte ao auditório misto, formado por pagãos e judeus. Contudo, no estilo e no conteúdo assemelha-se mais a uma pregação cristã do que a uma arenga processual.

De resto, a prestação de contas feita por Festo a Agripa sobre o caso de Paulo se ressente dessa impostação apologética que a mão de Lucas revela. O procurador romano se dá conta de que os acusadores de Paulo "tinham somente certas questões sobre sua própria religião e a respeito de certo Jesus que já morreu, mas que Paulo afirma estar vivo" (At 25,19). Em outras palavras, parece que, no final, o processo de Paulo se concentra no conflito religioso entre judeus e cristãos, que tem o seu ponto crucial na fé em Jesus Cristo, o Messias ressuscitado dos mortos. Entretanto, um tribunal romano tem competência para decidir essas "controvérsias", seja ele da província ou da capital do império? A resposta sugerida pelo autor dos Atos parece clara. A apelação de Paulo ao tribunal do imperador é apenas uma escapatória, pois na realidade o seu caso exorbita da competência de qualquer tribunal romano.

As últimas frases do diálogo entre Paulo, o procurador romano Festo e o rei Agripa, confirmam essa perspectiva lucana. Festo diz que Paulo perdeu a cabeça por causa de excessivo conhecimento. Então, Paulo apela para a competência de Agripa e ao seu conhecimento dos fatos sobre Jesus, que não aconteceram às escondidas. O rei Agripa exclama ironicamente: "Ainda um pouco, e você vai me convencer a tornar-me cristão!" (At 26,28). A declaração final de Paulo é o seu extremo testemunho como prisioneiro por causa da fé em Cristo: "Tomara que Deus fizesse não somente o senhor, mas todos os que me escutam hoje, tornar-se como eu, mas sem essas correntes!"(At 26,29). Esta última declaração de Paulo é feita na sede oficial do procurador do império na Judéia, diante dos representantes do mundo judaico e pagão.

Entretanto, além dessa imagem de testemunha do Evangelho, o autor dos Atos quer imprimir na mente de seus leitores aquilo que lhe é muito caro, isto é, a inocência política de Paulo. Ele pega no ar um fragmento da conversa entre o rei Agripa, o governador e Berenice enquanto deixam a sala da audiência. Eles diziam: "Um homem como esse não pode ter feito nada que mereça a morte ou a prisão". A última palavra é reservada ao rei Agripa, que se dirige ao procurador Festo: "Esse homem bem que podia ser posto em liberdade, se não tivesse apelado para César" (At 26,30-32).

Lucas, com habilidade, criou uma cena de grande efeito. Conseguiu sobretudo apresentar em termos claros a sua tese sobre a inocência política de Paulo, fazendo com que os funcionários do império dissessem por três vezes, como no processo de Jesus, que ele não fez nada que mereça a morte. Na realidade, porém, Paulo foi condenado pela autoridade romana e exatamente em Roma. Por que e em quais circunstâncias? Essas perguntas, apesar da reconstrução claramente apologética de Lucas, ainda continuam esperando resposta. Podemos dizer que, como o processo de Jesus, também o de Paulo ainda continua aberto.

CRONOLOGIA COMPARADA DA VIDA E DA ATIVIDADE DE PAULO

Data	Acontecimentos	Escritos do NT	Viaja com	Cartas	História contemporânea
c. 6 d.C.	Paulo nasce em Tarso	At 7,58; Fm 9			Império de Augusto (27a.C.-14d.C)
19/20	Em Jerusalém estuda como discípulo de Gamaliel.	At 22,3; 5,34-39.			Império de Tibério (14-37).
34	Experiência de Damasco.	At 9,1-19; At 22,4-24; At 26,9-18; Gl 1,11-17.			
37	1ª visita a Jerusalém. Antioquia da Síria.	At 9,26-28; Gl 1,18; At 11,25-30.	Barnabé,		Império de Calígula (37-41).
46	1ª viagem missionária. Chipre-Anatólia.	At 13,1-14,28.	Marcos e Barnabé.		Império de Cláudio (41-54).
49	2ª visita a Jerusalém. concílio apostólico. Antioquia. Discussão com Pedro.	At 15,1-35; Gl 2,1-10; Gl 2,11-14.			Edito de Cláudio contra os judeus de Roma.
50	2ª viagem missionária. Ásia Menor Macedônia, Acaia Filipos, Tessalônica, Corinto.	At 15,36-18,22; At 16,11; At 17,1; At 18,1.	Silas (Silvano), Timóteo.	1Ts (2Ts).	L. G. A. Galião, procônsul em Corinto.
53	3ª viagem missionária na Galácia, Ásia-Éfeso, Acaia-Corinto, Macedônia-Filipos.	At 18,23-21,17; At 19,1; At 20,2; At 20,2.5-6; At 20,15-17.	Tito, Timóteo.	1Cor; Fl; Fm; 2Cor; Gl; Rm.	Antônio Félix, governador da Judéia. Império de Nero (54-68).
58	Jerusalém – prisão, Cesaréia – prisão.	At 22-23; At 25-26.			Pórcio Festo, governador da Judéia.
60	Viagem a Roma. Naufrágio em Malta. Chegada na Itália.	At 27-28.			
61/63	Chegada em Roma. Prisão romana, martírio.	At 28,17-31; 2Tm 4,6-8.			Vespasiano imperador. Queda de Jerusalém.
80	Cartas da tradição paulina.				2Ts; Cl; Ef; 1Tm; 2Tm; Tt.

Reelaborada por FABRIS. R. *Per leggere Paolo*. Roma, Borla, 1993.

XIII
PAULO EM ROMA

Os Atos dos Apóstolos e a segunda Carta a Timóteo falam da prisão de Paulo em Roma, onde ele teria passado seus últimos dias como "mártir" por causa da fé em seu Senhor. O segundo livro de Lucas narra de modo detalhado o percurso da última e tumultuada viagem de Paulo, transferido como prisioneiro de Cesaréia para Roma, a fim de ser julgado diante do tribunal do imperador. Contudo, o relato lucano, rico em informações sobre a viagem e o naufrágio de Paulo, é ao mesmo tempo descarnado e reticente quanto ao resultado da sua detenção por dois anos na capital. Com efeito, depois do encontro com os representantes da comunidade judaica, Paulo vive em Roma, vigiado por um soldado, numa casa alugada. Aí pode receber todos aqueles que desejam falar com ele. Assim tem a oportunidade de anunciar o "Reino de Deus" e ensinar "com toda a coragem e sem obstáculos, as coisas que se referiam ao Senhor Jesus Cristo" (At 28,31). Portanto, a narrativa da história pessoal de Paulo, depois da sua chegada à capital do império romano, extrapola o horizonte lucano.

O autor dos Atos sabe que Paulo morreu em Roma, embora nunca diga expressamente quando e como. No discurso de adeus aos anciãos de Éfeso faz Paulo declarar que eles não verão mais a sua face (At 20,25; cf. 20,38). Na última viagem a Jerusalém, Paulo declara estar pronto até para morrer pelo nome do Senhor. Mas em Jerusalém, na primeira noite de sua prisão na fortaleza Antônia, o próprio Senhor lhe dá a entender que deverá testemunhar também em Roma (At 23,11). Para se livrar da ameaça dos judeus de Jerusalém, Paulo apela para o tribunal do imperador, declarando: "Se cometi uma injustiça ou alguma coisa que mereça a morte, não recuso morrer" (At 25,11a). Ele, porém, não quer ser julgado por um tribunal judaico. Por isso, mesmo que os dois procuradores romanos na Judéia, Félix e Festo, e também o rei Agripa, estejam de acordo em reconhecer que ele não fez nada que mereça a morte, Paulo deve ser transferido a Roma, porque apelou para o tribunal de César.

Essa imagem de Paulo preso por causa do Evangelho, "prisioneiro de Cristo" ou do Senhor, faz parte da tradição veiculada pelo seu epistolário. Em particular, na segunda Carta a Timóteo fala-se explicitamente da prisão de Paulo em Roma, onde seus amigos o visitam e onde alguns de seus colaboradores o auxiliam (2Tm 1,16-18). Nessa mesma carta acena-se às últimas fases do processo de Paulo na perspectiva da morte iminente (2Tm 4,6-8.16). A carta é o testamento espiritual do Apóstolo que, antes de morrer, oferece, por meio do discípulo, a todas as Igrejas da sua tradição o testemunho extremo. Na vigília da morte, ele confia a sua causa ao Senhor que o libertará de todo mal, o salvará e o levará para o seu Reino eterno (2Tm 4,18). Com base nesses elementos, coletados nos Atos dos Apóstolos e no epistolário paulino, se desenvolve a tradição cristã posterior que situa em Roma o martírio do apóstolo Paulo.

1. A VIAGEM PARA ROMA

A transferência de Paulo de Cesaréia para Roma é reconstruída pelo autor dos Atos com base numa tradição, na qual são mencionadas, dentro de certa ordem, as etapas da viagem. Juntamente com outros prisioneiros, Paulo embarca no porto de Cesaréia no Mediterrâneo e, depois de um naufrágio que o obriga a passar os meses de inverno na ilha de Malta, num outro navio ancora primeiro nas costas da Sicília, em Siracusa, e depois no porto de Putéoli, de onde continua viagem por terra até Roma. A narrativa dessa viagem de Cesaréia para a capital do império ocupa um capítulo e meio nos Atos dos Apóstolos. Todo o interesse do narrador, contudo, se concentra na descrição dramática da tempestade que, ao longo da ilha de Creta, se abate sobre o navio em que Paulo se encontra com os outros prisioneiros. Durante duas semanas, o navio, à mercê do vento e das ondas, vaga entre o mar Adriático e as costas setentrionais da África. Finalmente encalha nas praias da ilha de Malta, onde todos os sobreviventes passam três meses à espera de outro navio com destino a Roma.

Paulo faz essa viagem da província da Judéia até a Itália como prisioneiro, juntamente com outros detentos que estão sendo transferidos para Roma. O grupo de prisioneiros é confiado a um oficial romano chamado Júlio, da "coorte Augusta". Em algumas inscrições do século I d.C., esse nome honorífico é atribuído às tropas auxiliares estabelecidas na Síria. Ao centurião Júlio cabe a tarefa de escoltar os comboios navais que transportam mercadorias e prisioneiros da Síria para Roma. Parece que o centurião deseja apressar a partida, pois manda os prisioneiros embarcarem num pequeno navio que se dirige a Adramítio, o porto do mar Egeu, diante da ilha de Lesbos. Num dos portos da costa egéia ele pretende encontrar um navio mercante, na rota do trigo que liga Alexandria a Roma. Por força do direito de requisição, o oficial romano ordena que Paulo e os outros prisioneiros escoltados por soldados subam a bordo do pequeno navio mercante.

O autor dos Atos nos informa que o oficial romano permite que, juntamente com Paulo, embarquem também alguns acompanhantes livres, entre os quais se menciona Aristarco, um macedônio de Tessalônica. Na lista de saudações da breve carta enviada ao amigo Filemon de Colossas, Paulo fala de um cristão com esse nome entre seus colaboradores.[1] O esboço do chamado "diário de bordo", escrito em primeira pessoa do plural e usado como documentação pelo autor dos Atos, poderia remontar a um desses acompanhantes de Paulo.

A primeira parte da viagem é feita ao longo das costas da Fenícia e da Síria. De fato, o navio, depois do primeiro dia de navegação, faz escala em Sidônia. Durante a parada do navio para operações de carga e descarga das mercadorias, Paulo pede ao oficial romano permissão para ver seus "amigos" na cidade. O centurião Júlio, "tratando Paulo com humanidade", sublinha o autor dos Atos, lhe deu permissão. O Apóstolo já havia conhecido os cristãos da cidade fenícia por ocasião de suas viagens anteriores, quando percorrera várias vezes a estrada do litoral que liga Antioquia da Síria a Cesaréia e Jerusalém (At 15,3). Vigiado por um soldado, Paulo e seus companheiros de viagem vão se encontrar com os cristãos de Sidônia. Os dois anos de cadeia em Cesaréia deixaram mar-

---

[1] Os outros nomes mencionados nessa lista são: Marcos, Demas e Lucas. Epafras é chamado de "meu companheiro de prisão em Jesus Cristo" (Fm 23). Na Carta aos Colossenses, porém, Aristarco é associado a Paulo na condição de detento (Cl 4,10).

cas em seu físico. Ele precisa de assistência. Mas sobretudo lhe faz bem ficar algum tempo na casa de pessoas amigas, sentar-se para conversar e comer alguma coisa junto com eles. É esse o clima adequado para a oração em comum e a Eucaristia. Embora o autor dos Atos não o diga, podemos imaginar que a estada entre os cristãos de Sidônia oferece a Paulo a oportunidade para celebrar a Eucaristia. De fato, nas comunidades cristãs, como em Corinto, a "ceia do Senhor" é a marca registrada da reunião dos cristãos.

Depois de alguns dias, a viagem é retomada em direção ao porto de Mira, nas costas da Lícia. Contudo, os ventos, que nessa estação sopram do norte para o oeste, obrigam o navio a costear a ilha de Chipre, no lado norte-oriental. A seguir, a embarcação continua em direção a oeste, protegida pelas costas da Cilícia e da Panfília, aproveitando as correntes favoráveis e a brisa que sopra da terra firme. Finalmente, o navio chega a Mira. De Sidônia, na costa da Fenícia, de onde partiram, até o porto da Lícia, percorreram ao todo 127 quilômetros, "em quinze dias", como esclarecem alguns manuscritos dos Atos dos Apóstolos. Mira é o porto comercial da Lícia, onde fazem escala os navios que saem carregados de trigo de Alexandria do Egito com destino a Roma.[2] No porto de Mira, o centurião Júlio requisita um navio mercante proveniente de Alexandria e que se dirige para a Itália. Todos os prisioneiros e os soldados da escolta sobem nessa embarcação, que tem capacidade para enfrentar o mar aberto.

---

[2] Ao antigo porto de Mira corresponde a atual localidade de Andriake, quatro quilômetros ao sul de Demre, onde se encontram algumas ruínas da cidade helenística e romana de Mira. O porto de Mira conheceu um grande desenvolvimento sob o imperador Adriano, que o escolheu como base marítima para suas expedições no Oriente. Remontam a essa época as ruínas do imponente *granarium* (silo) romano. Na história cristã, porém, o nome da cidade de Mira está ligado à memória de são Nicolau, ao qual é dedicada a Igreja da época medieval. No culto popular, são Nicolau de Mira relembra ao mesmo tempo o bispo do século IV e a figura de um abade taumaturgo do convento vizinho de Sion.

2. O NAUFRÁGIO

Trata-se de um navio mercante romano — *navis oneraria* — de formas arredondadas com um mastro no centro, que sustenta uma grande vela retangular, colocada perpendicularmente ao eixo longitudinal do navio. Na parte anterior da embarcação, na proa, há outro mastro — o traquete — com uma vela chamada de artimão. Totalmente coberto, o navio tem na popa uma pequena cabina. A ponta afunilada e curvada da popa se assemelha ao pescoço de um ganso. Dois remos enormes estendidos de ambos os lados da popa servem de timão. Encontra-se também na popa a imagem da divindade tutelar que dá nome ao navio. Esse nome, juntamente com símbolos da divindade, pode ser visto na proa. A embarcação *oneraria* (mercante) requisitada pelo centurião Júlio tem uma lotação em torno de 300 a 350 toneladas se é verdade que, além da carga de trigo, aí estão viajando 276 pessoas, como esclarece o autor dos Atos pouco antes de o navio encalhar nas costas da ilha de Malta (cf. At 27,37).

Os passageiros sobem a bordo por uma pequena escada descida da popa. Desse momento em diante começa a difícil e tumultuada viagem. O navio mercante, que deixa o porto de Mira nas costas do Egeu, procura se dirigir para noroeste, costeando o lado norte da ilha de Rodes. Todavia, por causa do vento contrário, se movimenta muito lentamente. A velocidade média de um navio mercante romano, com o vento favorável, é de três a quatro nós, isto é, cerca de seis a oito quilômetros por hora. Depois de alguns dias de navegação, a embarcação ainda está na altura da península de Cnido. A força do vento impede que a nave ancore num dos portos da cidade homônima da península de Cária. Assim, levado pelo vento para o alto-mar, o navio se dirige na direção sudoeste, para a ilha de Creta. Para evitar o vento contrário, ultrapassa o cabo norte-oriental da ilha na altura do promontório Salmone e continua a sua rota ao sul de Creta, abrigado pela costa.[3] Finalmente, a embarcação pode ancorar num porto da costa voltada para a África setentrional. O texto dos Atos esclarece que a localidade se chama "Bons Portos" — *Kalói Liménes* em grego — e se encontra perto da cidade de Lasaia.[4]

Contudo, o lugar escolhido para a ancoragem provisória na costa meridional de Creta não permite que aí se passe o inverno, porque é pouco protegido e sem suporte logístico suficiente para garantir a permanência de mais de duzentas pessoas por quase três meses. De fato, o inverno já começou e é perigoso navegar em alto-mar nessa estação. Dos primeiros dias de novembro até a metade de março, o mar é "fechado", porque com o céu coberto, sobretudo à noite, é impossível se orientar sem a instrumentação de bordo. O autor dos Atos, reportando-se ao calendário litúrgico judaico, diz que já passou o jejum do *yôm kippûr*, "dia da expiação" ou do perdão, que cai entre os últimos dez dias de

---

[3] Salmone é a ponta norte-oriental da ilha de Creta, mencionada também por Estrabão (op. cit., 2,4,3) e por Plínio (op. cit., 4,12,58.61.71) com o nome de *Samonium*, que corresponde ao grego *Samónion* de Estrabão, op. cit., 10,4.2, onde fala da ilha de Creta; o nome "Salmone", que tem assonância com a palavra semítica *shalôm*, poderia ser influência dos comerciantes fenícios nas costas da ilha de Creta.

[4] A informação lucana, comparada com a toponímia dos geógrafos antigos e das inscrições, nos orienta para um lugar de ancoradouro não separado do cabo Litino, a oriente da atual cidade de Matala. Os nomes do texto dos Atos correspondem à localidade da costa sul-ocidental de Creta, cerca de uns trinta quilômetros da antiga cidade de Gortina, cujos restos se encontram no interior de Matala.

setembro e os primeiros dez dias de outubro. Nessa situação de incerteza sobre o que fazer, Lucas mostra Paulo assumindo o papel de "marinheiro carismático". Dirigindo-se ao oficial Júlio e ao capitão, responsável pela carga do navio, os desaconselha a partir, porque, diz Paulo, "a viagem está a ponto de acabar, com muito dano e prejuízo, não só da carga e do navio, mas também de nossas vidas" (At 27,10). Entretanto, o centurião Júlio, depois de ouvir o capitão e o piloto, interpretando também os desejos da tripulação, decide levantar âncora e continuar a viagem para passar o inverno em Fênix, "um porto de Creta, ao abrigo dos ventos noroeste e sudoeste" (At 27,12).[5]

Ao primeiro sopro do vento siroco, proveniente da África, o piloto do navio levanta âncora e retoma a viagem, mantendo uma rota bem próxima às costas da ilha. Para chegar ao porto de Fênix é preciso dobrar o cabo Matala, a parte meridional da ilha cretense, que avança em direção às costas da África setentrional. Quando a embarcação ultrapassa o promontório e está para atravessar a vasta baía de Messara, fica exposta a uma mudança repentina do vento, que começa a soprar de leste e sudeste e depois do norte, descendo impetuosamente do monte Ida, que fica no meio da ilha. Lucas fala de "um furacão chamado Euroaquilão" (At 27,14), um termo híbrido cunhado pelos marinheiros num jargão greco-latino, atestado nas antigas inscrições latinas. O navio fica sob o domínio do furacão. A tripulação, sem condições

---

[5] Essa localidade, distante cerca de 80 quilômetros de "Bons Portos", corresponde ao atual Phinekai, perto do cabo Mouros, a saliência rochosa a prumo sobre o mar que forma duas baías, uma ao ocidente e outra ao oriente. A ocidental poderia corresponder ao porto mencionado por Lucas, exposto aos ventos provenientes tanto do sul como do noroeste.

de controlar o navio, deixa que ele vá à deriva. Quando chegam perto da ilha de Caudas ou Claudos — uma enorme rocha a uns quarenta quilômetros ao sul de Creta —, ao reparo da fúria do vento, os marinheiros aproveitam para içar o bote que até esse momento haviam puxado a reboque, com o risco que se arrebentasse, sob o ímpeto das ondas, contra a quilha do navio. Com as cordas de segurança do bote tentam reforçar as estruturas do navio para impedir que o choque das ondas o danifique.[6]

Como o navio está à deriva, empurrado pelo vento que sopra do nordeste, o maior perigo é representado pela proximidade da costa africana da Cirenaica, a ocidente da qual se estende a vasta zona de baixo fundo marinho arenoso, conhecido com o nome de Sirte. Para que não acabem encalhando aí, os marinheiros tentam frear a velocidade do navio. Baixam ao mar uma larga mesa de madeira e a mantêm verticalmente imersa na água por meio de grandes pesos na parte de baixo e um barril vazio flutuando sobre as águas. Essa operação, contudo, não impede que o navio continue à deriva. Por isso, no dia seguinte, decidem aliviar a embarcação, começando a jogar no mar a sua carga. Primeiro é lançada ao mar parte da carga de trigo que ocupa o porão e, no dia seguinte, os marinheiros se livram do que podem: peças de troca, velas, equipamentos, cordas, cabos.

---

[6] Essa operação, descrita pelo autor dos Atos como "amarrar o navio com cordas de segurança" ou "enfaixar o navio", pode ser imaginada da seguinte maneira: os marinheiros amarram com cordas ou cabos as estruturas básicas do navio, passando por dentro do casco, ou amarram a proa e a popa com cordas e cabos que correm sobre a ponte do navio e enlaçam o casco do navio no sentido longitudinal com cordas e cabos que são mantidos firmes por cabrestantes ou guindastes.

A tempestade continua violenta e, com o passar do tempo, a situação se torna cada vez mais dramática. De dia não se vê a luz do sol, e, na escuridão da noite, cada vez mais densa por causa das nuvens pesadas, não se vislumbram as estrelas. Nessas condições é impossível que o marinheiro e a tripulação se orientem. Todos, passageiros, mercadores e prisioneiros, vivem na angústia da catástrofe iminente. Desde que começou a tempestade ninguém mais está comendo. O autor dos Atos, que na narrativa da tempestade se inspira em esquemas narrativos de seu tempo, evoca o clima de tragédia iminente com uma frase estereotipada: "Por fim, perdemos toda a esperança de salvação" (At 27,20).

Como hábil narrador, Lucas diminui a tensão com uma cena de contraste. No meio da barafunda criada pela fúria do vento e pelo rumor das ondas, Paulo toma a palavra e se dirige a seus companheiros de prisão e de viagem, como se estivesse numa tranqüila assembléia reunida em terra firme. Convida todos os presentes a terem confiança e os conforta. Paulo diz: "Esta noite me apareceu um anjo de Deus ao qual pertenço e a quem adoro. O anjo me disse: 'Não tenha medo Paulo. Você deve comparecer diante de César. E Deus concede a você a vida de todos os seus companheiros de viagem'". Então, Paulo pode garantir que "ninguém de vocês vai morrer". E acrescenta: "Entretanto, devemos ser arremessados em alguma ilha" (At 27,23-26).

No projeto de Deus, portanto, Paulo se torna uma garantia ou um mediador de salvação para todos os seus companheiros. De resto, a salvação ou a ruína de todos os que se encontram no navio à deriva no meio da tempestade só pode ser um evento em que todos estão solidariamente envolvidos. Por isso, ele denuncia como um perigo para a salvação de todos a tentativa dos marinheiros de abandonarem o navio no bote. Já transcorreram duas semanas no mar "Adriático".[7] Por volta da meia-noite, os marinheiros se dão conta de que a embarcação está se aproximando da terra. Por meio de uma sonda medem a profundidade da água que vai se reduzindo progressivamente. Então, rapidamente, jogam quatro âncoras da popa, para impedir que o navio se choque contra as rochas. Ao mesmo tempo tentam baixar as âncoras da proa, a fim de impedir que o navio rode sobre si mesmo e ofereça o costado à pancada das ondas. Para fazer essa manobra, recorrem ao bote que fora içado à ponte. Paulo e o centurião, com o grupo dos soldados, estão observando essas operações dos marinheiros. Agora toda a tripulação está agrupada junto à proa descendo o bote ao mar. Paulo suspeita que eles pretendem abandonar o navio. Então, dirige-se ao oficial romano de tal modo que os soldados da guarda também escutem: "Se eles não ficarem no navio, vocês não poderão salvar-se" (At 27,31). A reação dos soldados é imediata. Agem rapidamente e cortam as cordas do bote, que cai no mar ao sabor das ondas. Compreende-se que sem a presença dos marinheiros capazes de manobrar o navio na proximidade da costa ninguém escaparia. Com a sua intervenção, Paulo se faz intérprete do princípio de que ninguém se salva sozinho.

Todos agora esperam com ansiedade o despontar do dia. É mais uma vez Paulo que, na situação de emergência, convida a todos a comerem. Ele confirma de novo que ninguém se perderá. E diante de todos, por primeiro, reza a

---

[7] "Mar Adriático", nos textos dos escritores e geógrafos antigos, é o nome dado ao trecho do mar Mediterrâneo compreendido entre a ilha de Creta, a Grécia e a Sicília (cf. Flávio Josefo. *Vita*, 3,15; Ptolomeu. *Geografia*, 3,4,1-4).

costumeira oração da bênção dirigida a Deus pelo pão e começa a comer. Somente depois de ter readquirido as forças e confiança com essa refeição se pode aliviar o navio, jogando ao mar o trigo restante. Agora tudo está pronto para o ato final. Às primeiras luzes do dia, eles se dão conta de que se encontram numa enseada, diante de uma praia. Então os marinheiros fazem as manobras necessárias para a aproximação. Soltam as âncoras, jogando-as no mar, e desapertam os nós das cordas dos timões. Içam a vela no mastro da proa. Empurrada pelo vento, a embarcação se dirige para a praia. De repente, o navio dá um solavanco. A quilha bate contra um banco de areia e, praticamente reduzido ao casco, o navio encalha. Enquanto a proa atolada na areia fica bloqueada, a popa, sob a força das ondas, corre o risco de se espatifar. A preocupação dos soldados é que os detentos aproveitem a situação para fugir. Os guardas devem desempenhar a sua função mesmo arriscando a própria vida. Nessa situação crítica é possível que os soldados pensem em matar os prisioneiros? Paulo intui o perigo e se faz intérprete deles junto ao centurião, que corta pela raiz esse risco. O oficial romano consegue controlar a situação. Manda descer primeiro os que sabem nadar, e assim um grupo consegue chegar até a praia. Depois, todos os outros, servindo-se de tábuas e dos apetrechos do navio, conseguem se pôr a salvo.

Só depois do desembarque bem-sucedido os náufragos vêm a saber que estão na ilha de Malta.[8] Situada numa posição estratégica entre a Sicília e a costa africana, a ilha tem um nome de origem púnica, "Melite", que significa "re-

---

[8] O lugar tradicional do naufrágio nas costas da ilha de Malta é conhecido desde o século IV como "a baía de são Paulo". Antes dela há um banco de areia que poderia corresponder a alguns particulares do relato lucano sobre o naufrágio de Paulo.

fúgio". Este é um indício da sua história. De fato, Malta, desde o século VII a.C., foi uma colônia e base comercial dos fenícios e depois dos cartagineses, antes de passar, no século III (218 a.C.) para o controle de Roma. No século I d.C., a ilha é administrada por um delegado do pretor da Sicília. No texto dos Atos, o administrador Públio — nome gentilício latino — é apresentado como "primeiro — *prótos, primus* — da ilha", título honorífico confirmado pelas inscrições encontradas em Malta.[9]

Sobre a permanência de Paulo em Malta, a tradição recolhida pelo autor dos Atos conserva a lembrança de dois gestos taumatúrgicos. O primeiro caso acontece logo depois do naufrágio, na praia da ilha. Depois do forte vento da tempestade começa a chover. Todos os sobreviventes, passada a emoção da dramática aventura, se sentem enrijecidos pelo frio. Enquanto isso, em torno deles se reúnem alguns habitantes da ilha, que procuram socorrê-los. Com a ajuda deles, é possível acender uma fogueira para se enxugar e se esquentar. São recolhidos galhos secos e gravetos para alimentar o fogo que corre o risco de se apagar sob a chuva. Paulo também recolhe lenha juntamente com os outros. Quando vai jogar um feixe de gravetos na fogueira, uma cobra, despertada pelo calor, enrola-se no seu braço e pica a sua mão. Os nativos ficam muito impressionados com isso e comentam o fato na língua deles, um misto de púnico e grecolatino: "Este homem certamente é um assassino: escapou do naufrágio, mas a justiça divina não o deixa viver" (At 28,4).

---

[9] Boffo, op. cit., pp. 177-181: a inscrição grega da época de Tibério, onde se fala de um certo "L. Castricius Prudens, da tribo Quirina, cavaleiro romano, primeiro dos malteses, *prótos Melitáion*, magistrado do divino Augusto [...]".

Segundo a mentalidade supersticiosa popular, a vingança divina, em grego *díke*, persegue inexoravelmente os malfeitores. Na literatura antiga conserva-se a lembrança de pessoas que escaparam do naufrágio e foram atacadas e mortas por feras e serpentes venenosas na praia. Contudo, no caso de Paulo se demonstra o contrário. Ele, por divina disposição, não só escapa da ameaça do mar, mas, segundo a promessa do Senhor, tornou-se imune ao veneno das serpentes. De fato, ele sacode a cobra que lhe pende das mãos e a joga no fogo. Os nativos que esperam ver de um momento para outro os efeitos mortais da mordida venenosa ficam espantados pelo fato de não acontecer nada a Paulo e murmuram na própria língua: "Este é um deus!" (cf. At 28,6).

O segundo caso acontece na casa de campo de Públio, que hospeda por três dias os sobreviventes. De fato, a sua chácara fica perto do lugar onde se deu o naufrágio. Paulo toma conhecimento que o pai de Públio está com febre e disenteria.[10] Pede para vê-lo e, como costuma fazer nessas circunstâncias, reza por alguns momentos, impondo-lhe as mãos. De repente, o pai de Públio se sente melhor e se levanta da cama. Está totalmente curado. A notícia desse fato se espalha rapidamente e começam a chegar doentes das vilas vizinhas, trazidos por parentes e amigos. Enfim, a permanência de Paulo na ilha de Malta se transforma numa atividade terapêutica em favor dos nativos. Compreende-se então a reação favorável dos ilhotas, que "demonstraram muitos sinais de estima" a Paulo e que, no momento da partida, "levaram para o navio tudo o que precisávamos" (At 28,10).

---

[10] Quem deseja confirmações documentadas a respeito do relato lucano pode recorrer à "febre maltês" que, desde 1887, é ligada ao *micrococcus melitensis*, presente no leite de cabra. Este dado moderno, porém, juntamente com a ausência atual de cobras na ilha, deve ser utilizado com muita cautela para reconstruir o ambiente da ilha de Malta na época do naufrágio paulino.

3. DE MALTA ATÉ ROMA

Passados três meses na ilha de Malta, o grupo do qual Paulo faz parte retoma o caminho do mar para chegar ao seu destino original: a capital do império, Roma. O relato dos Atos dos Apóstolos dá a impressão de que desde o momento do naufrágio até a chegada em Roma, Paulo é o único protagonista da viagem. Com efeito, não se fala mais do centurião Júlio, nem dos soldados e dos outros prisioneiros. Isso não é motivo para desacreditar totalmente a veracidade das informações lucanas. O autor dos Atos não está fazendo o relato da viagem de transferência de um grupo de prisioneiros ou do transporte de trigo de uma província para a capital do império, mas está reconstruindo a história de Paulo como testemunha de Jesus e proclamador do seu Evangelho. Por isso, ele deixa na sombra tudo aquilo que não entra nessa perspectiva.

Apesar dessa orientação historiográfica, que em certos momentos assume tonalidades hagiográficas e apologéticas, Lucas se mostra um escritor bem informado sobre usos e situações conexas à navegação do Mediterrâneo. Ele esclarece que depois de três meses o grupo de Paulo zarpa de Malta "num navio alexandrino, que passara o inverno na ilha e que tinha os Dióscuros como emblema" (At 28,11). A indicação cronológica de "três meses" obedece a um esquema narrativo lucano. Contudo, por alto, corresponde ao período de inverno, em que a navegação, mesmo para os navios mercantes, é perigosa. Entretanto, os navios que transportam trigo de Alexandria do Egito zarpam logo que possível para chegar com suas cargas ao porto de Óstia e voltar imediatamente nos primeiros meses da primavera. Se o naufrágio nas costas da ilha de Malta aconteceu no final do mês de outubro ou no início de novembro, a partida depois de três meses corresponde aos primeiros dias de fevereiro.[11] A identificação da nave também é verossímil. Ela traz na popa a imagem dos Dióscuros, os dois filhos gêmeos de Zeus, Cástor e Pólux, protetores da navegação, venerados principalmente no Egito, de onde provém a embarcação. Os nomes dos dois irmãos estão escritos em caracteres gregos em ambos os lados da proa, juntamente com o emblema do navio.

O navio que zarpa de Malta continua a sua rota para as costas meridionais da Sicília e depois de um ou dois dias chega a Siracusa. Nesse porto, segundo o esquema narrativo escolhido por Lucas, o navio fica parado "três dias". Não se diz o motivo. Quem tem pressa de chegar a um porto da Itália para descarregar o trigo destinado à cidade de Roma não fica parado em algum porto a não ser que tenha sido pelas más condições metereológicas. A seqüência da narrativa lucana deixa entrever isso quando fala do último trecho da viagem marítima: "No dia seguinte, levantou-se o vento sul e em dois dias chegamos a Putéoli" (At 28,13b). Em Siracusa, o navio mercante alexandrino espera vento favorável para atravessar o estreito de Messina. De fato, três dias depois, o capitão retoma o mar, e navegando ao longo da costa chega a Régio. Daí, com o vento sul favorável, o navio cobre os cerca de 350 quilômetros de Régio a Putéoli em apenas dois dias.[12]

---

[11] Segundo Vegézio (*De re militari*, 4,39) até 10 de março o mar está "fechado". Mas o escritor Plínio (op. cit., 2,47.122.126) nos informa que os navios mercantes aproveitam os ventos que sopram o céu invernal no mês de fevereiro para zarpar e assim ganhar tempo e dinheiro nos contratos de transporte.

[12] O nome latino *Puteoli* substitui o mais antigo *Dicearchia*, uma fundação dos colonos de Samos provenientes de Cuma no século VI a.C. Quando, juntamente com Cápua, passa para a influência de Roma, o porto exerce uma função importante a partir do século III-II a.C., porque aí terminam as rotas marítimas do Oriente (Estrabão, op. cit., 3,145; Plínio, op. cit., 36,70).

A viagem de Régio para Putéoli, feita em tempo recorde, com uma média de 13 quilômetros horários, não impede que os passageiros admirem a ilha de Capri. O navio passa bem perto dela no estreito da península sorrentina antes de entrar no golfo de Nápoles. Do mar pode-se ver o penacho de fumaça do Vesúvio, que faz pano de fundo para as cidades de Pompéia e Herculano. Em seguida, o navio passa diante das ilhas de Ischia e Procida e se adentra na baía de Putéoli, ladeada pela ilha de Nísida ao sul e pelo cabo Miseno ao norte. No porto de Putéoli os passageiros descem do navio, entre os quais Paulo e o seu grupo, enquanto o navio, com sua carga de trigo, continua até Portus, o novo porto de Roma, construído pelo imperador Cláudio a três quilômetros ao norte de Óstia, na foz do Tibre.[13] Segundo a narrativa lucana dos Atos, Paulo permanece na cidade portuária de Putéoli, "por uma semana". Assim tem a possibilidade de conhecer "alguns irmãos" de Putéoli e a convite deles participar da vida da pequena comunidade cristã local. Essa liberdade de movimento de Paulo é compatível com a sua condição de prisioneiro. Numa situação parecida, Inácio de Antioquia, na primeira década do século II, pode visitar os grupos cristãos que encontra ao longo do percurso da sua transferência para Roma.

Quanto à presença de cristãos em Putéoli no final dos anos 50 d.C., além desta informação dos Atos dos Apóstolos, não há outros testemunhos. Entretanto, para apoiar a verossimilhança do texto lucano há o testemunho de Flávio Josefo, que fala de uma comunidade judaica em Putéoli desde o tempo de Augusto. É nesse ambiente dos judeus de Putéoli

---

[13] Antes da construção do porto ostiense por parte de Cláudio, as mercadorias eram descarregadas e depositadas no porto de Putéoli e daí transportadas por terra até Roma (cf. Sêneca, *Epistulae*, 77,1-3; Suetônio, *Claudius*, 20,3; Dion Cássio, *Hist.*, 60,11,4-5).

que devemos procurar o primeiro núcleo de cristãos.[14] A partir das grafites e inscrições encontradas em Pompéia e Herculano, entre as quais dois exemplos do "quadrado" da palavra ROTAS-SATOR, poderíamos levantar a hipótese de que na metade do século I existiam na região grupos de cristãos.

Depois da estada em Putéoli, Paulo, juntamente com seus companheiros, despede-se da comunidade cristã local. A referência lucana sobre a "semana" poderia ser uma alusão a uma celebração eucarística que encerraria esse encontro paulino com os cristãos de Putéoli, como havia acontecido em Trôade. A celebração da Páscoa aconteceu na metade do mês de março do ano 59 d.C. Será que Paulo aproveitou a ocasião para celebrar a Páscoa cristã com os irmãos de Putéoli? Contudo, a chegada de Paulo em Putéoli acontece uns dois anos mais tarde, em 61 d.C. Além disso, se o autor dos Atos tivesse tido informações mais precisas não teria deixado de narrar esse particular, dada a sua atenção às festas do calendário judaico. Mas agora todo o seu interesse está voltado para a metade final da viagem de Paulo. Transcorrida a semana em Putéoli, a comitiva parte para Roma.

A estrada que sai de Putéoli em direção a Roma segue certo trecho da *Via Campana* até Cápua, onde se liga com a *Via Appia*. De Cápua a Roma são 220 quilômetros. A grande *Via Appia*, chamada de *"regina viarum"* (ESTÁCIO. *Silvae*, 2,12), foi construída por iniciativa do censor Ápio Cláudio, o Cego, em 312 a.C. Em sua extensão máxima, ela liga Roma a Brindisi, no Adriático. Pavimentada com pedras poligonais lavradas e juntadas sem deixar vãos, é larga a ponto de permitir o cruzamento de dois carros. A viagem de Paulo sob a

---

[14] *Bell.*, 2,7,1, par. 103-104; *Ant.*, 17,12,1, par. 328; *Vita*, 3,16.

guarda dos soldados de escolta e dos seus companheiros é feita a pé, percorrendo vinte a trinta quilômetros por dia. Os carros romanos de duas ou quatro rodas, puxados por burros, são reservados para o correio e para os funcionários da administração pública ou para o transporte de bagagens. Podem ser vistos ao longo da *Via Appia* e sobretudo nas paradas noturnas junto às *mansiones*, onde se pode encontrar comida, alojamento e currais para os animais. Pela descrição que Horácio faz da sua viagem de Roma até Brindisi, percorrendo a *Via Appia*, parece que essas estações ou tavernas não eram muito confortáveis. No barco que percorre o canal paralelo à *Via Appia*, o poeta se hospeda em Ariccia e depois em *Forum Appi*, "apinhada de barqueiros e de taberneiros malandros". Durante a noite, os empregados e bateleiros brigam entre si, os pernilongos e as rãs não deixam dormir. Passageiros e barqueiros bêbados se põem a "cantar à porfia para a companheira distante".[15]

A confirmação de que a comitiva de Paulo seguira o percurso da *Via Appia* provém do fato de que em distâncias regulares, correspondentes às *mansiones*, os cristãos de Roma vêm ao seu encontro. O autor dos Atos se detém a sublinhar essa acolhida de Paulo por parte da comunidade da capital: "Os irmãos de Roma, que tiveram notícia de nossas peripécias, foram receber-nos no Foro Ápio e nas Três Tabernas" (At 28,15). Para se encontrarem com Paulo, os cristãos de Roma percorrem respectivamente 65 e 49 quilômetros desde a capital.[16] O autor dos Atos diz expressamente que Pau-

---

[15] *Satirae*, 1,5,1-19.

[16] As duas localidades da *Via Appia* são muitas vezes mencionadas pelos escritores romanos, desde Cícero até Horácio. O Foro Ápio se encontra na milha 43 de Roma e as Três Tabernas na milha 33 da capital, atualmente entre Norba e Anzio. O último trecho da Via Ápia entre os pântanos pontinos é ladeado por um canal fluvial preferido para o transporte de pessoas.

lo, ao ver os cristãos de Roma, "deu graças a Deus e sentiu-se encorajado". A anotação lucana deixa entrever a ansiedade e as preocupações de Paulo. Depois da carta enviada à Igreja de Roma para anunciar a sua visita e engajá-la na projetada missão na Espanha já se passaram ao menos três anos. Nesse tempo aconteceram a prisão em Jerusalém, as acusações e os atentados dos judeus, o vaivém do processo diante dos magistrados romanos. Agora ele se apresenta nas condições de um prisioneiro chamado a responder perante o tribunal do imperador. Como será que os cristãos de Roma o receberiam? O encontro com a delegação da Igreja romana é auspicioso.

4. A PRISÃO ROMANA DE PAULO

Assim, Paulo percorre o último trecho da estrada para Roma acompanhado pelos cristãos da capital como Apóstolo do Evangelho. A *Via Appia* é ladeada de monumentos funerários que recordam personagens da história de Roma republicana e imperial. Uns dois quilômetros antes de chegar à Porta Appia, no lado direito da estrada de quem vem das Três Tabernas, ergue-se o mausoléu redondo e imponente de Cecília Metella, mulher de Marcos Crasso, filho do triúnviro Licínio Crasso. No final de sua viagem, Paulo entra em Roma com seus acompanhantes e continua até a Porta Capena, perto do Circo Máximo, no vale Murcia, aos pés do Palatino.

A capital do império que se apresenta aos olhos de Paulo é aquela que assumiu um novo aspecto com a reconstrução urbana e as construções de Augusto e dos seus sucessores. O crescimento da cidade de Roma é condicionado pela morfologia do vale cavado pelo curso inferior do Tibre. Às margens desse vale surgem as colinas que dão fisionomia à cidade. O curso do Tibre forma duas amplas enseadas em forma de "S". Na primeira enseada, ao norte, encontra-se o *Campo Marzio*, enquanto na enseada ao sul se estende, entre o Capitólio e o Aventino, o Foro Boario. No tempo de Paulo, os principais monumentos da cidade de Roma se encontram entre o *Campo Marzio*, ao norte, e o Aventino, ao sul, entre o curso do Tibre, a ocidente, e os montes Quirinal, Viminal e Célio, a oriente. No centro encontram-se o Capitólio e o Palatino.

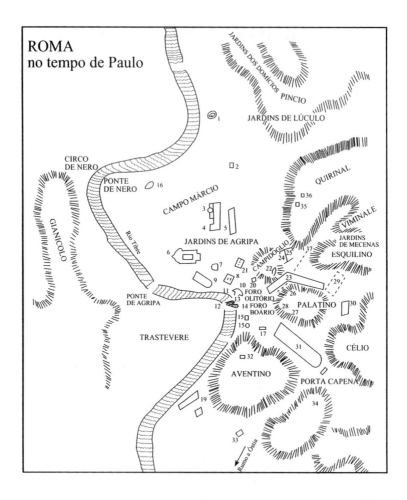

1. Mausoléu de Augusto
2. Ara pacis
3. Panteão
4. Teatro de Agripa
5. Templo de Serapis e de Ísis
6. Teatro e Cúria de Pompeu
7. Teatro de Balbo
8. Pórtico de Otávia
9. Circo Flamínio
10. Teatro de Marcelo
11. Ponte Fabrício
12. Ponte Céstio
13. Ponte Emílio
14. Ponte Sublício
15. Templos do século I a. C
16. Teatro de Estatílio Táurico
17. Anona (Santa Maria in Cosmedin)
18. Templo de Esculápio
19. Armazéns e depósitos
20. Templo de Júpiter Capitolino
21. Área sagrada
22. Tabularium, arquivo de Estado
23. Foro republicano
24. Foro de César
25. Foro de Augusto
26. Palácio de Tibério
27. Templo de Apolo e casa de Augusto
28. Templo de Cibeles
29. Domus transitoria
30. Templo de Cláudio
31. Circo Máximo
32. Templo de Diana
33. Pirâmide de Céstio
34. Templo da Bona Dea
35. Templo de Quirino
36. Templo de Júpiter, Juno e Minerva
37. Cloaca Máxima

Entre esses dois montes se estende o velho Foro Republicano. Mais ao norte, aos pés do Capitólio e no sopé do Quirinal estão, lado a lado, os Fóruns de César e o de Augusto. Este último é uma grande praça retangular, rodeada por um pórtico e duas êxedras. Sobre elas paira a estátua de *Marte Vindicatore*. No Palatino, o antigo monte da primeira instalação de Roma, surge a *Domus Augusta*, ampliada por Tibério. Entre o Palatino e o Aventino, se estende o *Circus Maximus*, que remonta à época republicana e foi reconstruído por Júlio César. Outras duas estruturas aparelhadas para as competições e corridas de carros são o *Circo Flaminio* na região do *Campo Marzio*, que é do século III a.C., e aquele mandado construir por Calígula no Trastevere, na região onde surgirá a Basílica Vaticana, para relembrar os mártires cristãos.

Um pouco mais ao norte do *Circo Flaminio* ficam o teatro e a cúria de Pompeu, o teatro de Balbo, e mais ao sul o pórtico de Otávia e Lívia, e o teatro Marcelo, construídos por Augusto. São muitos os templos que remontam à época da República e os que surgiram na época imperial. Só Augusto se vangloria de ter mandado restaurar oitenta templos! No *Campo Marzio* surge o Panteão, construído, juntamente com as termas anexas, por iniciativa de Marcos Vispânio Agripa. Nas proximidades se encontra o templo de Ísis, que Calígula mandou construir. O templo de Serapis localiza-se no limite da região dos foros.

O Capitólio é o monte sagrado de Roma, onde num único templo se veneram Júpiter, Juno e Minerva. Ali também se encontram alguns santuários dedicados à "Abundância", à "Fé" e à Juno "Moeda" que paira sobre a cidade de Roma. No Palatino há dois templos, um dedicado a Apolo e outro a Cibele. No Aventino localiza-se o antigo templo consagrado a Diana. No Quirinal há o templo de Quirino e o de Júpiter, Juno e Minerva.

A esses monumentos sacros somam-se os mausoléus e as construções públicas, termas e aquedutos, que fornecem água para a cidade e para as casas particulares. De fato, durante a época imperial, Roma tem quase um milhão de habitantes, dos quais um pouco mais de um quarto são *cives romani*, enquanto os outros são na maioria escravos e libertos. Entre o verde dos jardins no Quirinal, no Célio e no Pincio, podem ser vistas as *domus*, as vilas dos aristocratas romanos, enquanto as *insulae*, com construções de madeira de vários andares, se amontoam nas regiões baixas da cidade, ao longo do rio Tibre.

É num desses bairros populares que devemos procurar a "casa" que Paulo alugou e onde morou durante os dois anos que passou em Roma. De fato, segundo o texto dos Atos, ele está sob *custodia militaris* e pode "morar em casa particular, sob a vigilância de um soldado" (At 28,16). Em Roma, Paulo é auxiliado por cristãos que, em seu núcleo original, provêm de ambiente judaico. Ele pode contar com a amizade de Áquila e Prisca, que voltaram de Éfeso para Roma. É provável que esse casal judeu-cristão, que o ajudou em Corinto e na missão em Éfeso, tenha se encarregado de encontrar em seu bairro um alojamento para Paulo. Conforme narram os Atos, o Apóstolo, dois dias depois de sua chegada, tem um primeiro encontro com os chefes da comunidade judaica e, depois, uma segunda reunião com os judeus em sua casa alugada. Portanto, a residência de Paulo na capital deve ser procurada nas proximidades dos bairros habitados pelos judeus, na zona popular da "Suburra", entre o Esquilino e o Quirinal-Viminal, ou na zona do Velabro, entre o Capitólio e o Palatino, onde se encontram o Foro Boario e o das verduras.

Os primeiros assentamentos judaicos em Roma se encontram na região do Trastevere e na parte sul-ocidental do *Campo Marzio*, ao longo do Tibre. Os assentamentos mais recentes, porém, se localizam no Aventino. Todavia, depois do aumento do perímetro sagrado — *pomerium* — da cidade feito pelo imperador Cláudio, que incluía também o Aventino, os judeus ali residentes se estabeleceram no bairro vizinho abaixo em Porta Capena (cf. JUVENAL. *Sátiras*, 3,13-14). Estes dados, porém, são muito genéricos para apontar o lugar da residência de Paulo em Roma. Além disso, devemos notar que a comunidade cristã local foi se separando progressivamente da sinagoga e, na época da chegada de Paulo, a maioria dos cristãos é constituída de prosélitos e pagãos convertidos. Portanto, poderia se levantar a hipótese de uma residência de Paulo também fora dos bairros judeus.

Uma informação do texto dos Atos, de tradição manuscrita ocidental, poderia oferecer uma orientação mais precisa: "Quando entramos em Roma, o centurião entregou Paulo ao prefeito do pretório. Paulo recebeu a permissão de se alojar fora do campo pretoriano" (At 28,16). Não é claro o significado do título grego *stratopédarchos* (estrato pedarca), que poderia corresponder ao *princeps castrorum*, um oficial subordinado aos dois *praefecti* do pretório, encarregado de coordenar os serviços dos pretorianos. É provável que ele seja o responsável dos prisioneiros que estão esperando julgamento no tribunal do imperador. Ao mesmo tempo, porém, se esclarece que Paulo recebeu a permissão de morar "fora do campo pretoriano", numa casa particular alugada sob a guarda de dois soldados que se alternam na tarefa de vigia. A *custodia militaris* na Roma imperial permite que Paulo desenvolva certa atividade, que se encontre regularmente com amigos e conhecidos e receba outras pessoas. Contudo, não pode de nenhum modo deixar a cidade, pois deve estar a qualquer momento à disposição do tribunal. Essa condição de semiliberdade ou de prisão domiciliar é o pressuposto da narrativa lucana dos Atos e das notícias fragmentárias conservadas no epistolário da tradição paulina (cf. At 28,30-31; 2Tm 1,16). Com base nesses dados, a residência de Paulo em Roma poderia ficar nas proximidades da caserna dos pretorianos, junto à Porta Viminal.[17]

Outra hipótese sobre a residência de Paulo é sugerida por uma tradição do século II, na qual se menciona um *horreum* (celeiro), onde o Apóstolo ensina a todos aqueles que vão até ele. As escavações feitas junto à Igreja de são Paulo na "Regola", quando foi construído o moderno Palácio da Justiça, trouxeram à luz as ruínas dos antigos *horrea*, situados fora das muralhas servianas. A pequena Igreja dedicada a são Paulo conserva atualmente dentro dela uma capela, onde um escrito latino recorda "o alojamento e a escola de são Paulo".[18] Essa região bem perto do Tibre é apropriada para o estabelecimento das atividades de trabalho em tecidos, principalmente para o desenvolvimento de lojas de tinturaria. Nesse ambiente de Roma, Paulo pode retomar o seu trabalho manual como "construtor de tendas" e pagar o aluguel da casa.

Nessa casa romana podemos imaginar o estilo de vida de Paulo e a sua atividade durante dois anos, na espera de que a sua causa seja julgada pelo tribunal do imperador.

---

[17] A guarda do corpo que acompanhava os generais foi reorganizada por Augusto, que fez com que três das nove coortes residissem em Roma. No começo do século I d.C., o comando dos pretorianos foi confiado a dois *praefecti praetorio*. No tempo de Tibério, Seiano, prefeito do pretório, consegue concentrar os pretorianos junto à caserna da porta Viminal. O número de pretorianos foi aumentado por Calígula e por Cláudio, chegando a ter 12.000 homens.

[18] *Martyrium Pauli*. A rua *San Paolo alla Regola* corre paralela ao Lungotevere Tebaldi-Cenci, entre o palácio Spada e o Ministério da Justiça, que dá para a rua Arenula (Tajra, H. W. *The Martyrdom of St. Paul*. Tübingen, Mohr, 1994, p. 45. (WUNT, 2,67).

O quarto ocupado por Paulo, juntamente com os dois guardas que se alternam, faz parte de uma construção de madeira de vários andares. No andar térreo ficam as lojas — *tabernae* — que dão de frente para a rua, onde trabalham artesãos e comerciantes. As pequenas e estreitas ruas que ligam os casarios estão cheias de líquidos e lixo das casas. Um rumor e um vozerio ensurdecedores se erguem dessas ruelas, percorridas nos dois sentidos por um contínuo vaivém de gente que transporta mercadoria de todos os tipos.

O poeta latino Marco Valério Marcial, da segunda metade do século I d.C., atento observador da humanidade que o circunda, nos dá um quadro realista da vida num bairro popular romano:

> Sparso, você quer saber por que eu vou tão freqüentemente à pobre casa do ardido Nomentano e vou à minha pequena chácara no campo? Um pobre em Roma não tem jeito nem de pensar nem de repousar. Muita gente impede que ali se viva. De manhã, são os mestres de escola, à noite os padeiros, durante o dia os operários com seus martelos. De um lado, está o cambista que passa o tempo a tilintar em sua banca suja as moedas de Nero; do outro lado, alguém bate no linho espanhol sobre a pedra com uma vara lisa. Acrescente a isso os gritos incessantes dos fanáticos de Bellona, a voz estridente de um náufrago que traz no pescoço a tábua, a do judeu que aprendeu da mãe a mendigar e a do mercador vesgo e remelento que vende fósforos.[19]

Paulo vive dois anos inteiros nesse ambiente cosmopolita barulhento da cidade de Roma. A tradição, baseada em algumas informações tiradas do epistolário paulino, data desse período a redação de ao menos cinco car-

---

[19] *Epigrames*, 12,57. Paris, Garnier, 1931.

tas colocadas sob o nome do Apóstolo. Duas cartas, afins quanto ao estilo e assunto, são endereçadas aos cristãos de Colossos e de Éfeso respectivamente. Nelas, Paulo se apresenta como o "prisioneiro de Cristo" ou o "prisioneiro do Senhor". A Carta aos Filipenses e o bilhete a Filemon também teriam sido escritos da prisão, quando Paulo estava à espera do julgamento em Roma. Na Carta aos Filipenses Paulo diz que "tanto no pretório como em outros lugares, todos ficaram sabendo que estou na prisão por causa de Cristo" (Fl 1,13). No final dessa mesma carta, Paulo envia saudações dos irmãos que estão com ele e menciona explicitamente as saudações dos cristãos da "casa de César" (Fl 4,22). No bilhete a Filemon, Paulo se apresenta como "prisioneiro de Jesus Cristo" e "preso por causa do Evangelho" (Fm 9.13).

A "prisão" de onde Paulo escreve a Carta aos Filipenses não pode ser a romana, e deve ser procurada numa outra localidade relativamente perto de Filipos, pois se pressupõe uma troca rápida de informações entre o remetente e o destinatário. Isso vale também para o bilhete a Filemon, no qual o Apóstolo convida seu amigo a lhe preparar hospedagem, porque espera ser libertado em breve. Diferente, porém, é a situação pressuposta pela Carta aos Colossenses e pela Carta aos Efésios. Estas duas cartas foram escritas por um discípulo de Paulo às Igrejas de sua tradição. São escritos pseudo-epígrafos, nos quais a figura do apóstolo Paulo, "prisioneiro de Cristo" ou "preso por causa do Evangelho", é relembrada para dar crédito e respeitabilidade à sua mensagem, reproposta aos cristãos da Ásia num contexto eclesial e cultural novo e diferente daquele que aparece nas cartas autênticas.

Do grupo das três cartas pastorais, parecidas entre si pelo estilo e conteúdo, apenas a segunda, endereçada a Timóteo, pressupõe a prisão de Paulo em Roma e a espera de uma segunda audiência no tribunal (cf. 2Tm 4,16). Como são muitas as referências autobiográficas presentes nesta carta, alguns autores propõem desligá-la das outras duas e atribuí-la a um "secretário" de Paulo, que o teria encarregado de escrever.[20] Todavia, os dados lexicais e sobretudo o conteúdo da segunda Carta a Timóteo não permitem separá-la do grupo das epístolas pastorais. Nessas três cartas, endereçadas aos colaboradores de Paulo, Timóteo e Tito, como nas outras duas cartas da prisão destinadas às Igrejas da Ásia, se conhece tanto a prisão de Paulo como o seu "martírio", que sela a sua autoridade de Apóstolo de Jesus Cristo.

---

[20] Prior, M. *Paul the letter-Writer and the Second Letter to Timothy*. (JSNT Supplement, Sheffield, 23, 1989.

5. A MORTE DE PAULO EM ROMA

O primeiro testemunho sobre a morte de Paulo em Roma é a carta escrita por Clemente Romano no final do século I (96-98 d.C.). O autor, identificado por alguns como o colaborador de Paulo mencionado na Carta aos filipenses 4,3, escreve à Igreja de Corinto para exortar os cristãos dessa comunidade a recomporem a divisão interna provocada pela destituição de alguns presbíteros por parte de um grupo de jovens. Na primeira parte da carta são apresentados os motivos para fazer com que voltem à concórdia e à paz. Os efeitos negativos do ciúme, *zêlos*, e da discórdia são ressaltados com exemplos tirados da Bíblia: o fratricídio de Abel por parte de Caim; a luta entre Jacó e Esaú e a dos irmãos contra José. A "inveja" obriga Moisés a deixar o Egito; a "inveja" está na raiz da divergência de Maria e Aarão contra Moisés e provoca a revolta de Datã e Abiram; enfim, Davi, por "inveja", sofre a perseguição de Saul (cf 1Cor 4,1-13).

Neste ponto, o autor introduz os exemplos tirados da história recente: "Todavia, deixando os exemplos antigos, examinemos os heróis que viveram mais próximos de nós. Tomemos os nobres exemplos da nossa geração. Foi por causa do ciúme e da inveja (*dià zêlon kài phthónon*) que as colunas mais altas e justas foram perseguidas e lutaram até a morte. Consideremos os bons Apóstolos. Pedro, pela inveja injusta, suportou, não uma ou duas, mas muitas fadigas e, depois de ter prestado testemunho, foi para o lugar glorioso que lhe era devido. Por causa da inveja e da discórdia (*dià zêlon kài érin*), Paulo mostrou o preço reservado à perseverança. Foi sete vezes para a cadeia, exilado, apedrejado, tornando-se arauto no Oriente e no Ocidente, alcançou a nobre fama de sua fé. Depois de ter ensinado a justiça ao mundo inteiro e alcançado os limites do Ocidente, ele deu testemunho diante das autoridades, deixou o mundo e se foi para o lugar santo, tornando-se o maior modelo de perseverança" (1Cor 5,1-7). A enumeração de Clemente continua com a referência à multidão de "eleitos" — os mártires — que foram vítimas do ciúme (*zêlos*) e que deram exemplo de perseverança em meio a todo tipo de tormentos.

O texto da carta de Clemente merece ser levado em consideração por duas razões. Em primeiro lugar, é um documento da Igreja romana, em que, à distância de uma geração, ainda está viva a recordação da morte dos dois "bons Apóstolos" Pedro e Paulo, "as colunas mais altas e justas" da Igreja. Além disso, a carta de Clemente, embora no esquematismo do seu estilo homilético, conserva algumas informações sobre a biografia paulina. O que se sobressai, em comparação com a figura um tanto desbotada de Pedro, é o retrato de Paulo, que enfrenta várias provações e sofrimentos como anunciador do Evangelho em todo o mundo, no Oriente e no Ocidente. Sua morte acontece depois de ter atingido "os limites do Ocidente" e ter dado "testemunho diante das autoridades (*martyrêsas epì tôn egouménon*)".

Como devem ser entendidas essas expressões da carta de Clemente? Em que sentido Paulo chegou aos "limites do Ocidente"? Por que chegou em Roma ou por que foi para a Espanha? Qual a data dessa viagem para a Espanha? Depois do primeiro processo? Neste ponto se juntam outras perguntas: Como se encerrou a primeira fase da *appellatio* ou *provocatio* de Paulo? Ele realmente sofreu a morte violenta

— o martírio — por causa da sua fé ou foi simplesmente morto por ter "dado testemunho", ou seja, depois da pregação pública do Evangelho em Roma? Para responder a essas perguntas, as informações historicamente verossímeis são raras. A tradição, que desde o século III fala abertamente do martírio de Paulo em Roma, deve ser tomada com cautela, mas também sem preconceitos.

Tertuliano, um escritor cristão natural de Cartago, na África, por volta do final do século II, em sua obra *De praescriptione haereticorum* — sobre o direito reservado à Igreja de possuir e interpretar as Escrituras —, fala da primazia da Igreja de Roma porque três Apóstolos, Pedro, Paulo e João aí ensinaram e os dois primeiros aí morreram como mártires.[21] Na obra intitulada *Scorpiace* — remédio contra a picada do escorpião, isto é, contra a heresia gnóstica —, escrita na primeira década do século III, Tertuliano esclarece que Paulo, "nascido como cidadão romano, foi gerado de novo em Roma graças à nobreza do martírio"(*Scorpiace*, 15).

O que Tertuliano diz concorda substancialmente com a narrativa do "martírio de Paulo apóstolo" na parte final do escrito apócrifo conhecido como *Atos de Paulo*. Nessa obra, composta por um presbítero da Frígia por volta do final do século II, são reelaborados os dados dos escritos canônicos e é acrescentado outro material lendário para idealizar a pessoa de Paulo. Em Roma, o Apóstolo se defende com audácia e firmeza diante do imperador Nero, converte seus carcereiros e até mesmo vários membros da família imperial e, no final, segundo a lei romana, é condenado à decapitação.

---

[21] *De praescriptione haereticorum*, 36.

Para verificar a densidade histórica dessa imagem de Paulo, apresentada por documentos relativamente tardios, devemos retornar à narrativa lucana do livro dos Atos. Paulo chega a Roma, onde "recebeu a permissão para morar em casa particular, sob a vigilância de um soldado". Na casa alugada, Paulo morou dois anos inteiros e "recebia a todos que o procuravam, pregando o Reino de Deus. Com toda a coragem e sem obstáculos, ele ensinava as coisas que se referiam ao Senhor Jesus Cristo" (At 28,30-31). Nessa conclusão do livro dos Atos não se diz nada sobre o resultado da apelação de Paulo no final do seu biênio passado em Roma. Se Lucas sabe que o processo de Paulo terminou com a sua execução capital, por que não o diz? Se, ao contrário, o processo ainda não terminou e Paulo no final do biênio foi absolvido, por que o autor dos Atos não o diz? Tanto mais quanto isso seria um elemento útil para consolidar a sua tese sobre a inocência de Paulo? Para explicar o silêncio lucano a respeito do resultado do processo paulino em Roma são levantadas várias hipóteses: Lucas terminou a redação dos Atos no final do biênio romano de Paulo antes que o processo fosse julgado. Ou não diz nada porque isso foge da sua perspectiva histórica e teológica. Na realidade, o que interessa ao autor dos Atos é o testemunho que Paulo dá de Jesus Cristo pelo anúncio do Evangelho na capital do império.

De fato, Lucas narra dois encontros de Paulo com a comunidade judaica de Roma. O primeiro se deu três dias depois de sua chegada. Paulo convoca os líderes dos judeus e, diante deles, apresenta o seu caso. É um resumo da apologia lucana de Paulo, que diz: "Irmãos, eu não fiz nada contra o nosso povo, nem contra as tradições de nossos antepassados. No entanto, vim de Jerusalém como prisioneiro, e assim fui entregue nas mãos dos romanos. Interrogado por eles no tribunal e, não havendo nada em mim que merecesse a morte, eles queriam me soltar. Mas os judeus se opuseram e eu fui obrigado a apelar para César, sem nenhuma intenção de acusar minha nação" (At 28,17-19). Os judeus de Roma, convocados por Paulo, declaram que não receberam nenhuma informação da Judéia a seu respeito. Entretanto, expressam o desejo de ouvi-lo com mais calma, pois sabem que "essa sua seita — o movimento cristão — está encontrando oposição em toda parte" (At 28,22). Então marcam um segundo encontro com Paulo.

No dia marcado foi mais gente à sua casa e durante um dia inteiro Paulo faz uma exposição "baseada na Lei de Moisés e nos profetas, dando testemunho do reino de Deus e procurando convencê-los a respeito de Jesus" (At 28,23). A reunião termina com um fracasso do ponto de vista missionário, porque apenas um grupinho se deixa convencer, enquanto os líderes discordam de Paulo e entre si. Em Roma se repete o que acontecera anteriormente a partir da colônia romana de Antioquia da Pisídia. Os judeus, em sua grande maioria, se opõem ao anúncio cristão de Paulo. Além disso, esse fechamento dos judeus corresponde à profecia de Isaías sobre o endurecimento de Israel diante da palavra de Deus. Por isso, Paulo conclui: "Esta salvação de Deus é enviada aos pagãos, e eles a escutarão", justificando assim a sua escolha de oferecer o dom da salvação de Deus aos pagãos.

Baseado nessa reconstrução dos fatos, que corresponde mais a critérios ideológicos do que históricos, o autor dos Atos encerra a sua obra. Paulo "com toda a coragem e sem obstáculos" pode anunciar o reino de Deus e ensinar as coisas a respeito do Senhor Jesus a todos aqueles que iam até ele. É a visão otimista de Lucas que olha para o futuro da missão cristã. Ela não se fundamenta na história pessoal de

Paulo, mas na força de expansão irresistível da palavra de Deus. Portanto, a última página dos Atos não nos permite reconstruir as fases finais do caso Paulo e muito menos deixa entrever o resultado da sua apelação ao imperador.

Neste ponto, para encontrarmos as causas e as circunstâncias da morte de Paulo em Roma entramos no campo das hipóteses. A primeira é que Paulo, no final do biênio, tenha sido condenado à morte e, segundo a lei romana, decapitado. Nesse caso, a morte do Apóstolo deveria ser datada nos primeiros anos de 60 (62-63 d.C.). Outra hipótese é que Paulo tenha sido solto porque seus acusadores de Jerusalém não se apresentaram em Roma para refazer suas acusações diante do tribunal do imperador. Um "*edictum*" sobre o prazo da acusação" prevê para causas capitais o prazo de um ano e meio, quando uma das partes reside fora da Itália.[22]

Assim, Paulo, esgotados os termos da sua *custodia militaris*, na espera de apelação, teria sido solto. Na sua condição, ele prefere deixar Roma e ir para a Espanha. Aí teria exercido uma curta atividade missionária na cidade de Tarragona — Tarraconense, colônia romana —, capital da Espanha citerior, na foz do rio Ebro no Mediterrâneo. Em apoio a essa tese sobre a missão de Paulo na Espanha, alguns interpretam em sentido geográfico a expressão de Clemento Romano: "Depois [...] de ter alcançado os limites do Ocidente". Para alguém que escreve de Roma, como Clemente, o limite do Ocidente só pode ser a Espanha.[23]

---

[22] Plínio (*Epistulae*, 10,56) fala de um biênio como limite máximo para o processo de apelação; Fílon (*In Flaccum*, 128) fala de dois anos.

[23] A missão de Paulo na Espanha é conhecida pelo Cânon de Muratori do século II, de origem romana, linhas 38-39, e pelos *Atos de Pedro*, um escrito apócrifo do século II; disso também falam os escritores latinos e gregos dos séculos IV e V: Jerônimo, Atanásio de Alexandria, Cirilo de Jerusalém, João Crisóstomo e Epifânio de Salamina.

Após a breve missão na Espanha, Paulo teria voltado para Roma. Embora seja compreensível que depois de sua soltura ele deixe a capital para ir até a Espanha, segundo o seu projeto amadurecido há anos, não se compreende a razão desse retorno à capital, onde durante os últimos anos do reinado de Nero as suspeitas e as delações se tornam cada vez mais freqüentes e perigosas. Talvez Paulo tenha pensado em poder encontrar na comunidade de Roma o apoio para ampliar a sua atividade evangelizadora.

Todavia, ao reentrar na capital, Paulo teria sido novamente preso pela autoridade por iniciativa dos judeus da capital e, em parte, pela conivência dos judeu-cristãos da Igreja romana. De fato, tanto uns como outros não vêem com bons olhos a atividade missionária de Paulo, que se apóia sobre a liberdade da lei e tem certo sucesso entre os prosélitos e pagãos simpatizantes. Esse fato não faz outra coisa senão aumentar o dissídio e as diferenças entre os judeu-cristãos de Roma e as comunidades judaicas. Em todo caso, a presença de Paulo em Roma cria problemas tanto para os judeus da capital como para os judeu-cristãos. Se é verdade o que Clemente Romano diz, isto é, que Paulo "por causa da inveja e da discórdia [...] se foi para o lugar santo", então a hipótese de um envolvimento dos dois grupos em sua nova prisão poderia ter uma base histórica.[24]

Na carta de Clemente se diz que Paulo "deu testemunho diante das autoridades [*epì tôn egouménon*]", terminologia que indica os funcionários ou magistrados distintos da

---

[24] O autor da segunda Carta a Timóteo, embora conheça uma única prisão romana de Paulo, se faz porta-voz desse clima de tensões. Na carta fala-se de deserções, delações e abandonos por parte de alguns colaboradores de Paulo (2Tm 4,9.14-15.16).

autoridade imperial. No caso de Paulo poderia ser o prefeito de Roma, delegado para julgar casos não reservados ao imperador. Diante desse tribunal, Paulo teria sido acusado do delito de "lesa-majestade", com base na lei relativa à *maiestas*, posta em vigor por Nero no ano 62, depois da morte de Afrânio Burro e de Sêneca. Como pregador de Jesus Cristo, Paulo dá novo impulso aos cristãos que formam grupos fora da comunidade judaica protegida pela legislação sobre os *collegia*. Essa atividade de Paulo se presta para causar suspeitas e levantar acusações junto ao tribunal romano como opositor à ideologia estatal, que desemboca de modo mais ou menos aberto no culto imperial. É uma acusação de caráter jurídico-religioso, que implica a condenação e a execução sumária. Para um cidadão romano, a pena prevista é a *decapitação*. Conduzido por uma pequena escolta para fora da cidade, ao longo da Via Ostiense, Paulo teria sido decapitado pelo soldado adido às execuções capitais, o *speculator*.[25]

A data dessa execução deve ser procurada num ano próximo, embora anterior, ao incêndio e a feroz, violenta e macabra repressão desencadeada por Nero para desfazer as crescentes suspeitas entre a população de ter ele mesmo organizado ou ateado o incêndio nos bairros populares de Roma. O incêndio começa em 19 de julho de 64 e dura seis dias. Na primavera de 65, Nero aciona a repressão contra aqueles que o povo já havia aprendido a diferenciar dos judeus e que chama de "cristãos". A ação missionária de Paulo e as tensões com as comunidades judaicas também favoreceram a identificação dos grupos cristãos e a delação junto à polícia imperial.

---

[25] Tajra, op. cit., pp. 27-32; 73-84.

A condenação à morte de Paulo, portanto, poderia ter acontecido em 63 d.C. Eusébio de Cesaréia, em sua "Crônica", na qual associa as mortes de Paulo e Pedro no contexto da perseguição de Nero, data sua morte no ano 68 d.C. O escritor do século IV desloca a data para o final do reinado de Nero, pois a morte dos dois Apóstolos, Pedro crucificado e Paulo decapitado, representa o ápice dos delitos do imperador romano.[26]

O mesmo Eusébio registra o testemunho mais antigo sobre a sepultura de Paulo na Via Ostiense, não distante do leito do Tibre, no lugar onde surgirá a Basílica de são Paulo Fora dos Muros. Ele cita Gaio, um presbítero romano que viveu entre o final do século II e o começo do III: "Eu posso te mostrar os monumentos dos Apóstolos. Se fores ao Vaticano ou à Via Ostiense, ali encontrarás os monumentos dos fundadores da Igreja".[27] Portanto, desde o século II existe em Roma um *trophaeum* que recorda a morte de Paulo. Por isso, é provável que o seu corpo tenha sido depositado, por iniciativa de seus amigos e discípulos, num *columbarium* próximo ao lugar da execução. Logo depois, foi construído no local um pequeno monumento fúnebre que se torna meta de peregrinações e lugar de oração dos cristãos de Roma.

Quando Paulo morre em Roma tem apenas sessenta anos. Metade da sua vida, depois da experiência de Damasco, passou como peregrino do Evangelho, indo de uma província a outra do império, da Síria à Galácia, da Macedônia à Acaia e à Ásia. Percorreu uns dez mil quilômetros por ter-

---

[26] Eusébio de Cesaréia, Hist. Eccl., 2,22,8; 25,5.

[27] Idem, ibidem, 2,25,7.

ra e por mar. Desejou e esperou a viagem a Roma como ponto de partida para a missão no Ocidente. Chegou lá como prisioneiro por causa do Evangelho e com a sua decapitação selou o seu testemunho. Paulo não fundou a Igreja de Roma, mas com o "martírio" marcou para sempre a história dela. Seu primeiro biógrafo, Lucas, embora tenha jogado um véu sobre a sua condenação à morte na capital do império, intuiu a dimensão histórica e simbólica do seu testemunho. A morte de Paulo em Roma representa o cumprimento da missão confiada por Jesus ressuscitado aos discípulos, para que, desse centro, o testemunho cristão deles chegue aos confins da terra.

XIV
A TRADIÇÃO DE PAULO

A biografia de Paulo não termina com sua morte em Roma na primeira metade dos anos 60 da era cristã. A partir da morte violenta de Paulo na capital do império começa e se desenvolve um processo de idealização da sua figura de apóstolo, de pregador do Evangelho e de mártir por Cristo. Esse processo parte da lembrança da sua pessoa e da sua mensagem. Nas comunidades paulinas, especialmente nos dois centros de Corinto e Éfeso, são copiadas e agrupadas as cartas que Paulo escreveu às diversas Igrejas. A partir disso, alguns discípulos de Paulo aproveitam para repropor, por meio de outras cartas, o seu ensinamento para as novas gerações de cristãos que não o conheceram diretamente. A necessidade de atualizar a figura e o pensamento de Paulo está na origem das cartas escritas às Igrejas de matriz paulina da Macedônia (segunda Carta aos Tessalonicenses) e da Ásia (colossenses, efésios e cartas pastorais). Esse grupo de seis cartas, escritas no nome de Paulo, juntamente com o grupo das cartas autênticas, forma o epistolário paulino do cânone cristão.

Concomitantemente à ampliação do espistolário se desenvolve a hagiografia paulina na forma de "Atos" ou história das gestas de Paulo. O segundo livro atribuído a Lucas, autor do terceiro Evangelho, conhecido como Atos dos Apóstolos, é acolhido pelas Igrejas no cânone dos livros sagrados e inspirados. Baseados nesse modelo, a partir do século II são escritos outros Atos de Paulo, que ampliam de forma legendária alguns dados tomados da obra lucana e da coleção das cartas canônicas de Paulo. Contrapondo-se a essa linha, que pode ser chamada de "paulinismo", toma pé uma corrente antipaulina, que se enxerta nos elementos de antagonismo e aversão à figura e à mensagem de Paulo, cujas sementes já podem ser percebidas dentro dos escritos canônicos. O antipaulinismo dos séculos II e III é incrementado também pelo fato de que os escritos de Paulo são utilizados por alguns fautores da discordância teológica e eclesial. A contra-ofensiva por parte dos defensores da ortodoxia tradicional tenta reapropriar-se da figura e da mensagem do Apóstolo. Assim as cartas de Paulo, mediante os comentários dos Padres, dos escritores e dos pregadores cristãos, começam a fazer parte da vida espiritual e da tradição teológica da Igreja.

Paralela à história da interpretação de Paulo e dos seus escritos se desenvolve a da sua representação icônica. Ela se inspira apenas em parte nos dados sobre a figura física de Paulo, que estão presentes de modo fragmentário nas cartas e nos escritos apócrifos. De fato, a iconografia paulina tradicional segue os modelos estereotipados usados na antiguidade greco-romana para fixar a imagem dos filósofos e dos pregadores itinerantes. Também nesse caso se assiste a um processo de idealização da figura do Apóstolo, que corresponde às exigências vitais das comunidades cristãs. Em outras palavras, a memória de Paulo é funcional, isto é, relativa ao debate doutrinal e às orientações espirituais que se desenrolam na história da cristandade oriental e ocidental.

1. A COLEÇÃO DAS CARTAS DE PAULO

Sob o nome de Paulo, no cânone dos escritos cristãos, existem catorze cartas, até a chamada "Carta aos judeus". A primeira menção completa do epistolário paulino se encontra numa lista de livros sagrados cristãos do final do século II. É o *Cânon de Muratori*, documento escrito em latim, em que são elencados 22 livros acolhidos por toda a Igreja considerados "apostólicos".[1] Por isso, eles podem ser lidos publicamente na liturgia das Igrejas.

Na seção relativa às cartas de Paulo, posterior à dos Atos dos Apóstolos, se diz:

> Passando, em seguida, às cartas paulinas, são elas mesmas que mostram claramente, a quem quiser entender, o lugar de onde foram enviadas e por que foram escritas. Entre as cartas mais compridas, Paulo escreveu primeiro aos coríntios, proibindo as divisões em partidos; depois, aos gálatas, proibindo a circuncisão, e, de modo mais amplo, aos romanos, para inculcar neles a unidade e a ordem das Escrituras, que têm em Cristo o seu princípio unitário. Quanto a esses particulares não é necessário que nos detenhamos mais, mesmo porque o próprio Paulo, seguindo o esquema do seu predecessor João, escreve a sete Igrejas, mas só nominalmente. Ele segue esta ordem de composição: a primeira aos coríntios, a segunda aos efésios, a terceira aos filipenses, a quarta aos colossenses, a quinta aos gálatas, a sexta aos

---

[1] O texto fragmentário de 85 linhas em latim bárbaro, talvez tradução de algum original grego, encontra-se num código do século VIII da biblioteca Ambrosiana de Milão. Chama-se assim porque foi encontrado e publicado pela primeira vez por Ludovico Antonio Muratori in: *Antiquitates Italicae mediiaevi* III. Mediolani, 1740. pp. 851-854. Ed. fotostática de E. Ritter in: *Rivista di Archeologia Cristiana*, 2, 1926, pp. 215s.

tessalonicenses, a sétima aos romanos. Na verdade, a fim de corrigir, foi escrita outra carta aos coríntios e aos tessalonicenses [...] Vêm depois uma carta a Filemon, uma a Tito e duas a Timóteo, escritas com afeto e amor, inspiradas porém pela honra à Igreja católica e pelo ordenamento da disciplina eclesiástica. Estão também em circulação uma carta aos laodicenses e outra aos alexandrinos, escritas falsamente em nome de Paulo, para defender a heresia de Marcião, e muitos outros escritos que não podem ser acolhidos pela Igreja católica: de fato, o mel não deve ser misturado com o vinagre.[2]

Portanto, a coleção dos escritos de Paulo no final do século II compreende treze cartas ao todo, das quais nove são endereçadas às Igrejas e quatro a amigos ou a colaboradores. Não aparece aí a "Carta aos judeus". O *Cânon de Muratori* reflete a posição da Igreja de Roma no final do século II. A preocupação de quem fez a lista é colocar em guarda contra a doutrina do dissidente Marcião, um padre originário do Ponto que age em Roma na metade do século II. De fato, Marcião, para defender suas posições doutrinais, difunde um cânone dos escritos "apostólicos" em que são elencadas, ao lado do Evangelho de Lucas, dez cartas de Paulo, excluindo o grupo das três cartas pastorais.

Podemos pensar que uma coleção das cartas de Paulo já seja conhecida no final do século I ou começo do século II. De fato, o autor da segunda Carta de Pedro diz que as cartas do "nosso amado irmão Paulo" são usadas por alguns falsos mestres cristãos em defesa de suas próprias posições libertinas inspiradas em tendências gnósticas. O autor, que escreve sob o nome e autoridade do apóstolo Simão Pedro,

---

[2] *Frammento muratoriano*. In: *Enchiridion Biblicum; Documenti della Chiesa sulla sacra Scrittura*. Bologna, 1993. pp. 4-5.

afirma que Paulo escreveu "segundo a sabedoria que lhe foi dada". Ao mesmo tempo, porém, reconhece que nas cartas paulinas "há alguns pontos difíceis de entender, que os ignorantes e vacilantes distorcem, como fazem com as demais Escrituras, para a sua própria perdição" (2Pd 3,15-16). As Cartas de Paulo, segundo esse testemunho da segunda Carta de Pedro, fazem parte das "Escrituras" inspiradas por Deus e, como tais, não podem ser interpretadas de modo pessoal e arbitrário (cf. 2Pd 1,20-21).

Portanto, no final do século I já se havia afirmada a imagem de Paulo como apóstolo e "escritor" respeitável. Essa imagem afunda suas raízes nos próprios escritos de Paulo, onde ele acena a outras cartas endereçadas às comunidades cristãs como documentos normativos. Na primeira Carta aos Coríntios, Paulo remete a uma carta anterior enviada à comunidade para dar instruções sobre a relação a ser mantida com os cristãos incoerentes com a própria opção batismal (1Cor 5,9). Na segunda Carta aos Coríntios, ele diz que escreveu a eles uma carta, quando "estava muito preocupado e aflito que até chorava", para prevenir a discórdia na comunidade (2Cor 2,3-4; cf. 7,8.12). Paulo atribui às suas cartas um papel respeitável para a orientação e a vida das Igrejas por ele fundadas. Com efeito, dá normas para que a carta escrita a uma Igreja seja levada ao conhecimento de todos os grupos que a compõem. Isso aparece na conclusão da primeira carta à Igreja de Tessalônica, na qual se diz: "Peço-lhes encarecidamente que esta carta seja lida a todos os irmãos" (1Ts 5,27).

O autor da Carta aos Colossenses confirma o fato de que as cartas de Paulo não são lidas apenas dentro de uma comunidade, mas são trocadas entre as comunidades. Os cristãos de Colossas devem passar para os de Laodicéia a carta que receberam e, por sua vez, ler a que foi enviada aos laodicenses (Cl 4,16). Essa carta aos laodicenses, mencionada também no *Cânon de Muratori*, circula sob o nome de Paulo nos ambientes cristãos da Ásia Menor. Para o autor da segunda Carta aos Tessalonicenses, a imagem de Paulo apóstolo e escritor já se firmou de tal maneira que alguns se servem de cartas escritas em nome do Apóstolo para fazer propaganda de suas próprias teorias e perspectivas sobre a vinda iminente do Senhor (2Ts 2,2).

É, provável, portanto, que as cartas de Paulo desde a época de sua atividade missionária e pastoral tenham sido conservadas, copiadas e feitas circular nas comunidades cristãs que se remetem ao seu nome. Sem pensar num "arquivo paulino", incentivado ou até mesmo promovido pelo próprio Paulo, podemos imaginar que em Corinto e em Éfeso, os dois centros da atividade mais intensa e prolongada do Apóstolo, se constituíram os primeiros núcleos da coleção do epistolário. Foi levantada a hipótese de que a atual Carta aos Efésios não é outra coisa senão a introdução geral à coleção das cartas de Paulo preparada e organizada por um discípulo seu em Éfeso.[3] Para outros, a primeira coleção das cartas de Paulo teria se dado na Igreja de Corinto, onde sete cartas de Paulo, como estão elencadas no *Cânon de Muratori*, teriam sido reunidas numa nova redação para se contrapor às tendências gnósticas que começam a se manifestar nessa

---

[3] Goodspeed, J. Edgar. Ephesians and the first edition of Paul. JBL, Atlanta, 70, 1951. pp. 285-291. Cf. Idem. *The Meaning of Ephesians*. Chicago, 1933. Idem. *The Key to Ephesians*. Chicago, 1956. Goodspeed identifica esse discípulo, organizador e editor do epistolário paulino, como Onésimo, o escravo cristão de que fala a Carta a Filemon, que se tornou, segundo o testemunho de Eusébio, bispo de Éfeso (cf. Eusébio, Hist. Eccl., 3,36,5).

comunidade.[4] É provável que nos dois centros mais ativos de Éfeso e de Corinto, como nas outras comunidades de tradição paulina, tenham sido coletadas e conservadas algumas cartas de Paulo. A partir desse núcleo, por volta do final do século I, teria sido criada a coleção do epistolário paulino, confirmado pelo fragmento muratoriano na segunda metade do século II.

Contra o herege Marcião, que instrumentaliza as cartas de Paulo, os escritores cristãos tomam posição, a começar pelo bispo de Lião, Irineu. Em sua obra *Adversus Haereses*, ele mostra que os escritos do Apóstolo estão em concordância com os escritos sagrados e canônicos, principalmente com o testemunho dos Evangelhos e dos outros Apóstolos. Esse documento de "apostolicidade" atribuída pelo bispo de Lião aos escritos paulinos confirma o processo de canonização das cartas de Paulo, que são unanimemente reconhecidas e aceitas nas Igrejas. O fundador da primeira escola teológica cristã, Clemente de Alexandria, afirma que Paulo é divinamente inspirado, porque nele fala o Espírito. Por isso, ele é uma testemunha infalível e as suas cartas refletem um ensinamento "místico e santo em grau máximo". Orígenes, exegeta e escritor alexandrino do século III, segue os mesmos passos, e considera as treze cartas de Paulo no mesmo plano que os Evangelhos. Elas se colocam entre os "livros reconhecidos" por todas as Igrejas, diferentes dos "discutidos" e dos que são chamados de falsos ou heréticos.

---

[4] Schmitals, W. Zur Abfassung und Ältesten Samlung der paulinischen Hauptbriefe; Paulus und die Gnostiker. ThF, Hamburg-Bergstedt, 35, 1965. pp. 175-200. Idem. The Corpus paulinum and Gnosis. In: Logan, A. H. B & Wedderburn, A. J. M, eds. *The New Testament and Gnosis*; in honour of R. M. L. Wilson. Edinburgh, T & T. Clark, 1988. pp. 107-124.

Essa distinção é assumida e precisada pelo historiador da Igreja, Eusébio de Cesaréia, no século IV. Ele diz expressamente que "próprias de Paulo são, ao contrário, de modo evidente e claro, as catorze cartas". Mas acrescenta: "Não seria certo ignorar que alguns rejeitam a Carta aos Hebreus, dizendo que é contestada pela Igreja de Roma, por não ter sido escrita por Paulo".[5] O mesmo Eusébio, a respeito da Carta aos judeus, apresenta a posição de Clemente de Alexandria: Paulo teria escrito a supracitada Carta aos judeus na língua deles e Lucas teria traduzido, para difundi-la entre os gregos. Segundo Orígenes, o estilo da Carta aos judeus difere do estilo dos outros escritos de Paulo, embora "os pensamentos da carta sejam admiráveis e em nada inferiores aos dos escritos apostólicos indiscutíveis".[6] Portanto, no início do século IV, segundo o testemunho de Eusébio de Cesaréia, as cartas de Paulo fazem parte da lista dos 27 livros sagrados e canônicos do Novo Testamento, como será definida nos documentos oficiais da Igreja a partir da segunda metade do século IV até a época moderna.[7]

---

[5] *Hist. Eccl.*, 3,3,5. Cf. ibidem 3,25,2-3, em que Eusébio cita as cartas de Paulo entre os livros reconhecidos como autênticos.

[6] Ibidem, 6,4,2; 6,25,11-12.

[7] Cânone 60 do Concílio de Laodicéia do ano 360; carta pascal de Atanásio do ano 367; cânone 36 do Concílio plenário de Hipona, na África, de 393; Concílio de Cartago de 397 (cf. *Enchiridium Biblicum*, 13-14.17). Remete-se a esses documentos da Igreja antiga a lista de livros santos e inspirados da bula *Cantate Domino* do Concílio de Forença de 1442, da qual depende o decreto de Trento (1546) sobre as divinas Escrituras.

2. AS CARTAS DA "TRADIÇÃO PAULINA"

No clima cultural do humanismo e do renascimento do século XIV, o epistolário paulino é tratado sob uma nova perspectiva hermenêutica, inspirada em critérios da filologia do texto grego e da reconstrução do contexto histórico. Contudo, essa nova impostação da exegese bíblica não mexe com o bloco do cânone paulino. Até mesmo no debate provocado pela Reforma de Lutero sobre o uso e a interpretação da Bíblia, o reconhecimento das cartas de Paulo permanece intato. Contudo, sob a influência do "deísmo" inglês do século XVII, são repensadas a figura e o papel de Paulo na história do cristianismo primitivo. Paulo, representante do cristianismo helenístico, se torna o pólo antagônico de Pedro, seguido pelos judeu-cristãos.

Nesse contexto, são reformulados os critérios de canonicidade e de inspiração dos escritos cristãos. Apenas os escritos de origem apostólica são considerados como inspirados e, portanto, canônicos. A origem apostólica de um escrito, porém, depende da pesquisa histórica. Aplicando esse princípio, afirma-se sem meios termos que a Carta aos judeus não é de Paulo, nem de nenhum outro apóstolo e, portanto, não há motivo para aceitá-la como canônica.[8] Com base na análise estilística e no contexto histórico, também a primeira Carta a Timóteo é excluída da paternidade paulina.

---

[8] Michaelis, J. D. *Einleitung indie göttlichen Schriften des Neuen Bandes*. Göttingen, 1750.

Esse fato, no entanto, não compromete a sua inspiração e canonicidade, pois essas qualidades são intrínsecas ao escrito e não dependem da sua origem ou autenticidade paulina. De fato, o fenômeno da pseudepigrafia, se diz, é comum e difundido na Antiguidade a tal ponto que alguém, convicto de que está de acordo com o ensinamento dos Apóstolos, pode considerar uma ficção lícita "passar o seu escrito sob o nome de um apóstolo".[9] Prosseguindo nessa investigação crítica dos escritos paulinos, chega-se à conclusão de que todo o grupo das cartas pastorais, homogêneas quanto ao estilo e conteúdo, não pode provir do Paulo histórico.[10] Duas décadas depois, colocou-se também em dúvida a origem paulina da segunda Carta aos Tessalonicenses e da Carta aos Efésios.[11] O fundador da Escola de Tübingen, Christian Ferdinand Baur (1792-1860), restringe ainda mais a paternidade de Paulo, limitando-a a apenas quatro cartas: a Carta aos Romanos, as duas cartas aos coríntios e a Carta aos Gálatas. As outras cartas postas no cânone sob o nome de Paulo refletiriam a posição dos discípulos que se opõem aos adversários do Apóstolo.[12] No final do século XIX, a investigação "crítica" sobre a coleção canônica das cartas de Paulo chega ao seguinte resultado: a segunda Carta aos Tessalonicenses, as duas cartas aos colossenses e aos efésios e as três cartas pas-

---

[9] Schleiermacher, F. Über den sogennanten ersten Brief des Paulus an den Timotheos. Ein kritisches Sendschreiben an J. C. Gass (Berlin, 1807). In: *Sämtliche Werke*, I, 2, 1845, pp. 221-224.318.

[10] Eichhorn, J. G. *Einleitung in das Neuen Testament*. Leipzig, 1812. v. III. pp. 315-316.

[11] De wette, W. M. I. *Lehrbuch der historisch-kritischen Einleitung in die kanonischen Bücher des Neuen Testaments*. 2 ed. Berlin, 1830. p. 231, 262.

[12] Baur, F. C. *Die sogennanten Pastoralbriefe des Paulus aufs neue kritisch untersucht*. Stuttgart, Tübingen, 1835.

torais, endereçadas respectivamente duas a Timóteo e uma a Tito, foram excluídas da paternidade direta do Apóstolo. Elas são atribuídas aos seus discípulos que, em nome de Paulo, escrevem às Igrejas, a fim de repropor a figura e a mensagem do Apóstolo como resposta às novas e mudadas situações.

Essa posição "crítica" sobre os escritos de Paulo é considerada perigosa pelo magistério da Igreja católica, pois se baseia em pressupostos ideológicos racionalistas, que negam a revelação divina e a inspiração dos textos bíblicos. Nesse clima de oposição ao racionalismo crítico se colocam os documentos do magistério desde o final do século XIX até a primeira metade do século XX. Com o concílio Vaticano II se esclarece o significado de "tradição apostólica", que está na base do reconhecimento do cânone das Escrituras inspiradas. O termo "apostólico" não indica o arco do tempo das primeiras gerações cristãs, mas a autoridade e o conteúdo dos escritos que são o seu testemunho. No documento conciliar sobre a revelação divina se esclarece que a apostolicidade faz parte da disposição divina, pela qual tudo aquilo que Deus havia revelado para a salvação de todos os povos deveria se manter "na sua integridade através dos tempos e transmitida a todas as gerações". Isso acontece não só por obra dos discípulos históricos de Jesus, chamados de "apóstolos", mas também por meio de homens que os sucederam, "que, sob a inspiração do Espírito Santo, escreveram a mensagem da salvação".[13] Em outras palavras, um texto do cânone cristão ou do Novo Testamento é "apostólico" não enquanto escrito por um Apóstolo, mas porque expressa e testemunha a "pregação apostólica". Desse modo, abre-se o caminho para o reconhecimento

---

[13] *Dei Verbum*, nn. 7-8.

dos escritos do NT como inspirados e canônicos, ainda que não tenham sido redigidos pelos Apóstolos.

No caso das cartas de Paulo põe-se o problema da pseudepigrafia, pois as treze cartas acolhidas no cânone das Escrituras cristãs são postas de modo incontestável sob o nome de Paulo apóstolo. De fato, as seis cartas que, a partir do século XVIII, foram excluídas da paternidade de Paulo abrem-se com o cabeçalho no qual ressalta o nome do remetente: "Paulo, apóstolo de Jesus Cristo pela vontade de Deus [...]" (Ef 1,1; Cl 1,1); "Paulo [...] à Igreja dos tessalonicenses [...]" (2Ts 1,1); "Paulo, servo de Deus, apóstolo de Jesus Cristo [...] a Tito [...]" (Tt 1,1.4).

Como imaginar que um discípulo de Paulo se sirva de modo tão clamoroso e despudorado do nome do Apóstolo, que já está morto há décadas, a fim de escrever em seu nome uma carta aos cristãos das respectivas Igrejas paulinas? Além disso, o recurso à "pseudonímia" — escrever sob um nome falso — é uma convenção literária presente em outros textos da Bíblia judaica e cristã. Contudo, no caso de uma carta as coisas se complicam, pois o artifício literário da "pseudepigrafia" diz respeito também ao gênero epistolar. Até os destinatários da carta podem ser "fictícios", do mesmo modo que o nome do Apóstolo como remetente, no cabeçalho.

Para um leitor moderno, o procedimento da pseudepigrafia epistolar pode provocar uma sensação de mal-estar psicológico ou ético, por relembrar a imagem de um farsante. No ambiente antigo, entretanto, a pseudepigrafia é funcional ao desenvolvimento e confirmação de uma tradição filosófica e religiosa. Alguns textos sapienciais da Bíblia são postos sob o nome de Salomão, o rei sábio que está na origem e dá respeitabilidade à tradição sapiencial. O mesmo vale para vários escritos de caráter profético e, principalmente, apocalíptico. O livro de Daniel é uma obra pseudônima do século II a.c., escrita para encorajar os mártires da época helenística. No ambiente das escolas filosóficas, o recurso à pseudepigrafia serve para exaltar o prestígio do mestre fundador, sob cujo nome os discípulos continuam escrevendo. O filósofo platônico Jâmblico, em sua *Vida de Pitágoras*, diz que os pitagóricos tendem a atribuir suas obras ao mestre que viveu nos séculos VI-V a.C.[14] O mesmo vale para o médico Hipócrates, contemporâneo de Sócrates. Os escritos coletados no *Corpus Hippocraticum*, entre os quais algumas cartas, são obras dos seus discípulos do período helenístico, que continuam escrevendo com o nome do mestre.

Na Antiguidade, treze cartas foram colocadas sob o nome de Platão, das quais atualmente apenas duas são consideradas autênticas, enquanto as outras, por razões de estilo e de conteúdo, são consideradas imitações tardias do estilo e do pensamento do filósofo do século IV. Também as seis cartas atribuídas a Aristóteles na realidade foram compostas por um perito em gênero epistolar do século II a.c., chamado Artemos. Grande parte das trinta cartas que fazem parte da coleção epistolar colocada sob o nome de Sócrates foram produzidas entre o século II a.C. e o I d.C., nos círculos da filosofia que se remete à autoridade do mestre do século V a.C., a fim de difundir a sua mensagem filosófica. Em suma, podemos dizer que nos ambientes das escolas filosóficas do período helenístico é conhecida e difundida a produção de cartas atribuídas ao mestre fundador, a fim de transmitir e difundir o seu pensamento.

---

[14] Vita *Pythagorae*, 158.198.

A pseudepigrafia das cartas "filosóficas" ajuda a entender a função das cartas na "tradição paulina". No caso de Paulo, é preferível falar de "tradição" mais do que "escola". De fato, em suas cartas, ele se apresenta como "apóstolo" e "servo" de Jesus Cristo ou de Deus, por ele escolhido e delegado para anunciar o Evangelho (Rm 1,1; Gl 1,10; Fl 1,1). Nesse papel de testemunha e proclamador, Paulo transmite o Evangelho de Deus ou de Jesus Cristo, que é a base da fé (1Cor 11,2.23; Gl 1,19). Fazem parte dessa tradição respeitável de Paulo também as instruções e normas para a vida e a orientação da comunidade cristã (1Cor 4,17; 11,2; Fl 4,9; 1Ts 4,1). Temos uma confirmação clara disso no grupo das cartas pastorais, em que o discípulo de Paulo é encarregado de guardar o "depósito" que lhe foi confiado pelo Apóstolo (1Tm 6,20; 2Tm 1,12.14). Com efeito, Paulo, apóstolo e arauto do Evangelho, é a única fonte e o aval da "tradição" segura e respeitável. O discípulo de Paulo, Timóteo ou Tito, chamado de seu "filho legítimo", enquanto preserva e transmite a sua "santa doutrina", prolonga a ação do Apóstolo num novo contexto eclesial.

Portanto, as seis cartas escritas no nome de Paulo são expressão dessa tradição que dá continuidade ao Apóstolo, o prisioneiro do Senhor, o mestre e o arauto do Evangelho. O recurso à pseudepigrafia assegura a continuidade do papel fundante e normativo de Paulo apóstolo até mesmo depois da sua morte. Remeter à figura respeitável de Paulo obedece a duas finalidades. Antes de tudo, desse modo se fundamenta e se reforça a própria identidade num novo contexto cultural e numa situação eclesial diferente. Em segundo lugar, percebe-se a necessidade de se apelar para a autoridade de Paulo a fim de enfrentar as formas de dissidências e de tensões que ameaçam a coesão das Igrejas paulinas.

Esse aspecto pode ser percebido de maneira mais explícita na segunda Carta aos Tessalonicenses, na Carta aos Colossenses e no grupo das três cartas pastorais. É atenuado na Carta aos Efésios que, na realidade, se apresenta como um pequeno tratado ou homilia endereçada às Igrejas da Ásia.

3. A SEGUNDA CARTA AOS TESSALONICENSES

Somente entre o final do século XVIII e o começo do XIX tornam-se consistentes as dúvidas sobre a autenticidade paulina da segunda Carta aos Tessalonicenses. Nos meados do século XVII, o jurista e filólogo holandês Hugo Grozio levantara a hipótese de que essa carta, que aparece em segundo lugar na lista das cartas enviadas por Paulo à Igreja de Tessalônica, de fato estaria sendo enviada em primeiro lugar, no tempo do imperador Gaio Calígula, identificado como o "homem ímpio, o filho da perdição", do qual se fala em 2Ts 2,3. Essa carta, porém, teria sido publicada e posta em circulação apenas no tempo de Vespasiano, quando a política do império romano em relação aos judeus toma outro rumo. Esse fato daria razão ao fato de ela aparecer atualmente depois da primeira Carta à Igreja de Tessalônica.

Contudo, apesar dessa inversão, Grozio considera que a segunda Carta aos Tessalonicenses foi escrita por Paulo. A partir do século XIX, entretanto, vai se afirmando a hipótese de que o escrito não é do apóstolo Paulo, mas produzido por um discípulo que toma como modelo a primeira carta endereçada à Igreja de Tessalônica, a fim de esclarecer os sinais da vinda do "anticristo", segundo a perspectiva apocalíptica cristã do final do século I. De fato, o que chama a atenção dos estudiosos é uma seção "apocalíptica", em que abundam os termos raros e as expressões incomuns no epistolário paulino (2Ts 2,1-12). O conjunto do estilo da carta é caracterizado por certa redundância, resultado da aproximação de frases e da repetição dos conceitos emparelhados e dispostos em série. Ao expressar a fé cristã também se dá preferência às fórmulas solenes de caráter litúrgico: nove vezes aparece a expressão "o nosso Senhor Jesus Cristo", enquanto não se encontra nunca a fórmula típica de Paulo: "Jesus Cristo" ou "Cristo Jesus", com as partículas gregas correspondentes *en / eis*.

A análise literária e estilística da carta releva alguns dados interessantes. O autor usa abundantemente os termos e expressões retomadas do Antigo Testamento na versão grega dos "Setenta". Esse empréstimo bíblico sob o perfil léxico e fraseológico está concentrado nas seções nas quais se fala do "dia" do julgamento de Deus e da "vinda" do Senhor. Outro dado impressionante é a afinidade léxica e literária entre esse escrito e a primeira Carta aos Tessalonicenses, sobretudo na moldura epistolar e nas seções exortativas. Contudo, os mesmos termos, as expressões e as fórmulas comuns assumem um significado e uma relevância diferentes nos dois escritos. Na segunda Carta aos Tessalonicenses prevalece certo tom impessoal e abstrato. O aspecto retributivo do julgamento de Deus presente nos dois escritos tem na segunda carta fortes acentos dualistas. O mesmo se deve dizer do tema da vinda do Senhor que se situa no contexto de uma crise apocalíptica progressiva marcada por sinais premonitórios. Dada essa relação entre as duas cartas, podemos pensar que o autor da segunda Carta aos Tessalonicenses, embora conhecendo e usando alguns elementos da primeira carta, elaborou um texto que corresponde a uma nova situação histórica e espiritual dos destinatários.

Esse grupo de cristãos vive numa "crise" ligada à situação tanto externa como interna da comunidade. Na vertente externa, os fiéis, que acolheram há tempos o Evangelho e o testemunho de Paulo, sofrem perseguições e tribulações por parte dos infiéis (2Ts 1,4-8). Em seu interior, a comunidade se caracteriza pelo clima de emergência espiritual, alimentada pelas expectativas apocalípticas. Fala-se de perturbação e susto, provocados por certo alarmismo sobre a vinda iminente do dia do Senhor (2Ts 2,1-2). Alguns se aproveitam disso para se entregarem a um cômodo parasitismo. De fato, vivem "sem fazer nada" e pretendem comer às custas dos outros sem trabalhar (2Ts 3,6-15). Talvez se trate de grupos pobres e marginalizados da comunidade cristã que esperam uma mudança radical da própria condição social. A expectativa da vinda iminente do dia do Senhor alimenta o clima de entusiasmo espiritual que se tinge de cores milenaristas.

    O autor, um discípulo anônimo de Paulo, diferente dos dois remetentes mencionados no cabeçalho — Timóteo e Silvano —, por volta do final do século I compõe um escrito inspirado na autoridade de Paulo para combater o alarmismo ligado às expectativas apocalípticas e, a um só tempo, encorajar os cristãos diante da hostilidade do ambiente. Ele toma como modelo a primeira carta de Paulo à Igreja de Tessalônica, na qual encontra alguns elementos úteis para escrever um novo texto que pode ser remetido à autoridade do Apóstolo. A mensagem da carta gira em torno do tema dominante, constituído pelos esclarecimentos sobre o dia do julgamento de Deus, ligado à vinda do Senhor. Esse evento não é iminente, pois será precedido pela crise religiosa e pela moral típica do final dos tempos. Embora haja alguns sinais disso, a crise ainda não atingiu o seu cume, porque está sob o controle da ação de Deus. Quando for tirado do meio "aquele que o segura até agora. Só então se manifestará o ímpio. O Senhor Jesus o destruirá com o sopro de sua boca e o aniquilará com o esplendor da sua vinda. A vinda do ímpio vai acontecer graças ao poder de Satanás, com todo tipo de falsos milagres, sinais e prodígios, e com toda a sedução que a injustiça exerce sobre os que se perdem, por não se terem aberto ao amor da verdade, amor que os teria salvo" (2Ts 2,7-10).

Essas frases são um exemplo do estilo apocalíptico do autor, parecido com o dos apocalipses sinóticos e sobretudo com o Apocalipse de João. A finalidade desse texto, porém, como dos escritos apocalípticos em geral, é solidificar nos destinatários a confiança na vitória final de Deus sobre o mal e sustentar a perseverança deles. Toda a comunidade deve se empenhar em observar as normas práticas sobre o trabalho para ter uma conduta de vida ordenada, recorrendo até à medida disciplinar da separação do irmão desobediente e rebelde (2Ts 3,14-15). Enfim, a segunda Carta aos Tessalonicenses é um escrito posto sob a autoridade de Paulo para dar força a uma série de instruções e normas práticas propostas para uma comunidade da segunda ou terceira geração cristã.

4. A CARTA AOS COLOSSENSES

A acolhida dessa carta no *corpus* dos escritos paulinos é pacífica ao menos até a primeira metade do século XIX. Pela primeira vez, num livro de publicação póstuma em 1838, Ernst Theodor Mayerhoff apresenta três motivos para tirar a paternidade paulina dessa carta: seu estilo e conteúdo, sua afinidade com a Carta aos Efésios e seu caráter polêmico antignóstico. Este último argumento é analisado exatamente pelo fundador da escola de Tübingen, Ferdinand Christian Baur, e seus discípulos. Heinrich Julius Holtzmann explora o argumento da afinidade de Colossenses com a Carta aos Efésios, a fim de propor uma hipótese complicada e estranha: o autor anônimo da atual Carta aos Colossenses teria reelaborado e ampliado um texto primitivo de Paulo que, por sua vez, servira ao mesmo autor para redigir a Carta aos Efésios.[15] Apesar de vários estudiosos atuais, sobretudo de língua inglesa, afirmarem a autenticidade paulina da Carta aos Colossenses, vai-se ampliando o número daqueles que a negam, baseados nas razões supramencionadas, isto é, o léxico e o estilo do texto, a sua relação com a Carta aos Efésios e, sobretudo, a visão particular da função de Jesus Cristo em antagonismo com o papel das potências espirituais e angélicas.

---

[15] Holtzmann, H. J. *Kritik der Epheser-und Kolosserbrief auf Grund einer Analyse Verwandtschaftsverhältnisses.* Leipzig, 1872. Essa hipótese foi retomada em parte e repensada por Ch. Masson em seu comentário à Carta aos Colossenses em 1950.

O argumento decisivo para dirimir a questão sobre a paternidade paulina ou não da Carta aos Colossenses é a sua grande identidade léxica e estilística. São aí recorrentes 28 vocábulos que não aparecem nos escritos autênticos de Paulo. Além disso, nota-se a ausência de alguns termos típicos de Paulo: "lei", "justiça", "liberdade", o verbo "crer" e as partículas gregas características do seu estilo. Na vertente oposta chama a atenção o estilo da Carta aos Colossenses, que se impõe pela sua vistosa pomposidade. A articulação do texto se desenrola mediante de uma concatenação de frases justapostas ou subordinadas. Além disso, as frases são infladas pela repetição dos substantivos sinônimos dispostos em série, muitas vezes associados por afinidades fonéticas de modo a obter o efeito da paranomasia. Um sinal distintivo da redundância do estilo da Carta aos Colossenses é a recorrência do adjetivo grego *pás/pántos* em todas as suas formas gramaticais, num total de 39 vezes.

Esse estilo solene, que se acentua nos trechos de oração e nos textos doxológicos, casa-se com o gênero epistolar. De fato, o escrito aos colossenses apresenta-se externamente como uma carta. Depois do breve cabeçalho, no qual são apresentados o remetente Paulo e o irmão Timóteo e é feita a saudação aos destinatários, segue-se uma "oração" de agradecimento e de invocação no modelo dos textos afins das cartas paulinas. A novidade nessa carta é o hino em que a oração inicial desemboca. Numa prosa rítmica articulada em duas estrofes celebra-se o primado de Cristo e a função de mediador a ele conferida na criação e no processo de reconciliação e pacificação universal (Cl 1,15-20).

No amplo pano de fundo desse horizonte se desenvolve a função de Paulo, constituído *diákonos* do Evangelho. Ele declara estar contente por enfrentar os sofrimentos em favor do anúncio do Evangelho, pois assim leva a cumprimento as tribulações do tempo messiânico em prol da Igreja, que é o corpo de Cristo. Paulo diz: "Eu me tornei ministro da Igreja, quando Deus me confiou este encargo junto a vocês: anunciar a realização da Palavra de Deus, o mistério escondido desde o começo dos tempos e gerações, e que agora é revelado aos santos. Deus quis manifestar aos santos a riqueza gloriosa que este mistério representa para os pagãos, isto é, o fato de que Cristo, a glória esperada, está em vocês" (Cl 1,25-27). A citação desses três versículos dá uma idéia do estilo típico da Carta aos Colossenses e de seus acentos temáticos. O termo *mystérion* tem uma forte conotação cristológica. Aos destinatários da carta é proposto como ideal "conhecerem o mistério de Deus: Cristo, no qual estão escondidos todos os tesouros da sabedoria e da ciência" (Cl 2,2-3).

Nessa perspectiva do "mistério de Cristo" se desenvolve o discurso que coloca os destinatários da carta em guarda contra os propagadores da "filosofia" inspirada nas "tradições humanas, que se baseiam nos elementos do mundo, e não em Cristo" (Cl 2,8). Como contraponto a essa advertência há a seguinte declaração solene: "É em Cristo que habita, em forma corporal, toda a plenitude da divindade. Em Cristo vocês têm tudo de modo pleno. Ele é a cabeça de todo principado e de toda autoridade" (Cl 2,9-10). Pela imersão batismal, os fiéis são inseridos desde já no dinamismo da morte e ressurreição de Cristo, que venceu todas as potências hostis. Por isso, eles não devem seguir as prescrições rituais e as observâncias das festas que os propagadores da "filosofia" impõem como condição para participar das experiências esotéricas ligadas ao culto das potências espirituais e angélicas (Cl 2,16-18).

Depois de recordar que somente Cristo "dá alimento e coesão ao corpo inteiro", para que cresça segundo a vontade de Deus, o autor se dirige diretamente aos leitores cristãos para convidá-los a não seguirem as prescrições dos falsos mestres: "Se vocês morreram com Cristo para os elementos do mundo, por que se submetem a normas, como se ainda estivessem sujeitos ao mundo, normas como estas: 'Não pegue, não prove, não toque'? Todas essas coisas se desgastam pelo uso. E essas proibições são preceitos e doutrinas de homens"(Cl 2,20-22). E logo em seguida desqualifica essas práticas ascéticas como expressão de uma religiosidade equivocada, que visa à autogratificação: "Tais regras de piedade, humildade e severidade com o corpo têm ares de sabedoria, mas na verdade não têm nenhum valor, a não ser a satisfação da carne" (Cl 2,23).

Do conjunto desses dados esparsos no capítulo segundo da carta podemos reconstruir os traços essenciais da chamada "filosofia" que ameaça a fé e a prática cristã dos colossenses. Trata-se de uma proposta de sincretismo a um só tempo religioso, teórico e prático, inspirado, de um lado, na apocalíptica judaica e, de outro lado, nas correntes místericas do ambiente helenístico. Podemos vislumbrar aí também alguns sintomas das tendências que, logo em seguida, se configurarão como "gnosticismo". De fato, os falsos mestres apelam para a experiência de visões e revelações que são postas em relação com a veneração das potências espirituais e o culto dos anjos. Para obter essas experiências, eles propõem um itinerário ascético alternativo ou integrativo em relação à experiência cristã fundamentada na fé e na adesão vital a Jesus Cristo.

Isso é o que se costuma chamar de "o erro" dos colossenses. Na realidade, o autor, que escreve no nome de Paulo, dirige-se não somente aos cristãos de Colossas, mas também àqueles que vivem nas cidades vizinhas de Laodicéia e de Hierápolis. Eles se encontram numa situação parecida (Cl 2,1; 4,13.16). São as Igrejas do vale do rio Lico, nas quais se fazem sentir as influências do sincretismo religioso e cultural, próprio do ambiente judeu-helenístico da Ásia Menor. Esses grupos cristãos não conheceram Paulo pessoalmente. De fato, receberam o anúncio do Evangelho por intermédio de Epafras, seu discípulo, que continua trabalhando nas comunidades de Colossas, Laodicéia e Hierápolis (Cl 1,7-8; 4,13). Este talvez seja o autor que, por volta dos anos 80 d.C., teria redigido essa carta, enviada em nome de Paulo aos cristãos de Colossas e das cidades vizinhas.

Na realidade, o autor da Carta aos Colossenses não só se reporta à autoridade de Paulo, mas se inspira amplamente em suas cartas. De uma comparação entre o nosso texto e o epistolário paulino autêntico se revela uma afinidade léxica e temática ao menos em quarenta passagens. Além da moldura epistolar, que se molda sobre as cartas de Paulo, há um parentesco particular entre a Carta aos Colossenses e algumas expressões e temas presentes na Carta aos Romanos, na primeira Carta aos Coríntios e na Carta aos Filipenses. Finalmente, devemos notar uma impressionante correspondência entre o texto da Carta aos Colossenses e a pequena Carta a Filemon na seção das saudações finais. Quase todos os nomes — mais ou menos uns dez — que aparecem em Colossenses 4,9-17 estão presentes no bilhete a Filemon (Fm 23-24). Esse fato ajudaria a hipótese de que o autor da Carta aos Colossenses conhece e usa o texto da carta endereçada por Paulo a Filemon, um cristão da comunidade de Colossas. A relação da Carta aos Colossenses com as outras cartas do epistolário paulino confirma a existência tanto de uma coleção de cartas de Paulo como de uma tradição, na qual se conserva e transmite o modo de pensar e de se expressar do apóstolo Paulo.

É a essa tradição que o autor da Carta aos Colossenses recorre para repropor o fundamento da experiência cristã dentro de um novo contexto religioso e cultural. Diante dos atrativos de um sincretismo que está na moda, em que as potências espirituais entram em concorrência com Cristo, o autor apresenta a função de Jesus, o Filho de Deus, "imagem do Deus invisível, o Primogênito, anterior a qualquer criatura [...]. Tudo foi criado por meio dele e para ele. Ele existe antes de todas as coisas, e tudo nele subsiste" (Cl 1,15-17). No âmbito da redenção, Jesus Cristo também é "o Princípio, o primeiro daqueles que ressuscitam dos mortos, para em tudo ter a primazia". De fato, nele habita a plenitude dos bens salvíficos porque, por meio dele, todas as coisas foram reconciliadas com Deus e mediante a sua morte na cruz as coisas terrestres foram pacificadas como as celestes (Cl 1,18-20).

Na moldura dessa visão cristológica, o autor apresenta a nova identidade dos fiéis que formam a Igreja. Jesus Cristo, único mediador na criação e reconciliação de todas as coisas, é a cabeça do seu corpo, que é a Igreja. A expressão "corpo de Cristo" provém das cartas históricas de Paulo — primeira Carta aos Coríntios e Carta aos Romanos —, mas agora é relida com enfoque universal. Em suas cartas históricas, com a fórmula "corpo de Cristo", Paulo se refere à Igreja local fundamentada sobre o batismo e expressa na experiência eucarística. No escrito aos colossenses, a Igreja, corpo de Cristo, assume uma dimensão cósmica e ecumênica. Esse corpo se amplifica e cresce graças ao anúncio do Evangelho feito a "toda criatura que vive debaixo do céu". Paulo está a serviço desse anúncio evangélico, por meio do qual se realiza o desígnio salvífico de Deus em favor dos povos.

O projeto de vida cristã também se insere nessa ampla visão cristológica. Jesus Cristo, o Filho de Deus, é o protótipo do homem novo de que os fiéis se revestiram por meio da imersão batismal. Esse compromisso com um novo estilo de vida se concretiza nas relações qualificadas pelo amor. Com efeito, a *ágape* representa o cume e o centro unificador da existência cristã. Esse programa de vida ética centrada no amor provém da influência das cartas históricas de Paulo. Todavia, a novidade da Carta aos Colossenses é a sua concretização mediante uma lista de deveres que abarcam toda a rede de relações familiares e sociais: os deveres mútuos das esposas e dos maridos, dos filhos e dos pais, dos servos e dos patrões (Cl 3,18-4,1). O modelo dessa lista de deveres é oferecido pelo ambiente do judaísmo helenístico e pelos discursos dos mestres de ética greco-romana. O autor cristão, porém, completa esse código de ética familiar e social na perspectiva da fé em Jesus Cristo, o único Senhor.

Em contraste com as propostas esotéricas dos mestres da "filosofia" humana, o autor da Carta aos Colossenses, que se reporta à tradição de Paulo, propõe um projeto de vida cristã centrada na fé em Jesus Cristo. Ao mesmo tempo, porém, apresenta um caminho de amadurecimento aberto e dinâmico, que valoriza o conhecimento e a inteligência espiritual. Ele pode contar com a recíproca exortação e instrução sapiencial de todos os fiéis. O empenho deles recebe impulso do clima de oração, em que se voltam para Deus com "salmos, hinos e cânticos espirituais". Em resumo, toda a existência cristã é pensada como uma eucaristia, que o autor sintetiza na exortação final: "E tudo o que vocês fizerem através de palavras ou ações, o façam em nome do Senhor Jesus, dando graças a Deus Pai por meio dele" (Cl 3,17).

5. A "CARTA AOS EFÉSIOS"

Recentemente se colocou em discussão não só a paternidade deste escrito do Novo Testamento, mas também foi modificado o seu endereço tradicional. Com base nos grandes códigos mais respeitados dos séculos IV e V, como os códigos Vaticano e Sinaítico e o papiro mais antigo das cartas paulinas, o de Chester Beatty indicado pela sigla P 46, o endereço da carta é este: "Paulo, apóstolo de Jesus Cristo pela vontade de Deus, aos santos que são [...] fiéis em Jesus Cristo. Que a graça e a paz da parte de Deus nosso Pai e do Senhor Jesus Cristo estejam com vocês" (Ef 1,1-2). A forma do texto breve é atestada também pelo escritor alexandrino Orígenes. Portanto, a nossa carta originalmente não seria endereçada aos cristãos "que estão em Éfeso", mas a outros destinatários, ou era uma carta circular para várias Igrejas. Entretanto, por razões convencionais, continuarei a indicá-la com o título costumeiro: Carta aos Efésios. O que chama a atenção na leitura dos seis capítulos que compõe a carta é o caráter impessoal do texto. Em suas observações sobre o NT, em 1519, Erasmo de Rotterdam já nota que o estilo da Carta aos Efésios "destoa totalmente das outras cartas de Paulo, a tal ponto que se poderia atribuir a outro autor, se o pensamento de fundo de caráter paulino não depusesse em seu favor". Nesses mesmos anos, um estudioso do NT, Teodoro Beza, levanta a hipótese de que o escrito aos efésios seja uma carta comunitária ou encíclica enviada às diversas comunidades da Ásia Menor.

Por volta do final do século XVIII e começo do século XIX concretiza-se a hipótese da origem pseudepígrafa da Carta aos Efésios. Os argumentos aduzidos para contestar a autenticidade paulina da carta são o seu estilo e a sua estreita relação com a Carta aos Colossenses. Já mencionamos acima a afinidade léxica entre os dois escritos. Calcula-se que o texto aos efésios tenha 26,5% de termos em comum com o escrito aos colossenses. Esse parentesco terminológico se conjuga com o singular entrelaçamento temático e estrutural entre as nossas duas cartas. Em ambos os textos ocorrem ao menos seis temas comuns: Cristo, "cabeça" da Igreja, que é seu "corpo"; a exaltação celeste de Cristo; o "mistério" de Deus ou de Cristo; a "plenitude"; o "conhecimento" e a "sabedoria"; a oração pelo Apóstolo prisioneiro por causa do Evangelho. Todavia, devemos notar algumas outras novidades do texto de Efésios em relação ao texto de Colossenses. O tema do "Espírito", presente em Efésios, não aparece nunca em Colossenses; também faltam as citações do AT que caracterizam o texto de Efésios.

Uma comparação sistemática entre as duas cartas revela uma estranha relação que é, a um só tempo, de convergência e de divergência. Em alguns casos se tem uma perfeita correspondência em nível lexical e temático, de tal maneira que se pode falar de textos "sinóticos": Cl 3,16b-17 // Ef 5,19-20; Cl 4,7-8 // Ef 6,21-22. Em outros textos paralelos há certa consonância léxica, mas com um desenvolvimento temático diferente. Enfim, em alguns textos da Carta aos Efésios confluem termos e expressões que aparecem separados na Carta aos Colossenses. O paralelismo das duas seções referentes aos deveres familiares também segue um percurso no qual se alternam as correspondências e as dissonâncias: Cl 3,18 - 4,1 // Ef 5,22 - 6,9.

Fazendo um balanço geral entre os dois escritos, o resultado é que ao menos uns setenta versículos da Carta aos Efésios não têm correspondentes precisos na Carta aos Colossenses. Em alguns casos não se tem a mesma seqüência temática ou o contexto muda. Enfim, podemos dizer que o autor da Carta aos Efésios relê, encorpa e amplia os temas correspondentes da Carta aos Colossenses, a fim de inseri-los na sua perspectiva mais atenta à dimensão eclesial. O autor da Carta aos Efésios usa com certa liberdade o material do texto aos Colossenses em função do seu novo e diferente contexto cultural. Dessa constatação se origina a hipótese de que o texto dessa carta represente um estágio posterior em relação ao da Carta aos Colossenses.

A originalidade da Carta aos Efésios se impõe também em nível lexical. Aí se encontram uns quarenta termos que não aparecem em outro lugar nos escritos do NT e cerca de cinqüenta vocábulos que não se encontram no resto do epistolário paulino, exceto o grupo das cartas pastorais. Além disso, na Carta aos Efésios se utiliza mais de trinta termos que são encontrados apenas no epistolário paulino. Entre eles se destacam os verbos gregos compostos com a partícula *syn* = com: "co-ressuscitar", "co-vivificar". Os mesmos vocábulos, entretanto, assumem um valor diferente no novo contexto da Carta aos Efésios. Em suma, o nosso texto, sob o perfil lexical, se insere no bojo da tradição paulina e, ao mesmo tempo, separa-se dela para seguir um caminho autônomo, em função da sua perspectiva teológica e espiritual.

Enfim, o estilo redundante e pomposo, já notado na Carta aos Colossenses, também se acentua no escrito aos efésios. As frases são coladas uma à outra numa concatenação de se perder o fôlego. Um exemplo impressionante aparece na oração de "bênção" de abertura. Um período se desenrola por doze versículos e reúne juntas 17 frases subordinadas num total de duzentos vocábulos (Ef 1,3-14). No seu desenrolar, cada uma das frases do texto de Efésios se amplia mediante a repetição de termos sinônimos, muitas vezes associados por assonância. O emparelhamento dois a dois dos termos afins cria o paralelismo. Igualmente, a correspondência entre o verbo regente e o substantivo produz o efeito de "eco". Isso se dá com mais freqüência nas composições de hinos ou de prosa rítmica, sobretudo na primeira parte da carta, a partir da composição inicial: "Bendito seja Deus... que nos abençoou com toda bênção [...]" (Ef 1,3).

O conjunto das características de estilo da Carta aos Efésios põe o problema do seu gênero literário, ainda mais que a moldura epistolar é muito sóbria: remetente, destinatários e saudações iniciais; saudações e bênção final (Ef 1,1-2; 6,23-24). No modelo epistolar entram também as breves informações e instruções finais do remetente (Ef 6,21-22). Quanto ao resto, o diálogo epistolar se reduz a algumas frases de lembrança no começo das várias seções com as quais é articulado o nosso escrito. Mais freqüentes, ao contrário, são as composições de prosa rítmica no estilo dos hinos e dos Salmos, as breves profissões de fé, os esquemas de catequese, as listas de deveres, de virtudes e de vícios. A parte exortativa do escrito se encerra com a descrição da "armadura de Deus", construída com termos e expressões tiradas da Bíblia (Ef 6,14-17). Dada essa forte conotação litúrgica e catequética do texto, levantou-se a hipótese de que ele seja um discurso sapiencial, uma espécie de homilia litúrgica ou um tratado teológico e espiritual. É preferível conservar o texto em seu gênero epistolar, dentro do qual podem ser integradas as outras formas literárias. Em resumo, a hipótese que mais leva em conta os vários elementos típicos desse escrito é que diz se tratar de uma carta oficial enviada sob o nome e a autoridade de Paulo a um grupo de Igrejas da Ásia ligadas à tradição do Apóstolo.

De fato, o texto aos efésios retoma, embora de modo original, algumas categorias e expressões do epistolário paulino. Principalmente os temas do senhorio universal de Jesus Cristo ressuscitado, da função de Paulo a serviço do anúncio do Evangelho e dos ministérios estabelecidos por Deus para a construção da Igreja, corpo de Cristo. Contudo, esses temas paulinos são repensados em função da visão eclesiológica própria da Carta aos Efésios. O plano salvífico de Deus, revelado aos fiéis na Igreja e concretizado na plenitude dos tempos, consiste na recapitulação de todas as coisas em Cristo (Ef 1,9-10). O senhorio universal de Jesus Cristo ressuscitado se manifesta na Igreja. Pela ressurreição e sua entronização celeste, Deus "o colocou acima de todas as coisas, como Cabeça da Igreja, a qual é o seu corpo, a plenitude daquele que plenifica tudo em todas as coisas" (Ef 1,22-23). Em relação aos escritos autênticos de Paulo, na Carta aos Efésios há a tendência de identificar o evento salvífico definitivo com a experiência eclesial. Os fiéis já são "abençoados no céu em Cristo". Deus os ressuscitou e os fez sentar no céu em Cristo Jesus (Ef 2,6). Entende-se então por que na Carta aos Efésios não se fala da "vinda" final de Jesus Cristo, como nos escritos históricos de Paulo.

Esse acento temático diferente da Carta aos Efésios em relação aos escritos autênticos de Paulo se explica pela situação diferente e o ambiente religioso cultural particular da carta. Seus destinatários, com o acréscimo de "que estão em Éfeso", são identificados com os cristãos da metrópole da Ásia. Essa identificação é compreensível, pois em Efésios 6,21 fala-se de Tíquico, um cristão da Ásia mencionado também em Colossenses 4,7. Além disso, o ambiente efésio se adapta muito bem ao clima geral da carta. O autor, por meio da sua carta, procura esclarecer e aprofundar algumas questões da fé cristã e solicitar o compromisso prático de seus leitores. Aqueles que, com a linguagem tradicional paulina, são chamados de "santos", são os fiéis que ouviram o Evangelho e vivem com generosidade o seu amor para com os outros cristãos. Contudo, o autor distingue na sua carta, dois grupos diferentes quanto à origem étnica e religiosa. Um primeiro grupo, com o qual ele se identifica, é representado pelos judeus convertidos. Eles são aqueles que por primeiro "esperaram em Cristo". Um segundo grupo é o dos pagãos que começaram a fazer parte da comunidade cristã mediante a escuta da "palavra da verdade, o Evangelho que os salva" (Ef 1,12-13).

O autor se interessa de modo particular pela nova condição dos étnico-cristãos, que antes eram excluídos da história da salvação prometida a Israel e realizada em Jesus Cristo. Enquanto pagãos, eles estavam "sem Cristo [...], sem esperança e sem Deus neste mundo" (Ef 2,12). Numa palavra, o nosso autor, dirigindo-se a esses pagãos convertidos, diz: "Mas agora, em Jesus Cristo, vocês que estavam longe foram trazidos para perto, graças ao sangue de Cristo" (Ef 2,13). Para acentuar a importância desse evento, ele traz uma breve composição de amplo alcance ecumênico sobre a função unificadora e pacificadora de Jesus Cristo, realizada em sua morte de cruz: "Cristo é a nossa paz. De dois povos, ele fez um só. Na sua carne derrubou o muro da separação: o ódio. Aboliu a Lei dos mandamentos e preceitos. Ele quis, a partir do judeu e do pagão, criar em si mesmo um homem novo, estabelecendo a paz. Quis reconciliá-los com Deus num só corpo, por meio da cruz; foi nela que Cristo matou o ódio. Ele veio anunciar a paz a vocês que estavam longe, e a paz para aqueles que estavam perto. Por meio de Cristo, podemos, uns e outros, apresentar-nos diante do Pai, num só Espírito" (Ef 2,14-18). Dirige-se, em seguida, aos étnico-cristãos relembrando a atenção sobre o novo estatuto deles de remidos e reconciliados: "Vocês, portanto, já não são estrangeiros nem hóspedes, mas concidadãos do povo de Deus e membros da família de Deus. Vocês pertencem ao edifício que tem como alicerce os Apóstolos e profetas; e o próprio Jesus Cristo é a pedra principal dessa construção" (Ef 2,19-20).

Nessa obra de reconciliação e unificação dos dois grupos divididos se insere o ministério de Paulo, escolhido por Deus para concretizar o seu plano de salvação, o mistério que Deus não manifestou "para as gerações passadas da mesma forma com que o revelou agora, pelo Espírito, aos seus santos Apóstolos e profetas: em Jesus Cristo, por meio do Evangelho, os pagãos são chamados a participar da mesma herança, a formar o mesmo corpo e a participar da mesma promessa. Eu fui feito ministro desse Evangelho pelo dom da graça que Deus me concedeu através do seu poder eficaz" (Ef 3,5-7). Aqui se insere um trecho de caráter celebrativo, no qual se exalta a função excepcional de Paulo, escolhido por Deus como instrumento para revelar e concretizar o seu plano de salvação universal na Igreja.

Em suma, podemos dizer que os pagãos convertidos são a maioria na comunidade cristã. Eles devem tomar consciência dessa plena participação no único corpo de Cristo, inaugurada com a imersão batismal e vivê-la sem nostalgias e recaídas na condição de vida anterior. A apresentação do projeto de vida também se apóia sobre essa reviravolta existencial. Eles deixaram para trás a velha condição de existência desordenada e se revestiram do "homem novo, criado segundo Deus na justiça e na santidade que vem da verdade" (cf. Ef 4,17-24). Como "filhos da luz", eles não devem ter nenhuma relação com o mundo das trevas e suas obras (cf. Ef 5,6-13). Ao contrário, como filhos amados de Deus são convidados a viver no amor, que tem sua fonte em Deus e se manifestou na auto-entrega de Jesus Cristo.

Um exemplo concreto desse amor está na lista dos deveres familiares, calcado sobre a lista da Carta aos Colossenses, mas ampliada na seção relativa ao amor dos maridos para com as esposas. Esse amor tem a sua fonte e o modelo ideal no amor de Cristo por sua Igreja, que é o seu corpo. De fato, a palavra de Deus em Gênesis 2,24, que está na origem da união matrimonial — "eles dois se tornam uma só carne" —, refere-se diretamente à união de Cristo com a Igreja, na qual os povos que antes estavam divididos agora formam uma só carne (cf. Ef 5,32). Nessa unificação dos próximos e dos distantes realiza-se o "grande mistério" anunciado na Escritura e concretizado por meio de Jesus Cristo na Igreja. É no pano de fundo dessa perspectiva histórico-salvífica e eclesiológica de toda a carta que se compreende a insistência particular da parte exortativa para que se viva a unidade sempre com maior empenho. Tal exortação é colocada na boca de Paulo, "o prisioneiro do Senhor", que exorta a manter "laços de paz, para conservar a unidade do espírito" (Ef 4,1-3). No mesmo contexto, o autor se preocupa em estimular o compromisso eclesial dos cristãos para que todos possam se encontrar "unidos na mesma fé e no conhecimento do Filho de Deus" e assim chegar "a ser o homem perfeito que, na maturidade do seu desenvolvimento, é a plenitude de Cristo" (Ef 4,12). Assim eles não serão mais como crianças, levados de um lado para outro, como as ondas do mar, por todo tipo de propaganda doutrinal.

Levando em conta esses acentos típicos da Carta aos Efésios, podemos reconstruir o ambiente histórico e cultural no qual ela amadureceu. Numa grande metrópole do império, no final do século I, encontram-se crenças e práticas de religiosidade popular nas quais se entrelaçam elementos de várias procedências, desde elementos mistéricos e de caráter mágico até apocalípticos de matriz judaica. O ambiente da Ásia, e principalmente de Éfeso, presta-se para ser cenário religioso e cultural da nossa carta. As novas correntes migratórias de judeus, talvez em conseqüência da queda de Jerusalém depois dos anos 70 d.C., podem ter influído no equilíbrio interno das comunidades cristãs de matriz paulina. De fato, parece que nas últimas décadas do século I se deterioraram as relações entre as Igrejas e o Judaísmo oficial. Esse fato poderia encontrar uma confirmação na situação pressuposta pelo Quarto Evangelho e pelo Apocalipse, surgidos no ambiente de Éfeso. Nesse contexto é compreensível que um discípulo de Paulo — como Timóteo, Tíquico ou Onésimo — tenha se reportado à pessoa do Apóstolo e à sua mensagem para repropor as razões da unidade eclesial e um caminho de maturidade cristã para os convertidos do ambiente pagão.

6. AS CARTAS PASTORAIS

Desde a primeira lista dos livros sagrados, que remonta ao século II d.C., dentro do ambiente romano, fazem parte do *corpus* dos escritos de Paulo três cartas breves: duas enviadas a Timóteo e uma a Tito, respectivamente. Elas são chamadas de "cartas pastorais", porque são endereçadas a dois discípulos e colaboradores do Apóstolo para dar instruções e normas sobre a orientação das comunidades cristãs. Eles são propostos como modelos dos responsáveis ou "pastores" das Igrejas. Quanto à paternidade paulina dessas cartas não havia dúvidas até o século passado. Na história cristã, apenas alguns representantes de tendências heréticas contestam ou rejeitam a origem paulina destas cartas.[16] No começo do século XIX, a negação da origem paulina visa à primeira Carta a Timóteo e, progressivamente, se estende para a segunda Carta a Timóteo e a Carta a Tito.[17] Ferdinand Christian Baur, fundador da escola de Tübingen, atribui a composição das cartas pastorais aos discípulos de Paulo em Roma. Elas teriam sido escritas no contexto da polêmica que os representantes da tradição paulina tinham de sustentar em duas frentes: contra os

---

[16] De fato, segundo Tertuliano (*Adversus Marcionem*, V, 21), Marcião, por causa de seus preconceitos, não coloca as três cartas pastorais na lista das cartas de Paulo. O mesmo vale para o líder dos gnósticos, Basilis (cf. Jerônimo. *Comm. in Epist. ad Titum*, prol.: PL 26,555-556). As três cartas pastorais não aparecem no antigo papiro de Chester Beatty P 46 do século III, em que são elencadas as cartas de Paulo.

[17] Schmidt, J. E. C. *Einleitung in das Neuen Testament*. Giessen, 1804-1805; Schleiermacher, op. cit.

gnósticos, que recorrem ao epistolário paulino para defender suas posições, e contra os judaizantes, que combatem as teses antilegalistas de Paulo.[18]

Antes de tudo, devemos dizer que os três escritos, por razões estilísticas, literárias e de conteúdo, formam um grupo homogêneo, mesmo que a segunda Carta a Timóteo se distinga das outras pelo seu tom mais personalizado, que a faz parecer com um discurso de adeus ou testamento espiritual. Embora endereçadas a dois discípulos de Paulo que se encontram em localidades diferentes, Timóteo em Éfeso e Tito em Creta, as três cartas pressupõem uma situação religiosa e cultural substancialmente igual. A preocupação de fundo é desmascarar e combater os "falsos mestres" e, a um só tempo, propor aos responsáveis da Igreja um conjunto importante de instruções e normas para organizar e orientar as comunidades cristãs. Daí deriva a hipótese de que provenham de um mesmo autor.

As razões que levam os estudiosos a negar a paternidade de Paulo para as três cartas pastorais são essencialmente de caráter estilístico, literário e de conteúdo. Sob o ângulo lexical é relevante o número de vocábulos — cerca de 137 num total de 900 — que aparecem somente nesses textos e não em outros escritos do Novo Testamento. Quanto à relação com o epistolário paulino, o léxico das três cartas pastorais ocupa uma posição intermediária. Por um lado, nelas se encontram 36 vocábulos que não aparecem nas outras cartas de Paulo; por outro lado, 35 vocábulos estão presentes tanto nas cartas pastorais como nas outras cartas

---

[18] Baur, op. cit.

de Paulo. O mesmo vale para o uso de algumas partículas gregas típicas da prosa paulina. Enfim, o grupo das cartas pastorais mostra uma peculiaridade lexical em relação às cartas autênticas de Paulo e também em relação às outras deuteropaulinas.

Quanto ao conteúdo, a relação das três cartas pastorais com as cartas autênticas de Paulo e com as chamadas deuteropaulinas oscila entre continuidade e descontinuidade. Há afinidades com temas e expressões presentes nas cartas históricas de Paulo, sobretudo na Carta aos Romanos, na primeira Carta aos Coríntios e na Carta aos Filipenses. Devemos notar que os mesmos temas e expressões, e até o mesmo modelo literário, estão inseridos numa outra perspectiva e assumem uma tonalidade diferente. Esse fato justifica a colocação dos três escritos dentro da tradição de Paulo, embora permaneça aberto o problema da relação delas com as cartas protopaulinas. O autor das cartas pastorais pode depender diretamente das cartas anteriores de Paulo ou do ambiente da tradição na qual se prolonga o modo de pensar e de se expressar do Apóstolo.

Quanto ao estilo e à composição literária, os três escritos também se diferenciam do resto do epistolário paulino. Podemos distinguir três níveis de organização do texto: seções de ensinamento, coleções de normas práticas, breves composições de estilo celebrativo na forma de profissão de fé, doxologias e hinos. No primeiro e no terceiro níveis predominam os verbos no indicativo, enquanto no segundo predominam os verbos no imperativo. A série de disposições ou normas práticas introduzidas pelos verbos imperativos dá o tom às três cartas pastorais. A fisionomia geral delas é resultado da alternância de exposições doutrinais, listas de normas e deveres com breves motivações de estilo catequético ou litúrgico. As seções expositivas catequéticas e as profissões de fé são introduzidas pela fórmula: "Esta palavra é segura e digna de ser acolhida por todos" (1Tm 1,15; cf. 3,1; 4,9; 2Tm 2,11; Tt 3,8).

Também é notável a freqüência de listas das qualidades exigidas ou dos vícios condenados em relação às diferentes categorias de pessoas no âmbito da vida familiar e social. Para o candidato ao cargo de *episkopê* são exigidas dezesseis qualidades (1Tm 3,2-7); treze são as qualidades exigidas para os presbíteros e para o *epískopos* (Tt 1,6-9); onze para os candidatos à *diakonía* (1Tm 3,8-9.11-12). Na vertente oposta, os "falsos mestres" são desqualificados por vinte e um vícios (2Tm 3,2-5); a eles se acrescentam os sete vícios que distinguem os mesmos "falsos mestres" na primeira Carta a Timóteo (1Tm 6,4). Enfim, são indicadas as quinze categorias de iníquos condenados pela lei (1Tm 1,9-10).

A essas listas devemos acrescentar aquelas relativas aos deveres do responsável pela comunidade. Ele deve exercer o ministério da palavra em todas as suas formas (1Tm 4,13). O autor o esconjura diante de Deus e de Jesus Cristo para que realize a sua obra de anunciador do Evangelho: "Proclame a Palavra, insista no tempo oportuno e inoportuno, advertindo, reprovando e aconselhando com toda paciência e doutrina" (2Tm 4,2). Essas listas, juntamente com as disposições práticas e as normas, formam uma espécie de manual do "pastor" da comunidade. Nele são abordados os vários âmbitos da vida de uma comunidade cristã, desde a oração litúrgica (1Tm 2,1-15) até o tratamento dos presbíteros e do grupo das viúvas (1Tm 5,1-23).

Esse conjunto de elementos dificulta a determinação do gênero literário desses três escritos. A freqüência dos verbos imperativos, com a predominância dos termos da comunicação superior e disciplinar — "exortar", "ordenar", "ensinar", "advertir", "guardar" — nos leva a comparar as três cartas com os decretos, editos ou ordenamentos em forma de carta circular, por meio dos quais a administração pública do período helenístico transmitia suas disposições. Além disso, as freqüentes listas de qualidades e deveres a serem observados, contrapostos aos vícios que devem ser evitados, relembram as instruções éticas dos filósofos e dos oradores do ambiente greco-romano. Foi provavelmente a pessoa respeitável de Paulo, como se apresenta na coleção de suas cartas, que fez com que o autor das três cartas pastorais escolhesse o modelo epistolar a fim de relembrar as instruções e as normas para organizar e guiar a vida das Igrejas da tradição paulina dentro de um contexto vital novo e diferente.

São verdadeiras cartas ou pequenos manuais elaborados para a organização das Igrejas em forma de carta? É inegável que os três escritos se abrem com o cabeçalho, no qual o remetente Paulo apóstolo envia saudações ao respectivo destinatário, Timóteo ou Tito. A Carta a Tito e a segunda Carta a Timóteo têm uma conclusão de estilo epistolar, com a série de recomendações finais e o rol das saudações (Tt 3,12-15; 2Tm 4,19-22). São também de estilo epistolar algumas seções de caráter autobiográfico, nas quais o remetente dá informações sobre sua situação pessoal e transmite as normas de organização para o discípulo. Esses trechos autobiográficos são mais freqüentes e longos na segunda Carta a Timóteo (2Tm 4,6-18). Neles, Paulo se apresenta como o apóstolo e mestre dos pagãos, o proclamador incansável do Evangelho, que dá disposições superiores para a organização das Igrejas nas diversas regiões. No final, ele enfrenta o martírio a fim de permanecer fiel ao anúncio do Evangelho (2Tm 4,6-8).

A essa imagem idealizada do Apóstolo corresponde aquela de seus dois discípulos Timóteo e Tito, que ele deixou nas sedes de Éfeso e de Creta, respectivamente, para que organizassem e liderassem as Igrejas locais. Tito deve se encontrar quanto antes com o Apóstolo que resolveu ir para Nicópolis no Épiro, onde pretende passar o inverno (Tt 3,12). Na segunda Carta a Timóteo, o apóstolo Paulo escreve da prisão de Roma, onde se encontra à espera de julgamento, na perspectiva do martírio iminente. Abandonado por todos, o Apóstolo pede para que seu discípulo Timóteo vá imediatamente ao seu encontro, juntamente com outros colaboradores confiáveis (2Tm 1,15-17; 4,6-16). De fato, nas três cartas, o discípulo de Paulo é uma pessoa representativa do verdadeiro pastor, que possui a tarefa de presidir ao bom ordenamento da comunidade e promover a vida cristã nas várias categorias de pessoas. É tarefa dele escolher e empossar os presbíteros segundo critérios ditados pelo Apóstolo, ensinar com autoridade, exortar, tomar decisões até mesmo disciplinares e apresentar-se a todos como modelo de vida cristã. Portanto, os destinatários reais das três cartas são os cristãos das comunidades ligadas à tradição paulina.

Uma das tarefas mais urgentes do delegado do Apóstolo é a de se opor às ações dos "falsos mestres" que ameaçam a integridade doutrinal e o estilo de vida das comunidades cristãs. No plano teórico, eles propõem uma visão de tipo dualista sobre o destino dos seres humanos, diferenciados com base em genealogias ou descendências. Nesse contexto, afirma-se que a ressurreição dos mortos já foi antecipada na experiência espiritual (2Tm 2,18). Em nome do ascetismo e do dualismo, alguns condenam a vida matrimonial e o uso de determinados alimentos (1Tm 4,1.3). Esses "falsos mestres" têm certa ascendência na comunidade, sobretudo entre as jovens e as viúvas. Eles são desqualificados no plano moral porque, ávidos de dinheiro, armam confusões nas famílias e são incapazes de qualquer boa ação.

É difícil estabelecer até que ponto esse retrato negativo dos "adversários" corresponde à realidade ou obedece a um clichê funcional para o discurso polêmico, a fim de ressaltar o ideal do verdadeiro pastor. Além disso, não podemos pensar que o grupo dos dissidentes seja uma construção inteiramente artificial, pois aí se faz referência a algumas personagens com seus respectivos nomes e ensinamentos específicos. A comparação dos falsos mestres com os dois magos opositores de Moisés, Janes e Jambres remete ao contexto do sincretismo religioso, em que as especulações mitológicas sobre a divisão dos seres humanos segundo as genealogias espirituais se misturam com as práticas ascéticas (2Tm 3,8). A doutrina dos dissidentes e o pretenso conhecimento deles de Deus é chamada de "pseudognose". Esses elementos preanunciam o gnosticismo do século II. Contudo, o movimento dos pregadores dissidentes ainda está dentro da comunidade cristã. A ela pertencem também seus seguidores e simpatizantes. Em resumo, trata-se de uma "crise" que se desenvolve nas Igrejas de tradição paulina em contato com o pluralismo e sincretismo religioso e cultural do ambiente helenístico.

Esse conjunto de fatores dá a fisionomia inconfundível dos três escritos pastorais. Na tradição de Paulo, eles representam uma fase nova e posterior em relação àquela que se reflete nas outras cartas deuteropaulinas. O interesse se desloca progressivamente da função de Jesus Cristo para o da Igreja considerada sob o perfil institucional e organizativo. A referência à fé em Jesus Cristo Senhor e salvador continua sendo o horizonte dentro do qual se colocam as instruções e as exortações para viver com integridade e coerência a fé cristã. É exemplar a profissão de fé inserida no manual de instruções para a vida de oração: "De fato, há um só Deus e um só mediador entre Deus e os homens: Jesus Cristo, homem que se entregou para resgatar a todos" (1Tm 2,5-6).

O traço característico da fé em Jesus Cristo salvador é a sua transcrição no modelo "epifânico" que é retomado pelo ambiente helenístico do culto imperial. Distinguem-se duas "epifanias" ou manifestações de Jesus Cristo salvador: a passada, que coincide com o evento da redenção, e a futura, que é esperada com a sua vinda final. Entre as duas há a manifestação atual mediante a proclamação do Evangelho (2Tm 1,9-11; Tt 2,11-13).

Na Igreja, se faz a experiência da manifestação salvífica de Deus por meio de Jesus Cristo e se recebe o dom do Espírito nas águas batismais. A Igreja, ou "casa de Deus", tem o seu modelo na estrutura familiar. É um modelo patriarcal, em que o responsável, chamado de "presbítero" ou "bispo", tem a mesma posição do pai e do marido em casa (1Tm 3,2.5; Tt 1,6). Nesse contexto, a mulher deve ser uma boa esposa submissa ao marido, uma mãe que se dedica à educação dos filhos (1Tm 2,11-15; Tt 2,3-4). Se fica viúva pode contar com a solidariedade da sua família, ou se é pobre, pode fazer parte do grupo que é assistido pela comunidade (1Tm 5,3-16).

As condições exigidas para os responsáveis da comunidade cristã são as de um bom pai de família, capaz de educar os filhos, e de um esposo fiel. A necessidade de enfrentar a crise dos "falsos mestres" acaba privilegiando a função didática do pastor. Nesse contexto, o apóstolo Paulo é a única fonte da tradição e o avalista da doutrina certa. O responsável, como o discípulo amado de Paulo, recebeu, pela imposição das mãos, o carisma, o dom espiritual correspondente à sua tarefa de mestre e guia da comunidade fiel. Apesar da reserva a respeito do papel das mulheres, que mais facilmente aderem à propaganda dos "falsos mestres", no ordenamento da Igreja está previsto também o diaconato feminino, distinto do papel das viúvas inscritas no catálogo da Igreja (1Tm 3,11). Nesse caso, as qualidades exigidas são as de pessoas equilibradas e estimadas até segundo os parâmetros da ética comum partilhada no ambiente.

É esse um dos traços característicos das três cartas pastorais. Nelas, para cada categoria de pessoas é apresentado um projeto de vida pessoal e comunitário que dê bom testemunho também para "os de fora". Nesse contexto, são relidas as categorias da ética tradicional cristã. Não só faltam os termos e as categorias típicas da teologia paulina, mas também os vocábulos tradicionais — "fé", "caridade" e "esperança" — assumem uma conotação diferente. A fé deve se traduzir em "boas obras", "piedade", "equilíbrio", recomendados também pelos filósofos e oradores do ambiente helenístico.

Diante desses dados é legítimo perguntar-se: Quem é o autor das três cartas que são colocadas, de modo explícito, sob o nome de Paulo apóstolo? O arcabouço geral delas, do ponto de vista literário e de conteúdo, difere de modo tão claro do das cartas autênticas de Paulo, que não é possível atribuí-las ao mesmo autor. Mesmo a hipótese de um secretário que Paulo teria encarregado de escrevê-las — ao menos a segunda Carta a Timóteo ambientada em Roma — não explica a ampliação tão notável quanto ao conteúdo. Entretanto, a hipótese do secretário não resolve sobretudo o problema de cerca de vinte referências autobiográficas. Estas não se deixam integrar no quadro da vida e atividade de Paulo. É preferível pensar num discípulo de Paulo que, depois da sua morte como testemunha do Evangelho em Roma, escreve em seu nome às Igrejas da Ásia, a fim de preveni-las contra o risco dos "falsos mestres" e propor, no novo contexto social e cultural, a fidelidade completa e coerente à mensagem cristã representada pelo apóstolo Paulo. A opção de preparar três textos afins em seus temas e em seu contexto vital é ditada por uma intenção pastoral. O autor quer propor o testemunho respeitável e concorde de Paulo, que se dirige aos seus discípulos mais fiéis e estimados: Timóteo e Tito. Que haja duas cartas a Timóteo se explica pela exigência de ter também o testamento espiritual do Apóstolo. Por isso, a ordem lógica das três cartas seria a seguinte: a primeira Carta a Timóteo, a Carta a Tito, a segunda Carta a Timóteo.

Entre os possíveis candidatos à redação das cartas pastorais surge o nome de Lucas. O autor do terceiro Evangelho e dos Atos dos Apóstolos é favorito para essa atualização da pessoa e do pensamento paulino, graças a uma afinidade lingüística e temática da sua obra — o terceiro Evangelho e os Atos dos Apóstolos — com as três cartas pastorais. Entretanto, essa candidatura lucana é apenas uma hipótese, pois não há argumentos definitivos em seu favor. Também quanto à questão do ambiente de origem dos nossos escritos permanecemos no campo da hipótese. A "crise", da qual se fala nas três cartas, encontra a sua ambientação nas Igrejas da Ásia, Éfeso, onde continua viva a tradição de Paulo. Nesse ambiente, quase no final do século I, circulam sob o nome de Paulo os três escritos pastorais. Não podemos ir além desse limite de tempo porque no começo do século II as cartas pastorais já são conhecidas e a figura do "bispo" tende a se separar do grupo dos presbíteros.[19]

---

[19] A carta de Policarpo de Esmirna, escrita aos filipenses, por volta da primeira metade do século II, conhece as cartas pastorais. Nas cartas de Inácio de Antioquia, no começo do século II, reflete-se uma estrutura dos ministérios eclesiais em que o episcopado evolui em sentido monárquico e o diaconato se torna um ministério subordinado.

XV
PAULO NA HISTÓRIA

A discussão em torno de Paulo continua para além do século I. Nos momentos cruciais da história do Cristianismo sempre se faz referência à herança espiritual e ao pensamento de Paulo. Ele continua sendo uma personagem controvertida também na história da interpretação, em que se prolonga o eco do debate mais ou menos conflitivo já presente em alguns trechos de suas cartas. Percebe-se isso desde as primeiras fontes cristãs. Discute-se sobre o significado do papel e da obra de Paulo. Para alguns, ele é um homem escolhido por Deus para proclamar o Evangelho aos não-judeus; para outros, ele é um perigoso propagador de uma forma de cristianismo que vai além ou contra a tradição religiosa inaugurada por Jesus.

No final do século I, o autor anônimo da carta canônica colocada sob o nome do apóstolo Simão Pedro, a segunda Carta de Pedro, reconhece que "o nosso amado irmão Paulo" escreveu com a "sabedoria que Deus lhe deu". Ao mesmo tempo, porém, põe os leitores em guarda contra as deturpações que alguns fazem das cartas de Paulo, em que se diz expressamente que "nelas há alguns pontos difíceis de entender" (2Pd 3,14-16). Tal é o destino de Paulo na história: de um lado, é admirado e exaltado e, de outro lado, visto com suspeita e caluniado. Em torno da figura do missionário e pensador cristão do século I criam-se duas tomadas de posição: uma a favor, que se pode chamar de "paulinismo", e outra contra, chamada de "antipaulinismo".[1]

---

[1] VV. AA. Letture di Paolo nel I e II secolo. RivB, Bologna 334, pp. 417-637, 1986.
PENA, R. ed. *Antipaolinismo; reazioni a Paolo tra il I e il II secolo*. Bologna, 1989. (Ricerche Storico-Bibliche, 1/2).

1. PAULINISMO E ANTIPAULINISMO

Paulo, com a sua personalidade forte de pensador e com o impulso que ele deu à missão cristã, é um marco na história do cristianismo primitivo. Nas comunidades paulinas de Corinto e de Éfeso forma-se a coleção de suas cartas. Outras cartas continuam sendo escritas no nome do apóstolo Paulo, mantendo viva a sua memória e atualizando o seu pensamento. Para combater os propagadores das novas doutrinas e da prática de feitio sincretista e gnosticizante, o autor das cartas pastorais apela para a autoridade do Apóstolo como único avalista da verdade. Portanto, já no final do século I, manifesta-se a tendência chamada de "paulinismo". Em alguns escritos e autores posteriores não só se privilegiam a pessoa e o ensinamento de Paulo, mas procura-se também reler e desenvolver a mensagem do Apóstolo de acordo com as novas situações vitais e culturais das Igrejas. O apelido dado a Paulo de "apóstolo dos hereges" remonta ao escritor cristão do século III, natural de Cartago, Tertuliano.[2]

De fato, o padre Marcião, natural de Sinope no Ponto, para fazer dar crédito ao próprio pensamento de caráter dualista, reporta-se ao epistolário paulino. Ele afirma que existem dois deuses. Um é o criador do mundo, que deve ser identificado com o Deus do Antigo Testamento, cuja característica é a sua justiça implacável, e que exerce o seu domínio sobre os homens por meio da lei. O outro é o Deus des-

---

[2] *Contra Marcião*, 3,5,4.

conhecido revelado pela pregação de Jesus, o Filho enviado ao mundo para, mediante sua morte, libertar os homens da tirania da lei do primeiro Deus. Contudo, a mensagem original de Jesus teria sido falsificada pelos Apóstolos, ligados à lei judaica. Somente por intermédio de Paulo a verdade da revelação de Jesus teria vindo à luz.[3]

Depois da sua expulsão da Igreja de Roma em 144, Marcião funda a sua própria Igreja, que reúne um bom número de seguidores. Ele fixa também um cânone das Escrituras sagradas, que contém o "evangelho" genuíno de Jesus. Elas englobam o Evangelho de Lucas, depurado de algumas partes, e o *Apostolikón*, isto é, uma coleção de dez cartas de Paulo: a Carta aos Gálatas, as duas aos coríntios, a Carta aos Romanos, as duas cartas aos tessalonicenses, a Carta aos Laodicenses, isto é, aos Efésios, a Carta aos Colossenses, a Carta aos Filipenses e a Carta a Filemon. Para Marcião, o critério de fidelidade é a fidelidade ao núcleo original do "evangelho" contraposto à "lei". Baseado nesse critério, Marcião exclui as cartas pastorais. Ele considera Paulo como a única fonte da verdade, porque a ele foi revelado o "mistério de Deus".[4]

Marcião não é o primeiro nem o único a servir-se de Paulo para fundar e dar autoridade às suas teses em discordância com a doutrina tradicional da Igreja. Alguns fautores do "gnosticismo" também procuram explorar Paulo em suas

---

[3] Norelli, E. La funzione di Paolo nel pensiero di Marcione. RivB, Bologna, 34, pp. 578-586, 1986.

[4] Irineu. *Adversus Haereses*, 3,13,1. Cf. Gianotto, C. Gli gnostici e Marcione; La risposta di Irineo. In: Norelli, E. ed. *La Bibbia nell'antichità cristiana*. Bologna, 1993. V. I, pp. 260-265.

próprias especulações. Principalmente Valentino, fundador da escola gnóstica em Roma, na metade do século II, teria tomado emprestado alguns termos e temas paulinos para relê-los com enfoque gnóstico.[5] É sintomático que entre os manuscritos da biblioteca gnóstica encontrados em 1945 em Nag Hammadi, no Egito, apareçam também dois textos sob o nome de Paulo: "Oração de Paulo" e "Apocalipse de Paulo". O primeiro texto se inspira em 1Cor 2,9: "O que os olhos não viram, os ouvidos não ouviram e o coração do homem não percebeu, foi isso que Deus preparou para aqueles que o amam". O segundo se apóia no que Paulo diz em 2Cor 12,2-4 sobre o seu arrebatamento ao terceiro céu. Ambos os textos remontam ao século II e se ressentem da corrente gnóstica de Valentino.

Dentro do "paulinismo" podemos também colocar os textos apócrifos baseados nas cartas canônicas de Paulo e Atos dos Apóstolos para ampliarem, com enfoque fantástico e finalidade edificante, alguns aspectos da sua pessoa e atividade. Do século II em diante surge uma abundante literatura apócrifa em torno da pessoa de Paulo. Esses escritos reproduzem de forma especulativa os modelos literários dos textos canônicos. Eles compreendem os *Atos de Paulo e Tecla*, da metade do século II; o *Apocalipse de Paulo*, dos séculos III-IV; o *Martírio de Paulo*, dos séculos IV-V.[6] O *Apocalipse de Paulo* narra a sua viagem para o além, do inferno ao paraíso, onde se encontra com Maria e os justos do Antigo Testamento. A tradução desse escrito em várias

---

[5] Clemente de Alexandria, *Stromata*, 6,1,17.

[6] Moraldi, op. cit.

línguas atesta a sua grande difusão, conhecido até por Dante.[7] No contexto dos escritos apócrifos paulinos podemos mencionar também a correspondência entre Paulo e o filósofo Sêneca, e seis breves respostas de Paulo. Nessas cartas imaginárias reflete-se a preocupação apologética do seu autor, que é do século IV. O ciclo narrativo sob o título de "Atos de Paulo" compreende um conjunto de escritos que narram as vicissitudes de Paulo depois da sua conversão, as suas viagens missionárias e a história de Tecla. Enfim, traz a sua correspondência apócrifa com os coríntios e termina com a sua viagem a Roma e o martírio. A obra que remonta ao século II teve uma grande difusão e popularidade.

A seção mais conhecida dos "Atos de Paulo" é a aventura contada nos *Atos de Paulo e Tecla*. Esse escrito pode ser considerado o primeiro romance cristão. Na realidade, a protagonista da obra é Tecla, uma jovem de família rica de Icônio, que fica fascinada pela mensagem espiritual de Paulo a ponto de renunciar a se casar para seguir o Apóstolo. Ela enfrenta e supera milagrosamente todas as tentativas feitas pelo seu ex-namorado para fazê-la desistir do seu propósito. No final, depois de se "autobatizar" por imersão num tanque de água, encontra Paulo e recebe do Apóstolo o encargo de anunciar "a palavra de Deus".

A imagem de Paulo transmitida por essa obra apócrifa é a do apóstolo que prega a renúncia ao matrimônio e a fuga da realidade mundana como condição para se salvar.

---

[7] No diálogo com Virgílio, Dante se pergunta se estará em condições de enfrentar a descida ao inferno e recorda aqueles que o precederam: "Andovvi poi lo vas d'elezione / per recar conforto a quella fede / ch'è principio a la via di salvezza" ["ali depois o Vaso de Eleição/também foi ter para alentar a crença/que, ela só, nos conduz à salvação"] *Inferno*, 2,28.

Mas o que leva a Igreja a condenar o autor dos *Atos de Paulo e Tecla* — que é um presbítero da Ásia — é a função atribuída a Tecla de proclamar a palavra de Deus e administrar o batismo. Devemos concluir que, no século II, em alguns ambientes cristãos, Paulo é considerado como o promotor da emancipação feminina e do papel ativo das mulheres na Igreja.

Nesse contexto, compreende-se como na vertente oposta se desenvolva a tendência de um "antipaulinismo", que vê em Paulo o inimigo da autêntica tradição cristã. Os representantes dessa tradição antipaulina provêm em sua maioria de grupos sectários e marginais, de origem judaico-cristã, como os ebionitas, os cerintianos, os nazoreus e os elcaisitas. Suas posições antipaulinas são conhecidas fragmentariamente pelo testemunho de escritores cristãos como Irineu, Tertuliano, Orígenes, Jerônimo e Epifânio. Mais seguro e documentado é o "antipaulinismo" de uma obra do século IV, que leva o nome de escritos "Pseudoclementinos" porque são atribuídos a Clemente Romano. Eles englobam: a correspondência entre Pedro e Tiago, a carta de Clemente a Tiago, vinte "Homilias" e dez "Reconhecimentos".

Os textos antipaulinos dessa obra remontam a uma fonte do século III surgida no ambiente da Síria. Nesses documentos polêmicos, Paulo é identificado com Simão Mago, que nos escritos apócrifos dos primeiros séculos é o adversário de Pedro. Paulo é contraposto a Tiago, considerado o avalista seguro da verdade cristã. O apóstolo Paulo é, ao contrário, chamado de o "inimigo" e "falso apóstolo", porque não conheceu Jesus. Além disso, a sua pretensa visão de Damasco não tem nenhum valor para creditá-lo como apóstolo.

A polêmica dos judeu-cristãos contra Paulo afunda suas raízes no século II e se prolonga até os séculos IV e V. Ela toma como ponto de partida as conhecidas posições de Paulo contra a lei e as observâncias judaicas. Nesses escritos antipaulinos se procura motivar a sua posição contra a lei recorrendo a uma reconstrução histórica da sua imagem visando à difamação. Paulo seria um pagão convertido ao Judaísmo, isto é, um prosélito, que pede para se casar com a filha do sumo sacerdote. Diante da recusa do sumo sacerdote, pois a lei judaica proíbe esse casamento, Paulo se volta contra a "lei".

Os ecos desse antipaulinismo ingênuo dos primeiros séculos podem ser encontrados ainda hoje em alguns escritores e biógrafos de Paulo. Em geral, porém, a questão da relação de Paulo com o Judaísmo e, em particular, a sua posição em relação à "lei", é analisada atualmente com bases históricas e sem as estocadas polêmicas dos escritos apócrifos dos judeu-cristãos dos primeiros séculos.

2. O APÓSTOLO PAULO REDESCOBERTO PELOS SANTOS PADRES DA IGREJA

A reabilitação de Paulo se dá por obra de um escritor do começo do século III, Irineu, natural de Esmirna e bispo de Lião. Ele tira Paulo das mãos dos hereges e dos grupos sectários e o entrega de novo à tradição da grande Igreja. Em sua obra polêmica, *Contra as heresias*, Irineu demonstra que Paulo está em perfeita sintonia não só com os profetas do Antigo Testamento, mas também com o testemunho dos Evangelhos e dos outros Apóstolos. Daí em diante começam os comentários das cartas de Paulo tanto no ambiente de língua grega como no de língua latina. Jerônimo menciona uns vinte autores que comentam várias cartas do epistolário paulino, distribuídos entre os séculos III e V. Dos cerca de catorze comentários paulinos de autores gregos, bem poucos deles foram conservados. Entretanto, dos seis autores latinos que comentaram todo o *corpus* paulino ou apenas algumas cartas, em sua maioria, seus comentários chegaram até nós.

O comentarista mais antigo e conhecido de Paulo é Orígenes de Alexandria. O célebre exegeta e teólogo alexandrino busca em Paulo as regras fundamentais da sua exegese bíblica. Em suas obras, cita freqüentemente textos das cartas de Paulo e é influenciado pela personalidade e pelo pensamento do Apóstolo. Para Orígenes, ser "cristão" é o mesmo que ser "discípulo" de Paulo, porque o Apóstolo é um perfeito discípulo de Cristo e "o maior dos Apóstolos".[8] Por volta de 243, Orígenes escreve o comentário completo à Carta aos Romanos, que considera o escrito mais difícil de se compreender e também o mais utilizado pelos "hereges" (gnósticos). O comentário de Orígenes em língua grega está conservado de modo fragmentário em alguns papiros e nas coleções antológicas de comentários gregos chamadas de "Correntes". Rufino de Aquiléia traduziu para o latim o comentário de Orígenes à Carta aos Romanos, em dez livros, sendo que o original consta de quinze livros. Em todo caso, Rufino respeita o método e o pensamento do comentarista alexandrino, que analisa o texto de Paulo e o compara com outros textos bíblicos a fim de captar o seu sentido profundo.[9]

Outro comentarista grego das cartas de Paulo é Teodoro de Mopsuéstia, na Cilícia, discípulo de Deodoro de Tarso e representante da escola exegética antioquena. Seu comentário às cartas menores de Paulo é conhecido pela tradução latina, enquanto do seu comentário às quatro cartas maiores do Apóstolo se conservaram apenas fragmentos nas coleções antológicas antigas. Teodoro lê o texto paulino atendo-se rigorosamente ao sentido literal. Ressalta no pensamento de Paulo a contraposição entre a lei e a graça e a antítese entre a escravidão do homem velho e a liberdade do homem novo.

O bispo de Constantinopla, João Crisóstomo, natural de Antioquia da Síria, onde foi ordenado diácono e presbítero,

---

[8] Cocchini, F. *Il Paolo di origine*; contributo alla storia della recezione delle epistole paoline nel III secolo., Roma, 1992. (Verba Seniorum N. S., 11.)

[9] Idem, ed. Ascolta Israele. In: *Origene*; Commento alla Lettera ai Romani. Casale Monferrato (AL), 1985/1986. 2 v. (Commenti alle Scriture delle tradizioni ebraica e cristiana, 2.)

também é outro admirador de Paulo. Em 386, o primeiro dos doze anos de ministério passados em Antioquia, João Crisóstomo faz sete "Panegíricos" sobre Paulo, nos quais expressa o seu afeto para com o Apóstolo.[10] Ele considera Paulo o protótipo do seu compromisso pastoral. No segundo ano, João Crisóstomo inicia o ciclo de homilias sobre todo o epistolário paulino — ao todo 244 homilias — que será completado depois do ano 389, durante o seu episcopado em Constantinopla. De João Crisóstomo também se conserva um comentário sistemático à Carta aos Gálatas, em forma de sermão.

No prefácio à Carta aos Romanos, Crisóstomo se queixa que nem todos conhecem "este homem como e quanto ele merece; pois ainda hoje há os que o ignoram a ponto de não saber nem mesmo quantas cartas ele escreveu". À leitura da Carta, diz Crisóstomo, "sinto-me tomado por uma sensação de alegria e de exultação ao som dessa trombeta espiritual, e ardo de desejo ao ouvir essa voz amiga, e parece que eu quase o vejo e o ouço dar explicações".[11] O comentário "homilético" de João Crisóstomo, embora permanecendo aderente ao texto literal do texto paulino, preocupa-se em colher o seu significado imediato para tirar dele as aplicações no plano espiritual e prático. Do mesmo ambiente antioqueno, provém o comentário contínuo e completo do epistolário paulino feito por Teodoreto de Ciro (393-466). Dos outros comentaristas gregos de Paulo temos apenas fragmentos coletados nas antologias exegéticas conhecidas como "Correntes".

---

[10] *Panégyriques de Saint Paul*. Paris, 1982. (SC 300.)

[11] *Homilia sobre a Carta aos Romanos*, PG, 60,301-302.

Na área de língua latina, o primeiro comentário a algumas cartas de Paulo é o de Mário Vittorino, mestre de retórica de origem africana, que ensina com sucesso em Roma. Depois da sua conversão à fé cristã, Mário Vittorino é obrigado, por causa do edito de Juliano em 362, a deixar o ensino. Entre suas obras do período cristão há alguns comentários às cartas aos efésios, aos gálatas, aos filipenses. O comentário de Mário Vittorino é o primeiro em língua latina às cartas de Paulo. Ele não depende dos autores gregos, nem da tradição exegética anterior, mas se serve de sua competência de comentarista dos escritos de filósofos e de oradores clássicos. Mário Vittorino se apóia na interpretação literal do texto de Paulo e acentua o caráter antilegalista e antijudaico do tema paulino da justificação pela fé. A oposição entre fé e obras do texto de Paulo se torna, na leitura platônica de Mário Vittorino, a oposição entre vida espiritual ou contemplativa e vida ativa ou prática.

No mesmo ambiente latino do século IV, no tempo do papa Dâmaso (366-384), aparece outro comentário às trezes cartas de Paulo. Trata-se de um autor anônimo que, durante toda a Idade Média, foi identificado com Ambrósio de Milão. Quando, na época do Renascimento, se descobre a inautenticidade dessa atribuição, o autor desse comentário ao epistolário paulino é chamado de "Ambrosiaster". É um cristão do ambiente romano, que tem relações com o norte da Itália e com a Espanha. Agostinho cita um comentário dele a Romanos 5,12 sob o nome de "santo Hilário". Talvez o nosso comentarista anônimo seja um convertido do Judaísmo, pois conhece muito bem as instituições judaicas e os temas bíblicos. Ele apresenta uma explicação sistemática das cartas de Paulo, baseado na tradução latina anterior à revisão feita por Jerônimo. O comentário do

"Ambrosiaster" lê o texto paulino com enfoque histórico e literal, sem deixar de lado a sua interpretação tipológica e as aplicações morais.

Ambrósio de Milão não fez comentário sistemático a nenhuma carta de Paulo. Em seus escritos, porém, recorre freqüentemente às cartas do Apóstolo. Numa carta ao amigo Simpliciano, explica o motivo pelo qual não fez nenhum comentário às cartas de Paulo. Ambrósio relembra o prazer que o amigo sentia quando ele tomava alguma passagem dos escritos do apóstolo Paulo em suas instruções ao povo, "pois", diz Ambrósio, "a profundidade do seu ensinamento é difícil de entender, a sublimidade de seus conceitos chama a atenção de quem ouve e estimula quem debate sobre ele; além disso, em muitos de seus discursos ele se expressa de tal modo que quem os explica não encontra nada de próprio para acrescentar e, se quisesse dizer alguma coisa, faria mais o papel de gramático do que de comentarista".[12] Entretanto, o bispo de Milão, quando tem ocasião, se detém para explicar alguns textos de Paulo, como o de Gálatas 3,24, em que se fala da "lei", que foi nosso "pedagogo em Cristo".[13]

Nessa mesma época, Jerônimo, que revê a velha tradução latina da Bíblia com base no texto original, se interessa também pelas cartas de Paulo. Parece, contudo, que o trabalho de revisão dos textos paulinos foi feito por um discípulo de Jerônimo, Rufino o Sírio, que completou o trabalho do mestre, segundo seus critérios metodológicos. Durante a sua estada em Belém, entre 386 e 388, a pedido de Paula e

---

[12] *Cartas*, 7,1.
[13] Ibidem, 64-65.

Eustáquio, dita o comentário às cartas de Paulo a Filemon, aos gálatas, aos efésios e a Tito. No prólogo da Carta aos Gálatas, diz expressamente que recorre a todos aqueles que comentaram o texto antes dele. O comentário de Jerônimo às supracitadas cartas de Paulo depende principalmente do comentário de Orígenes e de Dídimo, o Cego. Jerônimo, entretanto, é capaz de repensar de modo pessoal a tradição exegética paulina.

Na área ocidental latina surge a figura de outro escritor e pensador: Agostinho. A vida do futuro bispo de Hipona é marcada pelo encontro com Paulo. Em seu itinerário espiritual à procura da verdade, Agostinho descobre as cartas de Paulo. Nas *Confissões* ele diz que, depois da leitura da obras dos filósofos platônicos, "lancei-me avidamente sobre o venerável estilo (da Escritura), ditada pelo vosso Espírito, preferindo, entre outros autores, o apóstolo Paulo". Aí ele encontra o caminho que conduz à meta da verdade — a realidade de Deus sumo bem imutável — que antes via de longe, sem saber como chegar até lá.[14]

No verão de 386, enquanto se encontra no jardim anexo à casa onde ele está hospedado juntamente com o amigo Alípio, Agostinho se vê entre o ideal da "casta majestade da continência" e os laços com a sua vida passada. Perturbado, ele se afasta do amigo e se prostra sob uma figueira, dando livre curso às lágrimas e, no pranto, invoca a ajuda do Senhor. De repente, enquanto reza e chora, da casa vizinha chega uma voz "não sei se era de menino, se de menina. Cantava e repetia freqüentes vezes: 'Toma e lê; toma e lê'".

---

[14] *Confissões*, 7,21.

Agostinho procura entender e refletir no sentido desse convite: "Para mim, a única interpretação possível era que se tratava de uma ordem divina para abrir o livro e para ler o primeiro versículo que aí encontrasse". Ele se lembra que isso havia acontecido com Antão de Alexandria, que, ouvindo, por acaso, uma leitura do Evangelho, fora por ela advertido, como se essa passagem que se lia lhe fosse dirigida pessoalmente. "Abalado, voltei aonde Alípio estava sentado, pois eu tinha deixado aí o livro das epístolas do Apóstolo, quando de lá me levantei. Agarrei-o, abri-o e li em silêncio o primeiro capítulo em que pus os olhos". Agostinho leu os últimos dois versículos do capítulo 13 da Carta aos Romanos: Vivamos honestamente, como em pleno dia; não em orgias e bebedeiras, prostituição e libertinagem, brigas e ciúmes. Mas vistam-se do Senhor Jesus Cristo, e não sigam os desejos dos instintos egoístas" (Rm 13,13-14). Aqui, Agostinho se detém. Ele diz que desse momento em diante "penetrou-me no coração uma espécie de luz, quase de certeza, e todas as trevas da dúvida se dissiparam".[15]

Em 394, Agostinho, que já era presbítero da Igreja de Hipona, dá a explicação de 76 questões concernentes ao texto da Carta aos Romanos e procura expor a antropologia de Paulo com enfoque antimaniqueísta. O comentário à Carta aos Gálatas procura responder a essas mesmas preocupações. Em seguida, o bispo de Hipona retoma o comentário sistemático da Carta aos Romanos, mas se detém depois dos primeiros sete versículos. Alguns anos depois, ele analisa mais duas questões da Carta aos Romanos, em torno dos

---

[15] Ibidem, 8,12.

capítulos 7 e 9. O bispo de Hipona terá ocasião de retomar os textos das duas cartas paulinas em seus escritos de caráter teológico e na controvérsia com Pelágio.[16]

O monge irlandês Pelágio, durante sua estada em Roma, entre 395 e 409, prepara um comentário rápido e essencial às treze cartas de Paulo. Seu trabalho será retomado e depurado das tendências "pelagianas" por Cassiodoro, em meados do século IV[17]. Sem dúvida nenhuma, é fecunda a leitura de Paulo nesses três séculos — do III ao V —, nos quais se desenvolve de modo sistemático a reflexão dos pensadores cristãos sobre o patrimônio tradicional da fé. O encontro com as cartas paulinas oferece o ponto de partida para responder às exigências dos novos convertidos, que provêm do ambiente culto greco-romano.

Alguns desses comentaristas gregos e também latinos pertencem ao movimento monástico ou são simpatizantes da espiritualidade monástica. O monaquismo, com suas exigências de uma espiritualidade mais profunda, favorece a redescoberta das cartas de Paulo. Contudo, os pontos centrais do pensamento paulino não são assimilados de modo orgânico nem pela teologia da tradição greco-oriental nem pela ocidental. No ambiente grego, encontram mais acolhida as cartas aos coríntios, nas quais aparece o aspecto místico e sacramental do pensamento paulino. No ocidente latino, goza

---

[16] Mara, M. G. *Agostino interprete di Paolo*. Milano/Torino, 1993.

[17] A recente descoberta no museu nacional de Budapeste de um comentário anônimo de Paulo, talvez composto em Aquiléia entre os séculos IV e V, confirma o enorme interesse suscitado pelo epistolário paulino no ambiente da cristandade ocidental, em que o debate teológico se casa com a exigência de responder a novas exigências culturais e espirituais.

de grande prestígio a Carta aos Romanos, em que o interesse se concentra nos problemas da justificação e da graça. Será um leigo espanhol, condenado como herege no final do século IV, Prisciliano, que chamará de novo a atenção sobre esses textos paulinos. A partir de sua obra começará a controvérsia de Agostinho e Pelágio sobre a relação entre a graça divina e o livre arbítrio, na qual os textos de Paulo são objetos de disputa. Encerra-se, assim, a época dos Santos Padres e escritores dos primeiros séculos, na qual a pessoa de Paulo e o seu pensamento oscilam entre a suspeita de heresia e a redução dos mesmos dentro dos esquemas tradicionais.

Quaestio. Outro tipo de procedimento se afirma, portanto, que se articula por meio das "quaestiones". A lectio com as suas

3. A INTERPRETAÇÃO DE PAULO, DESDE A IDADE MÉDIA ATÉ OS DIAS DE HOJE

O patrimônio da interpretação paulina feita pelos Santos Padres da Igreja é entregue aos mestres das escolas capitulares e monásticas, que antecedem aos primeiros centros de estudos universitários nas cidades européias. Um representante dessa corrente de transmissores da tradição dos Santos Padres é o monge beneditino irlandês Beda, cognominado de "o Venerável", que viveu no século VII. Ele coleta e expõe com cuidado os comentários ao epistolário paulino elaborados pelos Santos Padres, sobretudo por Agostinho. Um instrumento que facilita a conservação e a transmissão dos comentários tradicionais a Paulo é a "Glosa" da Bíblia em suas diversas formas. Trata-se de anotações breves colocadas entre as linhas — "Glosa interlinear" — ou às margens do texto — "Glosa marginal" —, que explicam, com base nos comentários dos Santos Padres, as passagens obscuras.

A interpretação das cartas de Paulo segue os critérios aplicados nessa época à leitura da Bíblia. Ela retoma e desenvolve aqueles que já foram elaborados nos comentários dos Santos Padres e dos escritores dos primeiros séculos. No ambiente monástico, a *Lectio* da Bíblia, orientada para a oração, privilegia o sentido "espiritual" do texto, recorrendo à interpretação alegórica. Da leitura do texto inicia-se o caminho para tratar as "questões" de caráter teológico. Nos centros de estudos universitários se procura manter a

716

distinção entre o tratado das questões teológicas e a leitura e interpretação do texto bíblico. Nesse contexto, também se insere o comentário às cartas de Paulo, que os mestres propõem na dupla forma da *Lectio*, a "leitura" do texto com explicações essenciais, e a "exposição", um comentário mais amplo e geralmente preparado ou escrito pelo próprio mestre.

Para a época medieval merece ser apontado o comentário de Tomás de Aquino ao epistolário paulino. Ele comenta Paulo em seu segundo período de ensino na universidade de Paris de 1269 a 1272. Esse comentário foi escrito ou ditado por Tomás na forma de "exposição" sobre a Carta aos Romanos e sobre a primeira Carta aos Coríntios, até 1Cor 7,9. A seqüência do comentário de Tomás ao texto das cartas de Paulo provém das anotações do seu amigo e colaborador Reginaldo de Piperno, que recolheu as explicações do mestre no período de seu ensino na Itália (1259-1265). Tomás se preocupa em captar no sentido literal do texto de Paulo a mensagem teológica e moral. Ele subdivide o texto que vai comentar segundo os critérios da dialética escolástica e o examina cuidadosamente, recorrendo ao patrimônio da exegese tradicional dos Santos Padres e comentaristas antigos. Em suma, o comentário de Tomás de Aquino ao epistolário paulino representa o fruto mais maduro da exegese medieval.

Uma virada na história da interpretação de Paulo é representada pela Reforma protestante, que se fundamenta na Escritura. O monge agostiniano Martinho Lutero, para o seu segundo curso na faculdade teológica de Wittenberg, na qualidade de leitor da Bíblia, escolhe a carta de Paulo aos romanos. No ano acadêmico de 1515-1516, Lutero dá aulas sobre o texto de Paulo.[18] Alguns anos antes, o humanista francês Tiago Lefèvre d'Etaples publicara uma nova edição das cartas de Paulo com um breve comentário. O interesse por Paulo, no ambiente de Wittenberg, era o mesmo de Agostinho. De fato, o vigário geral dos agostinianos na Alemanha, João Staupitz, escolhera Paulo como santo protetor da faculdade teológica de Wittenberg. É nesse clima que se insere o comentário de Lutero à carta mais madura de Paulo. Alguns escritores contemporâneos de Lutero comparam o seu itinerário espiritual ao de Paulo. Ele também é um "convertido" pela iniciativa arrebatadora de Deus. O impacto com a Carta aos Romanos marca a virada teológica da Reforma de Lutero, mas as suas conseqüências no plano eclesial e político se darão nos anos posteriores. Lutero descobre que a "justiça de Deus", da qual Paulo fala em Romanos 1,17, não é a justiça que condena, "mas de fato é a justiça pela qual Deus, que é justo e santo, torna o homem justo e o santifica". O comentário de Lutero ao texto da Carta aos Romanos é influenciado pela interpretação de Agostinho. Em seguida, para esclarecer e motivar as suas posições a respeito dos pontos cruciais da controvérsia com a Igreja católica — a justificação pela fé em oposição à lei e às obras —, Lutero remete aos textos de Paulo, sobretudo à Carta aos Gálatas, que ele comenta no ano seguinte, em 1516-1517, e depois também em 1535. Lutero estabelece uma relação pessoal e imediata com Paulo e seus escritos. Seu principal interesse não é a interpretação do texto paulino, mas o cerne da mensagem teológica e espiritual do Apóstolo.

---

[18] Lutero, M. *Lezioni sulla Lettera ai Romani* (1516-1517). Genova, 1991. Idem. *La Lettera ai Romani*. Milano, 1991.

Filipe Melanchton tem uma posição substancialmente parecida em relação a Paulo. Em seu *Loci comunes* de 1525, declara que a carta de Paulo aos romanos é o *compendium* da doutrina cristã. Mais aparelhado e equilibrado do que Lutero, no plano exegético, é o comentário de João Calvino ao epistolário paulino. Em 1536, ele organiza a publicação dos seus cursos na universidade de Genebra e das pregações realizadas na Igreja de são Pedro sobre as cartas paulinas. Enfim, os trabalhos sobre Paulo elaborados pelos pais da Reforma vão inspirar a teologia e a espiritualidade protestantes dos séculos posteriores.

Todavia, o destino de Paulo na época moderna está ligado mais aos estudiosos de história da Igreja e da teologia de viés "liberal" ou crítico. Mais do que interpretação das cartas do Apóstolo, procura-se reconstruir o seu papel no contexto histórico e cultural de seu tempo e no âmbito do cristianismo primitivo. Os pressupostos ideológicos das várias escolas condicionam a pesquisa sobre Paulo e sua mensagem. No âmbito da chamada "escola de Tübingen", na primeira metade do século XIX, procura-se interpretar a pessoa e os escritos de Paulo dentro de um esquema historiográfico inspirado em critérios da dialética hegeliana. Paulo representaria a linha antilegalista, em antítese ao legalismo de cunho petrino. A obra lucana e os escritos posteriores da tradição paulina seriam a síntese conciliadora.

Entretanto, é a primeira vez, a partir da escola de Tübingen, que os escritos de Paulo são colocados de modo sistemático dentro do seu contexto histórico e cultural. Essa orientação se acentua no endereçamento metodológico chamado de "escola da história das religiões", no final do século XIX e começo do século XX. Procura-se explicar a pessoa e o pensamento de Paulo no pano de fundo das crenças e dos cultos existentes no mundo greco-romano. A antítese paulina "carne" e "espírito" refletiria o dualismo grego. Sua doutrina sobre o batismo e a eucaristia dependeria das religiões mistéricas. Em suma, Paulo teria dado uma clara feição helenista à experiência cristã nascida no ambiente judaico. É nesse contexto que Paulo é considerado o verdadeiro "fundador" do Cristianismo.[19]

Baseados na mesma metodologia, que compara as diversas formas de religião ou modelos de pensamento, outros estudiosos defendem que a pessoa e a mensagem de Paulo se encaixam melhor no ambiente cultural judaico, especialmente nas correntes messiânico-apocalípticas. A partir da sua experiência de Jesus Cristo ressuscitado, Paulo amadurece a consciência de ser o seu apóstolo-enviado que vive e age às vésperas do fim do mundo. Desse núcleo quente derivaria a visão da salvação, da Igreja e da ética cristã. Alguns estudiosos falam da "mística" de Paulo no sentido de uma identificação espiritual com Cristo ressuscitado.[20] Nesse clima cultural, em que se busca explicar de modo racional todo fenômeno religioso, a experiência paulina do "chamado" ou "conversão" no caminho de Damasco também é submetida à revisão crítica. Nesse caso prevalecem as explicações de caráter psicológico.

---

[19] Wrede, op. cit. considera Paulo como "o segundo fundador do cristianismo" (cf. Kümmel, W. G. *Il Nuovo Testamento*; storia dell'indagine scientifica sul problema neotestamentario). Bologna, 1976.

[20] Schweitzer, A. *Geschichte der paulinischen Forschung*. Tübingen, 1911. (3. ed. 1933.) Idem. *Die mystik des apostels Paulus*. Tübingen, 1930.

No âmbito da Reforma, dois teólogos e estudiosos, K. Barth e R. Bultmann, deram uma contribuição para a interpretação da mensagem de Paulo no último século. O primeiro, com o seu comentário original da Carta aos Romanos; o segundo, com vários estudos sobre Paulo e a *Teologia do Novo Testamento* de 1953. K. Barth publica a primeira edição da sua *Carta aos romanos* em 1919. Aí já está, em embrião, a impostação da sua pesquisa teológica futura centrada na total alteridade de Deus e a novidade do seu reino em relação a todas as investigações e afirmações do ser humano. Na segunda edição de 1922, Barth esclarece a relação entre reino de Deus e responsabilidade do homem.

R. Bultmann, em suas pesquisas históricas e exegéticas sobre Paulo, segue a orientação da "escola comparativa das religiões". Contudo, na interpretação da teologia paulina ele dá uma contribuição mais pessoal. Segundo Bultmann, Paulo teria primeiro tentado traduzir com enfoque "existencial" a mensagem "mítica" da tradição primitiva cristã e nessa releitura paulina, a ressurreição de Jesus Cristo não seria outra coisa senão o significado salvífico da sua morte na cruz por nós. A interpretação da teologia paulina elaborada por R. Bultmann está solidamente ancorada na tradição luterana. Segundo o teólogo, o centro do pensamento teológico de Paulo gira em torno da "justificação pela fé".

Contra essa leitura, ainda condicionada pelas controvérsias pós-reforma, alguns estudiosos contemporâneos propõem uma nova interpretação de Paulo, sobretudo da sua relação com a lei. Paulo não se coloca contra a lei ou o Judaísmo, mas repropõe uma nova relação com Deus por meio de Jesus Cristo, na qual também a lei encontra um lugar.[21] Os estudos mais recentes sobre o Judaísmo do século I trazem à luz um panorama mais variado do que os esquemas historiográficos do passado. Aquele que é chamado de "judaísmo intermediário", dos séculos III a.C. até o II d.C., a fim de distingui-lo do "judaísmo antigo" dos séculos VI-IV a.C., apresenta-se como um arquipélago de diversas orientações. Vai do judaísmo palestinense ao da diáspora, do endereçamento farisaico às correntes apocalípticas em suas diversas articulações.

Esses estudos abrem o caminho para uma nova compreensão de Paulo, posto no ambiente histórico e cultural do Judaísmo do século I (M. Hengel). Eles contribuem para diluir a interpretação polêmica do papel de Paulo sobre a origem histórica do Cristianismo. O germanista Paul de Lagarde (1827-1891) afirma que Paulo, com suas teorias do sacrifício de Jesus e da justificação pela fé, teria deformado, em sentido judaico, ou melhor, farisaico, a originalidade do Evangelho. Para Friedrich Nietzsche, Paulo é um judeu que fez a síntese de todos os cultos pagãos. Ele teria entendido mal Jesus e o seu Evangelho, porque tentou eliminar a lei judaica mediante a cruz de Cristo.[22]

---

[21] Sanders, E. P. *Paolo e il giudaismo palestinese*; studio comparativo su modelli religiosi. Brescia, Paideia, 1986.

[22] Kuss, O. Paolo e le sue interpretazioni. In: *Paolo*. 1974, pp. 306-319. Nietzsche (Aurora. Milano, 1981. I, 68) diz: "Que a nave do Cristianismo tenha jogado no mar uma boa parte do lastro judaico, que tinha ido entre os pagãos, e tenha podido caminhar, tudo depende da história desse homem (Paulo), um homem muito atormentado, digno de muita comiseração, muito inoportuno e inoportuno a si mesmo. Sofria de uma idéia fixa, ou para se expressar mais claramente, de um problema fixo, constantemente presente, que nunca se aquietou: como fica a questão da *lei* judaica?

Esse papel de Paulo na história das origens cristãs é examinado também pelos estudiosos judeus contemporâneos. Paulo é considerado o fundador do Cristianismo em sentido antijudaico. De fato, ele faz de Jesus Cristo, Filho de Deus, o único mediador da salvação universal.[23] Entretanto, um estudo mais atento da pessoa e do pensamento de Paulo mostra que ele não rejeitou o seu povo; ao contrário, toma a defesa dele. O julgamento negativo de Paulo sobre os judeus do seu tempo não depende da sua fé em Jesus Cristo, mas reproduz um modo de sentir e de se expressar comum no século I, como atestam alguns escritores pagãos.[24] Em resumo, um conhecimento melhor de Paulo a partir dos seus escritos, e no pano de fundo dos documentos do século I, poderia atenuar alguns preconceitos que ainda impedem a valorização da sua pessoa e do seu pensamento na história da cultura ocidental.

E precisamente a do *cumprimento dessa lei*? [...] Aqui está a saída, sim, aqui está a vingança perfeita, sim, é aqui e em nenhum outro lugar que eu tenho o *destruidor da lei*! Aquele que estava tomado pela maior e atormentada soberba sentiu-se restabelecido no mesmo instante, o desespero moral é como que varrido, pois era a moral que foi varrida, que devia ser destruída — ou seja, consumada lá na cruz! [...] A partir daí é ele o mestre da *destruição da lei*!" (p. 51); cf. I, 72.

[23] Klausner, J. *Von Jesus zu Paulus*. Jerusalem/Frankfurt, The Jewish Publication House, 1939/1950.

[24] Sandmel, S. *The Genius of Paulus*; a study in history. New York, 1958. BEN CHORIN, S. *Paulus. Der Völkerapostel im jüdischer Licht*. München, 1970.

4. PAULO NA ARTE E NA LITERATURA

Se o rosto é o reflexo da identidade profunda de uma pessoa, é legítimo o desejo de conhecer a face de Paulo. Os cristãos das comunidades paulinas o encontraram e falaram com ele. Principalmente seus colaboradores e amigos mais íntimos, como Timóteo e Tito, que viveram ao lado e com o Apóstolo, puderam conservar também uma lembrança viva do seu aspecto físico. É comovente a cena do adeus de Paulo aos presbíteros da Ásia convocados em Mileto. Num certo momento do discurso reconstruído pelo autor dos Atos, Paulo diz: "Agora, porém, tenho certeza de que vocês não verão mais o meu rosto, todos vocês entre os quais passei pregando o Reino" (At 20,25). No final, quando Paulo se ajoelha e reza, todos começam a chorar muito, lançam-se ao seu pescoço e o beijam, "muito tristes, principalmente porque havia dito que eles nunca mais veriam o seu rosto" (At 20,36-38).

"Ver o rosto" é o encontro, a comunicação pessoal que Paulo muitas vezes deseja ter com os seus cristãos (1Ts 2,17; Gl 4,20). As suas cartas são uma espécie de prolongamento ou substituição do encontro face a face. Como é o rosto de Paulo? Qual é o aspecto físico da sua pessoa? As comunidades cristãs que coletaram e transmitiram as cartas do Apóstolo conservaram alguma lembrança do seu aspecto físico? Paulo cita uma frase que circula a seu respeito nos ambientes de Corinto. Aí se diz: "As cartas são duras e fortes, mas a presença dele é fraca e sua palavra é desprezível" (2Cor 10,10). Mesmo que essa imagem de Paulo tenha sido difundida pelos seus adversários para desacreditá-lo, ela não pode ter sido totalmente inventada. Ele não contesta o fato de ser "fraco" no aspecto físico e exterior. Reivindica, porém, a sua força e autoridade espiritual.

É precisamente esse contraste entre o físico desprezível ou pobre do Apóstolo e o seu fascínio espiritual que aparece no único retrato de Paulo no apócrifo cristão do século II, nos *Atos de Paulo e Tecla*. Um cristão de Icônio, Onesíforo, vai ao encontro de Paulo na "Via Augusta", que vai de Éfeso a Listra. Ali ele observa atentamente os passantes, para reconhecer Paulo. De fato, ele não o conhece "fisicamente, mas só espiritualmente". O discípulo de Paulo, Tito, lhe descreveu o aspecto do Apóstolo. Finalmente, Onesíforo vê Paulo e o reconhece por causa da descrição de Tito: "Era um homem de baixa estatura, calvo, pernas arqueadas, corpo vigoroso, sobrancelhas unidas, nariz um tanto proeminente, cheio de amabilidade; de fato, às vezes tinha o aspecto de homem, às vezes o de um anjo" (*Atos de Paulo e Tecla*, 2-3).

Esse retrato físico de Paulo depende de uma combinação de vários elementos. A "baixa estatura", atribuída a Paulo, parece ser o eco do texto de 2Cor 10,10 supracitado. A referência à calvície poderia ser a interpretação um tanto curiosa, para não dizer contraditória, do fato de que Paulo mandou cortar seus cabelos para terminar o voto de nazireato em Cencréia, antes de embarcar para a Síria (At 18,18). Outros elementos do retrato apócrifo de Paulo são tirados da iconografia tradicional dos filósofos e personagens ilustres. As "pernas arqueadas" e as "sobrancelhas unidas" são os retratos físicos atribuídos na Antiguidade a Sócrates e a Augusto. Outros elementos são tirados do estereótipo difundido na Antiguidade sobre a fisionomia do homem oriental.

Em todo caso, já por volta do século IV, se impõe a imagem de Paulo, na qual se inspira a iconografia posterior. Ele é representado com a cabeça grande e calva, os cabelos negros ralos nas têmporas, o nariz aquilino, a barba um tanto comprida e pontiaguda, com o rosto em forma de pêra, as maçãs do rosto cavadas e o queixo fino.[25] Essa imagem de Paulo corresponde a uma iconografia que se impõe no ambiente romano. Na tradição paulina, ao contrário, Paulo é representado com a cabeça coberta de cabelos ou de cabelos brancos e com a barba curta.[26]

Nos primeiros séculos cristãos, a imagem de Paulo apóstolo é muitas vezes associada à de Pedro, representado segundo outro modelo iconográfico. Os dois Apóstolos aparecem lado a lado de Cristo na cena da *Traditio legis*. Esta é a imagem central no plano superior do célebre sarcófago de Júnio Basso encontrado em 1597 nas escavações para a construção da nova Confissão da Basílica de são Pedro e conservado nas Grutas Vaticanas. A inscrição latina na listinha superior do sarcófago permite datá-lo no ano 359 d.C. No último enquadramento do plano inferior, à direita, está representada a cena de Paulo conduzido ao martírio. Essa cenografia se encontra no mosaico do mausoléu de Constança, em Roma, e no arco do triunfo de santa Maria Maior, que remonta ao século V. São notáveis também os perfis de Pedro

---

[25] Esses são os traços da representação de Paulo no afresco das Catacumbas de Domitila, que remonta ao século IV, e na segunda catabumba de são Pedro e são Marcelino, dos séculos IV e V em Roma. Essa iconografia paulina é encontrada também em alguns baixos-relevos e vitrais dourados dos séculos IV e V.

[26] A imagem bizantina de Paulo aparece no mosaico de santa Pudenciana, em Roma, no final do século IV, no mosaico do batistério católico de Ravena de meados do século V e nos mosaicos da Catedral de Monreale e da Capela Palatina de Palermo.

e Paulo num baixo-relevo do Museu Paleocristão do Mosteiro de Aquiléia, que remonta ao final do século IV e começo do século V. A cena da *Traditio legis* reaparece na caixinha de marfim de Samagher, conservada no Museu Arqueológico de Veneza. Além das cenas da "paixão" de Paulo — prisão e martírio —, presentes nos baixos-relevos dos sarcófagos da área romano-gálica, é interessante a representação da lapidação de Listra numa caixinha de marfim que remonta ao século V, conservada no British Museum de Londres.

Na iconografia do período medieval, aparece a figura de Paulo apóstolo e mestre do Evangelho com um rolo na mão.[27] Em algumas miniaturas, o Apóstolo, redator das cartas, está sentado junto a uma escrivaninha. A partir do século XIII, nas representações de Paulo aparece a espada, sinal do seu martírio.[28] Na estatueta de canto do cibório gótico esculpido por Arnulfo de Cambio, em 1285, para a Basílica de são Paulo Fora dos Muros, em Roma, o Apóstolo apóia as mãos sobre o guarda-mão da espada. Os dois símbolos, do livro (Evangelho) e da espada (martírio), aparecem juntos na representação de são Paulo de Masaccio, conservada no Museu Nacional de Pisa.

A figura de Paulo é retratada pelos maiores artistas do período renascentista. Rafael representa Paulo na "Disputa do Sacramento", pintada na Sala da Assinatura no Vaticano,

---

[27] Imagem da catedral de são Maurício, em Viena, do século XII.

[28] Nos ciclos iconográficos de Peter Vischer na arca de são Sebaldo, em Nuremberg, e nos de Tilman Riemenschneider, em Würzburg, do século XVI, Paulo é representado com duas espadas, a da palavra e a do martírio. No portal de Laguardia, Avale, a espada está dentro da bainha e não desembainhada, como de costume. A mesma variante pode ser encontrada numa estatueta em terracota pintada, conservada no Museu dos agostinianos em Tolosa, e que remonta ao século XVI.

onde trabalhou de 1509 a 1511. Albrecht Dürer o retrata no quadro dos "Quatro Apóstolos", pintado em 1526 e conservado na Pinacoteca de Munique. Os pintores modernos abandonam a iconografia tradicional de Paulo e dão uma imagem mais atualizada do Apóstolo. Na estampa de Dürer, a figura de Paulo é imponente, com traços marcantes.[29]

Inserindo-se numa antiga tradição paleocristã, na época moderna se desenvolvem as representações cíclicas de alguns episódios importantes da vida de Paulo. Nesse contexto deve ser mencionado o ciclo paulino dos mosaicos da Catedral de Monreale, perto de Palermo, que remontam ao final do século XII. Aí aparecem a cena da conversão no caminho de Damasco, o batismo de Paulo por Ananias, o encontro com o apóstolo Pedro em Roma e a decapitação. Cenas parecidas podem ser encontradas nos baixos-relevos das fachadas das Igrejas (Ripoll na Catalunha) ou nos portais (catedral de Nantes). Alguns episódios da vida de Paulo são o objeto das pinturas feitas por Rafael para os tapetes da Capela Sistina em Roma, agora conservados no Victoria and Albert Museum de Londres. Aí estão representados o episódio da cegueira do mago Bar Jesus Elimas, em Chipre, o episódio de Listra com a tentativa do sacrifício pagão em honra de Paulo e Barnabé, o terremoto e a libertação do cárcere em Filipos, o discurso diante do Areópago em Atenas. Estes e outros episódios de Paulo aparecem também nos tapetes do século XVI de Bruxelas, agora no palácio real de Madri.

---

[29] Entre outras imagens de Paulo no Museu Poldi-Pezzoli de Milão, pode ser encontrada uma pintura feita por Bartolomeu Montagna. Ele é retratado juntamente com outros santos em duas telas de Romanino em Brescia, na Galeria Martinengo, e com são Jerônimo numa tela de Moretto, na Pinacoteca de Brera em Milão.

Um dos objetos da biografia de Paulo mais freqüentes é o da sua conversão no caminho de Damasco. Numa miniatura da *Cosmografia Cristã* de Cosme Indicopleusta, do século IX, que remonta a um original do século VI, conservado na Biblioteca Vaticana, se vê Paulo caído, cego pelo fulgor divino. Imagens semelhantes aparecem nas miniaturas da Bíblia de Carlos o Calvo, que se encontra em Paris na Biblioteca Nacional, e na de são Paulo Fora dos Muros, em Roma, que remontam ao século IX. A mesma representação aparece no mosaico da Capela Palatina de Palermo do século XII e em outras miniaturas do mesmo período.

Os pintores dos séculos XV-XVII retomam cada vez com mais freqüência o episódio da conversão de Paulo, caído do cavalo. João Bellini, em 1470, o retrata no estrado da *Coroação da Virgem*, agora no Museu de Pesaro. Em 1545, Michelangelo termina o afresco da *Conversão de Paulo*, juntamente com a *Crucificação de são Pedro*, na Capela Paulina no Vaticano. O artista interpreta a narrativa dos Atos dos Apóstolos: Saulo, lançado fora da sela do cavalo, é socorrido pelos companheiros, enquanto um soldado procura segurar pelo cabresto o cavalo assustado. A manifestação de Cristo, vindo do céu, provoca confusão entre os soldados. É diferente tanto a composição como o estilo da *Conversão de Paulo* pintada em 1600 por Michelangelo Merisi, chamado de "o Caravaggio", a pedido do cardeal Cerasi para a Igreja de Santa Maria del Popolo, em Roma.[30] O mesmo esquema iconográfico é encontrado na *Conversão de Paulo* de Jacopo

---

[30] É, porém, discutida a atribuição a Caravaggio da *Queda de Saulo* da Coleção Odescalchi Balbi di Piovera, em Roma; poderia ser uma obra juvenil do artista, provavelmente do final do século XVI.

Nigretti, chamado de Palma, o Jovem, na Igreja de são Pedro, em Pádua. O mesmo se deve dizer da pintura de Rubens, conservada na Pinacoteca de Munique (Baviera), e de Ludovico Carraci na Pinacoteca de Bolonha. Entre os outros temas da biografia paulina presentes na arte pictórica há a cena do batismo de Paulo por Ananias.[31] É também freqüente a cena de Paulo escapando de Damasco e descendo ao longo da muralha dentro de um cesto.[32] Os pintores do século XVII, que preferem os episódios de êxtase, representam o rapto de Paulo ao terceiro céu, sobre o qual ele mesmo fala na segunda Carta aos Coríntios (2Cor 12,2-4). No período barroco, prefere-se representar Paulo como pregador e prisioneiro. Chamam a atenção por sua força expressiva as imagens do apóstolo Paulo feitas por Rembrandt Van Rijin, conservadas no Museu Nacional Alemão de Nuremberg e a de José Ribera, chamado de "o Espanholzinho", no Museu do Prado em Madri. Na pintura e escultura contemporâneas, ao contrário, prevalece a figura de um Paulo visionário e asceta.

A interpretação de Paulo é encontrada em alguns textos e composições artísticas que têm como objeto a personalidade e a obra do Apóstolo. As representações sacras da época medieval sobre Paulo se inspiram no escrito apócrifo *Atos de Paulo* e revestem de dramaticidade os episódios da sua conversão e martírio. É evidente a intenção celebrativa ou edificante dessas obras destinadas a um público popular.

---

[31] Essa cena se encontra na Bíblia com iluminuras conservada na Igreja de são Paulo Fora dos Muros, em Roma, do século IX, e no mosaico da Capela Palatina de Palermo, do século XII.

[32] Aparece na Bíblia com iluminuras na Igreja de são Paulo Fora dos Muros, em Roma, do século IX, e nos mosaicos da Catedral de Monreale e da Capela Palatina de Palermo.

O drama épico religioso da época moderna e contemporânea também se baseia nos mesmos temas tradicionais. A imagem dominante é a de Paulo perseguidor que se torna, mediante a conversão, o Apóstolo cristão. No clima polêmico da Reforma protestante, o Paulo judeu perseguidor representa o mundo católico, enquanto o Paulo convertido se identifica com o mundo da Reforma. A conversão de Paulo é proposta como modelo da vitória moral sobre os estímulos da carne e da superação do conflito entre o bem e o mal. Algumas reconstruções romanceadas da vida de Paulo têm ressaibos do racionalismo moderno. Paulo é apresentado como um pregador da verdade eterna do amor cristão ou como um personagem tomado por sonhos de onipotência religiosa que, entretanto, fracassa na sua experiência familiar e prática.

O escritor Franz Werfel, em seu romance *Paulo entre os judeus,* de 1926, reconstrói o conflito de Paulo com os rabinos judeus e com os Apóstolos. Essa obra de Werfel foi transformada em música no ano seguinte à sua publicação. Ela entra na série dos poucos textos de oratórios musicais inspirados na vida de Paulo. O mais célebre é o de F. Mendelsohn, apresentado em 1836 no festival de Düsseldorf. O texto parte da narrativa da conversão de Paulo e da sua primeira missão entre os pagãos narrada nos Atos dos Apóstolos. Uns trinta anos depois, em 1867, é executado em Roma um melodrama de Donizetti, inspirado na pessoa e na atividade do Apóstolo.

Cada época procura reler e reinterpretar a pessoa de Paulo segundo os próprios modelos culturais, projetando seus esquemas ou valores ideais. Em todo caso, quem entra em contato com a personalidade e o pensamento de Paulo não pode permanecer neutro. Até a reação desconfiada e, em alguns casos, hostil em relação a Paulo, desde os primeiros séculos cristãos até nossos dias, é uma confirmação desse destino histórico do Apóstolo. Quem tem a oportunidade ou a felicidade de conhecer, pelas cartas, o seu modo de viver e repensar a experiência da fé cristã, em todas as ressonâncias profundamente humanas, sente o fascínio da sua personalidade. Mesmo que Paulo não possa ser considerado o "fundador" do Cristianismo, ele continua sendo uma testemunha qualificada e decisiva para compreender o impacto que essa experiência religiosa teve na história da humanidade.

5. PAULO NA LITURGIA E NA PIEDADE POPULAR

A pessoa de Paulo está ligada para sempre à memória histórica das Igrejas e de cada um dos cristãos que revivem a sua experiência espiritual. A leitura do epistolário paulino e a história do Atos dos Apóstolos recordam a sua mensagem e apresentam a sua imagem exemplar aos fiéis reunidos na assembléia litúrgica. Temos uma confirmação dessa presença espiritual nos eventos e documentos marcantes da história do culto e da piedade popular que se desenvolveram em torno da pessoa do Apóstolo, martirizado em Roma.

Uma forma de culto popular são as peregrinações que, desde os primeiros séculos, são realizadas ao túmulo de Paulo. Os fiéis vão a Roma para visitar os túmulos dos "príncipes" dos Apóstolos. Paulino de Nola todo ano ia a Roma para venerar os túmulos dos Apóstolos Pedro e Paulo. O poeta cristão Prudêncio, em seu *Carme V*, narra de forma épica uma peregrinação européia à cidade de Roma. Os peregrinos vêm do Oriente e de todas as partes da Europa para venerar as relíquias dos Apóstolos, trazendo presentes que enfeitam as basílicas romanas. Na Idade Média, no túmulo de são Paulo, se realiza a *Mundatio altaris*, uma cerimônia parecida com a lavagem realizada em são Pedro durante o tríduo pascal. No sepulcro do Apóstolo são distribuídos ao povo os carvões tirados do turíbulo introduzido na abertura da lápide sepulcral.[33]

---

[33] Segundo Benedetto Canonico, em seu *Liber polypticus*, de 1140 mais ou menos, tal costume relembra outro parecido da Basílica Vaticana, que remonta ao início do século IX.

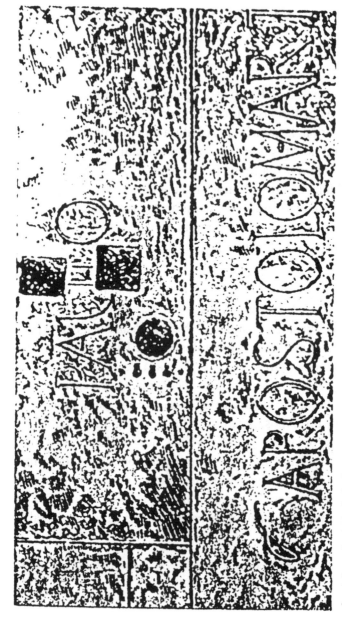

Inscrição no túmulo de são Paulo, Basílica de São Paulo Fora dos Muros, calcografia da inscrição, tomada da *fenestella confessionis* cuja datação é do século IV.

A visita ao túmulo do apóstolo Paulo tem ligação com a antiga tradição do seu martírio. Segundo uma epígrafe, que reproduz uma carta de são Gregório Magno, em 604, ao reitor do patrimônio da Ápia, são destinados ao culto do Apóstolo os rendimentos do fundo *ad Aquas Salvias*, "onde [Paulo] foi decapitado, recebendo a palma do martírio". Nesse lugar foi construída uma Igreja que engloba as três fontes que, segundo a tradição popular, teriam jorrado nos três pontos tocados pela cabeça do Apóstolo no momento da sua decapitação. Em seguida, surgiram outras Igrejas. Prudêncio, no *Hino* XII, 7-9, também acena ao martírio de Paulo decapitado em Roma.

Segundo a tradição, depois do martírio, o corpo de Paulo foi deposto na região sepulcral ao lado da via Ostiense, junto à margem esquerda do Tibre. O túmulo do Apóstolo se localizava num lugar aberto no terreno de uma matrona chamada Lucina, onde se desenvolveu uma área de cemitério, limitada a oeste pela via Ostiense. No século IV, o sepulcro foi coberto com uma placa de mármore que trazia a inscrição PAULO APOSTOLO MART[YRI]. Através de três furos feitos na placa de mármore se introduzia o turíbulo e também os *brandea*, isto é, os paninhos venerados pelos peregrinos como relíquias do Apóstolo mártir.

Essa veneração por Paulo se concretiza na produção e conservação de relíquias. Conforme o direito romano, os túmulos eram invioláveis. Entretanto, já no século III, na via Appia, *ad catacumbas*, são venerados os dois Apóstolos Pedro e Paulo. Os corpos deles foram transferidos para esse local? Isso se deveria deduzir pelas invocações aos dois mártires e Apóstolos grafitadas na chamada *Triclia*, sob a Basílica de são Sebastião: "Paule et Petre rogate pro Victore

[...]"; "Petro et Paulo Tonius Coelius refrigerium feci". Uma epígrafe do papa Dâmaso e também a carta de são Gregório Magno à imperatriz Constantina parecem confirmar isso. Todavia, na época medieval, os corpos dos dois Apóstolos teriam sido repartidos entre as duas basílicas cemiteriais. Alguns pensam na trasladação dos corpos *ad catacumbas* (para as catacumbas), que teria sido feita em 258. Enfim, desde o século VIII se diz que as duas cabeças, consideradas como sendo de Pedro e de Paulo, estão depositadas no *Sancta Sanctorum*. Urbano V, em 16 de abril de 1370, mandou que eles fossem transferidos para o cibório da basílica de Latrão, colocando-as em dois preciosos relicários onde permaneceram até a Revolução Francesa de 1789. Os dois relicários foram substituídos pelos atuais bustos de prata em 1814. Outras numerosas relíquias de são Paulo foram veneradas em muitas Igrejas. São objetos postos no sepulcro para uma santificação "pelo contato". Muitas Igrejas dedicadas a são Paulo foram consagradas mediante tais relíquias.

No tempo de Constantino, foi construída uma modesta basílica sobre o túmulo do apóstolo Paulo. Esta foi substituída por outra mais ampla. O imperador Valentiniano II, em 386, de acordo com o papa Sirício, entrega a obra ao arquiteto Ciríades, que a completou em quatro anos. Em seguida, depois dos danos causados por um terremoto ou por um raio, foi restaurada, e Galla Placídia mandou colocar no local o mosaico do arco triunfal sobre o sepulcro com o *Pantocrator* e os dois Apóstolos juntos, conforme a visão ideal de Leão I. Além dos medalhões dos papas, conservados em parte no museu anexo à atual basílica, havia afrescos com histórias do Antigo e do Novo Testamentos. A basílica, com cinco naves e amplo transepto, sofreu diversas avarias por parte dos longobardos e dos sarracenos, até que foi protegida por um *murus salvator*, erguido no final do século IX pelo papa João VIII. Enriquecidas com obras de arte, entre as quais o mosaico da ábside, a basílica construída em memória de são Paulo chegou quase que intata até 15 de julho de 1823, quando um incêndio destruiu quase completamente as cinco naves. Em vinte anos foi construída a nova basílica, segundo a planta e as dimensões da anterior. Salvou-se do incêndio o cibório de mármore esculpido em 1285 por Arnulfo de Cambio para cobrir o altar construído sobre o túmulo do Apóstolo. De fato, sobre o sepulcro de Paulo fora construída uma espécie de *confessio*, à qual parece aludir uma epígrafe do século VI, conservada no mosteiro adjacente à basílica, em que se fala de um túnel ricamente ornamentado que levava ao túmulo do Apóstolo.

A basílica de são Paulo desde os primeiros séculos foi dirigida por monges, sob as ordens de um abade, que muitas vezes era também administrador dos bens dessa basílica. O mosteiro foi centro de vida espiritual, especialmente por obra dos cluniacenses e dos cassinenses. Entre os abades do mosteiro paulino se distingue o futuro papa Gregório VII, reformador da vida monástica e eclesiástica e comitente da porta de bronze da basílica Ostiense.

Além dessa Igreja edificada no lugar do martírio e sobre o sepulcro de Paulo, apareceram outras em lugares que recordam a permanência do Apóstolo em Roma durante a última prisão. A Igreja de são Paulo *alla Regola* é uma antiga igreja que está ligada ao local da *custodia militaris* de Paulo em Roma num dos antigos bairros dos judeus. O papa Urbano II, em 1096, a enriqueceu com relíquias, como diz uma epígrafe. A igreja, que dava o nome à região, em 1245 foi reconstruída a partir da planta de G. B. Borgognone e foi entregue aos franciscanos pelos agostinianos em 1619.

A Igreja de santa Maria *in via Lata* surge nos *Septa Julia*, como recordação da permanência de Paulo na capital. Outro lugar ligado à memória de Paulo é a prisão mamertina, onde, segundo uma tradição de origem medieval, os Apóstolos Pedro e Paulo teriam sido enclausurados. A *Basilica Apostolorum*, hoje são Sebastião, mandada construir por Constantino na via Appia, está ligada ao culto das relíquias de Pedro e Paulo.

Desde os primeiros séculos cristãos, nas localidades da Grécia e da Ásia Menor, evangelizadas por Paulo, foram edificadas Igrejas para recordar o Apóstolo do século I. Essas Igrejas paulinas em grande parte foram destruídas durante as invasões dos árabes nos séculos VII-VIII. Em outros centros do império romano apareceram Igrejas dedicadas a são Paulo. Sobretudo as novas comunidades cristãs, nascidas sob o impulso missionário da alta Idade Média e da época moderna, ficaram fascinadas pela figura do Apóstolo das nações. Principalmente os mosteiros beneditinos mantiveram vivo e difundiram o culto de Paulo evangelizador. Mediante o símbolo das relíquias, provenientes do seu sepulcro, os cristãos relembram a sua memória e invocam a sua proteção. Na renovação da Itália depois da crise longobarda, muitas freguesias foram dedicadas a Paulo, com freqüência associado a Pedro. Os cristãos viam nos dois Apóstolos os "patronos" eficazes para a própria vida e atividade.

A festa litúrgica de são Paulo, segundo os testemunhos mais antigos, celebra-se no dia 29 de junho.[34] Talvez essa data coincida com a da trasladação das relíquias. A festa de 29 de

---

[34] Essa data é designada pela *Depositio martyrum*, do século III; pelo *Catálogo Liberiano*; por Jerônimo em *De viris illustribus*, V; pelo *Martirológio Jeronimiano*; pelo *Cronógrafo* de 395 e pelos sinassários bizantinos. Essa data é confirmada nas epígrafes sepulcrais paleocristãs e no Sacramentário *Leoniano*.

junho entra gradualmente nos calendários de todas as Igrejas ocidentais e de numerosas Igrejas orientais. Em algumas Igrejas do Oriente, no século IV, a festa litúrgica de são Paulo cai no final do mês de dezembro, logo depois da festa de santo Estêvão, juntamente com são Pedro, são Tiago e são João.[35] Alguns escritores antigos e calendários locais registram o dia 22 de fevereiro como festividade paulina.[36] A festa da "conversão de são Paulo", celebrada em 25 de janeiro, remonta à antiga Gália. Nesse dia, o abade do mosteiro de são Paulo Fora dos Muros, por privilégio pontifício dado por Inocêncio III, em 1203, pôde celebrar no altar papal da basílica.

Os textos da liturgia festiva de são Paulo relembram a sua "conversão" e a sua singular eleição por parte de Deus, acompanhada dos dons espirituais para proclamar e testemunhar o Evangelho. Esses textos das festas de são Paulo inspiraram as esculturas, os vitrais e os afrescos das catedrais românicas e góticas, e também as representações sacras e o teatro popular. Na época moderna e contemporânea, do encontro com a personalidade e a mensagem de Paulo nascem os novos movimentos religiosos. Vamos recordar apenas a congregação de são Paulo ou Barnabitas do século XVI, os missionários de são Paulo ou Paulistas do século XIX, a Família Paulina, fundada pelo padre Tiago Alberione, com as suas dez ramificações no século XX,[37] e o Instituto secular da companhia de são Paulo.

---

[35] Gregório de Nissa. *Homilia in laudem Sancti Stephani*. PG, XLVI, 725.787.

[36] Ambrósio de Milão, Agostinho de Hipona, Máximo de Turim, o poeta Prudêncio. Desde o século V se espalha uma segunda celebração apenas para Paulo, no dia 30 de junho, como se vê pela comparação dos sacramentários *Leonino e Gelasiano*.

[37] A Família paulina é composta por: *Pia Sociedade de São Paulo* (fundada em Alba no dia 20 de agosto de 1914); *Pia Sociedade Filhas de São Paulo* (fundada em Alba em

Esse panorama da presença de Paulo na história da vida religiosa e cultural do Ocidente não pode deixar de lembrar as inúmeras localidades que trazem o nome do Apóstolo. As muitas Igrejas ou capelas dedicadas a Paulo se tornaram nomes de centro habitados, que foram crescendo aos poucos até se tornarem vilas e cidades. O nome das propriedades dependentes dessas Igrejas também se estendeu às localidades. Em todos os casos, a denominação paulina nasce do culto ao Apóstolo. As localidades com o nome de *San Paolo*, com a variante local *San Polo*, estão disseminadas em todas as partes da Itália. O mapa da toponomástica paulina se amplia enormemente se levarmos em consideração os nomes das localidades e dos centros europeus ou americanos com o nome de são Paulo. Ainda que o Apóstolo não goze da popularidade de outros santos e permaneça um tanto à margem da devoção popular, está solidamente ancorado na memória religiosa e na herança histórica e cultural do Ocidente cristão.

A continuidade histórica da figura e do pensamento de Paulo permanecem ligados para sempre à coleção de suas cartas e ao retrato ideal que dele traçou o autor dos Atos dos Apóstolos. Graças a esses documentos escritos, que nas Igrejas cristãs fazem parte do cânone das Sagradas Escrituras, Paulo continua vivendo e falando ao longo dos séculos. Com a sua personalidade forte, ele deu um impulso extraordiná-

---

15 de junho de 1915), *Irmãs Pias Discípulas do Divino Mestre* (fundada em Alba no dia 10 de fevereiro de 1924); *Irmãs de Jesus Bom Pastor* (em Genzano, no dia 7 de outubro de 1938); *Congregação Nossa Senhora Rainha dos Apóstolos* (em Castelgandolfo, no dia 8 de setembro de 1959); *Instituto Jesus Sacerdote*; *Instituto Nossa Senhora da Anunciação*; *Instituto São Gabriel Arcanjo*; *Instituto Sagrada Família*. Estes últimos quatro Institutos receberam a aprovação em 18 de abril de 1960. A instituição dos *Cooperadores Paulinos* recebeu a aprovação no dia 11 de março de 1988.

rio à organização e à expansão da experiência cristã em nível universal. Podemos compartilhar ou não o seu modo de experimentar a relação com Jesus Cristo, Filho de Deus e Senhor, mas não podemos negar que ele viveu até o fim de modo radical e coerente. Pelo contato direto com os escritos de Paulo podemos superar o estereótipo que muitas vezes deforma a sua figura histórica e a sua espiritualidade. Quem entra em sintonia com a sua paixão por Jesus Cristo Senhor fica contagiado para sempre. O sinal distintivo do encontro direto e fecundo com a personalidade e o pensamento de Paulo é a liberdade que nasce e se alimenta do Espírito de Deus, revelado e comunicado por Jesus, Cristo e Senhor. É a liberdade de amar tudo e todos sem limites ou censuras. Desse amor profundo e sincero nasce o dinamismo vital de Paulo.

Agrada-me concluir este itinerário paulino com as palavras que ele ditou ao seu secretário Tércio, na carta enviada aos cristãos de Roma, e que representa o seu testamento espiritual: "Que o Deus da esperança encha vocês de completa alegria e paz na fé, para que vocês transbordem de esperança, pela força do Espírito Santo" (Rm 15,13).

ABREVIAÇÕES
(DAS REVISTAS E COLEÇÕES)

ANRW	Aufstieg und Nierdargang der Römischen Welt (W.Haase - H. Temporini, Berlin - New York)
BETHL	Bibliotheca Ephemeridum Theologicarum Lovaniensium (Leuven)
CBQ	Catholic Biblical Quarterly (Washington, DC)
DSBP	Dizionario di Spiritualità Biblica Patristica (Roma)
EKK	Evangelisch-Katholischer Kommentar zum Neuen Testament (Zürich- Köln - Neukirchen - Vluyn)
FRLANT	Forschungen zur Religion und Literatur des Alten und Neuen Testaments (Göttingen)
GNS	Good News Studies (Collegeville)
HThKNT	Herders Theologischer Kommentar zum Neuen Testament (Freiburg i.B.r.)
JBL	Journal of Biblical Literature (Atlanta)
JSNT	Journal for the Study of the New Testament (Sheffield, UK)
NTD	Das Neue Testament Deutsch (Göttingen)
NTS	New Testament Studies (Cambridge, UK)
ÖTKNT	Ökumenische Taschenbuchkommentar (Gütersloh - Würzburg

PBE	Piccola Biblioteca Einaudi (Torino)
RivB	Rivista Biblica Italiana (Bologna)
SB	Studi Biblici (Brescia)
SBL.DS	Society Biblical Literature. Dissertation Series (Missoula, MT, Chico, CA)
SBS	Stuttgarter Bibelstudien (Stuttgart)
SJLA	Studies in Judaism in Late Antiquity (Leiden)
SNTSMS	Studiorum Novi Testamenti Societas. Monograph Series (Cambridge)
ThF	Theologische Forschung (Hamburg)
ThHK	Theologischer Handkommentar zum Neuen Testament (Berlin)
WdF	Wege der Forschung (Darmstadt)
WUNT	Wissenschaftliche Untersuchungen zum Neuen Testament (Tübingen)
ZBK	Zürcher Bibelkommentar (Zürich)
ZNW	Zeitschrift für die Neutestamentliche Wissenschaft und die Kunde des Urchristentums (und der älteren Kirsche) (Giessen)

BIBLIOGRAFIA

1. Ambiente histórico e sociocultural

ADINOLFI, M. *Da Antiochia a Roma*; com Paolo nel mondo greco-romano. Cinisello Balsamo (MI), São Paulo, 1996.

ANDRÉ, J. M. & BASLEZ M. F. *Voyager dans l'Antiquité*. Paris, Fayard, 1993.

BOFFO, L. *Iscrizioni greche e latine per lo studio della Bibbia*. Brescia, Paideia, 1994.

CASSON, L. *Travel in the Ancient World*. London, Allen & Unwin, 1979.

CECCHERELLI, I. M. *Le antiche strade*; daí sumeri fino alle strade romane. Maria Pacini Fazzi Lucca, 1995.

CHEVALLIER, R. *Les Vois romaines*. Paris, Colin, 1972.

COX, P. *Biography in Late Antiquity*; a quest of the holy man. Berkeley, University Press, 1983.

DESTRO, A. & PESCE, M. *Antropologia delle origini cristiane*. Roma-Bari, Laterza, 1995. Quadrante 78.

ELLIGER, W. *Paulus in Griechenland*; Philippi, Thessaloniki, Athen, Korinth. Stuttgart, Katholisches Bibelwerk, 1978. (SBS 92-93.)

ENGELS, D. *Roman Corinth*; an alternative model of classical city. Chicago, Chicago University Press, 1990.

FELDMAN, L.H. *Jew and gentile in the ancient world*; attitudes and interaction from Alexander to Justinian. Princeton NJ, Princeton University Press, 1993.

GOODMAN, M. *Mission and conversion*; proeselytizing in the religious history of the roman empire. Oxford, University Press, 1994.

HEMER, C.J. *The book of acts in the setting of hellenistic history*. Tübingen, Mohr, 1989. (WUNT I, 49.)

HOCK, R. F. *The social context of Paul's history*; tentmaking and apostelship. Philadelphia, Fortress Press, 1980.

HUDEGÉ, N. *Saint Paul et la Grèce*. Paris, Desclée de Brouwer, 1982. (Les Belles Lettres.)

____. *Saint Paul et Rome*. Paris, Desclée de Brower, 1986. (Les Belles Lettres.)

MEEKS, W. A. *Os primeiros cristãos urbanos*; o mundo social do apóstolo Paulo. São Paulo, Paulus, 1992.

MITCHELL, S. *Anatolia*. Land, Men and Gods in Asia Minor. I. The Celts in Anatolia and the Impact of Roman Rule. Oxford, Clarendon, 1993.

MURPHY O'CONNOR, J. *Corinthe au temps de saint Paul d'après les textes et l'archéologie*. Paris, Cerf, 1986.

PESCE, M. *Le due fasi della predicazione di Paolo*; dall'evangelizzazione alla guida della comunità. Bologna, Dehoniane, 1994. (SB 22.)

SANDERS, J. T. *Schismatics, sectarians, dissidents, deviants*; the first one hundred years of jewish-christians relations. London, SCM Press, 1993.

SHERWIN-WHITE, A. N. *Roman society and roman law in the New Testament*. Oxford, Clarendon, 1963.

SMALLWOOD, E. M. *The jews under roman rule from Pompey to Diocletian*; a study in political relations. 2. ed. Leiden, Brill, 1981. (SJLA 20.)

SCHÜRER, K. E. *The history of the jewish people in the age of Jesus Christ (145 B.C. – 135).* Revised and edited by G. Vermes, F. Millar, M. Black and M. Goodman. Edinburgh. 1973-1987. 3 v.
TAJRA, H. W. *The trial of St. Paul.* Tübingen, Mohr, 1989. (WUNT II, 35.)
_____. *The martyrdom of St. Paul*; historical and juridicial context, traditions and legends. Tübingen, Mohr, 1994. (WUNT II, 67.)
TAMBASCO, A. J. *In the days of Paul*; the social world and teaching of the apostle. New York/Mahwah, Paulist Press, 1991.
THEISSEN, Gerd. *Sociologia do movimento de Jesus.* Petrópolis, Vozes, 1989.
VESCO, J. L. *En mediterranée avec Saint Paul.* Paris, Cerf, 1972.
WATSON, F. *Paul, judaism and the gentiles*; a sociological approach. Cambridge, Cambridge University Press, 1986. (SNTS MS 56.)

2. Biografia de Paulo

ARMOGATHE, J. R. *Paul ou l'impossible unité.* Paris, Fayard-Mame, 1980.
BARBAGLIO, G. *Paolo di Tarso e le origini cristiane.* Assisi, Cittadella, 1985.
BASLEZ, M. F. *Saint Paul.* Paris, Fayard, 1991.
BECKER, J. *Paulus. Der Apostel der Völker.* Tübingen, Mohr, 1989.
BISER, E. *Paulus Zeuge, Mystiker, Vordenker.* München-Zürich, Piper, 1981.

BISER, E. *Paulus für Christen*; Eine Herausforderung. Freiburg i. Br., Herder, 1985.
BORNKAMM, G. *Paulus*. Kohlhammer, Stuttgart 1969. (UB 119) 3. ed. 1977.
CANTINAT, J. *Vie de saint Paul apôtre*. Paris, Apostolat des Editions, 1964.
DEISSMANN, G. A. *Paulus*; Eine kultur-und religionsgeschichtliche Skizze. 2. ed., Tübingen, 1925.
DIBELIUS, M. *Paulus,* hg. Und zu Ende geführt von W. G. Kümmel, De Gruyter. 2. ed. Berlin, 1956.
FENEBERG, W. *Paulus der Weltbürger*; eine biographie, Kösel, München, 1992.
GNILKA, J. *Paulus von Tarsus*; apostel und zeuge. Freiburg-Basel-Wien, Herder, 1996. (HThKNT Suppl. VI.)
HUBAUT, M. A. *Paul de Tarse*. Tournai, Desclée, 1989. (BtHistChr 18.)
____. *Sur les traces de saint Paul*; guide historique et spirituale. Paris, Desclée de Brouwer, 1995.
KLAUSNER, J. *Von Jesus zu Paulus*. Jerusalem Frankfurt, The Jewish Publication House, 1950/1980.
LÉGASSE, S. *Paul apôtre*; essai de biographie critique. Paris-Montréal, Cerf-Fides, 1991.
LYONS, G. *Pauline Autobiography*; toward a new understanding. Atlanta Scholars Press, 1985. (SBL DS 73.)
MESTERS, C. *Paulo apóstolo um trabalhador que anuncia o Evangelho*. São Paulo, Paulus, 1991.
MURPHY O'CONNOR, J. *Paulo*; biografia crítica. São Paulo, Loyola, 2000.
RICCIOTTI, G. *Paolo apostolo*; biografia con introduzione critica e illustrazioni. Roma, Colletti, 1946. (5 ed., 1957.)

SANDERS, E. P. *Paul*. Oxford, Oxford University Press, 1991. (Pastoral Masters.)
WREDE, W. *Paulus*. Halle, 1904. (RV I, 5-6.)

3. Cronologia e missão de Paulo

GEORGI, D. *Remembering the poor;* the history of Paul's collection for Jerusalem. Nashville, Abingdon, 1992.
HYLDAHL, N. *Die paulinische Chronologie*. Leiden, Brill, 1986. (Acta Danica 19.)
HOWARD, G. *Paul;* crisis in Galatia. 2 ed. Cambridge, Cambridge University Press, 1990. (SNTS MS 35.)
JEWETT, R. *Dating Paul's life*. London, SCM Press, 1979.
LÜDEMANN, G. *Paulus, der Heidenapostel;* I. Studien zur Chronologie. Göttingen, Vandenhoeck & Ruprecht, 1980. (FRLANT 123.)
_____. *Paulus, der Heidenapostel;* II. Antipaulinismus im früben Christentum. Göttingen, Vandenhoeck & Ruprecht, 1983. (FRLANT 130.)
_____. *Paulus und Judentum*. München, Kaiser, 1983. (TexH 215.)
_____. *Opposition to Paul in jewish christianity*. Minneapolis, Fortress, 1987.
RIESNER, R. *Die Frühzeit des Apostels Paulus;* studien zur chronologie. Missionsstrategie und Theologie. Tübingen, Mohr, 1994. (WUNT 71.)
RINALDI, G. Procurator Felix. Note prosopografiche in margine a una rilettura di At 24. RivBibl, Bologna, 39, pp. 423-466, 1991.

4. Formação e personalidade de Paulo

CIRIGNANO, G. & MONTUSCHI, F. *La personalità di Paolo.* Bologna, Dehoniane, 1996. (Studi biblici 27.)
FREED, E. D. *The apostle Paul, chistian jew*; faithfulness and law. Lanham (MD)/New York/London, University Press of America, 1994.
HENGEL, M. Der vorchristliche Paulus. In: HENGEL M.& HECKEL, U. *Paulus und das antike Judentum.* Tübingen, Mohr, 1991. pp. 177-291 (WUNT I, 58.)
NIEBUHR, K. W. *Heidenapostel aus Israel*; die jüdische Identität des Paulus nach Ihrer Darstellung in seiner Briefen. Tübingen, Mohr, 1992. (WUNT 62.)
SANDERS, E. P. *Paul and palestinian judaism*; a comparison of patterns of religion. London, SCM Press, 1977. (2 ed. 1984)
_____. *Paul, the law, and the jewish people.* Philadelphia, Fortress, 1983. [*a lei e o povo judeu.* São Paulo, Paulus, 1990.]
SANDNES, K. O. *Paulone of the prophets?*; a contribution to the apostle's self-understanding. Tübingen, Mohr, 1991. (WUNT II, 43.)
SCOTT, J. M. *Paul and the Nations*; *the old testament and jewish background of Paul's mission to the nations with special reference to the destination of galatians.* Tübingen Mohr, 1995. (WUNT 84.)
SEGAL, A. F. *Paul the convert*; the apostolate and apostasy of Saul the Pharisee. New Haven/London, Yale University Press, 1990.
THEISSEN, G. *Psychologische aspekte paulinischer theologie.* Göttingen, Vandenheck & Ruprecht, 1983. (FRLANT 131.)

VANHOYE, A. ed. *L'apôtre Paul*; personalité, style et conception du ministère. Leuven, University Press, 1986. (Bethl 83.)

5. Atos dos Apóstolos e história da Igreja primitiva

BOISMARD, M. É. & Lamouille A. *Les Actes des deux Apôtres* (Études Bibliques NS 12,13,14). Paris, Gabalda, 1990. 3 v.

BANICK, V. P. *The House Church in the Writings of Paul.* Wilmington, Glazier, 1989.

FABRIS, Rinaldo. *Atos dos apóstolos.* São Paulo, Loyola, 1991.

JOHNSON, L. T. *The Acts of the Apostles.* Collegeville, Liturgical Press/Clazier, 1992. (Sacra Patina Comment. 5.)

LENTZ, J. C. *Luke's Portrait of Paul.* Cambridge, Cambridge University Press, 1993. (SNT MS 77.)

LÜDEMANN, G. *Das frühe christentum nach den traditionen der apostelgeschichte*; ein kommentar. Göttingen, Vandenhoeck & Ruprecht, 1987.

MARCHESI, G. *Il Vangelo da Gerusalemme a Roma*; l'origine del cristianesimo negli Atti. Milano, Rissoli, 1991. (BtUnivR, SG 43.)

MARSHALL, I. H. *Gli Atti degli apostoli*; Quadro delle origini cristiane. Bologna, Dehoniane, 1990. (Lettura pastorale della Bibbia 20.)

PESCH, R. *Apostelgeschichte.* Zürich-Neukirchen-Vluyn, Benzinger-Neukirchener, 1986. (EKK V, 1-2.)

ROLOFF, J. *Die apostelgeschichte des Lukas.* Göttingen, Vandenhoeck & Ruprecht, 1981. (NTD 5.)

ROSENBLATT, M.-E. *Paul the accused*; his portrait in the Acts of the Apostles. Collegeville, Glazier, 1995.
SCHILLE, G. *Die apostelgeschichte des Lukas*. Berlin, Evangelisches Verlagsanstalt, 1983. (ThHK V, 7.)
SCHMITALS, W. *Die apostelgeschichte des Lukas*. Zürich, Theologischer Verlag, 1982. (ZBK)
SCHNEIDER, G. *Apostelgeschichte*. Freiburg i. Br., Herder, 1980/1982. 2 v. (HThKNT V, 1-2)
TAYLOR, J. *Les Actes des deux Apôtres*; commentaire historique. Paris, Gabalda, 1994/1996. 2 v. (Études Bibliques NS 23.30.)
TAYLOR, N. *Paul, Antioch and Jerusalem*; a study in relationships and authority in earliest christianity. JSNT, Sheffield, JSOT Press, 1993. Suppl. 66.
WEISER, A. *Die apostelgeschichte*. Gütersloh/Würsburg, Gütersloher/Mohn-Echter, 1981/1985. 2 v. (ÖTKNT 5,1-2.)

6. Cartas de Paulo

FABRIS, R. *La tradizione paolina*. Bologna, Dehoniane, 1995. (La Bibbia nella storia, 12.)
HAWTHORNE, G. F. & MARTIN, R. P. eds. *Dictionary of Paul and his letters*. Downers Grove/Leicester, InterVarsity Press, 1993.
KECK, L. E. *Paul and His Letters*. Philadelphia, Fortress Press, 1979. (Proclamation Comm.)
MURPHY O'CONNOR, J. *St. Paul the Letter-Writer*; his world, his options, his skills. Collegeville, Liturgical Press, 1995. (GNS 6)

NEUMANN, K. J. *The authenticity of the pauline epistles in the light of stylostatistical Analysis*. Atlanta, Scholars Press, 1990. (SBL DS 120.)

SCHELKLE, K. H. *Paulus*; leben-briefe-theologie. Darmstadt, Wissenschaftliche Buchgesellschaft, 1981. (2 ed., 1988)

STOCKHAUSEN, C.L. *Letters in the pauline tradition*; Ephesians, Colossians, I Timothy, II Timothy, and Titus. Wilmington, Glazier 1989.

7. Teologia de Paulo

BARRETT, C. K. *Paul an introduction to his thought*. Louisville/London, Westminster/Knox-Chapman, 1994.

BASSLER, J. M. ed. *Pauline theology*. Minneapolis, Fortress Press, 1991/1993. 2 v.

BEKER, J. C. *Paul the apostle*; the triumph of God in life and thought. Edinburgh/Philadelphia, Clark/Fortress, 1980.

____. *Paul's apocalyptic gospel*; the coming triumph of God. Philadelphia, Frotress, 1982.

FITZMYER, J. A. *Paul and his theology*; a brief sketch. Englewood Cliffs/London, Prentice Hall, 1967. (2 ed., 1988.)

____. *According to Paul*; studies in the theology of the apostle. New York/Mahwah, Paulist Press, 1993.

HÜHNER, H. Paulusforschung seit 1945. Ein kritisch Literaturbericht. In: ANRW II, 24,4. Berlin, De Gruyter. 1987. 2649-28-41. (Bibliografia, 2814-2841.)

HÜHNER, H. *Das Gesetz bei Paulus. Ein Beitrag zum Werden der Paulinischen Theologie* (FRLANT 119). Göttingen, Vandenhoeck & Ruprecht, 1972. (2 ed., 1982)

KERTELGE, K. *Grundthemen paulinischer theologie.* Freiburg i. Br., Herder, 1991.

KUSS, O. *Paulus. Die rolle des apostels in der theologischen Entwicklung der Urkirche.* Regensburg, Pustet, 1971.

PENNA, R. *L'apostolo Paolo*; studi di esegesi e teologia. Cinisello Balsamo (Milano), San Paolo, 1991.

____. *Paolo di Tarso*; un cristianesimo possibile. Cinisello Balsamo, San Paolo, 1992. 2 ed., 1994.

RÄSÄNEN, H. *Paul and the Law.* Tübingen, Mohr, 1983. (WUNT 297.)

RAU, E. *Von Jesus zu Paulus*; entwicklung und rezeption der antiochenischen theologie im urchristentum. Stuttgart/Berlin, Kolhammer, 1994.

SCHLIER, H. *Grundzüge einer paulinischen theologie.* Freiburg i. Br., Herder, 1978.

SCHOEPS, H.J. *Paulus*; die theologie des apostels im lichte der judischen religionsgeschichte. Tübingen, Mohr, 1959. Ed., 1972.

WENHAM, D. *Paul*; follower of Jesus or founder of christianity? Grand Rapids/Cambridge, Eerdmans, 1995.

ÍNDICES
ÍNDICE DOS TEXTOS

Antigo Testamento

Gênesis
2,24: 472, 686
3,17: 541
5,29: 541
17,10: 42
22,1: 132
46,2: 132

Êxodo
3,4: 132
4,22: 539
20,17: 532
24,1-11: 522
25,17: 522
25,18: 522

Levítico
12,3: 42
16,l4: 522
17,10: 240
17,12-14: 240
18,6-18: 240
23,9-11: 590
23,15-16: 590

Números
6,1-21: 584
6,5: 378
6,13-15: 585
6,18: 377

6,21: 585
15,17-21: 552
19,12: 589
25,6-13: 49
25,11: 112

Deuteronômio
6,4-5: 210
19,15: 256
25,2-3: 98

Josué
2,15: 166
1Samuel
19,11-12: 167

1Reis
19,10: 113
19,40: 113

2Reis
5,12: 126

1Crônicas
29,12: 555

Neemias
9,26: 85
11,4: 48
11,7: 48
11,31-33: 48

1Macabeus
2,15-25: 112
2,23-28: 49
2,26: 112
2,27: 112
8,17-32: 511
12,1-4: 511
14,24: 511
15,15-24: 511
15,20: 100
15,23: 201, 357

2Macabeus
4,33-34: 187

Salmos
22,14: 415
22,17: 415
22,20-22: 415
139: 344
143,2: 521
145,18: 344

Provérbios
8,15-16: 556
21,1: 556
24,21: 566

Sabedoria
5,17-23: 59
6,1-3: 556
6,6: 556
13,1-9: 516
14,22-31: 516

Eclesiástico
17,17: 556
48,10: 113

Isaías
1,2: 539
26,17: 542
32,26: 237
41,1-5: 555
41,25-29: 555
45,1-3: 555
45,15: 343
49,1:144
59,17: 59
66,8: 542
66,19: 28

Jeremias
1,5: 144
23,23-24: 344
25,9: 555
29,13-14: 344

Ezequiel
1,28: 131
27,10: 28
27,13: 28
38,2: 28
39,1: 28
43,3: 131
44,4: 131

Daniel
1,8-17: 560
2,21: 556
2,37-38: 556
4,14: 556
4,22: 560
4,29: 556
4,29-30: 560
5,21b: 556
8,17: 131

8,18: 131
10,2-3: 560
10,7:131
10,9: 131

Joel
4,6: 28

Amós
5,26-27: 101
9,11-12: 238

Malaquias
3,23-24: 113

Novo testamento

Mateus
5,10-12: 98
5,32: 240
5,44: 98
10,2: 172
10,18: 98
19,9: 240
23,30: 85
23,31: 85
23,34: 98
23,35: 85
23,37: 85

Marcos
3,14: 172
6,30: 172
14,36: 539

Lucas
1,1-4: 297
9,44: 580
11,49: 98
13,34: 85
18,32: 580
21,12: 98
22,42: 581
24,1: 569
24,32-35: 569

João
16,2: 98

Atos dos Apóstolos
1,8: 5, 214, 564, 613
1,21-22: 172
2,47: 191
4,31: 312
4,36: 189, 190
5,34-39: 56
5,42: 192
6,5: 580
6,9: 198
6,13-14: 106
7,47: 107
7,48: 13
7,48-50: 343
7,52: 98
7,53: 107
7,55-56: 107
7,58b: 13
8,1a: 14
8,1: 85
8,1c: 86
8,3: 14,86
8,4: 86
8,4-40: 580
8,18-23: 204

8,27-30: 189
9,1-2: 87, 123
9,2: 100
9,3a: 126
9,4: 40
9,4-5: 98
9,6: 128
9,7: 129
9,9: 129, 133
9,10: 103
9,11: 27
9,12: 135
9,15: 87
9,15-16: 136
9,16: 87
9,17: 40
9,17b: 136
9,19b: 103
9,18b-20: 165
9,21: 97, 165
9,22: 165
9,23: 166
9,23-25: 566
9,26-30: 259
9,26: 177
9,27: 177
9,29-30: 566
9,30: 27
9,31: 178
10,1-11,18: 189
11,1-2: 86
11,3: 234
11,19-20: 188
11,20: 198
11,21: 189
11,24: 190
11,24c: 191
11,25: 27
11,26: 191

11,27-30: 193, 259
11,28: 197
12,6-11: 312
12,12: 196
12,24-25: 194
13,1: 197
13,2: 198
13,4: 199
13,7: 202
13,8: 203
13,9: 40
13,9-11: 203
13,12: 203
13,13b: 206
13,16: 211
13,26: 211
13,39: 212
13,43: 211
13,45: 213
13,46-47: 214
13,48: 215
13,52: 216
14,1: 218
14,4: 172
14,6: 219
14,14: 172, 224
14,15: 223
14,18: 223
14,21: 225
14,22: 226
14,23: 226
14,25: 206
14,26: 226
14,27: 227
14,28: 227
15,1b: 234
15,1-4: 260
15,3: 616
15,4: 196, 236, 582

15,5-19: 260
15,7: 237
15,9: 237
15,11: 237
15,12: 238, 582
15,14-18: 238
15,19: 54, 239
15,19-21: 584
15,20: 240
15,22: 279
15,23-27: 242
15,25: 238
15,28: 240
15,28-29: 584
15,39: 409
15,39-40: 253
15,40: 27
15,41: 278
16,1: 278
16,2: 279
16,3: 279
16,4: 257
16,6: 282, 387
16,7: 293
16,8: 294
16,9: 159
16,9-10: 296
16,11-12: 299
16,14-15: 81
16,15: 304
16,16: 306
16,17: 307
16,20-21: 308
16,26: 311
16,27-29: 312
16,34: 313
16,35-39: 33
16,36: 314
16,40: 81

17,3: 318
17,5-7: 319
17,16: 334
17,21: 339
17,22: 341
17,22-31: 339
17,23: 341
17,24-25: 343
17,26-28: 344
17,28: 61
17,32: 345
18,1: 350
18,3: 64
18,6: 362
18,9-10: 158, 364
18,11: 365
18,12-13: 366
18,14-15: 368
18,18: 377, 566, 584, 725
18,22: 390
18,23: 283, 388
18,24: 395
18,25: 396
18,26: 397
18,27: 346, 397
18,28: 397
19,1: 346, 396
19,6: 405
19,10: 406
19,17: 424
19,18-19: 424
19,21: 15, 428, 510, 564
19,22: 391
19,24-25: 425
19,27: 422
19,29: 567
19,31: 427
19,35: 427
19,38: 419

20,1: 428
20,1-3: 499
20,3: 566
20,4: 318, 410, 510, 567
20,5-6: 510
20,5-8: 296
20,7-12: 296
20,13-15: 296
20,16: 573
20,17: 573
20,17-35: 407
20,18-19: 575
20,20-21: 576
20,22: 580
20,22-24: 576
20,25: 576, 614, 724
20,26-27: 577
20,28: 577
20,29-30: 577
20,29-31: 434
20,31: 407, 577
20,32: 577
20,33-35: 578
20,36-38: 724
20,34: 64
20,38: 614
21,1-3: 579
21,7: 579
21,8: 579
21,8b-18: 297
21,10-11: 193
21,11: 580
21,13: 581
21,15: 579
21,16: 582
21,17: 579
21,18: 86, 196, 585
21,19: 582
21,20: 583

21,21: 107
21,25: 230, 240, 584
21,28: 108
21,29: 567
21,30-31: 96
21,37-39: 16
21,38: 594
21,39: 16, 32
22,1-3: 17
22,3: 51
22,3ab: 53
22,3-4: 111
22,4: 98
22,4-5: 87
22,6a: 126
22,6: 128
22,7: 40, 98
22,8: 98, 129
22,9: 129
22,11: 130
22,12: 103
22,13: 40
22,15: 565
22,17-18: 158
22,17-21: 137
22,18: 178
22,19: 98
22,19-20: 14, 88
22,20: 96
22,21: 15, 178
22,25-29: 32
22,30: 596
23,1: 596
23,6: 51
23,9: 597
23,10: 596
23,11: 15, 159, 564, 597, 614
23,16: 56
23,24: 130

23,26-30: 599
23,31-32: 569
24,5-6a: 602
24,17: 394, 586, 602
24,24-25: 604
24,26: 586, 604
24,27: 606
24,27b: 603
25,8: 606
25,11a: 614
25,11-12: 607
25,12: 33
25,16: 33
25,19: 609
25,21: 33
25,25: 33, 608
26,1: 98
26,4-5: 51
26,10: 96, 97
26,10c: 97
26,11: 89, 97
26,12: 100, 126
26,13: 128
26,14: 40, 98, 129
26,15: 98
26,16: 129
26,16-18: 137, 565
26,19-21: 89
26,21: 89
26,22: 565
26,22b-23: 609
26,28: 610
26,29: 610
26,30-32: 610
27,1: 586
27,2: 567
27,1-28,16: 297
27,10: 620
27,12: 620

27,20: 622
27,23-26: 622
27,24: 159, 564
27,31: 623
27,37: 618
28,4: 625
28,10: 626
28,11: 627
28,13b: 628
28,15: 631
28,16: 636, 637
28,17-19: 646
28,22: 646
28,30: 606
28,30-31: 6, 12, 638, 645
28,31: 192, 613

Romanos
1,1: 142, 198, 501, 666
1,2-4: 502
1,5: 502
1,8: 511
1,10-12: 283
1,13: 37, 429
1,15: 503, 514
1,16: 501
1,16-17: 514
1,17: 718
1,18: 515
1,25: 547
1,29-31: 516
1,32: 516
2,7-8: 517
2,9-11: 517
2,11: 544
2,16: 498, 517
2,29: 518
3,1-7: 519
3,8: 519, 520

761

3,20: 521
3,21-24: 521
3,25-26: 522
3,28: 522
3,30: 522
4,25: 515
5,1: 523
5,8: 519
5,12: 710
5,13-14: 524
5,17: 524
5,20: 519
5,20-21: 525
6,1: 519
6,6: 525
6,3-4: 141
6,14: 520, 526
6,15: 520, 526
6,17-18: 526
7,4: 527
7,5: 528
7,6: 528
7,7: 557
7,8: 532
7,11: 532
7,12: 530
7,13: 532
7,14: 530, 532
7,15: 533
7,15-23: 116
7,16: 403
7,17: 533
7,20: 533
7,21: 533
7,22: 530, 533
7,24: 531
7,25: 530, 531, 534
8,1-2: 523
8,2: 528

8,3: 536
8,3-4: 530
8,4: 535
8,6: 536
8,7: 536
8,8: 537
8,9: 536, 537
8,10: 536
8,11: 536, 538
8,13: 536, 538
8,14: 536
8,16: 536
8,18: 540
8,19-21: 541
8,19-22: 541
8,22-23: 542
8,23: 536
8,26-27: 536
8,28: 543
8,29-30: 543
8,35: 417
8,39: 417, 543
9,2-3: 68
9,4: 539
9,5: 547
9,6: 548
9,20-21: 548
9,23: 549
9,30: 455
9,31-32: 549
9,32: 455
10,1-3: 547
10,3: 455
10,4: 547
10,5-6: 455
11,1: 43, 550
11,2: 550
11,5-6: 551
11,7: 551

11,12: 551
11,13: 174
11,13-14: 504
11,15: 552
11,16: 552
11,24: 553
11,25-26: 553
11,28-29: 448, 552
11,32: 546
11,36: 547
12,1: 554
12,2: 554
12,14: 98
13,1-2: 555
13,1-7: 39
13,7: 556
13,8: 557
13,10: 557
13,13-14: 713
14,1: 558
14,3: 559
14,5: 559
14,9: 559
14,13: 559
14,14: 559, 560
14,21: 559
15,1: 558
15,5-6: 561
15,7-8: 558
15,9: 558
15,13: 561, 741
15,15-16: 504
15,19: 272
15,22-24: 272
15,23: 429
15,23-24: 37
15,25: 429
15,25-26: 567
15,26: 247

15,26-27: 508
15,28-29: 509
15,31:509
16,1: 500
16,1-2: 376
16,5b: 412
16,3-5a: 360, 413
16,3-5: 360
16,17-18: 421
16,19: 511
16,20b: 412
16,21: 567
16,22: 500
16,22-23: 381
16,23: 429
16,24: 429
16,25: 429, 498
16,25-27: 412, 498
16,27: 547

1Coríntios
1,1: 142
1,4-7: 379
1,12: 397, 463
1,14: 500
1,16: 385
1,17-25: 464
1,26: 380
2,1-5: 62
2,3-5: 331
2,9-10: 161
3,1-4: 465
3,1-10: 380
3,5-6: 398
3,18-19: 466
3,21-23: 466
4,1: 466
4,6: 462, 467
4,8: 467

763

4,9: 38, 415
4,10: 467
4,12: 63, 578
4,14-15: 75
4,15: 380
4,17: 279, 411, 666
4,18: 462
4,18-21: 468
4,19: 462
5,1: 240
5,1-8: 468
5,2: 462
5,5: 68
5,9: 461, 657
5,9-11: 385
5,10: 469
5,11: 469
6,1-8: 366
6,9-11: 470
6,14: 472
6,13: 472
6,19-20: 473
6,20: 37
7,1-2: 473
7,5: 68
7,7-9: 77
7,9: 475, 717
7,10-11: 475
7,15: 476
7,17-18: 280
7,19: 476
7,21-23: 37
7,24: 476
7,28: 477
7,29: 478
7,31: 478
7,35: 479
7,38: 479
8,1: 462

8,1-13: 462
9,1: 147
9,5: 78, 182
9,5-6: 264
9,6: 258
9,12: 78, 578
9,18: 578
9,19-20: 258
9,20: 280, 377
9,24-27: 59, 351
10,23: 471
10,23-30: 462
11,2: 666
11,2-16: 486
11,16: 104, 259, 484
11,17-22: 382
11,23: 666
11,24-34: 383
11,30: 69
12,1: 480
12,9-10: 480
12,13: 485
12,25-26: 482
12,28: 482
13,4: 462
14,1: 480
14,18-19: 161
14,23-25: 483
14,28: 483
14,33: 486
14,34: 486
14,34-36: 259
14,40: 486
15,3: 666
15,3-10: 147
15,5: 181
15,7: 182
15,8-9: 83
15,9: 103

15,9-10: 93
15,12: 487
15,19: 414
15,30-32: 414
15,31-32: 38
15,33: 61
16,1: 284
16,1-3: 493
16,2: 569
16,3: 567
16,5-6: 429
16,7: 490
16,8: 573
16,8-9: 406, 415
16,9: 400
16,10-11: 411
16,12: 399
16,15: 385
16,19: 360

2Coríntios
1,8-11: 415
1,9: 38
1,15-16: 490
1,19: 277, 380
1,23: 492
2,3-4: 461
2,4: 491
2,7: 492
2,11: 68
2,12-13: 296
2,13: 393
4,5: 153
4,6: 153
4,8-11: 417
4,16: 60
4,18: 60
5,12: 154
5,16: 155

5,17: 154
5,21: 155
6,11-13: 72
7,6: 393
7,8: 461, 657
7,12: 657
7,13: 393
7,14: 393
8,1-9.15: 493
8,6: 393
8,9: 506
8,14: 507
8,18-19: 432
8,23: 393, 432
9,12-13: 507
10,1: 67
10,3-5: 59
10,10: 67, 490, 724, 725
10,12-16: 272
10,17: 160
11,2: 75
11,5: 75
11,6: 62
11,7: 578
11,9: 362
11,11: 75
11,13: 453
11,13-15: 75
11,14-15: 75
11,22: 43
11,23-27: 71
11,24-25: 98, 417
11,25: 38, 314
11,26: 566
11,32: 145
11,32-33: 166, 566
12,1: 160
12,2-4: 160, 703, 730
12,7: 67

12,9-10: 67
12,12: 494
12,14: 578
12,15: 75
12,18: 393
12,20-21: 492
12,21: 470
13,1: 499

Gálatas
1,1: 143, 284
1,1-2: 290, 439
1,6-7: 437
1,6-10: 143
1,8-9: 290
1,9: 666
1,10: 438, 666
1,11-12: 138, 143, 180
1,11-19: 54
1,12: 145
1,13: 91, 97, 103, 110
1,13-14: 48
1,15: 62, 198
1,15-17: 144
1,17a: 182
1,17: 126
1,18: 180
1,19: 182
1,20: 181
1,21: 26, 183
1,21-24: 54
1,22-23: 92
1,23: 97, 104, 165
2,1: 180, 243
2,1-2a: 259
2,1-5: 260
2,2: 244
2,3: 286, 393
2,3-5: 244

2,7-9: 246
2,9: 182
2,10: 244
2,11: 249
2,11-14: 260
2,12: 182, 250
2,14: 251
2,21: 441
3,1: 275, 284, 440
3,4: 244
3,10-12: 116
3,13: 37, 155
3,24: 711
3,28: 485
4,5: 37
4,6: 539
4,8-10: 289
4,10: 244
4,11: 274, 289
4,12-14: 275
4,13-14: 69
4,15: 275
4,15-16: 445
4,17: 114, 445
4,19: 75, 274
4,20: 290, 724
4,29: 115, 446
5,1-4: 442
5,6: 442
5,11: 115, 447
5,12: 76, 289
5,14: 442
5,18: 443
5,22-23: 443
6,2: 443
6,12: 115, 447
6,13: 445
6,14: 448
6,15: 154, 448

6,16: 448
6,17: 448

Efésios
1,1: 664
1,1-2: 679, 682
1,3: 682
1,3-14: 682
1,9-10: 683
1,12: 684
1,13: 684
1,22-23: 683
2,6: 683
2,14-18: 685
2,19-20: 685
3,5-7: 685
4,1-3: 686
4,12: 687
4,17-24: 686
5,6-13: 686
5,19-20: 680
5,22-6,9: 680
5,32: 686
6,14-17: 682
6,21: 567, 684
6,21-22: 680, 682
6,23: 682

Filipenses
1,1: 460, 666
1,7: 306
1,12-14: 419
1,13: 640
1,15-18: 420
1,20: 38, 420
1,21: 546
1,25-26: 420
1,27: 39

1,27-28: 451
1,30: 306
2,6-11: 459
2,15: 452
2,17: 38, 420
2,20: 315
2,22: 315
2,24: 420
2,25: 313
3,1a: 453
3,1: 452
3,2: 76, 421
3,3-4: 454
3,5: 42, 48
3,5-6: 149
3,6a: 110
3,6: 48, 92, 103, 454
3,7-9: 150, 454
3,9: 93
3,10: 417
3,12: 150, 456
3,13-14: 456
3,13b-14: 151
3,15-16: 457
3,17: 457
3,18-19: 421
3,18: 115, 458
3,20: 39
3,20-21: 459
4,1: 305
4,2: 80
4,3: 305, 313, 642
4,9: 666
4,11-12: 63
4,15: 58, 361
4,15-16: 305
4,18: 313
4,21b: 640

767

Colossenses
1,1: 664
1,7: 410
1,7-8: 676
1,15-16: 677
1,15-20: 673
1,17: 677
1,18-20: 677
1,25-27: 674
2,1: 676
2,2-3: 674
2,8: 674
2,9-10: 674
2,16-18: 674
2,18: 462
2,20-21: 560
2,20-22: 675
2,23: 560
3,16b-17: 680
3,17: 678
3,18-4,1: 678, 680
4,7: 567, 684
4,7-8: 680
4,9-17: 676
4,10: 207, 409, 616
4,12-13: 410
4,13: 676
4,14: 409
4,16: 658, 676
4,17: 409

1Tessalonicenses
1,9-10: 323
2,2: 38, 306
2,7-8: 75
2,7: 173
2,8: 322
2,9: 63, 578
2,11: 75

2,11-12: 323
2,14: 104
2,15: 85, 97, 308
2,15-16: 323
2,17: 724
2,18: 68, 283
3,1-2: 334
4,1: 666
5,8: 59
5,12-13: 324
5,19-21: 324
5,23: 60
5,26: 324
5,27: 657

2Tessalonicenses
1,1: 277, 664
1,4-8: 670
2,1-2: 670
2,2: 658
2,3: 668
2,7-10: 671
3,6-15: 670
3,14-15: 671

1Timóteo
1,1: 664
1,2-3: 408
1,9-10: 691
1,20: 68
2,1-2: 555
2,1-15: 691
2,4-6: 695
2,7: 174
2,11-15: 486, 695
2,1-15: 691
3,1: 691
3,2: 695
3,2-7: 691

3,3: 578
3,5: 695
3,8: 578
3,8-9: 691
3,11: 696
3,11-12: 691
4,1: 694
4,3: 560, 694
4,8: 560
4,9: 691
4,13: 691
4,24: 69
5,1-23: 691
5,3-16: 695
5,15: 69
5,23: 69
6,4: 691
6,7-10: 578
6,20: 666

2Timóteo
1,1: 664
1,5: 278
1,9-11: 695
1,11: 174
1,12: 666
1,14: 666
1,15-17: 693
1,16-17: 34
1,16-18: 614
1,17: 564
2,8: 499
2,11: 691
2,18: 694
3,2-5: 691
3,8: 694
3,10-11: 71
3,10-12: 95
3,14: 279

4,2: 691
4,6-8: 614, 693
4,6-18: 692
4,7: 576
4,9: 648
4,10: 284
4,11: 207, 409
4,12: 576
4,14-15: 648
4,16: 564, 614, 641, 648
4,16-17: 34
4,18: 614
4,19: 360
4,19-22: 692
4,20: 567

Tito
1,1: 664
1,4: 664
1,6: 695
1,6-9: 691
1,7: 578
2,3-4: 695
2,11-13: 695
3,1: 555
3,8: 691
3,12: 567, 693
3,12-15: 692

Filemon
1: 409
1-2: 409
9: 640
13: 640
23-24: 409, 676
24: 207, 409, 567, 616

1Pedro
1,1: 284
2,13-17: 555

769

2Pedro
1,20-21: 657
3,14-16: 699

Apocalipse
2,2: 172
18,20: 172
21,14: 172

Textos Judaicos

Apocalipse Siríaco de Baruc
(2Br)
20,5-6: 560
82,9: 556

Carta de Aristéias (Ps-Ar)
15,16: 556
152: 516
196: 556
219: 556
224: 556

Livro de Henoc Etiópico
(1Henoc)
46,5: 556

Mixná
Aboth 5,21: 80
Bikkurîm 3,2-4: 590
Makkôt 3,10: 98

Quarto Livro de Esdras
5,19-20: 560
6,35: 560
9,24-28: 560

Qumran
Documento de Damasco (CD)
6,5: 102
6,19: 102

7,19: 102
8,21: 102
20,12: 102

Hinos (1QH)
2,32-33: 85
2,35-36: 85
4,8: 85
9,8-9: 85

Comentário a Habacuc
(1QpHab)
5,10-11: 85
8,17: 85
10,4-5: 85

Testamentos dos Doze
Patriarcas (Test): 560
Testamento de Judas (Test. Jud.)
15,4: 560
Testamento de Ruben (Test. Rub.)
1,10: 560

Apócrifos e Documentos Cristãos

Apocalipse de Paulo: 702, 703
Atos de Paulo e Tecla: 220, 703, 704, 705, 725
Atos de Paulo: 730
Atos de Pedro: 647
Cânone Muratoriano: 647, 655, 656, 658
Catálogo Liberiano: 738
Cosmografia Cristã: 729
Cronógrafo: 738
Dei Verbum 7-8: 633
Depositio Martyrum: 738
Liber Polypticus: 733
Martirológio Jeronimiano: 738
Pseudoclementinos (escritos): 705
Sacramentário Gelasiano: 739
Sacramentário Leoniano: 739

ÍNDICE DOS AUTORES ANTIGOS

Greco-Romanos

Arato de Soli
Phoenomena, 5: 334

Apião
Historia, 8,136: 381

Apuléio
Metamorphoses, 2,21,6-24,5: 560

Aulo Gélio
Notes Acticae, 16,13: 309

Cícero
Ad Atticum, 5,21,14: 278
Ad familiares, 10,32,3: 35
13,73: 225
15,4,2: 217
Ad Pisonem, 36: 327
Pro Flacco, 28,66-68: 30
28,67: 511

Cleantes
Hino a Zeus, 5: 344

Demóstenes
Filippica, 4,10: 339

Diógenes Laércio
Vidas dos Filósofos, 1,1,10: 342
12,20,38: 560

Dion Cássio
Historia romana (hist.),
37,17,1: 512
51,4,6: 301
53,26,3: 205
57,14,5: 373
60,3,1: 375
60,6,6: 375
60,11,1: 195
60,113: 373
60,11,4-5: 629
60,17,3: 205
61,35,4: 369
62,20,1: 369
68,32: 201

Díon de Prousa (Crisóstomo)
Orationes, 1,45-46: 556
12, 28: 344
12,32: 344
30,26: 344
34,7-8: 35
34,21-23: 31
34,25: 35

Epicuro
Carta a Meneceu, 128: 336

Epíteto
Diatribe, 1,16,14: 485
3,22,66-72: 79
3,22,69-70: 478

Estobeu
Antologia, 4,7,61-64: 556

Estrabão
Geographia, 2,4,3: 619
3,2,6: 628
7,1: 349
7,6,20: 349, 353, 355
7,21,24: 317
10,4,2: 619
12,1,4: 225
12,5,1: 286
12,5,1-4: 286
12,5,3: 288
12,6,1: 217
12,6,4: 209
12,8,14: 209
14,5,13: 22, 23
14,5,14-15: 23
14,6,5: 200
16,2,4: 185
16,2,8: 185

Eurípedes
Eraclides, 1342-1345: 343

Flávio Filóstrato
Vida de Apolônio de Tiana (vit. Appoll.),
1,7: 24
1,8: 560
4,19: 335, 341
4,34: 297
5,33: 308
6,3: 342
6,34: 27
8,30: 312

Homero
Ilíada, 2,570: 353

Horácio
Epistulae, 1,17,36: 355
Sátiras, 1,5,1-19: 631

Jâmblico
Vita Pythagorae, 158: 665
198: 665

Juvenal
Sátiras, 3,13-14: 637

Júlio César
De Bello Gallico, 1,1: 286

Marcial
Epigramas, 12,57: 639

Ovídio
Metamorfose, 8,614-629: 222
15,430: 334

Pausânias
Guia da Grécia Ática,
1,1,4: 342
1,17,1: 335, 341
24,3: 341
Guia da Grécia Coríntia,
2,1,7-9: 349
2,4,5: 383
2,6-3,4: 367

Platão
Apologia de Sócrates, 24b: 339
República, 404d: 355
Timeu, 34b: 343
37c: 344

Plínio o Velho
Naturalis Historia, 2,47: 628
2,122: 628
2,126: 628
4,12: 619
4,38: 316
4,58: 619
4,61: 619
4,71: 619
31,62-63: 369
36,70: 628

Plínio o Jovem
Epistulae, 10,56: 647
10,96: 569
10,96,5: 109
10,96,6: 292

Plutarco
Vidas, 9: 11
César, 57,8 (734f): 381
Coniugalia praecepta, 30: 486
De defectu oraculorum,
2,414e: 307
Moralia, 2,1034b: 343
*Praecepta gerendae
reipublicae*, 3: 556
Quaestiones romanae, 10: 485
*Symposium (Quaestiones
conviviales)*, 4,6,1: 335
7,5,4: 424

Ptolomeu
Geografia, 3,4,1-4: 623

Sêneca
De ira: 369
De vita beata: 369
Epistulae, 41,1: 344

95,47: 343
77,1-3: 629
104,1: 373

Sófocles
Édipo em Colona, 260: 341

Stazio
Silvae, 2,12: 630

Suetônio
De vita Caesarum: 11
Augustus: 287
Claudius, 18,2: 195
20,3: 629
25: 358, 374
28: 604
Julius, 79: 295
84: 511
Tiberius, 36: 512

Tácito
Annales, 2,85: 512
12,42-43: 195
12,54,3: 600
13,1: 419
13,14,1: 605
13,14,2: 605
14,65,1: 605
15,73: 369
Historiae, 2,2,3: 201
5,5: 308
5,9: 600, 604

Tito Lívio
Ab Urbe condita (História
de Roma), 2,32,8-9: 481
38,17: 286
45,27,11: 335

Tucídides
Guerra do Peloponeso,
1,12,1-4: 212
3,38,4: 339
4,102: 316

Vegézio
Epitoma rei militaris, 4,39: 628

Xenofonte
Anábase, 1,2,23: 20
1,2,19: 217
Memoráveis, 1,1: 339

Judeus

Fílon de Alexandria
De especialibus legibus,
(Spec. Leg.) 3,37-42: 516
De vita contemplativa (vit. Cont.), 4,34-37: 560
In Flaccum, 128: 647
Legatio ad Caium, 155-157: 36
24,159-161: 512
24,281: 27, 357
24,282: 201
40,315: 404
Vida de Moisés: 11

Flávio Josefo
Contra Apionem, 2,4: 404
(Ap.) 2,11 (130): 341
2,39: 187
2,180: 337
De bello judaico, 1,24,2 (474): 100
(Bell.) 2,6,1 (80-83): 512
2,7,1 (103-104): 630
2,8,1 (118): 114
2,8,7 (140): 556
2,8,18 (162-163): 50
2,13,2 (252): 608
2,13,2-6 (252-270): 600
2,13,3 (254-256): 584
2,13,5 (261-263): 594
2,13,7 (266-270): 601
2,14,1 (171): 606
2,14,9 (308): 38
2,15,1 (313): 377
2,16,3 (344): 608
2,20,2 (559-561): 102
2,21,5 (408-410): 601
3 (540): 349
5,5,8 (184-247): 592
6,5,3 (293): 312
7,3,3 (43-45): 187
7,6,3 (180-185). 423
7,8,7 (368): 102
Antiquitates judaicae
(Ant.), 3,14,3 (320): 195
(Ant.) 4,8,21 (231-239): 98
8,2,5 (45): 423
8,5 (160-167): 584
10,11,7 (278-279): 337
11,8,5 (329-335): 297
12,3,1 (119-124): 187
12,3,2 (125): 404

775

12,3,4 (147-153): 29, 210
12,10,6 (414-419): 511
13,10,4 (284-287): 201
14,10,13 (228-230): 404
14,10,16 (234): 404
14,10,19 (239-240): 404
14,10,25 (262-264): 404
16,4,5 (129): 201
16,5,3 (148): 186
16,6,4 (167-168): 404
16,6,7 (172-173): 404
17,11,1 (299-302): 512
17,12,1 (138): 630
18,1,1 (4): 114
18,1,3 (11): 49
18,1,3 (12-157): 49
18,1,6 (23): 114

18,3,5 (85): 512
18,5,1-2 (110-115): 125
18,5,3 (116): 168
18,5,4 (132): 464
19,5,2-3 (281-285.287-291): 375
19,6,1 (294): 584
20,2,5 (51): 195
20,5,2 (101): 195
20,7,1-2 (137-144): 604
20,7,1 (137-138): 606
20,7,1 (138): 608
20,7,3 (145-146): 608
20,8,5 (160-166): 600
20,8,9 (182-183): 605, 606
20,8,9 (185-188): 606
Vita, 3,15: 623
3,16: 630

Cristãos

Agostinho
Confissões, 7,21: 712
8,12: 713

Ambrósio
Cartas, 7,1: 711
64-65: 711

Clemente de Alexandria
Stromata, 3,53: 81
6,1,17: 703

Clemente Romano
Carta aos coríntios, 1Cor
4,1-11: 642
1Cor 5,1-7: 643

Eusébio de Cesaréia
Historia ecclesiastica (Hist.
Eccl.), 2,22,8: 650
(HE) 2,25,5: 650
2,25,7: 650
3,3,5: 660
3,25,2-3: 660
3,30,1: 81
3,36,5: 658
6,4,2: 660
6,25,11-12: 660
In Epistulam ad Titum: 688

Fócio
Ad Amphylochium: 25

Irineu
Adversus Haereses, 3,13,1: 702
(Adv. Haer.)

Jerônimo
De viris illustribus, 5: 12, 25, 738
In Epistulam ad Galatas, 2,3: 286

Justino
Diálogo com Trifão, 1: 357

Paulo Orósio
História contra os pagãos, 7,6,15: 374

Tertuliano
Adversus Marcionem, 3,5,4: 701
5,21: 688
De praescriptione haereticorum, 36: 644
Scorpiace, 15: 644

Prudêncio
Hinos, 12,7-9: 735

ÍNDICE DOS NOMES

Geográficos

Abana: 126
Ácaba: 101
Acaia: 37, 54, 146, 247, 328, 346, 352, 357, 366, 369, 373, 387, 391, 393, 421, 428, 461, 493, 497, 499, 508, 567, 650
Accio: 285, 301
Acrocorinto: 352, 353, 355
Adiabene: 195
Adramítio: 294, 421, 616
Adriático: 284, 301, 317, 615, 623
Adrimeto: 30
Aela: 101
África: 395, 615, 619, 620, 644, 660
Aigai: 327
Akhisar: 303
Aksu çavi: 205, 208
Al-'Ula: 164
Alepo: 19
Alexandria do Egito: 22, 23, 55, 185, 210, 375, 395, 396, 404, 616, 617, 627
Alexandria Trôade: 295
Alexandrias Troas: 295
Aliakmonas (rio): 317, 327
Amã: 125
Amano (monte): 185, 277
Amasea: 22

Amathus: 201
Anatólia: 193, 227, 229, 263, 276, 287, 387, 388, 390, 425
Ancara: 285, 287
Ancira: 285, 286, 288, 294
Andriake: 617
Anfípolis: 300, 302
Antigonéia: 295
Antigônia: 185
Antilíbano: 101, 125, 126
Antioquia da Pisídia: 94, 202, 205, 208, 212, 213, 215, 216, 218, 224, 226, 282, 287, 363, 646
Antioquia da Síria: 5, 19, 21, 27, 100, 183, 185, 186, 187, 188, 189, 191, 193, 196, 197, 198, 199, 209, 210, 219, 225, 226, 229, 231, 232, 233, 236, 237, 241, 254, 259, 260, 264, 265, 267, 269, 270, 277, 283, 293, 365, 377, 388, 389, 390, 392, 403, 404, 616, 708
Antipátrida: 599
Antônia (torre): 16, 32, 51, 122, 593, 594, 596
Anzio (rio): 209
Apaméia: 30, 185
Apolônia: 300, 317, 326
Aquiléia: 714
Arabá: 164

Arábia: 101, 103, 144, 164, 165, 180
Aram: 127
Arbela: 125
Areópago: 61, 330, 338, 341, 344, 345, 728
Ares: 339
Argólida: 20
Argos: 357
Ariccia: 631
Armênia: 284
Artemísion: 425
Ásia, Ásia Menor: 29, 30, 37, 75, 76, 99, 106, 108, 169, 205, 206, 207, 221, 229, 266, 267, 272, 282, 284, 288, 292, 294, 295, 297, 303, 333, 352, 376, 378, 386, 387, 388, 390, 391, 392, 397, 400, 404, 406, 408, 410, 412, 414, 415, 416, 418, 421, 422, 425, 426, 427, 434, 439, 497, 505, 568, 578, 602, 640, 641, 650, 653, 667, 676, 679, 684, 687, 698, 724, 738
Assos: 420, 572, 573
Atalia: 205
Atenas: 22, 61, 64, 296, 302, 321, 328, 329, 330, 332, 333, 334, 336, 337, 339, 342, 343, 345, 346, 350, 354, 359, 361, 568, 574, 728
Ática: 347, 352
Aurã: 125
Avale; 727
Aventino: 633, 635, 637

Axios (rio): 317
Ayasoluk: 425
Baal Fegor: 112
Babilônia: 28
Balcãs: 300, 317
Ballihisar: 288
Barada: 126
Basílica de são Paulo Fora dos Muros: 650, 727, 729, 730, 737
Basílica de são Pedro: 726, 733, 735
Basílica de são Sebastião – Apostólica: 735, 738
Basílica Vaticana: 726, 733
Batanéia: 124
Behram Kale: 572
Belém: 277
Beréia: 318, 320, 321, 326, 328, 333, 334, 510, 567
Berlim: 119
Beróia: 327
Betlemme: 25, 48, 711
Betsãn: 124
Beysehir: 209, 217
Biblioteca Nacional (Paris): 729
Biblioteca Vaticana: 729
Bitínia: 284, 288, 292, 569
Bizâncio: 300
Bons Portos: 619, 620
Bósforo: 292
Brindisi: 300, 630
British Museum (Londres): 727
Bruxelas: 728
Budapeste: 714
Bülbül Daj (monte): 400
Cafarnaum: 124
Calcídica: 316
Cálcis: 333, 608

779

Campidoglio: 633, 635, 636
Campo Marzio: 513, 633, 635, 636
Capadócia: 224, 284
Capela Palatina: 726, 729, 730
Capela Paulina: 729
Capela Sistina: 728
Capri: 629
Cápua: 628, 630
Caralis: 209, 217
Cária: 619
Carmelo (monte): 112, 601
Cartago: 381, 644, 660, 701
Cásio: 185
Cássio: 127
Catacumbas de Domitila: 726
Catacumbas de são Pedro e são Marcelino: 726
Catarina, de santa (mosteiro): 167
Caudas: 621
Célio: 633, 636
Cencréia: 346, 352, 361, 376, 378, 389, 500, 566, 725
Ceramico: 342
Cesaréia de Filipe: 124
Cesaréia Marítima: 27, 33, 51, 108, 122, 123, 131, 176, 184, 189, 204, 213, 236, 368, 387, 389, 390, 394, 499, 565, 579, 582, 597, 598, 599, 601, 603, 605, 606, 608, 613, 615, 616
Chicago: 376
Chipre: 22, 40, 188, 189, 192, 193, 195, 195, 197, 199, 200, 202, 203, 204, 206, 227, 229, 233, 253, 266, 395, 579, 582, 604, 617, 728
Christópolis: 299

Cício: 22, 337
Cidno: 20, 21
Cilica Tracheia: 199, 285, 286
Cilícia: 18, 19, 21, 24, 25, 28, 30, 32, 43, 51, 54, 66,, 92, 99, 106, 169, 180, 184, 200, 202, 207, 224, 241, 264, 278, 344, 600, 617, 708
Circo Flamínio: 635
Circo Máximo: 633
Circus Maximus: 635
Cirenaica: 198, 621
Cirene: 188, 192, 197, 198, 395
Citópolis: 125
Claudos: 621
Cnido (ilha): 579
Coleção Odescalchi Balbi de Piovera (Roma): 729
Colossas: 408, 409, 410, 616, 640, 675, 676
Comana: 217
Constantinopla: 708, 709
Córdoba: 369
Coressos (monte): 400, 402
Corinto: 37, 43, 59, 62, 64, 68, 83, 146, 158, 173, 259, 264, 266, 280, 296, 300, 318, 321, 329, 331, 334, 346, 347, 349, 350, 352, 353, 354, 355, 357, 358, 359, 361, 362, 363, 364, 365, 366, 367, 368, 369, 370, 372, 373, 374, 376, 377, 378, 379, 380, 381, 382, 384, 385, 387, 393, 394, 397, 403, 404, 409, 411, 412, 416, 417, 418, 421, 429, 431, 433, 453, 461,

462, 463, 464, 466, 467, 468,
469, 471, 473, 474, 475, 476,
477, 479, 480, 481, 484, 485,
487, 489, 491, 492, 493, 495,
499, 500, 502, 505, 506, 510,
546, 572, 617, 653, 658, 659,
701, 724,
Cós: 579
Cotiaeum: 294
Crema: 217
Creta: 297, 312, 615, 619, 620,
623, 689, 693
Cuma: 628
Dafne: 186
Damasco: 5, 19, 40, 87, 89, 92,
100, 101, 102, 103, 105, 121,
122, 123, 124, 126, 127, 129,
130, 133, 134, 135, 137, 138,
139, 141, 142, 145, 152, 153,
156, 157, 161, 163, 164, 165,
166, 169, 176, 177, 178, 180,
184, 188, 191, 364, 519, 608,
650, 705, 720, 729, 730
Danúbio: 284
Dardanelos: 294
Daton: 300
Decápole: 125
Delfos: 284, 307, 350, 370,
372, 374, 375, 472
Demre: 617
Dendan: 164
Deraa: 125
Derbe: 217, 219, 224, 278, 287.
510, 567
Devri Sehir: 225
Dicearquia: 628
Díon: 125

Dodecaneso: 579
Dorylaeum: 294
Drynemetum: 285
Durazzo: 300, 326
Düsseldorf: 731
Dypilon (Atenas): 336
Ebal: 124
Ebro: 647
Edessa: 300, 326, 327
Edremit: 572
Éfeso: 37, 64, 218, 282, 283, 296,
346, 360, 378, 386, 387, 389,
390, 393, 395, 396, 400, 402,
403, 404, 406, 408, 409, 411,
414, 416, 418, 420, 422, 423,
424, 425, 426, 428, 429, 430,
433, 439, 451, 491, 492, 499,
502, 565, 567, 573, 575, 578,
593, 614, 636, 640, 653, 658,
659, 683, 687, 689, 693, 698,
701, 725
Efraim: 124
Éfrata: 48
Egeu: 20, 267, 294, 299, 333,
347, 400, 420, 616, 618
Egina: 349
Egito: 195, 210, 271, 574, 594,
627, 642
Egredir: 208, 209
Eilat: 101
Eion: 316
Elêusis: 334, 336, 347
Emesa: 203, 604
Épiro: 693
Eregli: 225
Esdrelon: 124
Esmirna: 420, 572, 707

Espanha: 37, 54, 272, 498, 501, 570, 632, 643, 647, 710
Esparta: 352
Esporades: 333
Esquilino: 513, 636
Estrimon (rio): 302, 316
Etiópia: 189
Eubéia: 333
Eudaemon: 164
Eufrates: 101
Euripo: 333
Eusino: 284
Falero: 333, 342, 346
Famagosta: 201
Farfar: 126
Fenícia: 24, 188, 235, 579, 616, 617
Fênix: 620
Filadélfia: 125
Filipos: 33, 34, 39, 58, 63, 80, 81, 292, 296, 299, 300, 301, 302, 303, 305, 306, 307, 308, 309, 310, 312, 313, 315, 316, 318, 321, 322, 359, 410, 419, 421, 431, 451, 452, 453, 457, 459, 510, 567, 568, 572, 640
Florença: 660
Foro Ápio: 631
Foro Boário: 633, 636
Foro de César: 635
Foro Republicano: 635
Forum Appi: 631
Frígia: 28, 217, 222, 282, 283, 287, 294, 388
Galácia: 48, 69, 75, 114, 173, 179, 184, 209, 220, 244, 263, 264, 267, 274, 275, 282, 283, 285, 287, 288, 289, 290, 292, 293, 388, 392, 431, 437, 438, 440, 441, 443, 444, 445, 448, 451, 497, 498, 650
Gálatas: 69, 164, 275, 276, 284, 285, 286, 288, 290, 393, 437, 439, 441, 442, 444, 446, 449
Galeria Martinengo (BS): 728
Gália: 119
Galikós: 317
Galiléia: 168, 178, 198, 235, 590
Ganges (rio): 302
Garizim: 124
Genebra: 719
Genesaré: 124
Gerasa: 125
Ghuta: 126
Giscala: 25, 36
Glauke: 354
Glyfada: 333
Golã: 101
Górdio: 285
Gortina: 619
Granico: 295
Grécia: 61, 64, 75, 76, 169, 171, 221, 230, 263, 265, 267, 272, 284, 295, 316, 327, 329, 346, 347, 352, 357, 378, 387, 390, 410, 499, 505, 565, 569, 623, 738
Grutas Vaticanas: 726
Halys (rio): 284, 285
Hatunsaray: 220
Hazor: 124
Helesponto: 294, 300
Heracléia: 300
Herculano: 629, 630

Hermon (monte): 125
Hierápolis: 408, 410, 676
Hipona: 660
Hippos: 125
Hissarlik: 294
Horeb (monte): 113
Hulê: 124
Icônio: 94, 217, 218, 219, 224, 225, 282, 287, 288, 704, 725
Iconium: 217
Ida (monte em Creta): 620
Ida (monte em Trôade): 294
Iduméia: 16
Ilíria: 54, 272
Isauria: 285, 286
Ischia: 629
Israel (terra de): 48
Issos: 277
Istambul: 590
Istimia: 59, 349
Itália: 119, 295, 297, 333, 352, 358, 628, 717, 740
Jabne: 79
Jaboc (rio): 125
Jarmuc (rio): 125
Jericó: 125, 166, 594
Jerusalém: 5, 6, 13, 14, 17 ,25, 27, 30, 33, 34, 36, 51, 54, 55, 57, 59, 61, 66, 80, 84, 86, 87, 88, 89, 91, 97, 99, 100, 101, 102, 103, 104, 106, 108, 109, 111, 115, 122, 124, 125, 126, 130, 135, 137, 144, 145, 157, 159, 174, 176, 177, 178, 179, 180, 181, 185, 188, 190, 192, 194, 195, 196, 206, 214, 229, 230, 232, 234, 236, 237, 239, 242, 243, 244, 246, 247, 248, 249, 252, 256, 257, 259, 260, 261, 262, 263, 264, 265, 266, 267, 269, 270, 271, 277, 279, 287, 297, 312, 329, 368, 377, 378, 387, 389, 390, 391, 392, 423, 429, 432, 434, 438, 439, 446, 447, 499, 505, 509, 510, 561, 563, 564, 565, 566, 567, 569, 570, 574, 575, 579, 580, 581, 582, 583, 584, 585, 586, 590, 593, 594, 596, 597, 599, 600, 601, 602, 603, 606, 608, 614, 616, 632, 687
Jordão: 124, 125
Judéia: 5, 13, 25, 36, 54, 86, 91, 99, 104, 111, 178, 193, 194, 388, 389, 393, 394, 430, 484, 490, 493, 505, 508, 509, 510, 512, 580, 583, 590, 599, 600, 605, 607, 614, 615
Kalamaki: 347
Kaloi Limenes: 619
Karaman: 225
Katerini: 333
Kavala: 299, 300
Kaystros (rio): 400
Kestros (rio): 208
Kition: 201
Kizil Dag (monte): 19
Kizilirmac (rio): 284
Konia: 217, 218, 220
Korion: 201
Koronia: 316
Kovada: 208

Krinides: 301
Küçük Menderes (rio): 294, 400
Kyravryssi: 349
Laguardia: 727
Laodicéia (Ásia Menor): 30,
    408, 410, 676
Laodicéia (Síria): 185, 657, 660
Lasea: 619
Lecaion: 352
Lecton: 572
Lequeu: 267, 347, 366
Lesbos: 572
Lião: 707
Líbano: 126, 608
Líbia: 271
Licaônia: 217, 219, 220, 222,
    224, 278, 279, 284, 294,
    378, 567
Lícia: 579, 617
Lico: 283, 303, 408, 676
Lídia: 28
Limnai: 208
Listra: 94, 217, 219, 221, 223,
    225, 278, 279, 287, 288, 294,
    378, 567, 725, 727, 728
Litino: 619
Londres: 728
Lud: 28
Lungotevere: 638
Lycaonia: 286
Macedônia: 37, 54, 59, 158, 263,
    264, 267, 292, 293, 296, 297,
    299, 300, 302, 306, 309, 313,
    315, 317, 326, 333, 334, 344,
    361, 387, 391, 393, 400, 410,
    419, 428, 429, 451, 459, 489,
    492, 497, 498, 499, 508, 510,
    567, 568, 650, 653

Magdala: 124
Magnésia: 209, 285, 400
Malea: 297, 349
Malta: 615, 618, 625, 627, 628
Mamertino (cárcere): 738
Mármara (monte): 292, 294
Marmaris (monte): 579
Matala: 619, 620
Meandro (rio): 209, 283, 408, 574
Medina: 164
Mediterrâneo: 12, 19, 184, 190,
    199
Mégara: 347
Megarides: 347
Melite: 624
Mesopotâmia: 19, 28, 186, 210,
    271
Messara (baía): 620
Messária: 199
Messina: 628
Mesta (rio): 302
Meteore: 167
Mileto: 64, 407, 435, 499, 573,
    574, 578, 724
Mira: 617, 618
Miseno: 629
Mísia: 293
Mitilene: 572
Moab: 101
Modin: 111
Monreale (PA): 726, 728, 730
Morto (mar): 50, 164
Mouros (cabo): 620
Munique: 119
Muralhas Aurelianas: 513
Múrica (vale): 633
Museu Arqueológico de
    Veneza: 727
Museu de Pesaro: 729

Museu do Louvre: 299
Museu do Prado de Madri: 730
Museu dos Agostinianos de
  Tolosa: 727
Museu Nacional Alemão de
  Nuremberg: 730
Museu Nacional de Pisa: 727
Museu Paleocristão de
  Aquiléia: 727
Museu Poldi-Pezzoli de Milão:
  728
Nablus: 124
Nag Hammadi: 703
Nantes: 728
Nápoles: 629
Nazaré: 570
Nea Korinthos: 354
Neápolis: 124, 297, 299, 421, 568
Negro (mar): 284, 292, 358
Nemea: 350
Neocorinto: 355
Nestos (rio): 302
Nicéia: 220, 317
Nicomédia: 292
Nicópolis: 693
Nisida: 629
Norba: 631
Ocrida: 300
Olímpia: 59, 349, 350
Olimpo (monte): 333
Oliveiras (monte das): 594
Orontes (rio): 19, 185
Óstia: 627, 629
Paflagônia: 284, 286
Pafos: 40, 201, 205, 207
Palácio Real de Madri: 728
Palatino: 633, 635
Palermo: 726
Palestina: 36, 511

Panfília: 205, 226, 253, 284,
  285, 617
Pangeu: 301, 316, 567
Panteão: 635
Paris: 717
Partenon: 336
Pátara: 579
Patrassos: 357
Peirene: 354
Pela: 300, 317, 326
Peloponeso: 297, 347, 352
Pequeno Menderes (rio): 400
Peréia: 125, 168
Pergamo: 285, 295, 400, 572
Perge: 205, 206, 208, 226
Pérsia: 19
Pessinunte: 285, 286, 288, 289
Petra: 167
Phinekai: 620
Pidna: 333
Piéria: 185, 199
Pinacoteca Brera de Milão: 728
Pinacoteca de Bolonha: 730
Pinacoteca de Munique da
  Baviera: 728, 730
Pincio: 636
Píon: 402
Pireu: 333, 574
Pisídia: 226, 285, 286, 294
Pompéia: 629, 630
Ponto: 22, 271, 284, 286, 358, 656
Ponto Êumaco: 285
Ponto Euxino: 292, 358
Ponto Galático: 284
Porta Ápia: 633
Porta Capena: 513, 633, 637
Porta Viminale: 638
Portas da Cilícia: 19, 218, 225,
  278, 282, 293, 392

785

Portas Sírias: 277
Portus: 629
Pritaneo: 402
Prócida: 629
Propôntida: 292, 294
Prusa: 31, 35, 344, 556
Ptolemaida: 579
Putéoli: 580, 615, 628, 629, 630
Qassiûn (Gjbel): 127
Quebar: 131
Quio: 572
Quirinal: 633, 635, 636
Quison (rio): 113
Qumran: 50, 57, 85, 101, 102, 473
Quneitrah: 124
Ravena: 726
Reggio: 629
Ripolle (Catalunha): 728
Rockfeller Museum: 590
Rodes: 579, 618
Roma: 5, 12, 15, 21, 22, 33, 34,
37, 41, 42, 54, 119, 159, 168,
174, 185, 188, 209, 267, 272,
287, 297, 300, 309, 318, 352,
358, 359, 367, 368, 369, 373,
375, 378, 381, 400, 404, 412,
417, 427, 428, 485, 498, 502,
503, 505, 511, 512, 513, 554,
557, 558, 564, 565, 580, 597,
605, 607, 608, 610, 613, 614,
615, 617, 627, 628, 629, 631,
632, 633, 635, 636, 637, 638,
639, 640, 642, 644, 645, 646,
647, 648, 649, 650, 653, 656,
688, 693, 697, 702, 710, 726,
728, 729, 731, 733, 735, 741

Sabéia: 164
Sakarya: 284
Salamina: 199, 200, 347
Salmone: 619
Salônico: 327
Samagher: 727
Samaria: 5, 13, 124, 125, 178,
204, 235, 388, 389, 405,
580, 599, 600, 605
Samonion: 619
Samos: 572
Samosata: 11
Samotrácia: 299
Sangarius (rio): 284, 294
Santa Maria del Popolo: 729
Santa Maria in via Lata: 738
Santa Maria Maior: 726
Santa Pudenciana: 726
São Maurício (Viena): 727
São Paulo alla Regola: 638, 737
São Paulo Fora dos Muros:
650, 730, 736
São Pedro (PD):730
São Sebaldo (Nuremberg): 727
Sardenha: 512
Sardes: 512
Sarônico (golfo): 333, 346,
352, 376,
Scamandro: 294
Schenunte: 347
Sebaste: 124, 125, 202, 217, 287
Sebaste Tectosagum: 287
Selçuk: 400, 425
Selêucia: 185, 190, 199
Sião: 617
Sicília: 615, 623, 624, 628
Sicion: 357
Sidônia: 616, 617
Sílpio: 185, 187

Sinai: 164, 167, 522
Sipilo: 400
Sinope: 474, 701
Siracusa: 628
Síria: 21, 26, 27, 54, 100, 101, 102, 103, 169, 180, 183, 184, 187, 198, 199, 211, 233, 235, 241, 242, 264, 270, 277, 278, 285, 374, 378, 388, 389, 400, 410, 505, 510, 579, 600, 615, 616, 650, 725
Sirtes: 621
Sivrihisar: 288
Soles: 22, 202, 344
Stolr: 300
Struma: 316
Sultan Dagj: 209, 217
Sunio: 333
Tarragona: 647
Tarso: 4, 12, 18, 19, 21, 23, 25, 27, 31, 32, 35, 36, 41, 43, 45, 51, 52, 53, 55, 56, 61, 66, 135, 176, 189, 191, 225, 277, 293, 329, 335, 337, 360, 403, 427
Taso (ilha): 299, 300
Tauro: 19, 21, 184, 205, 206, 208, 218, 220, 225, 278, 392
Távio: 285
Tebas: 352
Tenedo (ilha): 295
Termaico: 317, 327
Tessália: 167, 333
Tessalônica: 68, 215, 300, 316, 317, 318, 321, 323, 326, 327, 334, 336, 359, 361, 410, 510, 567, 616, 657, 668

Thasos (ilha): 299
Tiana: 24, 297, 312, 560
Tiatira: 81, 303
Tiberíades: 124, 608
Tibre: 202, 629, 633, 636, 638, 650, 735
Tiro: 200, 579, 580
Torre de Estraton: 601
Trácia: 300, 316
Traconítide: 124
Trastevere: 513, 635
Trento: 660
Três Tabernas: 631
Treveri: 286
Trôade: 18, 292, 293, 296, 299, 318, 393, 421, 492, 499, 510, 568, 569, 571, 572, 630
Tróia: 294, 295
Truva: 294
Tubal: 28
Tübingen: 662, 672, 688, 719
Turquia: 275
Vaticano: 119, 650, 727
Velabro: 636
Vergina: 327
Véria: 327
Vermelho (mar): 164
Vermion (monte): 327
Vesúvio: 629
Vevi: 300
Via Ápia: 630, 631, 633, 735, 738
Via Arcadiana: 403
Via Augusta: 218, 282, 283, 293, 392, 400, 725
Via Campana: 630
Via Direita: 135, 139, 140, 167
Via Egnatia: 300, 302, 316, 317, 326, 568
Via Ostiense: 649, 650, 735

Via Régia: 125, 164
Via Sacra (Atenas): 342, 347
Via Sacra (Éfeso): 402
Via Sebaste: 217
Victoria-Albert Museum
(Londres): 728

Viminale: 513, 633, 636
Volvi: 316
Wittenberg: 717, 718
Würzburg: 727
Yalvaç: 209
Yunuslar: 217

Históricos

Greco-latinos e outros

Abundância (deusa): 635
Adriano: 426, 617
Afrânio Burro: 649
Afrodite: 201, 355
Agripina: 418, 420, 605
Alaeddin: 218
Alceu: 572
Alexandre Magno: 20, 21, 127,
    185, 200, 218, 277, 295, 317,
    326, 329, 395, 400
Amintas: 209, 284, 285
Anaximandro: 574
Anaxímenes: 574
Antígono: 21, 185, 295
Antíoco III: 29, 187, 209, 210,
    285, 400
Antíoco IV: 21
Antíoco XII: 127
Antípatro: 22
Antípatro, o "Pirata": 225
Antônio M.: 20, 35, 127, 301,
    593
Ápio Cláudio, o Cego: 630
Apolo: 146, 307, 323, 366, 370,
    472, 579, 636
Apolônio de Tiana: 12, 24, 27,
    297, 312, 335
Arato: 344

Arcádio: 403
Aretas III: 127
Aretas IV: 125, 127, 145, 166,
    167, 180
Argonautas: 20
Aristóbulo (escritor): 344
Aristóteles: 665
Arquedemos: 22
Arquelau (rei macedônio): 326
Artemion: 201
Ártemis: 186, 206, 402, 422,
    425, 426
Artemone: 665
Asclépio: 383, 579
Assírios: 200, 218
Atálidas: 295
Atalo II: 336
Atalo III: 400
Atenas: 323, 572
Atenodoro: 22, 23
Athena Aréia: 339
Atis: 288
Augusto: 22, 35, 168, 202, 210,
    217, 220, 284, 287, 295, 336,
    367, 372, 403, 419, 511, 601,
    607, 625, 629, 633, 635, 638,
    725
Aziz: 203, 604

Balbo: 635
Baquíadas: 352
Bauci: 222
Bellona (deusa): 639
Boeto: 22
Bruto: 21, 35, 301
Cabírias: 299
Cáio Céstio: 102
Caldeus: 131
Calígula: 168, 192, 349, 418, 512, 635, 638, 668
Cassandro: 317
Cássio: 21, 35, 301
Castor: 628
Cecília Metela: 633
Celaeddin Rûmi: 218
Celso: 403
César: 35, 159, 301, 336, 606, 614, 646
Cibeles: 80, 288, 289, 425, 635
Cício de Chipre: 22
Cimmeri: 218
Cipiões: 400
Ciro: 19
Cláudio (imperador): 64, 195, 196, 202, 218, 358, 372, 373, 374, 375, 416, 418, 512, 513, 600, 629, 637, 638
Cláudio Balbillo: 416
Cláudio Félix: 600
Cleantes: 339
Cleópatra: 20, 127, 301
Constantino: 546, 736, 738
Corbilião: 23
Coré: 347
Creso: 303
Crisipo: 22
Dafne: 187
Dario: 277

Dea Roma: 427
Decimo Lélio: 29
Deiotaro: 285
Demeter: 299, 347
Demétrio I Poliorceta: 349
Demétrio III: 127
Demonatte: 11
Deodoro: 23
Diana: 302, 425, 635
Dieo: 352
Diógenes: 23
Diógenes de Sinope: 474
Dionísio: 299, 301
Dióscuros: 299, 628
Divus Iulius: 427
Ecateu: 574
Eleazar (líder dos sicários): 583
Élvia: 369
Eneas (rei nabateu): 167
Epicuro: 337
Eutidemo: 24
Fado: 194
Fé (deusa): 635
Fenícios: 625
Filemon: 222
Filipe II: 327, 353
Filipe II (rei macedônio): 300
Fortuna (deusa): 366
Frígios: 218, 287
Fúlvia: 512
Gaio César: 418
Galério: 317
Gneo Mânlio Vulson: 285
Hadad: 139
Helena: 195
Hélio: 419
Hera: 425
Heraclides: 343
Hermes: 222, 299, 366

Herodes de Cálcis: 608
Hipócrates: 579, 665
Hipodamo de Mileto: 139, 574
Hircano II: 16
Hititas: 218
Horácio: 334, 631
Iérocles de Nicomédia: 11
Igéia: 383
Io: 20
Ísis: 80, 635
Itureus: 127
Izate: 195
Jâmblico: 665
Jônatas (sumo sacerdote): 584, 600
Júlia Domna: 11
Juliano (imperador): 710
Júlio César: 21, 70, 349, 352, 354, 357, 381, 511, 635
Juno: 635
Júpiter: 222, 635
Justiniano: 186, 302, 317
Laide: 355
Lerna: 383
Leto: 425
Lex Julia: 34, 607
Lex Porcia: 34, 314, 607
Lex Valeria: 34, 35, 607
Licaônios: 220, 287
Licínio Grasso: 633
Lídios: 218
Lisímaco: 295, 400, 418
Lívia: 635
Lucano (poeta): 369
Luciano de Samosata: 11
Lúcio Aneu Sêneca: 369
Lúcio Cipião: 285
Lúcio Emílio Paulo "Macedônio": 301
Lúcio Júnio Galião: 369, 372

Lúcio Múmio Acaico: 352
Lúcio Silano: 418, 420
Lúcio Valério Flaco: 29
Macedônio: 296, 297, 616
Macedônios: 297, 303, 326
Maomé: 70
Marcelo: 635
Marco Aneu Mela: 369
Marco Aneu Novato: 369
Marco Aurélio: 302, 309
Marco Crasso: 633
Marco Júlio Agripa: 608
Marco Júnio Silano: 418
Marco Pórcio Catão: 314
Marco Valério Marcial: 639
Marco Vispânio Agripa: 635
Mariame: 168
Marte Vindicador: 635
Mazeu: 403
Medusa: 20
Men: 222
Menandro: 61
Menelau: 187
Menênio Agripa: 481
Mercúrio: 222
Metelo: 352
Mevlâna: 218
Minerva: 635
Mitrídates: 285, 403
Moeda (deusa): 635
Monumentum Ancyranum: 287
Monumentum Antiochenum: 287
Musônio Rufo: 560
Nabateus: 125, 127, 164, 167, 168, 180
Nero: 349, 369, 418, 605, 639, 644, 648, 649
Nestor: 23
Nícia: 355

Niké: 299
Obodas III: 167
Omíadas: 139
Omônadas: 286
Onias: 187
Otávia: 635
Otaviano: 22, 35, 285, 301
Ovídio: 334
Palas: 600, 605
Palêmion: 350
Palemon: 350
Pappas (deus): 222
Partos: 271
Periandro: 349
Péricles: 329, 334
Persas: 200, 218, 295
Perséfone: 347
Perseu: 20, 301
Pheres: 326
Pisídios: 287
Pitágoras: 665
Platão: 329, 334, 343, 355, 665
Plutíades: 23
Políbio: 11
Pólux: 628
Pompeu: 21, 127, 285, 635
Pórcio Festo: 33, 34, 51, 88, 122, 565, 605
Poseidon: 333, 349, 366
Propércio: 334
Ptolomeu: 336
Ptolomeus: 200, 395
Públio Céler: 419
Quirino: 635
Rum: 218
Safos: 572
Salmanassar III: 20
Sandon: 20
Seiano: 512, 638

Selêucidas: 21, 111, 185, 187, 218, 295, 444, 511
Selêuco I Nicator: 185, 187, 209
Senaquerib: 20
Sêneca: 649, 704
Sétimo Severo: 11
Serapis: 383, 635
Sha'udat: 168
Silas: 285
Sini: 350
Sísifo: 350
Sócrates: 329, 334, 336, 665, 725
Solimão, o Magnífico: 124
Sulpício Quirino: 209
Tales: 574
Tecla: 703, 704, 705
Tectosagos: 285, 287
Teglat Falasar III: 127
Temístocles: 347
Teodósio: 317
Teseu: 350
Tessálios: 317
Tibério: 22, 168, 210, 303, 369, 372, 373, 416, 513, 625, 638
Tito (general): 27, 201, 592
Tolistóbogos: 285, 288
Trácios: 300
Trajano: 201, 292, 403
Tritolemo: 20
Trócmos: 285
Turcos: 218
Týche: 366
Ventídio Cumano: 600, 606
Vespasiano: 27, 349
Virgílio: 334, 704
Vitélio: 168

al- Walid: 139
Zenão: 22, 337
Zeus: 222, 297, 383, 425, 628
Zeus Damasceno: 139
Zeus Eleutherios: 336
Zeuxis: 28

Bíblicos e Judaicos

Aarão: 112, 642
Abel: 642
Abiram: 642
Abraão: 43, 66, 132, 164, 211, 289, 441, 446, 504, 515, 548
Acab: 112
Acaico: 385
Adão: 489, 525
Ágabo: 193, 194, 197, 580
Agar: 446
Agripa I: 193, 194, 195, 265, 512, 584, 604, 608
Agripa II: 51, 89, 109, 565, 604, 608, 609, 610, 614
Alexandre: 427
Ananias: 103, 130, 133, 135, 136, 140, 141, 728, 730
Ananias (sumo sacerdote): 600
Antíoco IV Epífanes: 111, 186
Antônio Félix: 130, 203, 583, 586, 594, 598, 599, 600, 601, 602, 603, 604, 605, 608, 614
Ápia: 409
Apolo: 346, 354, 395, 397, 398, 410, 463, 465, 466
Áquila: 64, 358, 359, 360, 362, 365, 374, 376, 378, 387, 388, 397, 405, 413, 416, 557, 636
Aristarco: 409, 422, 427, 510, 567, 616
Arquipo: 409
Asmoneus: 168
Bar-Jesus: 202, 203, 728
Barnabé: 27, 172, 177, 178, 190, 191, 193, 194, 195, 197, 198, 199, 200,202, 205, 206, 207, 210, 214, 215, 216, 218, 219, 220, 221, 222, 224 227, 229, 230, 231, 233, 235, 241, 242, 246, 247, 250, 252, 253, 257, 258, 263, 264, 266, 269, 270, 277, 278, 287, 365, 392, 409, 582, 728
Bársabas (Judas): 241, 255, 257
Benjamim: 43, 48, 66, 149, 504
Berenice: 51, 88, 122, 604, 608, 610
Caim: 642
Candace: 189
Céfas: 26, 54, 91, 146, 147, 148, 156, 157, 180, 182, 183, 195, 230, 246, 247, 249, 251, 256, 261, 269, 440, 446, 463, 466, 508
Cláudio Lísias: 23, 599, 603
Clemente: 313
Cornélio: 135, 189, 213

Crispo: 365
Damaris: 346
Daniel: 665
Datã: 642
Davi: 167, 211, 238, 502, 575, 642
Demas: 409, 616
Demétrio: 422, 425, 426
Dionísio: 346
Drusila: 203, 604, 608
Elias: 112, 113, 160
Elimas: 203, 204, 728
Eliseu: 126
Epafras: 409, 410, 616
Epafrodito: 305, 313, 452
Epáinetos: 412
Epeneto: 412
Erasto: 381, 391, 428, 500
Esaú: 642
Estéfanas: 385
Ester: 48
Estêvão: 13, 14, 36, 85, 86, 88, 96, 97, 99, 102, 106, 107, 109, 159, 176, 185, 188, 199, 343, 396, 580, 739
Eunice: 278
Eupolemo: 511
Êutico: 570, 571
Evódia. 80, 305
Ezequiel: 131
Febe: 376, 378, 500, 565
Felipe (tetrarca): 168, 608
Felipe (um dos sete): 189, 580
Filemon: 18, 25, 409, 418, 616, 640, 658, 676
Finéias: 112
Fortunato: 385
Gaio: 381, 422, 427, 499, 505, 510, 546, 567

Gálatas: 54
Galião: 266, 358, 363, 366, 367, 368, 370, 373, 374, 375, 418,
Gamaliel I: 25, 31, 51, 53, 56, 65
Gamaliel II: 56
Habacuc: 515
Hagab: 193
Henoc: 160
Herodes (rei): 193
Herodes Antipas: 125, 168, 197
Herodes Magno: 16, 168, 186, 193, 198, 201, 512, 593, 601, 608.
Herodíades: 168
Hillel: 57
Isaac: 446
Isaías: 144, 342, 364, 550
Ismael: 446
Israel (povo): 112, 144, 233, 289, 394, 433, 490, 505, 544, 545, 546, 551, 553
Jacó: 48, 132, 642
Jambres: 694
Janes: 694
Jasão: 318, 319, 320, 500, 511, 567
Jeremias: 102, 144, 364
Jesus Justo: 41
Jezabel: 112
João (doze): 54, 123, 183, 194, 231, 246, 247, 255, 256, 261, 269, 400, 405, 425, 440, 508, 644, 739
João Batista: 57, 139, 172, 211, 396, 404
João Marcos: 41, 196, 200, 205, 206, 207, 253, 277
Johanan ben Zakkai: 79
Jônatas (Macabeus): 511

793

José (patriarca): 642
José Barsabas: 41
Josué: 166, 318
Judas (Damasco): 135, 138, 141
Judas (doze): 171
Judas (Macabeus): 511
Judas, o Galileu: 114
Júlio (centurião): 615, 618, 620, 627
Lídia: 81, 303, 304, 305, 313, 315
Lisânias: 608
Lóide: 278
Lucas (passim): 34, 55, 71, 90, 96, 103, 159, 171, 177, 179, 190, 192, 194, 199, 202, 203, 207, 211, 213, 219, 221, 223, 229, 238, 243, 256, 260, 265, 278, 279, 287, 293, 297, 304, 305, 306, 307, 315, 319, 335, 365, 378, 389, 391, 393, 396, 409, 427, 428, 499, 510, 564, 567, 595, 596, 598, 603, 606, 609, 613, 616, 660
Lúcio de Cirene: 197
Lúcio de Corinto: 500, 567
Macabeus: 49, 112, 511, 575
Manaém: 197, 198,
Marcos: 41, 196, 200, 205, 206, 207, 253, 409, 616
Mardoqueu: 48
Maria: 425, 703
Maria (mãe de Marcos): 196
Matatias: 112
Menelau (Macabeus): 187
Micol: 167
Míriam: 642
Mnason: 582
Moisés: 13, 106, 108, 111, 113, 132, 152, 160, 212, 229, 234,
236, 239, 490, 524, 575, 583, 584, 609, 642, 646, 694
Naamã: 126
Nazoreus: 602, 705
Nicolau (prosélito): 188
Onésimo: 409, 658, 687
Onias III (Macabeus): 187
Pedro: 26, 123, 159, 171, 181, 183, 189, 194, 196, 204, 213, 231, 234, 236, 237, 239, 246, 250, 252, 261, 266, 270, 292, 312, 405, 423, 440, 441, 446, 643, 644, 650, 705, 726, 728, 735, 736, 739
Pilatos: 320
Pirro: 510
Pórcio Festo: 33, 51, 88, 122
Prisca: 358, 360, 405, 413, 416, 557, 636
Priscila: 64, 358, 359, 360, 362, 365, 374, 376, 378, 387, 388, 396
Públio: 625, 626
Quarto: 381, 429, 500
Raab: 166
Raquel: 48
Sadoc: 114
Salom: 112
Salomão: 664
Sara: 446, 475
Saul (rei): 167, 642
Sceva: 423
Segundo: 567
Sérgio Paulo: 40, 202
Sha'ul: 277
Shei'la: 277
Silas: 33, 207, 241, 253, 255, 257, 263, 266, 277, 282, 283, 290, 299, 306, 309, 311, 312,

794

313,315,318,319,321,326,
328, 334, 361, 378, 387, 391,
392
Silás: 277
Silouanos: 277
Silvano: 277, 293, 296, 321, 568
Silvanus: 277
Simão (Macabeus): 511
Simão (mago): 705
Simão Pedro: 656, 699
Simeão, o Negro: 198
Síntique: 80, 305
Sópatros da Beréia: 318, 510, 567
Sosípatros: 318, 500, 567
Sóstenes: 369
Tértulo: 602
Tessálios: 317
Tiago: 54, 86, 111, 146, 148,
156, 157, 182, 183, 194, 196,
230, 231, 238, 239, 241, 246,
247, 250, 252, 253, 256, 257,
258, 261, 264, 269, 270, 391,
440, 446, 505, 508, 582, 583,
584, 585, 586, 603, 705, 739
Tício Justo: 363
Timóteo: 71, 93, 221, 263, 266,
277, 278, 279, 282, 283, 290,
294, 296, 299, 306, 315, 321,
324, 328, 334, 361, 378, 387,
391, 398, 408, 409, 410, 411,
419, 428, 429, 452, 460, 467,
490, 567, 568, 613, 614, 641,
661, 666, 673, 687, 688, 689,
692, 693, 697, 724
Tíquico: 410, 510, 567, 684, 687
Tirano: 406
Tito: 231, 243, 244, 245, 247,
255, 256, 296, 392, 393, 394,
403, 409, 410, 421, 491, 492,
493, 567, 568, 569, 641, 663,
666, 689, 693, 697, 724, 725
Tobias: 475
Trófimo: 510, 567, 593
Zambri: 112
Zebedeu: 194

Cristãos

Agostinho: 710, 712, 713, 715,
  718, 739
Alípio: 712, 713
Ambrosiaster: 710, 711
Ambrósio: 711, 739,
Antão de Alexandria: 12, 713
Atanásio: 12, 647, 660
Barnabitas: 739
Basílides: 688
Beda, o "Venerável": 716
Bento, "Canônico": 733

Carlos, o Calvo: 729
Cassiodoro: 714
Cerintianos: 705
Cipriano: 12
Ciríades: 736
Cirilo de Jerusalém: 647
Clemente Alexandrino: 80, 81,
  305, 546, 659
Clemente Romano: 642, 643,
  647, 705
Companhia são Paulo: 739

Congregação de são Paulo: 739
Constança: 726
Constantina: 736
Cosme Indicopleusta: 729
Dâmaso: 710, 736
Deodoro de Tarso: 708
Dídimo: 712
Ebionitas: 705
Elcaístas: 705
Epifânio de Salamina: 647, 705
Eusébio de Cesaréia: 345, 650, 658, 660
Eustáquio: 712
Família Paulina: 739
Gaio: 650
Gala Placídia: 736
Gregório de Nissa: 739
Gregório Magno: 736
Gregório VII: 737
Hilário de Poitiers: 710
Inácio de Antioquia: 629, 698
Inocêncio III: 739
Irineu de Lião: 659, 705, 707
Jerônimo: 12, 35, 286, 647, 688, 705, 707, 710, 711, 728, 738
João Crisóstomo: 546, 647, 708, 709
João Escoto Eriugena: 345
João VIII (papa): 737
Júnio Basso: 726
Justino: 546
Leão I: 736
Lucina: 735

Marcelino: 726
Marcião: 656, 688, 701
Mário Vitorino: 710
Martinho de Tours: 12
Miquel, bispo de Derbe: 225
Missionários de são Paulo: 739
Nicolau, são: 617
Onesíforo: 725
Orígenes: 81, 305, 546, 659, 705, 707, 708, 712
Paula: 711
Paulino de Nola: 733
Paulistas: 739
Paulo Orósio: 374, 375
Pedro, são: 726
Pelágio: 714, 715
Policarpo de Esmirna: 698
Pôncio, diácono: 12
Prisciliano: 715
Prudêncio: 733, 735, 739
Pudenciana: 726
Reginaldo de Piperno: 717
Rufino de Aquiléia: 708
Simpliciano: 711
Sirício (papa): 736
Sulpício Severo: 12
Teodoreto de Ciro: 709
Teodoro de Mopsuéstia: 708
Tertuliano: 546, 644, 688, 701, 705
Tomás de Aquino: 717
Urbano II: 737
Urbano V: 736
Valentiniano II: 736
Valentino: 703

Escritores e Artistas

Adinolfi M.: 23, 26
Alberione, T.: 739
André J.M.: 744
Andronikos M.: 327
Armogathe J.-R.: 746
Arnulfo de Cambio: 727, 737
Barbaglio G.: 746
Barret C.K.: 752
Barth K.: 523, 721
Baslez F.M.: 416, 427, 746
Bassler J.M.: 752
Baur F.C.: 662, 672, 689
Becker J.: 746
Beker J.C.: 752
Bellini G.: 119, 729
Ben Chorin S.: 723
Beza Theodorus: 679
Biser E.: 746
Boffo L.: 202, 217, 319, 372, 381, 590, 625, 744
Boismard M.É.: 192, 750
Borgognone G.B.: 737
Bornkamm G.: 747
Buonarroti Michelangelo: 119, 729
Bourguet: 370
Branick: 750
Brassac: 370
Brown R.E.: 188
Bultmann R.: 721
Calvino: 719
Cantinat J.: 747
Caracci L.: 730
Caravaggio M.: 119
Carrez M.: 419
Casson L.: 744
Cecherelli I.M.: 744

Chevalier R.: 744
Cirignano G.: 749
Clemont-Ganneau: 590
Cocchini F.: 708
Corsani B.: 446
Cox P.: 744
Cromwel: 70
Daumet A.: 302
Deissmann G.A: 747
De Lagarde P.: 722
Deming W.: 474
Destro A.: 744
De Wette W.M.L.: 662
Dibelius M.: 747
Dittenberger W.: 370
Donaldson T.L.: 121
Donizetti: 731
Dostojevski: 70
Dörpfdeld W.: 294
Dürer A.: 728
Eichhorn J.G.: 662
Elliger W.: 744
Engels D.: 744
Erasmo de Rotterdam: 679
Fabris R.: 172, 453, 750, 751
Feldmann L.H.: 30, 745
Feneberg W.: 747
Fitzmyer J.A.: 752
Freed E.D.: 749
Gager J.G.: 121
Georgi D.: 748
Gianotto C.: 702
Gnilka J.: 747
Goodman M.: 745
Goospeed J.: 658
Grozio U.: 668
Hawthorn G.F.: 751

797

Hemer C.J.: 745
Hengel M.: 36, 37, 58, 722, 749
Heuzey L.: 302
Hock R.F.: 745
Holtzmann H.J.: 672
Howard G.: 748
Hubaut M.A.: 747
Hudegé N.:745
Hübner H.: 752
Hyldahl N.: 748
Keck L.T.: 751
Kertelge: 753
Klausner J.: 723, 747
Kuss O.: 722, 753
Kümmel W.G.: 720
Iossa G.: 4
Jewett R.: 748
Johnson L.T.: 750
Lamouille A.: 192
Lefèvre d'Etaples G.: 718
Légasse S.: 263, 747
Lentz J.C.: 750
Logan A.H.B.: 659
Lohfink G.: 121
Luck U.: 121
Lutero M.: 661, 718, 719
Lüdemann G.: 748, 750
Lyons G.: 747
Macoby H.: 745
Mara M.C.: 714
Marchesis G.: 750
Marshall I.H.: 750
Masaccio: 727
Masson Ch.: 672
Meeks W.A.: 366, 745
Mesters C.: 747
Meyerhoff E.Th: 672
Meier J.P.: 188

Michaelis L.D.: 661
Mitchell S.: 745
Melantone F.: 719
Mendelssohn F.: 731
Merisi M. (Caravaggio): 729
Momigliano A.: 11
Montagna B.: 728
Moraldi L.: 415, 703
Moretto: 728
Murphy O'Connor J.: 372, 382, 745, 747, 751
Muratori L.A.: 647, 655
Napoleão: 70
Negretti Jacopo (Palma, o Jovem): 730
Neumann K.J.:752
Niebuhr K.W.: 749
Nietzsche F.: 722
Norelli E.: 702
Oliver J.H.: 370
Padoveses L.: 24
Palma o Jovem (Negretti Jacopo): 730
Paulo VI: 140
Penna R.: 24,372, 375, 472, 513, 516, 520, 700, 753
Pesce M.: 745
Pesch R.: 198, 306, 321, 750
Plassart A.: 370
Prior M.: 641
Rafael: 727
Räsänen H.: 753
Rau E.: 753
Renan E.: 81, 305
Rembrandt van Rijn J.: 730
Rengstorf K.H.: 3
Ribera J. (Spagnoletto): 730
Ricciotti G.: 747

Riemenschneider T.: 727
Riesner R.: 748
Rinaldi E.: 748
Ritter E.: 655
Roloff J.:750
Romanino: 728
Rosenblatt M.-E.: 751
Rubens: 119, 730
Sabugal S.: 102, 121
Sanders E.P.: 722, 748, 749
Sanders J.T.: 745
Sandmel S.: 723
Sandnes K.O.: 749
Schelke K.H.: 752
Schille G.: 751
Schleiermacher F.: 662, 688
Schliemann H.: 294
Schlier H.: 753
Schmidt J.E.C.: 688
Schmithals W.: 659, 751
Schneider: 751
Schürer E.: 375, 404, 746
Schweizer A.: 720

Schoeps H.-J.: 753
Scott J.M.: 749
Segal A.F.: 749
Sherwin-White A.N.: 745
Smallwood E.M.: 745
Staupitz G.: 718
Stockhausen C.L: 752
Tajra E.W.: 638, 649, 746
Tambasco A.J.: 746
Taylor J.: 192
Taylor N.: 751
Theissen G.: 381, 746, 749
Vanhoye A.: 750
Vesco J.L.: 746
Vischer P.: 727
Watson F.: 746
Wedderburn A.J.M.: 659
Weiser A.: 751
Wenham D.: 753
Werfel F.: 731
Wilson R.M.L: 659
Wrede W.: 748

799

SUMÁRIO

Introdução - Por que uma "biografia" de Paulo? 3

I. As origens de Paulo 9
1. A "biografia" paulina 11
2. "Eu sou um judeu de Tarso da Cilícia" (At 21,39) 16
3. A cidade natal de Paulo: Tarso da Cilícia 18
4. A família de Paulo em Tarso 25
5. Paulo de Tarso, "cidadão romano" 32
6. "Saulo, também chamado Paulo" 40

II. Formação e personalidade de Paulo 45
1. "Hebreu filho de hebreus; fariseu quanto à lei" 47
2. "Formado na escola de Gamaliel" 53
3. "Estou em dívida com os gregos" 58
4. "Aprendi a arranjar-me em qualquer situação" 62
5. "Foi me dado um espinho na carne" 66
6. "Nosso coração está aberto para vocês" 72
7. "Eu gostaria que todos os homens fossem como eu" 77

III. Perseguidor da Igreja de Deus 83
1. De "perseguidor" a perseguido 85
2. "Eu perseguia com violência a Igreja de Deus" 91
3. Em que consiste a "perseguição" de Paulo 96
4. Quem são os cristãos perseguidos por Paulo? 99
5. Por que Paulo "persegue" a Igreja
   ou os cristãos? 106

IV. Chamado a anunciar o Evangelho 119
1. No "caminho de Damasco" 122
2. "Saulo, Saulo, por que você me persegue?" 128
3. Paulo na Igreja de Damasco 135
4. "Apóstolo por vocação" 142
5. "Eu vi o Senhor Jesus" 146
6. "Fui conquistado por Jesus Cristo" 149
7. Como uma "nova criação" 152
8. A experiência de Damasco 157
9. "E assim eu escapei das mãos do governador
   do rei Aretas" 164

V. A primeira missão de Paulo 171
1. "Fui a Jerusalém para conhecer Cefas" 176
2. Paulo em Antioquia da Síria 183
3. Barnabé e Paulo enviados a Jerusalém? 193

4. A missão paulina em Chipre 197
5. A missão em Antioquia da Pisídia 205
6. A missão em Icônio, Listra e Derbe 217

VI. Encontro e acordo em Jerusalém 229
1. A controvérsia de Antioquia no relato lucano 233
2. A assembléia de Jerusalém 236
3. As cláusulas de Tiago 239
4. O encontro de Jerusalém segundo Paulo 243
5. A controvérsia de Antioquia segundo Paulo 249
6. Convergências e divergências entre Lucas e Paulo255
7. Hipóteses sobre a biografia missionária de Paulo 262

VII. A missão entre os pagãos 269
1. A missão de Paulo na Galácia 274
2. Paulo leva consigo Silas e Timóteo 277
3. Através da "região dos gálatas" 282
4. De Trôade a Filipos na Macedônia 292
5. A missão de Paulo em Filipos 299
6. A "luta" de Paulo em Filipos 306
7. A missão de Paulo em Tessalônica 316
8. O testemunho de Paulo a respeito da Igreja
   de Tessalônica 321
9. A missão de Paulo em Beréia 326

VIII. Paulo em Atenas e Corinto 329
1. A missão de Paulo em Atenas 333
2. O discurso de Paulo diante do Areópago 341
3. A caminho de Corinto 346
4. Paulo em Corinto 352
5. O nascimento da Igreja de Corinto 357
6. Paulo diante do procônsul Galião 365
7. A inscrição de Galião e a cronologia paulina ... 370
8. A comunidade cristã de Corinto 379

IX. Paulo em Éfeso 387
1. Em viagem para Éfeso 389
2. Em Éfeso, à espera da chegada de Paulo 395
3. "Aqui se abriu uma porta larga e cheia
   de perspectivas" 400
4. Éfeso, centro da missão paulina na Ásia 408
5. Em Éfeso, "lutei contra os animais" 414
6. O tumulto dos artesãos de Éfeso 422

X. A "crise" nas Igrejas paulinas 431
1. A "crise" nas Igrejas da Galácia 437
2. A "crise" na Igreja de Filipos 451
3. A "crise" na Igreja de Corinto 461

XI. O "meu Evangelho": a Carta aos Romanos 497
1. Paulo, "apóstolo dos pagãos" 501
2. Projetos de Paulo: de Jerusalém a Roma 505
3. "O Evangelho [...] é força de Deus para a salvação de todo aquele que acredita" 514
4. Todos são libertados por meio de Jesus Cristo 523
5. O papel da lei no processo de libertação 527
6. A vida no Espírito 535
7. O mistério de Israel 544
8. Um projeto de vida no amor 554

XII. A prisão e o processo 563
1. A viagem para Jerusalém 565
2. O adeus às Igrejas da Ásia 574
3. O encontro com Tiago em Jerusalém 582
4. A prisão de Paulo no templo 589
5. Processo e prisão de Paulo 596

XIII. Paulo em Roma 613
1. A viagem para Roma 615
2. O naufrágio 618
3. De Malta até Roma 627
4. A prisão romana de Paulo 633
5. A morte de Paulo em Roma 642

XIV. A Tradição de Paulo 653
1. A coleção das cartas de Paulo 655
2. As cartas da "tradição paulina" 661
3. A segunda Carta aos Tessalonicenses 668
4. A Carta aos Colossenses 672
5. A "Carta aos efésios" 679
6. As cartas pastorais 688

XV. Paulo na história 699
1. Paulinismo e antipaulinismo 701
2. O apóstolo Paulo redescoberto pelos
   Santos Padres da Igreja 707
3. A interpretação de Paulo, desde a Idade Média
   até os dias de hoje 716
4. Paulo na arte e na literatura 724
5. Paulo na liturgia e na piedade popular 733

Abreviações (das Revistas e Coleções) 742

Bibliografia 744

Índices 755

Índice dos textos 755

Índice dos autores antigos 772

Índice dos nomes 778

Rua Dona Inácia Uchoa, 62
04110-020 – São Paulo – SP (Brasil)
Tel.: (11) 2125-3500
http://www.paulinas.com.br – editora@paulinas.com.br
Telemarketing e SAC: 0800-7010081